글로벌
포드주의
총력전

글로벌 포드주의 총력전

나치 독일, 소비에트 러시아 그리고 산업화를 향한 경쟁

2023년 11월 17일 제1판 1쇄 인쇄
2023년 11월 30일 제1판 1쇄 발행

지은이   스테판 J. 링크
옮긴이   오선실
펴낸이   이재민, 김상미

편집   이상희, 이지완
디자인   황지희, 정희정

펴낸곳   (주)너머_너머북스
주소   서울시 서대문구 증가로20길 3-12
전화   02)335-3366, 336-5131, 팩스 02)335-5848
등록번호   제313-2007-232호

ISBN 978-89-94606-81-1 03900

blog.naver.com/nermerschool
너머북스 | 현재를 보는 역사, 너머학교 | 책으로 만드는 학교

글로벌
포드주의
총력전

나치 독일, 소비에트 러시아 그리고 **산업화를 향한 경쟁**

스테판 J. 링크 지음 | 오선실 옮김

너머북스

일러두기

본문의 주는 모두 옮긴이주입니다.

한국어판 서문

    이 책의 주제는 세계적인 경쟁 속에서 진행된 산업화 과정이다. 1930년대 세계 대공황이라는 정치적·경제적 위기에 대응하고자 소비에트 러시아와 나치 독일은 미국의 대량생산 기술을 광범위하게 수입했다. 그들의 목표는 미국과 경쟁할 수 있는 산업 부문을 구축하고 재무장의 기반을 마련하는 것이었다. 이 시기 일본도 매우 흡사한 전략에 따라 움직였다. 1930년대의 기술 이전이 없었다면 소비에트연방은 제2차 세계대전에서 나치 독일을 패퇴시키지 못했을 것이다.

    이 책에서 만나게 될 국가 주도 산업화는 한국에도 특별한 의미가 있다. 박정희 정권(1961~1979) 시기 한국은 야심 찬 산업화 프로그램을 전개했다. 주의 깊은 한국의 독자들이라면 책을 읽으며 한국과 놀라운 유사점을 발견할 것이다. 예를 들어, 4장에서는 1930년대 독일 국가사회주의자들이 추진한 '인민의 차'를 이야기한다. 인민의 차 기획은 오늘날 선도적인 세계 자동차 제조업체로 이름이 남아 있는 폭스바겐의 토대가 되었을 뿐 아니라 서독 경제 기적의 중추가 되었다. 마찬가지로 한국의 토착 자동차 산업도 1970년대에 '시민의 차'를 만들라는 주문과 함께 본격 시작되었다. 현대자동차의 포니가 바로 그 주인공이다. 두 경우 모두 세계시장에서 발휘된 탁월한 수출 능력이 자동차 제조업체가 지속해서 성장하고 혁신하는 결정적 역할을 했다. 최초의 폭스바겐 비틀이 1960년대에 미국 도로를 달렸고, 최초의 포니는 1980년대에 그 모습을 드러냈다.

또한 이 책은 보기만 해도 머리털이 쭈뼛 서는 듯 이해하기 어려운 기술 학습 과정을 어느 정도 상세하게 재구성했다. 산업화를 꿈꾼다면, 스스로의 힘만으로 성장하기를 기다릴 수 없었다. 자본, 기교, 기술을 해외에서 들여와야 했다. 1930년대 독일과 소비에트 러시아는 주로 포드사, 제너럴모터스사 같은 미국 기업과 거래했다. 1970년대 세계를 선도하는 기술 지형에 변화가 일어나며, 한국은 1930년대부터 추격 산업화를 시작해 이미 완수한 일본에서 많은 정보를 얻었다. 미국 기술을 흡수하려는 소비에트와 독일 엔지니어들의 투쟁은 1970년대 미쓰비시의 생산규약을 복제하고자 고군분투한 현대자동차 엔지니어들의 노력과 유사했다.

한국의 사례를 참고한다면, 이 책은 추격 산업화에 대해 두 가지 교훈을 제시할 수 있다. 첫째, 지속가능한 산업화를 위해 국가는 수입을 대체해 국내 시장에 재화를 공급하는 이상의 역할을 할 산업을 육성해야 한다. 새로운 기업은 일정 시간의 학습을 마치면 국제 경쟁력을 갖추고 경화시장에 수출할 수 있어야 한다. 그렇지 못하면, 해외에서 들여온 자본과 값비싼 기술은 국제 수지에 점점 더 큰 부담으로 작용할 테고, 곧 과도한 부채로 이어질 것이다. 이것이 바로 라틴아메리카의 수입 대체 산업화론자들이 빠져든 수렁이었다. 또한 애초에 서구 시장을 공략할 의도가 전혀 없었던 소비에트연방에 예정된 운명이기도 했다. 둘째, 국제 경쟁력을 계속 유지하려면 기업은 단순히 외국의 모범을 모방하는 데서 벗어나 과감히 자체 혁신으로 전환해야 한다. 21세기 초에 중국은 이러한 결론에 도달했고, 이후 외국 기업과 합작 투자에 집중하던 자국 기업에 핵심 부분에서 '자체 혁신'을 지향하도록 유도하고 있다.

추격 산업화는 종종 권위주의 국가와 연결되는데, 이 책은 그중에서도 20세기에 잔혹했던 두 정권을 다뤘다. 그러나 역사 기록들을 따르면, 결정적인 것은 권위주의 자체가 아닌 국가의 개발 능력이었다. 민주적이든 아니든, 보조금과 산업정책으로 기업을 지원하는 동시에 수출, 투자 또는 혁신의 한 목표치를 설정함으로써 기업을 규율하는 데 성공한 국가들이 승리를 가져갈 수 있었다.

이 책에서 추적한 기술–산업 경쟁의 형태는 앞으로도 계속될 것이다. 기술의 최전선은 결코 현재 상태에 머무르지 않을 테고, 전략 부문은 투자 주기와 국가 안보에 대한 인식에 따라 변화할 것이다. 1930년대 자동차 대량생산은 전략 기술이었다. 오늘날 녹색에너지, 정보처리, 생명공학, 로봇공학 같은 분야들 또한 고도로 정치화되어 있다. 결과에 대한 책임을 묻는 동시에 기업의 혁신 역량을 강화하는 방법을 발견한 국가는 21세기에도 여전히 경쟁력이 있을 것이다.

뉴햄프셔, 하노버에서
스테판 J. 링크

차례

디트로이트,
20세기 자본주의의 수도

19세기 문명은 붕괴했다.
-『거대한 전환The Great Transformation』(1944), 칼 폴라니

1930년대 개혁가들과 급진주의자들은 미래의 윤곽을 묘사하며 20세기를 새롭게 이름 붙였다. 그렇게 함으로써 그들은 이전 시대의 원칙들을 부정하고자 했다. 19세기는 자유주의의 시대였지만 20세기는 포스트 자유주의의 시대가 될 테고, 19세기에는 개인주의를 위해 싸웠지만 20세기는 집단, "사람들" 그리고 "공간"의 세기가 될 것이다. 19세기가 자유방임의 시대였다면 20세기는 통제 경제의 시대가 될 것이다. 대표적으로 베니토 무솔리니Benito Mussolini(1883~1945)가 사람들을 홀린 주문도 바로 이것이었다. 그는 1932년에 자신의 책 『파시즘의 교리The Doctrine of Fascism』에서 자유주의, 개인주의, 민주주의는 "한물간 19세기의 이데올로기"에 불과하다고 공격했다. 그러한 이데올로기들은 현재 여러 곳에서 진행 중인 "위대한 정치적·사회적 전환 실험"으로 거부되고 바로 그 자리에서 "권위의 세기, '우파'를 지향하는 세기, 파시스트의 세기"인 20세기가 부상할 것이라고 주장했다.[1]

　　1930년대에서 새롭게 도래하는 세기를 본 이들은 파시스트들만이 아니었다. 존 메이너드 케인스John Maynard Keynes(1883~1946)도 이 관념을 고전적 자유주의자에서 국가 개입에 대한 선도적 이론가로 오랜 지적 전환을 꾀한 중요한 글 중 하나에서 사용했다. 1933년 에세이 「자족 국가론National Self-Sufficiency」에서 케인스는 이렇게 언급했다.

> 전쟁 전인 19세기 세계의 정신적 습성에서 벗어나는 것은 오랜 시일이 필요한 일이다. … 그러나 20세기의 3분의 1을 통과한 오늘날, 마침내 우리는 대부분 19세기에서 벗어나고 있다. 우리가 중간 시점에 도달할 때쯤 우리의 사고방식과 관심사는 이전 세기가 그 이전 세기와 달랐듯이 19세기의 방법, 가치관과 다를 것이다.

이 에세이에서 케인스는 낡은 국제주의가 평화를 유지하는 데 실패한 점을 고찰했고 경제적 자유주의와 자유무역주의 원칙에서 기꺼이 벗어나려는 새로운 의지를 시인했다. 또한 그는 새로운 국제무대를 형성한 "정치-경제적 실험들"의 실천 방식을 늘 지지하지는 않았어도 그 정신에는 공감했다.[2]

파리로 망명한 발터 벤야민Walter Benjamin(1892~1940)이 "아케이드 프로젝트"*에서 잃어버린 19세기를 소환했을 때도 비슷한 정서를 불러일으켰다. 벤야민에게 파리는 19세기의 수도였다. 파리의 건축물들에는 부르주아의 부상과 상품경제 형식의 고혹적인 승리가 서려 있었다. 파리의 아케이드는 유통의 문화를, 세계박람회는 전 세계를 휩쓴 시장을, 오

---

* 1820년대 파리에 처음 등장해 1930년대 백화점이 들어서며 쇠락해 가는 상점가(Arcade)에서 다양한 욕망이 교차하는 자본주의 상품, 물신의 양상을 읽어낸 벤야민은 아케이드가 부르주아 문화를 지탱하는 이데올로기 장치에서 풀려나 혁명적 공간으로 전환할 가능성을 모색했다.

페라하우스와 박물관은 상업 부르주아의 문화적 감성을 표현했다. 변증법 정신으로 글을 쓴 벤야민은 파리의 부르주아 미학에서 미래 집단적 구원의 실마리를 엿보기도 했다. 그러나 벤야민이 너무도 예리하게 감지했듯이 1930년대에 19세기의 미학과 그에 따른 구원의 희망은 그 주변에서 무너져내렸다.[3]

벤야민이 지나간 시대의 약속에 향수를 느끼며 파리의 거리를 걸을 때, 다른 이들은 상업 자본주의 시대의 유물들을 외면하고 산업 생산의 중심지로 눈을 돌렸다. 항구도시와 상업 수출입항들이 19세기의 메트로폴리스였다면, 현대를 가장 잘 대표하는 도시들은 내륙에 있었고, 그 상징적 산업은 새로운 세기만큼이나 젊었다. 세계 각지에서 온 엔지니어들과 여행자들은 디트로이트의 굴뚝과 조립라인* 속에서, 노동자 수천 명의 바쁜 움직임을 한데 엮어내는 컨베이어의 윙윙거리는 소음 속에서 미래의 모습을 언뜻 엿보았다. 19세기를 몰아내려고 케인스의 "정치-경제적 실험"에 앞장선 활동가들은 미국 중서부로 모여들었고, 디트로이트를 20세기 포스트 자유주의의 수도로 정했다.

1930년대의 국제적 위기로 낡은 경제 질서가 무너지고 새로운 원칙들을 개발해야 했을 때 좌파와 우파, 나치와 소비에트, 파시스트와 사회주의자들을 막론하고 포스트 자유주의** 적 신념을 지닌 모든 근대화론자를 끌어들인 곳이 바로 디트로이트였다. 물론 셀 수 없이 많은 엔지니어

---

* 여러 부품을 순차적으로 조립해 하나의 완제품을 제작하는 공정으로 작업자는 제자리에서 컨베이어벨트로 전달된 하나의 작업을 반복 시행한다.
** 보이지 않는 손에 조정되는 시장 경제와 자유로운 개인들의 선택에 기반한 정치체계 대신 사회적 연대와 우호적 관계, 경제적 상호성을 강조하는 공동체주의적 세계관을 지향한다. 국가의 역할이 강조되었고, 좌파와 우파 모두에게 지지를 받았다.

와 추종자가 1910년대부터 포드 공장을 보러 왔다. 이때부터 T형 모델 Model-T을 만드는 오래된 하일랜드파크 공장에 최초로 조립라인이 갖춰졌기 때문이다. 그러나 1930년대에는 리버 루즈에 있으며 훨씬 넓고 수직적으로 통합된 포드의 새로운 공장이 대규모 기술 이전을 원하는 엔지니어 대표단의 목적지가 되었다. 이탈리아, 독일, 러시아, 일본의 전문가들이 디트로이트로 찾아와 미국식 대량생산의 비결을 배우고자 몇 주, 몇 달, 심지어 몇 년씩 리버 루즈에서 지냈다. 1932년, 소비에트연방은 중앙러시아에 고리키 자동차 공장Gorky Automobile Factory(가즈)을 갖춤으로써 자신들만의 "리버 루즈"를 열었다. 1938년, 아돌프 히틀러Adolf Hitler(1889~1945)는 폭스바겐 공장의 주춧돌을 놓았다. 비단 나치와 소비에트뿐만이 아니었다. 토요타는 1938년에 코로모 공장을 가동하기 시작했고, 피아트는 1939년에 새로 세운 미라피오리 공장 개소식에 무솔리니를 초청했다. 쉽게 알 수 있듯이, 이러한 대공황* 시대의 교류는 제2차 세계대전(1939~1945) 이후 글로벌 포드주의의 기반을 다져놓았다.

대공황으로 얼룩진 10년 동안 이러한 대량생산 능력의 확장을 불러온 요인은 대체 무엇일까? 탈세계화가 연상되고 국제경제가 고립된 블록으로 쪼개진 듯한 이 시대에 이러한 풍부한 교류가 일어난 사실을 어떻게 설명해야 할까? 이처럼 중대한 이전이 경제관과 정치관이 그토록 다른 사회 사이에서 일어나게 한 원인은 무엇일까? 이 책은 이러한 질문들에서 출발했다. 이 질문에 답하고자 대량생산이 미국에서 시작된 시기

---

* 1929년 10월 24일과 29일 미국 월스트리트의 주가가 갑자기 폭락하며 시작된 경제침체로 1930년대까지 세계 경제 전체가 크게 후퇴했다. 제1차 세계대전 이후 호황을 누리던 세계 경제의 거품이 한꺼번에 꺼지고 실물 경기가 크게 하락하면서 금융 시장 혼란과 대규모 실직 사태를 초래했다. 사회 갈등이 격화되며 전체주의가 발흥했고 독일에서는 나치당이 약진했다.

로 거슬러 올라가 추적한다. 대량생산은 미국 중서부 포퓰리즘populism* 이라는 독특한 이데올로기에서 출현했다(1장). 또 유럽의 좌파와 우파 두 진영의 포스트 자유주의자들이 어떻게 포드주의를 1920년대의 경제적·이데올로기적 혼란을 헤쳐나가는 나침반으로 삼았는지 살펴본다(2장). 그런 다음 1930년대에 소비에트연방과 나치 독일이 미국의 대량생산 기술을 배워 자체 포드주의를 만들어내려고 어떠한 노력을 기울였는지 탐구한다(3장과 4장). 5장에서는 두 체제가 제2차 세계대전 동안 포드주의를 어떻게 활용했는지 살펴본다. 이러한 이전에 박차를 가한 요인은 미국보다 상대적으로 저개발인 상태를 바로잡아야 했던 나치 독일과 소비에트연방의 정치적 필요였음을 이 책에서 보인다. 미국과의 이러한 공동 실천은 소비에트 체제와 나치 체제를 더 넓은 전간기**의 틀, 즉 미국의 경제적 부상이 세계 공황과 맞물려 경쟁적인 산업개발을 전 세계적으로 촉발한 맥락 속에 위치시킨다. 전 세계적 맥락은 중요하기에 이 책에서는 이 점을 숙고함으로써 20세기 전반기 대량생산 체제의 부상과 확산에 대한 새로운 설명을 제시하고, 전간기 시대를 전반적으로 이해하는 새로운 분석틀을 제안한다. 이 시대는 흔히 주장하듯이 세계화에서 후퇴한 것이 아니라 세계화의 구조 자체를 바꾸려 한 격렬하고 중대한 시도가 벌어진 시기였다.

---

* 대중과 엘리트를 동등한 정치 주체로 바라보는 정치철학으로 특히 19세기 중반 이후 미국에서 기존 관료제와 부패한 금융 엘리트들에 저항해 대중 권력을 실현하고자 하는 혁신주의의 일종으로 성장했다. 우리말로는 대중주의, 인민주의 등으로 번역할 수 있으나 대중영합주의, 중우정치 등 부정적 의미로 이해되는 경우가 많아 이 책에서는 포퓰리즘으로 음차한 번역어를 선택했다.

** 제1차 세계대전 종결(1918년 11월 12일)과 제2차 세계대전 발발(1939년 8월 31일) 사이 대략 20년 정도의 기간으로 유럽의 경제 상황이 급속히 나빠지면서 파시즘, 군국주의, 국가주의가 본격적으로 대두했다.

포드주의란 무엇이었을까

무엇이 문제인지 이해하려면 먼저 포드주의를 둘러싼 개념적 덤불을 헤쳐나갈 길을 내야 한다. 포드주의란 무엇이었을까? 사실 헨리 포드Henry Ford(1863~1947)는 이 말을 사용한 적이 없다. 전 세계의 포드 추종자들이 이 말을 만들어 너도나도 소유권을 주장했지만, 아마도 영예는 벨기에의 초기 자동차 애호가 그룹에 돌아갈 것이다. 1923년 10월, 그들은 "벨기에의 포드 자동차 클럽Ford Automobile Club de Belgique"을 설립하고 〈포드주의Le Fordiste〉라 이름 붙인 신문을 창간해 자동차, 진보, 산업에 관한 기사를 실었다.[4] 이후 헨리 포드의 자서전 『나의 삶과 일My Life and Work』이 1923년에 여러 나라에서 출판되면서 **포드주의**Fordism라는 용어는 빠르게 퍼져나갔다. 그러나 이 용어는 상당히 다양한 의미를 지니게 되었다. 독일 역사학파 경제학의 원로인 프리드리히 폰 고틀 오틀릴린펠트Friedrich von Gottl-Ottlilienfeld(1868~1958)는 포드의 이론화에 큰 감명을 받아 그것이 하나의 "주의"로 충분히 가치가 있다고 보았다. 고틀 오틀릴린펠트가 **포드주의**Fordismus에서 발견한 것은 단순한 생산 시스템이 아니라 경제와 사회관계의 역사적 전환, 산업 효율성과 사회 공동체 간의 화해 가능성이었다.[5] 소비에트의 논평가들은 포드의 기술적 권고를 열렬히 수용했지만 철학적 논의는 거부했다. 소비에트식 표현으로 **포드주의**Fordizm는 소련의 엔지니어들이 모방하고 싶어 한 최첨단의 기술적 근대성에 충분히 함축된 "미국 생산 조직"을 의미했다.[6] 한편, 1930년대 미국의 노동조합들은 포드자동차회사와 장기간 치열하게 대치하는 가운데 현장 노동자를 억압하는 준파시즘 체제로 보이는 것을 공격하고자 **포**

드주의라는 용어를 사용했다.[7]

포드주의의 가장 영향력 있는 용법, 오늘날 우리가 알고 있는 바로 그 용법은 다소 의외의 장소인 이탈리아 남부 교도소에서 만들어졌다. 비정통 마르크스주의자 안토니오 그람시Antonio Gramsci(1891~1937)는 "미국주의와 포드주의Americanismo e fordismo"라는 제목으로 유명한 『옥중수고』 22번 노트로 장차 편찬할 아이디어를 교도소에서 고안했다. 그람시에게 포드주의는 미국에서 생겨나 전 세계로 뻗어간 자본주의 발전의 근본적으로 새로운 국면을 뜻했다. 그람시의 이론을 따르면, 조립라인은 노동자 계급의 사회적·문화적·정신적·물질적 기질에 광범위한 변화를 가져왔다. 그람시는 노동자들의 가정생활에 대한 포드사 간부들의 온정주의적 간섭, 혁신주의적 청교도주의Progressive puritanism, 심지어 금주법에 이르는 현상을 조립작업이 노동자 규율을 사회 전반에 걸쳐 신중하게 재조정하도록 요구하는 명백한 징후로 다루었다. 따라서 조립라인의 힘은 공장을 훨씬 넘어 확장되었고, 그람시가 "헤게모니hegemony"라고 부른 사회적·문화적 규칙으로 이루어진 하나의 전체 시스템을 탄생시켰다.[8]

그람시의 관념은 전간기에 공산주의자들 사이에서 포드의 견해가 폭넓게 수용된 것을 반영했다. 그가 애지중지한 용어인 포드주의는 제2차 세계대전 동안 유행이 급격히 시들해졌지만 몇십 년 후 화려하게 귀환했다. 1970년대에 유럽의 신좌파New Left[*]들이 그람시의 저작들을 재발견

---

[*] 1960년대 기존 사회의 권위주의적 문화를 비판하며 새로 등장한 좌파 세력으로 계급 문제에 집중했던 전통 좌파와 달리 다문화주의, 여성주의, 성소수자 운동, 동물권, 환경 운동 등 다양한 영역으로 의제를 확장했다.

했고, 프랑스 조절 학파Regulation School*의 경제학자들은 "포드주의"를 부활시켰다. 조립라인에서 헤게모니를 읽어낸 그람시의 해석에 영감을 받은 조절론자들은 전후 서양의 정치경제 전체를 "포드주의"로 기술하고, 뒤이은 시기를 "포스트 포드주의"로 구별했다. 조절론자들의 주장을 따르면, 자본주의는 독특한 "축적 체제들을" 거쳐 가는데 각 체제가 제대로 기능하려면 특정한 유형의 사회적·정치적 "조절"이 필요하며, 포드주의는 그 전형적 사례였다. 축적 전략으로서 전후의 대량생산은 강력한 노동조합, 수요를 부추기는 복지국가, 노동자를 소비자로 전환한 전후의 문화적 개혁으로 특징지을 수 있는 조절 방식에 의존했다.[9]

조절 학파의 이러한 분석이 나온 이후 포드주의는 곧 큰 위기에 빠졌다. 인플레이션, 산업 쇠퇴, 실업 증가에 시달리면서 전후 서양의 정치적 타협은 붕괴했고 포스트 포드주의가 시작되었다. 어떤 이들에게 이 위기는 "제2차 산업 분화"를 예고하는 것으로 보였다. 아마도 미래는 대량생산에 엄격하게 몰두하는 것을 포기하고, "유연한 전문화"에 토대를 둔 숙련기술을 지역적 기반에서 기술적으로 정교하게 재활성화하는 것에 있지 않을까?[10] 다른 비평가들은 대량생산이 조절론자의 주장처럼 지배적으로 만연한 적이 있었는지 의문을 품기 시작했다. "대량생산에 대한 역사적 대안"을 찾던 일부 사회과학자들은 끊임없이 변화하고 예측할 수 없는 시장 환경에 대응해 조직 형태와 수익 전략의 다변화를 포용할 수 있는 기업에서 "가능성의 세계"를 발견했다.[11] 이 학자들은 정치경제에

---

* 특유의 제도로 제각각 고유의 자본주의를 만들어낸 각 사회, 국가는 사회의 붕괴를 막고 모순과 갈등을 발전의 추진력으로 전환하는 조절양식을 가진다는 주장으로 이들은 축적 과정의 통일성을 보장하는 규범, 습관, 규칙, 조절망, 특히 불안정성이 관리·규제되는 방식을 규명하고자 노력한다.

서 기업전략 수준의 미시경제로 논점을 미묘하게 돌리면서 점차 포드주의, 포스트 포드주의 같은 폭넓은 개념을 거부하고 "유연성flexibility" 같은 초역사적인 진단을 선호했다.[12]

이러한 논쟁은 새천년이 시작되면서 사그라졌다. 서양에 주안점을 둔 포드주의/포스트 포드주의와 그 순차적 단계 모델은 서양의 경제 구조조정과 동양의 산업 발전 사이의 연관성이 명확해지면서 그 매력을 잃었다. 그리고 "세계화globalization"가 오늘날의 산업 변화를 설명하는 개념으로 선택되었다. 어쨌든 우리가 여기서 관심을 기울이는, 가장 일반적인 용법이기도 한 포드주의는 1970년대에 처음 등장했고, 1980년대 사회과학자들이 산업화된 서양의 구조적 위기를 이론화하는 방법을 찾을 때 널리 유행한 용어이다.[13] 그러므로 포드주의와 포스트 포드주의를 둘러싼 논쟁은 항상 현재의 관심사를 중심으로 전개되었고, **포드주의**라는 용어는 전간기 동안 그것에 담긴 포스트 자유주의적 함의와는 완전히 동떨어진 의미를 지니게 되었다. 그와 동시에 전후 포드주의의 **종말**에 몰두한 조절규제론자들과 그 비판자들 모두 포드주의의 **출현**을 설득력 있게 설명하는 데 실패했다.

포드주의의 두 번째 용법은 유럽사가들이 "미국화Americanization"라고 부르는 과정을 거쳐 전 세계로 확산되었다고 하는 미국의 독특한 근대성을 지칭하는 약어로 대중적 인기를 누렸다.[14] 미국화에 대한 서술은 종종 광란의 20년대Roaring Twenties* 동안 고임금과 대량생산을 토대로 선구

---

*   제1차 세계대전으로 유럽이 초토화된 사이 전쟁의 포화를 겪지 않은 미국은 전쟁 특수까지 누리며 1920년대 세계 경제의 중심으로 떠올랐다. 더욱이 19세기 말부터 시작된 제2차 산업혁명의 성과가 집약되며 전기, 자동차 등의 분야에서 대규모 기술산업이 크게 성장했다. 광란의 20년대는 1929년 대공황이 시작되며 막을 내렸다.

적으로 부상한 미국의 소비자 기반 경제 이야기로 시작한다. 이는 세계에 상당히 매력적인 경제적·문화적 모델을 제공했다. 그러나 조립라인의 매력에도 불구하고, 1920~1930년대에 미국 소비주의의 이미지를 좇아 그들의 경제를 변화시키고자 한 유럽인들의 노력은 헛된 일로 드러났다.

나치의 "인민의 상품peoples' commodities" 혹은 소비에트의 "사회주의적인 소비문화socialist culture of consumption" 같은 서툰 "소비 명령command consumption" 시도는 도움이 되지 않았다.[15] 제2차 세계대전이 끝난 후에야 포드주의는 연계된 자유주의embedded liberalism와 냉전 국제주의에 토대한 팍스 아메리카나Pax Americana*의 핵심 요소로 전 세계에 확산된 미국 주도 자본주의의 일부가 되었다. 포드주의와 미국화에 관한 한 우리는 "1920년대가 끝난 자리에서 전후 수십 년의 시대가 이어졌다"라는 이야기를 듣는다.[16] 반면 조절론자들의 영향을 받은 글에서는 "포드주의의 발전은 대공황과 전쟁으로 중단되었다"라고 이야기된다.[17] 조절론이나 미국화 서사에 입각한 포드주의 논의는 1930년대와 1940년대를 괄호로 묶은 채 1920년대를 성장의 씨앗들이 뿌려진 시대로 배치해 전후 포드주의가 역사적 우발성의 산물이 아니라 어떤 식으로든 예견되었다는 영속적인 인식을 심어주었다.

마지막으로 포드주의는 회사 내부와 작업 현장에서 발생하는 일에 더 좁게 초점을 맞춘 세 번째 용법으로 사용된다. 기업사가들은 전 세계

---

* 제2차 세계대전 이후 미국을 중심으로 재편된 세계 평화 체제를 지칭한다. 국제 사회의 평화(라틴어: Pax)가 주변 국가를 통제하는 강력한 중심국가에 의해 유지된다는 개념으로 미국은 세계를 압도하는 기술력과 경제력, 군사력을 바탕으로 패권 국가의 자리를 차지했다.

모든 지역으로 퍼져나간 포드자동차사의 초기 확장을 재구성했는데, 여기서 포드사는 조립라인, 단일상품 생산 정책, 고임금과 오픈 숍open shop*의 특징적 혼용 같은 다양한 대표 관행의 전파자 구실을 했다.[18] 포드사의 작업 현장 배치 또한 전간기 유럽의 다른 자동차 제조사들에 대단한 매력을 발산했다. 그러나 기업사가들이 충분히 기술했듯이, 해외의 기업들은 미국 스타일의 포드주의를 선택적·잡종적인 방식으로만 채택했다. 이는 포드사가 해외에 자회사를 설립할 때도 마찬가지였다. 특히 모델 정책이나 노사관계에 대한 포드의 완고한 견해는 다른 국가의 맥락에 따라 일대일로 이전할 수 없다는 점이 입증되었다.[19] 한편 노동사가들에게 포드주의는 대량생산과 관련된 작업 현장 체제를 의미했다. 그들의 초점은 조립라인에서 단조로운 작업을 반복하는 비숙련 노동자들에게 맞춰졌다. 이러한 맥락에서 포드주의는 제멋대로 하는 작업장을 제압하는 경영전략으로 여겨지는 테일러주의Taylorism**와 함께 언급된다.[20] 독일의 한 역사가가 인상적으로 표현했듯이, 그러한 관점에서 경영자들이 조립라인을 도입한 이유는 그것이 절묘한 "착취 혁신exploitation innovation"이었기 때문이다.[21]

포드주의 용어의 이 같은 용법은 여전히 가치가 있으며, 이 책은 이 세 가지 용법 모두에 바탕을 두고 있다. 무엇보다 조절 이론은 우리에게 대량생산을 둘러싼 정치경제, 특히 수요 관리라는 골치 아픈 문제를 고려해야 함을 알려주었다. "미국화" 맥락은 대량생산이 전후 미국의 문화

---

* 사용자와 노동자가 노동조합에 구속되지 않는 고용제도로 사용자는 노동조합 가입 여부와 상관없이 노동자를 고용할 수 있고, 노동자도 노동조합 가입과 탈퇴가 자유롭다.

** 프레더릭 테일러가 고안한 노동에 대한 '과학적 관리법'으로 대공황 전까지 조직이론이자 생산관리 이론으로 큰 주목을 받았다. 작업 동선 분석과 효율화, 태업 제거와 성과급을 기본요소로 했다.

적 영향력, 소비자 자본주의, 연계된 자유주의와 깊게 얽혀 있음을 보여주었다.[22] 마지막으로 포드주의를 기업전략과 작업 현장 배치로 보는 시각을 따르면, 산업 노동을 조직화하는 특별한 방식을 상기시키는 조립라인은 비숙련 노동자를 공장 안으로 동원하고, 일단 들어온 노동자는 계속 일하도록 만들려고 전념할 필요가 있다.

그러나 다른 한편으로 기존의 접근법은 몇 가지 근본적 질문을 그대로 남겨둔다. 첫째, 애초에 미국은 어떻게 대량생산과 소비자 자본주의에 도달하게 되었을까? 포드주의를 둘러싼 우리의 서사는 다음 두 가지를 당연한 것으로 전제하는 듯하다. 제2차 산업혁명은 어쨌든 자동차 대량생산과 소비경제에서 절정에 이를 테고, 그 돌파구를 개척한 것은 당연히 미국이었다는 가정이 바로 그것이다.

전형적인 미국 회사인 포드사가 처음으로 자동차 대량생산을 도입했다는 사실은 전혀 놀랄 일이 아니었다. 이러한 가정은 오래전에 폐기된 것으로 여겨지던 근대화 패러다임, 즉 국가 경제는 서구 선진국들이 밟아온 단계를 따라 나아간다는 생각을 부지불식간에 영속화한다. 성공적인 근대화는 "고도의 대량소비high mass-consumption"라는 미국 모델로 수렴할 것이라는 주장은 어쨌든 월트 로스토Walt Rostow(1916~2003)가 처음 제기한 명제였다.[23] 그러나 우리가 논의하듯이, 미국에서 자동차 대량생산은 순조롭게 출발하지 못했다. 사실 여러 면에서 대량생산은 19세기 미국의 주류 경제 발전에 크게 반하는 흐름이었다. 미국 중서부 중간 규모의 금속가공 작업장에서 출현한 대량생산은 미국의 제2차 산업혁명을 특징짓는 채굴과 생산재에 대한 강조, 상충하는 사회적·경제적·정치적 맥락을 지녔다. 대량생산은 20세기 전환기의 대합병 운동Great Merger

Movement[*]에서 엿볼 수 있는 금융과 산업자본 간의 대동맹이라고 표현되는 위계질서를 뒤엎었다. 특히 헨리 포드가 본래 구상한 포드주의에 투영된 정치경제(와 도덕경제)는 1945년 이후 등장한 미국의 소비자 근대성을 거의 예견하지 못했다. 더 정확히 말하면, 전후 세계에서 헨리 포드의 포퓰리즘적 전망은 결국 실패했다. 사실 시작부터 포드주의는 반대자들의 정치에 휘둘렸는데, 역사가들이 완전히 놓친 이러한 사실은 포드주의가 전간기 동안 전 세계의 우파들에게 매력적이었던 이유를 상당 부분 설명해 준다. 이것이 책에서 다룬 첫 번째 핵심 주장이며, 그 내용은 1장과 2장에서 살핀다.

둘째, 전 세계적으로 (지적·기술적·경제적 측면에서) 확산했던 포드주의는 무슨 일을 겪었을까? 조립라인이 더는 매력적으로 여겨지지 않았을까? 대량생산 산업을 건설하려는 시도는 그냥 중단되었을까? 사실은 정반대였다. 확실히 "소비 명령"은 실패했다. 소비를 억제함으로써 산업을 발전시킨 체제들에서는 그럴 수밖에 없었다. 그러나 대량 수요는 소비자경제의 전유물은 아니었다. 세계대전을 준비하고 벌이는 일도 수요의 증가를 가져왔는데, 그중에는 포드주의의 생산 방식에 매우 적합한 차량과 무기의 수요가 주요하게 포함되었다. 포드주의는 케인스식 수요관리 체제에 적합했을 뿐만 아니라, 미국 밖에서는 사실상 국가가 후원하는 재무장과 전시 체제 아래서 먼저 번성했다. 이와 같은 포드주의의 군사적 역사는 대량생산이 본질적으로 "민군 겸용_{dual use}" 기술이었음을 드러내

---

* 1893년 공황의 여파로 1895년에서 1905년 사이 미국 사회에 형성된 대규모 회사 간 통폐합 흐름을 지칭한다. 대체로 소규모 회사들이 비슷한 규모의 회사들과 수평적으로 통합되어 자본 집약적이고 고정비가 높은 강력한 기업을 형성함으로써 규모의 경제를 실현하고자 했다.

준다. 대량생산은 군사적 요구뿐 아니라 민간의 요구에도 부응할 수 있었는데, 바로 이런 특성 때문에 매력적인 기술이었다. 더욱이 많은 역사가가 가정한 것처럼 포드주의를 민간의 역사와 군대의 역사로 정확하게 구별하기란 불가능하다.[24] 포드주의가 어떻게 해서 재무장과 전쟁의 목적에 봉사하게 되었는지는 포드주의의 세계사에서 중요하게 다뤄야 할 내용이다. 무엇보다 1930년대에 포드주의를 채택한 바로 그 엔지니어들이 1940년대에 무기를 생산했고, 전쟁이 끝난 후에는 민간 산업으로 다시 돌아왔기 때문이다. 즉 불황과 전쟁은 포드주의의 국제적 확산을 방해하기보다는 오히려 더 가속하고 강화했다. 이것이 이 책의 두 번째 핵심 주장이며, 그 내용은 4장과 5장에서 살핀다.

셋째이자 마지막으로, 나치 독일과 소비에트연방을 포드주의의 세계사 속으로 어떻게 수용해야 할까? 포드주의를 평화 시기 자유주의적 자본주의와 연관 짓는 분석틀로는 이 질문에 답하기에 분명 한계가 있다. 이는 포드주의 역사서술의 핵심 부분에 빈틈이 있음을 날카롭게 드러낸다. 다름 아닌 산업개발을 조율하고 생산기술을 국경 너머로 이전했던 적극적 국가의 역할 말이다. 여기서 우리는 한 걸음 물러서서 새로운 실증적 접근을 취해야 한다. 산업화된 국가들이 1930년대에 대량생산으로 전환한 동기는 무엇이었을까? 그들은 어떻게 그 일을 해냈을까? 그리고 그 결과는 어땠을까?

미국에 대한 반란

그 해답은 전간기에 일어난 아주 중대한 두 가지 격변, 즉 국제적 패권국이 된 미국의 우월한 지위와 대공황이 초래한 대재앙에서 찾을 수 있다.[25] 미국의 부상은 갑작스러운 일이 아니었다. 19세기 말부터 유럽에서는 대서양 건너편에서 일어나는 "미국의 위협American danger"을 경고하는 목소리가 나오기 시작했다.[26] 미국은 제1차 세계대전(1914~1918)에서 연합군이 승리하도록 도운 후 의심할 여지 없는 산업 강국이자 세계의 은행이라는 새로운 역할을 맡을 국가로 여겨졌다. 1923년 인플레이션 이후 독일의 부흥을 촉진한 것은 미국의 자금이었다. 이탈리아는 노동자들이 소비하는 (미국) 곡물의 대금을 치르려고 레몬, 조악한 직물, 포도주를 수출하려 애썼지만, 결국 만성적인 적자에서 벗어나지 못해 월가에서 돈을 빌려 수지 균형을 맞췄다.[27]

1918년에 차르Tsar의 부채 인수를 거부한 탓에 국제 자본 시장 접근이 차단된 소련조차 미국 은행의 상업 신용 대출에 새로이 접근하고자 1924년 루블화의 안정화를 꾀했다.[28] 그와 동시에 미국의 수출 우위, 특히 그 시대의 대표 산업인 자동차의 수출은 다른 국가들이 대출 상환용 외환을 확보할 기회를 감소시켰다. 미국만이 유일하게 자기만의 방식으로 세계와 교류할 수 있는 것처럼 보였다. 미국은 자본은 수출하면서도 이민은 제한했고, 해외 무역 문호를 개방하면서도 국내 관세는 인상했으며, 국제연맹과 거리를 두면서도 세계 정치에 어렴풋이 그 모습을 드러냈다. 그 결과 세계는 갈라졌다. 영국과 프랑스 자유주의자들의 생각처럼, 미국에 새로운 국제질서를 세우는 일에 애써달라고 구애할 가치가 있었을까? 아니면 미국의 힘을 보면서 떨거나 심지어 두려움을 느꼈을까?

1930년대 초에는 비관론자들이 승리했다. 대공황 시기에 세계 시장이 회복될 것이라는 자신감은 사라져버렸다. 문제는 불황과 실업만이 아니었다. 금본위제의 몰락으로 시작된 국제 신용 관계의 붕괴는 자유주의적 국제주의를 지속적으로 약화시켰다. 대공황이 닥치자 극소수 특권적 지위에 있던 국가들을 제외한 대부분 나라에서 대규모 국제수지 위기가 나타났다. 독일과 동유럽 그리고 원자재 수출에 의존한 남반부 국가들이 비슷한 유형의 곤경에 처했다. 이들 국가는 이미 상당한 부채부담을 안은 채 수출 전망까지 어두워져 국내 긴축이라는 가혹한 과정을 지속해야만 신용도 유지를 바랄 수 있었다. 이러한 환경에서 전통적인 교역과 투자 관계를 유지하자는 제안은 점점 더 의심스럽게 여겨졌다.

전 세계적으로 대공황은 영국과 미국의 영향에서 벗어나 국가 경제를 재정비하려는 국내의 세력 연합이 전면에 나서는 기회가 되기도 했다. 특히 대공황으로 독일과 일본 내의 급진세력들은 국제 현상에 맞서 싸울 강력한 경제적 기반과 풍부한 정치적 명분을 얻게 되었다. 그렇게 함으로써 이들 전간기 "반란군들"은 1920년대 국제적 분업에 대항함과 동시에 서반구에서 새롭게 부상한 패권국 미국에 도전했다.[29] 그들이 파악한 바를 따르면, 미국의 놀라운 성장은 가치가 풍부한 내륙인 서부로 성공적으로 확장해 강력한 내수 시장을 창출한 결과였다. 자기 방식으로 세계 시장에 맞서는 미국의 부러운 능력은 앞으로 나아갈 방향이 미국과 유사한 외부에 내부를 새로 단장한 독립적·경제적 "공간"을 창출하는 것이라는 교훈을 강화하는 듯했다.

반란군들의 해법은 "자립경제autarky"에 있었다. 그것은 통제 경제와 군—산 증강을 혼합한 것으로, 무역과 투자 관계의 초점을 서구에서 신제국의 "활동무대"로 재설정하는 것을 근간으로 했다. 1931년 늦여름, 전 세계적인 경제 붕괴가 정점에 달했을 때 일본은 선제공격을 감행해 만주를 손에 넣었다. 이탈리아는 1935년 에티오피아 침공에 발맞춰 자립경제로 전환했다. 독일은 오스트리아 합병Anschluß으로 시작해 소련 침공으로 절정에 이르는 팽창주의적 난동을 부리기 이전부터 이미 남동부 유럽을 무역 속국으로 활용하고 있었다.

자립경제를 옹호하는 이들은 그것이 정치적 민족주의의 산물이자 국제경제 전복에 대응하는 것이라고 주장했다.[30] 자유무역의 신봉자였던 영국조차 제국의 관세 뒤로 후퇴한 이때, 왜 자유주의적 국제주의의 규칙을 따라야 하는가? 영국의 은행들 스스로 금본위제를 폐기한 이때, 왜 부실채권을 존중해야 하는가? 외환보유고가 바닥나 수입이 사치스러운 일로 여겨지던 이때, "비교 생산비comparative costs"라는 궤변이 무슨 소용이 있는가?[31] 자립경제는 온갖 민족주의적 수사로 치장되었지만, 그것 역시 경제위기와 국제수지 긴축에 그럴싸하게 대응하는 일이었다.

그와 동시에, 자립경제는 결정적으로 민족주의적 목표와 부합했다. 서구와 상업적·재정적 유대관계를 단절함으로써 경제구조에 대한 국가의 장악력을 강화할 수 있었다. 할마르 샤흐트Hjalmar Schacht(1877~1970) 시절의 독일과 펠리체 과르네리Felice Guarneri(1882~1955) 치하의 이탈리아에서 외환관리는 농업과 경공업에서 자본투자와 재무장으로 자원을 전환하는 가장 주요한 수단이 되었다.[32] 그 결과는 자명해서 자립경제를 채택한 국가들은 1930년대 내내 급격한 산업 성장을 기록했다.[33]

이데올로기와 냉전이라는 뿌연 장막을 걷어내면, 소련의 길 또한 결코 다르지 않았음을 쉽게 알 수 있다. 확실히 러시아의 산업화 필요성은 혁명 이래 볼셰비키*가 강력하게 요구해 온 핵심 과제 중 하나였다. 하지만 세계 공황이 시작될 때까지 소비에트연방은 큰 진전을 이루지 못했고, 이제는 주어진 시간을 거의 다 쓴 상황이었다. 다른 곡물 수출국들과 마찬가지로 1920년대 말까지 소비에트연방은 무역수지 악화와 외환보유고 고갈로 위험에 직면했다. 경제개발에 대한 점진적 접근법, 즉 곡물 수출국으로서 러시아의 비교 우위를 기반으로 세워진 차르 시대의 축적 전략이 심각한 문제에 봉착했다. 곡물 수출을 기반으로 세계 시장을 지향하는 온건한 성장 방식이 더는 가능하지 않았다. 이렇듯 장기 디플레이션에 빠진 세계 상품 시장을 배경으로, 이오시프 스탈린Joseph Stalin(1879~1953)과 정치국 내의 급진적 산업화론자들은 승리를 쟁취할 수 있었다. 이들을 따르면, 소비에트연방이 경제적 독립을 획득하려면 반드시 산업화를 **가속**해야 했는데, 그렇지 않으면 교활한 채권자들과 가혹한 교역 조건에 자비를 구해야 하는 곡물 수출국 처지가 될 수밖에 없었다.[34]

세계 공황에 대한 대응으로 "반란군들"은 파시스트나 공산주의자나 할 것 없이 자원을 산업으로 급격히 이동시켰고, 군사력을 증강했으며, 국제수지의 족쇄를 끊고 외국 자본으로부터 독립을 쟁취하려고 분투했

---

* 다수파를 지칭하는 러시아어로 1903년 러시아 사회민주노동당이 둘로 분열될 때, 블라디미르 레닌을 따른 다수가 자신들을 '볼셰비키'로, 상대를 소수파라는 의미의 '멘셰비키'로 칭하면서 좌익 노선에 따른 이름이 되었다. 1918년 당명이 러시아 공산당으로 바뀐 이후에는 '레닌주의자'와 같은 의미로 쓰이고 있다.

다. 신농민적 자급자족을 꿈꾸던 피와 흙blood and soil* 파시스트들은 주변으로 밀려났다. 사실, 20세기 자립경제주의자들은 산업화되고, 군사력이 강하고, 기술적으로 정교한 제국 경제를 구축하고자 했다. 그 이름은 레벤스라움Lebensraum**, 임페로 이탈리아노Impero italiano***, 대동아공영권Greater East Asia Co-Prosperity Sphere****, 소비에트연방Soviet Union으로 달랐지만 말이다. 그리고 이러한 근대주의 프로젝트는 하나같이 국내에서는 조달 불가능한 외국의 첨단기술에 의존했다. 산업 근대성의 선두에 서려면 모든 반란군은 먼저 그 시대에 가장 선진적인 국가에서 지침을 구해야 했다. 미국 기술에 일시적으로 의존하는 것은 자급경제를 위한 판돈과 같아서 장기적인 경제적 독립을 위해 치러야 할 대가였다. 특히 미국 우위의 전략적 핵심으로 여겨지는 자동차 산업과 그 대량생산 체제는 그대로 모방할 필요가 있었다. 미국식 경제 대국을 건설하는 방법은 당연하게도 디트로이트에서 배울 수 있었다. 이러한 맥락은 대공황으로 무역과 해외투자가 붕괴된 이후에도 1930년대 중반까지 기술 이전이 강화된 이유를 잘 설명해 준다. 전간기 포드주의의 확산은 미국의 부상으로 일어나고 대공황으로 가속한 적대적 개발 경쟁에서 비롯했다. 이것이 이 책에

---

* Blut und Boden. 나치 독일의 이상을 표현한 민족주의 구호로 민족의 혈통을 지닌 국민(피)과 그들이 토착해 살아가는 생활권(땅)의 통합을 의미한다.
** 생활 혹은 생존을 위한 공간을 뜻하는 독일어로 특히 나치 독일에 의해 범게르만주의 영토 확장 이념으로 체계화되었다. 영토를 넓혀서 독일 민족이 살아갈 공간을 확장해야 부강해질 수 있다는 논리로 전쟁과 홀로코스트의 명분을 제공했다.
***제1차 세계대전 이후 집권한 무솔리니의 파시스트 정권은 통일국가 건설과 영토 확장을 표방했다. 실제 파시스트 정권은 적극적인 영토 확장 전쟁으로 리비아 일대, 에티오피아, 에리트레아, 소말리아를 점령해 이탈리아령 동아프리카를 건설하고 이탈리아 제국(Impero italiano)을 선포했다.
**** 서구 세력에 대항하기 위해 일본을 중심으로 '아시아인이 공동으로 번영을 누릴 수 있는 권역'을 건설해야 한다는 주장으로 쇼와 시기 일본제국 정부와 군부에서 고안했다. 자원 부족과 경제 제재에 시달리던 일본제국의 영토 확장 전쟁을 정당화하려는 정책이자 선전 구호로 사용되었다.

서 보여주고자 하는 세 번째 핵심 주장이다.

적대적 개발과 기술 이전 그리고 "경제적 독립" 추구

"반란군들"은 미국과 벌어진 발전 격차를 1930년대의 기술 이전으로 줄이고자 노력했다. 소련은 그 격차가 상당했다. 1920년대에 러시아는 산업이 미미한 농업 국가로, 볼셰비키도 잘 알았듯이, 제1차 세계대전이라는 시험에서 실패한 상태였다. 러시아의 상대적 약점, 볼셰비키가 "후진성_otstalost_"이라는 용어로 표현한 암울한 사실은 1920년대의 정치 논쟁과 1930년대의 경제 정책을 촉발했다. 소련의 후진성을 극복하는 일은 중요한 정치적 목표로 남았다.

따라서 솔직해지는 순간에 마르크스주의의 어휘들은 추격 발전이라는 돋보이는 수사의 뒷전으로 밀려났다. 1925년에 스탈린은 농업 국가인 소련이 해외에서 기계를 얻으려면 농산물을 수출해야 한다고 주장했다. 스탈린은 소련이 계속 "이러한 발전 수준에 머문다면, 자본주의 [세계] 체제의 부속품"으로 전락할 것이라고 경고했다. 1933년에 스탈린은 제1차 5개년 계획의 "기본과제"를 다음과 같이 요약했다. 첫째는 "조국을 후진적이고 때로 중세적이기까지 한 기술에서 새롭고 현대적인 기술로 인도하는 것"이고, 둘째는 "조국을 자본주의 국가들의 변덕에 의존하는 약한 농업 국가에서 세계 자본주의의 변덕에서 독립한 강력한 산업국가로 전환"하는 것이다. 1941년 경제학자들의 모임에서 스탈린은 마르크스와 엥겔스를 "인용해 논하는 것"을 멈추고, "금속과 기계를 우리 수

중에 넣고 자본주의 경제에 더는 의존하지 않는 지점에 도달하고자" 국가 권력을 이용해 경제를 산업 발전으로 추동하는 "계획의 주요 과제"를 파악하라고 지시했다. 제2차 세계대전 이후 스탈린의 군수 생산 전선 총사령관이었던 니콜라이 보즈네센스키Nikolai Voznesenskii는 소련이 독일에 승리한 공은 제1차 세계대전과 정반대로 소비에트연방의 "독립과 군사 경제력"을 보장한, 레닌 이후 일어난 "사회주의 산업의 발전" 덕분이라고 치하했다.[35] 즉 산업화는 순전히 이데올로기적 선호의 문제는 아니었다. 산업화는 경제적으로도, 군사적으로도, 정치적으로도 중요한 문제였다. 이러한 인식은 "조국"이라는 강력한 국가적 사명감과 강한 문명적 함의를 지닌 "경제적 독립"이라는 광범위한 개념에 의해 고착되었다.[36]

최근 많은 연구자가 환기했듯이, 히틀러와 국가사회주의자들의 대규모 군사경제 전략은 세계 경제 안에서 자신들의 상대적인 열세를 스스로 평가한 데 반응한 것이기도 했다.[37] 히틀러는 미국을 실존적 위협이자 매우 유익한 발전 모델을 알려주는 강력한 경제 세력으로 파악했다. 교육적인 부분은 대륙에 이르는 영토와 대량생산 능력 간의 독특한 조합이 미국인에게 엄청난 "생활 수준"을 제공했다는 점에 있었다. 히틀러에게 매우 소중한 개념인 "생활 수준" 말이다. 1928년에 히틀러는 "유럽인은 항상 의식하는 것은 아닐지라도 미국인의 생활 조건을 기준으로 삼는다"라고 기술했다.[38] 이것은 현대 세계의 어느 국가라도 열망하는 기준이었다. 그러나 이는 실존적 위협이기도 했다. 미국의 엄청난 경제력은 세계 시장에서 다른 나라들을 점점 더 압박했고, 그들이 미국을 따라잡는 일은 불가능해졌다. 특히 미래 잠재력을 가장 잘 보여주는 부문인 자동차 산업에서 독일의 열악한 생산자들은 말라 죽을 운명에 처했다. 대공황이

깊어질 무렵, 히틀러는 유세 연설에서 미국의 압도적인 경제적 위협에서 상당 부분 기인한 "세계적 재앙"이 임박했음을 종말론적 어조로 말했다. 어떻게 독일 산업이 "생산 능력이 무한한 거대 국가"인 미국과 경쟁하기를 바랄 수 있겠는가? 세계 시장에 의존하는 어리석음이 대공황으로 만천하에 드러나지 않았는가? 그 대신에 이제 독일인은 "세계 경제라는 유령"과 등지고 "자신의 힘으로 세계에서 필요한 것을 확보"할 수 있는 경제적 독립과 군사적 독립을 모두 갖춘 국가를 건설해야만 했다.[39]

확실히, 미국에 비해 저개발 상태에 있다는 나치와 소비에트의 자기 진단은 모두 실존적인 이데올로기적 고뇌로 완전히 젖어 있었다. 그러나 이러한 진단이 제시하는 처방은 매우 간단하고 명료했다. 미국의 방식으로 미국을 이기자는 것이다. 바이마르 우익*의 일원으로 포드주의의 가장 강력한 지지자이기도 했던 테어도어 뤼데케Theodor Lüddecke는 독일이 "미국의 사냥감"이 되기 전에 "미국의 수단과 메커니즘을 연구"할 필요가 있다고 말했다.[40] 마찬가지로 소비에트에서 포드주의의 열렬한 옹호자였던 아르세니 미하일로프Arsenii Mikhailov는 5개년 계획의 목표는 "가장 진보한 미국의 기술로 신속하고 완전한 전환"을 요하는 것이라고 주장했다.[41]

이러한 행동 방침의 결과로 고리키 "거대 자동차 기업"인 가즈가 설립되었다. 가즈는 미국 기술을 대규모로 이전하고, 이를 위한 준비가 거의 안 된 사회적·경제적 환경 속에서 그 기술을 토착화하려는 비범한 시

---

* 바이마르공화국은 1919년 2월 바이마르에서 제정된 공화제 헌법을 딴 독일의 공화국 체계 이름으로 정식 국호는 아니다. 주로 중도 성향의 우파와 좌파에 의해 성립되었지만, 독일 국가인민당과 국가사회주의 독일 노동자당(나치당)과 같은 우익, 극우 성향의 정당을 폭넓게 포괄했고, 1933년 히틀러와 나치당이 집권하며 해체되었다.

도를 잘 보여준다. 소비에트 노동자들과 엔지니어들은 디트로이트에서 가져온 것들을 취하려고 고군분투했다. 그러나 엄청난 희생과 낭비를 했는데도 소비에트는 십 년이 지난 후에야 중앙러시아에 대량생산이 가능한 자동차 산업을 실현할 수 있었다. 이 이야기는 3장에서 살펴본다. 독일은 소련에는 없는 심도 있는 국산 기술력을 일부 활용했기에 비교적 쉽게 포드주의를 흡수할 수 있었는데, 그 결과는 이중적 수용이었다. 폭스바겐 공장은 포괄적 복제라는 소비에트의 전략을 그대로 좇았다. 그러나 나치 체제는 여기서 그치지 않고 독일에 지사를 두고 있던 포드와 제너럴모터스의 산업적 혜안까지 자신의 목적에 맞춰 활용하고자 시도했고, 대부분 성공했다. 협박과 인센티브의 거미줄로 미국인들을 옭아맨 나치 체제는 대량생산 기술을 독일로 이전하는 데 달러 보조금까지 받아낼 수 있었다. 이 과정은 4장에서 자세히 설명한다. 5장에서는 자동차 대량생산을 취하려는 나치와 소비에트의 노력이, 두 체제가 제2차 세계대전에서 맞붙어 서로 군사 물자를 쏟아부었을 때 어떤 성과를 거두었는지 살펴본다.

맥락: 전략적 산업 정책과 개발 체제

기술 이전을 개발 경쟁 전략으로 바라보는 관점은 자동차 산업과 그 대량생산 기술을 손에 넣으려고 다툰 국가들의 전 세계적인 산업 경쟁이라는 배경 위에서 소비에트와 나치의 노력을 이해하도록 해준다. 정치인들과 산업가들은 특유의 이중적 행보로 미국 자동차 제조사들의 기술을 습득하면서도 자국 시장에 대한 그들의 지배력은 줄이고자 했다. 일본은 제1차 세계대전 이후 자동차 산업이 존재하지 않았으므로 1920년대에는 포드와 제너럴모터스GM사가 일본에 조립공장을 세워 내수 시장의 자동차 수요를 모두 충당했다.

그러나 1930년대 중반부터는 군국주의 정부에서 군산 자동차 생산을 육성하려는 일본 산업가들의 초보적인 시도를 지원하기 시작했다. 1936년에 정부는 악명 높은 자동차 제조사업법Automobile Manufacturing Enterprise Law을 통과시켰다. 이 조치로 미국 회사들을 차별하고 자동차 수입에 불이익을 주는 한편, 닛산과 토요타처럼 미국에 비해 약하고 미숙한 생산자들이 투자를 확대하고 기술을 개선하도록 독려했다. 이러한 조치들은 결국 GM사와 포드사를 일본 시장에서 퇴출하고, 닛산과 토요타가 미국 기업들의 공장 기계류를 인수해 그들의 노동자와 엔지니어들을 고용하도록 허용했다.[42]

이탈리아 정권 역시 제1차 세계대전 이후 짧은 기간만 미국 자동차 제조사들의 진출을 용인했다. 1929년에 무솔리니는 미국식 경쟁이 국내 자동차 산업을 황폐하게 할 거라고 목소리를 높이며 이탈리아 진출을 확장하려는 포드사의 시도를 직접 방해했다. 그 대신 무솔리니는 토리노에 기반을 둔 자동차 제조사 피아트를 지원했는데, 피아트는 무솔리니 정권의 억압적인 노동 정책의 덕을 보았을 뿐 아니라 군납, 수출 장려 계획, 미국 기술을 들여오려는 아낌없는 외환 할당까지 혜택을 받았다. 결국, 포드사와 GM사는 이탈리아 시장에서 철수했고, 피아트는 자체적으로 루즈 스타일Rouge-style의 초대형 공장을 건설했다.[43] 1939년에 문을 연 피아트의 미라피오리 공장은 나치의 폭스바겐 프로젝트와 흡사했다. 그것은 선전 목적으로 가치가 있는 파시스트의 애물단지였을 뿐 아니라 정권이 전 세계 산업 서열에서 그 순위를 바꾸려고 얼마나 부지런히 노력했는지 보여주는 기념비이기도 했다. 전쟁 기간에 무솔리니는 포드를 이탈리아에서 몰아낸 일을 여전히 자랑스러워했고, 군사적 패배가 "우리 자동차 산업의 종말"을 가져올 것이라고 경고했다. 그렇게 되면 이탈리아는 비교 우위라는 19세기 논리에 다시 굴복하고 "이탈리아의 영원한 적들이 늘 원했던 그곳", 다시 말해 유럽 지도 남쪽 끝에서 겨우 이름을 확인할 수 있는 작은 나라로 돌아가야 했다.[44]

그러나 미국 자동차 산업에 대한 고압적인 전략적 정책은 독재국가들만의 전유물은 아니었다. 능력 있는 모든 국가는 디트로이트로부터 기술을 이전하도록 장려하면서도 자국 생산자들을 강화하고자 노력했고, 이로써 사실상 기술기법의 수입은 지원하면서도 자동차 수입은 억제했다.[45] 이러한 조치를 실현하는 수단에는 늘 있는 관세, 국내 카르텔을 조직하는 노력, 미국 기업과 전략적으로 합작하려는 요청이 포함되었다. 포드사와 GM사는 관세 문제에 직면하자 영국, 바이마르 독일, 프랑스, 스칸디나비아를 비롯한 서유럽 전역에 완제품 제조 공장을 설립했다. 미국의 기업들은 이들 모든 지역에서 자국 기업들과 정부 간에 맺은 동맹으로부터 거센 역풍을 맞았는데, 이들은 국가 소유 지분을 늘리고 현지에서 조달하는 물품의 비율을 높여 "국내" 생산자로서 자격을 갖추라고 미국 기업들에 강요했다.[46] 바이마르 독일, 영국, 프랑스 정부 들은 자국 기업들이 합병해 미국 기업들에 맞서라고 반복해서 권유했다. 비록 이러한 합병 계획은 경쟁 업체들 사이에 조건을 합의하기 어려워 대부분 무산되었지만 말이다.

미국 외에 가장 강력한 자동차 산업을 보유한 프랑스도 미국과 경쟁하는 일은 극도로 경계했다. 프랑스의 민족주의 사업가 루이 르노Louis Renault(1877~1944)는 1931년에 루즈 공장을 돌아보고 돌아와 프랑스의 자동차 산업이 "심각한 위협에 처했다"고 설파하며, "모든 것이 바뀌어야 한다"라고 주장했다.[47] 르노는 디트로이트에 지속적으로 엔지니어 대표단을 파견하는 동시에 역대 프랑스 정부들에 국내 산업에 대한 보호와 육성을 촉구하는 로비를 벌였다.[48]

이러한 광란의 산업 정치는 소비에트와 나치가 국산 포드주의를 얻으려고 노력하게 만든 가장 큰 맥락을 마지막으로 알려준다. 그 맥락은 1930년대에 진행된 세계 경제의 대규모 구조조정이다. 당시는 19세기에서 물려받은 전 세계적인 분업을 뒤엎으려고 지역, 국가, 엘리트들이 전방위적으로 노력하던 시기였다. 전 세계적으로 대공황은 "거대한 분업"에 대한 반란을 촉발했다. 중앙유럽, 아시아, 라틴아메리카, 아프리카에 있는 원자재 수출국과 북서 유럽·북미 제조업 벨트에 있는 산업 중심지로 세계를 양분한 바로 그 분업 말이다.[49] 대공황으로 이탈리아, 일본, 독일, 소비에트연방에 부과된 국제수지 압박은 세계 주변부의 수출경제에도 동등한 고통을 안겼다. 이제 더는 판로가 없는 곡물로는 공산품을 살 수 없게 되자 전 세계의 주변부 국가들은 금본위제를 버렸고, 수입을 대폭 줄였으며, 산업화를 시작했다.[50] 현대 자동차 산업 부문은 아직 라틴아메리카, 중동, 아시아 국가들의 손이 닿지 않는 곳에 있었지만, 그럼에도 그 국가들은 보통 직물로 시작해 종종 철강 산업에 이르기까지 자국 산업을 건설하고 강화하려고 힘썼다. 그 시대를 산 뉴질랜드의 한 경제학자가 말했듯이, "대공황은 산업혁명을 멈춰 세운 것이 아니라 사실은 … 가속했다."[51]

근대화 너머의 20세기 역사

이러한 전 세계적인 개발 경쟁이라는 맥락은 소비에트연방과 나치 독일이 1930년대의 세계에 거주한 장소를 새롭게 생각할 여지를 준다. 소련학, 근대화론, "전체주의론totalitarianism"과 같은 냉전의 분석틀이 종 말을 고한 이후 두 체제를 다루는 두 가지 주요한 분석 방식이 등장했다. 첫 번째 방식은 20세기의 최정점에 있는 "어두운" 혹은 "자유를 제한하 는" 근대성을 상정했다. 이 방식을 따르는 학자들은 나치즘과 스탈린주 의를 계몽주의 프로젝트 자체에 내재한 깊은 모순이 드러난 것으로 해석 함으로써 근대화에 대한 낙관적 자부심을 과시적으로 뒤엎었다. 그들은 자유주의 체제와 반자유주의 체제 모두가 사회공학, 하향식 균질화, 생 명정치, 과학주의뿐만 아니라 근대주의의 문화적·지적 감수성에 이르기 까지 근대성을 상징하는 특유의 표지를 포용했다고 지적했다.[52] 이러한 비평에 대해 다른 일군의 학자들은 거세게 반응했다. 그들은 자유주의의 규범적 약속을 단호한 어조로 재차 확인하며 파시스트 혹은 공산주의자 들은 오직 근대성을 모방하는 데 성공했을 뿐이며, 말 그대로 공허한 "위 장"에 불과한 이러한 모방은 그것을 지탱할 민주주의와 자유주의를 과시 하지 않고는 실패할 수밖에 없다고 주장했다.[53]

최근 연구자들은 좀 더 세계적인 시각으로 렌즈를 확장함으로써 이 러한 논쟁을 초월하고자 했다. 대표적 움직임은 전간기의 이념 경쟁을 가로지르는 차용과 상호작용에 세심한 주의를 기울인 새로운 비교연구이다. 이러한 문헌들에서 가장 흥미로운 비교 대상은 계획을 위한 시장의 포기, 전례 없는 경제 관리의 실시, 노동 서비스의 구축, 복지 시스템의 확장, 공공사업의 후원과 같은 방식으로 곳곳에서 대공황에 대응했던 대담한 국가들이다. 나치와 소련이라는 국가가 자행한 폭력이 여전히 도드라져 보이지만, 이 문헌들은 전반적으로 근대화론에서 유래한 극명한 이분법을 뒤흔드는 효과를 발휘했다. 이제 우리는 때때로 "복수의multiple" 혹은 "뒤엉킨entangled"이라는 수식어로 묘사되는 "근대성들modernities"을 목격한다. 1930년대는 공유된 초국가적 위기 속에서 [사회적] 실험을 하는 실험실로 그 모습을 드러냈다. 일종의 세계적인 반세계성의 시대로, 당시 국가들은 자국의 사업에 몰두하면서도 국경 너머를 시기 어린 눈초리로 주시했다. 근대화론이 전간기 정치적 선택들을 한 국가의 역사적 궤적에서 추적했다면, 새로운 문헌들은 그러한 선택들을 제1차 세계대전 이후 혼란과 경제 불황이라는 공동의 난제에 대처하는, 각기 특정 이데올로기로 굴절된 경쟁적인 대응으로 바라보았다.[54]

이 책 역시 1930년대의 세계를 초국가적 교환이 활발하던 곳으로 바라본다. 그러나 이 책의 목표는 뒤엉킴이라는 익숙한 서사에 그냥 새로운 층위 하나를 더하는 데 그치지 않는다. 그 대신에 이 책은 여기서 다룬 상호작용들을 새로운 방식으로 이론화하자고 제안한다. 즉, 이 현상은 미국을 기준점으로 한 적대적 개발 경쟁이라는 정치-경제 논리에 따라 발생한 일로 이해해야 한다. 기술 이전은 이데올로기를 넘나드는 외도 이상의 행위이다. 개발 경쟁이라는 논리 자체에 대립적이고 격렬한 초국가적 참여가 **필요했다**. 추격 발전의 자명한 이치는 추격하고자 하는 자가 자본과 기술을 위해 그들이 모방하고 도전하려는 이들에게 의존해야 한다는 점이다. 이 자명한 이치는 "복수의 근대성" 문헌들이 자아내는 인상을 의심해야 한다고 알려준다. 즉, "전간기 접합"은 일반적 위기로 이해할 수 있거니와 그 위기에 대한 모든 대응은 공통 과제를 변주한 것에 불과했다.

개발 경쟁에 관해서라면 미국, 소련, 나치 독일이 직면한 도전은 분명 같지 **않았다**. 미국의 경제, 기술 수준을 기준으로 후진성을 측정한 만큼 미국인은 그 정의상 당연하게도 후진성이라는 고통을 면할 수 있었다. 그러나 소비에트연방같이 이념적으로 궁지에 몰린 후발 개발국에 후진성은 실존적 위협이 되는 듯했다. 팽창주의적 군사산업국가인 나치 독일은 상대적인 저개발도 마찬가지로 용납할 수 없는 것을 알았다. 순채권국이자 기술 선도국인 미국은 만성적인 외화 부족(가장 중요한 것은 보유고에 비축된 금, 달러, 파운드화의 부족)이 나치와 소비에트의 산업 프로젝트에 부과한 것과 같은 제약에서 자유로울 수 있었다. 앞으로 살펴보겠지만, 디플레이션으로 치닫는 세계 시장의 맥락에서 전 세계의 모든 채무자를 괴롭힌 외환 긴축은 소비에트와 나치의 경제 정책 입안자들이 직면한 골치 아픈 문제 중 하나였다.

마찬가지로 농업 수출국인 소비에트와 전통적으로 대외무역에 의존하는 산업국가인 나치 독일 사이의 큰 격차는 그들이 직면한 도전과제를 분리했다. 미국의 기술을 전용하려는 각 체제의 전략은 이러한 차이에 비추어 이해해야 한다.

이러한 시각으로 1930년대를 보면 "세계 경제 관계가 과연 누구의 조건에 따라 결정될 것인가"를 두고 격렬하고 점점 더 폭력적인 경쟁이 펼쳐진 투기장의 모습이 떠오른다. 국제 분업에서 누가 산업과 기술의 발전 형태를 결정하고 국제 분업의 장에서 권력의 분배를 좌우할 것인가? 이러한 관점은 1930년대를 세계화라는 갖가지 양식들의 형성과 파괴를 두고 투쟁한 시대, 전 세계적인 개발 경쟁의 장에서 자본, 상품, 기술에 대한 요구가 충돌한 시대로 파악한다.

이러한 방식으로 전간기를 다시 읽으면, 마침내 우리는 20세기를 전반적으로 재고할 근본적인 질문들과 마주하게 된다. 첫째, 최근 20세기는 "개발의 시대"로 불리거니와, 그것을 문명화의 사명이든 전문성의 자애로운 수여로 표현하든 간에, 개발을 세계로 수출하려는 서구의 노력이 특징적으로 나타난 시대였다.[55] 이러한 노력은 서양의 제국주의 계획이라는 긴 역사 안에 쉽게 배치될 수 있으며, 포드주의의 확산 또한 이러한 맥락에서 서술되곤 한다.[56] 그에 반해 전간기 개발 경쟁 내에 [배치된] 국가가 후원한 포드주의의 역사는 개발의 세기에 대한 사뭇 다른 전경을 보여준다. 개발의 세기에 나타난 산업 고도화는 미국이라는 제국의 명령이 아니라 오히려 이에 맞서는 반란에서 기인한 것으로, 자발적 성격을 띤다. 개발의 열망은 중심부에서 나온 것이 아니라 반➕주변부에서 출현했다. 또한 그들의 프로젝트는 온정주의적으로 부과된 근대화에 대응한 것이 아니라, 세계 경제 질서의 조건을 두고 다툰 국가들의 정책에서 도출되었다. 이러한 시각을 바탕으로 우리는 1930년대의 적극적 국가를 과거 해밀턴, 리스트, 메이지 유신*의 중상주의와 전후 일본, 한국, 오늘날의 중국 같은 개발국가와 연결 짓는 산업 정치의 계보를 파악할 수 있다. 이러한 지형도는 아직 완성되지 못한 채 역사학자들을 기다리고 있다.[57]

둘째, "복수의 근대성"에 대한 저작들은 찰스 마이어의 고전적 진술에서 표현된 20세기의 "도덕적" 서사를 제거하지 못했으며, 사실상 강화했다.[58] 그러한 서사에서 대공황과 전쟁의 재앙은 역사의 정상 진로에서 벗어났다가 복귀하는 사건으로 나타난다. 전후 미국의 원조 아래 재건된 자유 진영의 국제질서에 비추어 전간기를 끔찍한 우회로로 서술하고 싶은 유혹이 여전히 남아 있다.[59] 그러고 나면, 1945년 이후의 소비에트 공산주의는 역사의 시계가 멈출 줄 모르고 돌아가는 가운데 그대로 머물러 있는 전간기의 좀비처럼 보인다. 그리고 이러한 인상은 1990년대에 "실제로 존재하는 사회주의"가 붕괴되면서 정당성을 얻은 듯했다.[60] 이러한 끈질기게 이어지는 20세기 개념과 근대화론의 메타 서사를 연결하는 긴밀한 친연 관계는 명백하다.[61]

마이어는 이러한 서사, 즉 도덕적 진보와 퇴행이라는 거대한 개념을 중심으로 역사가 돌아간다는 서사를 "경제 발전이나 대규모 제도 변화"에 주목할 수 있는 가설적인 "구조적" 서사와 나란히 놓았다.[62] 이와 관련해 1930년대 사람들이 심오한 구조적 전환의 표지로 20세기를 정확하게 언급했다는 것은 놀라운 일이다. 전시에 그의 시대가 일으킨 변화를 고찰한 칼 폴라니Karl Polanyi(1886~1964)는 "19세기 문명은 붕괴했다"라는 문장으로 서두를 열었다.[63] 폴라니는 1930년대의 포스트 자유주의자들과 마찬가지로 심오한 방향 전환이 진행되고 있음을 감지했다. 이 변화

---

* 미국의 초대 재무장관이었던 알렉산더 헤밀턴(Alexander Hamilton, 1755(7)~1804)은 영국에 대항하려고 영국 상품에 대한 수입과 소비를 금지하는 정책을 시행했고, 독일의 경제학자 게오르크 프리드리히 리스트(Georg Friedrich List)는 미국과 영국의 선진 경제에 맞서 독일 산업을 육성하기 위한 보호 무역론을 주장했다. 막번 체계를 해체하고 천황 중심의 통일 권력을 확립한 메이지 유신(1868)도 부국강병을 위해 중상주의 정책을 채택했다.

를 역사적으로 중요한 "제도적 전환"으로 여긴 폴라니는 이를 **거대한 전환**Great Transformation이라고 했다.[64] 폴라니는 20세기의 시대 구분을 다른 방식으로 제시했는데, 여기서 전간기는 일탈의 시기가 아니라 20세기의 받침점이 되는 시기로 등장한다. 자유주의적·제국주의적 원칙에 기초한 통합된 세계라는 전망이 무너지고 적극적 국가가 지휘하는 전략적이고 경쟁적인 산업 고도화의 시대가 열리면서 세계 경제 질서의 구조가 재구성되는 중대한 전환이 일어났다. 우리 시대 관점에서 볼 때, 1945년 이후 미국의 원조로 재건된 자유 진영의 질서는 이와 같은 깊은 전환을 가릴 가능성이 있다. 전후 포드주의의 대량생산 공장은 어쨌든 1930년대 세계의 유산이었다. 이전 시기의 바위와 퇴적물로 지어진 궁전처럼, 전후 질서는 그 이전 시대의 반자유주의의 토대 위에 세워졌다.[65] 이 책의 목적은 1930년대라는 세계를 20세기에 대한 "구조적" 서사 내에 위치 짓고, 이로써 오늘날에야 그 중요성을 파악하기 시작한 국가 주도 방식의 경쟁적인 경제 정치economic politics가 1930년대의 "거대한 전환"에 뿌리를 두고 있음을 이야기하는 것이다. 이러한 뿌리를 추적하는 것이 바로 이 책의 관심사이다.

우리는 이 이야기를 20세기의 수도이자 현대 산업화의 성지인 디트로이트에서 시작한다.

1장

포퓰리즘에서 찾는
대량생산의 뿌리

회사의 중요한 목표는 자동차를 만드는 것뿐 아니라 돈을 버는 것이다.
—알프레드 P. 슬론

제조업 회사의 중요한 목표는 생산하는 것이고,
그 목표가 달성되면 금융은 전적으로 부차적인 문제가 된다.
-헨리 포드

1937년 디트로이트로 기차여행을 떠나보자. 먼저 뉴욕 시내에서 기차를 타고 허드슨강을 따라 북쪽으로 올라가다 올버니를 지나 뉴욕주의 북쪽 끝단에 있는 버펄로까지 이동한다. 일정이 된다면 나이아가라 폭포를 구경해도 좋다. 여행의 다음 구간에서는 안락한 특별 객차의 오른쪽 좌석을 예약하기 바란다. 열차가 남쪽 해안선을 따라 이동하는 동안 이리호의 멋진 풍광을 감상할 수 있다. 클리블랜드와 톨레도를 지나고 오른쪽 창으로 디트로이트강 건너에 캐나다가 언뜻 보이면, 마침내 디트로이트 남쪽 외곽까지 접근한 것이다. 기차가 철교를 지나 루즈강을 건너면 포드 공장의 굴뚝들이 보이고, 디트로이트 서쪽 지역 인근을 가로질러 미시간 중앙역에 도착한다. 현재는 폐허만 남았지만 그때는 아르데코art deco 양식으로 아름답게 지은 복잡한 종착역이 높이 솟아 있었다.

여기서부터는 택시를 이용한다. 미시간 진입도로를 따라 시내로 짧게 이동하면서 신고전주의 마천루가 즐비한 자동차 도시의 젊음과 활기를 확인할 수 있다. 여유가 있다면 북 캐딜락호텔에 하룻밤 묵으면서 엔지니어, 경영자, 각국 대사, 왕족, 국가 원수 등 많은 저명인사와 어울리며 자동차 도시의 전성기를 누려보길 바란다. 그런 다음 도시의 자동차 명망가들이 후원하는 디트로이트 심포니의 본거지 오케스트라 홀까지 몇 블록 걸어보거나 아니면 가까운 은행가로 가서 도시의 금융 중심 페놉스코트빌딩의 현대적 화려함을 느껴보는 것도 좋다.

물론 21세기에는 디트로이트에 가려고 기차를 타는 사람은 없다. 그러나 이 도시가 한창일 때는 기차가 쉴 새 없이 미국 제조업의 젊은 심장 디트로이트로 은행가들과 자동차회사 임원들, 이민 노동자들과 폭력배들, 언론인들과 엔지니어들을 실어 날랐다. 1937년 10월, 독일의 자동차 제조사 오토-유니온Auto-Union의 기술책임자 윌리엄 베르너William Werner가 디트로이트를 방문했을 때도 이러한 경로를 따랐다. 베르너는 브레멘에서 출발해 대서양을 건너 뉴욕항에 도착한 뒤 기차를 타고 디트로이트까지 갔다. 그는 북 캐딜락호텔에 머물며 호텔 객실에 비치된 메모지를 편지지 삼아 작센주 켐니츠에 있는 가족들에게 소식을 전했다. 베르너는 자동차 엔지니어로 구성된 대표단 일곱 명 가운데 책임자였는데, 이들은 미국의 자동차 제작자들이 사용하는 최신 대량생산 기술을 광범위하게 조사하는 임무를 맡았다. 베르너와 그의 일행은 미국과 독일 양국의 자동차 무역협회가 제공한 연줄을 이용해 포드사와 제너럴모터스GM사를 소개받았다. 베르너는 "이례적인 환대를 받았다"라고 기록했다. GM사는 운전기사를 제공했고 포드사는 3일 동안 집중 조사를 하도록 공장문을 열어주었는데, "이와 유사한 기회를 누린 사람은 분명 드물었다."

대서양을 오가는 엄청난 교통량을 증명이라도 하듯이 베르너의 방문은 다른 유명 인사들의 여정과 겹쳤다. 11월에는 독일 자동차 판매자 연맹German Federation of Car Dealers이 뉴욕에서 열리는 자동차 박람회에 참석했다. 그보다 앞선 6월에는 폭스바겐의 디자이너이자 이후 장차 그의 이름을 따게 될 국가 후원 공장의 운영자로 막 임명된 페르디난트 포르셰Ferdinand Porsche(1875~1951)가 자신의 엔지니어 그룹을 이끌고 디트로이트로 왔다. 포르셰는 계획 단계에 있는 자신의 새로운 공장에 갖출 아이디어와 기계류, 숙련된 기술자를 찾고 있었다. 포르셰의 엔지니어 중 몇몇은 가을까지 머물며 기계류를 구입하고 전문가들을 모집했다. 독일 엔지니어 대표단은 가장 나중에 디트로이트를 방문한 그룹들 중 하나였을 뿐이다. 일 년 전에는 이탈리아 자동차 제조사 피아트 대표단이 방문했다. 대표단에는 수석 엔지니어 람발도 브루스키Rambaldo Bruschi는 물론 파시스트 이탈리의 최고 건축가 중 한 명인 비토리오 보나데 보티노Vittorio Bonadè Bottino가 포함되었는데, 그는 토리노 외곽에 세울 거대한 미라피오리 공장을 설계할 임무를 맡았다.[1]

베르너와 그의 엔지니어 그룹은 꽉 짜인 일정을 따라 2주 동안 12개 공장을 방문했다. 첫 방문지는 GM의 사업부였다. GM사가 디트로이트에서 북쪽으로 65킬로미터 떨어진 폰티악에 1933년 건설한 공장으로 방문 당시에는 노동자 2만 명 정도가 일하고 있었다. 독일 엔지니어들은 그곳 주물공장에서 "유달리 좋고 현대적인 인상"을 받았다고 기록했다. 기계 작업장에서는 정교한 흐름 생산 방법과 복잡한 작업 분할에 경탄했다. 최종 조립라인은 "길이가 1킬로미터"라고 사실적으로 보고했다. GM 공장의 현대적인 기계설비에 대한 상세한 내용이 그들의 보고서에 기록되었다. 예를 들어, 그들은 세 번을 찍어 눌러 금속판을 자동차 지붕으로 만드는 유압 프레스의 정교함과 14대의 배터리로 몇 분 만에 차체 하나를 접합하는 용접기의 성능을 인정했다.

각 공장에서 독일 엔지니어들은 사진을 찍고 광범위한 분야에서 기술 노트를 작성했다. 최종 보고서는 몇 주간 편집을 거쳐 기계류와 작업 공장을 찍은 고품질 사진과 자세한 기술 설명들로 가득 찬 수백 페이지에 달하는 분량으로 만들어졌다. 독일의 엔지니어들은 나름대로 충분한 자격을 갖춘 전문가였던 만큼 쉽게 감동하지 않았고 적절하다고 판단하는 부분에서는 비판적 논평을 아끼지 않았다. 예컨대, 패커드Packard의 공장은 "완전히 구식"이었고, 쉐보레Chevrolet의 용광로는 "확실히 열악한 작업 조건"과 "견디기 어려운 소음"으로 좋지 않은 인상을 주었다.

그러나 한 공장에 대해서는 독일 엔지니어 모두 칭찬만 남겼다. 디트로이트시 서쪽 경계에 있는 포드의 거대 공장 리버 루즈를 방문한 일은 그들이 적었듯이, 그야말로 미국 체류의 "클라이맥스"가 되었다. 포드의 최측근 중 한 명인 조 갈람브Joe Galamb가 베르너와 그의 엔지니어들을 위한 특별 안내를 맡았다. 그들의 답사는 1930년대 말에 이곳을 찾아온 방문객 수천 명과 마찬가지로 포드 로툰다Ford Rotunda에서 시작했다. 기어 세트를 닮은 형태의 6층짜리 흰색 구조물인 로툰다는 본래 앨버트 칸Albert Kahn(1869~1942)이 1933년 시카고에서 열린 '진보의 세기 세계 박람회Century of Progress World's Fair'를 위해 설계한 원형 홀이었다. 1936년 5월, 포드는 이 로툰다를 디어본으로 옮겨와 방문객 센터로 사용했다. 로툰다 안에서 베르너와 그의 일행은 세계로 퍼진 포드자동차회사의 사업을 전시해 놓은 유명한 지구본 앞에서 경탄했고, 넓은 대리석 판에 새겨진 헨리 포드의 인용문과 루즈 공장의 작업을 보여주는 광고판 크기의 사진 벽화도 감상했다.

로툰다에서 공장 부지까지는 버스로 금방 도착하는 거리였다. 베르너 일행은 출입구를 통과해 세계적으로 명성이 자자한 복합 산업 단지에 들어섰다. 완전한 생산능력에 도달한 1920년대 이후 루즈 공장은 엔지니어와 예술가, 언론인과 관광객, 비평가와 사진작가 들을 끌어들였다. 〈인더스트리얼 매니지먼트Industrial Management〉, 〈월즈 워크World's Work〉, 〈사이언티픽 아메리칸Scientific American〉 같은 정기 간행물에 실린 상세한 특집 기사로 루즈 공장의 운영이 대중에게 소개되었다.

1928년, 〈배터니 페어Vanity Fair〉에는 찰스 실러Charles Sheeler (1883~1965)가 찍은 루즈 공장 고해상도 연재 사진이 특집으로 실렸는데, 이 사진은 산업사진이란 무엇인가, 그 작품의 형태를 규정하는 상징적인 작품이었다. 1933년, 에드셀 포드Edsel Ford(1893~1943)의 후원을 받은 멕시코의 예술가 디에고 리베라Diego Rivera(1886~1957)는 디트로이트 미술관에 전시한 세계적으로 유명한 프레스코화 작품들로 루즈 공장을 불멸의 존재로 만들었다.

베르너를 맞이한 루즈 공장의 모습은 누구나 인정했듯이 장관이었다. 이곳에서 자동차를 만드는 데 들어간 무수한 공정은 하나로 합쳐져 실러의 표현처럼 눈부신 "기계적 발레ballet mécanique"가 되었다. 배들은 오대호를 건너 광석과 석탄을 가져왔다. 루즈 공장 부두에 배가 정박하면, 화물들이 쉭쉭거리며 타오르는 용광로로 쏟아졌고, 용광로는 다시 주물 공장으로 원료를 공급했다. 이동 컨베이어를 타고 쇳물 폭포 아래를 금형이 지나가면 엔진 블록, 크랭크축, 피스톤, 브레이크 드럼 같은 자동차 내부 부품이 주조되었다.

별개 흐름으로 백열 상태까지 달궈진 철이 용광로에서 제철소로 천

천히 이동했고, 그곳에서 거대한 압연기로 얇은 판으로 눌려 차체와 펜더*로 만들어졌다. 다음으로 컨베이어가 미가공 부품들을 서로 맞물려 끽끽 소리를 내는 기계 작업장으로 보내면 거대한 전동기구들이 그것들을 절단, 천공, 연마해서 형태를 만들었다. 이렇게 피스톤, 기어, 플라이휠, 점화 장치 등으로 가동된 부품은 모터 조립공장에서 엔진 블록과 만났다. 유리, 타이어, 스프링 공장으로부터 지류를 공급받는 또 다른 일련의 컨베이어들이 차체와 엔진을 최종 조립라인으로 밀어 넣었다. 루즈 공장 홍보부의 말이 사실이라면, 재료로 사용되는 광석이 배로 도착한 지 정확히 28시간 만에 완성된 자동차가 굴러 나왔다.[2]

루즈 공장 방문객들에게 가장 깊은 인상을 남긴 것은 생산 과정을 동기화하여 서로 이어지는 무수한 지류 시스템을 만들고 최종적으로 완성 조립라인 쪽으로 나오게 하는 정확한 조정이었다. 이것은 "흐름 생산flow production(독일 표현으로는 Fließfertigung, 러시아 표현으로는 *potochnoe proizvodstvo*)"을 완벽하게 구현한 것이다. 눈부신 기량을 보인 루즈 공장의 상징은 자동 컨베이어였다. 공장 안은 중력 컨베이어, 버킷 컨베이어, 나선형 컨베이어, 이동 벨트, 트롤리, 전기 및 휘발유 트랙터, 전동차, 이동 플랫폼, 온갖 종류의 크레인, 증기·전기 기관차, 케이블카 등 상상할 수 있는 거의 모든 동력장치로 가득 찬 복잡한 미로를 닮아 있었다. 이러한 불협화음 속에서 마치 마법처럼 놀라운 조화가 나타나는 것 같았다. 무수한 작업이 합쳐져 "완벽한 타이밍으로 원활하게 작동하고 믿을 수 없을 정도로 효율적인 하나의 거대한 산업 기계"를 형성했다. 루즈 공

---

* 자동차 바퀴 부분을 감싸는 외장 부품으로 바퀴의 움직임으로 튀어 오르는 흙탕물 등 이물질이 바퀴로 들어가는 것을 막는 역할을 한다.

장 관찰자들은 흥분이 최고조에 달했다. 이것은 분명히 "지금까지 만들어진 것 중 가장 거대하고 확실히 가장 감동적인 산업 기계"였다. 여기에서 진정으로 "포드는 다른 어떤 산업 프로젝트에서 했던 것보다 신의 손과 인간의 손을 가깝게 만들었다." 혹은 베르너가 보고서를 마무리하며 적었듯이 "디트로이트에서 포드가 한 일은 의심할 여지 없이 세계사를 통틀어 가장 뛰어난 기술 업적이었다."[3]

베르너와 그의 일행은 무언가 전례 없는 일이 일어나고 있는 리버 루즈를 산업적 성취의 최고봉이라 여겼다. 규모가 엄청난 공장이 대단히 복잡한 장치를 상상을 초월하는 수천, 수백만 수량으로 생산했다. 자동차 대량생산 이전에는 막대한 자본과 많은 노동력이 필요한 공장들은 대개 매우 비싼 상품을 만들어냈다. 그들은 공작기계처럼 다른 공장에 공급되거나 마차, 선박, 철도, 철도 차량처럼 운송에 사용되는 자본재들을 생산했다. 확실히 미국은 19세기 후반 즈음이면 직물, 난로, 재봉틀, 자전거 같은 다양한 소비재를 대량생산하고 있었다. 그러나 자동차에 비하면 이것들은 단순한 방법에 불과했다. 자동차 대량생산이 달랐던 점은 보이지 않는 규모의 경제로 많은 투입량과 높은 가격 사이의 연관 관계를 해체한 것이다. 자동차 기술이 개선되어도 자동차 가격은 대폭 낮아졌고, 자동차 산업은 비숙련 노동자들이 산업화 시작 이래로 받아낼 수 있었던 가장 높은 임금을 지급했다.

독일인들이 잘 파악했듯이, 이것은 획기적인 경제 현상이었다. 그들은 자동차 대량생산의 엄청난 영향력을 인정하며 20세기와 함께 시작된 자동차 산업이 얼마나 강력해졌는지 떠올렸다. 1899년에 랜섬 올즈 Ransom Olds(1864~1950)가 디트로이트에 공장을 설립했을 때, 미국은 매

그림 1.1 포드사의 리버 루즈 공장과 그 앞에 보이는 로툰다.
1939년 항공 촬영. 출처: The Henry Ford.

우 다른 경제 구조를 가지고 있었다. 미국은 북아메리카 대륙의 풍족함을 국내외 시장에 끌어들여 산업화에 성공한 나라였다. 철강업은 철도를 만들었고, 그 위로 석탄 증기기관차가 화물열차를 끌어 여러 도시로 돼지와 밀을 운송했다. 주요 산업들이 이러한 패턴을 따랐다. 20세기에 들어서 동부의 은행들은 철도와 밀접하게 관련된 산업인 석탄과 철강 기업들의 합병을 조율하느라 바빴다. 그러는 동안 제분업, 도축업, 양조업 같은 다른 거대 산업의 일부는 농산물 가공에 전념했다. 이러한 부문의 임금은 불쌍할 정도로 낮았고, 노동시간은 끔찍하게 길었다. 이러한 산업 패턴은 20세기까지 지속되었다. 1914년 미국 인구 조사에서 "도축 및 정육업"은 생산 가치 기준으로 가장 큰 산업으로 선정되었고, 철강과 밀가루 제분업이 그 뒤를 이었다. 뉴잉글랜드의 직물업, 펜실베이니아의 철강과 석유, 뉴저지의 금속 가공업, 뉴욕시의 제조업, 무역업, 은행업에서 알 수 있듯이, 미국의 경제 지형도는 동부 지역의 지배 아래 있었다.[4]

반면에 베르너가 미국을 방문한 1937년에는 미국 경제의 무게중심이 서부로 이동해 있었다. 오하이오, 인디애나, 일리노이, 미시간, 위스콘신 같은 중서부 지역은 뉴욕주 북부, 뉴저지, 펜실베이니아에 있는 철강 도시들이나 석탄 채광, 석유 시추, 금속가공의 중심지들을 앞질러서 산업 부가가치 면에서 다른 지역들을 쉽게 압도했다. 중서부 지역은 여전히 시카고의 도축업으로 큰 수익을 올렸지만, 이제 이 지역의 힘은 주로 자동차 산업과 그 부품 제조업자들에게서 나왔다. 그들이 창출하는 부가가치 합계는 미국에서 두 번째로 큰 산업인 철강을 능가할 정도였다.[5] 독일인들의 기록을 보면, 디트로이트에 있는 미국의 3대 자동차회사는 대공황에서 "잘 회복하여" 1920년대 호황기 이후 최고의 해를 기록했다. 베르너의 보고서에 포함된 통계가 보여주듯이, 자동차 산업의 영향력은 더 넓은 경제로 퍼져나갔다. 자동차 산업은 미국에서 생산되는 전체 강철의 5분의 1, 가단철의 절반 이상, 생고무의 5의 4, 납의 거의 3분의 1, 희귀금속의 상당 부분을 소비했다. 미국인 일곱 명 중 한 명은 자동차 산업이나 그 공급망 부문에서 일했다.[6]

디트로이트는 19세기 패턴에서 벗어난 새로운 미국식 성장 체제의 중심지였다. 자동차 산업이 이주민 수만 명을 공장으로 끌어들이면서 도시의 인구는 20세기에 들어 5배 증가했다. 새로 유입된 사람들은 인종적 위계와 계급적 긴장이 만연했지만 현금도 넘쳐나는 도시에 정착했다.

1927년에 〈뉴욕타임스〉는 "디트로이트 주민들은 현존하거나 과거에 존재했던 평범한 인류 중에서 가장 번영한 집단이다"라고 평가했다.[7] 1937년 고용이 다시 급증했을 때, 디트로이트와 그 인근 지역의 임금은 뉴욕, 필라델피아, 보스턴, 시카고를 비롯한 다른 모든 제조업 지구의 임금을 가볍게 능가했다. 디트로이트(308.79달러)와 시카고(158.29달러)를 비교하면 차이는 명확했다.[8] 이러한 수치는 19세기 산업 노동자들은 상상도 하기 힘든 수준의 가처분소득*을 의미했다. 자동차 산업의 생산성 덕분에 자동차 부문 노동자들은 자본 투자에 맞먹을 정도로 성장 패턴에 영향력을 행사하는 구매력이 큰 소비자가 될 수 있었다.[9]

독일인들이 보고서에서 지적했듯이, 자동차 산업은 더 넓은 세계에서 미국이 경제적 우위를 누리게 하는 데도 기여했다. 1937년, 북미지역의 자동차 생산업체는 전 세계에서 생산된 승용차와 트럭 630만 대 중 대략 510만 대를 책임졌다. 미국은 세계 2위 생산국인 영국보다 거의 10배나 많은 자동차를 생산했다. 1937년, 경기침체에서 벗어나 수출시장이 회복되자 자동차는 46만 대 이상이 수출되었다. 미국의 자동차는 이제 동인도, 라틴아메리카, 호주, 남아프리카 어디에서든 쉽게 볼 수 있었다.[10] 이러한 수치가 품은 뜻은 나치 독일에서 온 방문자들에게 명확했는데, 자립경제 정책을 위해서는 미국 경쟁자들로부터 독립하는 것뿐 아니라 그들의 수출시장에 도전하려는 공동의 노력이 필요했다.

20세기 초입에 미국에서 부상한 자동차 대량생산은 의심할 여지 없이 경제사의 중요한 분수령이었다. 그것은 소비자를 기반으로 성장하는

---

* 가계의 총수입 중 세금, 건강보험료 등 공적 비소비지출을 제외하고, 소비와 저축 등으로 사용할 수 있는 소득으로 후생 수준을 가장 잘 나타내는 지표로 여겨진다.

방식의 길을 열었고, 세계 경제 질서에 새로운 불균형을 만들었다.[11] 세계적 관점에서 보면, 이것은 예상치 못한 일이었다. 무엇보다 자동차는 프랑스와 독일 수선공들의 발명품이었고, 미국은 이를 모방하여 채택한 나라였다. 그러나 제1차 세계대전이 일어나기 직전, 유럽의 자동차 제조사들이 비싸고 튼튼한 자동차들을 여전히 수작업으로 만들어낼 때 미시간 남동부의 공장들은 자동차 수만 대를 빠르게 쏟아내고 있었다. 다른 각도에서 보면, 자동차 산업은 미국을 아메리카 대륙의 다른 지역에서 나타난 발전 유형과도 분리했다. 예를 들어, 아르헨티나와 브라질은 미국과 마찬가지로 19세기 내내 서부 내륙으로 팽창해 나갔다. 그러나 이들 나라의 경제 유형은 원자재, 자원 채굴, 대서양횡단 무역에 묶여 있었다. 간단히 말해, 자동차 산업은 "제2차 대분기Second great divergence"*의 중추적 전환점이었는데, 이때부터 미국은 대서양을 지향하는 국가에서 국내 기반 산업이 우세한 국가로 변모했다.[12]

그럼에도 미국 경제사 연보는 대량생산이 중대한 출발점**이었다**는 점을 거의 기록하지 않았다. 오히려 여기서 대량생산은 이른바 자연적 출현이라는 서사 속으로 흡수되는데, 자동차 대량생산은 남북전쟁의 종식과 뉴딜정책**의 부상 사이 중간 즈음에 자본주의의 변화를 추동하는 힘에서 필연적으로 발생한 것으로 취급된다. 이 시대의 역사를 개괄적으로 전하는 두 가지 상반된 방식이 있지만, 이 부분에는 논조가 완전히 일치

---

* 남북전쟁 이후 미국은 철도·전신 기술을 토대로 대륙을 가로질러 국가 전체를 통합하는 정치, 경제, 군사망을 구축함에 따라 자원과 시장을 긴밀하게 연결하고 놀라운 경제성장을 이룰 수 있었다. 100년 전 제1차 대분기 동안 영국을 모방하려고 노력했다면, 제2차 대분기에는 영국, 프랑스, 독일을 합친 좀 더 많은 제조 능력을 보여주며 급속도로 부상했고, 이후 '미국의 세기', '미국 제국의 시대'를 열었다.
** 대공황에 대처하려고 루스벨트 행정부가 시도한 일련의 경제정책을 일컫는다.

한다. 하나는 진보를 낙관하는 서사로, 기술적·조직적 혁신이 한데 모여 더 효율적이고, 더 합리적이며, 덜 탐욕적인 자본주의를 주도할 전문경영인 체제의 대기업을 형성했다는 것이다.[13]

두 번째 서사는 비관적인 논조의 이야기이다. 여기서는 기업의 합병과 합리화라는 정확히 동일한 과정이 좀 더 해방적 대안인 풀뿌리 포퓰리즘과 노동의 자기조직화를 패퇴시킨 것으로 본다.[14] 이러한 후자의 서사에서 기계화된 대량생산인 포드주의는 무기화된 형태의 테일러주의로 종종 묘사되는데, 이 포드주의라는 연장을 손에 쥔 경영진이 작업 현장을 정복하고 [노조 가입을 필수로 하지 않는] 개방형 작업장이라는 1920년대의 삭막한 산업 풍경을 이끌었다는 것이다. 이런 두 가지 버전의 서사는 모두 지나치게 결정론적이다. 첫 번째 맥락에서 대량생산은 근대화의 필수요소로 출현했다. 두 번째 맥락에서는 자본축적에 따른 철권통치의 결과로 대량생산이 나타났다. 확실히 두 번째 방식은 그러한 전환을 극렬한 갈등 중 하나로 서술했다. 그러나 놀랍게도 이러한 서사에서도 기업의 승리가 결말이 아닌 이야기는 떠올릴 수 없는 듯하다. 투쟁은 있었지만, 그것 역시 실패할 운명이었다는 것이다.[15]

이러한 관점은 정작 1930년대 당대인들이 자명하게 여겼을 관념을 놓치고 있다. 대량생산은 전간기 미국에서 등장한 기업 자본주의와는 매우 다른 정치경제를 창출하는 원동력이 될 수 있다는 관념 말이다. 20세기 초반 미국에서 자리 잡은 자동차 대량생산은 그 형태가 미리 정해져 있던 것이 아니었다. 그것은 경제개발 조건들을 놓고 벌어진 구체적인 투쟁의 결과였다. 대량생산으로 촉발된 규모의 경제는 엄청난 성장 잠재력을 지녔다. 이것이 사회질서와 경제 질서 전반에 무엇을 의미했을까?

물질적 보상의 분배는 누구의 규범과 가치에 따라 통제되어야 했을까? 대량생산 기업이라는 중대한 새로운 기관을 운영하는 적절한 방법은 무엇이었을까? 익숙한 서사 아래 대량생산의 **정치적** 역사가 묻혀 있다. 자본과 노동에 대한 익숙한 분석을 포함하지만 그 이상으로 나아가는 역사 말이다. 확실히 대량생산은 노동자들과 경영자들 간의 치열하고 중대한 충돌을 불러왔다.

그러나 작업 현장은 논쟁이 일어난 장소 중 하나에 지나지 않았다. 다른 모든 갈등을 이차적이거나 부차적인 것으로 제쳐놓고 그것에만 존재론적 우위를 과도하게 부과할 이유는 전혀 없다. 그러한 접근은 오히려 대량생산의 부상을 둘러싼 더 큰 정치 투쟁과 계급 갈등을 놓치게 한다. 숙련 기계공과 미숙련 이주민, 중산층 소유주와 특권층 투자자, 새로운 경영자 계급과 오래된 금융 엘리트는 새로운 경제 질서의 조건을 두고 전투를 벌였다.

이 장의 논점은 간단하다. 자동차 대량생산은 사회질서와 경제개발에 관하여 폭넓게 나뉘는 다양한 규범적 견해를 낳았다. 이러한 충돌들은 그 산업이 성숙해지는 모습에 결정적인 영향을 미쳤다. 만일 우리가 윌리엄 베르너 같은 전간기 근대화론자들이 무엇 때문에 미국 중서부, 디트로이트, 포드사에 이끌렸는지 알고 싶다면, 그리고 그곳에서 그들이 무엇을 발견했고 대서양 건너편 고국으로 무엇을 가지고 돌아갔는지 제대로 알고 싶다면, 이러한 충돌을 이해해야 한다.

기계공과 금융업자

　자동차 대량생산의 역사는 퍼즐로 시작된다. 왜 다른 곳이 아닌 디트로이트에서 20세기를 형성할 새로운 산업을 개척하는 일이 일어났을까? 역사학자들과 지리학자들은 오랫동안 이 문제를 다뤄왔지만, 완전히 만족할 만한 답을 찾지 못했다. 이 질문이 중요한 이유는 초기에는 독일 남서부에서 프랑스 북부, 뉴잉글랜드까지 호 모양으로 연결된 지역에 있었던 자동차 제조사들이 새로운 산업을 지배할 것으로 보였기 때문이다. 1900년에 코네티컷, 매사추세츠, 뉴욕뿐 아니라 유럽의 제조업자들은 유한계급을 위해 말 없이 달리는 우아한 마차를 만들어냈다. 그러나 불과 5년 만에 디트로이트는 세계에서 가장 많은 자동차를 생산했고, 세계에서 가장 많은 자동차 공장을 자랑했다. 그중에서도 특히 포드자동차회사는 독보적이었다.[16]

　자동차 역사가들이 태평스럽게 주장하듯이 이것이 그저 우연이었을까?[17] 디트로이트는 이를테면 혁신과 기업가 정신이라는 미국적 재능의 화신인 헨리 포드와 랜섬 올즈가 디트로이트 시민이었다는 점에서 단지 운이 좋았을 뿐일까? 이러한 관념은 그 기반을 생산해냈던 초기 서툰 수리공들을 역사적 맥락에서 제거한다. 포드와 올즈 같은 인물은 미국 중서부의 정치경제 안에서 행동했고, 이 지역에 특징적으로 만연한 포퓰리즘적 헌신을 공유했다. 정치경제와 정치이념이라는 두 요소는 20세기 초입에 미시간 남동부가 급격한 기술 발전에서 앞장서고 그 결실을 널리 확산할 때 유리한 위치에 있었던 이유를 설명하는 데 큰 도움을 준다.

　첫째, 자동차 산업은 미국 중서부의 독특한 산업화 유형에서 혜택을 받았다. 오대호 유역과 그 인근은 19세기 중반 이후 "농산업 혁명agro-industrial revolution"이 일어난 지역으로, 그 지역 중소도시의 기계 작업장과 주물공장은 상업화된 농장과 연결되어 있었다. 이러한 환경에서 농업과 산업은 잇따른 발전 단계에 속한다기보다는 오히려 상호보완적이고 사실상 공생하는 관계로 여겨졌다. 요컨대, 중서부의 성장은 농업 부분의 잉여와 산업 부분의 생산물 사이의 거리를 아주 멀리 떨어뜨려 놓은 전 세계의 "거대한 분업화"라는 공간적 논리를 따르지 않았다. 이는 농부들이 디트로이트 자동차 제작소에서 초창기에 생산한 소형차("하부에 엔진이 장착되어 말 없이 달리는 마차") 같은 적당한 가격의 장비들을 구매하는 데 필요한 자산과 기계 취급 요령을 갖추고 있었음을 의미한다.[18]

둘째, 중서부의 경제지형은 독특한 정치적 정서를 가져왔다. 이 지역의 포퓰리즘 성향의 농부들은 독립 생산자들이 동부가 지배하는 화폐와 자본의 유통에 갈수록 더 강하게 통합되는 현상에 격렬히 반발했던 것으로 유명하다. 덜 알려져 있으나, 이 같은 포퓰리즘은 중서부 특유의 중간 규모 제조업자와 기계 작업장 사업자에게도 마찬가지로 폭넓은 지지를 받았다. 제조업자들은 농산물 가격이나 철도 운임에 농부만큼 관심을 기울이지 않았으나, 농부들의 생산자주의producerism*는 공유했다. 즉 그들은 국가의 부를 증대함으로써 문명을 진보시킬 궁극적 원천은 생산적 노동에 있다고 주장했다. 물질적 풍요는 농부, 노동자, 사업자—기계공(중서부 생산자주의 포퓰리즘의 세계관으로 밀접하게 연관된 직업들)처럼 생산적으

---

* 직접 생산에 참여하는 생산자들이 상속으로 부와 지위를 영위하는 귀족계층보다 사회에 더 크게 이바지한다는 이데올로기로 17세기 영국에서 그 뿌리를 찾아볼 수 있다. 독립 전쟁 이후 미국의 장인, 기술자, 농민 사이에서 큰 지지를 받았다.

로 일하는 사람들이 누릴 특권이었다. 헨리 포드도 자신의 직업에 대해 "기계공이자 엔지니어, 맨 처음은 농부"였다고 말하곤 했다.[19]

기계와 금속을 다루는 전문가인 중서부 기계공들은 자신들의 포퓰리즘에 특유의 기술적 견해를 부여했다. 그들은 기술 발전이 창대한 번영의 원동력이 된다고 주장했다. 기술의 진보로 생산적 노동자들은 국가의 부를 늘렸고, 이는 다시 그들에게 자기계발을 위한 더 많은 시간과 수단을 주었다. 기술은 협력적 작업으로 생겨나므로 공공재였다. 전기, 가솔린 엔진, 자동차 같은 그 시대의 기술 혁신은 몇몇 특권층의 소유물이 아니라 생산계급의 삶을 나아지게 하는 데 이용하는 것이 합당했다.[20]

이러한 유형의 생산자—포퓰리즘은 디트로이트 정치에도 스며들었다. 1890년대에 디트로이트 시장을 지낸 헤이즌 핑그리Hazen Pingree (1840~1901)는 자신의 구두 공장에 노동자 700명을 거느린 사업자로 중서부 제조업자의 한 유형을 대표했다. 그는 금융 엘리트와 그들이 지배하는 강력한 기업들에 격렬히 맞서 싸웠지만 상대적 부유함만으로는 이러한 저항을 막지 못했다. 이러한 상황에서 핑그리는 바가지요금으로 폭리를 취한 철도회사와 맞붙었을 뿐 아니라, 지역 가스 설비와 전력 설비를 공유화함으로써 디트로이트 엘리트들과도 불화를 일으켰다. "대중을 위해 저렴한 가스"를 공급하고, "전등을 부자만 사용하는 사치품에서 가장 하층 시민의 손길이 닿는 곳까지 가져오는 것"이 그의 목표였다. 핑그리는 정치를 시장의 영역에 끌어들인다는 비난에 "기업은 정치 안에 있다Corporations are in politics"라고 간결하게 반박했다.[21]

당시는 헨리 포드가 시에서 가장 큰 전기 공급업체 디트로이트 에디슨Detroit Edison에서 수석 엔지니어로 일했던 시절이므로, 확실히 그도 도시 설비를 둘러싼 정치적 싸움에 아주 익숙했다. 핑그리가 새로 설립한 시립 전기조명 공장의 수석 엔지니어 자리에 포드가 지원서를 냈던 것은 단지 우연의 일치였을까?[22] 포드는 그 직책을 얻지 못했고, 우리도 그 이유는 알 수 없다. 그러나 디트로이트의 수선공, 기계 제작자, 숙련 기계공들처럼 포드와 같은 환경에 속해 있었으며, 머지않아 신생 자동차 산업으로 몰려들 사람들이 핑그리로 대표되는 일종의 포퓰리즘 정서에 푹 젖어 있었다는 것은 확실하다. 헨리 포드를 선봉으로 디트로이트의 초기 자동차 제조업자들은 이내 특권 구매층을 겨냥한 좁은 시장에서 벗어나 랜섬 올즈의 표현을 따르면, "사치가 낳은 아이 대신 필요가 낳은 아이인 자동차"를 만들기로 결정했다.[23]

이러한 정서는 기술 노하우를 가진 기계공들과 자본을 소유한 지역 유지들을 다툼으로 몰아갔다. 미시간의 상류층을 형성한 구리 재벌, 난로 제조업자, 도시 은행가들은 자동차 산업을 육성하고자 아주 열심히 활동했다. 그들은 북동부에서 수작업으로 만든 값비싼 최고급 자동차와 경쟁할 수 있기를 희망했다. 올즈와 포드는 튼튼한 소형차를 제작하고자 투자자를 찾았지만, 지역 엘리트들은 그들의 사회적 지위를 돋보이게 해줄 사람들한테 자금을 대고 싶어 했다. 한 자동차 역사가가 영리하게 "과시적인 생산"이라 부른 취향을 뽐내듯이, 미시간의 도시 엘리트들은 그들이 자금을 지원한 기계공들에게 실용적 차량이 아니라 지위의 상징이 될 차량을 만들어내라고 종용했다. 그들이 바란 것은 디트로이트 상류층 명사 헨리 조이Henry Joy(1864~1936)의 표현을 따르면 "신사가 만든, 신사의 자동차"였다.[24] 랜섬 올즈는 곧 투자자들에 의해 해고되었다. 헨리 포드의 초기 사업도 수선공들과 후원자들 사이에서 갈등에 휩싸여 실패했다. 헨리 포드가 사임한 후 투자자들은 헨리포드회사Henry Ford Company의 자본 구성을 재편하고, 회사 이름을 디트로이트의 설립자를 기려 캐딜락으로 바꾸었다.[25]

지역 자본에 대한 접근이 차단되자 포드는 자신이 벌일 다음 사업을 기꺼이 후원해 줄 "오합지졸 투자자 무리"를 중간규모 상인과 자동차 판매상들로부터 모아야 했다. 이 새로운 형태의 조직인 포드자동차회사 Ford Motor Company는 불안정한 초기 자본화 과정에서 살아남아 자금을 자체적으로 조달하는 데 충분한 이윤을 창출한 디트로이트 유일의 신생기업이었다는 점에 그 중요성이 있었다.[26] 따라서 포드는 그 도시의 엘리트로부터 독립을 쟁취했을뿐더러 이전 시기에 올즈 같은 다른 제작자들이 시도했지만 투자자들의 반대로 실패했던 포퓰리즘적인 자동차 대중화라는 전망을 실현하게 되었다. 이후 50년이 넘도록 포드자동차회사는 소유 집중 회사로서 부채 없는 상태로 계속 운영되었다. 포드사의 상장은 헨리 포드가 사망하고 거의 10년 후인 1956년에야 이루어졌다.

미국 중서부의 계급정치와 고조된 포퓰리즘을 고려할 때, 보통 사람을 위한 자동차를 구상한다는 것은 단순한 사업 제안을 넘어서는 일이었다. 그것은 사회적 도발이었고, 포드자동차회사가 성공할수록 그 이빨은 더욱더 날카로워졌다. 포드는 얼마 안 되는 경제 엘리트를 중서부에 거주하는 농부들과 제조업자들로부터 분리하는 사회적 거리를 적절히 활용했다. 동료들의 회고를 보면, 포드는 사석에서 자동차가 "돈 많은 사람"의 것으로 남겨져야 한다는 생각을 조롱하곤 했다. 그 대신 그는 "노동자들이 자동차로 어느 정도 즐거움을 얻을 수 있어야 한다"라고 주장했다. 포드자동차회사는 기업과 부유층에 완강하게 반대하는 제조업체

라는 이미지를 공공연하게 구축했다. 포드자동차회사는 1908년 가을에
T형 모델을 출시하면서 "이 자동차는 높은 가격과 큰 이익에 종말을 고
한다"라는 광고를 내보냈다. 1913년에는 다음과 같이 광고했다. "포드가
없었다면, 자동차는 부자들의 스포츠인 요트와 같았을 것이다."[27]

　이러한 충돌에 주목하면 본질적인 경제적 필요나 기술적 요청에 따
른 것으로 쉽게 생각해 온 자동차 대량생산을 신중히 돌아보게 된다. 엘
리트들이 원했던 화려한 차량을 제작하는 일은 견고한 사업이 될 수 있
었다. 한 예로, 1905년에 헨리 조이의 패커드사는 고급차를 503대 팔아
수익을 남겼다. 북동부의 자동차 제조사들은 1920년대까지도 계속 가격
대가 높은 자동차를 생산하고자 했다. 근대화도 자본축적도 자동차 대
량생산의 부상을 강제하지 않았다. 대량생산의 시대를 불러온 것은 뿌
리 깊은 생산자주의적 책무와 계급 간의 원한으로 응어리진 상처였다.
1913년에 이르면 T형 모델의 성공에 힘입어 미시간 남동부의 산업 지구
는 미국 자동차 생산의 80%를 장악했다.[28]

대량생산의 복합적 요소들

　중서부의 공장들은 대량생산으로 전 세계에서 생산 엔지니어들을 끌
어모으는 북적이는 거대기업으로 탈바꿈했으며, 그 전환의 규모 또한 아
찔할 정도였다. 초기 자동차 작업장의 제작과정은 숙련 기계공이 이끄는
기술진이 소량의 마차를 수작업으로 생산하던 방식과 유사했다. 각 자동
차는 고정된 작업대 위에서 노동자들이 작업장 주변으로 가져온 부품을

조립하면서 완성되었다. 포드 역시 이와 같은 방식으로 시작했다. "우리는 공장 바닥 한곳에서 자동차를 조립하기 시작했고, 노동자들은 집을 짓는 것과 똑같은 방식으로 필요한 부품들을 가져왔다."[29] 이러한 방식은 저렴하고 장식 없는 차에 대한 수요가 급증함에 따라 내재적 한계를 금방 드러냈다. 설립 초기 20년 동안 대부분 생산이 수요에 못 미쳤던 포드자동차회사로서는 출고량을 대규모로 늘리는 것이 시급한 문제였다. 포드 작업장의 기계공들은 이 문제를 공략하려고 세 가지 주요 전략을 채택했다. 그 어느 것도 새롭거나 독특하지는 않았다. 오히려 미국 자동차 제조업체들이 성취한 생산성의 약진은 이러한 전략들을 조합하고 전례 없이 정교하게 밀어붙인 데서 비롯했다.

첫 번째 전략은 **순차배열**sequencing이었다. 자동차 제작자들은 자동차를 만드는 데 필요한 수많은 작업을 논리적 순서에 따라 배열함으로써 소규모 작업장을 괴롭힌 다양한 배치의 문제를 전부 해결할 수 있음을 발견했다. 근본적인 발상은 단순하고 지극히 상식적이었다. 이사를 도와달라고 친구들을 불러보았다면, 그래서 모두가 자기 자리를 잡고 손에서 손으로 상자를 전달하는 줄을 짜본 적이 있다면 누구든 조립라인의 핵심 논리를 실행해 본 셈이다. 한 번의 조치로 "일꾼"들은 움직일 필요가 없어진다. 일꾼들은 그 자리에 있고 일이 이동하는 것이다. 포드에 따르면 "작업을 분할하고 세분하여 일이 계속 움직이도록 하는 것, 이것이 생산의 핵심"이었다.[30] 첫 번째 조립라인은 작업을 세분하고 순차배열한 결과 만들어졌다. 자연스럽고 상식적이었던 만큼 이러한 배치는 본질적으로 새롭지 않았고, 사실 미국의 산업 현장에 널리 퍼져 있었다. 주물 작업, 통조림 제조, 밀가루 가공뿐 아니라 시카고 도축장의 해체공정은 생산 엔지니어들 사이에서 잘 알려진 사례였다. 포드 역시 자신의 구상이 전혀 독창적이지 않으며 "시카고 육류 포장업자들이 도축 소를 손질할 때 사용하는 천장 트롤리*에서 유래한 방법이다"라고 회상했다.[31]

포드의 진정한 혁신은 공장 안의 모든 작업에 걸쳐 조립라인 원리를 철두철미하게 구현한 데 있다. 움직이지 않는 작업라인(부품과 하위부품이 중력의 당김으로 이동하는 경사진 저울)의 성공에 고무된 생산 직원들은 엔진 제작, 차체 제작, 마지막으로 완성차 제작까지 연속적으로 조립라인 위에 올렸다. 포드사 직원들은 1913년 대부분을 이 과정을 구현하면서 보냈다. "지속적인 시간 조절과 재배치"를 거쳐 마지막 단계는 "부품의 흐름과 조립라인의 속도 및 시간 간격이 딱 맞물려서 완벽하게 동기화되어 작업"되었을 때 이루어졌다.[32] 혁신의 핵심은 순차배열이라는 구상을 그 논리적 극단까지 밀어붙인 데 있었다. 따라서 포드 공장을 방문한 산업 전문가들은 새로움이 아니라 그곳에서 작동하는 흐름 공정의 완벽함을 발견하고 한결같이 경탄했다.[33]

두 번째 요소와 관련 있는 건 **기계**machines였다. 그 가공할 힘과 초자연적 정밀함으로 윌리엄 베르너 같은 엔지니어들을 경탄하게 했던 대량생산의 무생물 영웅 말이다. 밀링 머신, 드릴링 머신, 선반, 압착기, 연마기는 주물과 단조 작업을 한 금속 원료를 피스톤, 캠축, 차축, 기어 같은 익숙한 자동차 금속 부품으로 변모시켰다. 자동차를 대량생산하려면 자전거나 농기구를 만들던 기계 공방에서 흔히 볼 수 있던 책상 크기의

---

* 수레 또는 갈고리에 작은 쇠바퀴를 달아 사물이 궤도를 따라 쉽게 이동하도록 만든 장치로 현재는 전차에 전력을 공급하는 장치로도 사용한다. 일찍부터 광산에서 바닥에 레일을 깔고 석탄을 나르는 용도로 사용했고, 축산 가공공장에서는 공중에 레일을 설치해 도축된 가축을 갈고리에 걸어 이동시키며 작업을 진행했다.

선반보다 훨씬 정교한 공구들이 필요했다. 예를 들어, 한 번의 작동으로 금속판에서 온전한 펜더를 찍어낼 수 있는 압착기가 필요했다. 그러한 압착기는 무게가 톤 단위에 달하는 거대한 강철 덩어리였다. 이러한 새로운 기계들 옆에는 연삭기*가 놓였는데, 눈으로는 가늠하기 어려울 만큼 빠른 속도로 회전하는 연삭 휠 여러 개가 금속 부품을 몇 초 만에 멋진 형상으로 조각했다. 공구 제작자들은 다이아몬드-헤드 회전축을 쉽고 정확하게 고체 주물에 집어넣을 수 있도록 손가락이 여러 개 달린 드릴을 맞춤 제작했다. 1913년 포드는 회전축이 45개나 달린 기계를 선보였는데, 4개의 다른 각도에서 접근해 실린더 블록에 구멍을 뚫는 작업을 90초 만에 끝냈다. 이러한 새 기계들은 매우 비쌌던 만큼 산출량이 엄청나야만 채산을 맞출 수 있었다. 이런 까닭에 포드자동차회사는 앞서가게 되었다. 1913년에 한 산업전문가는 "포드의 기계류는 세계 최고이며, 모두가 그것을 알고 있다"라고 말했다.[34]

　이러한 두 가지 근본 요소, 순차배열과 기계화는 복합적 대량생산의 다른 필수요소들을 전제로 성립되었고, 이런 요소들은 차례차례 더 예리하게 다듬어졌다. 이에 대한 논평은 당대인과 후대 기술사가들이 많이 남겼다. 호환 가능한 부품은 생산 흐름을 미세하게 세분화하는 전제조건이었다. 특정 작업만 전담하는 강력한 성능의 단일 목적 공작기계가 여러 작업을 낮은 효율로 수행하는 표준 도구를 대체했다. 생산 과정을 동기화하려면 주어진 작업에 필요한 시간과 공간을 정확하게 계산해야 했다. 작업장을 어지럽히던 재고 더미들이 사라졌고, 공장 바닥이 꽉 들어

---

* 단단하고 미세한 입자들을 결합해 제작한 숫돌을 고속으로 회전시키는 정밀기계로 사물의 표면을 미세하게 갈아 정교한 부품을 생산한다.

차도록 기계 옆에 기계를 촘촘히 배치하게 되었다. 노동자들은 이제 더는 작업장을 돌아다니지 않게 되었고 라인, 부품, 부품 조각이 생명을 얻고 활기를 띠었다. 연속적인 흐름은 결국 공장의 구조를 변화시켰는데, 단일평면으로 배치된 엄청난 규모의 단층 건물들이 다층 건물들을 대체했다. 이러한 상호의존적인 요소들 중 고정된 채 남은 건 하나도 없었다. 오히려 기계 작업자들과 생산 엔지니어들은 지속적으로 생산 과정을 수정하고 개선했다.[35]

현대적 대량생산을 구성하는 세 번째 요소는 확실히 가장 중대한 것이다. 순차배열과 기계화로 가능해진 흐름 생산은 공장이 전례 없이 많은 **비숙련 노동자를 동원**하게 해줬다. 비숙련 노동의 부상은 두 가지 관점에서 볼 수 있다. 첫째, 생산 과정이라는 좁은 관점에서 보면 그 장점은 분명했다. 수작업에 의존한 자동차 제작은 시간이 오래 걸리는 힘든 과정으로 수준 높은 기술이 필요했다. 대량생산 공장은 생산 과정을 무수한 단순 작업으로 해체함으로써 품질이 동일하거나 더 나은 견본을 훨씬 더 많이, 훨씬 더 빠른 속도로 만들어낼 수 있었다. 복합적 대량생산의 핵심은 바로 미숙한 일꾼들도 수준 높은 제품을 만들어내도록 하는 것이다. 그것은 "비숙련 노동력을 숙련된 반복 생산에 활용하는 것"을 의미했다.[36] 사실 미국의 자동차 산업이 보여줬듯이, 물자와 노동을 집약적으로 투입하는 상품일수록 대량생산에 따른 규모의 경제는 더욱 극적으로 나타났다. 이것이 인접 부분과 매우 다양한 공급망에 큰 파급 효과를 미친다는 점과 더불어 자동차 대량생산이 직물 산업 같은 다른 분야의 대량생산과 분명하게 차별화되는 지점이다. 자동차같이 매우 복잡한 상품을 조립할 때는 공장의 안과 밖 모두에서 노동 분업을 심화할수

록 비교할 수 없을 만큼 큰 절감 잠재력을 활용할 수 있었다.[37]

둘째, 사회정치적 관점에서 살펴보면, 전례 없이 많은 비숙련 노동자가 공장에 유입되면서 작업 현장에 큰 변화가 일어났다. 디트로이트의 공장들은 중서부 변두리에 살던 이주민들, 동부와 남부 유럽에서 온 소작농 출신 이민자들을 끌어모았다. 제1차 세계대전이 일어나면서 아프리카계 미국인들도 점점 더 많은 수가 남부 농업 지대를 떠나 중서부 공장지대로 흘러들었다. 대량생산 공장이 세계 각지로 퍼져나감에 따라 그곳 공장들도 전례 없이 많은 농업 노동자와 소작농 출신 이주민을 빨아들였다. 이들은 대부분 교육이나 공장 경험이 거의 없는 남성과 여성이었다. 1930년대에 디트로이트를 방문한 해외 엔지니어들은 이렇듯 새로운 비숙련 노동력을 동원하는 흐름 생산의 역량을 가장 중요한 것으로 주목했다. 베르너와 함께 온 독일 엔지니어들도 GM사 공장 한곳을 언급하며, "이례적으로 고도화된 노동 분업"과 "수많은 여성 노동자"의 존재를 한 문장 안에서 논평했다는 점은 의미심장하다. 이는 작업 과제의 세분화와 전문화된 기계의 결합이 비숙련 노동을 착취하는 강력한 도구가 될 수 있음을 그들에게 확인해 주었다.[38]

소비에트와 나치의 엔지니어들이 숙련 노동자가 부족할 때 노동자를 동원하려고 어떻게 흐름 생산을 배치했는지는 뒤에서 다시 살펴본다. 우리는 여기서 디트로이트 숙련 기계공들의 정치적 책무와 사회적 지평에서 어떻게 복합적 대량생산이 출현했는지를 이해해야 한다. 미국의 산업화를 서술할 때 포드주의와 테일러주의는 종종 형제처럼 묘사된다. 이는 숙련기술 전통과 노동의 자기조직화에 대한 경영진의 공격에서 파생된 두 가지 전략으로, 이들이 지속적이고 돌이킬 수 없는 탈숙련화 과정으로 이끌었다. 그러나 테일러주의와 포드주의는 신중하게 구별해야 할 충분한 이유가 있다. 우선 기술사가들이 계속 지적해 왔듯이, 둘 사이에는 엄연한 기능적 차이가 있다. 테일러주의는 개별 노동자들의 생리적 능력과 심리적 동기를 조작하는 데 초점을 맞췄고, 이를 성과급 시스템으로 적용한 일종의 급진적인 생명정치를 제안했다. 포드주의는 공장의 작업공정과 기계에 초점을 맞췄고, 그렇게 함으로써 전체 산업의 물질대사 전환을 꾀했다.[39] 전자가 미숙련 노동자를 "훈련"하고자 했다면, 후자는 숙련 부족을 생산적 자원으로 전환하는 시스템을 고안했다. 따라서 포드주의의 결과가 더 광범위한 범위까지 퍼져나갔다.

테일러주의와 포드주의를 구분하는 데는 그간 역사가들이 놓친 두 번째 이유가 있다. 산업 혁신에 관한 이 두 가지 전망은 확연하게 다른 사회경제 환경에서 출현했고, 이는 결국 실용적이고 철학적인 측면에서 나타난 양자의 차이점을 상당 부분 설명해 준다. 대량생산의 개척자들은 테일러주의가 지향한 대학 교육을 받은 엔지니어 유형, 즉 하얀 셔츠를 입고 깨끗한 손톱을 유지하며 기획부서에서 일하는 남성들이 아니었다. 오히려 그들은 정규교육을 거의 받지 못한 기계공들로, 많은 경우 오래된 작업장에서 최고의 숙련기술을 도제 방식으로 습득한 이들이었다. 그들은 자동차 대량생산을 힘껏 움켜쥐었는데, 이 새로운 산업으로 전문 직업적 기회와 사회적 신분 상승의 통로를 얻었기 때문이다. 결과적으로 그것은 19세기 최고의 숙련 노동자들이 이루고자 했던 꿈을 훨씬 뛰어넘는 것이다.

찰스 소렌슨Charles Sorensen이 이를 보여주는 전형적인 인물이었다. 덴마크 이민자의 아들인 그는 16세에 학교를 그만두고 주형제작소 견습공으로 이력을 시작해 여러 작업장을 전전하다 디트로이트로 이주했다. 그는 포드자동차회사에서 주물공장 감독관까지 승진했다. 그는 1921년까지 자신이 맡은 루즈 공장의 생산 업무를 20년 이상 계속했다. 소렌슨의 가장 잘 알려진 업적은 1941년 윌로런Willow Run*에 위치한 포드사의 폭격기 조립공장에 그 길이만 1.6킬로미터에 달하는 조립 공정을 배치한 것으로, 그때 그의 경력은 정점에 이르렀다. 포드사에서 생산 책임자로 두 번째로 오래 근무한 마틴P.E. Martin 역시 노동 계급 출신의 이민자로 프랑스계 캐나다인 목수의 아들이었다. 그는 12세에 학교를 떠나 디트로이트에서 기계운전자로 일했다. 아주 초창기부터 포드자동차회사에서 일한 기계작업자인 마틴은 빠르게 현장 주임 자리로 올랐고, 하일랜드파크 공장에서 대량생산을 준비하는 작업에 직접 관여하기도 했다. 소렌슨과 함께 2인 체제를 이끈 마틴은 1941년 은퇴할 때까지 포드사의 작업장을 지휘했다. 마틴이 보유한 기계에 대한 숙련도와 생산에 대한 전문지식은 전적으로 현장 경험에서 나왔다. 대량생산은 그를 부유하게 해줬지만 여전히 그는 작업장의 시각을 유지했다.[40]

포드자동차회사의 중핵그룹에 속했던 소렌슨과 마틴뿐 아니라 현재는 그 이름이 잊힌 수많은 숙련 기계공이 현대적인 대량생산을 창조하는 데 기여했다. 포드사의 기록물보관소에 남아 있는 그들의 회고를 따르면, 대량생산은 기획 사무실이 아니라 작업장에서 출발했다. 하일랜드파크 공장에 구현된 기술의 비약적 발전은 이론적으로 "하나의 최선의 방

---

* 포드자동차회사가 참여한 전투기 제작 공장으로 제2차 세계대전 당시 전투기를 대량생산하려고 설립되었다. 애초 더글라스 에어크래프트와 컨솔리데이티드가 설계한 전투기를 생산할 예정이었지만, 대량생산에 문제가 있는 것으로 판명되어 포드자동차회사의 설계 변경을 거쳐 흐름 생산방식으로 전투기 리베라토를 생산했다.

법"을 추출한 것이 아니라 계속된 시행착오의 결과였다. 관련자들은 한 결같이 조립라인이 시도와 작은 사고들, 개선 그리고 새로운 시도의 연속이었다고 회상했다. 빌 클랜Bill Klann은 "우리는 계속 진행하는 가운데 실수를 고쳐나갔다"라고 회고했다. 디트로이트 조선소에서 기술을 처음 배운 기계 작업자였던 클랜은 작업과 그다음 작업을 순차적으로 배치한 과정을 설명하며, 이 과정은 "우리가 작업을 해치울 때"까지 계속됐다고 말했다.[41] 그로부터 수십 년이 흐른 후, 밑바닥에서 일한 기계공들은 때로 공들인 이론작업을 거스르며 진행된 당시 과정을 생생하게 회고했다. 조립라인 현장 주임이었던 제임스 오코너James O'Connor는 첫 번째 조립라인으로 이어진 실험 단계들의 상세한 순서를 기억해냈다.[42] 조립 현장 주임이었던 아서 레너Arthur Renner는 "대량생산은 나와 같이 일하는 사람들의 생각에서 나왔다"라고 회고했다.[43] 하일랜드파크 공장에 관여했던 숙련 기계공들은 거부할 수 없는 전문적인 보상을 안겨준 중대한 협력적 성취를 그 과정에서 거두었다고 회상했다. 스코틀랜드에서 온 젊은 이민자이자 금속세공인 알렉스 럼즈던Alex Lumsden은 하일랜드파크 공장의 대량생산에 관여한 시절을 "한 인간으로서 아이디어를 구현해 내려는 순수한 열정으로 가득 찬" 때로 기억하며 다음과 같이 말했다. 하일랜드파크 공장에서 일하면서 "당신은 당신이 어떤 사람인가 느꼈을 것이다. 당신은 당신의 일이 구속이라고 느끼지 않았다."[44]

따라서 포드사의 생산 엔지니어들은 같은 시기 미국의 작업 현장에 침투하기 시작한 사무직 생산성 엔지니어들과는 전혀 다른 무리였다.[45] 테일러는 스스로 작업장 환경과는 거리가 있는 사람으로 알려지길 바랐다. 자신의 책 『과학적 경영의 원리Principles of Scientific Management』에서도 강조했듯이, 테일러는 자신이 "노동자의 아들이 아니"며, 바로 이 사실 때문에 경영의 관점을 포용할 수 있었다고 생각했다.[46] 작업장에 몰두한데서 큰 자부심을 느꼈던 소렌슨이나 마틴이 이러한 말을 하는 것은 상상하기 어렵다. 소렌슨이 테일러식 처방에 대해 "포드사에는 아무도 … 아는 사람이 없었다"라고 주장한 것은 놀라운 일이 아니었다.[47] 요약하면, 포드자동차회사를 세운 기계공들은 공장 규모가 노동자 수만 명을 수용할 만큼 커졌음에도 여전히 작업장에서 확립된 전통에 충실했다. 그들은 숙련 기계공이라는 과거의 환경으로부터 배출되었지만, 그들에게 대량생산은 탈숙련이나 지위의 상실을 의미하지 않았다. 오히려 그 반대였다. 자동차 산업을 건설할 때, 중서부 기계공 세대는 오래된 작업장의 규모를 확장하고, 숙련기술을 소유한다는 것의 의미를 재창조했다.[48]

　포드사의 생산 엔지니어들이 남긴 회고를 따르면, 복합적 대량생산은 **숙련도의 급격한 이분화**를 특정적으로 나타낸다. 대량생산이라면 당연히 생산라인에서 기계 작업을 하는 비숙련 직공들이 연상된다. 그러나 "숙련된 핵심인력skilled core"이라 불릴 수 있는 경험 많은 생산 엔지니어들도 똑같이 중요했다. 이들은 공장에 따라 노동력 중 12~20%를 차지했다. 이들 그룹은 작업장을 준비하고 감독하는 감독관, 기계와 공구를 제작하고 개조하고 설치하는 공구제작자, 작업 절차를 고안하고 수정하는 엔지니어, 외부 공급업체들과 소통을 담당하는 구매 기술자로 구성되었다. 이러한 모든 직무에는 깊이 있는 실용적인 노하우와 작업장의 일상 작업에 대한 통달이 필요했다. 21세기 대량생산 공장에서 일한 많은 엔지니어는 이론 교육을 받았지만, 능력은 대부분 다년간의 공장 경험으로 획득했다.

포드사의 직원들이 남긴 회고는 또 다른 사실을 증언한다. 대량생산 시설을 갖추는 것은 끝이 안 나는 작업이었다. 그들은 일하면서 계속 배웠고 새로 드러나는 문제들은 끊임없는 개별적 혁신으로 해결해야 했다. 미국의 경제학자들이 제2차 세계대전 항공기 생산 데이터를 바탕으로 정립한 쌍곡선 함수로 이른바 학습의 경제를 정식화하기 훨씬 전부터 중서부 자동차 제조사들의 숙련 기계공들은 지속적인 공정 혁신의 잠재력을 직관적으로 이해하고 실천하고 있었다. 이러한 학습의 경제는 대량생산의 본질적 부분을 구성했다. 더 잘 알려진 규모의 경제와 마찬가지로, 초기 과제가 더 복잡할수록 수정, 적응, 개선의 잠재력은 더욱 커졌다. 비숙련 노동자들은 이러한 집단학습 과정에 기여했다. 이는 20세기 대량생산 공장에서 확산된 제안 제도로 인정받은 사실이다.[49] 그러나 대량생산 작업장의 제도적 기억이라 할 만한 축적된 생산 경험은 필연적으로 숙련된 핵심 인력이 획득할 수밖에 없었다. 포드주의를 도입한 소비에트와 나치도 잘 알았듯이, 이 숙련 기술자들은 대량생산 기술을 해외로 이전하는 열쇠를 제공했다. 앞으로 살펴보겠지만, 그들은 수백 명에 이르는 숙련 기술자를 고용했다.

동부와 중서부

지역 유력자와 포퓰리즘 기계공들 간의 갈등이 미시간의 초기 자동차 산업을 얼룩지게 만들고 포드 같은 자동차 제조회사들이 사명감을 선명하게 자각하는 데 도움을 주었다면, 이 새로운 산업이 더 큰 미국의 정치경제 안에 안착할 방식을 결정하는 데는 더 오랜 시간이 걸렸다. 이 경쟁에는 대체로 두 세력이 참가했다. 한 세력은 생산 지향과 포퓰리즘 성향을 보인 중서부의 제조업자들이었고, 다른 세력은 초기에는 신생 자동차 산업에 큰 의미를 부여하는 데 어려움을 겪었지만 결국 그 성공을 인정해야만 했던 동부의 금융 엘리트들이었다. 중서부 자동차 산업 내부에서는 동부에 대항하는 두 가지 전략이 출현했다. 하나는 외부 자본을 피하고 재투자로 자금을 자체적으로 조달하는 것이다. 이것이 포드의 전략이었다. 다른 하나는 동부의 투자자들을 유치하고, 이 요란스러운 새로운 산업을 증권시장의 세계에서 구미가 당기도록 만드는 것이다. GM의 설립자 윌리엄 "빌리" 크라포 듀랜트William "Billy" Crapo Durant(1861~1947)의 방안이 바로 그것이었다.

미시간주 플린트 출신인 듀랜트는 말이 끄는 수레를 만드는 제조업자로 이력을 시작했다. 듀랜트는 검소하게 자랐지만, 훌륭한 가문의 후손으로 목재업의 거물이자 미시간 주지사까지 지낸 헨리 크라포Henry H. Crapo(1804~1869)의 손자였다. 그는 기계공은 아니었다. 헨리 포드와 달리 듀랜트는 자신의 사업을 작업장 위가 아닌 증권 장부로 짓눌린 책상 뒤에서 만들었다. 그는 지역의 기성 공장들에 생산을 하청하고 공급자와 경쟁자를 인수하는가 하면, 그들을 서로 연동된 복잡한 주식 구조로 결합했다. 새로운 세기가 시작될 무렵, 듀랜트는 미시간에서 크게 성공한 사업가 중 한 명으로, 당시 듀랜트-도트Durant-Dort는 규모가 가장 큰 마차 제조사가 되었다.[50] 1908년, 듀랜트는 자신의 마차 사업을 성공으로 이끈 결합 전략을 자동차 산업에서도 되풀이하고자 준비했다. 그는 GM사를 뉴저지의 지주회사로 설립하고 뷰익Buick, 캐딜락Cadillac, 올즈Olds

등 20개 이상의 제조업체, 공급업체와 합병했다. 듀랜트는 자동차를 대하는 수선공으로서는 애착이 부족했는데, 이후 평론가들은 그가 "크랭크축과 차동장치 사이의 차이"도 몰랐다고 말했다. 듀랜트를 흥분시킨 것은 신생 자동차 산업이 금융을 정복할 전망이었다. 그의 동료들은 "그가 무엇보다 가장 원한 것은 내부에서 흥정하고 거래할 수 있는 대규모 주식을 발행하는 일이었다"라고 회상했다.[51]

따라서 듀랜트는 동부의 금융자본이 GM사와 함께 중서부 자동차 산업에 참여하길 고대했다. 동료 발기인이 나중에 말했듯이 목표는 "미국 철강 회사United States Steel Corporation"의 모범을 따라 자동차 제조업자들을 "하나의 큰 회사"로 통합하는 것이었다. 즉 자동차 산업에서 대합병운동을 모방해 보려는 것이었다.[52] 그러나 동부의 금융업자들은 회의적이었다. 당시 그들은 중서부의 시끄러운 가솔린 엔진 대신 고가의 전기자동차를 새로운 산업으로 주목했다. 그들은 서민적인 느낌이 확연한 소비재에서 미래의 경제성을 발견하는 데 실패했던 것이다. 그들은 여전히 석탄, 철강, 석유, 철도, 전기 등 자본재 산업과 설비 부분에 대한 대규모 투자가 성장의 주요한 동력이 될 거라고 여겼다. 그들은 소비자 주도의 성장 가능성에 동조하지 않았고, 자동차를 구입하는 농부들의 소비를 두고 낭비가 아닌지 우려했다. 동부에서는 "자동차 열풍"이 위험한 거품을 만드는 것처럼 보였다. 〈월스트리트 저널〉은 "자동차가 사치와 분에 넘치는 삶을 조장한다"라고 보도하기도 했다.[53]

그러므로 듀랜트가 동부의 자금을 유치하는 과정은 길게 이어지는 복잡한 춤판이었다. 1908년, 모건 하우스House of Morgan는 GM에 관여하기를 거부했다. 1910년, 듀랜트는 자동차 사업체가 판매 부진으로 도산

위기에 직면하자 다시 동부로 방향을 틀었다. 이번에는 보스턴의 투자회사 리앤히긴슨Lee&Higginson이 GM사에 대한 구제 금융에 동의했지만, 듀랜트는 회장직에서 내려와야 했다. 이후 몇 년 동안 듀랜트는 새로운 자동차 사업인 쉐보레를 성공적으로 조직하며 놀랄 만한 복귀를 준비했다. 그는 거대 화학기업인 듀폰드느무르du Pont de Nemours의 소유주이자 동부의 기준에서도 "유서 깊은 부자 가문"의 대표주자인 듀폰을 설득해 GM사의 주식에 상당한 자금을 투자하도록 했다. 듀폰과 동맹을 맺은 듀랜트는 대출이 만료된 보스턴 은행가들에게 GM사에 대한 지배권을 포기하라고 요구했다. 1916년, 듀랜트는 GM사 회장으로 재취임했고, 피에르 듀폰Pierre du Pont(1870~1954)은 이사회 의장을 맡았다.[54]

듀랜트의 두 번째 회장 임기 역시 짧았다. 강력한 힘을 지닌 새로운 공동 소유주인 듀폰은 듀랜트 측의 무신경한 회계업무와 주가 조작으로 보이는 위험한 행동에 제동을 걸었다. 듀폰은 GM사에 더 많은 자금을 투입했는데, 이는 자동차 산업에 대한 확신뿐 아니라 기존 투자의 안정성에 대한 불안을 반영한 것이기도 했다. 전후 불경기로 큰 타격을 입은 GM사는 1920~1921년 겨울에만 수천만 달러에 달하는 신규 자본이 필요했는데, 이는 주요 투자회사들만이 단기간 내에 조달할 수 있는 금액이었다. 피에르 듀폰은 사적인 친분을 이용해 J.P. 모건J.P. Morgan을 끌어들였다. 간단히 말해, 모건은 듀랜트의 개인 신용거래를 구제해 달라는 요청을 받았다. 은행가들은 듀랜트가 "회사 경영에 아주 무능하다"고 판단해 그에게 사임하라고 강력히 요구했다.[55]

GM사의 구제 금융에 참여한 동부의 후원자들은 십 년 만에 두 번째로 듀랜트를 해고했고, 이 사건으로 그는 자동차의 역사 연대기에 오래

남을 변덕스러운 평판을 얻게 되었다. 그러나 대량생산의 역사에서 듀랜트의 중요성은 다른 곳에 있었다. 그는 중서부의 자동차 산업을 동부 금융의 빅 리그에서 솔깃할 만한 투자로 만들어내는 데 성공했다. 사업 제의를 더 매력적으로 만들려면 혈통이 훌륭한 미시간 사람이 될 필요가 있었다. 월가의 주류 대열에 진입하기를 열망한 듀랜트는 투자자들의 신뢰를 얻는 데 필수적인 개인적 친분관계를 부지런히 쌓아갔다. 확실히 이러한 종류의 관계는 포드와 같은 중서부 기계공들은 만들기가 어려울 뿐 아니라 만들려는 상상조차 할 수 없는 관계였고, 그 결과 또한 심오했다. 1921년 인수로 GM사는 경영 수뇌부와 재정력은 뉴욕시에 두고, 수익률이 가장 높은 공장인 뷰익과 쉐보레는 플린트와 디트로이트에 남겨두는 기업이 되었다. 이제 새로운 산업에 대한 통제권은 동부의 이익과 미시간의 포퓰리즘적 독불장군 사이에서 쪼개졌다.

그럼 GM사의 부상을 포드자동차회사의 궤적과 대조해 보자. 사실 1908년에 듀랜트는 포드와 올즈에게 GM사에 합류하라고 제안한 바 있다. 그러나 의미심장하게도 두 기계공은 모두 지불금으로 주식을 거부하고 대신 현금을 고집했는데, 이는 듀랜트가 받아들일 수 없는 요구였다. 그 후 듀랜트가 투자자들과 얽혀 있던 몇 년 동안, 헨리 포드는 서로 다른 일련의 충돌을 겪으면서 자동차 대량생산은 생산자주의-포퓰리즘적 지향을 반드시 반영해야 한다는 확신을 강화했다.

첫 번째 충돌은 지적재산권의 본질에 대한 공방으로 유명한 법정 싸움이었다. 이는 셀든 특허Selden patent라 하는 가솔린 엔진 자동차에 대한 다소 의심스러운 특허권과 관련이 있는데, 1903년에 디트로이트의 거부들과 뉴욕의 은행들이 연합해 이 특허권을 획득했다. 초기에 미시간 자동차 제조업체들은 대부분 특허권자들에게 마뜩잖은 사용료를 지불했지만, 포드자동차회사는 이의를 제기하고 그 문제를 장기 소송전으로 끌고 갔다. 이 소송은 상당한 대중적 관심을 받았는데, 풀뿌리 감성에 호소한 자동차 제조사가 불량배처럼 행동하는 독점적인 조직에 대항한 사건처럼 보였기 때문이다. 1911년에 법원은 포드의 손을 들어주었고, 회사의 논리를 그대로 채택해 "공익의 관점에서 볼 때, 특허가 애초에 부여되지 않았다면" 더 좋았을 것이라고 판결했다.[56]

포드는 나름의 결론에 도달했다. 그는 특허가 "발명을 자극한다"는 생각을 "폭파된 이론"이라 칭하며, 종국적으로는 "모든 특허권의 폐지"를 주장했다. 더 놀라운 사실은 셀든 사건 이후 포드자동차회사가 기술 진보가 인간의 독창성이라는 공통의 레퍼토리에 기여해야 한다는 생산자주의 사상에 부합하는 기술공개 의견을 채택했다는 것이다. 포드사는 자사의 특허권 행사를 중단하고, 요청이 있으면 이해관계자들에게도 기술도면 복사본을 제공하기 시작했다.[57] 이러한 실천은 윌리엄 베르너를 비롯해 대량생산을 도입하고자 루즈 공장을 방문한 다른 많은 이에게 분명 큰 도움을 주었다. 특히 앞으로 살펴보겠지만, 소비에트 대표단은 1930년대 포드사의 문호 개방 정책을 최대한 활용했다.

자동차 대량생산을 생산자-포퓰리즘 신조와 연결해 준 두 번째 충돌은 일당 5달러 근무제the five-dollar day였다. 잘 알려져 있듯이, 1914년에 포드자동차회사는 비숙련 노동자들의 임금을 두 배 이상 올리고, 일일 근무시간을 8시간으로 줄였다. 임금 인상에는 다소 빡빡한 조건이 붙어 있었는데, 6개월 이상 회사에서 근속한 노동자에게만 적용되었고, 이른바 떠돌이들에게는 자격이 주어지지 않았다. "사회부Sociological Department"

는 5달러를 받는 노동자들에게 하숙집을 전전하지 말고 반드시 결혼하고, 술과 담배를 끊도록 했다. 또한 이 계획에는 이주민 노동자들을 미국식 생활 방식에 동화하게 하려는 노력도 포함되었다. 노동자들에게 영어와 미국 관습을 가르치려고 포드 학교Ford School가 설립되었다. 거대한 "용광로" 같기로 명성이 자자한 이 학교의 졸업식에서 이주민 노동자들은 "그들의 고유한 의상"을 입고 들어가서 "가장 좋은 미국의 옷가지를 입고 미국 국기를 흔들며" 나왔다.[58]

포드주의에 대한 주요 서술에서 일당 5달러 근무제는 전후의 수요 증대를 확실히 기대한 시혜성 조치로 여겨지곤 한다. 포드가 직원들이 자신이 만든 차를 살 수 있도록 임금을 인상했다는 주장이다. 사실 포드는 (몇 년 후 구매력 주장을 채택하기는 하나) 당시에는 그러한 주장을 하지 않았다. 오히려 포드자동차회사가 밝힌, 일당 5달러 근무제로 해결하기를 바란 가장 중요한 문제는 노동 이직률이었다. (곧 전 세계의 대량생산 관리자들이 회유와 강요를 다양한 방식으로 조합해 동일한 문제에 접근하게 된다. 일단 수많은 비숙련 이민자가 공장에 온다고 해도, 과연 무엇으로 그들을 이 지루한 작업에 머물게 할 것인가?) 20세기 초 디트로이트의 맥락에서, 더 나은 조건을 찾아 여기저기 공장과 일거리를 기웃거리는 게 일상이었던 노동자들을 계속 붙들어두기란 쉽지 않았다. 1913년에 포드자동차회사는 평균 1만 3,000명의 노동력을 유지하려고 "5만 명에서 6만 명"을 고용했다고 기록했다.[59] 하일랜드파크 공장의 노동력도 그야말로 다양했다. 1914년에는 노동자 중 71%가 미국 이외의 지역에서 태어났고, 대부분은 남부와 동부 유럽 출신이었다. 빌 클랜은 서로 다른 14개 민족으로 구성된 그룹을 이끌었다고 회고했다. 의사소통을 하기가 어려웠고 "여러 언어를 구

사할 수 있는 보조 현장 주임"을 찾느라 부산했다.[60]

회사 출판물을 신뢰할 수 있다면, 5달러 계획은 목적을 달성했다. 첫 두 해 동안에 노동 이직률은 370%에서 16%로 확연하게 떨어졌다. 결근율이 줄어들고 생산성은 증대되었다. 노동자 1만 6,000여 명이 포드 학교를 거쳐 입사했다. 확실치는 않으나 포드사의 노동자들은 더 많이 저축하고 더 많은 수가 결혼했다고 한다.[61] 이러한 결과들로 일당 5달러 근무제는 혁신주의 시대Progressive Era 개혁가들에게 많은 영감을 주었다. 이후 노동사가들은 이에 대해 자본주의의 "사회통제" 전략이었다고 묘사했고, 경제사학자들은 "효율 임금"으로 이론화했다.[62]

그렇지만 자세히 들어보면, 일당 5달러 근무제는 생산자―포퓰리즘의 언어를 유려하게 구사하고 있다. 의회에 제출한 진술서에서 포드는 구매력 주장은 언급하지 않은 채 일당 5달러 근무제의 "첫 번째 목적"을 "같이 일하는 사람들에 대한 실질적 정의"라고 제시했다. 이 계획은 착실한 노동자들이 삶을 영위하기에 "시장 가격이 충분하지 않다는 인식"에서 창안되었으며, "목표는 그야말로 인간의 경제적·도덕적 지위를 향상하는 것"이었다.[63] 회사에서는 언론에 임금 인상 계획을 발표하며, 다음과 같은 이유를 제시했다.

사회 정의는 가정에서 시작됩니다. 우리는 이 위대한 기관을 만들도록 도움을 주고, 그것을 유지하도록 도와주는 사람들과 우리의 번영을 공유하기를 원합니다. 우리는 그들이 현재의 이익을 갖고 미래의 전망을 갖추기를 원합니다. 검약, 멋진 서비스, 절제 모두가 시행되고 승인될 것입니다. 우리는 그간의 자본과 노동 간의 소득 분배가 공평하지 않았다고 믿으

며, 우리의 사업에 적합한 해소 방안을 모색해 왔습니다.[64]

분명 과장된 수사인데, 어떤 종류의 수사일까? 정의, 경제적 협력, 덕목의 함양을 강조하는 이 말은 흔한 온정주의적 특효약이나 혁신주의의 사회공학적 처방과는 사뭇 달랐다. "자본과 노동 간의 소득 분배"를 예로 들어보자. 업무를 효율적으로 수행하도록 성과급을 제공하는 것이 유일한 목적이었다면, 임금 인상이 아니라 이익 공유가 중요하다는 점을 회사가 강박적이라 할 만큼 강조할 이유가 없었다. 찰스 소렌슨을 따르면, 애초에 이러한 구상은 회사 이사진이 미래의 급여 봉투가 어떻게 하면 회사의 놀라운 성장을 더 적절하게 반영할지 이런저런 방안을 검토하다가 시작되었다. 결국, 그들은 1914년의 기대 수익 중 1,000만 달러(1913년에 2,700만 달러의 순이익이 발생했으므로 예상 총액의 3분의 1에 해당하는 액수)를 임금 인상에 할당했다.[65] 포드는 언론을 향해 "우리가 우리 직원들에게 지급하는 것이 단지 높은 임금이 아니라 수익이라는 사실이 강조되기를 바란다"라고 말했다. "분명히 일종의 배당금" 성격으로 미래 수익의 절반가량이 노동자들에게 전달된다. 포드는 어리둥절해하는 〈타임스〉 기자에게 이것은 사회주의도 온정주의도 아닌 회사에 대한 노동자들의 기여를 인정한 것이라고 말했다.[66] 혹은 또 다른 예시로, 사회부가 5달러 수혜자들에게 주입하려 했다고 하는 검약 개념을 생각해 보자. 회사의 홍보책자가 설명하는 바를 따르면, 검약은 "인격의 지표"로 "자기 통제, 자기 존중 그리고 미래를 내다보는 삶의 어떤 계획과 목표"를 보여주었다. 검약은 알코올의존증이나 채무 압박과 양립할 수 없었다.[67]

포드자동차회사의 5달러 수사법은 20세기 중반에 등장할 소비주의를 예비하기는커녕, 19세기의 노동—공화주의의 논리를 다시 꺼내들었다. 미덕과 자기소유권self-ownership에 대한 기대를 산업 협력에 융합함으로써 노동기사단Knights of Labor*의 도덕경제를 답습했다. 노동기사단이 계급투쟁으로 자본주의를 극복하는 대신 노동하는 생산자들의 이익을 위해 기업 조직과 재정 축적을 이용하려 했다는 점을 기억해 보자. 기사단의 1878년 헌법 서문에는 "노동자들이 창출한 부의 적절한 몫을 보장할 것"이라는 목표가 적시되었다.[68] 기사단은 참가자들에게 수익을 돌려줄 수 있는 산업협력체를 제안했다. 수익 공유는 임금을 대체하게 된다.[69] 이러한 전망에서 생산은 계약의 문제가 아니라 개인적 보상에 결부된 집단적인 기대였다. 경제적인 개선은 더 큰 가처분소득과 더 많은 여가시간뿐 아니라 도덕적 개선을 의미했다. 이 모든 비현실성에도 불구하고 사회부는 "고된 미덕 개념"을 전달하고자 했다.[70] 대량생산은 참가자들에게 도덕적인 요구들을 부과했고, 회사는 구성원들이 끝까지 그 약속을 잘 지키도록 주의를 기울였다. 최근 이민자들은 일해야 시민권을 취득할 수 있다는 것을 당연하게 여기지만, 당시는 사회부가 제시하는 길을 따라 밀고 당기는 과정이 필요했던 만큼, 이러한 내규를 완전하게 고수하는 것은 분명 교만한 생각이었다.[71]

오늘날의 관점에서는 이러한 개념이 확실히 촌스러워 보이지만, 당시에는 상당한 파문을 일으켰다. 일당 5달러 근무제는 산업 질서에 대한 중요한 질문을 논의의 장으로 끌어올렸다. 기술과 경제 발전의 혜택을

---

* 1880년대 미국에서 가장 크고 중요했던 노동 단체로 8시간 노동제를 요구하고 공화주의적 생산자 윤리를 옹호했다. 몇몇 경우 기업주와 교섭하는 노동조합 역할을 하기도 했지만, 제대로 조직된 노조는 아니어서 지역에서 벌어진 산발적인 파업 투쟁과 폭력 사태를 효과적으로 조율하지는 못했다. 1886년 폭탄 테러로까지 번진 헤이마켓 사태 이후 영향력이 크게 줄어들었다.

누리는 사람은 누구인가? 대량생산의 물질적 보상은 어떻게 분배되어야 하는가? 이는 당시 많은 산업 엘리트가 토론하기 꺼린 질문들이었다. 어찌 됐든 그들은 당혹스러운 반응을 내비쳤다. 스튜드베이커Studebaker사 부사장은 일당 5달러 근무제에 대해 "이 계획은 모든 경제법을 위반했다"라는 의견을 제출했다. 〈뉴욕타임스〉는 이 계획은 "분명히 유토피아적이며, 경험에 반하는" 계획이라고 논평했다. 〈월스트리트 저널〉은 "범죄가 아니라면 경제적 실책"이라 언급하며, "물질적·재정적 혼란과 공장의 무질서"를 경고했다. 피츠버그의 한 사업가는 "이 나라 모든 사업의 파멸"을 우려하기도 했다. 존 D. 록펠러 주니어John D. Rockefeller Jr.는 믿기 어렵겠지만, 자신까지 포함해서 대부분 기업이 그렇게 관대한 임금 정책을 추구할 수단이 부족하다고 주장했다.[72] 이러한 우려스러운 반응을 고려할 때, 포드사의 일당 5달러 근무제가 그 시대 다른 이른바 이익 배분 계획이 하지 않았던 방식으로 신경을 건드렸음이 확실하다. 이 계획은 경제 관련 "법들"에 호소하며 적은 임금을 지불한 고용주들의 이면에 모종의 정책결정이 숨어 있을 수 있다는 다소 불편한 의문을 제기했다.

확실히 일당 5달러 근무제가 초기 논란에 부응하는 결과를 낳지는 못했다. 예상대로 노동자들은 주제넘은 조사 작업에 분개하고 저항했다. 또한 이 계획의 기획자들이 심사숙고한 임금과 수익 공유 사이의 차이는 실제 급여 봉투를 받는 사람들에게 별다른 차이점을 만들어주지 못했다. 제1차 세계대전이 촉발한 인플레이션은 5달러라는 숫자가 주는 놀라움을 반감시켰고, 포드사의 경쟁회사들도 곧 그만큼 임금을 인상할 수밖에 없었다. 게다가 회사 내의 의견 불일치는 이 계획을 혼란스럽게 만들었다. 현장 주임과 숙련 엘리트들은 사회부의 일에 대해 작업장 절차에 간섭하는 것이라고 보아 저항하기 시작했다. 전후 불경기가 지속된 1921년에 사회부는 예고 없이 폐지되었다.[73] 그럼에도 5달러 일화는 헨리 포드의 사회적·정치적 상상력을 새로운 시각에서 보도록 한다. 비록 우리의 빈약한 경제적 감성에서는 반직관적으로 느껴지기도 하지만, 이 계획은 포드와 그의 숙련 기계공들이 자기 회사를 전례 없는 규모와 힘을 갖춘 산업 협동조합으로 생각하는 경향이 있었음을 시사한다. 산업 협동조합의 사회적 의무는 노동의 약속과 떼려야 뗄 수 없는 관계에 있다.[74]

포드의 생산자—포퓰리즘적 신념을 공고하게 만든 **세 번째** 충돌도 포드자동차회사가 이익으로 무엇을 해야 하는가 하는 질문과 관련이 있었다. 1914년부터 1917년까지 전례 없는 수익을 거둬들인 포드는 이 예상치 못한 행운을 디트로이트의 서쪽 끝인 디어본에 루즈 강변으로 둘러싸인 넓은 부지를 확보하는 데 사용했다. 하일랜드파크 공장을 뛰어넘을 대규모 공장을 짓고 T형 모델과 마찬가지로 트랙터를 대량생산하겠다는 구상이었다. 1903년부터 줄곧 포드자동차회사를 후원해 온 몇몇 주주는 이러한 계획에 반대했다. 1916년 포드자동차회사의 지분 중 10%를 공동소유하고 있던 존 닷지John Dodge와 호레이스 닷지Horace Dodge는 헨리 포드와 회사를 상대로 소송을 제기했다. 닷지 형제는 회사가 이익을 생산 확대에 사용할 것이 아니라 주주들에게 배분해야 한다고 주장했다.[75]

이러한 법정 공방은 포드와 그의 주주들이 기업의 이익을 어디에 써야 하는지에 상반된 견해를 가지고 있음을 드러냈다. 닷지 형제는 투자자 처지에 서 있었다. 그들은 회사의 이익이 초기 자본 투자와 위험 부담에 대한 보상으로 주어지는 투자 수익에 해당한다고 주장했다. 그들은 루즈 공장 확장을 "극도로 무모한" 계획이라고 주장하며, "현금 축적의 상당 부분"을 "소속 주주들에게 배당해 분배"하라고 요구했다.[76] 반면, 포드는 이익이 지속적인 사업 확장을 위한 기금을 구성한다고 주장했다. 이익을 좇지 않고 생산에 집중하는 것이 포드자동차회사의 원칙이고 미래의 성장도 마찬가지로 그래야 했다. 포드는 "산업 시스템의 이점을 확산"하려고 "우리의 이익 중 가장 많은 부분을 다시 사업으로" 투입할 필요가 있다고 말했다. 또한 포드는 이 문제에 윤리적 측면을 덧붙였다. 포드는 언론 인터뷰에서 "우리는 우리 자동차로 그렇게 엄청난 수익을 거둬야 한다고 생각하지 않는다. 합리적인 수익은 타당하지만 너무 과해서는 안 된다"라고 말했다. 포드는 닷지 형제가 초창기 회사에 1만 달러를 투자해 지금까지 배당금으로 총 551만 7,500달러를 벌어들였다고 설명하며, 55000% 수익률이면 충분할 만큼 이익을 가져갔다고 분명하게 자기 견해를 내비쳤다.[77]

미시간 대법원은 "기업은 무엇보다 주주의 이익을 위해 조직되고 운영된다"라고 판결하면서 결국 닷지 형제의 편을 들었다.[78] 1919년 회사는 판결에 따라 약 1,900만 달러의 특별 배당금과 누적 이자를 지급했다. 그러나 법정 공방에서 패한 포드는 회사의 향배를 둘러싼 미래의 충돌을 방지하고자 다른 방법을 찾아냈다. 그는 나머지 소수 주주의 주식을 매입하려고 공격적으로 움직였다. 그 결과 1920년에 회사의 소유주는 헨리 포드와 그의 아내 클라라 그리고 그의 아들 에드셀 세 명으로 줄었다. 요약하면, 동부의 투자자들이 GM사를 장악한 바로 그 시기에 헨리 포드는 회사를 개인화하는 정반대 방향으로 움직였다. 빌리 듀랜트는 강력한 주주들에게 기업 통제권을 빼앗겼지만, 포드는 주주들의 도전에 대응해 그들의 통제권을 가져왔다.

포드사 대 제너럴모터스사

1920년대에 자동차 산업은 미국 경제를 호황으로 이끌었다. 호황의 원천은 대량생산에 따른 엄청난 생산성 향상이었다. 그 10년 동안 소비가 국민소득의 3분의 1을 차지할 만큼 증가했지만, 이러한 변화에 따른 충격은 지역에 따라 편차가 상당했다. 자동차 중심지인 미시간 남동부에서는 임금이 생산성과 함께 증가했다. 1920년대 내내 포드사의 연간 평균 임금은 다른 제조업 분야의 평균보다 23%에서 47%가량 높았고, GM사는 1926년이 되어서야 포드의 임금을 따라잡았다. 노동시간 역시 더 짧았다. 디트로이트의 노동자들은 하루 8시간의 고된 노동으로 살아가기에 충분한 임금을 보장받을 수 있었지만 철강, 석탄, 섬유 업종에서 일하는 많은 노동자는 더 적은 임금을 받으며 주당 60시간 이상을 계속 일해야 했다. 따라서 모든 노동자가 새로운 소비 기회에서 이익을 얻은 것은 아니었다. 미국의 산업 전반에서 임금은 생산성을 따라가지 못했고, 이익은 기업의 금고 속으로 혹은 주주들과 그곳에서 급성장한 증권시장으로 흘러갔다. "광란의 20년대"에 불평등은 새로운 양상으로 나타났다. 모든 지역이 성장을 공유한 것은 아니며, 이득의 상당 부분은 계층화된 소득의 맨 꼭대기 층에 집중되었다.[79]

자동차 산업의 지배적 회사인 GM사와 포드자동차는 이러한 경제 전환의 중심에 서 있었다. 두 기업체 모두 중서부 기계공들이 개척한 복합적 대량생산 방식으로 자신들의 힘을 구축했다. 포드의 T형 모델은 1923년에서 1925년까지 엄청난 판매량을 기록했고, 후속 모델로 출시된 A형 모델도 1929년에 새로운 판매기록을 세웠다. GM사의 자동차들 중에서는 저가 모델 쉐보레가 GM사를 눈부신 성장으로 이끌었다. 한때 포드사의 베테랑 기술자였던 GM사의 윌리엄 크누센William Knudsen(1879~1948)은 GM사에서 이전 직장 고용주의 핵심 아이디어, 즉 저가 모델과 규모의 경제를 가져오고, 여기에 해마다 자동차 모델에 변화를 주는 방식으로 유연한 형태의 대량생산을 발전시켰다. 1922년을 시작으로 오랜 시간 거의 해마다 쉐보레는 다른 모든 GM사의 자동차 모델을 합친 것보다 많은 자동차를 생산하고 판매했다. 1927년 GM사는 처음으로 쉐보레 단일 모델만으로 포드의 판매량을 넘어섰고, 지금까지 포드사가 지배해 온 자동차 시장을 잠식하기 시작했다.[80]

GM사가 포드를 추월한 이야기는 종종 합리화라는 서사로 풀이되곤 했다. 단적으로 말해, 뉴욕 소유 기업의 경영 모델과 마케팅 전략은 포드의 낡은 방식에 비해 더 현대적이었다는 것이다.[81] 다소 과도한 결정론적 시각을 좀 덜어내고 살펴보면, 시장 점유율은 자동차 대량생산의 사회적·이념적 의미를 두고 벌어진 훨씬 큰 경쟁에서 그저 하나의 쟁점에 불과했다. 두 기업은 모두 그들의 독특한 역사와 회사의 수뇌부가 내세운 지배적인 가치를 지키고자 노력했다. 더는 주주들의 간섭에 휘둘릴 필요가 없었던 헨리 포드는 회사를 다소 독특한 방식일지라도 생산자 포퓰리즘 전통을 계속 갈고닦는 조직으로 만들어갔다. 반면 GM사는 자동차 대량생산을 투자자 자본주의 방식에 활용했다. 따라서 두 기업은 완전히 다른 방향으로 사업 관행을 발전시켰을 뿐 아니라 대규모 대량생산 기업이 소비자 기반 성장이라는 새로운 시대에 어떤 역할을 해야 하는지를 놓고 치열한 이념 경쟁을 펼쳤다.

경영 문제와 관련해 GM사의 새로운 소유자들이 고심한 문제는 쉐보레에서 캐딜락까지 부품을 제조하거나 공급하는 중서부 제조업체들의 조합들로 이뤄진 회사를 어떻게 투자자들이 쉽게 파악하고, 수익 측정 기준을 설명할 수 있는 "사업부" 기업으로 전환하느냐는 것이었다. (혹은 GM사의 새로운 경영진 중 한 명이 회고한 바를 따르면, "개인의 업무는 [GM사의] 주주의 이익에 봉사하려는 목표로 이뤄져야 한다는 원칙을 운영자들이 받아들이도록" 설득할 필요가 있었다.)[82] 이를 위해 듀폰사는 알프레도 P. 슬론Alfred P. Sloan(1875~1966) 사장 아래로 전문 경영자 그룹을 꾸렸다. 소유주와 사업 부서들 사이를 능숙하게 중개한 덕에 슬론은 어느 정도 시간이 지나자 경쟁적이고 독립적이었던 자동차 제조업체 집합을 하나의 정체성을 지닌 회사로 통합하는 데 성공했다. 이 과정에서 GM사는 이미지를 쇄신했는데, 이전 시기에 산업적 특징보다는 금융 면에서 도드라진 회사였다면, 이제는 새로운 유형의 합리적인 경영을 떠올렸다.[83] 재무 담당자 혹은 엔지니어가 아닌 고위 관리들이 기업 활동에서 주도적 역할을 했다.[84] 한편, 포드의 직원들은 회사 경영에서 관료주의를 배격하고, "장부 관리인은 필요악은 단지 필요악으로 용인할 뿐, 제조와 생산을 담당하는 사람들이 안장에 앉는" 문화를 영속시켰다.[85] 조직도와 위원회 회의는 허용되지 않았다. 그 대신 회사 행정 업무는 회사와 수년간 함께한 긴밀한 생산 직원 그룹(소렌슨 혹은 마틴 같은)의 제도적 기억, 암묵적인 규약들과 비공식적인 관례 등에 의존했다. 포드는 회사의 일상 업무에 거의 관여하지 않았다. 그는 한 걸음 떨어진 곳에서 카리스마 넘치는 지도자로서 회사를 주재했다.[86]

두 회사는 시장에 대해서도 매우 다른 태도를 보였다. GM사는 자동차 시장을 만들어야 할 영역으로 여겼다. 소비자를 만들어야 했고, 소비 욕구를 진작해야 했다. 이러한 결론에서 GM사는 시장 조사를 시작하고, 할부 금융을 제공했으며, 광고에 공을 들이고, 이미지 쇄신 활동을 개발했다. "모든 지갑과 모든 목적에 부합하는 자동차"라는 유명한 광고가 내세운 것처럼, GM사는 소득 계층의 위, 아래층 모두를 겨냥해 고객으로 삼기 시작했을 뿐 아니라 가격대 상향(쉐보레로 시작해 캐딜락으로 올라가는) 이동 전망도 함께 판매했다. 나아가 GM사는 매출을 더 늘리려고 매년 자동차 모델을 바꾸었다.[87] 반면, 포드자동차회사는 그러한 전략을 모두 거부했다. 회사는 할부 금융을 건성으로 받아들였고, 오랫동안 누구에게나 적합한 모델 T를 고수했다.[88]

덜 알려졌지만, 두 회사는 금융 관행에서도 극명한 차이를 보였다. GM사는 1920년대 내내 활성화된 증권시장을 최대한 활용했고, 실제로 상당히 기여하기도 했다. 듀랜트의 사업체는 일찍부터 지역 유력자들을 투자자로 끌어들여 1917년에는 그 수가 2,920명에 이르렀다. 모건의 참여로 GM사의 주주 수는 6만 6,837명으로 증가했고, 1973년에는 37만 5,000명 이상의 개인 투자자가 GM사의 주식을 소유했다. 같은 시기 포드사의 주주는 셋뿐이었다. GM사는 자사의 우량주를 투자자금 유치에 활용했다. 1917년에서 1937년까지 GM사는 현금을 조달하거나 공장과 부동산을 확보할 목적으로 대략 7억 2,400만 달러의 주식을 발행했다.[89] 같은 시기에 뉴욕 주식 중개인들의 책상 위를 오간 주식들 중 포드사의 것은 단 한 주도 없었다. 포드자동차회사는 오직 회사가 벌어들인 이익 잉여금만으로 확장·인수 자금을 조달했다. 1937년 윌리엄 와그너가 다녀간 그 루즈 공장은 T형 모델의 수익으로 건설한 것이다. 포드자동차회사는 1920~1930년대 내내 순수익의 75% 이상을 재투자에 사용했다.

그림 1.2 헨리 포드와 그의 핵심 동료들.
왼쪽부터 오른쪽으로 P. E. 마틴, B. J. 크레이그(회계 담당자), 찰스 소렌슨, 헨리 포드, 레이 달링거, 에드셀 포드, A. M. 위벨(회계·구매담당자). 출처: The Henry Ford.

GM사의 재투자율은 23%에 머물렀고, 나머지 수익은 주주들에게 배당금으로 지급되었다.[90] GM사 경영진은 산업 성과를 평가하는 기준으로 "투자 수익률"을 명시적으로 수용했지만, 포드사 직원들은 계속 낮은 생산 비용을 핵심적인 기준으로 여겼다.[91] 포드사의 간결한 세금계산서와 GM사의 상세한 연간 보고서는 각자의 방식으로 기업 철학을 반영한 재무 정보를 전달했다.

사업계의 유력인사들은 점점 더 대중적인 지도력을 가질 힘이 있다고 느꼈던 시대였고, GM사를 운영하는 새로운 임원진뿐 아니라 헨리 포드와 그의 핵심 인사들까지 모두 각자의 신념 체계를 자세히 설명했다. 특히 포드는 다방면의 대필 작가들 그리고 죽이 잘 맞는 언론인들과 협업해 대중적으로 높은 인지도를 누렸다.[92] 슬론과 그의 전문경영인 그룹은 덜 눈에 띄었지만, 그들의 이념 작업 또한 부지런히 이뤄졌다. 그들의 배출구는 비즈니스 이익 정치, 대중 연설, 〈관리와 경영Management and Administration〉 같은 정기 간행물이었다.[93]

포드와 슬론은 모두 경제 집중에 대한 오래된 우려에 이제 대기업이 완전히 선의의 세력이 되었다는 주장으로 대응했다. 포드에게 거대기업의 정당성은 부를 창출하는 효율성에 있었다. 제대로 이해해 보면, 대기업은 노동자 수천 명의 집단 노동이 원자재를 풍성한 생산물로 바꾸는 "생산적인 조직"이었다. 더 높은 생활 수준은 오직 이러한 원천을 바탕으로 해서만 이뤄질 수 있다. "대기업과 큰돈의 힘을 혼동"하는 것은 오해에 불과했다. 포드자동차회사는 금융자본의 속박에서 벗어난 산업이 향상된 생산성을 낮은 가격과 높은 임금으로 돌려줄 수 있음을 증명하고 있었다. 포드는 일단 수익이 사적 임대료에서 분리되면, 수익은 축적의 선순환이 만들어지는 데서 신탁기금 역할을 할 수 있다고 주장했다. 나아가 포드는 자본이 "전체 조직이 함께 만들어낸 산물"에 해당하는 만큼 자본은 "모두의 이익을 위해 매일 사용하고 신탁되는 작업 잉여"라고 주장했다. 포드의 대필 작가는 이러한 비유를 진정한 현대 사업이 점점 더 "이윤 동기"를 "임금 동기"로 대체할 것이라는 공식으로 포장했다.[94]

이와 대조적으로 슬론은 현대 기업에 대한 합의된 견해라 할 만한 것을 발전시켰다. 대기업은 이전 시기까지 사회를 분열시킨 적대감을 해소했다는 점에서 정당화될 수 있었다. 부패한 시대의 전임자들과 달리 GM사와 같은 기업은 종업원, 주주, 경영자 그리고 소비자 대중에게 동등한 지분을 제공했다. 대중과 기업은 같은 목표를 공유했다. 결국 "수백만의 경제 복지"는 "GM사의 복지"와 연결되어 있었다. 풍족하고 투명하며 공익에 매우 민감한 현대 기업은 근본적으로 소비자와 생산자, 기업과 대중, 투자자와 기업, 금융과 생산 또는 노동과 자본의 이해관계 사이에 아무런 모순이 없음을 드러냈다.[95]

대조적인 이념도 적확하게 평가해야 한다. 생산자주의 어휘사전에서 금융과 산업은 각기 다른 목적으로 작동해 상호 소통이 불가능했다. 포드가 말했듯이, "기업의 기능은 소비를 위해 생산하는 것이지 돈이나 투기를 위한 것이 아니"었다. 이와 대조적으로 GM사의 관점에서는 투기 자본도 경제 발전에서 동등한 기여자로 여겨졌다. 슬론은 투자자들은 "수익을 얻을 자격이 있고," 그러한 수익이 "공정하고 공평하게" 돌아가도록 하는 것이 경영진의 임무라고 말했다.[96] 서로 다른 기업 이념은 경영진의 역할 또한 달랐음을 의미했다. 포드는 산업의 지도력은 생산 영역을 향해 적절하게 내부로 향하며, 노동력과 원자재를 소비와 효용으로 변환하는 과정을 향상하는 것을 가장 중요한 임무로 한다고 주장했다. "진정한 경영은 생산과 그 생산품에서 시작"한다는 것이다. 반면 슬론은 기업을 경영하다 보면, 자연스럽게 더 광범위한 지도자의 역할에 끌리게 된다고 보았다. 기술 지식과 생산 전문지식이 필요했지만, 정치경제 전반을 총괄하는 권한을 부여하는 것은 재정과 관리 기술이었다. 경제계 유력인사들은 정부 관료들 혹은 노동 대표들보다 갈등의 중재자 역할을 수행하기에 적합했다. 슬론은 "큰 산업의 책임을 맡은 사람들은 산업 정치가가 되어야 한다"라고 말하기도 했다.[97]

대량생산이 제기한 마지막 쟁점은 경제 발전에서 소비가 차지한 새로운 위치에 관한 것이다. 여기에서 포드는 소비(고전경제학에서 주장해 온 투자가 아니라)를 성장의 엔진으로 강조하는 주장을 적극적으로 채택했다. 포드는 이러한 생각을 대중화하려고 누구보다도 많이 노력했지만, 실제 그러한 생각을 확산한 것은 그가 아닌 진보적 사상가들과 온건한 노동운동가들의 연합이었다. 그 주장은 높은 임금이 단지 도덕적으로 바람직할 뿐 아니라 대량생산의 시대에 성장을 지속하려면 제도적으로 필요한 것임을 함축하고 있었다.[98] 그러나 이 부분에서 포드와 구매력-혁신주의자들은 갈라졌다. 노동운동가들은 임금을 권리와 자격의 문제로 규정했다. 혁신주의자들은 수요 촉진을 국가 정책의 목표로 삼으라고 제안했다. 포드는 그 어떤 쪽도 아니었다. 포드는 임금은 오로지 생산성 향상에서 비롯하는 것으로 만일 고용주가 항시적으로 생산성 향상을 높은 임금과 낮은 가격으로 전환해 줄 수 있으면, 침체기란 불가능하고 국가의 개입도 필요 없다고 말했다. "경기 불황의 치료제는 구매력이고, 구매력의 원천은 임금이다"라는 것이다.[99]

수요에 대해 GM사는 다른 답을 찾았다. 슬론은 대량생산으로 추동되는 생산성과 임금 사이의 순환이 헨리 포드가 자신에게 준 교훈이라고 공개적으로 확실히 인정했다. 또한 슬론은 끊임없는 기술 혁신과 풍부한 생산성 향상에 토대를 둔 경제 발전의 전망, 즉 "사치품을 더 많은 사람이 일상의 편의로 누리도록 지속적으로 바꾸어내는 산업 계획"을 수용했다. 그러나 포화된 시장은 높은 임금과 낮은 가격만으로 근본적인 극복이 불가능한 실질적 위험이었다. 따라서 GM사의 소비자 시장 형성은 수요를 질적으로 관리하려고 진정으로 새로운 장치를 시도한 것이다. GM사는 소비자 시장을 형성해 진정으로 새로운 질적 수요 관리를 꾀했다.[100]

결론

결국, 미국의 "고도화된 대량소비"는 광란의 1920년대에 완숙한 모습으로 등장한 것은 아니었다. 오히려 그 정반대로 1920년대가 끝나갈 무렵까지 미국의 경제와 사회에서 대량생산이 차지하는 의미를 묻는 날카로운 논쟁이 지속되었다. 시대의 진보에 점점 뒤처져간 괴짜 민중의 영웅으로 헨리 포드를 바라보는 지배적인 역사 인식은 그가 제안한 대량생산 이념의 정치적 가치를 알아보기 매우 어렵게 만들었다. 포드는 확실히 터무니없는 음모론에 매료되었고, 광범위한 대중의 찬사로 타협을 하거나 연합을 형성할 필요성을 면제받았다고 느꼈다. 또한 포드의 정의로운 수사법과 그 공장의 냉혹한 현실 사이에는 명백한 모순이 존재했다. 포드자동차회사는 루즈 공장의 작업이 너무 과중하다는 생각을 일축하고, 비숙련 노동자들을 "생산적인 조직"의 존경받는 구성원이라고 주장했지만, 정작 그들은 회사의 자기조직화 방침에 극도의 적개심을 품었다. 그럼에도 회사는 19세기 장인들의 작업장과 함께 사라진 것으로 여겨진 생산자–포퓰리즘 전통을 실천과 이념 모두에서 창조적으로 재구성해냈다. 즉 포드자동차회사는 대량생산이 애초 경제 발전에 대한 자유주의적 관념에 도전하려고 생겨났음을 선명하게 상기해 주었다. 2장에서 살펴보겠지만, 전간기 전 세계의 포스트 자유주의자들은 이러한 사실을 날카롭게 감지하고 있었다.

대량생산에 대한 GM사의 관점은 이와 반대로 이해되어야 한다. 경영사학자들은 이 문제에 대해 슬론 자신이 제시한 의견을 너무 지나치게 받아들여 GM사의 행동들을 효율성, 합리성 그리고 현대의 목적에 충실한 자본주의의 행진과 궤를 같이하는 것으로 그려왔다. 그러나 금융화, 소비 시장 형성, "경영 혁명"은 오래된 생산 개념의 불가피한 합리화였다기보다는 그 자체로 고유한 이념적 자장을 지닌 강력한 경쟁 전통을 구성했다. GM사의 버전은 부재한 소유자를 대신해 깨우친 경영진을 앞세워 투자자 자본주의를 재정비하고, 그 기원에서부터 대량생산에 딱 붙어 있던 포퓰리즘이라는 독침을 제거하는 것이었다. GM사는 생산자주의의 교리에 반하여 자본의 논리, 즉 산업 자원은 투자 수익을 제공하려는 자산을 구성한다는 명제에 따라 대량생산이 제대로 작동할 때 모든 사람에게 이익이 된다는 견해를 확립하고서야 그것을 수용했다.[101]

GM사가 포드사에 비해 쉽게 적응하는 방법을 찾긴 했지만, 대공황은 두 전망 모두에 도전장을 내밀었다. 포드의 문제 중 하나는 철학이었다. 지속적인 성장과 기술 진보에 토대한 현대화 이론은 대공황을 다룰 준비가 되어 있지 않았다. 생산성이 끊임없이 높아지면서 그와 비례해 지불되는 높은 임금을 공식화한 포드 공식은 증발해버린 수요에는 답을 주기 어려웠다. 1929년 가을, 헨리 포드는 공격적으로 하루 일당 7달러를 발표했다. 그러나 1932년까지 포드사는 전체 노동자들의 절반을 실업 상태로 내몰아야 했고, 실제 생산능력보다 현격히 낮은 상태로 운영되었다.[102] 끊임없는 상승으로 이어지는 생산성과 임금 선순환에 대한 낙관적 전망은 1920년대의 열광적 지지가 지극히 비관적인 개념으로 바뀌면서 확실히 큰 타격을 입은 것처럼 보였다. 기술은 풍요가 아닌 "과잉 생산"을 불러왔고, 성장은 영구히 멈추었다. 이제는 생산을 개선할 것이 아니라 공평한 분배를 조직하고 실업과 싸워야 했다. 이러한 견해들은 생산자주의 원칙들과 동화하기 어려웠다.

규제를 강화하는 국가와 그러한 국가의 지원을 받는 대량생산 분야의 비숙련 노동자들의 노동 운동을 근간으로 새롭게 등장한 정치경제는 포드의 전망에 적대적이었다. 1920년대 자동차 산업의 노동자들은 열악한 공장 조건과 무분별한 작업을 적당한 소비 기회와 맞바꾸는 대량생산의 협상을 받아들였다. 대공황이 일어나자 협상은 흐트러지기 시작했다.[103] 이제 노동자들은 조립라인의 속도 증가에 대항해 존엄성, 고용 안정, 고충 처리를 위해 조직되었다. GM사는 그러한 요구를 거의 수용하지 않았고, 1937년 노동자들은 오직 연좌 농성 파업으로만 회사를 협상 테이블로 불러낼 수 있었다. 포드자동차회사는 1941년까지 노동조합을 인정하지 않았다. 무엇보다 포드는 애초에 노동자들이 왜 스스로 조직화하는지를 이해하지 못했다. 포드는 "노동조합은 월스트리트가 자본을 통해 만들었다"라고 말하기도 했다. 이러한 이야기는 설혹 포드가 정말 그렇다고 믿는 바를 이야기한 것이라 해도 회사가 처한 무력함을 완전히 시인한 것이었다.[104]

대공황은 생산자주의의 제도적 약점도 들추어냈다. 포드자동차회사는 1930년대 두꺼운 이해관계의 정치학에서 멀찍이 떨어져 외부자의 위치를 자처해 왔다. 만일 일찍부터 광범위하게 채택되었다면, 포드의 경기 부양 임금 정책은 대공황으로 인한 통화 수축 붕괴를 완화하는 역할을 했을 것이다. 그러나 GM사 경쟁자들과 달리, 포드사는 정치적 우호 관계와 효과적인 연정 구축을 싫어하는 것으로 악명이 높았다. 포드는 산업계 주요 인사들과 개인적으로 사회적 관계 맺기를 거부하고 그들의 모임을 지속적으로 피했다.[105] 그는 슬론과 듀폰—GM의 동맹에 관여한 여타 거물급 인사들이 후원해 결성된 반루스벨트 자유연맹의 가입 권

유도 거절했다.[106] 기관 차원에서도 포드자동차회사는 GM사의 임원들처럼 바쁘게 협회에 참여하는 활동을 자제하도록 했다. 알프레드 슬론은 미국 제조업 협회the National Manufacturers Association를 뉴딜정책에 반대하는 효과적인 정치 선전 수단으로 동원했다. 포드자동차회사는 미국 제조업협회, 자동차제조업협회 어디에도 가입하지 않았다.[107] 그 대신 1930년대 후반까지 헨리 포드는 코글린파Coughlinites[*], 미국 우선론자America Firsters[**] 찰스 린드버그Charles Lindbergh 같은 고립주의 우파들과 맹렬한 동맹을 모색했다.[108] 결국 회사는 뉴딜 시대에 새로 부상하는 조합주의적 타협에서 고립된 채 남아 있을 수밖에 없었다.

그러나 루즈 공장에는 여전히 포드의 생산자주의 시대를 찬미하는 노래가 울려 퍼졌다. 1920년대에 축적된 막대한 현금 뭉치 덕분에 포드자동차회사는 새로운 투자 시기가 돌아왔을 때 대공황에서 회복할 수 있었다. 1935년 회사는 3,500만 달러를 투자해 루즈 공장을 현대화하는 작업에 착수했다. 화려한 포드 로툰다도 그 일환으로 디어본에 세워졌다.[109] 1930년대 루즈 공장으로 몰려든 방문객 수천 명은 대량생산이 이뤄지는 경이로운 광경이 여전히 그 시대의 상상력에 영향력을 발휘하고 있었음을 방증했다.

루즈 공장 방문을 마친 다음 날, 윌리엄 베르너는 기차를 타고 뉴욕

* 가톨릭 신부이자 파시즘 성향의 라디오 진행자였던 찰스 코글린(Charles Edward Coughlin, 1891~1979)과 그의 지지 세력을 일컫는다. 라디오 방송에서 코글린은 공공연히 유대인 은행가를 공격하고 반유대주의 논평을 쏟아냈으며, 나치 독일과 파시스트 이탈리아의 일부 정책을 지지하기도 했다.
** 미국 우선론은 제1차 세계대전 시기 미국이 개입을 반대한 압력단체가 주장한 대외 정책으로 보호주의와 고립주의를 내세웠다. '미국이 우선'은 당시 민주당과 공화당 정치인 모두가 내세운 선거 구호가 되기도 했다. 제2차 세계대전이 발발한 후에는 아메리카 퍼스트 위원회(America First Committee)가 결성되어 미국 우선론을 주장하며 미국의 불개입 압력을 행사했다. 이때는 국제관계에서 미국의 민족주의와 일방주의가 강조되었다. 미국인들의 폭넓은 지지를 받았지만, 반유대주의와 파시스트를 옹호한다는 비판도 있었다.

으로 돌아와 미국 자동차 전시회를 관람하는 것으로 미국 체류의 마지막 날인 1937년 11월 2일을 보냈다. 이곳에서 베르너는 독일의 자동차회사 BMW와 오펠에서 온 엔지니어들과 같은 호텔에 묵었는데, 그들은 막 중서부 여행을 시작하려는 참이었다. 베르너가 켐니츠로 돌아온 후 그의 회사는 그가 방문했던 미국의 여러 회사 관계자에게 일련의 감사편지를 보내 국제 자동차 산업에 널리 퍼진 협력 정신을 치하하고, 그 보답으로 미국인 방문자들에게 오토-유니온을 개방하겠다고 제안했다.[110]

이러한 1930년대 특유의 교류들로 대량생산의 세계 지형은 이미 재편되고 있었다. 1937년 5월, 페르디난트 포르셰는 나치 정권으로부터 폭스바겐 공장 건설에 독일노동전선이 후원할 것이라는 확답을 받았다. 포르셰는 즉시 미국으로 떠났고 1937년 여름 3주 동안 포르셰는 북캐딜락호텔 편지지에 "포드 공장의 속속들이," "내가 본 곳들 중에서 가장 멋진 공장을 거닐었다"고 적어 헨리 포드에게 감사 인사를 보냈다.[111] 10월 독일계 미국인 기술자 그룹이 독일 슈투트가르트 폭스바겐의 기획 사무실에 작업장을 차렸다. 그들은 포르셰가 멀리 포드로부터 채용해 온 대량생산 전문가들이었다. 그해 가을, 스탈린이 산업 관리자들을 숙청하기 시작하면서 루즈 공장의 기술을 러시아에 도입한 스테판 다이베츠Stepan Dybets가 모스크바에서 정치경찰 내무인민위원부NKVD에 체포되었다. 아이러니하게도 고리키 자동차 공장(다이베츠가 시작하는 데 초석을 다진)이 1937년 독일과 영국 자동차 공장의 생산량을 능가하며 이제 막 성장을 시작할 때였다. 이러한 개인사에 대한 기록은 20세기 전반기 중서부 생산자주의에 대한 가장 깊고 가장 반직관적인 유산을 가리키고 있다.

2장

포드,
근대사회의 바이블

포드라는 이름은 자본주의가 지구상에서 사라져버린 이후에도
오랫동안 기억될 것이다.
-「헨리 포드」(1935), N. 벨리아예프

월리엄 베르너가 시찰을 하려고 루즈 공장으로 오기 닷새 전인 1937년 10월 22일, 포드자동차회사는 독일에서 온 또 다른 방문단을 맞았다. 베르너와 그의 동료들이 그랬듯이 그들도 배를 타고 대서양을 건너 기차를 타고 중서부에 도착했다. 그러나 그들의 방문 목적은 다른 데 있었다. 학자, 외교관, 사업가 등 20여 명으로 구성된 이 그룹의 방문은 1926년 독일-미국 간 문화 교류를 촉진하려고 설립된 카를슈르츠협회Carl Schurz Society의 후원을 받아 이뤄졌다. 1930년대 중반까지 이 협회는 미국에서 나치 문화 외교의 중요한 수단이 되었다. 카를슈르츠그룹은 디어본을 방문한 것으로 알려져 있는데, 이는 나치의 미국에 대한 구상에서 헨리 포드가 차지하는 특별한 위상을 반영한 것이다. 그는 생산의 천재이자 금융자본의 적대자로 곧 도래할 독일의 국민 자동차 시대를 보여주는 전령이었다. 이들 그룹은 두 시간 동안 루즈 공장 시찰을 마친 후 오찬을 하려고 회사 구내로 이동했다. 포드의 개인 비서 어니스트 리볼드Ernest Liebold가 독일어로 친근한 환영 인사를 건네며 그들을 맞았다.[1]

이번 방문단 중 가장 눈에 띄는 인물은 고트프리트 페더Gottfried Feder

였다. 그는 전 독일 경제부 비서를 지냈고, 1926년부터는 독일의회 Reichstag 의원이었으며, 국가사회주의 독일 노동당의 공동 창립자이기도 했다. 1920년대 내내 페더는 당의 사상 간사로서 경제 문제를 담당하며 "공공선은 사리사욕에 우선한다," "이해관계의 속박을 끊어라" 같은 대중적인 정치구호를 만들어냈다. 1933년 이후 히틀러가 현실정치로 돌아서면서 페더도 다른 나치 창립자들과 마찬가지로 실각했다. 정치적으로 큰 영향력을 행사하던 자리에서 물러나 명예교수가 된 페더는 1937년 10월, 자신의 초기 경제철학에 영감을 준 원천이기도 했던 포드의 자동차 공장을 방문한 것이다.[2]

　초기 바이에른에 광범위하게 확산하던 급진적 우파 세력의 일원이었던 페더는 헨리 포드를 반유대주의 음모론을 전파한 인물로 처음 알게 되었다. 포드가 『국제유대인The International Jew』이라는 제목으로 퍼뜨린 난삽한 편집 책자 「시온 의정서Protocols of Zion」는 게르만 민족주의자 그룹 볼키슈völkisch의 주변부 인사들 사이에서 매우 중요하게 여겨졌다.[3] 그러나 적어도 페더에게는 포드의 반유대주의만큼이나 바로 그 미국인의 자기 주해서인 『나의 삶과 일』이 그의 이데올로기 궤적을 가로지르며 눈에 띄는 흔적을 남겼다. 페더가 자세히 상술했듯이, 나치의 경제 교리는 자유주의와 마르크스주의 모두를 거부했다. 규제되지 않는 사익 추구는 착취로 이어지고, 집단 소유는 쇠퇴할 거라고 보았다. 올바른 관점은 "진정한" 기업가들이 그들의 노력을 포괄적인 집단 목적에 활용하도록 허용하는 경제에 있었다. 그러한 지도자들은 "가장 좋고 저렴한 생산방법"을 찾아내고, "가격을 최저가까지" 밀어붙이며, 임금을 잘 지급하고, 끊임없이 생산과 분배를 위해 힘쓸 것이다. 페더는 그러한 경영자 중 "가장

뛰어나고 세계적으로 잘 알려진 대표적 인물"이 바로 헨리 포드라고 저술했다.[4]

　나치의 사상가들이 포드를 정치적 영감을 주는 사업가로 극찬해 마지않았다는 사실은 1920년대 미국 자동차 왕의 구상이 얼마큼 폭넓게 반향을 일으켰는지를 보여준다. 독일어로 번역된 포드의 『나의 삶과 일』은 나치 주변부를 넘어 훨씬 많은 독자에게 영향을 주었고, 놀라울 정도로 집착을 불러일으키기도 했다. 많은 독일인이 "포드 정신병"에 사로잡혀 마치 천년왕국의 구세주가 도래한 양 그의 책을 환영했다. 한 엔지니어는 "계기와 구원"을 얻었다며, "구원의 교리"라는 문구를 언론인에게 제안하기도 했다. 다른 논평가는 책으로 만난 포드는 "낙관적이고 다부진 근육질의 수정처럼 명료한 사상가"이며, 진정한 20세기의 니체라고 말했다.[5] 이 책에 거부감을 느낀 어떤 이는 "세계 문학에서 가장 흉악하고 무시무시한 책"이라고 평가하기도 했다. 『나의 삶과 일』은 독일에서 20만 권이 판매되었다.[6]

　이러한 맹목적인 반응이 독일에서만 나타난 것은 아니다. 1924년까지 『나의 삶과 일』은 최소 12개 언어로 번역되었다. 프랑스어, 덴마크어, 핀란드어, 네덜란드어, 폴란드어, 스페인어, 스웨덴어, 세르비아-크로아티아어판이 출판되었고, 심지어 점자책도 나왔다. 일본어 번역은 진행 중이었다. 러시아어 번역본은 1924년 레닌그라드 출판협동조합 브레미아에서 처음 나왔다. 소비에트연방에서도 놀라운 반향을 일으켰는데, 8만 부씩 10쇄를 찍었을 정도였다. 한 편집자는 "분명한 자본주의적 편향에도 불구하고" 『나의 삶과 일』이 소비에트의 "엄격한 독자들에게 매우 매력적"이었다고 말했다. 소비에트 사람들의 귀에 이 책은 마치 "산업화에 대한 찬가, 생산력의 가장 높고 완전한 발전에 대한 찬가, 무한한 창조와 에너지, 자연의 관성과 맹목적인 힘을 넘어선 인간 지성의 승리에 대한 찬가"처럼 들렸다.[7]

놀랍게도 1926년 4월 미국에서 포드의 후속작『오늘과 내일Today and Tommorrow』이 출판됐을 때, 이전의 그 폭발적 반응이 재연되었다. 유럽의 주요 국가 모두에서 번역본이 출판되었고, 소비에트에서는 번역판이 세 개나 돌아다니며 경쟁하기도 했다. 두 책 모두 독자들의 반응은 열광적이었다. 많은 사람이 선지자의 출현을 이야기했다. 프랑스의 경제학자 이브 기요Yves Guyot(1843~1928)에게 헨리 포드는 "20세기 호모 이코노미쿠스homo economicus"였다. 영국의 언론인 앨버트 킨로스Albert Kinross(1870~1929)는 포드야말로 "오늘날 가장 위대한 혁명가"라고 주장했다. 브라질의 문학가 호세 몬테이로 로바토José Monteiro Lobato(1882~1948)는 헨리 포드에게 "현대의 가장 명석하고 통찰력 있는 지성"이라는 칭호를 주었다. 로바토는 "양심이 있는 사람이라면,『나의 삶과 일』속에서 미래의 메시아 복음을 알아차리지 못할 수 없다"라고 이야기하기도 했다. 지구 반대편 도쿄에 본사를 둔 무역회사의 경영진 가토 사부로Kato Saburo는『나의 삶과 일』을 읽고 "헨리 포드의 숭배자"가 되었다고 고백하기도 했다. 가토는 하루 일과를 시작하기 전 새벽 시간을 틈타 일본어 번역본을 두 권짜리 완역본으로 새로 출판하는 작업을 했고, 1927년『헨리 포드 자서전Henrī Fōdo jijoden』이 등장했다. 1926년 은행가이자 경제학자인 T. 나카무라T. Nakamura는 도쿄를 방문한 헨리 포드에게『오늘과 내일』이 일본에서 번역·출판되도록 자신이 적극적으로 돕겠다고 나서기도 했다. 나카무라는 지금 일본에는 포드의 통찰력이 많이 필요하다고 말했다. 지금 국가가 원하는 것은 "사회주의도 자본주의도 아닌" "일본 사회에 일반적인 복지"를 가져올 포드의 사상이라는 것이었다. 나카무라는 『오늘과 내일』은 "근대사회의 성경"이라고 확신했다.[8]

『나의 삶과 일』은 마치 혜성처럼 전후 세계를 가로질렀다. 이 책이 일으킨 놀라운 충격을 어떻게 설명할 수 있을까? 이러한 질문에 어느 정도는 역사학자들이 오랫동안 지적했듯이 제1차 세계대전 이후 미국이 이뤄낸 모든 일에 세계인들이 매혹된 탓으로 설명할 수 있다. 전쟁으로 모든 것을 소진한 유럽인은 언뜻 눈에 스친 대서양 너머에 펼쳐진 미래의 전경을 보았다. 그것은 대량생산과 대량소비, 마천루와 할리우드, 조립 라인과 플래퍼 드레스*로 특징지을 새로운 유형의 문명이었다. 특히 헨리 포드의 자동차 공장은 다른 현상들과 달리 그러한 새로운 미국의 근대성을 예시하는 듯 보였다. 이곳에서 근대 산업 생산의 기계 같은 균질성이 높은 생활 수준, 화려한 소비와 문화적 표현을 위한 새로운 가능성으로 변모했다. 이러한 관점에서 전간기 포드가 누린 대중적 인기는 20세기에 오랫동안 지속된 미국에 대한 유럽인의 열광에서 중요한 일부였다.[9]

그러나 이러한 경제적 선망과 문화적 열광만으로 『나의 삶과 일』에 대한 동시대인의 과장되어 보이기까지 하는 격렬한 반응을 모두 설명할 수는 없다. 한 독일 작가의 말마따나 이 책이 "영적 욕구에 대한 대답"이었다고 하면 어떨까?[10] 왜 정치적 급진주의자들이 이 책에 가장 큰 찬사

---

* 1920년 미국에서 마침내 인정된 여성 참정권을 계기로 사회 전면에 나서기 시작한 여성들과 광란의 20년대 소비 문화가 만나 형성된 새로운 여성 문화를 지칭하는 말. 신여성들은 발목까지 내려오던 긴 드레스 대신 무릎길이의 짧은 드레스인 플래퍼 드레스를, 긴 머리 대신 단발머리를 하고 각종 사회문화 활동을 영유했다.

를 보냈을까? 어떻게 이 책은 바이마르 독일과 소비에트에서 동시에 가장 가연성 높은 논쟁에 불꽃을 일으켰을까? 이러한 의문들을 해소하려면 초점을 문화에 대한 집착에서 정치와 경제로, "재즈 시대"라는 문화적 비유에서 심각하게 불안정한 세계질서라는 현실로 옮겨야 한다.

제1차 세계대전이 끝난 후 남겨진 많은 모순 중 가장 거슬리는 것은 새로운 패권국으로 떠오른 미국의 "부재"였다.[11] 미국은 독일을 제치고 세계 최고의 제조업 강국이 되었고, 영국으로부터 세계 채권국의 지휘봉을 빼앗았다. 미국의 신용대출은 풍부했지만, 불안정한 국제 분업을 겨우 지탱할 수 있을 뿐이었다. 세계 시장은 1차 생산물로 넘쳐났고, 유럽의 산업들은 경쟁력 없이 허약했다. 관세 장벽을 높이 치고 전쟁 의무 협상을 거부한 미국은 동시에 유럽에 풍부한 차관을 제공하면서 물밑에서 국제 금융을 빨아들여 배상과 부채의 소용돌이를 가속했다. 이러한 관점에서 볼 때, 유럽인에게 미국의 비범함은 적지 않은 관찰자들이 실존적 위협에 비유했듯이 문화적 측면의 도발이었다기보다는 도전이었다. 따라서 포드의 책에 대한 반응은 19세기 후반부터 유럽인들 사이에서 "미국의 위험"이 불러일으킨 공포와 불안의 한 챕터처럼 보였다.[12]

미국의 도전에 어떻게 대응할 것인가 하는 문제는 20세기 정치적 지형을 대립하는 두 진영으로 갈라놓았다. 한편에는 미국의 새로운 명성을 수용하고, 자유주의적인 국제주의를 되살려 무역과 금본위제를 회복함으로써 국제연맹에 대한 신뢰를 구축하려는 사람들이 있었다. 다른 쪽 끝에서는 전쟁의 교훈을 거부하고 세계질서의 정치구조를 근본적으로 변화시켜 미국의 힘에 도전하고자 하는, 반대를 추구하는 점점 더 저항적인 "반란군"(아담 투즈Adam Tooze) 진영이 어렴풋이 모습을 드러냈다. 최초의 반란은 소비에트연방에서 일어났다. 그들은 대외무역을 국가에 종속시킴으로써 러시아에서 세계 시장 세력들을 추방했다. 그러나 보수주의자들도 자유주의에 등을 돌렸고, 민족주의자들이 파리강화조약을 뒤엎고자 압박하는가 하면, 볼키쉬völkisch* 성향의 사람들이 인종 정화의 환상과 세계 경제 역전 개념을 뒤섞으면서 우파에서도 놀랍도록 똑같은 변화가 일어났다. 새롭게 활성화된 탈자유주의적 우파는 독일, 이탈리아, 일본, 중부 유럽 전역 그리고 라틴아메리카 전역에서 고개를 들었다. 1920년대가 진척되면서 포스트 자유주의 우파 세력은 한층 강화된 확신으로 세계무역과 금융체계가 부채의 사슬에 묶여 미국, 영국, 프랑스의 지배를 받고 있다고 주장하고 그에 대항하는 노선을 채택했다.[13] 이러한 포스트 자유주의 반군들은 미국의 도전을 무엇보다 절실하게 느꼈고, 그것을 모방하고 극복하고자 미국을 부상하게 한 자원들을 면밀히 검토해야 한다고 한껏 목소리를 높여 촉구했다. 『나의 삶과 일』이 안정을 촉구하는 전후 복구 세력이 아닌 그 상대편인 반란군들에게 특별한 힘이 있다고 말한 것은 놀라운 일이 아니었다.

『나의 삶과 일』의 영향력은 대량생산의 세계적 수용이 전후 복구를 추구한 자유주의 세력이 아니라 역전을 꾀한 포스트 자유주의 세력에게 개발 모델을 제공하는 것으로 시작되었다는 것을 보여준다. 전후 세계의 긴장 관계를 집약해 동시대인들을 전율하게 한 다른 책들도 있었다. 케인스의 책『평화의 경제적 결과Economic Consequences of the Peace』는 베르사유

---

* 인종, 동족, 민족을 뜻하는 독일어 볼크(Volk)에서 파생한 단어로 독일 민족주의를 의미했다. 주로 좁은 의미에서 동질적인 혈통이나 유전적 특성에 의해 형성된 집단만을 지칭했고, 1900년 이후에는 반유대주의가 결합해 유대인을 독일인과 완전히 다른 볼크에 속한 '외계인'으로 간주했다.

조약*에 대한 절망적인 고발장을 내놓았고, 코우덴호퍼-칼레르기 범유럽Coudenhove-Kalergi's Pan-Europa**은 미국에 맞서려면 유럽인들이 힘을 합쳐야 한다는 광범위한 감정을 적극적으로 표출했다.[14] 그러나 오직 『나의 삶과 일』만이 좌파 반란 세력과 우파 포스트 자유주의자들 모두에게 동일한 강도로 이야기되었다. 곧 살펴보겠지만, 포드의 책은 사회주의 산업 발전에 대한 소비에트의 격렬한 논쟁으로 곧바로 연결되었다. 우파들에게 포드의 구상은 포스트 자유주의 사회질서에 어떻게 근대 산업을 삽입할 것인지에 대한 제안으로 여겨졌다. 확실히 이러한 해석은 창조적인 오독의 결과였다. 사실상 포드의 독자 중 누구도 『나의 삶과 일』에서 중서부 포퓰리즘의 정치적 맥락과 지역의 역사를 정확하게 분별하지 못했다. 그러나 이러한 오인 때문에 책의 인기가 떨어지는 일은 생기지 않았다. 놀라울 정도로 넓은 독자층과 이데올로기적으로 난삽한 영향력을 고려할 때 『나의 삶과 일』은 1920년대의 세계에서 아주 전형적인 책 중 하나라고 해도 지나친 말이 아니다.

요컨대, 우리는 포드주의의 국제적 수용에 대한 이전 시기 해석들이 놀랍게도 설명의 필요성을 느끼지 못한 부분들에 대한 분석을 수행해야 한다. 『나의 삶과 일』을 주의 깊게 읽어보자.

---

* 제1차 세계대전 후 독일에 대한 제재와 국제연맹 결성을 골자로 1919년 6월 28일 베르사유 궁전에서 조인되고, 1920년 1월 10일에 발효된 강화조약으로 이후 변화된 세계질서를 베르사유 체제라고 한다. 패전국인 독일, 바이마르공화국을 재기 불능 상태로 만들기 위해 막대한 전쟁 보상금을 요구함은 물론 독일군의 무장해제를 명시했다.

** 제1차 세계대전 이후 유럽의 평화 정착을 위해 오스트리아의 정치인이자 철학자였던 리하르트 니콜라우스 에이지로 폰 코우덴호퍼-칼레르기(1894~1972)가 주창한 범유럽 정치기구 창설 운동이다. 독일과 프랑스의 철강, 석탄 산업 협력을 제안하는가 하면, 1926년 최초의 범유럽 회의를 개최하고, 베토벤의 〈환희의 송가〉를 유럽기구의 노래로 사용할 것을 제안하기도 했다.

『나의 삶과 일』

　『나의 삶과 일』그리고 후속작은 본질적으로 20세기 생산자주의 의제를 정교화하려고 쓰였다. 많은 사람이 생각하는 것과 달리『나의 삶과 일』은 신중하게 고안된 홍보 전략의 산물이 아니었다. 오히려 이 책은 1920년대 초 미국인들 사이에서 포드가 누렸던 광범위한 관심으로 구체화되었다. 이 책의 대필 작가 새무얼 크라우더Samuel Crowther는 그 시기 포드를 인터뷰하려고 디어본에 모여든 많은 언론인 중 한 명이었다. 포드는 다른 엄선된 방문객들에게 했듯이 크라우더에게도 대화 시간을 할애하고, 회사 내부에 접근할 권한을 부여했다. 그러나 기록된 바를 따르면, 포드는『나의 삶과 일』이 탈고되었을 때 읽어보기를 거부했다. 포드의 비서였던 어니스트 리볼드는 "그것을 분명히 크라우더의 책으로 이해했다"라고 회상했다. 출판 당시 회사는 "우리의 판매상들은 포드의 제품만 취급한다"라는 원칙을 고려해 "포드가 자신을 홍보하려고 노력한다"는 인상을 주지 않으려 처음에는 판매상 조직을 통한 책의 배포 지원을 거부했다. 책이 놀라운 성공을 거두었을 뿐 아니라 이 책에서 그의 생각이 잘 표현되었다는 동료들의 반응을 확인하고 나서야 산업가 포드는 점점 이 책을 자기 것으로 삼겠다는 뜻을 보였다.[15]

　『나의 삶과 일』출판 작업의 시작은 1920~1921년 불황기로 거슬러 올라간다. 위기는 디트로이트의 자동차회사들을 강타했다. 1장에서 살펴봤듯이, 듀폰과 모건이 제너럴모터스사를 인수한다는 중대한 결정을 내렸다. 포드자동차회사 역시 자신들이 심각한 재정난에 빠졌음을 인지했고, 뉴욕의 까다로운 은행가들은 자금지원에 나서고자 했다. 그러나 포드는 그러한 지원책을 거부했다. 회사는 대출에 의존하는 대신 회사 운영을 중단한 뒤 강력한 힘을 지닌 판매상들에게 T형 모델의 재고를 수용토록 하고, 부산물들을 청산했으며, 사무직군의 많은 자리를 영구히 없애버렸다(사회부도 이 대청소 작업의 희생자가 되었다). 무역 관련 언론들은 이러한 조치가 자포자기에서 나왔을 거라고 여겼다. 그러나 포드자동차 회사가 흔들릴 것이라는 예측은 1921년 봄 경기가 회복되면서 섣부른 판단이었음이 입증되었다. 포드는 자신이 어떻게 "월스트리트를 저지했는지" 이야기하려고 더욱 분발했다.[16]

자기 이름을 따서 뉴욕에 출판사를 차린 편집장 러셀 더블데이Russell Doubleday는 이 잘 알려진 대치 상태를 자세히 추적했다. 그는 디어본으로 편지를 보내 포드의 "재정적 승리"에 경의를 표하고, 그의 "사업 활동"을 책으로 출판하고자 구상 중인데, 헨리 포드의 생각은 어떠한지 물었다. 더블데이는 작업을 진행하기에 적합한 노련한 작가를 보내주겠다고 제안했다.[17] 그 작가가 바로 유럽의 전쟁 양상을 보도한 바 있는 노련한 언론인 새무얼 크라우더였다. 당시 크라우더는 새로운 비즈니스 찬양 저널리즘이라는 새로운 장르의 글이 각광받는 가운데 중요 인물로 떠오르고 있었다. 그것은 기업가들을 민주적인 기회와 풍요를 제공하는 대중의 우상으로 만들어 20대에게 기업가의 "포효"를 전하고 기업가 정신을 고무하는 유의 글이었다. 크라우더는 헨리 포드와 공동 작업으로 책 세 권의 집필과 수많은 기사를 작성한 외에 다른 재계 주요 인사들(내셔널 캐시 레지스터the National Cash Register의 왕 존 H. 패터슨John H. Patterson과 타이어 회사의 거물 하비 S. 파이어스톤Harvey S. Fireston 등)의 상세한 인물기사와 "자서전"을 저술했다. 사실 크라우더는 포드와 첫 만남 직전에 존 J. 라스코프John J. Raskob

에 대한 과장된 인물기사를 출판한 바 있었다. 이 글에서 그는 제너럴모터스사와 합병을 주도한 듀폰사의 경영자를 한껏 추켜세웠다.[18]

크라우더는 동부의 금융가(라스코프)와 동부 금융의 적대자(포드) 모두를 똑같이 매력적인 인물로 그려내는 데 성공함으로써 놀라운 능력을 증명했다. 그는 대화 상대의 견해를 기이할 정도로 적확하게 표현하는 탁월한 대필 작가였다. 크라우더의 이러한 재능 덕분에 『나의 삶과 일』은 1인칭 화법을 사용해 수많은 독자에게 헨리 포드가 직접 말하고 있다는 확신을 주었다. 크라우더가 『나의 삶과 일』에 기여한 일은 적절하게 평가할 필요가 있다. 모든 면에서 충동적이고 어려운 대담자인 포드는 크라우더를 만나면서 비로소 자신의 정치 프로그램을 효과적으로 확대할 마음에 맞는 통역자를 찾았다. 크라우더 덕분에 근대주의자의 영민한 화법을 가지게 된 포드는 냉소주의로 가득한 『국제 유대인The international Jew』의 저자라는 사실을 점차 지울 수 있었다.

크라우더는 포드자동차회사가 전달하고자 하는 교훈에서 생산자주의 의제가 자연스럽게 흘러나오도록 『나의 삶과 일』을 구성했다. 책에서는 이러한 교훈들이 "자동차 혹은 트랙터 생산과 특별한 관련은 없다"라고 말하면서도 "가장 폭넓게 적용 가능하다"라고 지적했다. 책의 첫머리에서부터 이 책이 사업을 조언하는 데 관심이 있지 않고 사회·경제 개혁 프로그램을 설명하는 데 초점이 있음을 분명히 제시했다. 따라서 이 책의 핵심 의제는 원대하고 포괄적인 문제에 있었다. 즉 "지배적인 산업체계 그리고 돈과 사회의 구조를 비판하는 것"이었다.[19]

책의 앞부분 절반에서는 디트로이트의 기계 정비공으로 시작한 포드의 초창기 이야기와 대량생산이 어떻게 포드자동차회사에 자리 잡게 되없는지 서술했다. 이들 몇 개 장에서는 기계를 능숙하게 다루는 포드의 모습은 물론 초기 투자자들과 충돌한 일화들을 상세히 설명했고, 하일랜드파크 공장에서 흐름 생산 방식을 구현하고자 연일 바쁘게 실험을 반복하던 날들과 결국 커다란 성취감을 맛보는 과정을 재현했다. 더욱 놀라운 것은 책의 후반부였다. 여기에서 크라우더는 포드자동차회사의 성공을 가져온 더 넓은 범위의 정치·경제적 교훈을 공들여 설명했다.

교훈은 네 가지였다. 첫째, 대량생산은 금융자본의 굴레에서 벗어나지 않는 한 성공할 수 없다. 포드자동차회사는 자본시장과 투자 은행에서 철저히 독립해서 현재의 모습으로 오롯이 만들어질 수 있었다. 경험을 따르면, 대량생산 회사와 투자 자본은 서로 다른 목적으로 운영되며 화해할 수 없었다. 금융자본의 지시 아래서는 모든 생산이 필연적으로 재정적 수익이라는 척도로 계산되지만, 이것은 산업의 성공을 측정하는 잘못된 기준이었다. "사업은 이익을 위해 존재한다"라는 말이 있지만 『나의 삶과 일』은 "틀렸다. 그것은 복무service를 위해 존재한다"라고 분명하게 말했다. "제조회사의 주목적"은 "생산"이므로 재무 담당 임원이 회사 업무를 장악하도록 허용하는 것은 환심을 사려는 재난을 의미했다. "공장을 상품이 아닌 돈을 만드는 곳"으로 취급하는 데 익숙한 은행가들은 창조의 중심인 작업장을 지도하기에 부적합했다.[20]

책에서는 포드자동차회사가 어떻게 은행의 통제를 회피함으로써 생산자주의를 유지할 수 있었는지 구체적인 예시를 제공했다. 경쟁과 관계없는 세심한 가격 책정이 회사의 원칙이었다. T형 모델을 출시한 이후 회사에서는 인플레이션이 심각한 상황에서도 계속 가격을 인하했다. 야심 찬 낮은 가격 정책은 작업 현장에서 생산방법을 개선하고 생산성을 향상하라는 지속적인 압력으로 작용했다. 그러나 은행가들과 법률가들은 이러한 점을 인식하지 못했다. "가격을 자발적으로 인하해야 한다는 문제의식은 그들의 이해를 넘어선 것"이었다. 그 대신 공장에 무지한 투자자들은 임금을 삭감해 수익을 높이려고 할 것이다. 그러나 그렇게 하는 것은 "관리자의 무능력함을 공장에 투입하는 것"과 같았다. 임금을 쥐어짜는 것은 근시안적일 뿐 아니라 목적–파괴행위였다. 충분한 임금만이 광범위한 구매력을 보장할 수 있었다. 마침내 회사는 수익을 생산에 재투자함으로써 뒤뜰 작업장에서 거대한 기업으로 성장했다. 그러나 재투자 원칙은 투자자들의 배당 요구와 충돌을 일으켰다. 질문은 명쾌했다. 생산을 높이려고 수익을 공장으로 다시 돌려보낼 것인가? 아니면 "일하지 않은 주주들"의 주머니로 이동시킬 것인가? 후자를 보장하는 "은행가–법률적 영구 양도banker-legal mortmain"는 기업을 비윤리적일 뿐 아니라 불안정하게 만들 것이다.[21]

여기에 두 번째 교훈이 있었다. 『나의 삶과 일』은 자본 축적을 가장 중요한 목적으로 움직이는 사업체계 대신 기술이 지닌 해방의 힘 그리고 기여와 보상으로 이뤄진 윤리적인 경제에 토대를 둔 집단적 노력으로 대규모 생산의 전망을 제시했다. 이러한 전망의 중심에는 실제 물질적인 부를 만들어내는 "인간들과 기계들"의 연합체인 "생산적인 조직체productive organization"가 있었다. 노동자는 "최대치의 임금"을 받아야 하지만, 수익의 가장 큰 부분은 "생산적인 기업에 재투자"되어야 했다. 재투자에 주목한 것은 의도된 서술이었다. 이는 잉여를 "사회적 생산"으로 이해한다는 의미를 반영했다. 이익은 투자 수익으로 여겨질 수 없으며, 사적으로 전용될 것이 아니라 미래의 생산과 고용을 위한 "신탁기금"을 구성해야 했다. 『나의 삶과 일』을 따르면 "아무도" "홀로 그것을 만들어 낼 수 없는 만큼 누구도 그 잉여를 자기 것으로 볼 수 없다. 그것은 전체 조직이 함께 생산한 것이다."[22]

생산은 집단적인 노력의 산물임이 분명하지만 그렇다고 해서 헛된 평등주의가 용납될 수는 없었다. 이것이 세 번째 교훈이었다. 작업장과 관련해 『나의 삶과 일』에서는 기계 전문가들과 생산 조직을 최고의 기예를 구현하는 공간으로 묘사함으로써 고귀한 기술 이데올로기를 전달하고자 했다. 포드 공장이 작업에서 기술을 제거함으로써 노동을 지극히 단조롭게 만들었다는 "책상머리 전문가들"의 비난에 책에서는 기계화된 대량생산으로 비숙련 노동자 수천 명에게 처음으로 좋은 임금을 주는 일자리를 제공하게 되었다고 대답했다. 회사에는 "숙련된 인력이 충분히" 있었는데, 그들은 작업을 계획하고 기계를 제작했다. 오래된 수공업과 같이 비효율적이고 낡은 방식을 고수할 필요는 전혀 없었다. "수작업에 의존한 노동자 백만 명이 작업에 매달려도 현재 우리의 하루 생산량에 근접조차 할 수 없다."[23]

포드의 회사를 세계 최대 자동차 제조업체로 만들어낸 원칙들, 즉 자본시장으로부터 분리, 잉여금 재투자, 낮은 가격과 높은 임금 정책, 생산주의에 대한 집단적 상상 그리고 장인 전통의 현재적 재창조는 새로운 발전 전망을 펼쳐 보여주었다. 이것이 네 번째 교훈이었다. 신용을 사적으로 통제하던 시대가 끝나고 돈의 역할이 적절한 가격 중개로 축소되면, 기술이 주도하는 높은 임금과 낮은 가격의 선순환이 "광범위하고 공정하게 분배된" 안락한 물질문명을 촉발하게 될 것이다. 이러한 세계에서는 자연과 기술이 완전하게 조화되고 나아가 서로를 향상할 것이다.

거미줄처럼 광범위하게 분산된 첨단기술 제조업의 망에는 기계화된 농촌의 풍경도 산재할 것이다. 원자재 조달과 제품 제조가 모두 현지에서 이뤄지기 때문에 특정 무역 양식은 필요치 않았다. 대외무역은 이제 "착취"의 도구가 될 수 없으며, "후발 국가들은 스스로 제작하는 법을 배우고, 확고한 기반을 갖춘 문명을 건설할 것"이다. 사회적인 차원에서 이러한 구상은 확실히 날카로운 경계선을 유지했다. 모든 사람은 "자기 몫만큼 사치"를 누릴 자격이 있지만 "경제적 본질"은 노동이었다. 생산에 이바지하지 않는 사람들은 "굶주릴 자유를 누릴 것"이며 "문명사회에 게으름뱅이를 위한 자리는 없었다."[24]

이러한 사회정치적 처방은 그들의 포퓰리스트 전통을 명확히 보여주었다. 결핍이 사라진 미래를 상상하는 『나의 삶과 일』은 에드워드 벨라미 Edward Bellamy(1850~1898)의 소설 『되돌아보면 2000-1887Looking Backwards: 2000-1887』(1888)을 떠오르게 했다. 이 책에서 금융자본을 단호하게 비판한 부분들은 윌리엄 실비스William Sylvis(1828~1869)나 아이라 스튜어드Ira Steward(1831~1883) 같은 19세기 급진적 노동운동가들을 연상시켰다. 진보와 문명의 매개체 역할을 할 "생산적인 조직"으로 기술과 기업 형태를 결합한 사례에서는 노동기사단의 목소리가 포착되기도 했다. 『나의 삶과 일』은 자유주의에 대한 생산자-포퓰리스트들의 비판을 재확인하며 비자유주의 도덕경제의 윤곽을 더욱 세밀하게 그려냈다. 책은 생산 관계를 계약이 아닌 사회적인 것(임금은 공급과 수요의 문제가 아닌 "동업자 간의 분배"였다)으로 가정했다. 이는 소유권을 사적 처분 절대주의가 아닌 집단적 책임 아래로 귀속시켰고, 정의에 대한 특정 개념을 질서 있는 경제와 무관한 것이 아니라 중심적인 것으로 만들었으며, 생산을 이기적인 시장

거래의 부산물이 아닌 집단적 창의성의 성취로 주조했다. 포드는 이기심이 인간의 뿌리 깊은 충동임은 인정했지만, 경제와 조응하는 인간의 단일한 성향으로 과장하기보다는 "심각한 경제적 불의를 행하는 힘이라면 박탈해야 할 것"으로 여겼다.[25] 게다가 이러한 통치체제는 포드의 원칙들이 이미 전 세계를 사로잡아 더는 피할 수 없는 변화의 일부로 강력한 파고를 이룬 만큼 공격적인 근대주의의 표상으로 제시되었다. 이렇듯 생생한 감상을 불러일으키는 서술들은 독자들을 흥분시켰다.

하지만 확실히 모든 독자를 흥분시킨 것은 아니었다. 『나의 삶과 일』은 그 어깨에 포퓰리즘이라는 견장을 달고 있었다. 박학다식함을 과시하기보다는 실질적 성취, 직설적 대화 그리고 상식에 기대어 호소력을 구축했다. 책은 일련의 추론 전통을 따르지 않고 두서없이 진행됐으며, 상세히 설명하기보다는 생각을 환기하는 화법을 취하고 진부한 이야기들을 늘어놓기도 했다. 이러한 부분은 많은 비평가를 격분하게 했는데, 그들은 이 책의 빛나는 장점들을 알아챘지만 그러한 부분을 정확히 포착하려 고군분투해야 했고, 많은 경우 책 내용을 단순히 요약하기에도 애를 먹었다. 이 책에 대해 "당신 옆에 편안하게 앉아 묘하게 냉정하고 객관적인 태도로 진지하게 이야기하는 한 남자"를 떠오르게 한다는 〈뉴욕타임스〉의 논평은 관대하게 표현한 것이다. 다른 것들은 더 가혹했다. 루스벨트의 최측근이자 뉴딜정책의 일원이 되는 인물로 『오늘과 내일』에 대한 서평을 쓴 렉스포드 터그웰Rexford Tugwell(1891~1979)은 포드가 말하고자 한 내용은 상당 부분 "건전하고, 그중 일부는 빛이 난다"고 인정했지만 "일부는 말도 안 되는 소리"라고 일축했다. 터그웰은 비극적이게도 포드가 건전한 사회 이론을 제대로 이해하지 못했다고 평가했다. 게

다가 이 책은 "일종의 문맹"과 "문자 언어에 대한 무의식적인 저항"을 드러내 저자가 "학자들, 경제학자들"과 관계를 맺기는 어려울 것으로 보였다. 독일의 경제학자 구스타프 팔딕스Gustav Faldix는 『나의 삶과 일』이 "실제 작동하는 체계가 아니라" 그저 "그들의 피상적이고, 모순되고, 일관성 없는" 이야기들의 모아놓은 "단절된 생각이 나열된 격언집"에 불과하다고 깎아내렸다. 안토니오 그람시도 포드가 확실히 "대단한 산업가"이지만, 실제 "이론가로서는 꽤 우습다"고 느꼈다. 이러한 그람시의 반응은 포드가 산업 조직에 대해 뭔가 중요한 것을 전달한다고 주장하면서도 그의 책에 나열된 정치성을 조롱한 소비에트의 목소리를 반영한 것이기도 했다. 레닌그라드판 『오늘과 내일』의 서문에서는 포드가 사회철학에 빠져들어 "활기차고 매혹적인 엔지니어–조직가"에서 "비범한 위선자"로 변했다고 언급했다.[26]

한 걸음 더 물러서서 전 세계의 다양한 독자가 포드의 책에 어떻게 반응했는지를 개괄해 보면 진보주의자, 전통적 신념을 고수하는 경제학자, 이론에 정통한 마르크스주의자들은 별다른 감흥을 받지 못했음을 발견하게 된다. 그러나 공학자들, 이단적인 경제사상을 선호하는 사람들 그리고 반자유주의 지식인들은 포드의 책에 매혹되었다.[27] 경제, 사회 이론에 정통한 독자들은 이 책에 별다른 감흥을 받지 않았다. 그러나 어설픈 중간 수준의 지식인들과 사변 애독자들은 이 책의 상식적인 호소력에 감화되었다. 브라질의 포드 옹호자, 호세 몬테이로 로바토José Monteiro Lobato는 무엇이 헨리 포드의 아이디어에 "이상하고 신선한 한방"을 주었나 질문했다. 그것은 "단순히 훌륭한 감각의 구성요소"였다. 로바토에게 헨리 포드는 이론에 대한 경직된 선입견을 "깨부수는 사람"이었다. "그래서 우리는 그의 책을 읽을 때, 결론 부분에 이르러 '그래, 완벽하게 맞아! 그가 옳아!'라고 외치는 우리 자신을 발견하게 된다."

백인 사회주의: 포드를 읽는 바이마르 우파

불안이 고조되던 1923년 11월에 『나의 삶과 일』은 독일의 서점가를 강타했다. 그달에 초고도 인플레이션이 정점에 이르렀고, 바이에른의 나치 돌격대원인 브라운셔츠들은 자신들의 위험한 지도자 아돌프 히틀러의 이름을 세상에 알리려는 폭동을 시작했다. 따라서 독일에서 낭만주의와 포드주의는 1924년 통화절하로 시작해 1930년 배상금을 둘러싼 갈등으로 바이마르연합이 무너질 때까지 같은 시기를 공유했다. 흔히 "안정화" 시기로 알려진 이 몇 년 동안의 안정성은 그 이전과 이후에 비해 상대적으로 높았을 뿐이다. 이 시기 바이마르의 경제는 확장되었지만, 여전히 농업 부분은 곡물 가격 하락과 국가재정 고갈 등 극복하기 어려운 뿌리 깊은 약점들에 시달렸다. 바이마르가 처한 문제의 중심에는 전통적으로 수출에 크게 의존해 왔지만 산업 전반이 약한 자본 기반, 시대에 뒤떨어진 기술, 경쟁력 없는 가격으로 세계 시장, 특히 미국의 수출업체들과 대비해 좋은 전망이 어렵다는 점이 있었다. 결국, 잃어버린 시간을 만회하고자 기업과 정부의 공공사업 부문에서 70억 마르크가 넘는 돈을 차입했는데, 그중 5분의 3 이상이 미국에서 들어왔다. 그리고 10년 후 국가 소득의 10%에 달하는 배상금과 부채부담은 독일의 금융과 재정 위기를 촉발했고, 세계 대공황까지 이어졌다.[28]

바이마르의 독자들은 『나의 삶과 일』에서 답을 찾고자 했다. 미국 산업이 소유한 압도적인 힘의 비밀은 무엇인가? 그동안 독일은 어떻게 대응해 왔는가? 바이마르의 산업가들은 포드를 면밀하게 살펴보았지만, 그들이 좋아할 만한 것을 거의 발견하지 못했다. 높은 임금과 높은 생산성 공식은 미국과 같은 대규모 경제에만 우연히 적용되는 것으로 보였다. 반면 독일에서는 시장의 전망을 고려할 때, 기계화에 필요한 자본 지출을 정당화하기 어려웠다. 그 대신 산업가들은 투자자금을 늘리고, 세계 시장에서 독일의 경쟁력을 높이고자 임금을 삭감하고, 노동시간을 늘리자고 제안했다("전쟁 이전 수준으로 자본을 보충하는 데 필요한 것"은 지멘스의 회장 카를 괴트겐Carl Köttgen을 따르면 "더욱 힘들여 일하는 것"이었다). 이와 반대로 사회민주당과 그들의 연합 노조들은 포드의 구상, 특히 높은 임금과 낮은 물가 체계에 완전히 매료되었다. 미국의 진보주의자들과 마찬가지로 독일의 사회민주당도 소비−기반 성장 경로를 계획하기 시작했다. 높은 임금은 국내 구매력을 늘려 곧 회복과 성장의 열쇠를 제공할 것이다. 심지어 높은 임금이라는 유혹은 포드 공장의 착취에 가까운 노동 조건에 대한 우려도 떨쳐내도록 해주었다. 곧 사회민주당은 그들이 『나의 삶과 일』의 핵심으로 여긴 거래를 완전히 수용했다. 즉 새로운 소비 기회의 대가로 작업장에 대한 통제권을 포기한 것이다.[29]

바이마르의 시끌벅적한 우파들은 산업가들의 경제통설과 사회민주당의 구매력 기반 개혁주의를 넘어 포드에 대한 제3의 독해를 구성했다. 고트프리트 페더와 같은 독자들은 『나의 삶과 일』에서 조립라인과 높은 임금 같은 작업지침에 별 관심을 두지 않았다. 오히려 그들에게 이 책은 "새로운 생각", "새로운 경제 정신"이라는 사고방식의 심오한 전환을 의미했고, 그것으로부터 한 엔지니어가 말했듯이 "우리의 부활 가능성"
이 생겨날 수 있었다.[30] 여기에 근대 생산자 공동체의 실질적인 예가 있
는데, 세계대전 이후 부상한 진정한 공동경제Gemeinwirtschaft*가 바로 그것
이다. 월가에 대한 포드의 승리는 미국의 금융자본이 천하무적이 아님
을 증명하는 듯 보였다. 포드는 사회 지도자들과 공공의 목적을 어떻게
조화할 수 있는지 보여주었다(『나의 삶과 일』을 보면, "자본은 모두를 위한 것"
이다. 물론 "한 사람의 통제 아래 있을 수도 있지만").[31] 우파 성향의 사람들에게
『나의 삶과 일』이 생산 공동체를 경계지어 단속하는 방식은 분명한(그리
고 불길한) 매력을 주었다. 생산 공동체에 기여하지 않거나 혹은 처음부터
그럴 수 없다고 여겨진 사람들은 적대시되거나 배척되거나 더 나쁜 상황
에 직면했다. 이러한 방식으로 읽으면, 이 책은 포스트 자유주의 우파에
서 내세우는 경제 이데올로기의 핵심 요소들로 빼곡했다. 반유대주의로
변질된 금융 비판, "생산자"를 위한 신용과 기술을 제공하라고 요구하
는 포퓰리즘, 지도력, 의무, 봉사와 같은 관념을 중심으로 정립된 "사회
주의" 이론, 경제적인 보상은 위계적으로 조직된, 공장, 국가 혹은 "국민
Volk"과 같은 "유기적" 공동체의 의무와 결부되어야 한다는 신념이 바로
그것이다.

　요약하면, 페더와 같은 독자들은 헨리 포드가 대량생산을 정치이론
의 중핵에 두고자 분투했음을 인지했고, 책 속에 숨겨진 근대화에 대한
열망과 포스트 자유주의적 지향을 정확하게 감지했다. 『나의 삶과 일』이

---

* 공동체에 의해 운영되는 경제형태를 지칭하는 말. 사적 이익보다는 더 큰 공동체의 복지, 공동선에 무게를
둔다. 1920년대 독일 노동조합은 다양한 부분에서 수많은 기업에 투자했는데, 이로써 조합원들에게 저렴
한 물품을 공급할 뿐 아니라 이익을 추구하지 않고도 시장에서 존재할 수 있음을 보여주고자 했다.

전 세계의 다양한 포스트 자유주의자들에게 가졌던 광범위한 호소력은 이러한 개념이 더 큰 담론에서 일부를 형성했음을 보여주는 것이기도 했다. 그러므로 바이마르의 우파들이 포드를 어떻게 읽었는지를 재구성하는 작업은 국제적인 시대 담론을 그려보는 의미가 있다.[32] 1930년대 독일, 이탈리아, 일본의 포스트 자유주의자들은 포드주의를 중대한 사회·산업 전환 기획의 동력으로 활용하려는 목적으로 대규모 기술 이전을 총괄했다. 이러한 기술 이전을 가능케 한 이데올로기의 지평은 1920년대 동안 다져진 예리한 동의기반 위에서 성립되었다.

바이마르의 우파들은 금융에 대한 포드의 태도에서 **첫 번째** 친밀감을 가질 수 있었다. 『나의 삶과 일』은 금융자본에 대한 맹렬한 비난으로 시작해 더 큰 통화체계에 대한 비판으로 나아갔다. 책을 따르면, 은행가들에게 산업 문제를 좌지우지하는 불균형한 힘을 부여하는 금융체계는 "뭔가 잘못되었다." 돈, 신용, 자본 축적은 확실히 산업 발전의 필수요소였다. 그러나 현재 상태는 자본에 대한 통제가 가장 힘이 센 은행들 사이에 너무 밀집되어 있었다. 은행가들의 의심스러운 신조인 금본위제는 단순히 돈을 희소하고 귀중한 것으로 유지하려고 고안된 독창적인 도구에 불과했다. 금융 지배자들은 일상적으로 "신용 삭감"을 들먹이고, "환상적인 속임수"를 사용하고는 "고차원 기술 용어로 은폐"했다. "잘못된 체계"를 바꾸려면 사람들이 화폐 문제를 깨우치고 금에 대한 신비주의에서 벗어나게 할 필요가 있었다.[33]

크라우더가 『나의 삶과 일』 편찬 작업에 한창일 때 포드는 사실 화폐 개혁에 대한 현장 교육 운동을 벌이고 있었다. 앨라배마주 테네시강 유역에 있는 머슬 숄즈에는 제1차 세계대전 이후 연방정부 공공프로젝트의 일환으로 추진되어 반쯤 건설된 댐과 멈춰버린 질산염 공장들이 방치되어 있었다. 포드는 토머스 에디슨Thomas Edison(1847~1931)과 함께 발전시킨 구상을 의회에 제출했는데, 머슬 숄즈의 개발 사업을 완수하고자 의회가 총 3,000만 달러를 차용 형태가 아닌! 지정 통화로 지원한다면, 시설을 임대해 운영하겠다는 것이었다. 포드와 에디슨은 왜 뉴욕과 런던의 금융 시장에 의존해 재건사업을 진행해야 하는지 질문했다. 화폐에 대한 권한은 국민의 대표인 의회에 있지 않은가? 포드와 에디슨은 머슬 숄즈의 "에너지 달러"는 연방정부가 짊어진 이자를 갚아나가느라 애쓰는 대신 스스로 대금을 지불할 것이라고 주장했다. 월가를 우회하고 금에 매어 있지 않은 이 지정 화폐들은 임금과 자재를 조달하고 자유롭게 순환하여 마침내 "댐이 벌어들인 수입으로 은퇴"를 맞이하게 된다.[34] 이 제안은 단순히 머슬 숄즈를 재건하는 것 이상의 더 야심 찬 목표가 있었다. 만약 성공한다면, 이 계획은 금본위제의 허상을 증명하고, 그것을 통제해 온 전 세계 은행가들을 당혹스럽게 만들며, 결국 "금융 노예의 시대"를 끝내게 된다.[35] (결과적으로 이 계획은 무산되었다. 의회 내의 강력한 연합 세력이 반대하면서 머슬 숄즈는 뉴딜정책으로 테네시강 유역 개발 사업이 시작될 때까지 연방정부의 관심에서 멀어져 쇠락했다.)

고트프리트 페더가 가장 소중히 여긴 정치구호인 "이자 속박 깨기 Breaking of interest bondage"는 포드와 에디슨이 제기한 의견들을 반영한 것이기도 했다. 페더가 1923년에 출간한 소책자 『독일 국가의 민족적·사회적 기초The German State on National and Social Foundations』도 유사하게 이단적인 통화 제안을 반유대주의 정서와 결부시켰다. 페더는 "국제 금융"의 협의로 베르사유에서 공표된 배상금이 독일을 영구히 부채 상태로 몰아넣고 있다고 주장했다. 페더는 배상금이 절대 청산되지 않을 것이며, 오히려 독일의 생산 자원들을 영구히 고갈하게 될 것이라고 보았다. 페더가 제시한 처방은 국가가 자체적으로 자금을 조달하는 "생산적인 신용 창출" 방식으로 포드의 계획과 흡사했다. "돈은 국가가 그 존재를 선언하는 것"이라 공표하고 몇 가지 사례를 제시했다. 1920년 알프스의 유명한 발첸제에 수력발전소를 건설할 자금이 필요했다. 그때 페더는 바이에른 주정부에 무이자 "건설 지폐"를 발행하자고 제안했다. 그러나 주정부는 자본시장을 이용해 이자를 내야 하는 8억 마르크를 조성했다. 페더의 관점을 따르면, 바이에른의 권력이 자본의 힘에 "저당 잡힌" 꼴이었다.[36]

이러한 포드와 페더의 노력은 제1차 세계대전 이후 추진력을 얻은 통화 비판 여론을 반영한 것이다. 미국에서 포드는 위스콘신 출신의 경제학자 소스타인 베블런Thorstein Veblen(1857~1929)과 같은 금융 회의론자들과 가까이 지냈다. 베블런은 산업과 금융가는 상반된 목적을 위해 일한다고 주장하며 "기술자들의 소비에트"가 미국이라는 국가의 경제를 미래로 인도하기에 가장 적합하다고 제안했다(물론 베블런의 기술 관료적 구상은 포드의 포퓰리즘과 충돌하는 부분이 있었다). 페더는 1919년 짧게 존재했던 바이에른소비에트공화국의 재무장관 실비오 게젤Silvio Gesell(1862~1930)과 친분이 두터웠는데, 그는 지역사회가 발행하고 시간에 따라 감가되는 "공짜돈free money" 주창자로 이름을 널리 알린 인물이었다. 또한 영국, 뉴질랜드, 캐나다에서는 공학자 C.H. 더글러스C.H. Douglas(1879~1952)가 "사회적 신용" 이론으로 주목을 받기 시작했다. 이러한 계획들은 서로 이질적이었지만, 결국 공통된 생각으로 모였다. 이러한 비판들은 금본위제를 거부했고, 신용에 대한 권한을 사적인 손에서 되찾아 대중의 통제를 받도록 해야 한다고 주장했다. 그들은 일종의 포퓰리즘 재정 정책인 "생산적 신용 확장"을 제안했는데, 정부가 공익사업을 벌이거나 댐 혹은 주택을 건설할 때, 자금조달을 신용시장에 의존하는 대신 새로운 돈을 발행하라는 것이었다(그들을 따르면, 이러한 돈은 통화팽창을 유발하지 않았는데, 그로써 창출된 생산적 자산이 "지탱해 주기" 때문이었다). 종종 화폐 개혁가들은 반유대주의 음모론을 퍼뜨렸다.[37]

　다소 망상적인 요소들까지 포함한 이러한 화폐 비판론이 확산된 배경은 전후 경제적 혼란이라는 맥락에서 가장 잘 이해할 수 있다. 북미 서부의 시골 지역에서 "금전신탁"에 반대하는 여론은 완전히 수그러들지 않았다. 단지 농산물 가격 상승과 제1차 세계대전이 절정에 달했던 상대적인 번영의 시기에 목소리가 줄어들었을 뿐이다. 연방준비제도*가 더욱 가중한 전후 경기침체는 그 전환점이 되었다. 20세기 초반, 걸프만 연안의 목화밭에서 앨버타의 밀 경작지까지 광활하게 뻗어 있는 농업지역이 다시 장기적·재앙적인 통화 수축 국면으로 빠져들었다. "돈 문제"가 다시 불거진 것이다. 한편 유럽에서는 돈이 반대 방향으로 움직였다. 전쟁 비용 때문에 정부에 누적된 막대한 부채는 이 대학살의 비용을 계속 불균등하게 부담하게 될 것을 암시했다. 대중에게 세금이 부과되었고 채권 소유자, 임대인 그리고 파괴에서 이익을 얻은 전쟁수익자Kriegsgewinnler는 부를 축적했다. 암울한 협상에 나서야 했던 독일, 폴란드, 헝가리, 오스트리아의 정치지도자들은 대중의 소소한 저축과 정부의 내치 의무를 모

---

*　미국의 중앙은행 체계로 미국 내 통화 정책을 관장하고 은행, 금융기관을 감독한다. 무엇보다 세계 기축통화로 쓰이는 미국 달러 지폐를 발행하는 곳으로 미국은 물론 세계 경제 전반에 큰 영향력을 행사하고 있다.

조리 쓸어버릴 초인플레이션hyperinflation*을 용인했다. 그러나 막대한 외채들은 확실히 이러한 평가절하된 통화팽창의 영향을 받지 않았다. 차르의 채권을 "끔찍하다"고 선언하고 상환을 중단한 볼셰비키의 방법을 채택할 것이 아니라면, 그러한 부채는 오랫동안 남아 부담을 줄 것이다. 중앙은행이 금본위제로 복귀함에 따라 금본위제의 통화 수축 편향은 외채 부담을 키웠고, 결국 국내 산업과 농업수익의 건전성보다 국경 간 책무를 보장하는 데 실질적인 특권을 부여했다.[38]

20세기에 헨리 포드는 자동차 제작의 마법사로만 칭송되지 않았다. 반유대주의 소책자와 『나의 삶과 일』에 담긴 금융자본 비판 그리고 머슬숄즈강 프로젝트 참여 등으로 헨리 포드는 금융 개혁가로서 믿기 힘들 만큼 엄청난 국제적 명성을 얻었다. 1923년 3월, 캐나다 하원의 은행 및 상업위원회는 포드에게 "신용과 금융문제"에 관한 증언을 요청했다. 캐나다 서부 농장 지역 대표들의 발의로 시작된 이 청문회는 농산물 가격이 떨어지고 신용이 경색된 이유를 조사하고 있었다. 포드는 "금융을 연구했기에 두려움 없이 말할" 위치에 있었다. 그가 오타와로 올 것인가? 포드가 거절하자 청문회 대표자들은 그 대신 "사회적 신용"의 발기인인 더글러스의 의견을 들었다. 더글러스는 이를 공적으로 관리되는 신용체계를 주장하는 기회로 이용했다. 그것은 포드와 페더의 기획을 반영한 권고이기도 했다.[39]

우파들에게 영감을 준 **두 번째** 원천은 포드가 어떻게 공동체주의적

---

* 인플레이션이 악화해 더는 수습할 수 없는 상황을 지칭하는 경제학 용어. 일반적으로 전달 대비 물가가 50% 이상 상승할 때를 말한다.

이면서 동시에 반평등주의 언어로 대량생산에 활기를 불어넣은 집단적 정신을 묘사했는가 하는 부분에 있었다. 독일의 적지 않은 독자가 『나의 삶과 일』에서 제시한 도덕경제 분류법을 두고 고심한 끝에 그것을 "일종의 사회주의"로 분류했다.[40] 이 부분이 역사학자들을 당혹스럽게 했다. 어떻게 미국식 자본주의의 선구자로 여겨지는 헨리 포드를 이토록 단단히 오해할 수 있는가? 그러나 이러한 당혹감은 부적절하다. 1920년대 우익 비평가들은 자유주의에 대항해 "유기체적" 공동체 개념으로 모여들었고, 마르크스주의자들의 사회주의 용어 독점에 전면적으로 도전하기 시작했다. 우파들은 진정한 사회주의는 무산계급을 위한 것이거나 평등주의적인 것이 아니라 공장, 가족, 국가나 국민Volk 등 개개인이 속한 공동체에 대한 의무, 책임, 위계를 반영한다고 주장했다. 전시 독일의 자원 조달을 책임졌던 발터 라테나우Walter Rathenau(1867~1922)는 "전쟁 사회주의"로부터 독일인들을 엄격한 집단 생산체계에 종속시킬 "새로운 경제"가 등장할 것으로 예측했다. 오스발트 슈펭글러Oswald Spengler(1880~1936)는 1918년 독일 혁명을 비판하며 "프로이센 사회주의"를 주창했는데, 그를 따르면 책임 있는 관료집단이 지위와 계급 사이의 헛된 구별을 대체해 나간다. 엔지니어 출신인 위하르트 폰 묄렌도르프Wichard von Moellendorff(1881~1937)가 내세운 "보수적 사회주의"는 하나의 훌륭한 엔진처럼 효율적으로 움직이는 "경제적 국가"라는 기술 관료적 전망을 장밋빛으로 제시했다.

이러한 전망들의 공통점은 "[공공]서비스"(독일어로 "디엔스트Dienst")라는 다소 독특한 개념을 채택했다는 것이다. 이후 흔히 사용하게 된 표현, 예를 들면, "서비스 부문"이나 "고객 서비스" 등과 같은 용례의 의미가 전혀 포함되지 않은 당시의 디엔스트는 개인이 더 큰 목적을 위해 기꺼이 복종하거나 국민의 이익으로 여겨지는 방향으로 그들의 역량을 모으도록 정신을 고양하는 것을 의미했다. 우파 사회주의 옹호자들은 이러한 정신이 그들을 좌파의 평준화된 허무주의자들과 구별되도록 한다고 보았다. 그들의 관점에서 그것은 또한 그들을 더 나은 반자본주의자로 만들었다. 베르너 좀바르트Werner Sombart(1863~1941)를 따르면, 자유주의를 거부하는 "독일 사회주의"는 무산계급의 사회주의보다 "훨씬 더 급진적"이었다. 후자가 현재의 계급 질서를 뒤집을 수 있다는 멍청한 구상에 지나지 않았다면, 전자는 디엔스트 사상에 토대해 광범위한 문명과 영적 갱신을 계획했다. 무산계급의 사회주의는 "반전된 형태의 자본주의"에 불과했지만, "독일 사회주의는 반자본주의"였다.[41]

디엔스트에 헌신할 마음을 먹은 우파 독자들은 포드의 "복무" 이데올로기에 호의적인 반응을 보였다. 미국의 자동차 왕이 자기 노력을 사익 추구가 아닌 생산과 진보에 복무하고자 투여해야 한다고 주장할 것이라는 생각이 페더와 같은 독자들에게는 터무니없거나 불합리하게 여겨지기보다는 일종의 교훈으로 큰 충격을 안겨주었다. 포드의 "복무" 이데올로기를 우파의 사회주의적 상상 중 하나로 해석한 사람 가운데 가장 영향력이 큰 사람은 단연 고틀 오틀릴린펠트였다. 그는 특정 공정을 도입하려는 기술이 아닌 정치사상 개념으로 포드주의Fordismus에 대한 초기 이론화 작업을 기초했다.[42] 오늘날에는 이름이 잊혔지만, 고틀은 독일 역사주의 경제학파를 대표하는 인물로 독일을 넘어 일본에서도 열렬히 읽혔다.[43] 막스 베버Max Weber(1864~1920), 베르너 좀바르트와 같은 세대에 활약한 고틀은 그들과 마찬가지로 경제학을 사회학과 역사의 한 분과로 간주하고, 해석적 방법론을 적용하고자 했다. 고틀에게 경제적 관계는 역사, 문화, 사고방식 그리고 지형에 따라 필연적으로 형성되는 인간 삶의 총체적인 표현이었다. 공동체, 국가 또는 국민의 속박에서 벗어난 자유롭고 추상적인, 역사가 없는 개인을 상정하고 그들의 선택으로 경제 법칙을 추론하고자 하는 신고전주의 경제학은 그에게 돌팔이 사기에 불과했다. 신고전주의 학파가 경제학을 전략연구(개인들이 어떻게 제한된 자원을 여러 목적에 따라 선택하고 배당하는가?)로 재창조하는 동안, 고틀은 경제학의 목적이 물질적 욕구를 충족하고자 인간이 어떻게 사회적 임무를 수행하는지를 이해하는 데 있다고 주장했다. 경제학은 "필요와 충족 간의 조화를 끊임없이 이뤄나간다는 정신에 따라 인간의 공존이 어떻게 형성되는지" 연구하는 학문이라는 것이다(이 부분에서 고틀은 고트프리트 페더와 같은 독일어 어휘 필요Bedarf, 충족Deckung을 사용했다).[44]

1920년대에 고틀은 근대 산업이 교착상태에 빠졌다고 보았다. 고틀이 "기술 이성Technical Reason(헤겔주의에서 성숙한 개념이기도 한)"으로 호칭한 그 무엇의 역사적 전개는 그곳에서 애써 일하는 사람들을 타락시키지만, 전례 없이 효율적으로 작동하는 거대한 공장들을 불러왔다. 기계화와 테일러주의는 동시에 "대중의 생존"을 지탱했고, "강요와 단조로움"으로 그들을 지배했다. 이러한 상황을 피할 수 없었을까? 아니다. 고틀은 단언했고, 포드의 시스템은 그 해법을 제시했다. 『나의 삶과 일』이 출간된 직후인 1924년 5월, 고틀은 킬대학교 경제학과 학과장으로서 취임 첫 강의를 자기주장을 피력하는 데 바쳤다.

포드의 체계가 전례 없는 진보를 성취했음을 보여주고자 고틀은 그것을 테일러주의와 비교했다. 확실히 두 가지 모두 기술 이성을 산업에 지속해서 적용해 온 결과였다. 그러나 테일러주의는 근대 생산 공정을 어지럽히고 사회적 분열을 심화했을 뿐이다. 개개인의 작업성과에 집착하고, 공장 현장에서 계획을 담당하는 인력을 제거함으로써 테일러주의는 작업자들을 서로 간에 그리고 회사로부터 고립시켰다. 테일러주의는 "경제적 삶과 기술 이성 사이의 통합"을 달성했다고 공언했지만, 실제는 그러한 목표에 완전히 실패했다. 테일러주의는 노동자를 기획자의 의지에 따라 움직이는 "단순히 육체적이고 정력적인 실행지점"으로 축소했다. 그것은 강박적이고 강제적인 "조직의 주신제"에 불과했고, "진정한 공동체로서 회사라는 영혼을 주입하는 대신" 그것에 대한 "패러디"만 달성했을 뿐이다.[45]

포드의 공장 역시 노동자들의 작업을 근대 생산기술이 요구하는 "지극히 협소한 범위"에서 제한했다. 미세한 세분화, 반복 작업, 개별 작업의 분초 단위 목표 설정 등이 난무했다. 사실 포드 공장의 노동자들이 수행하는 작업은 여전히 "비참한 일"들이었다. 그러나 테일러주의와 달리 포드주의는 노동자들에게 자신의 작은 영역의 활동이 방대한 집단적인 노력에 어떻게 이바지할 수 있는지 깊은 인상을 심어주는 방법을 찾아냈다. 연동되어 움직이는 조립라인으로 동료들과 연결된 포드 공장의 작업자들은 "그의 위치에서 위, 아래 흐름"을 보며, "합리적인 제약 안에서 자신이 어떻게 하나의 놀라운 전체를 창조하는 데 참여하는지 생생하게 인식"했다. 더욱이 포드 공장의 노동자들은 그들이 작업장에 투여한 노력이 곧 포드의 가격 정책은 물론 임금과 자본 그리고 재투자에 관한 그의 의견을 포함한 포괄적인 체계 일부를 형성한다는 것을 이해했다.

고틀은 수익성 계산에 앞서 높은 임금과 낮은 가격에 우선순위를 둔 정책이야말로 중대한 결정이었다고 주장했다. 임금에 우선순위를 둠으로써 노동자들은 회계장부상의 단순한 비용 항목으로 취급되어 지속적으로 삭감을 겪는 일에서 해방되었고, 노동자에게 적절한 보상을 지급하는 것이 산업체의 핵심 목표임을 인지했다. 포드의 임금 정책은 "노동자와 고용주 사이의 날카로운 금전적 대립"을 깨뜨렸다. 다음으로 낮은 가격은 생산성을 지속해서 자극했을 뿐 아니라 실질 임금을 보완하는 부양책을 제공했다. 실제 고틀은 낮은 가격 원칙이 수요와 공급의 법칙 자체를 당혹스럽게 한다고 지적했다. 만족할 줄 모르는 수요에 직면해 T형 모델의 가격은 계속 낮아졌다. 이 모든 것은 지배적인 자본주의 경제 정신에 대한 "치명적인 모순"을 의미했다. 근대 공장 노동의 "정신적 위기"는 마침내 완화되었다. 노동자들은 자신의 노동이 가격 담합이나 공장주의 자산 축적에 쓰이지 않음을 깨달았다. 오히려 그들은 더 큰 의미와 목적을 지닌 사업에 참여했다. 산업체의 오랜 대립은 "상호이익"이 되었고, "재정 수익에 대한 의지"는 "복무에 대한 의지"에 자리를 내주었다. 이기적인 시장 경쟁Wettbewerb은 공동의 대의Wetterfer를 추구하는 우호적인 경쟁으로 바뀌었다.

요약하면, 고틀은 독자들이 『나의 삶과 일』에서 독특한 정치−경제 이데올로기를 추출할 수 있을 것으로 생각했다. "포드주의라고 불러야 할" 이 이데올로기는 근대의 경제 활동 전반에 대한 심오한 반전을 가르쳤다. 실제로 고틀을 따르면, 포드주의는 "자본주의적인 의무의 조밀한 그물망"을 넘어 "백인 사회주의", "지도력의 사회주의Socialism of leadership"를 의미했는데, 이는 산업가들이 강도 높은 윤리적 모범을 보임으로써 산업에 대한 적대감을 위로부터 극복하는 소임을 수행할 수 있다는 것이다.

고틀이 지적한 "지도력의 사회주의"는 회사 수준에서 작동했지만, 이는 우파들이 포드에게 주목한 **세 번째** 지점이기도 했다. 그것은 곧 독일 경제 전체의 생산자주의를 재건하는 데 길잡이가 되었다. 이 같은 해석을 내놓은 사람은 독일 의용군 집단인 자유군단Freikorps 출신으로 경제학도이자 야심에 찬 언론인이었던 테어도어 뤼데케다. 그는 1920년대 미국(광부, 은행원 등 다양한 일을 경험했다)을 돌아본 뒤 독일인들의 행동을 독려하는 데 헌신하고자 마음먹고 독일로 돌아왔다.[46]

뤼데케는 독일의 전후 경제위기가 수출시장 소멸로 귀결될 것이라고 보았다. 한편에서 이전 시기 유럽의 상품과 원자재를 거래하던 세계의 지역들이 각기 자신의 산업을 구축해 해외 시장에서 독일 산업의 입지가 좁아지고 있었다. 다른 한편에서 독일은 "가장 근대적인 생산설비와 거의 무제한의 자본력을 가지고 수출시장에서 맹렬하게 싸울 태세"로 부상하는 미국을 상대해야 했다. 뤼데케는 독일이 승리하려면 내부 다툼과 사회적 갈등을 중단하고 집단적 희생을 수용해 국가를 생산적으로 재편성해야 한다고 주장했다. 무엇보다 기업가, 기술자, 노동자 등 독일 산업의 모든 생산자를 하나의 "살아 있는 위대한 공동체"로 통합할 수 있어야 했다. 대안은 없었다. 독일이 "하나의 통일된 전체로서 수출 투쟁에서 우월한 위치를 차지하든가, 아니면 그렇지 못해서 우세하지 못하든가."[47]

뤼데케는 『나의 삶과 일』에서 독일 산업에 꼭 필요한 재건의 모범을 발견했다. 그가 배운 포드의 핵심은 대량생산의 성공 여부가 개인의 지도력과 투자자 자본주의에 대한 단호한 거부에 달려 있다는 것이었다. 이것은 "가장 둔감한 기업 형태인" 공개 상장 회사를 수용함으로써 비대하고 이기적이며 우유부단한 산업 경영을 초래한 독일 산업이 새겨들어야 할 중요한 지침이었다. 뤼데케는 널리 분산된 주식들이 주주들에게 산업의 존재 이유인 생산 현장을 떠나도록 만들었다고 주장했다. 주주 자본주의는 장기적이고 생산적인 목표보다 단기 재무 성과를 앞세웠고, 경제 발전을 배당금이라는 사슬에 묶어버렸다. 이 모든 것에 포드자동차회사는 선구적인 반대 사례를 제시했다. 주주로부터 해방된 대량생산은 경제 전반에 엄청난 에너지를 뿜어냈다. 여기에 "자본 축적과 산업 발전"을 위한 "조화로운 해결책"이 놓여 있었다.[48]

포드자동차회사로부터 배우기는 조립라인을 설치하는 것만으로 충분하지 않았다. 경제 몸통 전체에 대한 전면적 교정이라는 쉽지 않은 작업이 필요했다. 독일 산업은 포드자동차회사의 노선을 따라 일관적인 지도력을 발휘할 인물을 앞세워 강력하고 거대한 기업으로 재구성되어야 했다. 수직적인 통합은 불필요한 중개인들을 제거하고 안정적인 공급망을 제공할 것이며, 결국 시장의 변동성을 제거할 것이다. 은행 자본과 증권시장은 생산에 대한 그들의 주도권을 잃게 될 테고, 보편성이 강한 제품들은 가짜 믿음을 만들어내는 광고들을 불필요하게 만들 것이다. 독일은 이제 더는 "독일의 수출 가격을 짓누르는" 데 일조하는 "비생산적인 전문가들"을 용납하지 않았다. 숙련된 기술을 갖춘 작업자들, 판매원들 그리고 기업의 사무원들은 즉각 자신들의 작업을 중단하고 대량생산 공장으로 옮겨가야 했다. 지식인들은 자신들의 유용성을 증명해야 했다. 이러한 방식으로 포드자동차회사는 "미래의 경제"를 선보였다.[49]

페더가 언급한 반유대주의 재무 비판은 초창기부터 나치의 사상이었다. 고틀의 "지도력의 사회주의"와 뤼데케의 국가주의적 생산자주의는 나치의 경제 이데올로기가 미국의 포스트 자유주의 우파들과 나눈 대화를 흡수함에 따라 어떻게 진화해 갔는지를 보여준다. 고틀과 뤼데케는 1933년 이후 왕성하게 활동했다. 고틀의 이론은 나치의 산업 합리화 담론에 스며들었고 역사주의 경제학은 나치의 경제전문가들을 지배하게 되었다.[50] 뤼데케는 당에 합류해 선전 전문가가 되어 언론인 학교를 지휘·감독하고 노동 전선의 순회 연설에서 열변을 토하는 홍보관으로 활동했다.[51]

페더, 고틀, 뤼데케의 반응은 포드에 대한 바이마르 우파의 **네 번째** 해석에서 나타나는 흥미로운 이데올로기적 맥락을 보여준다. 가장 중요한 독자는 단연 히틀러였다. 고틀이 포드주의에 대한 자신의 관점을 발전시키던 1924년 봄에 맥주홀 폭동을 일으킨 히틀러는 가택연금형을 선고받고 란츠베르크에 구금되어 있었다. 최근 발견된 몇몇 물질 증거는 히틀러가 란츠베르크에서 『나의 삶과 일』을 읽었음을 시사한다. 뮌헨의 상류사회 일원으로 그의 친구였던 에른스트 한프슈탱글Ernst Hanfstaengl(1887~1975)이 1924년 새해를 맞아 독일 판본 한 부를 그에게 선물했다(그림 2.1 참조).[52]

이 책은 그에게 어떤 영향을 주었을까? 한편으로, 히틀러의 측근인 루돌프 헤스가 남긴 기록을 살펴보면, 란츠베르크에서 대화 중 경제 문제를 다루면서 포드와 미국을 자주 언급했음이 분명하다.[53] 다른 한편으로, 우리는 히틀러가 란츠베르크에 머무는 동안 시간을 대부분 『나의 투쟁Mein Kampf』이 될 독백 형식의 책을 구술하는 데 할애했음을 알고 있다. 그러나 이 방대한 책에 미국과 관련한 이야기는 거의 등장하지 않는다. 『나의 투쟁』에서 히틀러는 광대한 독일이 다른 세계열강들과 대치하게

그림 2.1 에른스트 한프슈탱글의 헌사가 적힌 독일판 『나의 삶과 일』.
"친애하는 아돌프 히틀러에게, 1924년, 모든 일이 이뤄지길." 출처: Granger Historical Picture Archive.

될 거라고 예측했지만, 그들 나라에 미국은 포함하지 않았다. 그 대신 대영제국, 러시아, 중국 그리고 "라인강에서 콩고에 이르는 거대한 식민지 영토"를 자랑하는 프랑스제국이 그 이름을 올렸다.[54]

그렇지만 분명한 것은 그 후 몇 년 사이에 히틀러의 마음속에서 미국은 점점 더 큰 위협으로 다가왔고, 독일의 미래 제국에 대한 그의 통찰은 미국적 색채를 띠게 되었다는 점이다. 이 미래의 독재자가 미출간 상태로 남겨진 "두 번째 책"을 집필한 1927년까지 미국의 압도적인 경제력은 가장 중요한 문제로 부상했다. 즉 미국은 처음부터 히틀러의 세계관에서 고정된 위치를 가졌던 것이 아니라 1924~1927년 사이에 히틀러의 시야에 명확하게 자리 잡게 된 것으로 보인다. 요컨대, 1920년대 중반 바이마르 독일이 『나의 삶과 일』에 열광할 때 히틀러는 독일 종족—민족주의인 볼키쉬 전통에서 오래 고려해 온 농업사회의 레벤스라움Lebensraum(생활권) 개념에 포드주의를 융합함으로써 독창적인 궤적을 부여했다.[55]

1920년대 중반 히틀러가 보게 된 그 문제를 따르면, 20세기 가장 중대한 도전은 바로 "미국의 세계 정복 위협"이었다.[56] 무엇이 미국을 이전의 어떤 강대국들보다 강하게 만드는가? 히틀러의 답은 광대하게 펼쳐진 영토와 그에 기반한 인구 증가 그리고 거의 완전한 경제적 자급자족이었다. 원자재가 풍부하고 자체 식량 공급이 가능한 축복받은 땅에서 미국은 독일에는 뼈아프게 부족했던 두 가지 전략적 이점을 누리고 있었다. 인구가 많은 나라 미국은 자동차 산업과 같은 부문에서 대량생산을 밀어붙일 수 있는 대량 수요 역시 가지고 있었다. 히틀러는 "미국의 내수 시장 규모, 풍부한 구매력과 원자재" 등이 "유럽에서는 불가능할 생산 방식을 정당하게 만들었다"고 판단했다.[57] 1928년 초 히틀러는 당 대회에서 청중에게 수사법으로 질문했다. 어떻게 포드사는 새로운 A형 모델을 출시하기도 전에 주문을 수십만 개나 받을 수 있는가? 미국은 "생산 가능성이 다르기" 때문이다. "왜냐하면 그곳은 상상할 수 없을 정도로 천연자원이 풍부하기 때문이다."[58]

대량생산은 세계 시장에서 미국의 우위를 보장했고, 베르사유조약 이후 국경 안에 갇힌 독일은 경쟁할 수 없었다. 사실 독일의 임금은 "우스운 수준"이었고 미국의 임금은 "엄청났"기에 독일이 수출 경쟁에서 우위를 차지하는 게 마땅한 일이었다. 그러나 미국인들은 대량생산을 했으므로 독일인들은 "미국과 경쟁하며 수출할 능력이 없었고" 미국의 자동차회사들이 독일 시장을 침략하는 모습을 지켜봐야만 했다. 많은 이들이 촉구하듯 독일 산업을 수출 중심으로 재편하는 것은 지는 전략이었다. 훨씬 더 야심 찬 목표, 동쪽으로 영토를 확장하는 "명확하고 더 멀리 내다보는 공간의 정치"가 필요했다. 떠오르는 미국의 교훈은 바로 이것이었다. 독일이 미국과 같은 대륙을 차지할 수 있다면, 식량과 원자재 문제를 해결하고 대량생산을 추진해 미국과 같은 높은 생활 수준을 누리게 된다.[59]

히틀러는 나치당을 변두리 폭도에서 바이마르의 정치적 위기의 중심으로 이끌면서 이러한 주제들에 몰두했다. 그는 당원들을 향한 연설에서 미국인 포드, 그의 자동차, 그의 공장들을 반복해서 호출할 정도로 자신이 그의 모든 것을 충분히 알고 있음을 보여주었다.[60] 미국의 힘과 그들의 자동차 문명은 1920년대 후반 히틀러가 길거리 연설에서 언급하는 표준적인 내용이 되었다. 대공황 동안 히틀러의 레벤스라움 개념은 세계 시장에서 철수하고 독일을 자급자족 국가로 만들자는 급진적 우파들의 요구를 흡수했다. 보수적인 산업가들과 뤼데케 같은 우익 전문가들은 바이마르 독일의 경제적 곤궁에 대처하고자 수출 지향적 발전이라는 다소 경직된 구상을 제시했다. 반면 히틀러는 세계 시장과 완전히 단절하고자 했다. 1931년 차가운 겨울날 히틀러는 당원들에게 독일이 레벤스라움을 획득하지 않는 한 "무한한 생산력을 갖춘 거대한 국가" 미국을 이길 수는 없을 것이라고 말했다. 그러나 그렇게 하려면 "세계 경제의 유령으로부터 등을 돌릴 필요가 있었다."[61]

미래 레벤스라움은 정교한 경제 기획으로 전혀 구체화되지 못했지만 끊임없이 유토피아를 환기했다. 서유럽에서 우랄산맥까지 마법으로 소환된 광활한 "공간"에 세계 시장에서 독립한 자급자족 산업국가 독일이 있었다. 대량생산이 이뤄지는 산업 중심지에서 그 주변부 농업지대까지 잘 닦인 고속도로로 자동차를 탄 수백만 명이 오갔고, 동부의 재정착지에서는 트랙터 수만 대가 쟁기질을 했다. 이러한 상상에서 대량생산은 정확히 두 가지 역할을 했다. 산업은 인접한 광대한 시장에 미국과 맞먹는 생활 수준의 공급을 충당하고, 그 영토를 지배하고 통제할 군수산업 복합체를 창출하고 유지할 수 있어야 했다.[62]

결국 『나의 삶과 일』은 포스트 자유주의 우파들의 사고체계가 성립되는 데 난삽하지만 풍부한 영감을 제공했다. 고틀 오틀릴린펠트가 포드의 "생산적인 조직"에서 발견한 "사회주의"는 나치의 산업 합리화 이데올로기에 쉽게 스며들었다. 이로써 기술 개선과 생산성 향상 노력을 재정 수익에 대한 전횡을 일삼는 세력에게서 되찾아 국민 공동체에게 귀속시켜야 한다고 주장했다. 세계 시장에서 벗어나 동부의 레벤스라움으로 진입하려는 기획은 히틀러의 구상을 통해 대량생산, 자동차와 표준화된 생산품에 기반한 높은 생활 수준을 흡수하면서 현저하게 근대적인 색채를 얻었다. 따라서 포드주의는 세계 경제 체계에 대항하는 데 핵심 요소가 되었다. 즉 우파는 미국이 소비주의적 근대성이라는 열망과 달리 대출이라는 미심쩍은 혜택뿐 아니라 포스트 자유주의적 부활을 위한 수단까지도 함께 제공하고 있음을 포드를 통해 보여준다고 여겼다.

막간: 그람시의 '미국주의와 포드주의'를 대하는 소비에트의 맥락

이런 장면을 상상해 보자. 거대한 성곽으로 둘러싸인 안뜰, 남성 한 무리가 경비병들이 한쪽에 대기하는 가운데 토론을 벌이고 있다. 그들은 공산주의자들이자 정치범들이었다. 그들 중 하나가 손짓을 섞어가며 말하고 주장을 쏟아냈다. 청중 가운데 안경을 쓴 작은 남자가 입을 꽉 다문 채 듣다가 고개를 젓더니 자기 차례가 되자 유창하고 격렬하게 반대 의사를 표시했다. 논쟁의 주제는? 헨리 포드와 그의 책이었다. 사회당 출신의 에지오 리볼디 동지Comrade Ezio Riboldi(1878~1965)가 포드주의야말로 사회주의의 청사진이라고 말한 참이었고, 그의 상대는 전직 이탈리아 공산당 당수 안토니오 그람시였다. 이 둘 사이의 반목은 파시즘과 투쟁하려는 올바른 전략을 두고 사회주의자와 공산주의자가 충돌했던 시기까지 거슬러 올라간다. 그람시는 리볼디가 당면 문제를 변증법적으로 사고하는 데 실패했다고 주장했다. 확실히 포드주의는 혁명적인 힘이 있었다. 그러나 공산주의자들은 그것을 무비판적으로 수용해서는 안 된다. 포드 방식의 진정한 잠재력은 그것을 유산계급의 손에서 빼앗아 스스로 개선하고 합리화하는 노동계급의 손으로 가져오기 전까지는 분출될 수 없었다. 이후 그람시는 작은 감방 안에 앉아 이러한 자신의 반대의견을 한 장 한 장 글로 쏟아냈다.

그람시와 함께 수감되었던 동료 중 한 사람의 기억에서 이러한 장면 혹은 이와 유사한 일이 실제 1930년대 초반의 어느 때 아풀리아 자치구인 투리디바리에 있는 교도소 안에서 연출되었을 것으로 짐작해 볼 수 있다. 이 동료 수감자를 따르면, 그람시의 "포드주의 문제에 관한 논의"

는 "포드의 책을 겨우 몇 권 읽은 정도로 포드주의와 사회주의가 같다고 결론지은 고결한 리볼디 동지의 주장에 답변한 것"이었다.[63] 그 주장은 거의 확실히 과장되었지만 흥미로웠다. 1920년대 중반 이후 포드주의는 그람시의 마음을 사로잡았던 주제였던 만큼 리볼디가 그람시에게 포드주의를 알려줄 필요는 전혀 없었다. 그람시는 1927년 읽었다고 기록한 프랑스어판 『나의 삶과 일』을 투리의 감방 안에서도 가지고 있었다. 그는 『오늘과 내일』 프랑스어판 사본도 가지고 있었으며, 결국 이탈리아어로 번역된 『전진Moving Forward』도 입수했다. 1929년 그람시는 자신의 연구계획 목록, 즉 이후 『옥중수고Prison Notebooks』로 완성될 책의 개요를 작성하며 "미국주의와 포드주의"를 그 목록에 올렸다(그림 2.2 참조). 얼마 지나지 않아 그는 이 주제가 자신이 감옥에서 작업한 세 가지 핵심 주제 중 하나임(역사이론과 19세기 이탈리아 역사 연구와 함께)을 확인했다. 1934년 그람시는 마침내 「미국주의와 포드주의Americanismo e fordismo」라는 제목으로 유명해진 『옥중수고』 22번 노트 집필에 착수했다.[64]

무솔리니 치하의 교도소 내에서 벌어진 이탈리아 공산주의자들의 논쟁만큼 전간기 좌파들 사이에 헨리 포드의 사상이 얼마나 널리 퍼져 있었는지, 그것이 얼마나 시급한 문제로 여겨졌는지를 생생하게 보여주는 자료는 없다. 리볼디와 그람시의 불일치는 포드에 대한 사회민주주의자의 독해와 공산주의자의 독해가 어떻게 다른지 압축해서 보여준다. 독일 사회민주당은 노동계급이 목소리 높여 포드주의에 열광하게 하고, 그것이 생산 합리화, 가격 인하, 임금인상, 생활 수준의 향상으로 이어져 마침내 풍요의 사회주의로 가는 가장 확실한 길이라고 믿도록 만드는 일이 가능함을 잘 보여주었다. 그러나 공산주의자들에게 그러한 정서는 다분

Primo quaderno (8 febbraio 1929)

Note e appunti.

Argomenti principali: —

1) Teoria della storia e della storiografia.

2) Sviluppo della borghesia italiana fino al 1870.

3) Formazione dei gruppi intellettuali italiani: - svolgimento, atteggiamenti.

4) La letteratura popolare dei "romanzi d'appendice" e le ragioni della sua persistente fortuna.

5) Cavalcante Cavalcanti: la sua posizione nella struttura e nell'arte della Divina Commedia.

6) Origini e svolgimento dell'Azione Cattolica in Italia e in Europa.

7) Il concetto di folklore.

8) Esperienze della vita in carcere.

9) La "quistione meridionale" e la quistione delle isole.

10) Osservazioni sulla popolazione italiana: sua composizione, funzione dell'emigrazione.

11) Americanismo e fordismo.

12) La quistione della lingua in Italia: Manzoni e G.I. Ascoli.

그림 2.2 첫 번째 『옥중수고』의 첫 장(1929년 2월).
그람시는 여기에 연구계획 목록을 적시했다. 『미국주의와 포드주의』는 11번에서 확인할 수 있다. 출처: 로마 그람시 재단.

142

히 개혁주의로 느껴졌다. 그들이 보기에 그 명제는 다소 복잡미묘했다. 포드주의가 사회주의 건설에 복무하려면 먼저 자본주의적 요소들을 씻어낼 필요가 있었다. 1926년 레온 트로츠키Leon Trotsky(1878~1940)가 말했듯이, "포드주의를 포드로부터 분리해 정화하고 사회화"해야 했다.[65] 실질적으로 그람시가 『옥중수고』 22번 노트에 적시한 성찰은 바로 이러한 질문을 탐구한 결과였다. 포드주의의 해방적 잠재력은 무엇이고, 어떻게 포드주의로부터 미국 자본주의에 얽힌 부분들을 끊어낼 수 있을까?

옥중에서 집필한 다른 글들과 마찬가지로 「미국주의와 포드주의」 역시 완성된 논문 한 편이 아니라 감금과 검열이라는 현실 속에서 써내려 간, 연관성이 느슨한 일련의 습작 중 하나였다. 교도소 안에서 작성한 글들은 22번째 노트에서 정점을 찍었다. 수감 기간 내내 그람시의 마음을 사로잡았던 주요 주제들인 헤게모니 이론, "미국주의"에 대한 도전, 시민사회와 국가 그리고 노동계급과 농민계급의 해방에서 "유기적 지식인organic intellectuals"의 역할이 모두 이 글에 녹아들었다.[66] 22번째 노트와 함께 포드주의에 대한 논의 역시 바다를 떠도는 유리병처럼 봉인된 채 1930년대부터 1970년대까지 시대를 횡단했다. 투리교도소에서 밀반출되어 모스크바에 보관되었던 노트는 제2차 세계대전이 끝난 후 이탈리아로 돌아왔고, 이후 신좌파 논쟁에서 처음으로 새로운 주목을 받기 시작했다. 그로부터 포드주의라는 용어는 서구 마르크스주의의 규범 안에 포함되었고, 조절주의자들이 20세기 후반의 축적 위기를 이론화하는 과정에서 중요한 개념을 제공했다.[67]

20세기 후반 논쟁에서 나타난 그람시의 탁월함은 무엇보다 22번째 노트가 그가 살던 당시 상황을 반영한 시대의 산물이라는 인식을 무색하게 만들었다. 「미국주의와 포드주의」에서 그람시는 당시 산업화한 미국의 근대성이 인구 대다수가 가난한 소작농이어서 도시 무산계급의 입지가 위축될 수밖에 없는 미개발 농업 국가에 던지는 과제를 숙고했다. 1934년 노트를 작성할 때 그람시는 분명 자신의 조국 이탈리아를 염두에 두고 있었다. 동시에 「미국주의와 포드주의」는 러시아의 경험으로부터 그 문제점과 반추할 지점들을 찾아냈다. 그람시는 러시아를 잘 알고 있었고, 이후 이탈리아에서 프롤레타리아 혁명이 일어난다면, 그 혁명이 직면할 과제들을 사회적으로나 경제적으로나 저개발인 러시아에서 볼 수 있다고 여겼다. 그렇다면 그람시의 성찰은 1920년대 소비에트연방을 사로잡았던 테일러주의, 포드주의, 기술, 즉 "미국주의"에 대한 열광적인 논쟁에 그 어떤 것보다 좋은 서론을 제공한다. 또 다른 교도소 일화를 따르면, 그람시는 동료 공산주의자들에게 "미국주의의 도래가 모든 것을 바꿔놓았음을 기억하라"라고 충고했다. 공산주의자들이 서양 사회에 사회주의를 건설하고, "러시아에서 저지른 실수를 피하려면" 그렇게 해야 한다는 것이다.[68]

그람시의 러시아 현실에 대한 경험은 개인적이고 심오했다. 공산주의 인터내셔널the Communist International*의 대표로서 그람시는 모스크바와 그 주변 지역에서 1922년 6월부터 1923년 11월까지 체류했고, 1925년 초에도 두 달간 머물렀다. 이때의 방문으로 그람시는 볼셰비키의 유력자들과 친분을 맺었는데, 1922년 8월 제12차 당 대회에서 연설하고

---

* 마르크스, 레닌주의 정당의 국제적 조직체로 1919년 3월 2일 레닌의 발기로 창당되었고 1945년 5월 15일 스탈린이 해체했다. 코민테른이라는 약칭 혹은 제3인터내셔널, 국제공산당으로도 불렸다. 각국 공산당을 강하게 연계하고 활동을 지도하려는 목적으로 설립되었고, 1국 1당 주의에 따라 각국에 하나씩 지부를 두었다.

니콜라이 부하린Nikolai Bukharin(1888~1938), 그리고리 지노비에프Grigori Zinoviev(1883~1936), 트로츠키 등과 대화를 나누기도 했다.[69] 첫 번째 방문 중에 그람시는 자신의 아내가 될 러시아의 바이올린 연주자 줄리아 슈흐트Julia Schucht를 만났고, 아들을 둘 두었다. 이후 줄리아의 여동생 타이아Tania는 이탈리아로 이주해 그람시가 수감된 기간에 가장 가까운 연락원이 되었다.[70] 러시아에서 그람시는 혁명 이후 "내전기 공산주의"에 따른 황폐화 시기와 1928년 스탈린이 추진한 급격한 산업화 시기 사이의 "신경제정책the New Economic Policy, NEP"의 시대, 시대를 사로잡았던 개발과 산업화에 대한 논의에 몰두했다. 이 시기에 지속적인 관심사 중 하나는 "사회주의적 합리화"와 그 안에서 미국 기술이 수행할 역할에 관한 것이었는데, 이 질문은 그람시가 감옥 안에서 집필하는 내내 붙잡고 있던 화두가 되었다.

레닌이 공표한 대로 신경제정책은 일종의 과도기로 여겨졌다. 제한된 시장 관계의 재도입에 기초한 신경제정책의 실시는 그 자체로 혁명을 통해 사회주의가 완전한 형태로 등장하지는 못했으며, 이를 건설하려면 지속적인 노력이 필요하다는 사실을 인정한 것이다. 무엇보다 러시아가 낮은 개발 수준을 극복하지 못한다면, 사회주의는 완성될 수 없었다. 저개발은 비단 러시아 경제의 압도적인 농업적 성격에서만 보이는 문제는 아니었다. 1920년대 중반 러시아는 인구의 82%가 소작농이었는데, 이는 제1차 세계대전 직전보다 10% 증가한 수치였다. 어쩌면 노동자 국가로서 더 우려스러운 문제는 저개발로 혁명 이후에도 공장들이 낮은 생산성, 기술 고갈로 심각한 고통을 겪고 있다는 사실이었다. 1917년에서 1920년 사이에 노동자들이 공급이 부족한 도시를 떠나면서 산업 노동력

은 절반 아래로(260만 명에서 120만 명으로) 감소했다. 내전의 포성이 잠잠
해진 후에도 생산량은 전쟁 전 수준의 18%에 그쳤다. 산업 생산량은 향
후 10년의 중간 즈음이면 기준점에 도달할 것으로 보였다. 그러나 소비
에트의 기획자들을 분통 터지게 하는 문제는 비효율적인 작업 방식, 높
은 노동 이직률, 결근, 태업, 알코올중독이 노동자들 사이에 만연해 쉽
게 사라지지 않았다는 것이다.[71] 널리 퍼진 탄식을 정식화한 트로츠키를
따르면, "프롤레타리아 독재 체제"는 "후진성과 야만성이라는 괴물 같은
유산을 물려받은 나라에서 처음으로 확립되었다." 그는 이어서 말했다.

우리의 사회 형태는 사회주의로 전환될 테고, 결과적으로 자본주의 형
태와 비교할 수 없을 정도로 고결합니다. 이러한 의미에서 우리는 우리가
마땅히 세계에서 가장 진보한 국가라고 생각합니다. 그러나 물질을 비롯
한 모든 문화의 기초를 이루는 기술에서는 우리나라가 선진 자본주의 국
가들보다 매우 뒤떨어져 있습니다. 이것이 현재 우리 현실의 근본적인 모
순을 구성합니다. 이어질 역사적 과제는 우리의 기술을 우리의 사회 형태
의 단계까지 끌어올리는 것입니다.[72]

소비에트는 어떻게 이 역사적 과제를 헤쳐나갈 것인가? 여기에서 미
국주의가 시작되었다. 신경제정책은 볼셰비키가 "아시아적"이라 부르길
선호한 러시아의 후진성과 그들이 흔히 "미국"에 연결해 사고한 산업적
근대성 사이의 중간 기착지를 표시한 것이다. 신경제정책의 이데올로기
적 무기 창고에서 사회주의는 일반적으로 소비에트연방 혁명에 미국 기
술을 더한 것과 같다고 표현되었다. "우리는 마르크스주의 더하기 미국

주의가 필요하다"라는 말은 부하린이 아주 좋아한 표현 중 하나였다. 실제로 사회주의 건설은 "마르크스주의 이론과 미국적 실용성 및 사업 비법의 결합"을 요구했다.[73] 트로츠키를 따르면 "미국의 기술은 우리를 후진성, 원시성, 야만성의 유산으로부터 해방하고, 우리의 질서를 변화시킬 것"이었다.[74] 1924년 레닌이 사망한 후 스탈린이 "레닌주의의 본질"은 "소비에트의 혁명적 척결과 미국적 효율성의 결합"에 있다고 주장한 데는 이러한 맥락이 있었다.[75]

혁명과 마찬가지로 "미국주의"도 유토피아에 대한 기대를 불러왔다. 근대적인 기계와 최첨단 생산 방식이 지닌 변혁의 힘은 생산량 증가, 효율성 향상이 가져올 이익을 훨씬 뛰어넘을 것으로 보였다. 그것은 첫 번째로 문화·교육의 힘을 이루고, 글을 거의 읽지 못하는 농민-노동자들을 사회주의 문명의 길로 인도할 학교가 된다. "프롤레타리아 문화"에 대한 논쟁에서 일부 볼셰비키 당원들은 공개적으로 혁명 예술을 보조적인 지원 활동으로 평가절하했다. "문화"는 기술적 전문성, 조직의 성숙도, 합리적 습관, 효율적인 작업 규율 그리고 부르주아적 물신 숭배와 미신에서 벗어나 정화된 집단정신을 모두 망라하는 혼합체를 의미했다. 시詩가 아니라 기계가 구태의연한 노동 방식을 바꾸고 대중의 문화 수준을 향상할 것이며, 그들의 습성, 태도, 도덕을 배양할 것이다. 근대 기술과 생산 방식은 더는 예술의 매개가 필요 없는 세련됨과 교훈을 제공했다.[76]

그 효과는 분자 수준까지 확장될 테니 그야말로 노동자들의 생리적인 근성과 깊은 심리 상태에 모든 성패가 달려 있었다. 노골적인 소비에트 미국주의 옹호자였던 알렉세이 가스테프Aleksei Gastev(1882~1939)를 따르면, "미국의 자동차, 비행기 공장"은 "프롤레타리아의 심리학이 창조되고 프롤레타리아 문화가 제작되는 새롭고 거대한 실험실"을 구성했다. 고도의 정밀성, 우월한 규율, 표준화된 생산 방식과 합리적인 작업 조직에 대한 요구는 노동자의 존재 자체, 즉 "미적·지적·성적 가치를 포함한 일상적인 삶까지도" 변화시킬 것이다.[77] 소비에트의 힘과 결합된 미국식 산업 합리화는 "신인류"를 탄생시킬 것이다.[78] 소비에트연방이 서구 자본주의를 "따라잡고 추월하려면" 필요했던 정치구호는 이후 제1차 5개년 계획으로 급격한 산업화가 추진되는 와중에 나왔다. 신경제정책의 시기, 새로운 노동자 국가가 근대성의 언저리에 도달하고 추격을 시작하려면 먼저 탈바꿈을 하듯이 사실상 미국을 거쳐가야 하는 것처럼 보였다.

한 걸음 떨어져서 보면,『옥중수고』22번째 노트는 이러한 주제들과 공명하고 있었다. 그람시는 소비에트의 자신감, 즉 자본주의적 축적물을 제거하고 정화한 근대 공장 방식이 노동자들의 위대한 자의식, 자제력, 합리성을 새로운 문화에 적응시키는 원천이 될 것이라는 생각을 공유했다. 그람시는 미국의 산업 형태가 "새로운 유형의 노동자와 인간"을 창조할 것이며, 바로 그 "정신─육체의 결합"으로 새롭게 만들어진 그들이 이전 시기의 누구보다 "의심할 바 없이 우월함"을 입증하게 될 것이라고 썼다. 그람시는 이러한 과정이 근본적으로 "원래부터 새로운 것은 없다"고 단언했다. 미국식 합리화는 피비린내 나는 길고 긴 산업 발달의 역사에서 가장 최근의 단계에 불과한 것으로, 어느 때보다 복잡한 생산 방식으로 정신적·육체적 충동에 대한 지속적인 훈련이 필요하지만, 생산의 합리화는 언제나 인간의 합리화를 의미해 왔다는 것이다. 그보다 앞서 소비에트가 그랬듯이 그람시도 합리화를 역사적 총체성의 관점에서 바라보았다. 여기에서 산업적 진보와 문화적 진보는 둘 다 이성에 기반을 두므로 완전히 "합리적"인 "새로운 문명"을 향해 동시에 나아간다. 즉 부르주아 자본주의 시대를 포함한 이전 시대의 물신 숭배와 잔인성으로부터도 해방될 것이다.[79]

그렇다면 문제는 포드주의가 미국에서 유럽으로 확산할 것인가가 아니라 어떻게 확산할 것인가에 있었다. 그람시는 이탈리아에서는 파시즘이 원시적인 사회·경제 구조를 지탱하고 있으며, 그 아래서 광범위한 노동자 지원으로 진정한 산업 발전 계획을 진행하기는 불가능하다고 말했다. 결국, 합리화를 모방했을 뿐 "단어는 바뀌었지만 사실은 바꾸지 않았고, 외연의 몸짓은 달라졌지만 인간의 내면은 그렇지 못했다."[80]

더욱 심각한 것은 소비에트에서 경험한 현실이었다. 그람시는 트로츠키가 새로운 작업 방법과 "특정한 생활 방식과 사고방식, 특정 감정 상태 사이의 불가분의 관계"를 잘 이해하고 있음을 인정했다(실제로 트로츠키는 1923년 "도덕은 합리화될 수 없다. ··· 생산이 동시에 합리화되지 않는 한"이라고 말한 바 있다). 그러나 현실에서 소비에트의 산업 발달은 자발적인 대중의 지적 능력을 크게 우회했다. 소비에트의 지도자들은 노동자에게 "정신-육체적" 적응 과정에 그들 자신의 이해관계가 있다는 확신을 심어주는 데 실패했다. 이데올로기적 설득에 토대한 집단적 동원, 즉 "헤게모니"가 작동하는 대신 산업 합리화가 무자비한 강압으로 전락했다. 그람시는 "더는 노동 대중이 더 높은 계급의 강압적인 힘의 대상이 되지 않는" "국가"를 염원했다. 그람시가 언급한 이 국가는 미래의 이탈리아일까 아니면 소비에트연방의 이미 소진된 가능성일까? 이러한 국가에서 "새로운 생산 방법들과 연관된 새로운 습관과 정신-육체적 태도는 상호 설득 또는 개별적으로 제안되고 수용된 확신을 바탕으로 획득되어야 한다." 합리화는 유기적 지도력이 필요한 "자제력과 자기규율"의 집단적 행동의 총합일 것이며, 계급의 지도자가 자신의 계급에 행사하는 "새로운 유형의 강제"일 것이다. 이러한 지도자를 양성하는 일이야말로 역사적으로 중요한 과제였다.[81]

그람시는 산업 근대화라는 고통스럽지만 꼭 필요한 과정에서 지도자들이 수행할 역할을 고심하며 소련이 결코 해결하지 못했던 이데올로기적 모순을 깊이 파고들었다.[82] 혁명은 노동자들에게 통제권을 약속했다. 그러나 산업화에는 엔지니어들, 기획자들, 기술 전문가들, 즉 간단히 말해 지도자들이 필요했다. 그들은 자신들의 전문지식 덕분에 공산주의 사회가 약속한 평등주의에 반하는 권위 있는 위치를 차지했다. 볼셰비키 지도부는 상충하는 두 가지 책무 사이에서 갈팡질팡했다. 한편으로 생산성을 높이고 자원 배분 계획을 확립할 필요가 있었는데, 이는 엔지니어들에 대한 지원과 관리 권한 및 노동 규율의 강화를 의미했다. 다른 한편으로 정치적 동원을 유지하려면 관리자, 숙련자들 등 기술관료들의 권위에 맞서 평범한 노동자들 편에 서야 했다. 결국, 소비에트의 전간기는 누가 산업화한 사회주의 건설을 주도할지를 두고 엔지니어들과 기술 숙련자들(소비에트의 용어로 "전문가들specialists") 혹은 노동자와 당의 신봉자들이 벌인 치열한 투쟁으로 얼룩졌다. 이러한 긴장에 휩싸인 소비에트연방은 신경제정책 기간 내내 산업을 감독하는 전문가들을 구슬리다가 압박하고 한껏 추켜세우다가 투옥하기를 반복했다.

이는 1920년대 내내 산업을 운용하고 계획을 담당했던 사람들이 차르 시대에 훈련을 받으며 성장한 관리자들과 엔지니어들이었던 탓이기도 했다. 이들 "부르주아 전문가들bourgeois specialists" 중 대다수는 근대화 의제에 동조했지만 공산주의자는 아니었다. 일반 노동자들은 공장에서 자신들의 보잘것없는 권위에 분개했고, 그것에 도전하려고 그들이 할 수 있는 일을 하고자 했다.(노동조합의 지도자 미하일 톰스키Mikhail Tomsky(1880~1936)는 "전문가들은 혁명을 일궈내지 않았다"라며 날을 세웠다.[83]) 1928년 이후 소비에트의 산업화를 동반한 문화혁명 기간에 부르주아 전문가들은 괴롭힘과 박해를 받았다. 다른 한편에서, 젊은 세대의 노동자들은 고등 기술 교육을 배우는 데 몰두했다. 1920년대 말에서 1930년대 초반까지 기술 학교를 졸업한 이들이 1937~1938년 숙청 이후 소비에트 산업에서 관리직을 이어받았다. 스탈린 사회 혁명의 수혜자인 이들 새로운 유형의 엔지니어-노동자들(그들은 선발된 자vydvizhentsy 혹은 "촉진자the promotees"라고 불렸다)은 마침내 평등주의 약속과 산업 발전을 하나의 원으로 연결할 수 있었다. 촉진자들은 소비에트 생산 영역의 요직을 장악하고 종종 그들의 상급자를 강제로 제거함으로써 이득을 취했다. 동시에 그들은 프롤레타리아에 뿌리를 두었다는 점에서 소비에트 산업계를 휩쓸었던 사회 혁명과 세대 혁명의 증언자가 될 수 있었다. 스탈린의 촉진자 세대인 레오니트 브레즈네프Leonid Brezhnev(1906~1982) 같은 이들부터 이후로도 수십 년 동안 공산당은 지도자가 될 인물들을 끌어모았다. 아이러니하게도 처음 권력을 잡은 촉진자들이 조금도 지체하지 않고 실행한 일들은 바로 몇 년 전에 부르주아 전문가들이 내놓았던 요구들과 같은 것이었다.[84]

포드주의를 둘러싼 소비에트의 논쟁은 이러한 투쟁 속에서 전개되었다. 포드를 주목한 첫 번째 진영은 1917년 혁명 이전부터 미국의 대량생산 기술에 관심이 많았던 기성세대 엔지니어들이었다. 이 진영의 대표주자는 페트로그라드대학의 공학 교수 N.S. 라브로프N.S. Lavrov였다. 그는 1916년 디트로이트를 방문해 본격적으로 가동되기 시작한 하일랜드파크 공장의 조립라인을 시찰하고 돌아온 바 있었다. 포드주의의 열렬한 옹호자였던 라브로프의 행보는 미국 기술을 열망한 차르 시대의 엔지니어와 전문가들이 어떻게 볼셰비키의 근대화 의제에 동참할 수 있었는지를 보여준다.[85] 두 번째 그룹은 알렉세이 가스테프 같은 전위적 합리주의자들로 혁명 직후 테일러주의를 수용했던 것과 마찬가지로, 1920년대 중반 즈음 포드주의를 수용했다. 이들은 미국식 기술로 잘 훈련되고 문화적으로 정교한 "살아 있는 노동 기계" 부대를 형성할 것으로 전망했다.[86] 소비에트 합리화 논쟁의 세 번째 그룹은 포퓰리즘 진영으로, 그들은 테일러주의와 포드주의를 내세우며 강화된 노동강도에 저항하며 동료들의 무비판적인 미국 생산기술 수용을 반대했다. 1920년대 모스크바국립대학에서 노동과학 교수로 재직한 1세대 멘셰비키 오시프 에르만스키Osip Arkad'evich Ermanskii(1867~1941)가 이 진영의 대표주자였다. 그의 비판은 "전문가들"과 그들의 무비판적인 자본주의 기술 수용에 깊은 의구심을 품고 작업장 통제권을 요구하던 밑바닥의 평범한 노동자들과 당원들의 뒤섞인 목소리를 반영한 것이다.[87] 마지막으로 급진적 볼셰비키 근대화론자들은 포드주의를 수용했을 뿐 아니라 소비에트연방 산업으로 포괄적으로 이전하자고 강력히 주장했다. 이 최대강령주의 진영에는 1929년 새로 설립된 소비에트 자동차·트랙터 부서의 일원으로 합류한 아르세니 미하일로프Arsenii Mikhailov가 있었다. 미하일로프는 포드주의가 인류의 아주 높은 기술적 성과 중 하나이며, 소비에트 산업도 그에 못지않게 성공할 것으로 여겼다.[88]

이들 네 진영 지식인들의 운명은 여타 소비에트 기술 지식인 계급과 다르지 않았다. 1920년대 후반까지 라브로프는 가속화한 산업화의 급진적 환경에서 직업적으로나 개인적으로나 박해를 감수해야 했다. 가시적인 경제적 성과가 중요 지표가 될수록 인간의 몸과 근대 기계를 융합해 "새로운 인간"을 창조하겠다는 가스테프의 꿈 역시 매력을 잃었다. 제1차 5개년 계획 기간에 휴머니스트들은 영향력과 학문적 지위를 모두 잃었고, 근대화론자들이 승리를 차지했다. 그러나 그것은 근대화론자들에게도 너무 많은 희생을 치르고 얻어낸 승리였다. 1930년대 미국 기술이 대규모로 소비에트연방에 진출했을 때, 이전 시기 미국주의 지지자들을 그 시대 숙청의 희생양으로 삼았다는 사실은 소비에트 산업의 위태로운 현실을 잘 보여준다. 전위적 테일러주의자인 가스테프와 급진적 포드주의자인 미하일로프 모두 1937년에서 1938년까지 자행된 대숙청the Great Terror of 1937~1938[*]으로 희생되었다.

사회주의 합리화: 소비에트의 포드 읽기

사회주의 합리화를 둘러싼 논쟁은 테일러주의에서 시작되었다. 볼셰비키 지도부는 혁명 이후 공장규율을 수립하고자 그간 테일러주의에 대해 가지고 있는 부정적인 태도를 기민하게 뒤집어 스톱워치, 동작연구,

---

[*] 소비에트 연방에서 스탈린이 저지른 정치적 학살 사건으로 정치, 경제, 국방, 행정, 사업 분야는 물론 문화예술, 과학기술, 산업 부문에서도 스탈린 체제에 조금이라도 비판적이거나 비판적으로 보이는 사람들을 모조리 숙청했다. 1937년에서 1938년까지 일 년 사이 대숙청과 연루되어 사망한 사람이 95만 명에서 120만 명 사이로 추정된다.

규범 설정, 성과급 같은 테일러주의의 핵심 요소들을 수용하기 시작했다. 테일러주의를 연구하고 훈련하는 중심 전달기관으로서 중앙노동연구소the Central Institute of Labor가 1920년 레닌의 지원을 받아 설립되었다. 연구소는 1세대 볼셰비키 당원이자 전쟁 전 상트페테르부르크에서 금속세공인으로 일하며 직접 경험한 이래 테일러 처방의 전도사가 된 알렉세이 가스테프가 창립했다. 프롤레타리아 문화Proletkult의 전위예술가 집단에 근접한 성향이었던 그는 테일러주의를 독특한 미래주의적 풍모를 지닌 어떤 것으로 받아들였고, 시인-선동가이자 노동-과학자로서 자기 활동을 하나의 통일된 전체로 여겼다. 가스테프는 변혁이라는 야망을 품고 있었다. 지식을 이전받으려는 노력의 하나로 연구소에서는 수천 권에 이르는 테일러주의와 노동과학 출판물 전집류를 독일, 영국, 미국 등지에서 입수해 번역했다. 연구소의 모스크바 실험실에서 진행된 시간-동작연구에서는 작업장의 움직임을 기록하고 최적화하려고 실험지원자를 카메라로 촬영했다. 무엇보다 결정적으로, 연구소에서는 산업계 전반에 흩어져 각기 작업을 분류하고, 작업 규율 설정 임무를 수행하던 기술자 수백 명을 교육했다.[89]

볼셰비키 지도부는 높은 생산성과 노동자 권한 강화를 동시에 이루겠다고 약속했지만, 둘 사이의 긴장 관계는 처음부터 그런 노력을 방해했다. 광산과 작업장에서 규범 설정은 일반 대중의 엄청난 저항에 직면했고, 프롤레타리아 출신 관리자들과 노동조합은 이를 날카롭게 비판하고 격렬한 논쟁을 촉발했다. 소비에트의 노동자들은 노동조합의 주장처럼 집단적 주도권을 바탕으로 스스로 생산성을 높일 것인가 아니면 노동연구소가 단언한 것처럼 "과학적인" 최선의 실행을 학습한 전문가의 교육이 필요한가? 테일러주의는 사회주의 합리화를 지향하는가 아니면 소비에트연방의 조건에는 맞지 않는 "속류—부르주아 교리"에 불과한가? 시간—동작연구는 가스테프의 말처럼 노동자를 향상했는가 아니면 이런 방법들이 노동자를 창의성을 빼앗긴 "비이성적이고 어리석은 도구"로 만들고 있는가? 노동연구소의 규범 설정 담당자들이 소비에트 산업의 정교함을 높였는가 아니면 작업 현장을 "노동계급의 귀족, 과학적 관리의 사제들"의 규칙에 예속시켰는가? 이러한 질문들에 직면한 공산당 지도부와 고위 경제기관들은 애매하게 고수하는 반응을 보였다. 그들은 노동자들의 요구가 타당함을 솔직하게 인정하기도 했다. 또한 그들은 가장 날카로운 비판자들에 맞서 노동연구소를 옹호했고, 1924년 초 소비에트 노동과학에 관한 고위급 회의에서도 단호한 어조로 노동연구소에 대한 지지를 다시 확인해 주었다.[90]

이러한 총체적 난국 속에서 출판된 『나의 삶과 일』의 첫 번째 러시아 번역본은 그야말로 폭발적인 반응을 얻었다. 오시프 에르만스키의 기록을 보면, 갑자기 "테일러의 이름을 둘러싸고 있던 후광이 사라지고" "포드라는 또 다른 이름으로 대중의 관심이 이동하기 시작"했다.[91] 『나의 삶과 일』은 1924년 초 레닌그라드출판사에서 초판이 출판된 후 두 달 만에 2쇄를 찍었고, 10년 새 10개 판본이 출판되어 8만 부가 넘게 팔렸다. 1926년 소비에트에서는 『오늘과 내일』의 번역본 3종이 동시에 출판되어 경쟁을 벌였고, 이후 더 다양한 판본이 재출간을 반복했다. 테일러의 재미없는 훈련 교본들은 확실히 그렇게 광범위한 인기를 얻지 못했다. 독일에서와 마찬가지로 포드의 책들은 예상치 못하게 무르익은 순간의 소비에트 상황을 무너뜨리는 것처럼 보였다.[92]

근본적으로 포드-크라우더 성명서는 미국에 대한 소비에트연방의 집착과 그 핵심에 존재하는 모호성을 확인해 주었다. 『나의 삶과 일』은 미국의 놀라운 기술 발전과 미국 자본주의의 비참한 이면을 동시에 드러내는 듯 보였다. 변증법적 유물론이라는 날카로운 메스로 무장한 소비에트의 논평가들은 포드식 생산의 성과와 그의 정치철학을 분리하기 시작했다. 『나의 삶과 일』의 서문을 쓴 라브로프는 포드가 생산법칙을 "유려하게" 실행했음에도 "경제적 본질"을 파악하지는 못했다고 평가했다. 라브로프는 마르크스의 『자본론』에서 노동 분업과 자본의 유기적 구성을 다룬 부분을 토대로, 포드가 "이미 오래전 마르크스가 원칙을 제시하기도 한 체계"인 "포드주의를 제대로 이해하지 못했다"는 의견을 제시했다.[93] 코민테른의 간사로 모스크바에 머물던 독일의 공산주의자 야코프 발터Jakob Walcher(1887~1970)는 포드 혹은 마르크스에 대한 기사를 작성해 러시아와 독일의 언론에 실었다. 발터는 『자본론』을 인용해 『나의 삶과 일』을 철저하게 비판했다. 그는 기사에서, 포드가 그 자신은 초월할 수 없었던 경계 너머를 가리키는 생산체계가 무엇인지 알지도 못한 채 그것을 만들어냈다고 주장했다. 포드가 풍요와 역동적인 생산에 기반한 경제 정의와 공동선을 말한 부분에 대해 발터는 "매우 합리적일 뿐 아니라 실제 필요한 부분"이라고 옹호했다. 그러나 발터는 궁극적으로 포드의 "권고가 이행되려면 자본주의 체계가 폐지되어야 하는 것이 확고한 진실"이라고 지적했다.[94]

포스트 자유주의 우파들을 흥분시켰던 생산자 포퓰리즘은 소비에트연방의 독자들에게는 별다른 의미가 되지 못했다. 그들은 시종일관 그것을 자본주의를 변호하려는 우스꽝스러운 몸부림 정도로 취급했다. 볼

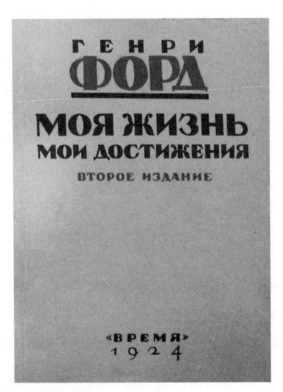

그림 2.3 『나의 삶과 일』 레닌그라드 2판 표지.
저자가 직접 찍음.

세비키의 노동과학자 I.V. 라브친스키I.V. Rabchinskii는 『오늘과 내일』에서 "질책, 해명, 폭로가 필요"하지 않은 쪽을 거의 찾아볼 수 없다고 주장했다. 높은 임금, 금융자본 해산, 생산자 단일 계급에 대한 낭만적 호출 등 포드의 원칙들은 그야말로 맹렬한 비판을 불러일으켰다. 포드는 공장의 생산성이 임금 상승률을 훨씬 웃도는 상황에 대해 침묵하면서 노동자들의 임금이 "높다"고 말하는 "엄청난 냉소"를 보였다. 포드는 자본가라는 꼬리표를 거부했지만, 동시에 "모든 노동자가 아는 정치경제학의 기본",

즉 생산수단의 소유자라는 자본가의 정의를 제대로 이해하지 못했다.[95] 오시프 에르만스키는 높은 임금 이야기가 포드 공장에서 일어나는 착취의 강도를 무시하고 있다고 덧붙였다. 포드가 "던지는 자본주의에 비판적인 논평들"은 포드 공장이야말로 가장 찬란하게 구현된 자본주의 자체라는 모순을 감추려는 미약한 시도에 불과하다고 보았다. 기계와 기술의 가장 진보된 성취 한복판에서 포드의 노동자들은 염탐, 단체협약 없는 공장, 침략적 온정주의 같은 반동적 조건 속에서 고군분투해야 했는데, 이는 "산업적 봉건주의"와 다름없었다.[96]

소비에트 평론가들이 살펴본 바를 따르면, 자본주의 아래서 기술 진보는 필연적으로 노사관계의 야만성을 심화했다. 같은 맥락에서, 포드 공장 노동자들이 당하는 극단적인 착취는 포드의 생산체계가 일단 사회주의 조건에 부합하게 되면 발휘할 수 있는 엄청난 잠재력을 시사하는 것이기도 했다. 생산 근대화에 관한 한, 포드주의는 테일러가 제공할 수 있는 어떤 것보다 많은 가능성을 품고 있다는 점에서 소비에트 평론가들에게 충격을 선사했다. 포드주의는 합리적인 생산의 미래가 생물적 요소에서 무생물적 요소로, 노동자에서 기계로, 사람을 합리화하는 데서 생산체계 전체를 완성하는 데로 이동했음을 보여주었다. 개별 노동자의 작업 성과에 대한 테일러의 집착은 기계류와 작업배치를 완성하려 한 포드에 비하면 기이해 보이기까지 했다. 소비에트 노동과학의 휴머니스트 진영에서 에스만스키의 동료인 N.S. 로젠블리트 N.S. Rozenblit는 포드 공장에서 "근본적인 노동력은 기계"라고 적시했다. 테일러가 소처럼 일하는 노동자를 만드는 데 성공한다 해도 가장 경제적으로 재단된 움직임, 가장 엄격하게 규제된 작업 규율은 결국 인간의 생리학이라는 한계에 부딛히고 만다. 따라서 테일러주의는 조만간 생산력 발전을 "저지하게" 될 터였다. 반면, 포드의 혁신은 기계화와 작업배치를 위한 기술 및 조직 개선에 관한 것으로 본질적으로 "무한한" 가능성을 제시했다. 이러한 의미에서 로젠블리트는 "포드가 20세기를 대표한다면, 테일러는 여전히 18세기에 갇혀 있다"라고 평가했다.[97]

그렇다면 소비에트 근대주의자들이 포드의 시스템에서 배울 수 있는 실질적 교훈은 무엇이었을까? 평론가들은 몇 가지 문제를 지적했다. 첫째, T형 모델과 같은 제품 표준화로 생산량과 품질이 조화로운 대량생산을 꾀해 볼 수 있다. 기계화와 특수목적 공작기계를 토대로 작동하는 흐름 생산의 원리는 똑같이 모방해 볼 가치가 있어 보였다. 조립라인 체계를 채택함으로써 효율적인 운송은 물론 속도를 포함해 전체 생산공정에 대한 "자동 조절"까지 약속할 수 있었다. 지속적인 시험, 제어 그리고 검사과정은 생산공정과 더불어 원자재와 에너지의 효율적 사용을 보장했다. 극대화된 노동 분업과 그에 따른 기술 수준의 분화 역시 유익했다. 새로 권한을 가지게 된 기술직원들은 저숙련 작업자들을 지휘하고 통제했다.[98] 소비에트 기술관료들은 이러한 조치들이 "수공업에 기반한 원칙들을 단호하게 거부"하고 "주관주의, 전통, 관례, 비밀주의"를 "합리적인 작업 방법"으로 대체해 나아가는 시작점이라 여겼고, 그러한 점에서 큰 매력을 느꼈다.[99]

포드주의의 적확한 작업배치는 하향식 계획과 행정적 미세 조정을 선호하는 볼셰비키의 성향에 잘 부합했다. 포드주의의 여러 요소 중 특히 소비에트 평론가들의 마음을 빼앗은 것은 복잡한 공급망과 무수한 생산공정을 원활하게 동기화하는 조립라인이었다. 가스테프의 의견을 따르면, 움직이는 벨트는 본래 "밀고 운전하는" 정도의 체계가 아니었다. 그러한 판단은 "지나치게 아시아적인 노동 조직 개념을 채택"하는 것과 같았다. 오히려 조립라인은 인간과 물질 사이의 "조화와 조정의 원리"를 표현한 것으로 "조직가"라기보다는 "가속기"였다.[100] 트로츠키는 "사회주의 경제의 컨베이어 원리"를 주장했는데, 포드가 하나의 산업 분야에서 성취했다면 소비에트연방의 합리화는 전체 경제에서 이뤄질 것이다. 원자재 공급에서 생산공장에 이르기까지 생산과정의 모든 요소는 "강력한 컨베이어"로 조정되고, 모든 경제 영역을 원활하게 연결하는 컨베이어 원칙은 산업을 분산해 결국 도시와 시골 사이의 경계를 허물 것이다. 자본주의가 질시와 분열, 상호 오해, 맹목적인 집단들이 뒤섞인 무정부 체계에 불과하다면, 소비에트 사회주의는 전체가 조화롭게 조정 가능한 체계를 이룬다.[101]

그러나 놀라운 일도 아니지만, 흐름 생산을 도입하려 시도한 직물, 야금, 전기 부문의 공장들은 규범 설정 때와 마찬가지로 역풍을 맞았다. 가스테프는 노동자들이 시대에 뒤떨어지는 수공업 관행에서 벗어나기를 완강하게 거부한다고 개탄했다. 노동자들은 자신들의 전문성을 철저하게 지켜내고자 합리적인 노동 분업 수용을 거부했고, 전체 생산과정의 이득이라는 관점에서 자신들의 역할을 고려하는 데 완전히 무능함을 보여주었다. 가스테프는 이러한 태도가 "매우 보수적이고, 개인주의적이며, 반사회적"이라고 주장했지만, 그것들을 깨뜨리기는 어려웠다.[102] 미하일로프는 나이 든 숙련 노동자들의 "보수성·후진성"과 싸우려면 고도의 협력이 필요한 흐름 생산에 대한 직원들의 인식을 높이는 교육 캠페인 같은 "심리적인 준비"가 필요하다고 말했다. 넉넉한 휴식과 작업 의자, 때때로 이뤄지는 작업 전환은 매우 당연했지만, 작업자 한 명의 실수가 전체 공정의 흐름을 망칠 수 있다는 점에서 "노동 규율 강화"는 필수적이었다.[103]

1928년 산업화에 박차를 가하면서 대중의 수사학은 명확히 계급전쟁으로 향했고, 기술관료들의 합리주의와 상충하는 방향으로 형성되었다. 일부 영국인 엔지니어들을 포함해 당이 지원하는 "부르주아 전문가들"에 대한 공개재판에 용기를 얻은 공산주의 청년과 일반 노동자들은 합리화를 주장하는 기득권층을 공격했다. 미국 기술을 낙관적으로 평가한 그들의 견해는 이제 정치적 위험을 불러올 수 있었다. 풀뿌리 급진주의자들은 용기백배하여 포드주의와 자본주의 합리화 방식을 소비에트 토양 위에 이전하거나 "포드와 테일러식 실천을 토대로 프롤레타리아 문화의 집을 짓고자" 한 가스테프 같은 기술관료들을 공격했다.[104] 이러한 광기들이 라브로프를 무너뜨렸다. 그의 마지막 소책자 『포드주의—공산품 생산에 관한 연구』는 "한 교수의 완전히 혼란스러운 밀실 성찰"로 "무의미한 말들"이라는 비난에 직면했다.[105] 라브로프는 그의 "반동적 교수직"을 반대하는 운동에 휩싸여 1928년 모스크바에 기반을 둔 "과학적 자동차연구소" 책임자에서 해임되었다.[106] 1930년 여름, 에르만스키 역시 아카데미에서 추방당했다.[107]

그러나 가스테프는 자신의 노동연구소를 소비에트 지도부가 계속 지원하는 한 "전문가를 낚는 미끼"에서 살아남을 수 있었다. 산업화의 오랜 지지자들을 "좌익 반대파left opposition"로 강등시킨 후 급진적 산업화를 즉각적으로 수용한 스탈린의 유명한 일화와 마찬가지로, 포드 옹호자들의 오랜 수호자는 대중적 영향력을 잃었지만, 새로운 정치 연합이 대량생산을 수용했다. 공장에서 활약하는 당 소속의 젊은 "적색 엔지니어"를 급진적인 볼셰비키 근대주의자 그룹과 통합한 이 연합은 1930년 최고 경제기관을 장악하고, 대량생산과 서구 기술 이전에 기초한 산업 근대화 전망을 다시금 단호하게 주장했다.[108]

이러한 연합에서 유리 피아타코프Iurii Piatakov, 아르카디 로젠골츠 Arkadii Rozengol'ts, 니콜라이 오신스키Nikolai Osinskii(1887~1938)같이 이전 시기 좌익 반대파에 관련되었던 일군의 볼셰비키는 명확히 이데올로기적인 역할을 담당했다. 그들이 품었던 전망은 이제 스탈린의 지원을 받았다. 그들은 소비에트 당-국가가 러시아의 농업 구조를 근본적으로 변화시킴으로써 러시아 근대화를 조정하는 미래를 상상했다. 러시아 공장들은 느릿느릿 변화하기보다 낡은 것들 위에 서구의 최신 기술을 기반으로 완전히 새로운 산업체계를 이식하게 되었다. 트랙터와 자동차 공장, 화학 공장과 제철소 같은 거대한 생산기지들이 만들어내는 새로운 풍경이 시베리아에서 코카서스까지 펼쳐졌다. 중앙에서 엄격하게 관리하는 이 새로운 경제지형은 기존 소비에트 산업의 소모적인 지역 경쟁을 대체했다. 공장에서 권위는 필요한 경우 유능하고 경험이 풍부한 전문가들의 손에 집중되었다. 이제 "공산주의적 오만함komchvanstvo"으로 똘똘 뭉쳐 서구 전문가들과 일하기를 거부하거나 하향식 합리화에 반대하는 사람들이 설 자리는 없었다.[109]

이러한 개발 전망에서 포드주의는 세 가지 측면에서 의미가 있었다. 첫째, 자동차 대량생산은 기차에 과도하게 집중된 교통체계를 보완하고, 산업 간 조정·자원 배분을 쉽게 만드는 유연한 동력 운송체계를 만들 수 있었다.[110] 둘째, 이 새로운 산업 단지는 기존 노동자들과 타협을 요구하지 않았다. 땅에서 갑자기 튀어나온 듯이 이들 새로운 거대공장은 즉시 대량생산을 시작하고 많은 비숙련 노동자들을 동원할 수 있었다. 셋째, "우편향" 인사들이 선호하는 점진적인 농업 축적 전략은 대량생산을 중심으로 서구에서 자본재 대량 수입과 지식 이전이 채택되면서 거부되었다. 로젠골츠는 서구의 기술 경험을 "최대한 사용"하는 것은 "필수"라고 말했다. 여기에는 서구 기계를 수입하고, 유럽과 미국의 전문가들을 유치하고, 젊은 소비에트 엔지니어들을 해외로 유학 보내는 일들이 포함되었다.[111] 미하일로프는 아래와 같이 서구 유입에 대한 새로운 최대 강령주의적 태도를 매우 명확하게 취했다.

> '5개년 계획'의 기획이 거창할수록, 진행 중인 사회, 기술, 문화 변화가 결정적일수록, 활력이 넘칩니다. … 가능한 한 가장 빠른 속도로 건설을 진행하려는 투쟁에서 더욱 명백하게 필요한 일은 가장 진보된 미국의 기술로 신속하고 완전하게 전환하는 것입니다.[112]

그러나 기술관료들과 일반 대중 사이의 격렬한 갈등은 거의 줄어들지 않았다. 이는 1936년 알렉세이 가스테프가 『소비에트 대백과사전Great Soviet Encyclopedia』에 포드주의에 대해 언급한 내용 중 몇 줄에서 여전한 그 존재감을 드러냈다. 소비에트의 "신인류"는 더 언급되지 않았고, 근대 미국 기술이 지닌 변혁의 힘도 언급되지 않았다. 가스테프는 포드주의가 "부르주아 생산 조직 체계"이며, 포드의 "사회적 개념"은 "선동가의 선전"에 불과하다고 기술했다. 그러나 많은 분량이 흐름 생산, 특수목적 기계, 표준화된 부품, 조립라인 체계, 명확한 분업, 그에 따른 기술 수준의 분화 등 포드주의의 핵심 내용에 대한 자세한 설명에 할애되었다. 가스테프는 이러한 혁신을 레닌주의의 렌즈를 통해 보아야 한다는 의견을 제시했다. 레닌도 프롤레타리아 문화를 고양하고 부주의한 작업 태도, 태만, 태업과 싸우려고 테일러주의를 권장하지 않았나? 이제 스탈린의 지시에 따라, 충격을 받은 노동자들은 테일러주의를 자신들의 손에 거머쥐었다. 이와 마찬가지로 흐름 생산체계도 소비에트의 조건에 맞춰 "비판적으로 해석되고 수정"될 필요가 있었다.[113] 1920년대에 선명했던 소비에트 미국주의에 침묵의 장막이 드리워졌을 때도, 헨리 포드는 자신의 시대를 뛰어넘는 업적을 이룬 부르주아 기술자 중 한 명으로 지목되는 영광을 누렸다. 1930년대 중반 한 유명한 전기는 "포드라는 이름은 지구상에서 자본주의가 사라진 후에도 오랫동안 기억될 것"이라고 적었다.[114]

결론

『나의 삶과 일』은 1920년대에 다른 어떤 인공물도 하지 못했던 산업 재건과 정치 부활이라는 두 가지 과제를 효과적으로 연결함으로써 예상치 못한 큰 주목을 받았다. 근대 생산기술이 어떻게 사회질서를 재편했을까? 대량생산의 정치적 의미는 무엇이고 그 문화적 파급력은 어떠했는가? 과연 대량생산이 사회적 변화에 대한 규범의 토대를 제공할 수 있는가? 이러한 질문에 포드는 구체적으로 답했다. 반대의견을 지닌 사람들이 반발했을 때도 다수를 열광시킨 대답들이었다. 우파들은 포드를 포스트 자유주의 시기의 유기적 지식인,* 즉 미국의 우월성을 한번에 요약·정리해 전달해 준 천재 엔지니어-철학자로 받아들였다. 좌파 지식인들에게 『나의 삶과 일』은 무엇으로 사회주의적 대량생산과 자본주의적 변형을 구별할 것인가 하는 질문을 숙고하게 했다. 따라서 『나의 삶과 일』은 전 세계적으로 논쟁을 불러일으켰다. 책뿐 아니라 그 책에서 영감을 받은 해석, 설명, 반박 등 풍부한 주석들이 여러 나라의 언어로 회람되었다. 〈소비에트 프레스〉는 1915년 포드의 평화선Peace Ship 원정에 대한 루이스 로크너Louis Lochner(1887~1975)의 설명에서부터 대량생산에 관한 기술 편람까지 모든 것을 열렬히 번역했다. 독일의 참고문헌 『흐름 생산Flow Production: Contributions to Its Introduction』은 1927년 러시아어로 번역되어 미하일로프의 극찬을 받았다.[115] 오시프 에르만스키의 작업들이 빈과 베를린 연합 공산당 언론들을 통해 흘러들어왔다.[116] 포드에 관한 고틀 오틀릴린펠트의 작업들은 프랑스와 일본의 포스트 자유주의자들에게 영감을 주었다.[117] 독일의 사회학 논문들이 소비에트연방에 다시 등장했다. 여기에는 아이린 비테Irene Witte의 『테일러-길브레스-포드Taylor-Gilbreth-Ford』와 힐다 바이스Hilda Weiss의 『아베와 포드: 자본주의자 유토피아Abbe and Ford: Capitalist Utopias』도 포함되었다.[118]

공산주의자들은 포스트 자유주의 우파들을 고양한 바로 그 이데올로기인 포드의 신생산자주의를 조롱했다. 그러나 두 진영은 서양주의자로

---

* 그람시를 따르면, 모든 지식인이 어떤 형태로든 계급적 배경을 가지고 있고, 새로 형성되는 상부구조(사회문화) 또한 그것을 옹호하고 전파하는 지식인을 배출한다. 즉 자신이 속한 계급의 집단의지를 결집하고 확산하는 특수한 집단이 바로 유기적 지식인이다. 그는 매우 강고한 지배 질서를 구축한 서구 부르주아적 세계관에 대항해 저항 이데올로기를 만들어내고 헤게모니 질서를 창출하려면 생산 현장의 노동쟁의보다 유기적 지식인의 이데올로기 싸움이 더욱 중요하다고 보았다.

서 미묘한 선입견을 공유했다. 미국은 역사적 시간의 공간화된 표상이자 근대성의 전형적인 장소였고, 포드는 그 화신이었다. 미국에는 유럽을 제압하고 있는 억압적인 문화 전통과 쓸모없는 사회구조가 없다는 이야기가 정치적 스펙트럼을 넘나들며 광범위하게 퍼졌다. 그람시는 "역사적·문화적 전통"과 "기생적"인 사회요소의 부재로 미국이 "국가 전체의 삶의 기초를 생산에 두도록" 허용했다고 느꼈다.[119] 테어도어 뤼데케는 "경제 원칙"이 미국인의 삶을 지배하는 이유는 전통과 마찰을 덜 겪었기 때문이라고 주장했다.[120] 유럽인은 세계를 반추하고 주저했지만, 미국인은 실질적인 문제를 공략했다. 스탈린은 미국주의를 "장애물을 알지도 인지하지도 못하는, 한번 시작한 작업은 끝까지 해내는 불굴의 힘"으로 정의했다.[121] 뤼데케를 따르면, 미국인의 사고방식은 "관대하지만 결단력 있고 단호하며, 냉정하고 계산적"이었다.[122] 그람시는 파시즘이 스스로 행동의 철학이라고 우쭐대지만, 실제 그 행동력을 미국주의에 들이밀기에는 우스울 뿐이라고 비웃었다.[123]

모두가 포드주의의 중대한 중요성을 인정했지만, 정확한 평가는 반란군들의 다양한 경제적 이데올로기에서 포드주의가 차지하는 위치에 따라 달라졌다. 우파들에게 포드주의는 경제 부흥의 비결이자 정신적 타락의 해독제를 제공했다. 미국의 부상에 따른 실존의 위협에서 벗어나려고 국가의 핵심 구성요소들을 모방하고자 했던 히틀러는 영토와 포드주의에서 그 모범답안을 보았다. 그람시는 근대 산업 생산이 노동자들의 더 수준 높은 문화와 자기 통제에 도달하는 데 도움이 되길 바랐다. 비록 유기적 엘리트들의 "헤게모니" 문제가 다루기 힘든 상태로 남아 있더라도 말이다. 한편, 소비에트 논평가들에게 포드주의는 자본주의적 합리화와 사회주의 종파 사이의 차이를 분석하기 위한 수많은 수수께끼를 던져주었다. 급진적 스탈린주의 근대화론자들에게 포드주의는 그들의 이데올로기적 감수성에 가장 큰 상처를 준 러시아의 극심한 경제적 후진성과 노동자들을 사로잡은 문화적 조잡함을 치유할 방법을 약속했다. 이렇듯 다양한 개발의 지평이 1930년대 나치와 소비에트가 주도한 대서양 횡단 기술 이전에 영향을 주었다.

3장

소비에트의
자동차 거인

산업화 속도는 임의적이지 않고 국제적인 조건이 있다.
—레온 트로츠키, 1926

우리는 어떤 대가를 치르더라도 첫째도 배우고,
둘째도 배우고, 셋째도 배워야 합니다.
—블라디미르 레닌, 1920[1]

모든 후발주자는 확실한 스승에게서 배워야 합니다.
—앨리스 암스덴, 2001[2]

피아트 이사회의 간사이자 이탈리아 자동차회사의 2인자인 잔카를로 카메라나Giancarlo Camerana는 1936년 9월 미국으로 첫 번째 여행을 떠났다. 그의 목적지 디트로이트에는 포드자동차회사의 운영 책임자인 찰스 소렌슨이 마중 나와 그를 루즈 공장으로 안내했다. 카메라나가 디트로이트를 방문하던 때, 피아트는 미라피오리에 새로운 생산단지를 건설할 계획이었다. 새로운 공장은 루즈 공장을 기반으로 설계되었다.[3] 뉴욕으로 돌아온 카메라나는 소렌슨에게 "포드 공장과 조직은 말문이 막힐 정도로 감탄스럽습니다"라고 의례적인 경의를 표하고 본격적인 조언을 구했다. 미라피오리의 새 공장이 포드의 경험을 가장 잘 활용할 방법은 무엇입니까? 소렌슨은 이렇게 대답했다.

> 당신들이 현대적인 방법을 동원해 이탈리아에 있는 당신들의 공장을 재구성하기를 원한다는 사실을 잘 알고 있습니다. … 우리 공장에서 흔히 볼 수 있는 다양한 종류의 기계, 컨베이어벨트 시스템, 공장조직의 이점을 얻으려면 먼저 유능한 엔지니어들을 여기로 보내 사무실을 차리게 하고, 공

장 설치를 전문으로 하는 여러 회사와 접촉하게 하십시오.[4]

카메라나는 소렌슨의 조언에 귀를 기울였고, 그의 말대로 11월 피아트 최고 엔지니어인 람발도 브루스키를 디트로이트에 파견했다. 이때 소렌슨이 말하지 않은 것은 그가 권장한 절차들이 이미 몇 년 전에 만들어진 선례를 정확히 따랐다는 사실이었다. 1929년 여름, 소비에트 최고경제위원회Vesenkha의 요청에 따라 스테판 다이베츠가 이끄는 위원회가 포드 자동차회사 안에 사무실을 차린 바 있었다. 소비에트위원회는 설계도, 엔지니어링 노하우, 생산기술이 디트로이트에서 니즈니 노브고로드로 이전되는 것을 감독하며 그곳에 거의 6년간 머물렀다. 당시 니즈니 노브고로도에서는 1차 5개년 계획에 따라 루즈 공장의 복제판이 건설되고 있었다.

다이베츠는 피아트의 카메라나와 같은 귀족 출신도 아니고 페르디난트 포르셰 같은 철저한 엔지니어도 아니었다. 1887년 우크라이나의 노동자 계급 가정에서 태어난 다이베츠는 스무 살이 되자 미국으로 이주해 뉴저지의 금속 가공 공장에서 일을 시작했다. 무정부주의에 기초한 노동조합운동인 아나코 생디칼리스트anarcho-syndicalist로 처음 활동을 시작한 그는 세계산업노동자 조합의 조합원the Wobblies으로 참여했고, 결국 1917년 간첩법으로 기소되어 전쟁으로 폐허가 된 우크라이나로 추방되었다. 1918년 볼셰비키에 입당한 다이베츠는 러시아 내전 중 겨우 죽음을 모면한 뒤 1920년대에 강력한 힘을 지닌 소비에트 남부 철강 트러스트를 관리하며 경력을 쌓았다. 1929년 그는 니즈 공장을 책임지는 소비에트의 부처인 자동차 제조국Avtostroi 책임자로 임명되었다. 1934년 그는 소비에트 자동차와 트랙터 산업 전체를 관장하는 책임자가 되었는데, 이는 소비에트 산업화를 추진하는 가장 강력하고 중요한 행정기관인 중화학인민위원회People's Commissariat of Heavy Industry의 핵심 직책이었다.[5]

다이베츠가 디트로이트에 도착한 1929년 여름, 그는 더는 급진적인 이민자 출신 노동자가 아니라 소비에트 정권의 산업혁명을 이끄는 중요 관료 중 한 명이었다. 1920년대 산업화 논쟁에서 헨리 포드가 누렸던 명성을 고려할 때, 그의 회사와 계약하는 것은 소비에트 측에 풍부한 상징적 의미를 부여했다. 그러나 다이베츠가 이끄는 기술 대표단은 1930년대 초반까지 다른 많은 서구 기업도 샅샅이 뒤지고 찾아다녔다. 1931년까지 소비에트 산업은 기술 자문 계약을 124건 맺었다.[6] 이 목록에는 듀폰, 인터내셔널 하비스터, 제너럴일렉트릭, 라디오 코퍼레이션 오브 아메리카RCA 같은 아주 유명한 미국 기업들이 포함되어 있었다.[7] 덜 알려진 엔지니어링 회사와 공작기계 공급업체도 매우 중요했는데, 이들은 대부분 미국 회사였다. 예를 들면, 디트로이트에 기반을 둔 앨버트 칸Albert Kahn의 건축 회사는 거의 단독으로 소비에트 산업 기반 설비의 특징이라 할 만한 눈에 띄는 모더니즘 양식을 설계했다.[8] 독일에서도 이 목록은 과연 누가 업계의 최고인지를 알려주는 정보가 되었다. 예를 들어 크루프사는 소비에트 공작기계 산업과 10년 계약을 체결하고 지멘스, 보르지히, 디에츠, 아에게AEG, 텔레푼켄, IG 파르벤과 같은 유명 대기업들과 사업을 공유했다.

서양 기업들과 소비에트 사이에 체결된 기술지원 협정들은 잘 알려졌지만, 아직 제대로 된 연구는 진척되지 않았다. 스탈린의 산업화에 대한 고전적 설명은 기술지원 협정들을 지나가는 과정으로만 언급했을 뿐 그것들의 서사를 통합하려는 시도는 거의 하지 않았다.[9] 소비에트의 기술 이전은 주로 냉전 시기 안보 문제의 맥락에서 집중적인 관심을 받았다.[10] 사실 역사학자들은 소비에트와 서방 회사들의 연결고리에 계속 관심을 가져왔으며, 그중에서도 포드의 계약은 도드라져 보였다.[11] 이런 연구는 실증적으로는 풍부하지만 일종의 호기심 차원에서 다뤄지는 경우가 많았다. 그 결과 양자의 관계가 공산주의 국가 관료가 자본주의 기업가와 놀아나는 사소한 모순 정도로 취급되는 경향이 강해졌다. 해당 분야를 조사하다 보면 소비에트 공산주의 경제와 "서방 자본주의" 사이에 존재론적 심연이 있다는 전제를 포함한 일반적인 냉전 패러다임하에서 여전히 연구가 진행되고 있다는 인상을 지울 수 없다. 이러한 관점에서 본다면, 서양 기업들의 소비에트 참여는 필연적으로 모순으로 느껴질 것이다.

그러나 소비에트 기술 이전을 추격 개발 전략의 초국가적 성격의 관점에서 보면, 부조화들은 곧 해소된다. 이러한 관점은 서양 기술 원조 협정이 소비에트 산업화의 핵심이었다는 사실을 잘 보여준다. 해외로 눈을 돌리지 않고 국내 경제의 고도화를 추구하는 것은 불가능했다. 후기 개발국가는 자본과 기술을 확보하려면 그들이 모방하고자 하는 이들에게 의지해야 한다. 20세기 후반 동아시아의 개발국가를 연구한 학자들은 전략적 기술 이전이 산업화를 따라잡으려는 기초작업이었음을 확인했다. 그들은 그러한 이전이 단순한 모방 이상의 것들을 포함했음을 보여주었는데, 기술 선두주자의 처방을 국내 기관으로 확산·적응해 토착화하는 것은 매우 어려운 과정이었다.[12] 이러한 관점에서 볼 때 소비에트 산업화는 많은 개발 전략 중 하나의 특정 유형으로 나타났으며, 그 적확한 형태는 소비에트의 상대적 저개발 정도와 볼셰비키 지도자들의 무자비한 헌신으로 이루어졌다. 제1차 5개년 계획 기간에 소비에트연방은 역사상 기록된 가장 포괄적이고 중앙집중적인 국가 주도 기술 이전 운동에 착수했으며, 볼셰비키 지도자들은 그 어떤 노력에도 기꺼이 대가를 치를 의지가 있음을 보여줬다.

역사 문헌들은 종종 소비에트 기술 이전에 대해 머리카락이 곤두설 만큼의 비효율성과 겉보기에만 번지르르한 품질을 강조해 왔다. 볼셰비키는 어떻게 그렇게 짧은 기간에 소비에트연방과 미국을 가르는 커다란 개발 격차를 좁힐 거라고 진심으로 바랐을까?[13] 소비에트 기술 이전의 무지막지한 비효율성과 막대한 사회적·경제적 비용은 거의 의심할 여지가 없다. 대중으로부터 갈취한 귀중한 외환은 5개년 계획의 건설 현장에서 수입 기계들이 방치되고, 외국 전문가들이 무시당하면서 낭비되었다. 그러나 개발국가는 결과가 중요할 뿐 효율성에는 별로 관심을 기울이지 않는 경향이 있다.[14]

이러한 기준을 따르면, 소비에트 기술 이전을 실패라고 치부하기는 어렵다. 1930년대 후반 허약하지만 작동 가능한 혼종 산업체계가 등장했다. 서구의 지식과 기계들은 소비에트의 노동 동원 요구와 스탈린식 사회 혁명의 정치적 제약과 융합했다. 첨단 공작기계들이 여전히 손과 삽, 손수레를 사용해 일하는 "보조" 농민 노동자 군대의 틈바구니에서 작동했고, 소수의 숙련된 핵심 촉진자—엔지니어들promotee-engineers이 비숙련 노동자들과 스타하노프Stakhanovite 운동의 영웅들 사이를 오가며 중재했다. 서구의 형판보다는 기술적으로 뒤떨어졌지만, 소비에트연방의 정치적·군사적 힘을 떠받치기에는 충분히 견고한 강철판, 공작기계, 트랙터 그리고 비행기를 대량생산하는 산업체계였다.

자동차 대량생산은 이러한 소비에트의 기술 이전 과정을 가장 잘 보여주는 사례이다. 이 장에서는 제1차 5개년 계획의 최우선 과제 중 하나였던 니즈니 노브고로드 자동차 공장의 기원과 운영을 따라가며 그 과정을 추적한다. 1933년 막심 고리키Maxim Gorky로 이 도시의 이름이 바뀌면서 소비에트의 리버 루즈 공장의 이름도 공식적으로 가즈Gaz, *Gor'kovskii Avtomobil'nyi Zavod*로 바뀌었지만, 떠들썩한 소비에트 언론들은 간단하게 "자동차 거인Auto Giant"으로 불렀다.[15]

소비에트 산업화와 기술 이전:
신경제정책에서 제1차 5개년 계획까지

추격 산업화의 세계사에서 소비에트의 추진력은 원대함과 무자비함 모두에서 단연 도드라진다. 불과 몇 년 만에 농업 중심의 경제가 철강 및 복합적 대량생산에 기반한 거대하고 자본 집약적인 산업을 갖추게 되었다. 1930년대 말 소비에트연방은 1920년대에는 미약했거나 존재하지도 않았던 산업 영역들, 즉 광범위한 전기화, 자동차, 비행기 산업을 일궈냈다. 공작기계 제작 같은 다른 영역들에서는 그야말로 혁명이 일어나기도 했다. 새로운 산업 단지가 우랄산맥과 서부 시베리아에 형성되면서 러시아 제국 때부터 이어진 경제지형에 변화가 생겨났다. 소비에트 산업 혁명의 규모와 속도는 세계사 어디에서도 찾아볼 수 없었다. 그러한 성취에 상응해 사람들이 감내할 고통과 사회 혼란도 거대했다. 산업 투자금은 도시지역의 급격한 소비 감소와 농촌 지역의 원시적 축적으로 조달되었다. 집단농장은 파멸을 초래하는 정책으로 판명되었지만, 농촌 지역을 국가의 통제 아래 두어 점점 줄어드는 농업 부문의 잉여물을 산업 부문으로 무자비하게 빨아들였다. 남녀 약 2,300만 명이 농촌을 떠나 새로운 공장으로 몰려들었다.[16] 수백만 명이 굶주림에 시달렸지만, 소비에트 지도부는 이를 용인했을 뿐 아니라 때로는 징벌적으로 악화시켰다. 수백만 명이 점점 규모가 커진 강제노동수용소에 끌려와 산업화를 지원하는 건설, 벌목, 광업 현장에서 노역했다.[17] 이러한 산업혁명은 그들 자신 역시 집어삼켰다. 제1차 5개년 계획 기간에 소비에트 산업화의 토양을 다진 다이베츠를 포함한 엔지니어 세대는 1937~1938년 스탈린의 숙청작업에서 희생자가 되었다.

이러한 흉포함이 소비에트연방의 산업화를 독특하게 만들었다고 해도 그 과정은 국가 주도 개발의 특징을 지녔다. 볼셰비키주의는 분명히 천년왕국의 성격을 띠었지만, 사회 혁명을 기술과 변혁에 연결 짓는 근대화 이데올로기를 고수했다.[18] 혁명과 내전을 통과한 이후 눈을 돌려 해외를 돌아본 볼셰비키는 자신들이 통치하는 국가가 특히 미국과 비교했을 때 약하고 낙후한 상태임을 발견했다. 그들은 이러한 곤경을 극복하는 과제에 최고의 정치적 중요성을 부여했다. 그러나 그 노력 과정에서 소비에트는 다른 모든 후기 개발국가와 마찬가지로 절대적으로 부족한 기술과 자본 때문에 스스로 제약하고 있음을 알게 되었다. 따라서 소비에트 지도부는 외국계 기업들과 다국적 기업들이 독점하고 있는 기술 기법과 기술을 빼앗아올 방법을 고안할 뿐만 아니라 상품과 자본을 확보하고자 국제 시장에 참가할 전략을 세워야 했다.[19] 다른 모든 추격 개발 계획 사업과 마찬가지로 소비에트의 개발계획도 불가피하게 세계 경제 구조에 묶일 수밖에 없었다. "산업화의 속도는 임의적이지 않고 국제적으로 조건 지워져 있다"라는 트로츠키의 지적은 바로 이러한 의미였다.[20] 스탈린 역시 이러한 상황을 이해했다. 그의 정치구호인 "일국사회주의 Socialism in one country"*"는 경제적 지시가 아닌 정치적 명령이었다. 볼셰비키의 개발 이데올로기가 응축된 문구는 "일국사회주의"가 아닌 "경제적 독립economic independence"이었다. 그것은 고립이나 자급자족이 아닌 전략적 공급망 통제, 적대적 봉쇄를 견딜 잠재력 그리고 세계 시장에서 러시아의 약점을 강점으로 전환할 능력을 의미했다.[21]

산업 건설이 왜 그토록 시급하게 보였을까? 부하린을 제외하고 볼셰비키 지도부 중 그 누구도 신경제정책, 즉 대외무역과 중공업에 대한 국가의 지시와 농업, 소규모 무역, 소비재에 대한 시장 관계가 불안정하게 결합한 1920년대의 분배 체계에 만족하지 않게 되었다. 적대적인 요소들, 즉 신경제정책에서 이득을 취한 네프맨NEPmen과 부농, 쿨라크kulak의 출현이 경제의 표층을 파고드는 한 내부로부터 자본주의가 야금야금 잠식할 수 있다는 사실이 볼셰비키를 두렵게 했다. 이와 함께 외부의 위협도 감지되었다. 볼셰비키가 "자본주의 포위capitalist encirclement"라 부른 이 상황은 정치적 고립, 새로운 군사 개입에 대한 공포 그리고 국제 자본 시장에서 불리한 위치 등 다양한 요소가 섞여 나타났다.[22] 소비에트연방은 적대적인 세계에서 살아남고자 러시아 제국으로부터 물려받은 국제 분업 속 자기 자리에서 벗어나야 했다. 이러한 원칙에 볼셰비키 지도부가

---

* 선진 유럽 국가들의 동시 혁명 없이도 소비에트는 사회주의 제반 경제를 건설할 수 있다는 생산력 이론으로 레닌의 일국 혁명론과 사회주의 일국 발전론을 기초로 스탈린이 정식화했다. 이는 '국제혁명이 필요 없다'거나 '국제혁명 없이 소비에트 연방이 자력으로 세계 혁명을 이룰 수 있다'는 주장이 아닌 현실적으로 사회주의 혁명이 소비에트에서만 이뤄진 상황에서 다른 국가의 혁명을 기다릴 것이 아니라 공산당 주도로 후진적인 소비에트 국내 생산성 발전을 앞당겨야 한다는 주장이다.

모처럼 뜻을 모았고 1925년 당 대회에서 명기되었다. 소비에트연방이 "자본주의 세계 경제에 경제적으로 종속"되지 않으려면 "기계를 수입하는 나라에서 기계를 생산하는 나라로 전환"해야 했다.[23]

그러나 기계를 생산하는 능력은 해외로부터 대규모 기술을 수입하는 데 달려 있었다. 이 사실은 우리를 곧장 1920년대 소비에트연방의 경제 정책이 처한 곤경의 핵심으로 이끈다. 1918년 러시아의 부채 인수를 거부한 소비에트연방은 국제 신용시장에 접근하기 불안정한 상황에 놓여 있었다. 따라서 산업 건설에 필요한 수입품의 비용은 특히 볼셰비키가 원하는 바이기도 했던 곡물 수출로 지불해야 했다. 볼셰비키 산업화의 원대한 야망은 그들이 강력한 통제력을 확보하지 못한 광대한 농촌 지역과 협력하는 데 달려 있었다. 뒤떨어진 러시아 농업이 소비에트연방의 산업 발전을 꽉 묶고 있었다. 다르게 표현하면, 세계 시장에서 소비에트의 힘은 농업 분야의 취약한 생산성과 산업 분야의 저개발로 제약을 받고 있었다. 볼셰비키는 바로 이러한 상황을 극복하고자 안간힘을 썼다.

신경제정책이 곡물 조달에 처참하게 실패한 1928년에 종료된 것은 우연이 아니었다. 그해 정치적 위기 역시 절정에 다다랐다. 트로츠키와 다른 저명한 "좌파" 반대자 그룹이 추방되었고, "부르주아 전문가들"에 대한 박해는 대서특필된 공개재판 이후 더욱 심해졌다. 이는 곧 더욱 급진적으로 전개될 공장 내 계급전쟁을 예고하는 것이기도 했다. 그러나 경제위기는 국제수지에서 가장 현저하게 드러났다. 곡물 수출은 제1차 5개년 계획에서 기계 수입을 위한 지출을 늘릴 것을 요구한 시점에서 절벽으로 떨어졌다. 그 결과 외환보유고가 거의 3분의 1 수준으로 곤두박질쳤고, 소비에트연방의 국경 안에서 사용할 수 없는 자원을 투입한다는

주장은 확실히 자취를 감추었다.[24]

이제 볼셰비키 지도부는 냉혹한 선택에 직면했다. 그중 한 가지는 부하린과 리코프가 절박하게 주장한 것처럼, 수입을 줄이고 산업 성장을 지연시키는 방법이었다. 그러나 스탈린은 더는 농업이 산업 발전 속도를 좌지우지하도록 내버려둘 수 없었다. 이때 그는 정치국의 충성주의자들뿐 아니라 이전 시기 좌파 반대자 그룹과 연관이 있었던 근대화론자들 그리고 공장 안에 만연한 지연과 지체, 보수주의에 진절머리를 치던 젊은 "붉은 엔지니어" 집단들에서 지지를 끌어낼 수 있음을 발견했다.[25] 이렇듯 이데올로기적으로 급진적인 분위기에서 그들은 대안을 추진해 결국 성공했다. 그것은 수출 가능한 모든 자원을 모아 산업화에 필요한 수입에 쏟아붓는 것이다. "인구 자금 동원mobilizing the population's fund" 정책, 다르게는 "집단화"로 알려진 이 정책에서 가장 두드러진 것은 곡물 강제 징발이었다. 이 정책은 또한 식량과 소비재 배급, 임금 억제, 은행 저금 강제 대출, 금 혹은 미술품같이 돈으로 환급 가능한 사유 재산 징발을 포함했다.[26] 그 결과 소비에트의 대외무역은 호황을 누렸지만 생산 수준은 급격히 떨어졌다.[27]

제1차 계획 기간에 소비에트 지도부는 곡물, 목재, 석유 및 잡다한 수출품을 고품질의 강철·공작기계와 교환하는 무역 전략에 무게를 실었다. 결국, 산업 건설과 집단화라는 치명적인 논리 사이의 연결고리는 대공황으로 병든 세계 시장에서 형성되었다. 그 정책은 의도적·명시적이었다. 1930년 8월 뱌체슬라프 몰로토프Vyacheslav Molotov(1890~1986)에게 보낸 편지에서 스탈린은 직설적으로 이야기했다. "일일 [곡물] 선적량을 최소 300만~400만 푸드[옛 소비에트연방의 무게 단위 1pood = 16.38kg]로 늘려야 합니다. 그렇지 않으면 우리는 새로운 철강 및 기계 공장(아브토 공장, 첼리압 공장 등)을 확보하지 못하고 뒤처질 위험에 빠질 것입니다."[28] 요컨대, 소비에트 무역 기관에서 대공황에 타격을 받은 포드자동차회사의 계좌로 흘러간 달러는 굶주린 농민에게서 강탈한 곡물을 세계 시장에서 교환해 조달한 것이다.

이러한 조치들의 목표는 평소 스탈린이 내세운 표어와 마찬가지로 서구 선진 경제를 "따라잡고 추월하라"는 것이다. 1930년대 초반 산업 건설을 조율한 사람들은 이러한 목표를 특정한 방식으로 이해했다. 스탈린과 산업화 행정기구들을 장악하게 된 이전 시기 좌파 반대자 그룹은 자신들의 목표를 제시하며 "사회주의자"의 용어를 사용하지 않았다. 경제적 평등, 사회 정의 혹은 소유권의 공정한 분배는 그들의 관심사가 아니었다. 사실 집단화는 혁명의 중요한 결정 중 하나인 소작농에게 토지를 넘기는 재분배 조치에 반했다. 스탈린의 산업화론자들도 1945년 이후 부상한 개발 개념을 예상하지는 못했다. 중공업 인민위원회에서는 빈곤 완화, 영양실조 해소, 1인당 소득 증대에 대한 어떠한 논의도 언급되지 않았다. 오히려 이 근대화론자들은 강력한 당 국가가 후진적인 거대한 농업국가를 20세기로 힘껏 밀어가는 발전 전망을 수용했다. 그들이 본 바를 따르면, 이 세기는 지정학적 위상과 문명의 승리가 산업의 힘에 의존하는 시대였다. 그들이 구상한 국가는 산업적 기량으로 군사력을 강화하고 세계적으로 탁월함을 입증한 강력히 산업화한 강대국*industrial'naia derzhava*이었다.[29]

이러한 맥락에서 포드주의의 소비에트연방 적응 작업이 대규모로 진행되었다. 이번 장에서는 자동차 거인을 깨워 일어서도록 도운 네 사람의 행보를 따라간다. 경제학자로 볼셰비키 좌파이자 미국 여행가인 니콜라이 오신스키는 1927~1928년 산업화 논쟁 내내 자동차 대중화를 목소리 높여 옹호했다. 신중론을 내세운 국가계획기관 고스플란Gosplan과 충돌하면서도 오신스키는 1929년 5월 포드자동차회사와 해외 기술지원 계약을 체결하고 소비에트연방의 자동차 산업화를 위한 야심 찬 의제를 추진했다. 이 계약을 이행하려고 스테판 다이베츠가 최고경제위원회의 요청을 받아 디트로이트로 갔다. 다이베츠는 제1차 5개년 계획 동안 소비에트 엔지니어 그룹을 이끌고 포드의 기술과 기법들을 미국 중서부에서 중앙 러시아로 옮기는 작업을 수행했다. 1932년과 1938년 사이 가즈의 책임자였던 세르게이 디아코노프Sergei D'iakonov는 제2차 5개년 계획 동안 우여곡절이 많았던 포드주의의 구현과정을 감독했다. 이 기간 지속적인 공급 조율 문제와 소비에트연방의 노동 동원 정책은 가즈에서 포드주의가 원활하게 작동하기 어렵게 만드는 요인이 되었다. 마침내 이반 로스쿠토프Ivan Loskutov는 스탈린의 숙청작업 이후 가즈의 지휘봉을 잡았고, 1930년대 후반과 제2차 세계대전 동안 포드주의를 배로 능가하는 공장을 운영했다.

이들 네 사람 중 로스쿠토프는 루즈 공장을 직접 본 적이 없었다.

니콜라이 오신스키와 소비에트연방 자동차 보급의 기원

자동차와 관련해 소비에트연방은 1920년대 세계의 주변부 가장 말단에 확고하게 자리 잡았다. 이 나라에는 모스크바 남동부 산업지구에 자동차 공장이 오직 한 개만 있었다. 모스크바 자동차회Moscow Automobile

Society, AMO는 1916년 차르의 군대를 위해 수입 트럭을 조립할 목적으로 설립되었다. 신경제정책 기간에 모스크바 자동차회는 피아트 유형을 본떠 트럭과 장갑차를 생산했다. 제조업 대부분이 기계화되지 못한 상태로 1927년 이전에는 생산량이 수백 대를 넘지 않았다. 소비에트의 자동차는 대부분 수입품이었다. 1925년에서 1927년 사이 소비에트 자동차 공원에는 약 1만 8,000대의 자동차, 트럭, 버스가 주차되어 있었는데, 그중 3분의 1은 파손된 상태였다고 보고되었다. 이는 터키의 약 5,500대(1928), 폴란드의 약 1만 6,000대(1927)와 비교하면 양호한 수치였다. 그러나 같은 기간 일본은 포드의 요코하마 조립공장 덕분에 3만 387대로 두 배 이상 차량 공급이 늘어났고, 브라질은 2만 9,084대(1924), 아르헨티나는 8만 8,550대(1924), 인도는 10만 2,563대(1927)를 기록했다. 미국에서는 1927년 2,200만 대를 넘는 자동차가 생산됐다.[30]

이러한 수치에 비춰볼 때 자동차 대량생산이 애초 5개년 계획에 포함되지 않았다는 사실은 다소 놀랍다. 1927년 6월 고스플란이 발표한 계획 초안에는 자동차 산업 건설이 단지 지나가는 정도로만 언급되었다. 그러나 그 후 2년 동안 계획이 계획기관의 절제된 예시 형태에서 급진적인 재건과 대규모 기술 수입으로 거침없이 추진되면서 미국의 대량생산 기술은 소비에트 산업화 추진과정에서 중추적 역할을 했다. 1920년대를 뒤흔든 경제개발 투쟁, 즉 정치국 우파와 좌파, 작업 현장의 청년들과 경제 관료들, 자금을 둘러싼 치열한 경쟁과 지역 이해관계 간의 충돌은 자동차 대량생산의 목표를 산출하는 데 모두 반영되었다.[31]

자동차에 대한 초기 목표 부재는 당의 최대강령론자들과 계획기관의 온건파 사이에 개발 개념에 대한 완전히 다른 이해가 존재했음을 보여준다. 고스플란의 관료들은 전쟁 이전 상트페테르부르크의 대학 강의실에서 교육을 받은 학자들이었다. 그들은 시장을 조심스럽게 운용해 새로운 균형을 이루는 방식으로 경제계획을 이해했다. 그들에게 개발은 시장 활동을 조종하려고 국가의 유인책을 설계하는 작업이었다. 그들은 소비에트 경제가 점진적으로 러시아의 유산에서 벗어날 것으로 예상했다. 가까운 장래에 농업 분야에서 비교우위를 형성하고 석탄, 강철, 철도 등을 갖춰 소비에트 경제개발의 기초를 다질 수 있을 것이다. 따라서 고스플란은 자동차 산업에는 거의 관심을 두지 않았다. 1927~1928년에 계획된 트럭 생산 목표는 700대였다.[32]

이러한 점진주의는 발레리안(일명 니콜라이) 오신스키를 자극했는데, 그의 견해는 당 좌파들의 생각을 반영한 것이었다. 오신스키는 오래된 볼셰비키 당원으로 1918년 레닌을 설득해 차르가 진 국가부채를 폐지케 한 인물이다. 1920년대 초, 그는 세계 시장에서 농산물 가격 폭락이 러시아에 미칠 영향을 경고하기도 했다. 이후 그는 대외 경제 외교 분야에서 다양한 일을 수행했다. 1927년 그는 제네바에서 열린 세계경제회의 the World Economic Conference에 대표단으로 참여했고, 1930년대에는 서방세계에 소비에트의 경제계획 방법들을 계속 홍보했다. 오신스키는 1920년대에 당 좌파에 속했기 때문에 스탈린의 내부인사에는 낄 수 없었고, 결국에는 목숨까지 잃었다. 그러나 미국에서 대규모 기술 이전을 추진한 그의 노력은 점진적인 개발 방안과 분산적 접근방식을 추구한 경제 관료들의 구상을 물리치는 토대가 되었다.[33]

1927년 여름, 오신스키는 5개년 계획에서 자동차 대량생산의 역할을 두고 고스플란, 최고경제위원회의 관료들과 소비에트연방 공산당 중앙기관지 〈프라우다〉 지면에서 충돌했다.[34] 오신스키는 일 년에 10만 대 이상 자동차 생산능력을 갖춘 새로운 대규모 공장 설립안을 계획서에 포함해야 한다고 주장했다. 그의 주장은 소비에트가 상대적으로 저개발 상태라는 진단에서 비롯한 것으로 경각심을 불러일으키기에 충분했다. 오신스키는 "세계에서 기술이 가장 발전된 국가"인 미국에서 1920년대 기술·경제 혁신의 열쇠를 쥐고 있던 것이 바로 자동차였다고 주장했다. 실제 자동차 산업과 그의 공급업체들은 미국의 다른 어떤 분야보다 더 많은 부가가치를 창출했다. 그에 비하면 소비에트의 자동차 부문은 너무 빈약하다는 것이 사실이었다. 5개년 계획은 소비에트 경제를 미래의 산업으로 이끌어가려는 것이 아닌가? 그렇다면 고스플란은 어떻게 자동차 없이 그렇게 할 수 있는가? 오신스키는 문화적 필요성도 자세하게 늘어놓았다. 미국에서 그랬던 것처럼 자동차는 시골과 소비에트 도시들을 잇고, 농민들과 산업 발달을 연결해 결국 마르크스의 유명한 문구를 인용해서 표현한다면, "농촌 생활의 어리석음"을 해소하는 데 도움을 준다. 마지막으로 소비에트의 자동차 대량생산은 군사적으로도 중요한 문제였다. 미래의 전쟁에서 우리가 미국이나 유럽의 자동차에 대항해 러시아 시절 수레를 사용한다면" 그야말로 "기술적 약점이 명약관화해" 완전히 패배할 것이다.[35]

고스플란의 수장 스타니슬라프 스트루미린Stanislav Strumilin(1877~1974)은 미래의 목표가 아닌 현재 소비에트의 현실을 강조하며 답했다. 그는 소비에트연방에는 연간 10만 대의 차량을 수용할 시장이 없다고 반박했다. 가까운 장래에 도시 노동자들로부터 자동차 수요가 발생할 것이라 예상되지도 않았다. 농촌에서 트럭을 사용할 수 있겠지만, 그렇게 하려면 "국가의 재원으로 농민들에게 자동차를 공급"하는 비용에 해당하는 상당한 신용거래를 해야 했다. 농부들은 말을 이용해 경작을 열심히 하면 된다! "포드와 경쟁하겠다"는 바람은 환상이라는 말이었다. 스트루미린은 자동차 또한 트랙터와 같은 방식으로 "점진적으로" 진행하자고 제안했다. 소비에트연방은 현재 트랙터를 상당량 수입에 의존하지만, 국내 생산량을 서서히 늘려가는 추세였다. 고스플란은 세계 다른 나라에 비해 소비에트가 "기술적으로 낙후"한 상태인 만큼 본격적인 자동차 산업화는 시기상조라고 주장했다.[36]

오신스키가 볼 때 핵심은 바로 여기에 있었다. 스트루미린은 현재의 경제적 한계를 당연시하는 오류를 범하고 있었다. 국가의 후진성은 철폐해야 하고 그를 위해 산업화가 필요한데, 그것은 곧 대량생산과 자동차가 필요함을 의미했다. 그는 스트루미린을 "꼬리주의*khvostizm*", 즉 상황과 상관없이 진전하는 혁명정신을 따르지 못하는 실패자라고 비난했다. 확실히 농민들은 트럭을 개인 소유로 보유하지는 않았다. 농업이 점차 집단화되면, 트럭은 비로소 완전히 유용하게 쓰일 것이다. 자금 조달과 관련해서는 미국이 시장을 지원하는 방식인 소비자 신용 기구를 고려해 볼 수 있다. 어쨌든 대규모 공장의 핵심은 생산 비용을 미국 수준으로 낮추는 것이다. 미국처럼 가격에 이윤을 반영할 필요가 없는 소비에트연방에서는 오직 많은 양으로 대량생산 기술의 정당성을 입증할 수 있으며, 그 경제적 효과는 소비에트연방에서 더욱 강력하게 느껴질 것이다. 마지막으로 오신스키는 다시 군사적 함의로 돌아왔다. 수입 차량으로 미래의 전쟁을 치르기는 거의 불가능하다는 사실이다. 토착 자동차 산업이 만들어지기를 기다릴 수는 없다. "방위상의 고려사항에는 이것이 절대적으로

요구된다." 5년 안에 소비에트연방과 서구 사이의 격차는 메울 수 없게 될 것이다.[37]

오신스키는 온건한 기획자들과 충돌했을 뿐 아니라 정리되지 않은 NEP의 행정적 지형에서 등장한 경쟁적인 유인정책들과도 싸워야 했다. 〈프라우다〉에서 소비에트 자동차 산업에 대한 논쟁이 격렬하게 벌어지는 동안, 최소 세 개 소비에트 기관이 각기 독자적으로 서구에서 자동차 사업의 협력자를 찾고 있었다.[38] 1927년 금속-건축 분야의 지붕 사업단 글래브메털Glavmetall은 프랑스와 독일의 자동차 제조업체들과 연간 1만 대의 자동차 생산 능력을 갖춘 공장 건설과 관련해 직접투자 가능성을 놓고 협상을 벌였다. 대표단이 염두에 둔 것은 다른 나라의 포드 혹은 GM의 지사처럼 조립식 수입차를 조립하는 공장이었다. 유럽인은 이 모험적인 투자에 관심을 보였지만, 대외무역 인민위원회에서 자동차에 배정한 "비참한 수입 대표단" 때문에 사업은 좌절되었다.[39] 1928년 여름, 오신스키는 소비에트에 자동차 산업을 건설하려고 미국 대신 유럽에서 협력자를 구하려 한 구상에 대해 "완전히 바보 같은 짓"이라고 공개적으로 조롱한 후 모스크바 자동차회AMO 산하 모스크바 자동차 트러스트the Moscow Automobile Trust의 대표단으로 디트로이트를 방문했다. 대표단은 크라이슬러, GM, 그 외 회사들과 이야기를 나눠보았지만, 포드자동차회사의 찰스 소렌슨이 가장 잘 들어주었다. 오신스키는 만남이 호의적이지만은 않다고 표현했는데, 소렌슨은 대표단이 자동차 1만 2,500대의 생산 능력을 갖춘 공장을 제안했을 때 "웃음을 터뜨렸다." 소렌슨은 역으로 연간 최대 15만 대의 생산 능력을 갖춘 조립공장을 건설하는 합작사업을 제안함으로써 응수했다. 당황한 모스크바 대표단은 교착상태에 빠졌고, 그 대신 디트로이트 무명의 트럭 생산업체인 오토카Autocar사와 AMO의 기계설비를 근대화하는 온건한 계획에 동의했다. (소렌슨의 회고록을 보면, 모스크바 그룹은 "다루기 매우 까다로웠다." 그는 그들에게 "진행할 권한이 없다"는 인상을 받았는데, 그의 판단이 정확했던 듯하다.)[40]

세 번째 유인정책은 오신스키가 뒷받침한 것으로, 새로운 대량생산 공장을 소비에트 전체의 중요한 과제로 만들어내는 것을 포함했다. 그 문제에 대해 최고경제위원회는 부의장 발레리 메즐라우크Valerii Mezhlauk 를 미국으로 파견했다. 1929년 봄, 디트로이트에서는 경쟁적인 협상들이 벌어졌으며, 모스크바 자동차 트러스트는 자동차 산업을 수도에 집중하는 별도 계약을 체결하려고 경쟁에 참여했다.[41] 그러나 무엇보다 1929년 4월, 소비에트연방 정치국이 5개년 계획의 "최적(최대강령주의)" 버전을 최종 승인하면서 오신스키는 그 뜻을 이룰 수 있었다. 연간 10만 대의 생산능력을 갖춘 공장이 계획에 포함되었다. 동시에 최고경제위원회는 공장을 건설하고자 소비에트가 후원하고 미국이 기술을 지원하는 내용으로 된 포드와의 합작 투자를 거부했다. 소렌슨도 동의했다. 5월 말, 디어본에서 헨리 포드와 메즐라우크는 루즈 공장에 기초한 대규모 자동차 공장을 설립하려고 포드사가 최고경제위원회에 기술을 지원하는 내용으로 계약을 체결했다.

이 협정은 소비에트 산업화론자들 사이에서 오신스키와 근대주의 분파가 승리했음을 보여준다. 이 유명한 계약이 체결되면서 오신스키는 고스플란의 주저함을 극복하고, 모스크바 자동차 트러스트를 제외할 수 있었다. 경쟁은 1929년 내내 계속되었지만, 모스크바와 오토카의 협정은 곧 파기되었다. 1929년 말, 경제 행정기구의 거대한 구조조정의 하나

그림 3.1 1929년 5월 31일, 포드자동차회사와 최고경제위원회 사이에 기술지원 협정이 체결된 후 포드의 임원들과 소비에트 대표단이 함께 사진을 찍으려 자세를 취하고 있다.
중앙 왼쪽에서 찰스 소렌슨이 발레리 메즐라우크에게 팔짱을 끼고 있는 모습이 보인다. 메즐라우크의 왼쪽은 암토르크의 회장 사울 바론이고, 바론의 왼쪽이 헨리 포드이다. 출처: The Henry Ford.

로 모스크바 자동차 트러스트는 흔히 바토*Vato*(All-Union Automobile and Tractor association의 약칭)라고 알려진 새로운 지붕 기구a new roof organization 에 통합되었다. 오신스키는 바토의 초대 회장으로 스탈린그라드, 첼랴빈스크, 하리코프의 새로운 트랙터 공장과 같은 여러 산업 "거인들"의 탄생을 감독했다. 또한 바토는 야로슬라블의 새로운 자동차 공장들과 함께 볼베어링 공장*Gospodshipnikstroi*, 소규모 자동차 연구소NAMI를 관장했다. 그러나 계속 가장 큰 관심을 받으며 가장 많은 자금을 투입한 사업은 역시 루즈 공장의 기술을 적용한 니즈니 노브고로드의 "자동차 거인"이었다.[42]

포드 협정: 맥락들

개발 지향적인 기술 이전의 관점에서 1929년 포드 협정은 몇 가지 더 큰 맥락을 고려할 수 있다. 첫째, 이 협정은 소비에트의 전반적인 서구 기업 유인 전략이 중대한 변화를 일으키는 요인 중 하나가 되었다. 5개년 계획이 진행됨에 따라 NEP의 특징이기도 했던 서양 기업들에 대한 이른바 양허concessions가 포괄적인 기술지원 협정으로 바뀌었다. 이러한 전환으로 소비에트 국가는 순수 기술 이전을 위해 외국인의 직접투자를 유치하던 전략에서 벗어나게 되었다.

NEP의 양허는 외국 기업들을 상당한 조건이 붙은 계약에 묶어두었다. 세부 사항은 다양했지만 대체로 양허는 기술사용료, 최소 투자요건, 생산목표, 수출 할당량 등에 대한 대가로 외국 기업에 채굴권(석유, 석면, 망간, 금 같은 부문들)을 부여했다. 양허는 소비에트연방 측에도 분명한 이점이 있었다. 그것들은 그야말로 경화hard currency를 가져다주었고, 중요한 수출 품목들을 개발하도록 도와주었다. 트로츠키는 이러한 과정을 "세계 자본주의 저축 자원을 통한 우리 경제의 자금조달"이라고 불렀다.[43] 그러나 실제로 양허에는 양자 사이의 갈등과 충돌이 수두룩했는데, 투자자들은 엄격한 조건에 불만을 터트렸고, 소비에트 측은 기대와 달리 양허가 지속적인 기술적 파급 효과를 거의 가져오지 않는다는 사실을 발견했다.[44]

전면적인 산업화를 하려면 서양 기술을 전유할 방법이 필요했다. 이것은 양허가 제공할 수 없는 것들이었다. 사실 NEP의 타협책에 대한 비난이 들끓었을 때, 미국 기술의 직접 수입을 가장 큰 소리로 옹호한 이들은 급진주의자들과 최대강령론자들이었다. 1930년대에 막강한 힘을 가졌던 중공업 인민위원회를 이끈 세르고 오르조니키제Sergo Ordzhonikidze(1886~1937)는 1928년 다음과 같이 말했다.

> 만약 우리가 정말로 미국의 기술을 따라잡고 뛰어넘기를 바란다면, 우리는 현재 미국에 존재하는 그들의 기술적 성과를 흡수해야 합니다. … 어떻게 해야 할까요? 우리는 외국 기술자들을 초청하고, 그들과 기술 원조협약을 체결해야 하며, 무엇보다 우리 젊은 엔지니어 수백, 수천 명을 그곳으로 보내 무엇을 어떻게 해야 하는지 배워야 합니다.[45]

결국, 오르조니키제의 주장을 요약해 보면, 포괄적인 기술 수입과 서양 기업들과 인적 교류였다. 이는 5개년 계획의 지배적인 접근방식이 되었고, 양허는 1930년 공식적으로 종료되었다. 기술지원 협약 방식으로 전환하는 것이 제1차 5개년 계획 기간에 개발 급진화의 핵심이었다는 사실은 그 비용에서 쉽게 가늠해 볼 수 있다. 양허는 "경화를 벌어왔다." 반면 포드 거래로 예시된 기술지원 협약에는 상당한 "경화가 그 비용으로 들어갔다." 예를 들어, NEP의 아마도 가장 중요한 양허였던 레나 광산을 영국 광산협회에 임대한 일은 1925년에서 1929년 사이에 1,750만 달러의 투자를 가져왔다. 이에 비해, 포드 계약은 3,000만 달러의 지출을 예정했다. 기술지원 협정은 현금이 부족한 원자재 수출국인 소비에트 연방이 급진적인 산업 전환을 추구하면서 기꺼이 국민에게 부과한 희생을 잘 보여준다.[46]

이와 관련해 포드가 1928년 모스크바 자동차 트러스트에 제안한 상당한 자본 투자를 포함한 합작 회사 설립안은 1929년 기술지원 협정 쪽으로 선회하며 무산되었다. 오신스키의 설명을 따르면, 이러한 결정으로 소비에트는 기술 이전 과정에서 더 큰 통제권을 가지게 되었다. 포드와의 협정은 완전한 "행동의 자유"와 미국 지원의 이점을 결합한 것이다. 한편으로 소비에트연방에 "자동차 제작 문제를 우리 손으로 획득하도록" 허용했고, 다른 한편으로 "개발에 관한 한 최고 수준의 미국 기술과 지속적인 접촉면"을 확보했다.[47] 또한 오신스키는 왜 소비에트가 다른 경쟁사가 아닌 포드자동차회사를 선택했는지 그 이유를 명확히 설명했다. 포드와 달리, "모건의 자동차 신탁"(GM을 지칭함)은 "우리에게 부품을 파는 데만 관심을 두었을 뿐 우리나라에서 자동차 대량생산을 개발하는 데는 관심이 없었다."[48]

둘째, 포드 계획사업은 소비에트 산업화라는 더 큰 지형에서 중심 위치를 차지했다. 투자 규모, 외환 지출 그리고 정치지도자들이 생각하는 중요성 등 모든 면에서 자동차 거인은 드네프르댐, 쿠즈네츠크와 마그니토코르스크의 철강·석탄 연합체, 스탈린그라드와 첼랴빈스크에 건설된 트랙터 공장 등 다른 5개년 계획의 거대 사업들과 나란히 순위를 차지했다.[49] 1930년대 중반 이후 대외무역 인민위원회가 집계한 수치를 보면, 자동차 거인의 장치 수입 비용은 총 4,230만 루블이었다. 이는 마그니토코르스크 공장의 4,400만 루블, 스탈린그라드 공장의 3,500만 루블, 드네프르 개발의 3,100만 루블과 비견할 만했다.[50]

마지막으로 포드 계약이 가져온 패러다임의 중요성을 이해하려면 세부 사항들에 좀 더 주의를 기울일 필요가 있다. 합의는 크게 네 부분으로 이뤄졌다. 첫째로, 포드는 최고경제위원회에 포드의 A형 모델 승용차와

AA형 모델 트럭을 소비에트연방에서 제조·판매할 권리를 부여했다. 둘째로, 포드는 차량의 설계·생산에 관련한 모든 독점 기술, 즉 설계도, 특허권, 기술명세서 등을 최고경제위원회에 제공하기로 합의했다. 셋째로, 포드는 연간 자동차 10만 대를 대량생산할 수 있는 공장을 건설하도록 공장 도면에서부터 건설·공구세공까지 자문 및 기술지원을 하기로 합의했다. 마지막 합의사항은 소비에트 엔지니어들에게 포드의 루즈 공장을 개방하고 포드의 전문가들을 러시아에 파견한다는 것이었다. 이 협약의 대가로 최고경제위원회는 분해된 상태의 A형 모델 7만 2,000대를 향후 4년 동안 "최저 순수출 가격"으로 의무 수입하기로 했다. 자문과 독점 지식의 비용은 최고경제위원회가 지불하기로 했다. 소비에트 기관들은 비용만 책임졌고 특허료는 면제받았다. 특히 포드자동차회사는 9년으로 예정된 계약 기간에 기술 혁신에 관한 모든 내용을 소비에트 측에 계속 알리기로 합의했다.[51]

한편으로 이러한 조항들은 표준 양식을 반영한 것이었다. 제1차 5개년 계획의 모든 기술지원 협약은 설계도, 특허권, 자문·인적 교류의 조합으로 특징지을 수 있다. 대부분 이러한 협정은 수년간 지속되었으며, 해당 기간에 소비에트 측이 기술 개발에서 최신 상태를 유지하도록 약속하는 조항이 포함되었다. 그러한 조항들에 동의함으로써 포드자동차회사도 기술지원이 미래의 무역 관계를 강화할 것이라고 기대한 다른 많은 서양 기업의 선례를 따라갔다.[52]

그러나 이 거래에만 고유했던 몇몇 다른 요소는 이 협력이 소비에트 측에 매우 유리하게 작용하도록 그 기반을 조성했다. 확실히 포드는 신용거래에 신중했으며, 기계와 자동차의 대금은 수령 시점에 현금으로 지급되어야 한다고 주장했다. 그러나 포드사가 다른 서방 회사들과 달리 특허료를 부과하지 않으면서 이러한 불리한 조건은 사실상 더 많은 보상으로 돌아왔다. 이 계약에는 기술 이전과 포드자동차에 대한 수출 보증이 서로 묶여 있었다. 이것이 포드자동차회사가 소비에트 측에 독점 기술에 대한 지속적인 접근 권한을 부여한 대가로 받은 "가격"이었다. 최종적으로 소비에트연방은 합의한 수입량의 절반만 이행할 것이다. 발생 초기였던 소비에트 자동차 산업은 기술 확산에 대한 포드자동차회사의 기술 공개 태도를 충분히 활용했다.[53]

이후 6년 동안 포드사와의 협력은 오신스키가 기대했듯이 "개발에 관한 한 최고 수준의 미국 기술과 지속적인 접촉"을 다방면에서 제공했다. 특히 찰스 소렌슨은 소비에트의 목표를 일관되게 지지하는 옹호자가 되었는데, 소비에트가 파견한 대표단 구성원들이 루즈 공장의 활짝 열린 문으로 걸어오는 모습을 지켜보았다. 당연히 그들은 생산, 공구세공, 설계, 건설 그리고 발전기에 접근할 수 있었다. 그뿐 아니라 그들은 운송, 대금 지급, 구매, 회계, 감사 같은 물류와 사무 부서까지 관찰할 수 있었다. 각 부서는 소비에트 엔지니어들과 소통할 담당자를 지정했다.[54] 계약조건 외에 포드는 미래의 가즈를 담당할 소비에트의 부처, 자동차 제조국의 특수 기계들을 맞춤 제작하려고 루즈 공장에 도구 제작자를 따로 두는 데 동의했다.[55] 소렌슨은 포드의 영국 지사 관리자에게 편지를 보내 "이들 러시아인은 대단한 사람들"이라며, 소비에트 엔지니어들이 유럽 자회사에 접근할 권한을 부여하고, "할 수 있는 한 그들을 도와"주라고 부탁했다.[56] 포드자동차회사는 자신들이 구축한 유리한 조건을 이용해 자동차 제조국 대신 기계를 구매했다. 실제로 소렌슨은 포드사의 공급업체들이 소비에트에서 온 방문객들을 그들 공장에서 맞이하도록 조치하기도 했다.[57] 소렌슨은 "나는 그들이 우리가 하는 모든 일에 완전하게 접근할 수 있었다고 말하고 싶다"라며 그때를 회상했다.[58]

소비에트도 이에 동의했다. 다이베츠는 포드사 직원들이 "그들이 가진 모든 것을 우리에게 공개하고, 그들이 아는 모든 것을 우리에게 가르칠 것"을 지시받았다고 느꼈다.[59] 확실히 소비에트는 개방성을 높게 평가했다. 기술지원 분위기가 한창이던 1930년대에 바토는 포드사의 기술 계약만이 "유일"하게 완전히 만족스러웠다고 판단했다. 다른 것들과 달리, 그것은 "미국 산업 기술과의 가장 강력한 연결"을 의미했다.[60] 1932년 디트로이트에서 돌아온 주요 엔지니어들은 포드사와의 관계를 성공적인 기술 협력의 "모범"이라며 확실히 호의적으로 평가했다. 포드사는 자신의 공장과 공급업체들의 공장을 시찰하도록 개방했으며, 회사 전체의 기술정보 보관소를 이용하도록 만들었다.[61] 1934년 다이베츠의 후임으로 온 엔지니어 로마노프Lomanov는 포드의 공장이 "우리가 가장 접근하기 좋은" 곳으로 남아 있고, 여전히 제작기술과 설계도를 얻을 수 있는 "유일한 중심 토대unique central base"를 제공한다고 모스크바에 보고했다. 포드사가 허용한 제한 없는 접근은 "다른 회사의 공장에서는 찾아볼 수 없었다." 그 대신 포드사는 그들의 공장을 통해 소비에트 위원회들을 재촉했을 뿐 기술적 지원은 거의 제공하지 않았다.[62] 산업화 시기 소비에트연방이 서양 기술에 "기술적 저인망"을 던져 얻은 포드와의 연결고리는 꽤 큰 수확이었다.[63]

디트로이트의 다이베츠 위원회

후발주자들의 개발방식 중 대표적으로 외국 기술을 베끼고, 빌리고, 구걸하고, 훔치는 행위는 단순히 "도용 ripping off"의 문제가 아니다. 사실 이것은 상당히 복합적인 문제이다. 기술 혁신과 마찬가지로 기술 이전도 시행착오, 막다른 길, 잘못된 수정으로 가득 찬 적응과 학습이라는 기나긴 과정이다. 그것은 본질적으로 비효율적이며 환원 불가능하게 창조적이다. 이것은 기술 자체의 복잡성에서 기인한 것이기도 하다. 기술은 대부분 "암묵적"이며, 단지 장치와 기계뿐 아니라 그것들의 설계, 설정, 사용, 연결, 개선 방법을 아는 데까지 걸쳐 있다. 그러므로 기술 이전에는 세 가지 중복된 작업이 포함된다. 그중 기계 구매는 첫 단계이자 가장 간단한 일이다. 더 세심하게 진행해야 할 단계는 암묵적인 요소들을 체계적으로 성문화하는 작업이다. 이를 위해서는 관찰보고서 작성, 밑그림과 설계도 제작, 지침서 초안 작성, 끝없는 사양과 정보 목록 수집·정리가 필요하다. 세 번째 요소는 바로 사람들이다. 필수 불가결한 기술의 저장소를 형성하려면 경험과 기술이 있는 엔지니어들과 작업자들을 찾아 고용해야 한다.[64]

기술 이전의 핵심은 실제 추격 개발이 이뤄지는 현장이다. 포드자동차회사에서 소비에트 엔지니어들의 노력을 잘 정리한 문서들은 광범위한 기술 격차와 긴박한 일정이라는 맥락 속에서 이 과정이 어떻게 진행되었는지를 독특한 방식으로 보여준다. 1929년 여름, 루즈 공장으로 옮겨온 스테판 다이베츠와 엔지니어들은 벅찬 작업과 직면했다. 최고경제위원회가 윤곽을 잡아준 바를 따르면, 그들의 임무는 "포드 공장의 모든 기술 공정, 생산 조직과 관리를 연구하는 것"이었다. 다이베츠는 새 공장의 포괄적인 "설계 초안"을 보내라는 지시를 받았는데, 이를 수행하려면 다음과 같은 질문에 답할 필요가 있었다. 작업장과 보조 부서들을 포함하는 새로운 공장의 배치는 어떠해야 하나? 자동차 거인을 얼마나 빨리 지어야 하나? 기계세공과 운영을 위한 엔지니어와 작업자는 얼마나 필요한가? 어떤 기계와 도구들이 필요하며, 장비들을 구매하고 설치할 일정은 얼마나 있는가? 마지막으로 외화 지출 규모는 어느 정도나 가능하며, 어떻게 최소화할 수 있는가? 모스크바는 다이베츠에게 전권을 부여할 테니 4개월 이내에 이 모든 문제에 대한 충분한 답변을 보내달라고 요청했다.[65]

다이베츠 위원회는 니즈니에 있는 자매기관, 자동차 제조국Avtostroi의 미국식 이름을 미국인이 부르기 쉽게 "오토스토리autostory"로 정하고 스스로 그렇게 불렀다. 디어본 사무실의 주소로는 "c/o Ford Motor Co."를 사용했다(그림 3.2 참조).[66] 오토스토리는 포드자동차회사의 공학연구소 3층에 사무실을 차렸다. 거기에서 다이베츠와 보좌진 세 명은 소비에트의 숙련 노동자들과 엔지니어 그룹들에 "이름표와 필요한 공구"를 챙겨주고, 루즈 공장 여러 부서로 흩어져서 해야 할 일들을 지시했다. 그들은 주조소에서 기계 공장, 도구와 조립까지 모든 것을 포드의 구매 직원들과 기술 기안자들의 어깨너머로 살펴보며 배웠다.[67] 다이베츠는 직원들에게 "하루 14~16시간" 일해야 한다고 말했다.[68]

많은 문제에서 다이베츠 그룹은 임기응변을 발휘해야 했다. 다이베츠 그룹은 외화를 절약하려고 포드사의 최고 수준의 공작기계 대신 "덜 복잡하고 덜 비싼" 것을 선택해야 했다. 포드는 1930년 벽두부터 A형 모델의 주요 사양을 변경하고 있었는데, 자본 소모에 대한 포드의 계산이 소비에트가 제시한 조건과 부득이 부합하지 않게 되면서 문제가 복잡해 졌다. 더 큰 문제는 포드사가 부품 중 25~30%를 외부 공급업체로부터 조달해 왔다는 사실이었는데, 그들 모두에게 의사를 표명하고 연락을 취 해야 했다. 한편, 최고경제위원회는 새 공장의 목표 규모를 여러 차례 바 꿨는데, 연간 10만 대의 자동차 생산에서 30만 대로, 채 몇 주가 지나지 않아 50만 대로 확대 수정했다가 최종적으로는 13만 2,000대로 결정했 다. 이렇듯 계속되는 수정은 "포드사의 직원들뿐 아니라 우리 위원회도 괴롭게" 했고, "친밀했던 포드사와의 관계에도 영향을 미쳤다."[69] 모스크 바 행정기구들의 영역 다툼도 혼란의 원인이 되었다. 다이베츠는 러시아 의 새 공장 건설에 필요한 현장 건축 작업을 하려고 포드사 사람들이 추 천한 앨버트 칸을 고용하고자 했다. 그러나 최고경제위원회는 클리블랜 드의 다른 건설회사 오스틴Austin과 계약을 했다. 오스틴의 역량을 의심 한 다이베츠는 모스크바에 편지를 보내 오스틴은 "미국 최고의 건설사가 아니"며, "이 작업을 완성할 적절한 자격을 갖춘 인력도 경험도 없다"라 고 지적했다. 이러한 생각은 "포드와 쉐보레에서 확인된" 바였다. 이렇 듯 반대의견을 표했음에도 다이베츠는 오스틴과 계속 일하라는 지시를 받았다. 이후 2년 동안 니즈니에서 건설이 진행되면서도 이러한 긴장 관 계가 계속 이어졌다.[70]

모든 장애물에도 불구하고 다이베츠는 1930년 1월 1일, 모스크바 에 디자인 초안을 담은 답신을 보낼 수 있었다. 다이베츠의 편지를 보면, "위원회가 포드 공장의 생산에 익숙해지고, 포드 회사의 엔지니어와 노 동자들에게 자문한 후", "우리는 자동차 공장의 구조를 다음과 같은 부서들로 구성하기로 했다. 철강 주조소, 압착 성형 작업장, 기계·조립공장, 공구 작업장, 차체 공장, 실험실, 열처리실, 훈련소." 다이베츠는 건설 노동자가 1만 2,650명 필요할 것으로 추산했다(곧 그 수가 너무 적었음이 입증되었다). 그는 포드에서 초빙·고용해야 할 사람들의 상세한 명단도 함께 제출했다.

공장배치 계획이 확정되면서 본격적인 기술 이전 작업이 시작되었다. 첫 번째 단계는 무형의 자산들이었다. 1930년 내내 다이베츠와 그의 엔지니어들은 니즈니에 수천 대에 이르는 공작기계들의 사양과 무수한 생산 작업에 대한 설명, 셀 수 없이 많은 루즈 공장의 설계도를 전달하는 힘든 작업을 수행했다. 다이베츠의 엔지니어들은 포드 공장의 모든 기계류에 대한 완전한 목록을 만들었다. 포드사가 설계도를 제공하지 못하면 오토스토리의 기술자들이 자체적으로 설계도를 작성했다. 작업 과정과 생산설비를 그린 광대한 삽화가 포함된 보고서는 기술 이전의 핵심이 되었다. 대표적으로 엔지니어 산코프A.E. Sankov가 루즈 공장의 공구 작업장에 대해 작성한 80페이지 분량의 보고서는 기술적 세부 사항들, 기계 사양 표, 손으로 그린 삽화들로 가득 차 있었다. 또 다른 보고서는 A형 모델의 실린더 블록 생산에 필요한 49번의 연속 작업을 꼼꼼하게 문서화했다. 니즈니는 냉간 압착성형, 페인트 작업, 단조·주물 작업에 대한 상세한 보고서를 받아볼 수 있었다.[71] 다이베츠는 위원회의 작업을 다음과 같은 용어로 요약했다.

우리는 모든 기술 과정을 포드 공장의 방식에 기초했다. 포드에서 사용하지 않는 일부 생산기술들은 공급업체의 기술 방법을 사용했다. 우리는 디어본과 윈저[캐나다]에 있는 포드 공장의 작업 방식을 검토한 후 생산 기준을 채택하고 기계류를 선택했다. 우리는 생산 과정에 여러 가지 변경 사항을 도입했는데, 이는 주로 디어본에 있는 포드 공장이 300만~500만 대의 자동차를 생산하는 데 반해, 자동차 제조국은 13만 2,000대의 자동차 생산 프로그램을 기획한 사실과 관련된 것이다. 이러한 상황에서 우리의 기획자들은 포드의 기본적인 방식과 흐름 생산 원칙을 보존하면서도 개발 작업들을 조정하는 매우 어려운 과제에 직면했다.[72]

오토스토리의 후임 엔지니어 그룹들은 루즈 공장의 기술 변화를 따라가도록 허용한 1929년 협정 조항들을 활용했다. 1933년 다이베츠의 후임자인 로마노프는 포드사가 "3년 전 우리가 확정한 기술 방식과 비교해 상당한 발전이 있었다"라고 보고했다. 이로써 루즈 공장의 작업에 대해 250페이지 분량으로 설계도, 배치도, 작업설명을 추가한 수정 보고서가 작성되었고, 니즈니 공장도 최근 기술 혁신으로 쇄신될 수 있었다. 이 보고서는 새로운 비용 지불 일정, 모델 변경, 작업장 배치의 변화, 새롭고 흥미로운 기계 가공 개발 등을 다루었다.[73]

기술 이전의 두 번째 단계는 기계설비와 관련한 것들이었다. 새로운 공장에 필요한 제품 목록표가 완성되자 자동차 제조국은 공작기계들에 돈을 쏟아붓기 시작했다. 지출은 엄청났다. 1931년 5월 최고경제위원회는 니즈니 공장에 설치할 기계류 4,650대를 해외에서 들여오는 비용으로 자동차 제조국에 400만 루블(약 2,000만 달러)을 지급했다. 이 금액 중 3분의 2는 미국에 주문한 기계 비용이었고, 나머지는 유럽을 거쳐 들여오는 비용이었다. 소비에트는 유럽에서 표준 공작기계들을 구할 수 있었

"Autostroy"

U. S. S. R. Corporation for the Construction
of Automobile Plants

Lines: 7007, 7008
7105, 7106

Represented in U.S.A.
by
Amtorg Trading Corporation
New York

U.S.A. Cable Address:
Autostroy,
Fordmotor, Dearborn

Address Communication:
c/o Ford Motor Co.
3674 Schaefer Road
Dearborn, Mich.

Mr. Henry Ford,

Dearborn, Michigan.

January 28, 1931.

My dear Sir:

      I take extreme pleasure in presenting to you this Album of photostatic copies of the buildings and equipment layouts of the Autostroy Plant now being erected at Nijni Novgorod; also, a picture representing the general view of said Plant.

      I wish it were possible to convey to you the extent of my appreciation of your personal aid and guidance, as well as the cooperation of your unusually capable assistants. May I hope, that, after the splendid assistance you have given us toward getting a good start, you and your excellent organization will see us through to a successful completion of our undertaking?

      It is my sincere belief that the completion of our project will revolutionize Russian industrial life and will mark a distinct advance in the development of the automotive industries. Am I permitted to hope that the highly satisfactory relations that existed between your Company and our Commission may some day be extended to the larger commercial and industrial undertakings between our two countries. Should this at last be effected the world will mark with gratitude your early forsight and enterprise.

      Permit me again to express to you my deepest thanks for the kind and generous attitude you have shown us.

      I beg to remain,

Very truly yours,

S. Dybetz.

S. S. Dybetz.

SSD:B

그림 3.2 스테판 다이베츠가 헨리 포드에게 보낸 감사 편지, 1931.
출처: The Henry Ford.

그림 3.3 가즈의 건축모형, 1931.
출처: The Henry Ford.

지만, 특수 공작기계들의 주문은 미국에만 가능했다.[74] 소비에트 공장들은 그러한 품질의 기계를 공급할 수 없었기 때문에 미국 기계류의 중요성은 결정적이었다. 전체 지출의 3분의 1만이 소비에트산 기계를 구매하는 데 사용되었다.[75]

주문은 대부분 1931년에 이뤄졌다. 포드자동차회사가 400만 달러의 기계류를 공급했고, 나머지 주문서들은 미국 자동차 산업의 여러 소규모 기계 공급업체에 전달되었다.[76] 이 기계들의 상당수는 포드 공구 공장을 통해서 납품되었으며, 소비에트 측에 전달되기 전에 성능 검사를 거쳤다.[77] 이 모든 과정에서 오토스토리는 대규모 구매자로서 대공황에 시달리고 있는 미국 기계제작자들의 불안한 심리를 이용해 성가시고 까다로운 고객으로 군림했다. 소비에트 측에서 공급업체에 기계를 주문하면, 공급업체는 먼저 특수 기계의 설계 초안을 오토스토리에 보내 승인 과정을 거쳐야 했는데, 오토스토리는 "최종 승인된 도면이 귀하에게 반환될 때까지 이러한 품목의 제조를 시작하지 말 것"이라고 통보했다. 오토스토리는 각 기계의 성능 검사를 요구했으며, "성능 검사에서 온전하게 작동한 견본 하나를 기계 배송 시 포함할 것"을 요청했다. 오토스토리는 검사관 중 한 명이 지켜보는 가운데 제품 검사를 수행하라고 요구했는데, 그들 검사관은 까다롭기로 유명했다. 루즈 공장의 공작기계 제작자 중 한 명은 소비에트의 검사관이 포드의 표준적인 허용 오차를 초과하는 터무니없는 정도의 정밀도를 요구한다고 불만을 터뜨리기도 했다. 실제로 오토스토리는 기술·기계류의 품질을 놓고 배짱을 부리며 포드사에 싸움을 걸었고, 포드사는 제품 가격의 총합을 낮춤으로써 이를 누그러뜨릴 수 있었다.[78]

인력 교류

기계만 대서양을 건너간 것은 아니었다. 기술 이전의 세 번째 단계는 사람들의 양방향 교류였다. 중서부 노동자들과 엔지니어들이 러시아로 이동했고, 소비에트의 훈련생들이 디트로이트로 향했다. 기계들이 뉴욕시에서 흑해 항구까지 운송되는 동안 기술자들과 엔지니어들은 대체로 독일과 스칸디나비아 항구로 건너가는 배들과 그곳에서 모스크바로 연결되는 기차를 탔다. 1930년대 초반 내내 교통량이 상당했다(표 3.1과 3.2 참조).

1929년 5월 협정에는 포드가 니즈니에 "경험이 풍부하고 유능한 기술 인력"을 제공한다는 규정을 명시했다. 그러나 실제 그러한 공식적인 자문은 제한적으로 제공되었다. 포드는 1929년 12월 기술자 프랭크 베넷Frank Bennett을 러시아에 파견했다. 그 이듬해 자동차 거인이 건설되는 동안 베넷은 소비에트 노동자들이 조립식으로 제작된 A형 모델의 연습 조립라인 두 기를 하나는 모스크바에, 다른 하나는 니즈니 중심가 공장에 설치하도록 도왔다.[79] 거인이 생산에 돌입하자 자동차 제조국은 기계·공작기계 공장의 다양한 작업과 관련해 "일류 만능 인재"를 17명 요청했다. 포드자동차회사는 적합한 역량을 갖춘 지원자들의 명단을 작성했고, 그들은 1932년 니즈니에서 6개월간 일했다. 포드자동차회사가 소비에트에 그들의 임금을 청구한 급여 기록에서 그 존재를 확인할 수 있다.[80]

이 일류 엔지니어 그룹은 니즈니에서 대공황 시대 미국을 탈출해 자발적으로 소비에트 채용기관과 계약한 대규모 외국인 노동자 파견단과 합류했다. 예를 들어, 그들 중에는 포드자동차회사에서 20년 이상 근무하고 1932년 초에 실직한 해리 M. 레이놀즈Harry M. Reynolds가 있었다. "오토스토리 지원서―미시간주 디어본"을 따르면, 레이놀즈는 결혼해서 두 자녀를 두었으며, 월급으로 600루블에 50달러를 더해달라고 요구했다.[81] 1932년 말, 니즈니의 공장 당국이 작성한 인구 조사를 보면, 181명의 외국인 엔지니어와 숙련 노동자가 새 공장에서 일하고 있었다. 그중 대략 절반은 미국에서 거주하며 일하던 "구 러시아 이민자"들이었다. 또 다른 파견대는 독일인이었는데, 그중 일부는 미국에서 일하다 왔다. 나머지는 "미국인ethnic Americans", 오스트리아인, 헝가리인이었다. 니즈니에 거주하던 고도로 숙련된 외국인들은 결코 공산주의를 좇아온 여행자

표 3.1 외국인 전문가 고용요청 인원(Vato, 1931)

회사명	엔지니어 (달러로 지급)	현장 주임 (달러로 지급)	숙련공 (루블로 지급)	합계
Avtostroi, 니즈니	30	35	468	533
카르호프 트랙터	20	60	300	380
스탈린그라드 트랙터	10	20	110	140
볼―베어링 공장, 모스크바	28	18	25	71
AMO 모스크바	17	37	10	64
첼랴빈스크 트랙터	6	1		7
NAMI	4			4
그 외	18			18
합계	133	171	913	1,217

출처: RGAE archives, f.7620, o.1, d.760, l.49.
* 이 숫자는 *Vato*가 최고경제위원회에 요청한 인원으로 실제 고용된 인원은 아님.

표 3.2 소비에트 중공업 분야에서 일한 외국인 전문가, 1929~1935

1월 집계	엔지니어와 기술자	노동자	합계
1929	400		400
1930	600	512	1,112
1931	1,631	1,267	2,898
1932	2,050	4,008	6,058
1933	2,429	4,131	6,560
1934	2,031	3,118	5,149
1935	1,635	3,175	4,810

출처: Khromov, *Industrializatsiia*, 2: 263 – 77.

들이 아니었다. 오히려 그들에게 소비에트는 높은 임금을 보장하는 곳이
었다. 대부분 외국인은 1년 계약으로 일했고, 한 달에 약 400루블과 200
달러를 더해 받았다.

　미국인들 중 가장 높은 임금을 받은 이는 차체 전문가인 허버트 루드
윅Herbert Ludwig으로 한 달에 1,200루블과 500달러를 더한 만큼 벌었다(이

에 반해, 러시아 노동자의 평균 임금은 178루블에 불과했다).[82]

중서부와 러시아 사이를 오간 미국 노동자 중 몇몇은 대중적인 명성을 얻기도 했다. 미래의 노조 지도자 빅터Victor와 월터 로이터Walter Reuther 형제는 1930년대 중반 가즈에서 공구 제작자로 3년을 보냈다. 이후 부인하긴 했지만, 그들은 그때의 경험을 소중한 기억으로 간직했다.[83] 로이터 형제는 1930년대 후반 정치적 숙청이 시작되기 전 소비에트연방을 떠났지만, 그들의 동료 이민자 중 다수는 그렇게 운이 좋지 못했다. 아프리카계 미국인 공구 제작자 로버트 로빈슨Robert Robinson은 1937년 체포되어 1976년까지 미국으로 돌아오지 못했다.[84] 이탈리아계 미국인 공산주의자 요세프 스고비오Joseph Sgovio와 1933년 모스크바 상공에서 열린 세계 스카이다이빙 대회에서 기록을 세운 유대인이자 우크라이나계 미국인인 빅터 헬르만Victor Herman은 소비에트의 노동 수용소 굴라드Gulag의 공포에서 살아남은 가즈의 노동자들이었다.[85]

기술 이전의 관점에서 볼 때 외국인 엔지니어와 노동자들의 근무는 얼마나 효과가 있었을까? 소비에트 당국은 확실히 그들에게 큰 의미를 부여했다. 바토는 각 부처에 외국인 전문가들을 "가능한 한 외국어를 잘하는 젊은 소비에트 엔지니어"와 연결해 주도록 지시했다. 그들은 한 팀을 이뤄 "실제적인 문제에서 우리의 노동 청년들에게 훈련"을 제공했다.[86] 니즈니에서는 러시아인 노동자 그룹에 함께 일할 외국인 현장 주임 혹은 전문가를 지정해 주고, 이를 후원이라고 불렀다. 공식적인 보고서는 이러한 후원이 성공적이었다고 평가했다. 예를 들어, 미국에서 돌아온 일선 현장 주임 코소부트스키Kosobutskii는 공작기계 50대를 운용하는 러시아 노동자 33명을 그의 감독 아래 두었다. 보고서를 보면, 코소

부트스키 부대는 1932년 2월에는 197%를, 3월에는 154%를 초과 달성했다. 절삭 기계 작동에 능숙했지만 러시아어에는 능통하지 않았던 현장 주임 월터Walter는 그 부대의 성공을 위한 노동돌격대원으로 임명되었다. 전직 포드 노동자이자 노동조합 조직가였던 현장 주임 그론돈Grondon은 열 압착 성형기를 운영하는 러시아 노동자 26명을 감독했다.[87] 니즈니에서 실습용 조립공장 설립을 조력했던 생산관리자 프랭클린 베넷은 경험을 통해 점진적으로 배우는 과정을 목격했다. 그는 도착하자마자 노동자들의 문제가 "도구를 다루는 것" 자체에 있음을 발견했다. "사람들이 그것을 사용하는 법을 전혀 몰랐다." 그러나 "마침내 그들은 트랙터와 자동차를 같은 라인에서 분리해낼 정도로 성장했다." 일정 기간 시범 운전 끝에 조립공장은 제 속도를 찾아갔다. "내가 떠날 즈음 그들은 꽤 잘 운영"했고 "스스로 잘해나갈 것"이었다고 베넷은 회고했다.[88]

그러나 당국의 기대는 그만큼이나 자주 어긋났다. 서양 엔지니어들의 회상과 공식적인 문서 모두에서 그러한 상황을 다수 찾아볼 수 있다. 외국인 전문가들은 그들을 둘러싼 문화적 고립을 극복하려고 고군분투해야 했다. 평범한 노동자들 다수가 "부르주아" 전문가들에게 품었던 의심을 그대로 견지한 채 그들을 대했다.[89] 한 미국인 엔지니어는 작업자 중 하나가 자신에게 "우리 스스로 혁명을 일으켰고, 우리 스스로 산업을 일으켰다"라고 말했다고 회상했다.[90] 반대로, 미국인들은 종종 교육과 훈련이 제대로 되지 못한 노동자들에 대해 경악을 금치 못했다. 1932년 니즈니에 있었던 포드사의 한 직원은 "여기 사람들은 풋내기들이라(농장에서 갓 들어온) 가르치기가 매우 어렵다"라고 쓰고 "현장 주임들의 협조가 거의 없었다"라고 덧붙였다.[91] 다른 기록은 노동력의 수준을 "망치와 톱 이외에 다른 도구를 본 적 없고 자기의 일 외에는 관심 없는 무지한 농민"으로 묘사했다.[92] 이러한 맥락에서 바토는 "외국의 지식과 경험을 수용하고 적용하려는 체계적인 작업이 이뤄지지 못하고 있음"을 인정해야 했다. 외국인 전문가들을 공장의 어느 부서에서 담당하는지가 불분명한 경우가 많았으므로 급여에서 주도권도 외국인 전문가들이 가지고 있었다. 귀중한 외화가 이렇게 낭비되었다.[93] 이러한 문제들은 계속 상층 기관들을 괴롭혔고, 이는 1931년 1월 오신스키가 서명한 법령에서도 명확히 확인할 수 있다.

> 바토 이사회는 바토 체계 안의 모든 노동자가 외국의 기술지원과 외국인 전문가 활용에 대해 특별한 주의를 기울이도록 할 책임을 지고 있다. 소비에트 국가는 선도적인 기술 경험을 사회주의 산업으로 빠르게 이전하려고 외국 기술 지원을 거대한 수단으로 사용한다. 모든 종류의 "이론"과 "미국인은 미국에 있는 게 좋다," "우리는 우리 스스로 살 수 있다" 등의 말들은 경제적으로나 정치적으로나 해롭다. 우리의 외국 기술 활용을 방해하는 모든 행위는 단호히 중단되어야 한다.[94]

결국, 기술 이전의 관점에서 볼 때 소비에트 산업화에서 외국인 엔지니어와 노동자들의 영향력은 한계가 있을 수밖에 없었다. 반면, 소비에트 당국은 서양 기업에서 일하며 학습할 대표단—코만디로프카 *komandirovka*로 알려진 관행—을 파견하는 방법이 매우 유용함을 발견했다(수치는 표 3.3 참조). 중공업 인민위원회NKTP가 결론지었듯이 코만디로프카는 서양 기업의 전문 기술을 활용하는 "가장 효과적인" 방법이었

표 3.3 최고경제위원회/NKTP 해외 파견 인력, 1930~1933

	유럽으로	미국으로	엔지니어	노동자	계획 인원	합계
1930	752	638	923	344	123	1,390
1931	327	158	235	195	55	485
1932	291	21	215	74	23	312
1933(1~11월)	282	103	272	93	20	385

출처: Khromov, *Industrializatsiia*, 2: 262.

다. 소비에트의 엔지니어들은 서양 기업들의 연구실과 작업장에서 배우고 일하면서 소비에트 공장에서 서구 전문가들에게 얻을 수 있는 것보다 "더 빠르게 포괄적으로" 기술적 경험을 흡수했다. 더욱이 서양에 있음으로써 소비에트 엔지니어들은 "서양 기업들이 의도적으로 우리에게 숨기는" 방법들이 노출되는 때를 노려볼 수도 있었다.[95]

그렇다면 소비에트가 대표단을 계속 파견해 포드자동차회사의 개방적인 분위기를 최대한 활용한 것은 놀라운 일이 아니었다. 1930년대 루즈 공장에서는 소비에트에서 온 학생, 노동자, 엔지니어를 흔히 볼 수 있었다. 1933년까지 포드자동차 공장에서 소비에트 엔지니어와 노동자 280명이 코만디로프카 관행을 완수했다.[96] 바토가 루즈 공장에서 체류한 경험을 평가해 달라고 요청했을 때 소비에트 학생들은 하나같이 그들의 경험을 찬미했다. 그들은 포드사의 기술자들이 우호적이고 적극적인 태도로 대해 주었고, 협력이 원활했으며, 어떤 비밀도 숨기지 않았다고 보고했다. 경영진은 "우리가 설명을 요구했을 때 의무"를 다했고, 동료 직원들은 "가장 수준 높은 협력"을 제공했으며, "자신들의 경험 모두를 전해" 주었다.[97]

몇몇 코만디로프카에는 평범한 노동자들도 포함되었다. 예를 들어,

1931년 5월, 니즈니는 "기술지원 협정에 따라 자동차 구조를 견학"하려고 노동자 15명을 포드자동차회사로 파견했다. 그들의 체류 기간은 6개월로 정해졌다. 그들은 모두 정치적으로 신뢰할 만한 사람들이었고, 대개 "금속 노동자들"이었다. 그들은 대부분 나이도 달랐다. 전기공 이반 라이코프Ivan Rykov는 1888년에 태어났고 금속 노동자 안토니 프로발로프 Antonii Privalov는 1901년에 태어났다. 독일 출신 금속 노동자 프스카레프 German Piskarev는 1910년생이었다.[98]

제2차 세계대전 이후 자동차와 탱크로 유명해진 소비에트 최초의 자동차 설계자들 역시 포드사의 "학교"를 거쳤다. 대표적으로 안드레이 립가르트Andrei Lipgart는 1930년 다이베츠 엔지니어 그룹의 일원이었다. 립가르트는 1935년 소비에트 최초의 승용차the M-1를 설계했고, 1951년까지 가즈의 수석 설계 엔지니어로 재직했다. 몇몇 대형 트럭과 탱크 성능 향상은 전후 유명한 가즈의 자동차 [M-20] 포베다Pobeda만큼이나 큰 명성을 립가르트에게 가져다주었다.[99] 립가르트의 가까운 협력자 중 한 명이 크라이거A. M. Kriger였는데, 그는 1910년에 태어나 문화혁명 기간에 교육을 받고 스탈린의 사회 혁명에 수혜를 입은 전형적인 "촉진자promotee"였다. 그는 1932년 졸업하고 이제 막 새로 완공된 가즈에서 자동차 설계자로서 사회에 첫발을 디뎠다. 1933년 12월, 가즈는 크라이거에게 6개월간 디트로이트에 연수를 다녀오라고 강력하게 권했다. 크라이거는 "비교적 짧은 시간에 다수의 제작으로" 가즈의 자동차 모델들을 개선함으로써 "스스로 지식이 풍부하고 주도적이며 활력 넘치는 작업자"임을 증명했다. 1935년 M-1을 준비하고자 크라이거는 다시 미국으로 파견되었다. 1942년까지 그는 가즈의 제작과 설계 분야 부국장으로 재직했다. 이러한 직책을 수행하며 그는 가즈-51 트럭 개발을 감독했고, 이 트럭은 1970년대에 소비에트의 가장 잘 팔린 수출품이 되었다. 가즈-51을 개발한 공로로 크라이거는 1947년 스탈린상을 받기도 했다. 이후 크라이거는 이전에는 AMO였던 모스크바 자동차 공장의 설계·건축 책임자로 1954년에서 1982년까지 거의 30년간 일했고, 1984년 사망했다.[100]

그러나 대량생산의 관점에서 가장 중요한 것은 가즈를 이끈 지도자급 엔지니어들이 디트로이트에서 시간을 보냈다는 사실이었다. 이 엔지니어들이 1930년대 후반과 제2차 세계대전 당시 공장에서 숙련된 핵심 인력을 구성했다. 제1차 5개년 계획 기간에 기술 이전을 조율한 다이베츠, 오신스키와 달리 이들 그룹의 구성원들은 숙청에서 살아남았다. 가즈의 나찰니크*nachalnik*, 즉 감독관이었던 파리세프*paryshev*나 최종 조립라인 나찰니크였던 트로이트스키*Troitskii*같이 루즈 공장에서 일한 적 있는 엔지니어들은 제2차 세계대전 내내 가즈에서 기술 지도자 위치를 지켰다.[101]

기술 이전과 외환

세계적인 대공황은 모든 주요 상품 수출국에 그랬던 것처럼 소비에트연방에도 커다란 영향을 미쳤다. 무역 조건들이 치명상을 입고 무너져 내렸다.[102] 세계 시장에서 곡물 가격이 폭락하면서 소비에트가 수출로 벌어들일 수 있는 경화가 점점 줄어들었고, 물품 수입에 지불해야 할 돈도 바닥났다.[103] 이러한 세계 경제 위기로 제1차 5개년 계획은 두 시기로 구분된다. 1929년 4월 채택된 제1차 5개년 계획의 "최적" 버전은 다음 10년 동안 소비에트의 수출이 지속적으로 확장될 것이며, 그에 따라 수입 능력 또한 증가할 것을 자신했다. 그리고 실제로 1928년에서 1931년 사이 소비에트의 수입과 수출은 세계무역이 위축된 상황에서도 빠르게 증가했다. 그러나 1932년에 수출입이 모두 급격하게 하락했고 1934년에는 제1차 5개년 계획 이전 수준으로 복귀했다.[104] 이러한 전환은 1931년 소비에트연방의 국제수지에서 발생한 커다란 구멍에서 초래되었다. 그해 이뤄진 몇 가지 개발은 무역 조건의 감소와 결부되어 소비에트의 수입을 급격히 줄어들게 했다. 흉작으로 곡물 조달은 점점 더 어려워졌고 폭력적인 양상까지 띠었다. 소비에트연방의 수출은 선진국들이 소비에트연방의 수출 덤핑판매에 반대하는 운동을 벌이고 무역 장벽을 세우면서 더욱 큰 저항에 부딪혔다. 1931년 여름, 금융 위기가 서양 사회를 휩쓸면서 상업 대출의 금리가 가파르게 상승했다.[105]

국제수지 장부의 좌측에 기재되는 주요 구성요소 중 하나인 기술 지원 항목은 해외무역의 호황과 불황을 모두 반영했다.[106] 1921년부터 1933년까지 소비에트연방은 기술지원 협정을 170건 승인했는데, 그중 117건이 1929년에서 1931년 사이에 체결되었다. 1933년 말, 이들 계약 중 40건만이 유효했고, 1938년에는 8건만 남아 있었다.[107] 마찬가지로, 서양에서 들여온 기계들은 대부분 1929~1932년 사이에 발송된 것들이었다. 1933년에 주문 건수는 계획 이전 수준 이하로 뚝 떨어졌다.[108] 1931년 외환위기로 소비에트연방은 기계 수입을 대폭 줄였고, 서양 기업과 관계를 수정하거나 단계적으로 중단해야 했다. 1933년 후반 경제 기관들은 수입 품목들을 소비에트의 기계로 "최대한 대체"할 것을 선언했다. 이후 스탈린그라드, 첼랴빈스크, 가즈의 자동차·트랙터 공장들은 기계 수입을 "단건"으로 한정해야 했다.[109] 제2차 5개년 계획(1933~1937)이 시작될 무렵, 기술 품목을 대량 수입하던 관행은 고품질 기계 혹은 산업스파이가 찾아낸 표적을 획득하는 방식으로 전환되었다. 이제 외환 지출은 국방 관련 기술, 특히 항공 산업과 같은 분야에 점점 더 많은 비용을 투입하는 쪽으로 이동했다. 한편, 소비에트연방은 경화를 조달하려고 자체 기술지원 프로그램을 수출하기 시작했다. 예를 들어 소비에트는 1933년 튀르키예에서 직물 공장을 착공하도록 벤처 기업을 후원했다.[110] 1935년에는 이란의 곡물 창고 건설을 감독하고 400만 골드 루블을 받아올 예정이었다.[111]

앞서 살펴보았듯이, 외국환은 소비에트 산업화를 제약하는 가장 가시적인 걸림돌로 서술되어왔다. 스탈린이 외환보유고를 "국가의 이익"과 동일시한 것은 놀라운 일이 아니었다.[112] 1931년 여름, 곡물 조달 부족과 외환보유고 감소라는 이중의 곤란은 정치국을 괴롭히는 가장 어려운 의제였고, 소비에트 지도부 사이에 첨예한 갈등을 유발한 원인이 되었다.[113] 문제가 너무 심각해지자 스탈린은 돌연 미국에서 수입을 중단하기로 결정했다. 그는 정치국에 "경화 문제와 미국의 받아들이기 힘든 신용 조건을 고려"할 때, "나는 미국에서 어떤 새로운 품목도 들여오는 것을 반대한다"라는 의견을 내려보냈다. 또한 스탈린은 기존의 계약도 폐기하고 가능한 한 주문처를 유럽으로 옮길 것을 요청했다.[114]

이러한 미국 수입에 대한 전환 조치는 세르고 오르조니키제가 정치국 앞에서 분노를 표출하는 계기가 되었다.[115] 그뿐 아니라 최고경제위원회 체계의 수하들, 특히 지속적으로 미국 기술 수용을 옹호해 온 최대강령주의 분파들을 당혹스럽게 만들었다. 이러한 상황에서도 스탈린의 결정은 즉시 아래로 전달되었다. 다이베츠는 1931년 9월 바토 이사회에 "기계 주문을 미국에서 유럽으로 이전하기로 한 결정과 관련해" "해외에 있는 자동차 제조국의 엔지니어 셋에게 신속하게 지침을 내려야 한다"는 서신을 보냈다. 이들 그룹은 "미국 장비를 유럽의 것으로 바꿀" 임무를 띠었고, "기술 사양을 부분적으로 재작업 중"이었다. 이러한 변화로 니즈니 건설 현장의 장비 배송이 상당 기간 늦어졌다.[116]

소비에트는 포드사 연결을 여전히 최우선순위에 두었지만, 서양 기업들과 관계 재조정 국면을 피할 수는 없었다. 1934년 11월, 오토스토리는 포드자동차회사에 1929년 계약이 파기된 것으로 간주하겠다고 간결하게 통지했다. 포드사 임원들은 그 이유로 오토스토리가 협정조건을 명백히 불충분하게 이행한 데 있을 것이라 결론지었다. 소비에트는 협정에서 7만 2,000대를 조립할 수 있는 A형 모델의 부품을 구매하기로 약속했지만, 절반이 약간 넘는 정도만 구매했고, 예상 구매가 3,360만 달러 중 1,700만 달러만 지급했다.[117] 놀랍게도, 이때 포드사 임원들은 불충분한 이행을 제쳐두고 승계 계약을 제안했고, 1935년 3월 체결되었다.[118] 포드자동차회사는 소비에트 엔지니어들을 계속 받아들일 테고, 그 대가로 소비에트는 소비에트에서 제작한 포드자동차를 수출하지 말 것, 그리고 부품과 교체품을 디어본에서만 구매할 것에 합의했다. 관계는 다소 냉각되었다. 소렌슨은 소비에트 엔지니어들에게 "루즈 공장의 사무실에서 나가달라"고 요청했고, 오토스토리는 향후 부품과 기계의 구매자로서 "외부 고객으로 취급되었"다.[119]

그러나 동시에 포드자동차회사는 계속 소비에트의 방문객들을 환대했다. 1935년 말, 가즈의 첫 번째 승용차 개발을 준비하던 중 책임자 세르게이 디아코노프는 디트로이트를 방문해 소렌슨에게 B형 모델의 설계도를 보여달라고 요청했다.[120] 이에 소렌슨은 포드사의 획기적인 8기통 엔진의 사진 자료까지 공유했다.[121] 1936년 소렌슨은 포드의 구매부서에 "포드사에 납품하는 공급업체에 전화해 오토스토리의 담당자가 공장을 방문하도록 주선"하라고 지시했다.[122] 그해 말, 다른 미국 철강공장이 소비에트 대표단의 방문을 거절했을 때 포드자동차회사는 그들 대표단이 루즈 철강공장에서 2주 동안 시간을 보내도록 해주었다.[123] 1937년까지 소렌슨은 루즈 공장을 방문한 소비에트 엔지니어 그룹의 35명을 맞이했고, 그들이 포드의 공작기계 공급업체를 방문하도록 주선했다.[124]

또한 포드자동차회사는 소비에트 정부 기관의 고위급 인사들의 방문도 환영했다. 1936년 3월, 소렌슨의 사무실은 상업대표단의 수장으로 미국에 와 있었던 "몰로토프 부인Mme Molotov"에게 루즈 공장을 보여주기로 합의했다.[125] 그해 말에는 대외무역 인민위원 아나스타스 미코얀Anastas Mikoyan이 방문해 디어본 연구소에서 헨리 포드, 에드셀 포드와 오찬을 함께했다. 미코얀은 소비에트연방의 기술이 미국 기업들에 얼마나 많은 빚을 지고 있는지를 흔쾌히 인정했다.[126] 소렌슨은 소비에트연방과의 관계가 "1941년 제2차 세계대전이 발발할 때까지 계속되었다"라고 회상했다. 그러면서 그는 1929년 함께 협상을 진행했던 발레리 메즐라우크와 연락이 끊긴 데 대해 "나는 메즐라우크에게 다시는 어떤 소식도 듣지 못했는데, 그 이유를 이해할 수 없었다"라며 유감을 표했다.[127] 다이베츠, 디아코노프, 오신스키와 마찬가지로 메즐라우크도 스탈린의 숙청에서 희생자가 되었다. 그는 1938년 7월 29일 모스크바에서 처형되었다.[128]

자동차 거인의 작업장

세르게이 디아코노프는 1932년 6월 니즈니 노브고로드의 새로운 공장의 총책임자로 임명되었다. 모스크바에서 태어난 디아코노프는 1918년부터 당원이었고 레닌그라드공과대학에서 공학 학위를 받았다. 33세였던 디아코노프는 스탈린의 촉진자 중 한 명이 되기에는 몇 살 정도 나이가 많았다. 오히려 그는 1937~1938년 숙청에 휩쓸린 사람들 가운데 가장 어린 세대였다. 그것은 미래의 일이고, 니즈니에 도착했을 때 디아코노프는 그의 경력에서 최정점에 있었다. 그전까지 그는 모스크바에서 엔지니어직을 맡아 수행했고, 바토 이사회의 부의장으로 오신스키를 도왔다. 디아코노프는 니즈니 공장의 총책임자로 근무한 기간이 6개월(1932년 1월에서 6월까지)에 불과했던 스테판 다이베츠를 대신한 후임이었다. 다이베츠는 모스크바로 옮겨가 오르조니키제가 이끄는 중공업 인민위원회에서 다양한 직책을 맡아 수행했고, 1934년에는 구타프*Gutap*(바토의 후계 조직으로 자동차-트랙터 산업의 최고 행정기관)의 의장직을 맡았다. 소비에트의 통제 경제의 서열에 따라 다이베츠는 디아코노프의 상관이었고, 전 상임위원장은 오르조니키제에게 직접 보고했다.

디아코노프의 진두지휘 아래 자동차 거인은 소비에트 자동차 산업의 중추로 성장했다. 1933년, 새로운 공장단지는 니즈니 노브고로드가 낳은 위대한 작가 막심 고리키의 이름을 따 가즈Gaz로 명명되었다. 1934년 이후 소비에트 전체 차량 생산량의 3분의 2를 차지한 가즈는 새로운 소비에트 자동차 산업의 놀라운 호황에서 중심에 있었다(표 3.4 참고). 제2차 5개년 계획 기간에도 가즈는 꾸준히 성장했다. 공장단지는 1935년과

표 3.4 소비에트 자동차 생산에서 가즈의 점유율

연도	소비에트 총생산량	가즈의 생산량	비율(%)
1932	24,000	7,500	31.25
1933	49,000	26,600	54.29
1934	72,000	49,300	68.47
1935	97,000	63,600	65.57
1936	136,000	86,300	63.46
1937	200,000	135,700	67.85
1938	211,000	145,600	69.00
1939	202,000	N/A	N/A
1940	146,000	87,100	59.66

출처: TsANO archives, f. 2435, o.2, d.8.

1938년 두 차례 주요 국면을 거쳐 확장되었다. 1935년 디아코노프는 공장이 "수입 의존으로부터, 특히 포드의 기술지원으로부터 해방"되어야 한다고 천명했다.[129] 1936년, 가즈는 포드의 A형 모델을 단종하고 소비에트에서 설계한 최초의 소형차 몰로토프1Molotov-1을 출시했다.[130]

그러나 몇 가지 심각한 문제가 소비에트의 루즈를 괴롭혔다. 이는 가즈에만 국한된 문제는 아니었다. 소비에트 산업 전반이 겪고 있는 어려움으로, 작업자 대다수를 차지한 비숙련 인력, 만성적인 노동력 부족과 높은 이직률, 관리 조율의 심각한 부재 그리고 부품 또는 원자재 공급에 만연한 병목현상 때문에 가즈 역시 큰 곤란을 겪었다. 흐름 생산 원칙에 따라 배치된 조립라인을 갖춘 공장에서 이러한 문제는 종종 더욱 심각하게 나타났다. 1930년대 소비에트 노동 체계가 포드주의에 반하는 동원 전략에 집중되어 있었다는 점도 문제를 더욱 복잡하게 만들었다. 규율 설정, 성과급 그리고 스타하노프주의Stakhanovism는 개개인의 작업 성과를 중시했다는 점에서 흐름 생산 원칙과 조화하기 어려웠다. 아이러니하게

도 제2차 5개년 계획 기간에 포드주의는 가즈에 극히 일부분만 뿌리를 내릴 수 있었다. 제2차 세계대전을 겪으며 심각한 숙련 노동자 부족에 직면해 점점 더 억압적인 노동체제를 고집하던 가즈는 그때야 비로소 포드주의가 노동 동원의 강력한 도구가 될 수 있음을 재발견했다.

계속되는 공급 지연과 주택 부족 그리고 전반적인 혼돈 속에서도 새로 완성된 공장은 1932년 1월 생산을 시작했다. 1월 29일 소비에트에서 생산한 부품들로 만든 최초의 경량 트럭 포드 AA가 조립라인을 통과해 출시되었다. 3월까지 공급 부족으로 생산이 몇 주간 중단되기도 했다(오르조니키제는 생산을 방해하는 파괴자가 있다고 비난했다). 1932년 첫 6개월 동안 이 거대한 공장은 차를 겨우 1,008대 생산했다. 1932년 마지막 4분기에 들어서야 생산량이 증가해 AA형 경량 트럭을 3,721대 출시할 수 있었다. 1932년 12월에는 소비에트에서 조립한 A형 모델 자동차 34대를 완성했다. 그러나 전반적으로 소비에트의 루즈는 1932년까지로 계획한 눈부신 목표치를 채울 수 없었다. 트럭은 주문량의 3분의 2만 생산했고, A형 모델 자동차는 주문량의 겨우 5%만 출시했다.

"많은 건설 부문과 조립 요소들이 불완전한 채로 남아 있다"라는 사실과 별개로, 그해의 부진은 소비에트 노동자와 엔지니어들이 그들의 새로운 공장을 운영하면서 직면한 많은 어려움 때문이기도 했다. 디아코노프의 보고서를 보면, 1932년까지도 "기술과의 친화는 거의 시작되지도 못했다." 특히 노동자들의 낮은 기술 이해 수준이 경영진을 괴롭혔는데, 가즈의 최첨단 서양 기계들이 손상될 수 있었기 때문이다. 디아코노프의 1932년 노동력 조사는 다음과 같은 "고통스러운 결론"을 내놓았다. 공장에 고용된 노동자 중 54%는 소작농 출신이고 63%는 25세 미만이었다.

한 해 동안 노동자들의 이직률은 133%에 달했다. 이는 공장 노동자 2만 2,475명을 채우려고 경영진이 1932년 말까지 거의 3만 명을 채용했음을 의미했다. 노동자들의 잦은 이직은 조립공장의 일이 고되기 때문만은 아니었다. 오히려 공장의 열악한 주거환경과 식량조차 부족한 현실이 불안정의 주요 원인이었다. 노동 이직률은 기술 직급에 따라 현저하게 달랐는데, 공장에 처음 온 비숙련 노동자들의 거의 절반이 일 년 안에 일을 그만두었지만, 고도로 숙련된 노동자들은 20명 중 1명만 퇴사했다.[131]

이러한 문제들은 1933년에도 계속되었다. 그해 연간 조사에 따르면, 가즈의 노동자 다섯 중 넷은 30세 미만이었고, 절반 이상은 소작농 출신으로 거의 다섯 명 중 한 명은 문맹이거나 초보적인 수준의 읽기만 가능했다.[132] 여타의 소비에트 금속가공공장 노동자들과 마찬가지로, 가즈의 전형적인 노동자는 젊은 여자와 남자, 가족 대대로 살았던 고향을 이제 막 떠나온 젊은이들이었다. 그들은 이렇다 할 기술도 없었고 교육도 거의 받지 못했다.

이렇듯 농민 가정 출신의 젊은 비숙련 노동자라는 가즈 노동력의 두드러진 특성은 제1차 5개년 계획 이전 시기 공장들의 노동력과 확연하게 구별됐다. 오래된 산업들에 종사한 노동자들은 제1차 5개년 계획 기간에 노동계급 전통이 처참하게 무너지며 노동 자율성이 침식되고, 생활 수준까지 떨어지는 경험을 했다. 예를 들어, 섬유산업의 노동자들은 1932년 다수의 파업을 조직해 1932년 당 지도부를 상당히 당혹스럽게 만들기도 했다.[133] 그러나 가즈의 노동력은 그 구성과 가치관에서 완전히 달랐다. 1932년 가즈의 작업장에 모여든 소작농 출신 젊은 노동자들에게는 지켜야 할 노동계급의 전통이 없었다. 집단농장으로 뿌리가 뽑힌

그림 3.4 가즈 공장 조립라인의 차체 얹기 작업, 1933년.
출처: ITAR-TASS/Alamy.

그들 중 다수는 더 좋은 조건을 바라며 종종 이 공장에서 저 공장으로 시골과 작업장 사이를 떠돌아다니는 생활을 했다. 1930년대 소비에트 노동력 관리가 직면한 근본적인 문제는 바로 이러한 비숙련 노동력의 동원이었다.

분기별 연간 보고서에서는 노동 생산성 향상과 생산 비용 절감 두 가지 목표를 매번 마치 구호처럼 반복해서 제시했다. 분명 이러한 목표는 상호 연관성이 있었다. 노동 생산성이 높아지면 단위 생산 비용도 자연히 낮아질 수 있다. 그러나 낮은 단위 생산 비용은 단지 높은 노동 생산성 문제만은 아니어서 원자재 공급, 기계와 고정 자본의 감가 비용과 같은 수많은 요인에 달려 있었다. 그러나 가즈의 운영진은 공급 비용을 거의 통제할 수 없었고, 자본 비축에 관한 결정은 중공업 인민위원회의 손에 달려 있었다. 결국, 디아코노프와 그의 직원들은 노동문제에 집중할 수밖에 없었다.

가즈의 운영진은 이직률에 대응하고 노동자들의 기술 수준을 높여 노동 능률을 향상하려고 세 가지 전략을 수립했다. 첫째, 노동자들에게 공장학교에서 3개월 과정으로 진행되는 기술 훈련(이른바 최소기술교육)에 참여하도록 권고했다. 제2차 5개년 계획 기간에 노동자들의 약 3분의 1이 이 교육 조치로 혜택을 받았다. 실례로, 1935년에는 가즈의 노동자 3만 명 중 1만 500명이 최소기술교육 과정을 완료했다.[134] 둘째, 가즈는 점진적으로 모든 공장 부서, 심지어 이러한 방식이 잘 작동하기 어려운 조립공장에도 장려금 제도(누진적 성과급과 작업 기준 초과 달성에 대한 특별수당)를 채택해 확대하기로 했다. 마지막으로, 가즈는 소비에트의 여느 산업 부문들과 마찬가지로 스타하노프 운동을 전개했다.

스타하노프주의는 돈바스 탄광에서 알렉세이 스타하노프Aleksei Stakhanov가 단일 작업으로 석탄 채굴 기록을 세우면서 탄생했다. 그러나 금속세공 산업 부문에서 스타하노프주의를 가장 열심히 따른 이들은 단연 가즈의 기계공들이었다. 1935년 9월 10일, 최소기술학교의 수료생 중 한 명인 알렉산드르 부시긴Aleksandr Busygin은 "미국" 표준으로 675개 크랭크를 생산할 수 있는 작업에서 966개 크랭크를 생산했다. 1935년 말까지 가즈 노동자 2,000여 명이 표준보다 140% 이상 초과 달성한 것으로 보고되었다.[135]

한편으로, 스타하노프주의는 소비에트 합리화 운동에서 포퓰리즘 흐름의 속편이기도 했다. 그것은 풀뿌리 노동자들이 주도권을 두고 기술 전문가들과 공장 중간 관리자들에 맞선 싸움이었다. 고리키 지역당 위원회를 따르면, 가즈에서 부시니츠Busyginites의 성공은 "공장을 관리하는 지도기관들의 병폐와 약점을 적나라하게 드러냈다." 그들은 기록을 수립한 작업자들의 요구에 따라 업무 규범과 공급 일정을 조정해 주지 못했다.[136] 다른 한편으로, 스타하노프주의는 당 지도부에서 빠르게 채택한 관제 운동으로, 그들은 약간의 망설임 끝에 이 운동을 소비에트 산업 전체에 걸쳐 산업 노동 규범을 포괄적으로 개선하는 노력으로 확대했다.[137] 자동차 산업도 예외일 수 없었다. 1936년 2월과 3월, 자동차─트랙터 산업의 지부회의는 스타하노프주의자들, 공장관리자, 구타프 지도부 그리고 노동조합·당원들을 우크라이나 카르코프에 소집하여 스타하노프주의가 생산성에 미치는 영향을 논의했다.

이 회의는 스타하노프주의가 흐름 생산에 기반한 공장에서는 상당한 혼란을 초래할 수 있음을 보여주었다. 자동차─트랙터 산업에서 "스타하노프주의의 중요성"이 공식적으로 제기되었지만 회의 보고서를 보면, "스타하노프 운동*의 발전이 규범의 엄청난 분열을 가져"왔다. 그 결

---

* 지역 광산학 교육과정을 이수한 알렉세이 스타하노프(1906~1977)가 스스로 고안한 채굴 공정 혁신으로 1교대 채굴 목표량에 14배가 넘는 양을 초과 달성한 데서 기인한 소비에트 노동자들의 목표 초과 달성 및 노동 생산성 향상 운동이다.

그림 3.5 가즈의 자동차 공장에서 출시된 포드의 A형 모델, 1935.
출처: The Henry Ford.

그림 3.6 가즈의 스프링 작업장과 단조 공장, 1935.
출처: The Henry Ford.

과, 현재 각 공장은 "5만 개 이상의 규범"으로 운영되고 있었다. 규범을 둘러싼 혼란은 "노동자와 규율을 설정하는 직원, 작업장 관리자 사이에 마찰"을 일으키고 있으며, "불필요한 규범 개정과 노동시간 낭비로 이어졌다." 그러나 실제 보고서는 "스타하노프 군대가 모든 곳에서 사회주의 기술의 새로운 정점에 도달했다"라는 결론으로 제출되었다.

그렇지만 "상당한 노동자가 규범을 지키지 않았다는 사실을 무시"할 수는 없었다. "새로 온 노동자들의 낮은 기술 수준과 그들이 새로운 규범에 숙달하도록 돕는 엔지니어, 기술자들의 참여 부족" 같은 "상당히 많은 공장 내부의 결함"이 그 주된 원인으로 제시되었다.[138] 스타하노프주의에 열광했지만 이 운동으로는 생산성을 제한하는 근본적인 구조를 해결하고자 할 수 있는 일이 거의 없었다. 오히려 효과적인 작업 조율을 방해하고, 작업 일정을 어그러뜨려 전체 생산 과정을 세우는 공급 병목현상을 초래했다. 부시긴과 그의 추종자들이 달성한 생산기록들은 특정 지점에서 생산성을 급격히 높일 수 있었지만 병목현상을 해결할 수는 없었고, 실제 악화시키는 경우가 많았다.

또한 이 회의는 기계들이 "작업장에서 재료·부품 누락, 기기 공급 중단, 정전"과 같이 기계를 작동하는 노동자들의 통제 밖의 이유로 유휴 상태에 있음을 지적했다. 가즈는 구타프 체계의 부정적인 사례로 지목되었다. 1936년 여름 상황이 너무 나빠 모터 조립라인이 모든 교대 근무시간에 가동을 멈춘 것이다. 1936년 6월에는 13일 동안 7시간씩 2교대로 운용되는 가즈의 주요 조립라인이 하루 평균 2시간 이상 가동을 멈추었다 (표 3.5 참조).

카르코프 회의 이후 3만 2,000개가 넘는 가즈의 규범이 상향 조정되어 평균 28.7% 증가했다. 1936년 초, 가즈는 이전까지 60% 정도 운영되던 성과급과 기타 "격려" 임금체계를 회의 이후 더욱 광범위하게 도입해 마침내 노동자들의 90% 이상이 그 대상이 되었다.[139]

결국 회의는 구타프의 공장들이 처한 문제의 책임이 엔지니어와 기

표 3.5 1936년 6월 일일 가즈의 조립라인 중단 시간

6월	1	2	3	4	5	7	8	9	10	11	13	평균
본관 조립라인	1.6	7.6	1.6	2.6	0.25	1.75	1.4	2.85	0.5	1.75	0.5	2.04
자체 조립라인	4.1	3.4	4.1	2.85	3.4	4.35	5.2	3.75	5.35	4.15	6.25	4.26
모터 조립라인	7.0	3.5	3.9	5.3	5.7	7.5	6.8	7.1	5.6	5.9	5.8	5.83

출처: RGAE archives, f. 7622, o.1, d.58, ll. 18/19.

술 참모들 그리고 공장 관리에 있다고 결론지었다. 스타하노프주의가 공장에 더욱 깊이 침투하도록 돕는 것이 바로 그들의 임무였다. 보고서에 적시되지 않은 사실은 생산 과정에서 기록 경신을 부추기라는 명령이 공장 관리자들을 "잔인한 딜레마"와 직면하게 했다는 것이다.[140] 그들은 스타하노프주의를 받아들이고 흐름 생산을 중단하거나, 스타하노프주의를 거부하고 당 활동가 혹은 더 높은 행정부의 지도자들과 맞서야 했다.

디아코노프는 이러한 딜레마를 해결할 수 없었다. 1937년 3월의 마지막 3일 동안 가즈가 당 활동가, 중간 관리자, 공장장, 현장 주임, 스타하노프주의자들을 모두 소집해 개최한 회의에서는 불만과 비평의 목소리가 난무했다. 이 회의에서 작성된 의정서는 제2차 5개년 계획의 마지막 해에 가즈가 처한 생산 현실에 대한 충격적인 통찰을 제공했다.[141] 소비에트의 자랑스러운 루즈는 포드주의의 흐름 생산 개념과는 전혀 다른 기반 위에서 운영되었다. 가즈의 수석 기계공은 "우리의 자동차 공장은 기술적 사고가 빈약"하다며 불평했다. "많은 결정이 계획되지 않은 채 충분한 준비 없이 진행 중에 이뤄지다 보니 매우 많은 실수와 오류가 생기고, 결국 합리성이 무너져버립니다." 엔지니어 벨로굽Belogub은 흐름

생산의 핵심 구성 요소 중 하나인 공장 내 운송을 담당했다. 벨로굽은 주물공장 확장 이후 기계 작업장과 주물공장을 연결하는 컨베이어를 다시 만들어야 했는데, 계획자들이 이러한 문제를 고려하지 않아서 그렇게 되었다고 불만을 터뜨렸다. 이어서 벨로굽은 "1936년 1월"에 "우리는 이른바 부시긴 컨베이어를 계획했다. 그러나 컨베이어는 지금까지 유휴 상태"에 있다고 지적했다. 심지어 공장 내에 기계화 수준이 너무 낮아서 사실상 "수공업"으로 작업하는 보조 작업장이 있다고 벨로굽은 보고했다.

특히 충격적인 부분은 가즈의 자랑인 조립라인에 관한 보고였다. 본관 조립라인을 관리하는 현장 주임은 "결함이 있고 부적합한 부품을 조립라인으로 보내오는 부품공급 작업장의 열악한 작업"을 불평했다. 그 때문에 흐름 생산의 목적이 완전히 무너지고, "이미 조립된 자동차들의 모든 부품을 개조해야" 했다는 것이다. 3월에만 완성차 1,300대 중 3분의 1이 최종 조립 후 모터를 교체해야 했는데, 이는 품질에 "매우 부정적"인 영향을 주었다. 현장 주임을 따르면, 공장 지도부는 "이러한 결함을 무시했으며, 아무도 일정에 맞추려고 매일같이 벌어지는 사투에 관심을 기울이지 않았다."

가즈의 아주 중요한 작업장 중 하나인 포드의 AA형 모델 조립공장의 책임자 피로고프Pirogov도 같은 생각을 했다. 불량 부품이 "10에서 15개 정도에 불과"하다 해도 그것은 "조립라인의 작업을 완전히 방해하기에 충분했다. 따라서 많은 작업 중단과 노동자들의 빈번한 이직이 있었다." 이 조립라인의 작업은 성과급으로 지급되었으므로 기준 시간 미만의 작업자는 임금이 상당히 낮아질 수밖에 없었는데, 피로고프를 따르면 2월 한 달 동안 비숙련·반숙련 노동자들은 겨우 120~130루블을 받았다. 이는 거의 300루블에 가까운 노동자들의 평균 임금에 비하면 너무 적었다. 그 결과 노동자들에게 일을 계속하도록 설득하기 어려웠다. "퇴사 신청서가 묶음으로 도착하기 시작했다." 피로고프의 결론은 "조립라인에 문화라 할 만한 것이 거의 없다. 사람들이 왔다 갔다 한다. 날리는 먼지들이 우리가 좋은 차를 내놓는 일을 방해하고 있다"라는 것이다.

몰로도프-1의 조립라인에서 일한 스타하노프주의자 알레신Aleshin은 "벌써 1년째 몰로도프-1을 조립하고 있지만, 여전히 제대로 조립하는 법을 배우지 못했다. 가동 중지 시간이 우리를 괴롭혔다. 3개월 동안 컨베이어가 375시간이나 멈추었다. 노동자들은 성과에 따라 임금을 받는데, 돈을 적게 벌어서 나가게 된다. 작업장은 쓸모없는 부품을 공급했고, 컨베이어 위에서 톱질이라도 해야 할 판이다"라고 불만을 토로했다.

회의록에서 디아코노프는 나태하고 태만한 책임자로 묘사되었다. 당 활동가들은 디아코노프와 그의 기술 참모진 그리고 공장장들을 부주의하고 무관심하며 주도권이 부족하다고 비난했다. 그러나 실제로, 디아코노프와 그의 참모들은 노동자 관리에 필요한 어떤 권한도, 중요한 공급과 일정에 대한 어떠한 결정권도 가지고 있지 않았다. 조정 능력의 부재와 기술적 비능률은 개인 또는 정치적 결함 때문이 아니라 체계의 문제였다. 이러한 점에서 가즈는 1930년대 소비에트 산업이 처한 구조적 어려움을 대표했다. 이러한 어려움은 흐름 생산 개념의 정착을 방해했고, 불과 10년 전 포드주의에 품었던 열정은 대부분 학술연구 안으로 숨어들었다.

디아코노프는 아무런 언급 없이 1937년 3월 회의 보고서를 모스크바에 있는 그의 상관 다이베츠에게 보냈다. 다이베츠는 보고서의 모든 페이지에 빨간 연필로 굵은 밑줄, 느낌표를 표시해 두었다. 다이베츠가 회의 결과에 놀랐을 것 같지는 않지만, 그로써 상당한 경각심을 가지게 되었다고 가정해도 무방하다. 그 회의는 다이베츠의 정치적 후원자 오르조니키제가 자살한 지 불과 2주 만에 열렸는데, 그의 자살은 곧 닥칠 대테러의 위태로운 분위기를 예고하는 것이기도 했다. 다이베츠는 1937년 10월에 체포되었다. 최고경제위원회의 상임위원회 책임자로서 포드의 자동차와 생산기술을 디트로이트에서 러시아 중서부로 이전하는 과정을 감독한 러시아계 미국인이자 세계산업노동자조합Wobbly의 전 조합원이었던 그는 11월 26일 처형되었다. 세르게이 디아코노프는 그의 상관보다 몇 달 더 버텼다. 디아코노프는 조립라인 대량생산의 조직과 숙달을 공로로 1934년 레닌 표창을 받았음에도 1938년 4월 22일, 가즈의 책임자에서 해임되었고, 7월에 체포되어 9월 7일 처형되었다.[142]

물론 체포와 처형이 소비에트연방의 루즈 공장이 처한 자동차 생산의 근본적 문제를 해소할 수는 없었다. 1938년 가즈는 1933년 이후 처음으로 계획을 달성하지 못했다. 가즈의 새로운 책임자 이반 로스쿠토프는 모스크바에 이러한 실패에 대해 솔직하고 방대하게 해명한 보고서를 보냈다. 로스쿠토프는 "공급과 제조 공장 사이의 급격한 생산성 불균형"에 주목했다. 로스쿠토프는 1938년 내내 본관 조립라인이 매일 평균 2시간 20분 동안 가동을 멈췄으며, 대부분 "금속과 부품 공급이 부족" 상태에 있었다고 설명했다. 로스쿠토프가 도달한 문제의 핵심은 바로 "공장의 기본 특성이 흐름 생산인바, 본관 작업의 중단은 모든 작업을 지연"시킨다는 것이었다. 공급 작업장에서부터 제대로 배송되지 않아 "조립공장에 차질이 생겼다." 노동자들의 잦은 이직도 거의 개선되지 않았다. 가즈는 1938년 노동자 2만 247명을 새로 고용했지만 1만 7,581명이 일을 그만두었다. 로스쿠토프는 새로 고용한 노동자가 작업 기준의 80% 수준에 도달하는 데 약 두 달이 필요한데, 그 기간에 생산라인의 다른 사람들의 작업도 지연될 수밖에 없다고 지적했다.[143]

마찬가지로 걱정스러운 문제 중 하나는 가즈가 자랑하는 흐름 생산 원칙에도 불구하고, 작업장에서 작업장으로 부품과 공급품을 운반하는 작업을 여전히 일군의 보조 노동자들에게 의존한다는 사실이었다. 로스쿠토프는 "물품 저장소가 아무렇지 않은 듯이 공장 건물 주변에 흩어져" 있고, "하역 작업이 기계화되지 못했음"을 지적했다. 그 결과, 1938년 동안 보조원(짐꾼, 운반수 등) 수는 1만 8,431명에서 2만 878명으로 증가해 전체 노동력의 40%를 차지했다. "보조 노동자 수의 증가, 대량의 불량 생산, 가동 중단 시간, 높은 이직률, 열악한 노동 규율, 느린 이행 조치" 등이 생산성을 높이고 계획을 충족하려는 시도를 여전히 방해했다.[144]

이렇듯 쉽게 해소되기 어려운 운영상의 문제에도 굴하지 않고 모스크바는 자동차 산업을 위한 새로운 확장계획을 수립했다. 1939년 3월 제18차 당 대회에서는 공식적으로 1938년부터 1942년까지를 포괄하는 제3차 5개년 계획을 채택했다. 1939년의 표현을 따르면, 제3차 계획은 "사회주의 건설"을 완료하고 공산주의를 도입하는 다리가 될 것으로 여겨졌다. 운영을 강조하던 2차 계획과 달리 3차 계획은 소비에트 산업 기반을 확장하려는 거대한 계획을 다시 기획했다. 자동차 산업의 경우 이는 다시 한번 루즈 공장을 하나의 모범으로 삼겠다는 것을 의미했다. 루즈 공장이 미국 전역의 수많은 포드 조립공장에 공급을 담당했던 것처럼, 가즈도 AA형 모델을 조립할 부품들을 코카서스 지역, 중앙아시아,

시베리아 지역으로 보낼 것이다.

이 계획을 따르면, 가즈는 로스토프나도누, 티블리시, 우파, 옴스크, 이르쿠츠크 그리고 타슈켄트에 건설될 미래의 조립공장에 연간 19만 대의 자동차 부품을 납품하고자 했다. 모스크바는 이 계획에 10억 루블(1939년 예산의 약 2%)을 할당했으며, 이 사업은 제3차 계획의 종료 시점인 1942년 12월까지 완수되어야 했다.[145] 1940년대 말까지 고스플란은 가즈의 실제 생산능력을 18만 대로 상정했다. 조립공장의 옴스크 지점이 건설 중이었고, 로스토프는 가동을 시작했다. 타슈켄트와 이르쿠츠크는 아직 계획 단계에 있었다.[146]

이 계획들은 1941년 6월 독일이 소비에트연방을 침공하면서 모두 무산되었다. 그러나 독일군의 진격으로 소비에트는 전체 생산 시설들을 동쪽으로 이전할 수밖에 없었고, 전선에서 멀리 떨어져 여전히 안전한 상태였던 가즈는 다시금 생산 기획자들의 관심을 한 몸에 받았다. 결과적으로 고리키시는 자원과 원자재를 우선 공급받는 혜택을 누렸다. 가즈에서 전시 생산은 놀랍게도 포드주의 복귀를 촉발했다. 전시 생산의 특수한 조건들, 숙련 노동의 심각한 부족, 분명하게 질보다 양을 선호하는 상황에서 가즈의 엔지니어들은 기계화된 흐름으로 돌아왔다. 남성들이 전선으로 끌려 나가면서 점점 더 많은 여성이 가즈의 작업장에 자리를 잡았다. 1941년 말까지 여성 노동자의 비율이 전체 노동력의 거의 3분의 2까지 증가할 것으로 예측되었다.[147] 공장에서 새로운 여성들은 미숙련자였고, 생산 경험이 거의 없었다. 5장에서 논의하겠지만, 새로운 노동자들을 동원하려고 가즈의 경영자들은 흐름 생산을 위한 규범을 다시 두 배로 늘렸다.

결론

이 장에서는 제1차 5개년 계획 기간에 소비에트연방이 채택한 산업
고도화 전략의 일부로 가즈의 부상과 자동차 대량생산이 실현되는 과정
을 살펴보았다. 1929년 소비에트 지도부는 서양 기업들의 러시아 직접
투자 유치를 중단하고 서구의 기술을 대규모로 수입하는 공격적인 전략
에 집중했다. 이러한 전환은 산업화를 둘러싼 정치투쟁에서 스탈린과 최
대강령주의 분파들이 승리를 쟁취하는 동시에 이뤄졌다. 서양 기술 수입
은 1929년에서 1931년 사이에 엄청나게 확대되었다. 이러한 폭발적인
증가세는 소비에트 경제 정책의 과격성을 적나라하게 증언한다. 기술 수
입 비용을 지불하려는 외화 조달에 경제 자원들은 그야말로 무자비하게
동원되었다. 1931년 외환위기는 기술지원에 토대한 원대한 꿈을 무너뜨
렸다. 그러나 포드자동차회사와의 끈끈한 연대를 포함해 그들이 중요 목
표로 삼은 서양 기업과의 연결은 1930년대 중반까지 지속되었다.

포드자동차회사와의 계약은 제1차 5개년 계획 기간에 수많은 서양
기업과 체결한 기술지원 계약 중에서도 가장 중요한 위치를 차지했다.
포드 협정은 상징적인 의미만 풍부한 것이 아니었다. 회사의 포퓰리즘
에 뿌리를 둔 생산자주의에서 나온 포드사의 기술 공개 원칙 덕분에 소
렌슨과 그의 임직원들은 소비에트 엔지니어들에게 거의 무제한에 가까
운 접근 권한을 부여했다. 그들은 소비에트 측에 광범위한 복제와 관
찰 기회를 제공했으며, 기계 수급·인적 교류에서도 적극적으로 지원했
다. 다이베츠가 디트로이트에서 러시아 중서부로 보내온 방대한 문서들
은 가즈의 토대가 되었다. 소비에트의 방대한 기계류 수입은 막대한 외

화를 빨아들였다. 소비에트 당국이 커다란 희망을 품고 고용한 서양의 전문가들은 제한적 영향만 미쳤던 것으로 보인다. 1930년대 중반 이들은 대부분 소비에트연방을 떠났다. 다른 몇몇 사람은 오신스키, 다이베츠, 디아코노프와 같이 기술 이전을 조율했던 고위 인사들과 마찬가지로 1937~1938년 숙청의 희생자가 되었다. 1930년대 초 루즈 공장에서 일한 경험이 있는 소비에트 엔지니어와 숙련 노동자 집단은 디트로이트와 고리키를 가장 끈질기게 연결했다. 그들은 미국에서 돌아와 중간 엔지니어 역할을 했고, 숙청을 피해 1938년 이후 고위직으로 이동했으며, 전쟁 중에는 가즈의 흐름 생산을 감독했다.

가즈에서 흐름 생산의 토착화는 거의 순조롭지 못했다. 1930년대의 생산 현실이 분명해지면서 가즈는 포드주의에 대한 두 가지 커다란 문제에 직면했다. 하나는 자원을 할당하는 통제 경제가 처한 지속적인 어려움이었다. 강철, 공작기계, 원자재 공급이 지연되거나 불완전하게 이뤄지고 있다는 가즈 경영진과 기술 임원들의 한탄과 우려가 회계·이행 보고서를 가득 채웠다. 두 번째는 1930년대 소비에트의 노동 정책을 둘러싼 신념에 의문을 제기하는 행위로 비칠 수 있는 문제로 경영진의 언급이 덜 명확했지만 더 복잡한 사안이었다. 이러한 정책은 기술 효율성이 아닌 노동자의 성과에 맞춰져 있었다. 스타하노프주의와 점진적인 성과급은 기록수립을 장려했으나 조율되지 않은 채였고, 흐름 원리를 기반으로 건설된 거대한 공장의 생산을 조정하는 기초적 문제를 완화하는 데 거의 도움이 되지 않았다. 가즈의 포스터에 그려진 소년 스타하노프주의자 부시긴이 조립라인이 아닌 공급공장에서 그의 크랭크축 기록을 달성한 것은 놀라운 일이 아니다. 작업 성과를 강조하는 분위기는 엔지니어와 경영진을 방어적으로 만들었다.

1920년대 가장 급진적이었던 소비에트연방의 합리화론자들은 개인의 성과에 집착하는 테일러주의를 기계화와 흐름으로 강조하는 포드주의로 대체해야 한다고 주장했다. 그리고 1930년대에 아이러니한 상황 전환을 목격했다. 제2차 5개년 계획 기간에 가즈에서 테일러주의는 포드주의를 압도했는데, 제1차 계획 기간 디트로이트에서 이전해 온 광대한 기술은 그 목적이 흔들리며 긴장 상태에 놓였다.

그렇다고 1930년대의 효율성을 높이려는 노력이 전부 헛되지는 않았다. 공급 병목현상, 부조리한 노동 정책, 숙청 기간 중 기술 인력에 대한 자체 정리해고에도 가즈의 생산성은 높아졌고, 대략적인 조치들로 노동 생산성도 향상되었다. 1937년 가즈는 13만 5,000대가 넘는 자동차를 생산했는데, 노동자 한 명이 평균 3대를 조립했다. 이는 확실히 노동자 한 명이 8.7대를 생산한다는 1933년 포드자동차회사의 공식 기록보다는 낮은 수치였다. 그러나 노동자 한 명이 겨우 0.34대를 생산하던 1932년의 가즈에 비하면 비약적인 증대였다(표 3.6 참조). 숙청이 초래한 혼란으로 당혹스러워하던 중앙 당국이 산업 분야에서 행정·기술직 임직원을 지원하기 시작하고 점차 강화된 조치를 적용한 노동 규율을 점점 더 엄격하게 시행하면서 루즈와 관련한 유산들이 1938년 이후 부활하기 시작했다. 성과급은 단계적으로 폐지되었다.[148] 이로써 가즈에서 중간 관리자와 기술직 임원들은 흐름 생산을 위한 조직 규율을 다시금 주장할 수 있었고, 이러한 흐름 생산은 제3차 5개년 계획과 함께 시작되어 전쟁 중에도 계속되었다.

또한 전쟁 중 흐름 생산의 귀환은 엔지니어들의 기술─근대주의 담론

표 3.6 가즈의 생산 현황, 1932~1938

연도	자동차 생산 대수	노동자 수(평균)	노동 생산성 (생산 대수/노동자)	가즈 AA의 대당 생산 가격(루블)
1932	7,559	22,475	0.34	9,714
1933	26,661	26,695	1.00	4,926
1934	49,300	29,936	1.65	3,935
1935	63,642	30,239	2.10	3,536
1936	86,267	40,365	2.14	3,894
1937	135,718	46,312	2.93	3,928
1938	145,601	48,138	3.02	3,907
	(AA와 M-1만)	1사분기		1사분기

출처: TsANO archives, f. 2435, o.1, d. 169; d.171, ll.3 - 7; o.2, dd. 6/8.

의 부활을 의미했다. 가즈의 한 엔지니어는 1943년 탱크 조립공장을 다음과 같이 설명했다.

전체 기계 공장은 생산된 부품을 기준으로 각 부서로 나뉩니다. 모든 부서는 각기 부품들을 만들어 주 조립라인으로 보냅니다. … 각 부서는 차례로 부품 처리 및 조립 순서를 기반으로 배치된 개별 조립라인으로 구성됩니다. 조립라인 위에서 개별 부품들은 흘러 이동하고 가공되어 마침내 본관 컨베이어에 도착합니다. … 조립라인은 가공 부품의 순서에 따라 배치됩니다. … 조립라인, 공장, 건물 전체의 설계는 기본적으로 부품 이동 거리를 최소화하고, 물류 운송의 최적 조건을 구현한다는 원칙에 따라 이뤄집니다. 따라서 모든 조립라인은 조립된 부품들을 남쪽으로부터 건물을 가로질러 북쪽에 있는 본관 컨베이어까지 공급합니다.[149]

피아트의 최고 경영자 조반니 아녤리Giovanni Agnelli 역시 비슷한 어조로 공학적인 표현과 조직의 꿈을 혼합해 새로운 미라피오리의 흐름 생산을 묘사한 바 있다.

하나의 평면 위에서 생산 단계의 유기적인 순서, 개별 그룹 및 완제품 생산을 전담하는 부서들로 구성된 공장조직, 부품 조립 순서에 따라 배치된 조립라인 옆으로 생산 부서 배치, 각 부서의 생산에서 필요한 부품의 순서에 따라 모든 부서의 생산라인 배치, 각 생산 단계를 수행할 때 발생하는 순서에 따라 공작기계를 나열하고 생산의 모든 요소를 체계적으로 배치, 합리적인 배치의 결과, 생산과정에서 자재 운송 과정이 제거됨[150]

물론 아벨리가 가즈의 수석 엔지니어들이 디트로이트에서 가져와 공장 건설의 기초를 만들고 전쟁 조건에서 재발견한 공장배치를 이야기한 것일 수도 있다. 어떤 의미에서 아벨리는 가즈에 대해 이야기했다. 포드의 루즈 공장 운영에 기초를 둔 흐름 생산은 1930년대 대량생산의 보편적 원칙이 되었다.

4장

나치의 포드주의

현대 독일 사상을 따르면, 독일 기업은 국가의 일반적인 정치적·경제적 요구에 복무하는 한에서만 그 존재가 정당화될 수 있다.
-에리히 디스텔, 포드 쾰른 공장 전무이사, 1938

샤흐트 씨는 우리가 독일과 앞으로 5년간 더 함께 게임을 계속한다면, 이곳에 와서 기쁠 것이라고 이야기했다.
-에반스, 오펠 전무이사, 1934

1937년 10월 21일 밤, 윌리엄 베르너는 플린트의 뷰익 공장에서 긴 하루를 마치고 디트로이트 북 캐딜락호텔로 돌아왔다. 호텔 안내 데스크에는 베르너의 상관들이 작센에서 보낸 전보 한 통이 기다리고 있었다. 전보는 베르너에게 히틀러가 후원하는 "국민 자동차"의 설계자 페르디난트 포르셰와 그의 수석 엔지니어 오토 다이크호프Otto Dyckhoff가 계획 중인 폭스바겐 공장의 기획 부서 직원으로 포드자동차회사 출신의 독일계 미국인 12명을 영입하는 데 성공했음을 알렸다. 베르너는 자신의 회사 오토-유니온도 같은 기회를 얻기를 바랐을 것이다. 베르너는 펜을 들어 답신을 보냈다. 미국 기업들의 응대는 매우 친절했으며, 지금까지 모든 일이 순조롭게 진행되어 기쁘다는 내용이었다. 그와 그의 그룹은 루즈 공장에서 3일간 체류할 수 있길 희망했다. 당연히 그도 포르셰의 인재 영입 노력을 잘 알고 있었다. 베르너는 이 문제를 주의 깊게 살펴보겠다고 말했지만, 그것으로 얻을 수 있는 성취에 약간의 의구심을 품었다. 그는 공작기계를 설계하고 제작하는 데 상당한 기술을 갖춘 전문가만 고용할 가치가 있다고 여겼다. 그러나 그러한 엔지니어들은 "매우 비

쌌고, 대부분 미국인"이었다.[1]

베르너의 의견도 타당했지만, 그러한 어려움 때문에 포기할 수 없었던 폭스바겐의 사람들은 미국 공장에 고용된 상당수 숙련된 공구 제작자가 독일 출신이라는 사실을 파고들었다. 베르너가 디트로이트에 머물 때, 폭스바겐은 이미 루즈 공장의 기술 핵심부서에서 숙련된 독일계 미국인 엔지니어 몇 명을 추려냈다. 이때 채용된 사람 중에는 1923년부터 포드에서 일해온 독일 태생의 공구 제작자이자 루즈 공장의 압착 성형 작업장 관리자 한스 마이어Hans Mayr가 있었다. 마이어는 포드의 압착기 설계자 카를 루이크Karl Luik와 함께 합류했다. 포르셰와 다이크호프는 "미국에서의 이전 활동을 근거"로 루이크를 고용했으며, 그가 폭스바겐의 압착 성형 작업장을 설계할 것으로 기대했다. 루이크, 마이어와 더불어 루즈 공장 차체 작업장의 감독관 중 한 명이었던 한스 리델Hans Riedel 그리고 포드의 자랑스러운 8기통 엔진 블록을 위한 공구를 설계한 조지프 베르너Joselh Werner도 함께 왔다. 조지프 베르너(윌리엄 베르너와 친인척 관계 아님)의 회상을 따르면, 1927년 그는 헨리 포드의 책 두 권을 읽은 후 처음 미국으로 이주했다. 그의 채용은 뜻밖에 이뤄졌다. "1937년 봄 어느 날, 아내가 북 캐딜락호텔에서 포르셰 박사를 만나달라는 전화를 받았다." 그 후 만남에서 포르셰와 다이크호프는 그에게 폭스바겐의 시제품 사진을 보여주며 "우리는 당신이 미국의 대량생산 방식을 제조업에 도입해 주기를 바란다"라고 말했다는 것이다. 모두 미국 시민이자 포드사의 퇴임자였던 마이어, 루이크, 리델 그리고 베르너 네 사람은 1937년 미국을 떠나 슈투트가르트에 있는 폭스바겐의 기획국에 작업장을 마련했다.[2]

디트로이트에서 나치 독일로 대서양을 횡단한 엔지니어들의 이주는 불과 몇 년 전 소비에트 러시아로 이동한 인력과 기계들의 움직임을 거울에 비춘 듯했다. 두 체제 모두 자동차 대량생산을 20세기 국민 경제의 전략적 부문으로 상정했다. 그러나 실제 자동차 산업은 미국과 비교해 저개발 상태에 있는 핵심 산업 영역 중 하나였다. 두 체제 모두에 자동차 대량생산은 미국이 지배하는 세계질서에서 우위를 점하려면 우선 완수해야 하는 기술이었다. 따라서 두 체제는 경제적 우위를 내세우고 민간인들에게 선전하기 위해서뿐 아니라 실제로 국가의 기술 역량을 강화하고 국가 주도의 재무장 사업을 지원하려고 이 부문의 산업을 고도화하고자 했다. 두 체제 모두 엔지니어들을 중서부로 보냈고, 디트로이트가 이민자들의 도시라는 사실을 활용했다. 그들은 이 자동차 도시에서 수요가 확실한 생산기술을 습득했을 뿐 아니라 그것을 그들에게 전달해 줄 공통언어를 구사하는 노동자들과 엔지니어들을 고용하고자 했다. 소비에트와 나치 모두에 산업 고도화는 독점 기술을 획득하려면 불가피하게 미국과 관계를 맺어야 하는 초국가적 문제였다.

그러나 둘 사이의 산업구조와 경제체제가 크게 다르다는 점을 고려할 때 양국과 미국의 관계는 각각의 경우에 상당히 다른 형태를 취할 수밖에 없었다. 스탈린과 볼셰비키 지도부는 심각하고 포괄적인 개발 열세에 시달리는 가난한 농업 경제를 변화시키고자 노력했다. 3장에서 살펴보았듯이, 그들은 서양의 기술 병기 공장 전체를 복사해서 그들의 열세를 치유하고자 했다. 따라서 소비에트에서 포드주의 수입은 훨씬 크고 포괄적인 기술 이전 사업에서 중심부를 차지하긴 했으나 일부분에 불과했다.

독일이 미국에 대해 느끼는 개발 열세의 성격은 조금 달랐다. 소련과 달리 독일은 석탄과 철강, 공작기계와 도구 제작 분야에서 고도로 발전한 자생적인 산업 기반을 자랑했다. 전기·화학 부문에서 독일 기업들은 전 세계적인 기술 혁신의 최전선에서 활약했으며, 실제로 한두 가지는 미국 경쟁자들에게 가르쳐줘야 할 만큼 독보적이었다.[3] 그러나 자동차 양산에서 독일은 개발도상국 상태였다. 다임러-벤츠Daimler-Benz나 BMW 같은 독일 엔진 제조업체들은 미국의 업체들을 따라가지 못했다. 1929년 독일에서 유일하게 대규모 공장을 갖추고 있던 오펠Opel이 GM에 인수되었다. 유서 깊은 전통을 간직한 독일의 공작기계 제조사들은 수출 역량이 상당했지만, 대량생산 공장에 물품을 공급하기에는 설비가 부족했다. 따라서 독일의 개발 열세는 제한적이었지만 심각했다. 자동차 대량생산을 실현하는 일은 골머리를 앓을 정도로 중요한 일이었다. 그것은 소비와 수출 부문에서 성장을 이끌어갈 수 있는 잠재성뿐만 아니라 나치 정권에서는 더 시급한 일이기도 했던, 군사 전략적 중요성이 있었기 때문이다. 따라서 나치 정권은 소비에트 방식처럼 기계를 대량 구매하거나 기술 체계 전체를 들여오지 않았다. 그 대신 산업 정찰과 미국 전문가 고용, 즉 포르셰와 다이크호프, 윌리엄 베르너와 같은 이들이 디트로이트에서 했던 임무에 의존했다.

역량 있는 국내 자동차 산업을 구축하고자 했던 두 체제 사이에는 무엇보다 결정적인 차이가 있었다. 포드사와 GM사 모두 나치 독일에 상당한 투자를 했다는 사실이다. 앞서 살펴봤지만, 오신스키와 최고경제위원회는 러시아에 공장을 건설하고 싶다는 포드사의 제안을 거절하는 대신 디트로이트에 상설위원회를 두는 선택을 했다. 소비에트의 진행 과정은 미국과 거리를 유지하고 기술을 전유하는 방법에서 강한 통제권을 가질 수 있다는 이점이 있었다. 동시에 막대한 양의 경화가 필요했기에 소비에트 지도부는 국내에서 무자비한 원시 축적 사업을 벌여 이 자금을 마련했다. 반면 나치 정권은 독일에 진출한 미국의 다국적 기업들을 정치적 압력과 경제적 유인으로 짠 그물망에 몰아넣었고, 이로써 상당한 양의 미국 달러를 지출하지 않고도 미국인의 기술을 전유할 방법을 찾아냈다.

나치의 정치경제 안에서 미국의 다국적 기업

나치 정권이 경화를 절약하면서 대량생산 기술을 획득한 방식을 이해하려면 나치의 정치경제, 즉 1930년대 나치 독일의 국내 구조와 이들이 국제무대에서 처한 상황을 이해해야 한다. 나치의 대외 경제 정책을 지배한 가장 큰 한계는 소비에트 지도부도 느낀, 즉 1930년대 수입에 의존한 모든 국가의 정부가 인식했을 바로 그 문제인 만성적이고 심각한 외화 부족이었다. 이러한 곤란은 대공황의 유산이기도 했다. 1920년대 말까지 독일은 배상금과 막대한 미국 차관의 결과로 세계에서 단일 명목 외채 부담이 가장 큰 나라라는 오명을 얻기도 했다. 1924년에서 1929년 사이 짧은 호황기에는 수출과 회전 대출을 이용해 부채 상환을 보장할 수 있었다. 그러나 대공황은 독일을 수출시장과 떼어놓았고, 1931년 세계금융위기의 여파로 국제 신용체계는 무너졌다. 이에 대한 대응으로 바이마르 정부는 자본 유출을 엄격히 통제하고 외환을 절약하는 수입 장벽을 세웠다. 또한 그들은 점점 벌어지는 국제수지 격차를 메우려고 수출

에 보조금을 지급하기 시작했다.[4]

1933년 국가사회주의자들이 권력을 잡았을 때, 그들은 무역관리와 자본통제라는 임시체계를 물려받았다. 그들이 그것을 새로 만들지는 않았다. 그들이 추가로 한 일은 비상조치였던 이 체계를 전략적 경제 정책의 도구로 바꾼 것이었다. 나치 당국은 외환에 대한 국가 통제를 강화하고 수입을 줄이고 수출을 촉진하는 정책을 강화했다. 그들은 인조섬유, 합성고무, 석탄에 수소를 첨가해 만들 수 있는 휘발유 같은 수입 대체품을 개발하도록 업계를 밀어붙였다. 외환(결국, 수입)에 대한 중앙 통제로 나치 당국은 소비산업(섬유와 같은)의 극심한 부족에 시달리면서도 전략적 부문(금속 가공, 항공, 강철 같은)에 경화를 배분해 체계적으로 특권화할 수 있었다. 그들이 원하는 결과는 자원을 소비 영역에서 재무장 부문으로 전환하는 것이었다. 라이히은행의 총재이자 경제부장관이었던 할마르 샤흐트Hjalmar Schacht(1877~1970)는 1934년 이 체계의 기본 구성 요소들을 제시한 "새로운 계획New Plan"을 내놓았다. 이 계획의 핵심은 1944년 나치 경제가 붕괴할 때까지 유지되었다.[5]

나치즘이 미국의 대량생산을 전유할 수 있었던 두 번째 두드러진 맥락은 국내의 "조정된 시장 경제"였다. 이는 나치 정권이 국가의 목적을 위해 민간 산업을 이용하려고 구축한 체계였다. 어떻게 이러한 체계가 작동할 수 있었는지는 나치 경제가 "사회주의"인지 "자본주의"인지에 대한 추상적인 논쟁을 넘어 나치 국가 기관과 독일 경제계 사이의 협상을 세부적으로 재구성하기 시작한 학술연구로 지난 15년 사이에 명확하게 드러났다.[6] 이 연구는 나치 국가가 그들의 목적을 위해 재산권, 시장과 법을 활용하는 방식을 보여주었다. 그들의 체계는 암묵적인 쌍방향 거래로 이뤄졌다. 한편으로 국가는 사업가들의 재산권을 존중하고 (유대인이 아닌 한에서), 그들에게 계약 상대를 선정해 투자를 결정하고 생산 전략을 선택할 자유를 주었다. 다른 한편으로 국가는 산업이 정권의 전반적인 정치−경제적 요구(예를 들어, 수입대체 제품 개발, 군사−산업 구축과 재무장)에 부응하기를 기대했다. 정권은 이러한 요구를 민족공동사회 Volksgemeinschaft의 집단적 이익과 동일시했다. 즉 독일 기업이 스스로 솔선하여 그러한 요구를 채택하고 그들의 자원들과 전문지식을 활용해 스스로 혁신 전략과 생산비법을 수립해 나가기를 기대했다. 기업이 원하는 결과를 내거나 그들 스스로 더 좋은 구상과 개선 사항을 제시하면, 그에 상응하는 보상과 장려금을 지급하거나 더 큰 이익을 낼 수 있는 사업에 참여할 기회를 부여했다. 그러나 거부하거나 결과를 내지 못하면 보복과 위협이 가해졌다.

은연중에 징벌에 대한 항시적인 위협을 포함해 정권에 적극적으로 봉사할 것을 기대하는 태도는 바이마르 시대 우익 포스트 자유주의자들이 빌전시킨 니엔스트 개념을 반영한 것이다. 그것은 나치 시대 내내 강력한 이데올로기적 교의로 남아 있었다. 1936년 히틀러가 말했듯이 "경제부는 국가 경제의 과제를 설정하기만 하면 되고, 민간 기업은 이것을 실행하기만 하면" 되었다. 히틀러는 합성 연료와 고무 개발이 지연되는 상황에 대해 "생산방법을 찾고자 [기꺼이] 머리를 싸맬 민간 산업을 우리가 가지"거나 "우리에게 민간 산업이 더는 필요치 않거나"라고 말하기도 했다.[7] 이러한 견해는 사업가 측에도 나름의 근거를 제공했다. 상공회의소 뮌헨지부장이었던 알베르트 피에츠Albert Pietzsch는 "경제적 조정"에 관한 각서에서 국가사회주의 국가는 요구사항을 제시하고 그 결과를 통제하는 역할로 스스로의 권한을 제한해야 한다고 주장했다. 실행은 개별 회사들에 맡겨두고 적절한 "자체 관리 기관"이 그들 사이를 조율하면 된다는 것이다. 이러한 조치는 민간 기업의 "창조적인 솔선수범"을 동원하고 정권의 목표를 달성하는 데 "책임 있는 협력"을 가능케 할 것이다.[8] (5장에서 논의하겠지만, 알베르트 슈페어Albert Speer가 1942년 국가 조정을 강화하며 "산업적 자기-책임industrial self-responsibility"이라는 모호한 표현을 선택했을 때, 이러한 개념은 다시 한번 부활한다.)

그러나 기업가가 비협조 원칙을 고수하는 경우는 드물었다. 적어도 나치 정권이 전쟁을 일으키기 전 몇 년 동안 대다수 기업가의 태도는 마지못한 수용과 적극적인 지원 사이 어딘가에 있었다. 민간 산업이 정권의 기대에 부응하지 못한 사례는 항공, 철강 그리고 우리가 살펴볼 폭스바겐과 같은 몇몇 유명한 기획사업뿐이었다. 결국, 나치 국가는 산업에 개입해 직접 공장을 운영했다.[9]

나치 국가는 다국적 기업을 국내 기업과 유사하게 취급했다. 이는 다국적 기업도 외환 관리와 경제 조정에 따라야 한다는 뜻이었다. 즉, 자본 통제의 틀 안에서 정권은 외국 기업에 상당한 자율성을 부여했지만, 동시에 그들이 협력과 심지어 솔선수범을 보여줄 것을 기대했다. 나치 당국은 독일에 상당한 고정 투자를 한 포드사, GM사, 스탠더드오일사, IBM사 등이 자본과 기술의 중요한 원천이라는 사실을 잘 알았다. 이러한 이유로 정권은 그들이 군사-산업 구축을 지원하는 한 다국적 기업의 존재를 용인했을 뿐 아니라 장려했다. 히틀러는 미국 기업 대표들에게 "외국 자본에 대한 어떠한 차별도 용납하지 않을 것"이라며 거듭 확인해 주었지만, "합법적인 경제 목적을 위해 투자해야 한다"는 경고를 덧붙였다.[10] 당 내부 회람은 그 의미를 더 정확하고 솔직하게 보여준다. 외국 자본이 "독일에서 활동하면서 국가의 정책이 요구하는 바에 복종한다면" 언제든 환영한다는 것이다.[11]

실제로 나치 정권은 다국적 기업에 독일의 군사─산업 구축에 자본과 독점 기술을 투입하라고 회유하는 동시에 괴롭혔다. 자본통제가 핵심이었다. 나치 당국은 다국적 기업의 이익 본국 송환을 막고, 그 수익금을 공장 확장, 기술 고도화, 국내 기업들과 합작 투자에 사용하도록 강요했다. 이러한 전략은 성공적이었다. 1929년에서 1940년 사이, 독일에 대한 미국의 직접투자는 장부상 가치로 50% 증가했는데, 이는 거의 전적으로 재투자의 결과였다.[12] 예를 들어, 스탠더드오일사의 독일 자회사는 제트 엔진을 위한 합성 연료의 주요 정유소에 상당한 비용을 지출했다.[13] IBM사는 자체 개발한 천공 카드 도표 작성기punch card tabulators의 제조를 독일 지사로 이전했다.[14] GM사가 소유한 오펠사는 트럭을 생산하려고 최신식 흐름 생산 공장을 새로 지었다.[15] 포드사는 군이 후원하는 트럭 개발 사업에 기계, 전문 기술과 더불어 인력을 투입했다.[16] 나아가 정권은 미국의 다국적 기업들에 생산품을 "독일화"할 것을 요구했다. 즉 현지에서 원자재를 조달하고 국내 공급업체들을 활용하라는 것이었다. 이를 위해서는 종종 독일 기업에 미국식 모범사례를 교육할 필요가 있었는데, 예를 들어, GM사 소유의 오펠은 독일 공작기계 제조업체에 미국 사양에 맞춰 제작하도록 압력을 가했다.

좀 더 넓게 보면, 나치 정권은 다국적 기업들도 외환 관리와 수출 촉진의 틀 안에 끼워 넣고자 했다. 달러 배분을 보류함으로써 당국은 포드사와 GM사의 독일 지사 그리고 그들의 모회사가 독일에서 보내는 제품과 모회사가 공급하는 기계·희소한 원자재(예를 들어, 고무, 철광석)에 대한 물물교환 협정을 맺도록 유도했다. 결국, 포드사와 GM사는 자신들의 국제 유통망을 이용해 독일의 국제수지를 지원했다.[17] 이 모든 일은 외국인 소유 기업에 적대적인 환경, 즉 관제언론, 하부 당 조직, 독일의 지배적인 무역협회에 만연한 뿌리 깊은 적개심에서 발생했다. 이러한 민족적 적개심의 고조는 다국적 기업들이 당국의 계획을 따를 경우 병력을 억제하겠다고 주기적으로 약속한 정권과 더욱 가까워지도록 만들었다.

도대체 다국적 기업들은 왜 끔찍한 히틀러 정권에 협조했을까? 이는 역사학자들의 오랜 질문이었고, 그에 대해 다양한 답을 제시해왔다. 미국인 경영자들은 나치의 목표에 순진하게 속았을 뿐이다.[18] 그들은 정권의 범죄를 암묵적으로 공모한 냉소적인 부당이득자였다.[19] 그들은 자신들의 투자를 보호하는 데만 관심 있는 냉철한 실용주의자들이었다.[20] 확실히 이러한 각각의 주장은 나름의 근거들을 제시할 수 있을 것이다. 그러나 기본적으로 미국 기업들은 두 가지 이유로 응했다. 한편으로 나치의 재무장 경기는 대공황 이후 불안정한 국제 환경에서 탄탄한 성장 시장을 제공했다.[21] 다른 한편으로, 미국 기업들이 독일에서 만난 이 적극적인 국가가 사용한 방법은 1930년대 세계의 풍경에서 특별히 예외적이지 않았다. 민족주의와 군사력 증강의 분위기 속에서 나치 정권만 홀로 다국적 기업을 산업 고도화라는 논쟁적인 정치 속으로 끌어들인 것은 아니었다. 또한 나치 당국이 다른 정부들보다 특별히 더 많이 요구한 것도 아니었다고 이야기할 수 있다.

포드사와 GM사는 1920년대 후반부터 그들이 돌아선 모든 곳에서 민족주의의 역풍과 국가 주도 산업화 정책에 부딪혔다. 이러한 충돌은 특히 기존 국내 자동차 산업과 미국 사이의 과도한 경쟁을 두려워한 국가들에서 두드러지게 나타났다. 이탈리아에서 무솔리니 정권은 국내에서 가장 우수한 자동차회사인 피아트를 보호하고 강화하려 했고, 결국 포드사는 이탈리아에서 사업의 지반을 마련하지 못했다.[22] 동시에 피아트의 엔지니어들은 루즈 공장의 개방성을 적극적으로 활용하고, 미라피오리 공장의 확장을 준비하면서 기술 정찰 활동을 강화하기도 했다. 1929년 포드사는 프랑스 조립공정을 위한 지사를 설립하면서 회사를 국유화하고, 현지 공급업체를 이용하며, 제작 능력을 국내 시장에 이관하라는 통상적인 정부의 압력에 직면했다. 이에 포드 지사는 프랑스 회사인 마티스Mathis와 정식으로 합병했다. "프랑스 전용"인 정부 보조금을 받으려고, 군사 계약을 따내려고 포드사는 결국 디어본에서 새로운 자금을 들여와 부분적으로 새롭게 공장을 건설했다. 위치는 프랑스의 동원 계획과 양립하도록 프랑스 수도에서 가까운 푸아시가 선택되었다. 푸아시 공장은 1939년 가동을 시작하면서 자동차가 아닌 군용 트럭과 항공기 엔진을 생산했다. 프랑스에서 포드사가 경험한 일들은 GM사의 독일 경험과 매우 흡사했다. 여기서 당국은 미국인들에게 새로운 트럭 공장 건설을 부추겼을 뿐 아니라 전략적인 요구사항을 충족할 수 있는 위치(독일의 경우, 수도 바로 외곽에 있는 브란덴부르크)에 합의하도록 했다. 한편, GM사는 프랑스의 3대 자동차회사 중 하나였던 시트로엥으로부터 합병 제안을 받고도 프랑스에 관여하지 않기로 했다. 불안정한 프랑스 시장에 새로운 자금을 투자하는 것은 현명하지 못하다고 판단했다.[23]

일본 당국은 1931년 만주 침공 이후 국내 자동차 산업의 군사적 필요성에 대한 우려가 커지면서 포드와 GM사에 압력을 가하기 시작했다.

두 회사 모두 1920년대에 조립공장을 성공적으로 설립한 뒤 미국에서 들여온 자동차 부품들을 조립한 자동차를 생산했다. 이제 미국 기업들은 그러한 수입품 대신 국내 시장에서 부품을 조달하라는 지시를 받았다. 이는 부품 공급업자로 뛰어들 기회를 얻게 된 닛산과 토요타에 커다란 이익을 안겨줄 개발 정책이었다. 일본 소유의 지분을 확대하라는 당국의 압력이 점점 거세지자 포드사와 GM사는 각기 일본 기업과 합작을 모색했다. 1934년부터 1939년까지 포드사, GM사, 닛산과 토요타는 다양한 조합으로 합작 투자를 기획했다. 미국 기업들은 국가의 자격조건을 획득하고자 필사적으로 노력했고, 일본 기업들은 미국 기업과 협력해 기술 투입이 지속되기를 바랐다. 그러나 각각의 제안은 점점 강력해진 군부에서 거부했고, 미국 기업들은 결국 공장을 폐쇄할 수밖에 없었다.[24] 이러한 충돌을 고려하면, GM사가 일본을 독일보다 더 어려운 사업 환경으로 간주했다는 사실은 놀라운 일이 아니다.[25] 실제로 외국 기업에 일관되게 강경한 태도를 보인 일본군 당국은 독일과 달리 기술을 두고 그들과 맺는 관계의 가치를 덜 명확하게 이해한 것으로 보인다.

이러한 비교에서 볼 수 있는 것은 참여 조건을 놓고 다국적 기업들과 얽힌 국가들의 초국가적 개발 경쟁의 정치경제이다. 외국의 다국적 기업에 국가 권력을 행사하고 자본통제·민족주의적 보복 위협을 개발 경쟁의 주요 도구로 사용한 국가는 비단 나치 정권만이 아니었다. 다국적 기업에 국내 공급업체 육성을 강요하고 국내 기업들과 합작 투자를 유도하는 한편, 새로운 고정 투자를 장려하고 기술 이전을 밀어붙임으로써 나치 정권은 1930년대의 다른 적극적인 국가들을 모방했다.

실제로 나치의 "조정 경제steered economy"는 독자적이라고 하기는 어려운, 오히려 경제 고도화를 추구하는 여타 20세기 권위주의 국가들이 사용한 일련의 방법을 유사한 형태로 발전시킨 군사 체제였다. 사회과학자들이 정의한 20세기 "개발국가"의 핵심 특성은 다음과 같이 정리해 볼 수 있다. "시장에 부합하는 국가 개입 방법"에 기초해 기업과 협상하는 국가, 경제 유력인사들과 국가 행위자 간의 사회적 연합, 임금 삭감과 엄격한 노동 통제, 국가의 전반적인 산업구조 변화뿐 아니라 공장 수준의 합리화까지 꾀하는 목적 의식적 산업 정책, 해외 기술 수용과 국내 확산에 초점을 맞춘 통제, 경제 정책의 기본 도구로 외환 관리 이용, 조정 과정에서 나타나는 시행착오와 그에 대한 즉흥적 대처, 이데올로기 동원과 표적 탄압 환경.[26] 이러한 분류들을 잘 살펴보면, 나치의 재무장 경제가 어떻게 작동했는지 쉽게 발견할 것이다.

미국 중서부의 포드주의에 대한 나치의 전유는 바로 이러한 정치·경제적 맥락에서 일어날 수 있었다. 이러한 전유는 세 가지 주요 경로를 따라 이뤄졌다. 첫째, 나치 정권은 독일에 투자한 다국적 기업인 포드사와 GM사를 전략적으로 활용했다. 여기에는 미국 기업의 현지 지사를 독일의 정치·경제 안에 묶어두고, 그들의 독점 기술을 공개하고 생산 규약을 이전하도록 유도하는 압력이 포함되었다. 또한 미국인 경영진과 독일 정부의 관료, 나치당 간부들 사이에서 개인적 외교 활동도 놀라울 정도로 활발히 벌어졌다. 두 번째 경로는 국가가 후원하는 폭스바겐 공장으로, 이는 루즈 공장을 복제해 만들어졌다. 이 장에서는 이상 두 가지 경로를 자세히 살펴본다. 마지막 세 번째 경로는 1937년 가을, 윌리엄 베르너의 디트로이트 임무에서 볼 수 있는 일종의 표적 산업 정찰 활동이었다. 이에 대해서는 5장에서 그 영향력을 살펴보고, 베르너가 자동차회사 경영진에서 독일 전쟁경제의 최고위층까지 올라가는 과정을 추적해 본다.

미국 기업들의 도전과 "인민의 차"

나치 경제에서 자동차 대량생산이 차지하는 정치적 시급성과 이를 둘러싼 골치 아픈 갈등을 이해하려면 먼저 1920년대 독일 자동차 산업이 겪은 어려움을 살펴보아야 한다. 당시의 곤란들은 1925년 독일 자동차 산업 제국 협회the Reich Association of the German auto industry에 제출된 기술 보고서에 잘 정리되어 있다. 「독일 자동차 산업의 실존적 투쟁」이라는 제목이 붙은 이 보고서는 몇 가지 적나라한 사실을 제시했다. 자동차 생산에서 독일은 세계 최고의 경제 강국인 프랑스, 영국, 미국을 뒤에서 쫓아가고 있었다. 인구 대비 자동차 수를 비교해 보면, 독일(360:1)은 아르헨티나(101:1)보다도 뒤처져 있었다. 물론 가장 위험한 경쟁자는 미국이었다. 미국의 자동차회사들은 독일이 일 년에 걸쳐 생산할 수 있는 자동차 대수를 6일 만에 생산할 수 있었다. 독일이 광범위한 자동차 환경을 이루고자 한다면, "미국 자동차를 사거나 직접 만들거나" 선택지는 둘뿐이었다. 전자는 미국 자동차가 튼튼하고 저렴할 뿐 아니라 품질이 매우 뛰어나다는 점에서 장점이 많았다. 그러나 그러한 경로를 선택하면, 모든 부품 공급회사와 함께 "독일 자동차 산업의 죽음"을 맞이하게 될 것이며, 이는 노동자 16만 명에게 영향을 미칠 것이다. 보고서는 "부활 불가능한 죽음"이 될 것이라는 경고를 덧붙였다.

그러나 두 번째 선택지에도 만만치 않은 제언들이 포함되었다. 경쟁력 있는 자동차 산업을 구축하려면 종합적인 기술 점검이 필요했다. 흐름 생산의 도입, 기계류의 성능 향상, 주조 공장 작업에 미국식 표준을 도입하고자 한다면 다음과 같은 희생도 뒤따라야 했다. "이른바 소규모 작업장들은 사라져야" 하며, 자본이 부족한 모든 자동차 제조업체는 "합병하거나 죽어야" 했다. "임금은 낮게 유지되며," 국가는 세금 정책과 강력한 관세로 산업을 보호해야 했다.[27]

디트로이트 특유의 심도 있는 실행을 도입하기까지 장애물이 많았던 것이 사실이다. 자본이 불안정했던 바이마르의 중소 자동차회사들은 낡은 방법으로 너무 많은 유형의 자동차를 비싸게 생산하고 있었다. 1924년 안정화 조치 이후 그들은 어두워진 수출 전망을 마주했을 뿐 아니라 내수 시장에서도 수요 감소에 직면했다. 물가상승은 중산층 소득에 큰 구멍을 내고 대다수 독일인을 가난하게, 소수를 부자로 만들었다. 이러한 상황은 자동차 시장을 재편했는데, 다임러와 벤츠 같은 일부 자동차회사는 고급 리무진을 한정된 수량으로 생산했고, BMW와 같은 회사는 가장 널리 보급된 동력 운송 수단인 오토바이를 판매해 많은 돈을 벌었다. 자동차는 유류비, 타이어, 세금, 보험료 등 유지비용이 중간 가계의 소득을 넘어섰으므로 부유한 사람들의 전유물이 되었다. 따라서 대부분 자동차는 소규모 사업체, 회사, 의사, 이동 판매상의 자본재로 사용되었다. 이들이 바로 오펠의 주요 고객층이었다. 12마력짜리 호리호리한 자동차로 바이마르 전문가 계층의 수요를 충당한 프로그the Frog는 1924년에서 1931년 사이 12만 대라는 상당히 높은 생산량을 기록했다.[28]

1925년 보고서가 제안한 해결책인 기업합병과 대량생산, 세금과 국가지원은 몇몇 건에서만 실행되었다. 바이마르 시대에 실현된 중요한 자동차회사 합병은 오직 두 건뿐이었다. 1926년 최고급 자동차 생산업체인 다임러와 벤츠가 은행 주도로 합병되었고, 1932년 경제공황에 시달리던 작센주의 4개 자동차 제조사가 구제 금융으로 합병되어 오토-유니온Auto-Union(베르너가 다니던 회사)을 설립했다. 다른 합병 계획들은 극도로 독립적인 소유주들의 저항으로 무산되었다. 무엇보다 오펠가 형제들이 강력하게 거부함으로써 국가의 통합 계획은 좌절될 수밖에 없었는데, 1929년 오펠은 GM사에 매각되어 대중을 놀라게 했다.

많은 자동차 제조사가 포드주의에 매료되어 스스로 근대적 제작 방법을 도입하기 시작했고, 그를 위해 흔히 미국 자본을 빌려왔다. 그들은 종종 미처 기계화되지 못한 조립라인을 도입했고, 1931년 업계 관찰자가 "흐름 생산의 전조"라고 부른 무언가를 만들어냈다. 가장 즉각적인 결과는 과잉생산이었다. 생산성은 1925년에서 1929년 사이에 세 배가 되었지만, 공장 활용도는 크게 떨어졌다. 대공황이 닥치자 많은 자동차 제조사가 흐름 생산체계를 폐기하고 더 높은 가격대로 후퇴했다.[29] 노동계와 언론들은 "합리화가 길을 잃었다"고 말했다.[30] 국가의 지원도 분명하지 않았다. 3년 동안 산업계에 관세가 부과되었다. 터무니없게 높은 세율은 1925년에서 1928년 사이 자동차 제조업체를 보호하는 역할을 했다. 그러나 관세의 표준 수준(가격대에 따라 30~75%)으로 돌아가자 독일의 수입 물량이 급증했다. 1929년에는 새로 등록된 10대 중 4대가 외국산이었다. 자동차회사들은 정부에 자동차세를 낮추고 휘발유의 수입 관세를 인하해 차량 유지비를 줄이도록 해달라고 요청했다. 재정 우선순위를 우려한 정부는 어깨를 으쓱하며 거부 의사를 표했다. 자동차회사들은 "경솔하고 불공평한" 처우라고 탄원하며 국가가 "자동차에 적대적"이라

고 비판했다.[31]

　그러나 바이마르 자동차 제조사들의 비애는 유럽 공통의 화두에 대한 독일식 변형에 불과했다.[32] 모든 곳에서 자동차회사들은 미국과의 경쟁에서 자신들을 보호해 달라고 요구했다. 어디에서나 그들은 포드사 혹은 GM사에 대항하거나, 아니면 오펠이 그랬던 것처럼 미국 기업과 합병해 순위를 뛰어넘고자 했다. 프랑스의 자동차 관세는 대략 45%에 달했다. 영국의 매케나Mckenna 관세*는 33%였다. 이탈리아는 10년 새 60%에서 터무니없이 높은 금지세율로 증가했다.[33] 수많은 합병 계획이 1920년대와 1930년대 내내 명멸했다. 이러한 초기 계획 중 하나로 1918년 9개 프랑스 자동차 제조사는 힘을 합쳐 포드사를 모방하고자 시도했다. 1926년에 프랑스 기업들은 "일반 협정"을 고려하기도 했지만 이러한 계획들은 무산되었다. 경영자들은 서로의 조건에 동의하기 불가능함을 깨달았다. 미국의 매입도 드물었다. 1929년 포드사와 피아트 간의 합작 투자가 무산되었다. 영국 자동차 제조사 오스틴Austin은 먼저 포드사에, 다음에는 GM사에 합병을 제안했다. 시트로엥은 1934년 두 미국 회사에 접근했다. 매번 두 미국 기업은 거절했다. GM사의 투자자들은 유럽산 제품에 대해 여전히 회의적이었고, 헨리 포드와 그 경영진은 생산과 설계에 대한 타협을 싫어하는 것으로 악명이 높았다. GM사의 오펠 인수는 그들의 원칙에서 벗어난 매우 예외적인 사례였다.

　종종 그러한 방어적인 합병 계획은 T형 모델에 대한 유럽식 답인 "인

---

*　제1차 세계대전 중인 1915년 제정된 영국의 관세 정책으로 자국 산업을 보호하기 위해 수입 상품에 높은 관세를 부과했다. 영국이 자유무역주의에서 보호무역주의로 선회하면서 미국을 비롯한 다른 선진국들도 이러한 흐름에 동참했다.

민의 차$_{people's car}$" 개념을 중심으로 전개되었다. 이 경우에도 역시 선택지는 미국 기업들을 이기거나 아니면 그들과 합병하는 것이었다. 1931년 『인민 자동차$_{Das\ Volksauto}$』라는 제목으로 출판된 소책자는 그러한 생각을 잘 보여준다. 독일이 "무자비하게 미국 기업들을 몰아내길" 원한다면, 독일의 선두 자동차회사들은 마땅히 그들 각자의 차이를 제쳐두고, 합당한 출력과 혁신적인 설계를 갖춘 가족용 차량을 생산하려고 힘을 합쳐야 한다. 이 인민 자동차는 바이마르 독일의 소규모 회사들이 내놓은 미약하고 작은 차, 즉 실제보다 좋아 보이게 꾸며지고 지붕이 있는 소형 차량을 넘어설 것이었다. 그렇다고 기존 자동차 제조사들이 상류층을 위해 제작한 "철도 객차와 말이 끄는 마차 사이의 괴물 같은 잡종"도 아니었다. 함께 만든 인민의 차는 미국 기업을 능가하고 유럽과 전 세계 수출 시장에서 미국에 도전한다. 그러나 독일 자동차 제작사들이 협력에 실패한다면 대안은 하나뿐이었다. 패배를 인정하고 포드사를 초빙해 독일을 위한 인민의 차를 만들어달라고 하는 것이다. 이 경우, 적어도 오펠은 다시 독일의 손에 넘어올 테고, GM은 대서양 건너로 후퇴해야 한다.[34]

1933년 1월 국가사회주의자들이 집권하자 독일의 자동차 제조사들은 이제 곧 미국과 싸움을 벌일 전투태세를 갖출 수 있다는 생각에 흥분하는 반응을 보였다. 히틀러의 자동차에 대한 열정은 익히 알려져 있었고, 자동차 업계는 전임자들보다 그들의 호소를 더 잘 들어줄 행정부가 들어서길 바랐다. 자동차 협회는 임명된 지 얼마 되지 않은 신임 수상 히틀러에게 베를린에서 열릴 국제 자동차 전시회의 기조연설을 맡아달라고 요청했다. 히틀러는 이 요청을 "기꺼이" 수락했다. 2월 11일 개막식에서 자동차 산업가들 앞에 선 히틀러는 그들이 듣고 싶어 하는 이야기를 들려주었다. 히틀러는 이전 행정부가 "독일 자동차 제조업에 큰 피해를 주었다"고 말했다. 그와 반대로 새로운 행정부는 아마도 오늘날 가장 중요한 바로 이 산업을 적극적으로 장려할 것이다. 그는 오래 기다려온 세금 감면과 더불어 도로 기반시설에 대한 투자, 자동차 스포츠에 보조금 지원을 포함한 "자동차 환경 조성 사업계획"을 발표했다. 그해 5월에 주요 자동차 제조사와 히틀러가 만난 자리에서는 화기애애한 분위기가 연출되었다. 신임 총리는 자동차 산업이 "미래의 가장 거대하고 가장 성공적인 산업"이 될 것이라는 생각을 확인해 주었다. 그는 경제 재건을 위한 전반적인 과제에서 핵심 역할을 자동차 산업계에 맡김으로써 자동차 산업가들을 더욱 만족스럽게 만들었다.[35]

실제로 자동차 산업은 1933년 이후 전반적인 산업 성장을 뛰어넘는 강력한 회복을 경험했다. 기본적으로 자동차 산업은 이미 1932년 여름부터 상승추세를 보이기 시작해 주기적으로 반등하고 있었다. 자동차 산업에 우호적인 정권이 다양한 정책을 펼치면서 자동차 제조사들도 혜택을 받았다. 세제 혜택, 길가 주차 허용, 운전면허 취득 간소화, 보험료와 등록비 인하 등 다양한 조치는 차량 유지비를 줄여주었다. 아우토반 Autobahn 건설은 가시성이 높은 정권의 선전물이었지만, 적어도 수천 킬로미터에 달하는 일반 도로를 개선하는 중요한 효과를 가져왔다. 정권의 외환 통제는 사실상 수입 경쟁을 종식했다.[36] 자동차는 어쩌면 국가사회주의 아래서 문화적 르네상스를 누릴 수 있었다. 자동차는 나치 이데올로기에 매우 잘 융화되었으며, 정권의 선전전에서 중심 위치를 차지했다. "국가사회주의 자동차 군단"은 젊은이 수천 명에게 자동차뿐만 아니라 만자-십자가swastikas*와 준군사적 전경을 펼쳐 보여주었다.[37] 정부의 강력한 보조금 혜택을 받은 메르세데스-벤츠와 오토-유니온이 제작한 경주용 자동차들, 실버 애로the Silver Arrows가 국제 자동차 경주대회를 장악하기 시작했다.[38] 해마다 겨울 베를린에서 열린 국제 자동차 전시회는 이전의 침착하고 진지한 무역전시회의 느낌이 사라지고, 뉘른베르크 정당 집회를 연상시키는 거대한 대회로 치밀하게 조직되어 관중 수만 명을 끌어들였다. 이 행사는 해마다 독일의 자동차 환경을 찬양하는 히틀러의 연설로 절정에 달했다.[39]

독일 자동차 제조사와 새 정권은 좋은 관계로 출발했지만, 곧 자동차 산업은 나치 조정 경제가 지닌 양날의 검을 느끼게 되었다. 나치 정권은 자동차회사에 대한 그들의 지지를 보여주고는 그들에게 요구하기 시작했다. 1934년 3월 베를린 자동차 전시회에서 연설에 나선 히틀러는 청중에게 독일과 미국 사이의 거리가 여전히 멀다는 점을 상기시켰다. 독일에는 자동차가 50만 대 있는데, 격차를 줄이려면 1,200만 대가 필요했다. 히틀러는 전시회장에 모인 자동차 산업가들에게 "과제"를 정확하게 제시했다. 독일이 대규모 자동차 환경을 성취하려면, "반드시 기업이 독일 국민을 위해 그들에게 적합한 자동차를 설계하고, 생산해야" 한다는 것이다.

수년 동안 히틀러는 너무 비싼 자동차를 만드는 독일 자동차 제조사를 비판해 왔다. 이제 그는 바로 그 주제를 꺼내들었다. 대중적인 자

---

* 나치 독일의 상징인 꺾인 모양 십자가로 불교, 힌두교, 자이나교, 시크교 등 인도 계통의 종교에서 사용하는 만자문(산스크리트어, 스와스티카)과 모양이 같지만 만자문이 주로 왼쪽으로 회전하는 형상을 사용하는 데 반해, 독일의 만자-십자가는 오른쪽으로 회전한다. 독일어로 갈고리를 뜻하는 하켄(Haken)과 십자가를 뜻하는 크로이츠(Kreuz)를 합쳐 하켄크로이츠(Hakenkreuz)라고도 한다.

동차에 대한 주요 장애물은 "수백만"의 "재정적 수단에 맞게 가격을 조정"하는 것이다. 그렇게 할 수 있다면, 자동차 제조사들은 저렴한 기본 라디오 모델인 폭스엠페에Volksempfänger(국민 수신기)를 개발하려고 합동 개발단을 구성한 라디오 산업의 선례를 따를 것이다. 연설에서 히틀러는 특정 용어를 언급하지 않았지만, 모든 사람은 이 독재자가 오랫동안 계속된 폭스바겐Volkswagen(국민차) 구상을 방금 되살렸다는 것을 알아차렸다.[40]

1934년 히틀러는 베를린 자동차 전시회 연설에서 나치 정권의 광기 서린 희비극 중 하나이자 결국은 좌절된 독일 "인민의 차" 대량생산 시도를 시작하는 일제 지원사격에 나섰다. 사실, 나치의 폭스바겐 역사는 상당 부분 일어나지 않은 일들에 관한 이야기였다. 추진계획이 계속 실패한 과정을 간략하게 살펴보면, 국가사회주의 아래에서 폭스바겐은 끝없이 부풀려진 기대 이상으로 남겨진 것이 아무것도 없었다. 독일 자동차 제조사들은 인민의 차 구상을 반기지 않았고, 결국 생산에 실패했다. 1937년 광대하게 뻗어가던 독일노동전선German Labor Front이 사업추진을 선택했지만, 제3제국 기간에 고객들에게 폭스바겐을 단 한 대도 제공하지 못했다. 30만이 넘는 잠재적인 구매자가 노동 전선에 차를 구매하려고 충실하게 저축한 돈을 맡겼지만, 그들은 전쟁 중 청구권이 사라지는 모습을 지켜볼 수밖에 없었다(1948년, 그들은 집단 소송을 제기했다). 폭스바겐을 생산하려는 거대한 공장 건설이 1938년 시작되었지만, 완성되지 못한 채 1939년 군수품 생산공장으로 전환되었다. 놀랍게도, 그 거대한 공장에서 최초로 대량생산된 제품은 혁신적인 자동차가 아니라 합판으로 만든 일회용 제트연료탱크였다.[41] 그리고 전쟁 기간 내내 대부분 원자재와 노동력이 부족한 상태에서 공장은 생산능력보다 낮은 수준으로 운영되었다. 결국, 역사학자들이 나치의 폭스바겐을 막대한 자원의 잘못된 배분, 가혹한 경제 현실과 충돌하는 오만한 선전전, 독재자의 기이한 과대망상, "국가사회주의의 소비 사회 구현 실패"의 상징으로 풍자하는 데는 이러한 이유가 있었다.[42]

그러나 한 걸음 뒤로 물러나 폭스바겐을 둘러싼 국제적 배경을 살펴보면, 익숙해 보이는 이야기 속에 숨겨진 몇 가지 새로운 반전이 드러난다. 무엇보다 세 가지 문제가 눈에 띈다. 첫째는 히틀러가 미국에 대한 개발 열세가 확연한 가운데 이 사업을 부활하고자 한 비교사적 맥락이다. 독일 자동차 제조사들에 인민의 차를 개발하라는 히틀러의 요구에는 미국과 경쟁하려면, 포드주의와 레벤스라움을 결합해야 한다는 그의 오랜 믿음이 반영되었다. 두 번째는 1930년대 유럽의 맥락으로 나치의 폭스바겐은 국내 기업들의 협력을 바탕으로 자동차 산업을 고도화하고자 한 다른 국가들의 노력과 같은 선상에 있었다. 이러한 목표는 우리가 이미 살펴봤듯이, 독일뿐 아니라 모든 곳에서 어려움을 수반했다. 이러한 맥락에서 미국에 맞설 것이 아니라 미국과 합작해서 인민의 차를 개발하자는 견해도 있었다. 폭스바겐이 포르셰의 그 유명한 "비틀"의 설계와 떼려야 뗄 수 없는 관계를 맺고, 노동전선의 통제-소비 정치에 융합되기 전에도 독일 인민의 차는 미국 다국적 기업과 협력을 매개하는 씨앗이 될 실질적 가능성이 있었다. 여기서 중요한 것은 사후 판단에 속지 않는 것이다. 포르셰는 1936년 여름이 되어서야 독재자의 전폭적인 지지를 받았다. 그전까지 이 장의 나머지 부분에서 살펴보겠지만, 나치 정권은 포드사와 GM사 모두에 독일 인민의 차를 설계하고 대량생산하도록 반복해서 장려했다.

　세 번째이자 마지막으로 폭스바겐의 싸움은 나치의 "조정된 시장 경제"의 핵심 요소가 만들어지는 과정, 즉 정권이 어떻게 독일에 고정 투자를 한 외국 기업을 다루는 법을 배웠는지를 보여준다. 폭스바겐의 망령은 GM사와 포드사가 정권과 긴밀하게 접촉하는 첫 계기를 마련했다. 두 회사는 이 사업계획에 신규 자금을 투입할 의사가 없음을 확실히 했지만, 그럼에도 두 회사는 모두 그 과정에서 제3제국의 정치-경제와 협상하는 법을 배웠다. 나치 정권 또한 정치적 압력과 경제적 제약을 뒤섞어 나치의 정치적 목표를 위해 미국의 자원을 동원하고 대량생산 전문 지식을 짜내는 방법을 알아낼 수 있었다. 그 과정은 어떠한 청사진도 따르지 않았다. 오히려 나치 국가는 군부, 당, 부처가 항상 조화를 이루지 못해 혼란스러웠고 즉흥적으로 대처했다. 이러한 복잡다단한 정치 환경은 개인적인 외교, 비공식적인 관계를 중요하게 만들었다. 여기에는 미국의 경영진과 나치 정권의 대표자들뿐만 아니라 디어본과 베를린 사이를 중계한 폐위된 황제의 손자 호엔촐레른Hohenzollern의 루이 페르디난트 폰 프로이센 왕자Louis Ferdinand von Preussen(1907~1994)와 같은 매우 의외의 인물도 있었다. 그러나 정권의 다양한 활동을 하나로 묶어낸 것은 만성적인 경화 부족에 시달려온 독일의 재무장 경제를 강화해야 한다는 기본 명령이었다. 다음에서는 히틀러의 베를린 연설을 계기로 나치의 초국가적 산업 정책이 어떻게 형성되었는지를 자세히 살펴본다.

폭스바겐의 기수

"누가 인민의 차를 만들 것인가?" 1934년 히틀러의 자동차 전시회 연설 이후 잡지 〈자동차와 스포츠〉가 질문을 던졌다.[43] 이후 3년 동안, 이 질문은 폭스바겐의 기수가 되려는 치열한 경쟁을 촉발했다. 4개 진영이 대회에 참가했다. 첫 번째는 자동차 협회로, 다임러-벤츠, BMW, 오토-유니온 3대 자동차회사가 지배적 위치에 있었다. 이들 회사를 이끄는 이들은 바이마르 시대를 통과하며 보수적인 시각을 형성한 세대의 산업가들이었다. 그들은 국가의 지원을 환영하면서도 국가 개입을 경계했고, 소득이 높아진다고 자동차 소유가 확대될지 의구심을 가졌다. BMW의 설립자이자 감독관인 프란츠-요제프 포프Franz-Josef Popp는 가까운 미래에 버스가 진정한 인민의 차가 될 것이라 반복해서 주장했다. 협회는 핵심적인 걸림돌은 자동차 가격이 아니라 자동차 유지 비용과 운전 비용이며, 이 문제를 해결하려면 국가의 정책적 지원이 필요하다고 주장했다. 행여 경쟁자가 국가 보조금을 받을까 불안해하던 자동차 협회는 폭스바겐 구상이 무산되기만을 기다렸을 것이다. 그러나 나치 정권을 달래야 했던 자동차 협회는 두 번째 경쟁 참가자인 페르디난트 포르셰의 기술회사에 기회를 부여할 필요가 있음을 깨달았다. 그들은 포르셰에게 폭스바겐의 시제품 설계를 의뢰했다. 그러나 뒤에서 협회 회원들은 포르셰가 실패하길 바란다는 마음을 숨기지 않았다.[44]

포르셰는 1920년대 다임러-벤츠에서 기술 책임자로 경력을 쌓은 체코-독일계 자동차 엔지니어였다. 때로 성마른 성격이었던 그는 종종 상사들과 마찰을 빚었고, 회사를 그만둔 후 1930년 자신의 설계 사무실을 설립했다. 그곳에서 그는 자신에게 매우 중요했던 "광범위한 대중을 위한 자동차" 사업을 추진했다. 그러나 대공황 시기 독일에서 그의 시제품은 거의 관심을 끌지 못했다. 1932년 봄, 포르셰는 소련을 여행하며 그곳으로 이주를 고민했다.[45] 오토-유니온을 위해 경주용 자동차를 개발하면서 포르셰에게 새로운 돌파구가 만들어졌다. 이를 계기로 1933년 초 포르셰는 처음으로 히틀러를 만날 수 있었다. 새로운 총리는 이 설계자를 좋아했고, 그를 자신의 피후견인으로 대했다. 포르셰는 독재자에게 개인적으로 접근할 수 있는 이 상황을 충분히 활용했다. 그는 협회를 위한 자동차 설계보다 더 큰 야망을 키웠다. 그들이 예상한 대로 포르셰는 "폭스바겐 생산을 위한, 아직 건설되지 않은 특별한 공장의 기술 책임자가 되기를 원했다."[46]

세 번째 경쟁자는 독일 최대 자동차회사이자 GM사가 100% 지분을 가지고 있던 오펠이었다. 오펠은 GM사의 가장 중요한 외국 투자처이자 해외 제국의 닻과 같은 곳이었다. 해당 지사는 기업의 엘리트를 세계 평화와 질서의 설계자로 여겼던 범세계주의자인 제임스 D. 무니James D. Mooney(1884~1957)가 대표로 있는 뉴욕의 GM 해외 사무소에 직접 연락을 취했다. 이러한 무니의 세계관은 독일에서 GM사의 활동에 큰 영향을 미쳤다. 오펠의 주요 경영진은 미국인들로 구성되었고, 뉴욕을 자주 방문했다. 엔지니어들도 종종 디트로이트를 방문했다. 의사소통은 이중 언어로 이뤄졌다. 따라서 대다수 독일인은 오펠을 미국 기업으로 여겼고, 이는 곧 오펠에 대한 민족주의적 적대감을 반복해서 불러일으키는 원인이 되었다. 자동차 협회는 오펠을 회원 회사로 포함했지만, 미국의 소유권과 그들의 강력한 경쟁력 때문에 의심을 끈을 놓지 않았다. 독일

그림 4.1 오펠을 책임지고 있는 GM 해외사업본부 책임자 제임스 D. 무니(가운데), 유로파에 탑승하기 전.
출처: Getty.

의 공장 중 유일하게 뉴욕의 자본과 미시간의 기계로 채워진 오펠의 공장은 대량생산을 지원할 능력을 갖추고 있었다. 따라서 오펠의 경영진은 자신들의 공장이 미래 폭스바겐의 고향이 될 것이라 여겼다.[47]

네 번째 경쟁자는 라인강 유역 쾰른에 자리 잡은 포드사의 독일 지사 포드 AG였다. 폭스바겐을 둘러싼 난투극에서 포드 AG는 가장 불리한 위치에 있었다. 대공황이 한창인 1931년 문을 연 이 회사는 아직 수익을 내거나 생산능력을 발휘하지도 못한 채였다. 포드사의 모든 것에 열광하던 바이마르의 분위기에도 불구하고 쾰른 지사는 미국 회사라는 이유로 여러 어려움을 겪었다. 1932년 한 임원은 독일 대중들이 포드 AG에 대한 "악의적인 선동"을 일삼고 있다고 불평했다. 함께 일하던 자동차 제조사들도 포드 AG를 "진정한 독일인이라면 거래해서는 안 되는 미국 기업"으로 여긴다는 것이다.[48] 또한 쾰른 지사는 서투른 경영 체제 때문에도 곤란을 겪었다. 수입에 대한 모든 결정은 미시간주 디어본에서 에드셀 포드와 찰스 소렌슨이 헨리 포드에게 통지한 후 이뤄질 수 있었다. GM사의 오펠과 달리 포드 AG에는 쾰른에 거주하는 미국인 임원이 없었다. 디어본과 쾰른 지사 사이의 의사소통을 담당한 하인리히 알베르트Heinrich Albert는 자동차에 대해 아는 바가 별로 없는 인물이었는데, 오히려 뛰어난 변호사로 전직 외교관이었고 초기 바이마르 행정부의 명예 장관을 지냈다. 알베르트는 포드사 업무 외에도 IBM, 질레트, 울워스와 같이 독일에 진출한 미국 기업들의 자문역할을 수행했다.[49]

경쟁에 참여한 네 진영의 참가자들은 무엇보다 그들 서로를 경쟁에 붙이는 데 아무런 거리낌이 없는 나치 정권을 상대해야 했다. 그들이 부딪쳤던 주요 인물은 "총통chargé of the Führer의 경제 문제 책임자"였던 빌헬

그림 4.2 1936년 나치 정권 초기의 정치경제에서 강력한 힘을 발휘한 빌헬름 케플러.
출처: 쥐트도이체 차이퉁/알라미(Sueddeutsche Zeitung/Alamy).

름 케플러Wilhelm Keppler(1882~1960)였다. 정권 초기 케플러가 개입하지 않는 경제 정책 문제는 거의 없었다. 그는 국영 석탄 수소화 트러스트 브라백Brabag의 이사장으로서 수입 대체 사업화를 주도했다. 그는 비행기 제작사 융커스의 국가 수용에 관여했고, 1934년 기념비적인 국민노동질서법Law of the Order of National Labor을 자기 이름으로 통과시켰다. 케플러는 "원자재 문제 특별 위원"으로서 인조섬유, 합성고무, 철광석, 화학물질, 산업용 기름과 관련해 산업가들과 협상을 담당했다.[50] 흔히 케플러는 영민함과 카리스마가 부족한 인물로 묘사되곤 하는데, 그와 광범위한 문제를 논의하고자 온 GM사의 제임스 무니는 그가 "유쾌"하고, "그다지 강한 성향 혹은 성격"은 아니라고 판단했다.[51] 전후 케플러를 신문한 미국 장교는 그를 "지능이 제한된 사람"이라고 단호하게 말했다.[52] 그러나 분명 케플러는 초기 정권에서 권력망의 중심에 있었다. 한 사업가가 케플러의 가치를 설명했듯이 "가장 중요한 것은 그가 히틀러의 신임을 얻고 있다"라는 사실이다.[53]

1934년 봄 자동차 협회, 오펠 그리고 포드사는 히틀러의 폭스바겐 제작 명령이 내포한 중요성을 타진하기 시작했다. 협회는 4월에 펴낸 비망록에서 자동차 대량생산을 가로막는 요소는 비싼 자동차 가격이 아니라 높은 원자재 가격, 좁은 시장 그리고 엄청난 차량 유지·보수 비용이라는 주장을 담은 업계의 "강력한 경고"를 반복했다. 이에 대해 협회 회원들과 부처 장관들이 만난 회의 자리에서 한 비서관은 독일의 자동차 업계가 "너무 비싸고 대다수 대중의 소득을 고려하지 않는 자동차를 생산"하고 있다고 대응했다. 제시된 목표 가격은 1,000마르크였는데, 기업가들이 보기에 이 가격은 전례 없이 터무니없는 수준이었다. 협회는 그러한 지시에 난감해했지만 문제를 더 조사해 보겠다고 약속했다.[54]

그다음은 오펠의 운영진이었다. 자동차 협회 임원진은 히틀러와 독대하는 데 실패했지만, 제임스 무니가 요청하자 히틀러는 흔쾌히 응했다.[55] 히틀러는 만남을 앞두고 "GM사의 자본"을 명시적으로 포함해 외국 자본이 자동차 산업에서 차별받는 일은 없으니 안심하라고 "열정적으로" 신호를 보냈다.[56] 5월 2일에 이뤄진 만남에서는 화기애애한 분위기가 감돌았다. 무니는 폭스바겐 제안서를 손에 들고 만남 장소에 도착했다. 그는 오펠의 인기 있는 차종인 P-4 모델의 가격을 수요 보장, 원자재 가격 상한선, 자동차 판매 수수료 상한 규제가 이뤄진다면 1,400마르크까지 낮추겠다고 제안했다. 오펠 측의 설명을 따르면, 히틀러는 길게 이야기했고 "1.2리터 오펠을 진정한 '폭스바겐', 독일 대중을 위한 자동차, 자동차 전시회 등에서 제시한 목표 자체로 규정했다." 이 만남에서 구체적인 결과를 얻진 못했지만, 무니와 그의 동료들은 오펠의 소형차가 곧 폭스바겐이라는 공식 명칭을 가지게 될 것이라는 인상을 받았다.[57] 미국으로 돌아온 무니는 히틀러에게 "강하고 선견지명이 있는 지도력"을 지니고 독일을 "평화, 청결, 근면"으로 이끈다며 과장된 언사로 칭송하는 감사 편지를 보냈다.[58]

포드사의 쾰른 지사도 독자적인 외교 활동을 시작했다. 하인리히 알베르트가 디어본에 보고한 바를 따르면, 독일의 경제부장관은 그에게 "전적으로 혹은 부분적으로 외국 자본에 기반한" 회사가 독일의 노동자와 공급업체를 활용한다면 "어떠한 방해도 받지 않을 테"니 안심하라고 말했다. 알베르트 또한 정권이 폭스바겐 문제에 상당한 중요도를 부여했음을 인지했다. 이 구상은 "수상이 직접 선전하는" 사안으로 포드 AG가 독일에서 겪는 지속적인 어려움을 고려할 때, 알베르트는 "포드사가 적절한 모델을 제안하고 강력한 지식과 수행 능력으로 협력하기"를 권했다. 이는 쾰른 지사가 정권의 환심을 사고 동시에 민족주의적 적대감을 누그러뜨리는 데 도움이 된다.[59]

알베르트나 무니는 알지 못했지만, 다른 한편에서 전쟁 부처가 개입하고 있었다. 군대는 프랑스 국경 부분에서 민감한 산업체들을 이주시키려는 계획을 세웠고, 오펠과 포드사의 공장도 자연스럽게 목표에 포함되었다. 군대는 특히 포드 AG라면 적절한 보상금을 주고 쉽게 이전할 수 있을 것으로 판단했다. 아마도 포드 AG는 미국 소유 기업이라는 점에서 "상당한 정서적 저항"에 직면해 판매가 부진했으므로 "독일 정부의 지원을 받는 데 매우 관심이 있을 것"으로 보았다. 군부는 함부르크시 관료들과 협의해 "헨리 포드에게 새로운 공장 건설을 제안"하기로 했다. 함부르크시 당국은 아낌없는 부동산 임대 지원, 세제 혜택, 정부의 주문 보장 등으로 이 사업계획을 지원하기로 약속했다. 다만 군부와 함부르크시 당국은 바이마르 행정부에서 일한 바 있는 포드 AG의 의사소통 담당자 하인리히 알베르트를 불신했고, 그와 거래하지 않으려고 했다. 그들은 디어본에 있는 그들의 수장에게 직접 연락하려고 했다.[60]

이를 위해 함부르크시 당국은 황제의 손자인 루이 페르디난트 폰 프로이센 왕자와 접촉했다. 왜 그러한 선택을 했을까? 한편으로, 루이 페르디난트는 그의 혈통 때문에 쉽게 베를린 정계에 입성하는 특권을 누리고 있었다. 다른 한편으로, 루이는 헨리 포드와 개인적 친분이 있는 것으로 알려져 있었다. 1929년 21세가 된 그는 미국으로 교양 여행Bildungsreise을 떠났고, 마지막에는 3년간 포드사에서 일했다. 그는 『나의 삶과 일』을 읽고 새무얼 크라우더를 만났으며, 포드가 자신에게 독일 지사에 참여할 기회를 줄 것으로 기대했다. 1932년 12월 독일로 돌아온 루이는 히틀러의 수상 임명으로 정점에 이른 정치적 혼란에 휩쓸렸다. 1933년 3월 선거에서 그는 "구식이고 오직 전통만을 고수하는" 보수주의자들보다 "청년운동"을 이끄는 국가 사회주의자들이 낫다고 판단해 그들에게 투표했다. 그해 봄, 루이는 수상관저에서 히틀러를 만나 자동차, 자동차 환경 그리고 헨리 포드에 대해 길게 이야기를 나눴다.[61] 이에 대해 루이는 나치 지도부 사이에 형성된 포드에 대한 호감에도 불구하고 독일 당국이 쾰른 지사의 약점에 안달복달하는 한 포드자동차회사는 그들에게 "어떠한 특별한 호의도" 기대하기 힘들 것이라고 디어본에 자기 의견을 전했다. 루이는 공격적인 접근방식을 조언했다.

제 생각에 포드 씨는 독일 공장에서 오직 두 가지 선택만을 할 수 있습니다. 문을 닫거나 계속하거나. 실제 포드식으로 진행하는 것은 큰 의미가 있습니다. … 오펠-제너럴모터스가 독일에서 생산되는 모든 자동차의 거의 50%를 판매하는데, 포드자동차회사가 5%에 만족한다면 그것은 포드의 위신에 절대적으로 미치지 못합니다. 차 이름을 독일식으로 바꾸고 공장의 위치 역시 바꿔야 하며 다른 공장에 의존할 것 없이, 모든 것을 생산할 수 있는 실제 생산공장을 건설해야 합니다.[62]

이러한 생각에서 루이는 함부르크의 대표단이 헨리 포드에게 새로운 독일 투자를 제안해 달라고 요청하자 열정적으로 움직였다. 히틀러의 임무 승인이 이뤄진 후 루이는 함부르크의 관료와 함께 디어본으로 출발했다.[63] 그들은 헨리 포드, 에드셀 포드, 찰스 소렌슨과 만난 자리에서 포드 AG가 엘베강 유역에 새로운 공장을 지어야 한다는 주장을 펼쳤다. 그러나 소렌슨은 대표단에게 "미적지근한" 답을 주었다. 그는 함부르크의 제안이 너무 "불확실"하며, 새로운 투자를 유치하기 전에 자신이 "이상적"이라고 생각하는 쾰른 공장을 완전히 활용해야 한다고 설명했다.[64]

그러나 독일인들은 단념하지 않았다. 케플러는 함부르크시의 제안이 히틀러의 지지를 받고 있음을 강조하려고 루이 페르디난트에게 개인적으로 편지를 보냈다. 디어본에서 왕자는 헨리 포드, 에드셀 포드와 함께 앉아 이 편지를 소리 내어 읽었다. 포드는 다음과 같이 기억했다. "총통께서는 인민의 자동차를 만들고자 새로운 자동차 공장 설립을 선호하십니다." 히틀러는 명시적으로 "독일 산업에서 외국 자본에 대한 어떠한 차별도 일어나지 않기를 바란다"라고 했다. 독일은 자동차에 관한 한 "완전히 후진적"이었으므로 "향후 몇 년간 자동차 생산량을 증대하려 노력"할 테고, 따라서 포드 측이 독일에서 확장계획을 세운다면 언제든 환영할 것이다. 다만 한 가지 유의할 사항은 새로운 공장은 서부 국경에서 떨어진 독일 중부 지역에 위치해야 했다.[65]

디어본은 이 편지에 큰 감명을 받지 못했다. 여전히 소렌슨은 "여기 있는 누구도 우리가 쾰른을 떠나야 하는 이유를 알 수 없다"라는 반응을 보였다.[66] 이러한 상황과는 반대로 루이 페르디난트는 포드가 "독일에서 폭스바겐을 만들겠다는 원칙적인 [원문 그대로] 의지"를 표명하고자 하는 인상을 받았다고 독일에 전달했다. 또한 루이는 케플러에게 포드사 특사 두 명을 받아달라고 요청했다. 케플러는 그렇게 하기로 동의했지만 "포드사가 빨리 결정하지 않는다면, 다른 사업자에게 맡기게 될 것이다"라고 경고했다.[67]

실제로 그와 동시에 케플러는 GM사를 경주장에 끌어들였다. 그는 오펠의 고위급 미국인 R.K. 에반스를 만나 "오펠만이" 폭스바겐 사업계획을 감당할 "역량이 있는 유일한 회사"라고 생각한다고 말했다. 하지만 오펠이 망설인다면 "다른 누군가가 이 사업계획을 추진하도록 지시를 받게" 된다. 에반스는 오펠의 번영이 정권과 좋은 관계를 유지하는 데 달려 있다고 결론 짓고 GM사가 폭스바겐 사업계획을 맡으라고 권고했다. 에반스가 뉴욕에 전달한 인상에 따르면 "산업계가 일반적으로 협력할 의

향이 있다면 … 자본권의 완전한 인정, 합리적인 투자 수익 기회, 부당한 간섭이 없는 사업 수행이 된"다.[68]

1934년 12월, 케플러는 포드사가 파견한 두 회계사인 A.M.위벨A.M. Wibel과 허먼 모클Herman Moekle을 만났다. 하인리히 알베르트와 루이 페르디난트도 이 회의에 참석했다. 알베르트의 의정서 초안을 따르면, 케플러는 "대중적인 자동차의 제작은 단일한 혹은 개별적인 자동차 사업에 관한 독창성과 창의성에 따라 유기적으로 개발되어야 한다"라는 태도를 취했다. 이러한 이유에서 케플러는 "대량생산에 대한 천재적인 역량을 갖춘 포드 씨의 협력을 간절히 원했"다. 이는 케플러가 오펠에 준 언질에 비춰볼 때, 확실히 놀라울 정도로 과장이 섞여 있었다. 그러나 위벨과 모클은 여전히 포드사가 주저하는 이유를 반복했다. 퀼른 공장의 전체 역량을 활용하는 일이 확장계획에 선행되어야 했다. 회의는 구체적인 결론을 내리지 못하고 연기되었다.[69] 몇 주 뒤, 실망한 루이는 헨리 포드가 직접 독일로 와서 회담을 재개하기를 희망했다.[70]

한편, GM 본사는 나치 정권에 협력하는 것이 유리하다는 결론을 내렸다. 포드사의 특사들과 별다른 성과 없는 회의를 하고 며칠 후, 케플러는 무니에게 "타협" 제의를 받았다.[71] 오펠은 독일 중부에 새로운 공장을 건설하는 안에 동의할 것이다. 그러나 이 새로운 공장은 폭스바겐 생산이 아닌 회사가 키우는 트럭 사업 추진에 주력했다. 가을 동안 오펠 경영진은 함부르크를 포함해 새로운 공장을 지으려고 장소를 물색했다. 오펠은 군 당국과 협력하여 마침내 베를린 외곽 브란덴부르크에 자리 잡았다. 이 제안에 케플러는 "매우 기뻐"했다. 그가 오펠에 보낸 서신을 보면 "미국이 제안한 해결책"은 "특정 부분에서 큰 박수갈채"를 받았다. 케플러는 "당신의 미국인 친구들"이 그들의 전문 기술 지식을 활용해 군사 전략의 관점에서도 이상적인 공장을 유연하면서도 높은 수익성을 보이 도록 건설하기를 희망한다고 전했다. 그는 또한 "곧 폭스바겐을 생산하 려면 뤼셀스하임 공장도 확장하라"고 권고했다.[72] 1935년 1월, 오펠은 베를린의 군 관계자들에게 공장배치와 장비 구축 일정을 제시했다.[73] 히 틀러의 승인이 난 뒤 상황은 매우 빠르게 진척되었다. 3월 22일, 뉴욕에 있는 GM사의 재무위원회는 1,100만 마르크에 달하는 새로운 투자를 승인했다.[74] 3월 31일에는 언론이 새로운 공장 건설을 발표했다. 4월 21 일에는 공장을 건설하려 땅파기가 시작되었고 11월 초에 오펠의 첫 번 째 블리츠Blitz 트럭이 출시되었다.

브란덴부르크에서 오펠의 투자가 순조롭게 진행되자 케플러는 포드 사에 새로운 압력을 가했다. 첫 번째는 표준과 관련한 문제였다. 1935년 군부는 자동차 산업의 기술 규범을 통일된 체계에 맞추는 작업을 추진했 고, 오펠을 비롯한 모든 독일 자동차 제조사는 빠르게 이를 채택했다. 그 러나 미국에서 설계된 자동차를 생산하던 포드 AG에서는 미터법을 포 함해 독일식 표준에 맞춰 조절하기에 상당한 어려움이 있었다. 두 번째 문제는 케플러가 루이 페르디난트에게 자신을 대신해 다시 한번 디어본 과 접촉을 시도해 달라고 요청했을 때 발생했다. 이번에 케플러는 포드 사에 발트해 슈체진에 있는 독일의 쇠락한 자동차 제조사 스퇴버Stoewer 를 인수하라고 요청했다. 함부르크 사건을 되풀이하듯이 케플러는 포드 사를 서부 국경 지역에서 멀리 떨어진 곳으로 몰아와 독일 자동차 산업 에 묶어두고자 했다.

이 문제는 1936년 1월 케플러가 하인리히 알베르트와 루이 페르디난트를 접견했을 때도 불거져 나왔다. 케플러는 오펠과 비교해 포드사를 비난했다. 케플러는 오펠은 "항상 정부, 당 조직과 좋은 관계를 유지"하는데, 포드사는 "언제나 불만을 토로하면서 아무런 제안도 하지 않았다"고 지적했다. 오펠은 최근에야 전략적 요충지인 브란덴부르크에서 새로운 트럭 공장을 운영하기 시작했다. 포드 AG는 정부가 그들의 라인강 공장부지를 승인하지 않았다는 사실을 알면서 왜 포드사는 아무런 반응을 보이지 않는가? 이어지는 케플러의 말들에서는 나치 정권이 어떻게 외국 기업들이 순응하도록 "조정"했는지가 날카롭게 드러났다. 케플러는 포드 AG가 아마도 완전한 "독일" 기업으로 인정한다는 공식 서한을 받게 될 것이라고 말했다.

[그러나] 결정적인 것은 서한과 인정이 아니라 의향과 분위기다. 이러한 분위기는 포드사가 정부와 당이 원하는 일을 해야 조성될 수 있다. 그러면 유능한 부서가 나서서 포드사를 인기 있는 기업으로 만들어줄 것이다. 국가 전체가 [원문 그대로 옮기면] 삶 전체를 장악하는 것이 독일의 방식이다. 정부 당국, 당 부서와의 좋은 관계 없이는 외국 사업체에 대한 반대를 무마할 길이 없으며, 후자를 독일 사업체로 귀화시킬 수는 없다.

케플러는 논의가 핵심에서 벗어나지 않도록 표준 문제에 대해서는 아무런 변화가 없을 것이며, 포드자동차회사는 스퇴버와 제휴작업만을 고려해 달라고 "긴급하게 권고"한다고 말했다.[75]

미국 기업들이 협조하게 만들기

이제 우리는 오락가락하던 행보를 멈출 수 있다. 1936년 즈음 나치 정권은 미국 다국적 기업과 관계 맺는 방식을 정립했다. 군부와 함께 케플러는 미국 기업들을 일종의 비공식 경쟁 속으로 밀어 넣었다. 개인적 외교, 선택적 정보제공, 조준된 정치적 압력 등을 뒤섞어 미국 기업들이 기꺼이 정권의 목표에 "복무하도록" 만드는 데 성공했다.[76] 이러한 괴롭힘 전술이 나치 특유의 인장 같은 것이라고 해도, 정권이 미국 기업에 부과한 요구사항들은 초국적 산업 정책의 관점에서 볼 때 일반적인 것들이었다. 케플러는 새로운 고정 투자(폭스바겐), 국내 산업들과 합작 투자(스퇴버) 그리고 기술 동화(표준)를 실현하려고 미국 기업들을 압박했다. 이러한 방식은 이미 중요한 결과를 도출했다. GM사는 정권과 소원해지지 않으면서도 폭스바겐 생산을 떠맡지 않으려고 군 당국과 협력해 독일에 트럭 공장을 새로 설립했다. 이는 첨단 대량생산 시설과 군사적 변통성이 결합한 중요한 신규 고정 투자였다.

더욱이 케플러의 말이 옳았다. 전반적으로 GM사는 포드사보다 정권의 요구에 더 잘 대응할 수 있음을 증명했고, 고위 관료들과도 더 긴밀한 관계를 구축했다. 오펠의 미국인 경영진은 폭스바겐 사태 동안 확립된 연결고리를 기반으로 관계를 구축하기 시작했다. 오펠은 트럭 공장을 매개로 육군 조달청의 영향력 있는 군사 책임자 게오르크 토마스Georg Thomas(1890~1946) 장군과 직접 연락할 회선을 가지게 되었다. 토마스는 1935년 초 뉴욕에서 브란덴부르크 투자를 승인했을 때 "매우 흡족해"했다. 그 후 몇 년 동안 이 공장은 공장에서 생산한 오펠 블리츠 트럭 상당량을 군부에 팔았고, 이후 군부의 요청에 따라 특별히 설계한 4륜 차량을 생산하는 데 합의했다.[77] 1938년 무니의 상관 중 두 번째로 높은 위치에 있던 그레임 하워드Graeme Howard는 토마스의 태도를 두고 "GM과 아담 오펠 A.G.에게 매우 도움이 되고 협조적이며 이해심이 많은 친선관계다"라고 규정했다.[78] 1937년 이후 오펠의 미국인 고위 간부였던 사이러스 오스본Cyrus Osborn(1897~1968)도 토마스의 부서와 경제부를 "오펠과 GM사의 제휴가 독일에 도움이 됨을 인지"하는 사람들이었다고 평가했다.[79]

1938년 오펠의 연락처에는 독일 공군 루프트바페Luftwaffe의 거대한 폭격기 개발단지를 관장했던 항공부의 주요 책임자 에르하르트 밀히Erhard Milch(1892~1972)와 에른스트 우데트Ernst Udet(1896~1941)가 포함되어 있었다. 회합에서 밀히와 우데트는 사교적인 모습을 보였다. 하워드는 "우리는 아주 좋은 오찬을 함께하고, 약간 독한 술을 마시며 많은 사업 문제를 검토했다"라고 진행 상황을 기술했다. 1938년 9월 항공부장관 헤르만 괴링Hermann Göring(1893~1946)은 알프레도 슬론Alfred Sloan(1875~1966)의 뒤를 이어 GM사의 사장 자리에 오른 윌리엄 크누센을 베를린 외곽으로 초청했다. 오펠의 보고서를 따르면 괴링은 크누센에게 자동차 수출을 통한 "외환 창출"과 "독일의 새로운 육군과 공군 구성"과 관련해 GM사, 특히 오펠이 제공한 귀중한 지원에 감사를 표했다. 괴링은 오펠이 독일에 미국식 산업 방식을 도입했다는 사실에 특히 깊은 만족감을 표했다. 그는 오펠이 "미국식 기계를 갖춘" 새로운 공장에서 항공기 엔진을 제조하기를 희망했다. 크누센의 대답은 모호했지만, 이후 오펠은 항공부의 폭격기 사업계획을 위한 특수한 유형의 항공기 엔진 기

어를 생산하기 시작했다.[80]

당시 오펠의 독일인 동료들과 GM사의 미국인 경영진은 베를린의 고위급 인사들과 인맥을 맺으려고 적극적으로 나섰다.[81] 그러나 이러한 노력은 공격적인 지역 정당 조직과 미국 소유권에 비판적인 민족주의 성향의 대중이 오펠에게 보인 만연한 적대감이라는 맥락에서 이해할 필요가 있다. 특히 하워드와 오스본이 참여한 항공부 회담은 오펠을 지배하는 GM사에 대한 공격적인 분위기가 극에 달한 상황에서 이뤄졌다. 1938년 오펠의 뤼셀스하임 공장이 위치한 헤세의 대관구지휘자Gauleiter는 오펠의 경영에 간섭하고, 자신이 지명한 국가사회주의자를 "공장 지도자Betriebsführer"로 임명하라고 요구했다. 그렇게 함으로써 대관구지휘자는 오펠의 몇몇 독일인 임원에게 지지를 받았다. GM사는 이러한 도전에는 강력히 대응했다. 무니와 하워드는 나치 성향을 보인 오펠의 감독관 루돌프 플라이셔Rudolf Fleischer를 해고하고 그 자리에 미국인 사이러스 오스본을 임명했다. 그의 GM사에 대한 충성심은 의심할 여지가 없었고, 무엇보다 그를 통해 오펠의 "흔들리는" 독일인 사이에서 미국의 입지를 강화할 수 있었다.[82] 미국 기업들이 그들의 주도권을 다시 주장할 수 있었던 배경에는 대관구지휘자를 바로잡겠다고 약속한 베를린의 행정부처, 군부 고위층의 지원이 있었다. 광범위한 민족주의적 적대감은 정권에 다국적 기업에 대한 날카로운 정치적 우위를 부여했다. 즉 미국 기업들은 베를린 당국에 보호를 요청할 수밖에 없었고, 정권은 그 대가로 자신들의 요구를 강화할 수 있었다. 오스본은 "독일에서 우리의 투자 전체를 보호받으려고" "특정 사업을 추진하면서 고위급과 중요 정부 부처와 협력해야 하는" 근거를 설명했다.[83]

오펠과 마찬가지로 포드 AG도 대중 사이에 만연한 민족주의적 적대감에 직면했다. 자동차 협회와 반목도 심했는데, 하인리히 알베르트를 따르면 그들은 포드 AG와 그 생산품을 불충분한 독일산으로 매도할 기회를 호시탐탐 노리는 "만만치 않은" 상대였다.[84] 이러한 낙인은 1937년까지 정부 관료들, 군사기관, 당원, 전문협회의 회원들이 포드사의 차 구매를 꺼리는 효과를 발휘했다. 알베르트는 이 조용한 불매운동이 포드사의 고객기반을 적어도 3분의 1 정도는 줄였을 것으로 추산했지만, 그것만이 문제는 아니었다. 알베르트가 디어본에 보낸 서신을 보면, "정부 주문이 매우 중요한 이유"는 "그들이 우리의 작업을 공식적으로 인정한다는 사실을 암시"하기 때문이었다.[85] 정권의 첫 4년 동안 알베르트는 포드 AG가 "독일 회사"임을 정부로부터 공식적으로 인정받으려고 그가 "평등한 권리를 위한 투쟁"이라 부른 일에 매진했다.[86]

이러한 알베르트의 근심 반대편에서 많은 나치 정권 지지자도 포드 AG가 명백히 정권을 지지하기 꺼리는 모양새를 취하고 있다는 사실과 나치들 사이에 형성된 헨리 포드에 대한 열광을 조화하고자 고심하고 있었다. 이 기묘한 인지 부조화는 폭스바겐 문제를 논의하고자 루이 페르디난트를 디어본에 파견한 때와 마찬가지로, 쾰른 지사의 책임자를 제쳐두고 디어본에 직접 호소하는 시도를 반복하도록 만들었다. 특히 판매상과 당 중간 간부 사이에서 헨리 포드는 인기가 많았지만, 쾰른 공장에 대한 평판은 좋지 못했다.

1935년 독일 판매상을 방문한 디어본 판매부의 한 관계자는 알베르트의 경영진에 대한 광범위한 불만과 그에 대한 위협을 보고했다. 함부르크 관계자들은 여전히 폭스바겐에 대한 디어본의 문제 제기를 받아들이지 않았다. 그들은 "디트로이트의 포드사 고위 간부들과 직접 연락할 어떤 방식"과 오펠이 그렇게 했던 것처럼 책임자를 알베르트에서 "사안에 대해 디트로이트에 직접 보고할 수 있는 미국인"으로 대체하라고 촉구했다.[87] 1939년 말까지 자신을 "포드 이데올로기의 지지자"라고 지칭한 한 판매상은 헨리 포드와 에드셀 포드에게 직접 연락해 "쾰른의 방식이 귀하의 첫 번째 원칙에서 많이 벗어난다"는 우려를 전달했다. 그는 나치의 경제 목표에 더 완전하고 긴밀하게 협력하라고 재촉했다.[88]

GM사의 경영진과 마찬가지로, 알베르트도 정권에 더 가까이 다가감으로써 이러한 압력에 대응했다. 케플러가 포드 AG에 솔선수범하라고 경고한 후 알베르트가 디어본에 보낸 서신에는 정권의 주장을 수용한 요구가 점점 더 많아졌다. 알베르트는 함부르크시 당국의 간청을 성가셔하며 반응했지만, 이제는 에드셀 포드와 찰스 소렌슨에게 케플러를 달래고 슈체진의 스퇴버를 매입하라고 촉구했다. 알베르트를 따르면 그렇게 해야 하는 이유로 주로 "심리적"인 것으로, 즉 "경제적으로 봉사함으로써 당과 국가의 호의를 얻으려는" 것이다.[89] 또한 그는 군부의 표준화 요구와 "[그들] 국가의 중요 사안에 부합하는" 수출 강화 요구를 수용하라고 제안했다.[90] 디어본의 반응은 엇갈렸다. 한편에서 에드셀 포드와 소렌슨은 디어본의 유통망을 활용해 쾰른 지사의 수출을 지원하기 시작했다. 또한 그들은 나치의 외환 관리 규제를 받아들이고, 물물교환 계약으로 포드 AG에 원자재를 공급하기 시작했다. 다른 한편으로 소렌슨은 스퇴버 문제에 관해 알베르트가 "정부 당국이 피력하는 협력 필요성에 너무 감화"되었다고 질책하고 그에게 거래 중단을 지시함으로써 독일 투자를 확대하라는 정권의 두 번째 요청을 무시했다.[91] 몇 주 후 알베르트는 헨리 포드와 에드셀 포드에게 포드 AG를 지원하도록 경제부장관 할마르 샤흐트에게 개인적인 서한을 보내면 어떻겠냐는 제안을 했지만, 헨리 포드와 에드셀 포드는 그것이 "너무 저자세"라며 거절했다.[92]

왜 포드 조직은 GM사와 비교해 정권에 참여하는 데 덜 성의를 보였을까? 여기에는 분명한 이유가 있다. 먼저 1935년 포드 AG는 공장 가동률이 여전히 40%를 밑도는 와중에도 흑자를 기록했다.[93] 이러한 상황에서 케플러가 제안한 유형의 대규모 확장계획은 터무니없게 느껴졌다. 반면 오펠은 나치의 자동차 활성화에 주요 기여자이자 수혜자로서 그에 편승해 빠르게 이익을 쌓을 수 있었다. 이때 거둔 이익은 대서양 건너편으로 송금할 수 없었던바, GM사 경영진은 이를 재투자해야 할 필요가 있었다.[94] 게다가 포드자동차회사는 해외 지사들에서도 미국에서 설계한 자동차를 생산할 것을 원했기 때문에 독일 국가 표준을 적용하기 어려웠다. 표준 문제는 포드 AG에 세계적인 포드 지사 연결망과 독일 재무장 경제 중 무엇이 더 중요한지를 질문했고, 그 구체적 답변을 보여주었다. 알베르트가 표준화 문제와 관련해 디어본에 쾰른 공장에서 독일 시장을 위해 "원칙에 따라 기꺼이" 특별히 설계한 차종을 구축할지 물었을 때 소렌슨은 단호하게 "아니요"라고 대답했다.[95] 물론, 오펠에는 이러한 문제가 없었다.[96]

이데올로기의 차이도 분명했다. 확실히 두 회사의 경영진은 나치 정권과 관련한 업무를 정치와 무관하게 엄격한 사업 조건에 따라 수행한다는 오만한 마음이 있었다. 그러나 그들은 이러한 전제에서 서로 다른 의미를 도출했다. 일찍부터 소렌슨은 나치 정권의 간섭을 헨리 포드가 공공연하게 혐오한 뉴딜정책과 비교했다. 소렌슨은 루이 페르디난트 왕자에게 "당신네 독일에는 내가 N.R.A.라고 부르는 것이 있습니다"라고 이야기를 꺼내며 "가격이 그들에 의해 결정될 테고, 심지어 그들은 설계에 관해 이야기합니다. 포드 씨가 세상 그 어느 곳에서도 이런 종류의 계획을 수락할지 나는 확신할 수 없습니다"라고 서신을 보냈다.[97] 포드자동차회사는 무엇을 어떻게 생산해야 하는지를 두고 지시받는 것을 좋아하지 않았다. 따라서 공장 확장, 폭스바겐 그리고 표준 문제에 대한 정권의 요구는 에드셀 포드와 소렌슨에게 과중한 부담으로 여겨졌다. 그들은 알베르트가 그들을 대신해 정권과 상대해서 다행이라고 느꼈다.

GM사 경영진도 정권의 요구가 부당하다고 보았지만, 기본적으로 그들은 타협할 필요성을 받아들였다. 무니는 "정부 측에서 … 우리의 운영에 대해 상당한 지배력을 행사하고자 할 때 우리가 수용할 수 있는 최선"은 어디까지인가 대한 의문을 제시했다.[98] 슬론은 설사 경영진이 "많은 일에 전적으로 동의할 수 없다고 해도" 지역 정치 상황이 GM사와 연관되어서는 안 된다는 견해를 제시했다. 그가 1939년에 밝힌 원칙을 보면, 다국적 기업은 "경영진의 성지적 신념 혹은 사업을 영위하는 국가의 정치적 신념과 상관없이 오직 엄격하게 사업 조건에 따라서만 운영"되어야 했다.[99] GM사 경영진은 이러한 원칙을 오펠의 입지를 강화하고 수익을 보장하는 한 정권에 협조하는 행위가 정당하다는 의미로 받아들였다.

포드, 지엠 그리고 나치의 산업 고도화

압박과 격려를 오가며 포드사와 GM사를 다룬 정권의 혼합책은 나

그림 4.3 오펠 브란덴부르크 트럭 공장의 마지막 조립라인, 1936.
출처: 쥐트도이체 차이퉁/알라미.

치 독일의 대량생산 능력 구축에 어떤 영향을 미쳤을까? 대체로 두 회사
는 나치의 자동차 환경 조성 분위기를 타고 대공황에서 회복했고 1930
년대 재무장 경제를 기둥 삼아 성장했다. 알베르트가 점점 더 당국의 요
구를 수용할 의향을 강하게 나타내면서 포드 AG의 입지가 개선되었고,
적자를 보기 직전까지 갔던 회사는 잘 갖춰진 자동차와 트럭 공급업체
로 성장했다. 1935년에 포드 AG는 정권의 수출 촉진 계획과 외환 관리
에 협조하기 시작했다. 쾰른 지사는 디어본에 자동차 부품을 실어 보내
고 그 대가로 달러를 받았다. 그러면 독일 당국은 포드 AG에 이 달러를
마르크화로 교환하라고 요청했다. 이때 독일 당국은 수출 보너스 25%를
포함한 유리한 환율을 적용해 주었다. 1936년 디어본은 부품에 대한 대
가로 타이어와 철광석을 포드 AG에 보냈고, 이로써 경화 거래 없이 쾰
른 공장에 긴요한 수입품들을 공급할 수 있었다. 다시 독일 당국은 포드
AG에 이러한 민감한 수입품 중 일부를 다른 독일 생산자들에게 저렴한
가격에 판매하라고 강요했다. 이러한 합의들이 이뤄지면서 포드 AG는
1937년 마침내 장관과 군부로부터 모두가 탐내는 이름인 "독일 회사"라
는 공식 명칭을 받을 수 있었다. 1938년 군부에 3,150대 이상의 8기통
엔진V8 트럭을 납품하라는 정부의 첫 번째 대규모 주문이 뒤따랐고, 그
해 가을 포드 AG는 "당국과 함께 사업이 엄청나게 성장"했다고 보고했
다. 활발한 수출 사업과 정부 주문은 이제 포드 AG의 수요가 생산량을
넘어서고 있음을 의미했다. 전쟁이 일어날 당시 포드사는 독일 트럭 생
산의 거의 20%를 담당하고 있었다.[100]

　1938년 디어본은 합작 투자에도 동의했다. 이 사업계획에는 베를린
의 자동차 차체 공급업체인 암비-부트가 참여했다. 이 협업의 조건에

따라 군은 트럭 설계도와 더불어 필요한 기계 사양을 제공했고, 암비-부트는 공장 시설과 기술 감독을 제공했다. 포드 AG는 또한 엔지니어링 직원을 파견하고 기계류를 제작하는가 하면 조립공정을 배치했다. 이 공장은 1938년 후반에서 1941년까지 운영되었고, 1,800대 이상의 병력 수송차와 인력 이동차를 생산했다. 이러한 작업은 오펠의 브란덴부르크 설비보다 훨씬 작은 규모로 이뤄졌지만 비슷한 논리를 따랐다. 군사 조달기관은 전략적으로 바람직한 위치에서 트럭을 생산하려고 미국 기업과 직접 계약을 체결한다는 것이다.[101]

그러나 재무장 경제에서 포드 AG의 중요성은 오펠에 비하면 초라한 수준이었다. 간단히 말해, 오펠에 훨씬 더 큰 이해관계가 있었다. 1930년대 회사는 급속도로 확장되어 서유럽에서 가장 큰 자동차 제조업체가 되었고, 오펠의 뤼셀스하임과 브란덴부르크 공장은 나치 독일의 자동차에서 대량생산의 양대 축을 형성했다. 미국으로 송금할 수 없는 이익은 곧 오펠의 부동산, 공장, 설비에 대한 투자로 이어졌고, 총투자액은 1929년에서 1939년 사이 4,660만 마르크에서 1억 4,340만 마르크까지 3배가량 증가했다. 두 지점에서 자금 보충은 공장 기계류에 집중되었고, 순투자액은 10년 동안 1억 마르크에 육박했다.[102] 다른 확장계획으로는 새로운 단조 공장, 자체 제작용 프레스 작업장, 기계 70% 이상을 오펠 자체 내에서 제작 가능케 한 도구 작업장이 포함되었다. 브란덴부르크 공장은 "유럽에서 가장 현대적이고 효율적인" 최첨단 발전소를 자랑했다. 1940년 오스본이 뉴욕에 요약보고서를 보내며 말미에 언급했듯이 지난 몇 년간의 근대화와 확장은 오펠을 "유럽에서 가장 고도로 성장한 가장 효율적인 자동차 생산자"로 만들었다.[103]

브란덴부르크 공장은 나치 재무장에서 가장 주요한 근거지가 되었다. 군대는 이곳에서 트럭 수요 대부분을 충당했다. 브란덴부르크 공장은 "모든 전문가의 찬사"를 받았다. 그곳의 건축물과 생산장비는 근대 대량생산의 모범이었다. 넓은 작업장은 빛으로 가득했고, 정밀한 조정이 가능하고 부분적으로 자동화된 강력한 기계들을 갖췄다. 흐름 생산 원칙에 따라 완전하게 배치된 새로운 공장은 원자재가 완제품 트럭으로 만들어지기까지 전 과정을 하나의 지붕 아래에서 수행했다. 특히 최신 기계 1,200대를 연결하는 27개 컨베이어를 자랑했는데, 그중에는 미국 사양에 따라 제작된 고도의 특수 기계들도 포함되었다.[104] 공장이 가동을 시작하고 1년이 조금 넘은 시점에서 새로운 4륜구동 트럭의 생산을 합작하려고 458만 마르크를 투자하는 대대적인 확장을 군부와 합의했다.[105] 브란덴부르크 공장은 완전한 가동 첫해인 1936년 이미 트럭을 1만 5,000대 생산했고, 1940년에는 1만 9,600대에 이르렀다. 이 기간에 브란덴부르크 공장은 독일 트럭 생산량의 3분의 1을 충당했으며, 그중 상당수가 수출되었다.[106]

이러한 사실들은 전쟁이 일어날 때까지 GM사의 경영진과 나치 당국이 모두 그들 사이의 관계를 성공적이라고 여긴 이유를 설명해 준다.[107] 오펠은 나치의 경제 조정과 외환 관리 조건 속에서도 GM사의 중요한 자산으로 성장했다. 정권의 공격적인 수출 촉진 정책 덕분에 해외 시장에서 오펠은 GM사의 가장 큰 생산기지가 되었으며, 유럽과 그 밖에 모든 주요 GM사의 조립공장에 조립식 부품 일체를 제공했다. 오스본이 1940년에 설명했듯이 "세계 시장에서" GM사의 "입지는 오펠 덕분에 눈에 띄게 강해졌다." 오펠은 GM사의 비싼 미국산 자동차가 파고들 수 없는 시장을 공략할 기회를 제공했다. 오펠의 수출 물량은 GM사의 수출품 중 단연 선두인 쉐보레를 제외하면 가장 많았다. 오펠은 독일 외부의 조립공장에 판매된 승용차와 트럭으로 약 2,000만 달러를 벌어들였다. 이는 오펠의 수익을 직접 본국으로 송금할 수 없음에도 GM사가 얻은 수입이었다.[108]

나치 정권에는 독일 자동차 수출 중 오펠이 차지하는 비중이 1933년 이후 해마다 40~65% 사이를 맴돌았다는 사실이 중요했다. 국제 시장에서 이 뛰어난 회사의 역량은 중요한 외화벌이의 원천이 되었다. 마찬가지로 중요했던 사실은 오펠의 두 공장이 현대적인 대량생산 설비를 갖췄다는 것인데, 이는 전쟁 발발 후 이를 활용한 나치 정권이 가장 환호했던 부분이기도 했다. 확실히 뤼셀스하임 공장은 독일이 폴란드를 침공한 후 민간 차량 생산을 심각하게 축소한 탓에 몇 달간 유휴 상태에 있었다. 그러나 곧 이 공장은 뻗어가는 독일 항공기 생산체계 안에 공급업체로서 성공적으로 자리할 수 있었다. 1942년 1월, 이제는 독일화된 경영진은 예외적으로 오펠의 "움직이는 생산라인"에서 항공기 부품과 기체가 만들어지고 있다고 자랑하기도 했다. 군 당국은 독일의 주요 항공기 엔지니어들에게 오펠에서 "어떻게 생산이 이뤄지는지 관찰"하도록 지시했다.[109] 뤼셀스하임과 달리 브란덴부르크 공장은 1939년 이후 한 번도 중단되지 않았다. 전쟁 내내 공장에서는 독일 국방군Wehrmacht의 자동차 함대에서 기수 차량이었던 3톤 트럭 블리츠를 생산했다.

미국의 다국적 기업들을 징발함으로써 나치의 재무장 경제는 경화 거래에 따른 세금부담 없이 미국의 기계류를 획득할 수 있었다. 이런 방식으로 미국 기업들은 사실상 달러 보조금으로 독일에 기술을 이전했다. 포드사의 경우, 1935년 디어본이 300만 마르크 상당의 8기통 엔진차, 부품, 기계를 쾰른 공장에 보내며 달러가 아닌 포드 AG가 새로 발행한 주식과 교환했을 때, 바로 이러한 유형의 첫 번째 중요한 양도가 이뤄졌다. 이것은 고정된 상환 날짜가 없는 장기 신용거래에 해당하는 것으로 이해되었다.[110] 알베르트가 경제부 관료들에게 향후 고마워하게 될 것이라며 설명했듯이, "8기통 엔진 관련 수입품은 독일 정치경제에 보답할 수 없는 가치를 선사할 것이며, … 그것들은 독일 생산에 합리적인 덧셈을 의미"할 것이다.[111] 1938년 포드 쾰른 공장은 디어본을 통해 5만 6,000달러 이상의 미국산 공작기계를 주문했다. 이 주문에 대한 비용은 달러가 아닌 쾰른 지사에서 디어본으로 보낸 부품과 잡화로 지급되었다. 전쟁 발발로 잠시 중단되기도 했지만, 1939년 기계 수입은 10만 달러 규모를 초과하는 물물교환 형태로 이뤄졌고, 이는 1940년까지 계속된 것으로 보인다.[112]

GM사와 오펠 사이에는 외환 통제로 갈취한 기술 이전 사례가 더 있었다. 자본통제로 브란덴부르크 공장 측은 독일 공급업체들에 트럭의 다양한 구성 요소를 제작하는 방법을 직접 가르쳐야 했다. 또한 공장 측은 환전소에서 달러 할당을 거부하는 미국산 기계가 필요했다. 결국, 오펠의 엔지니어들은 미국 공급업체로부터 설계도를 얻어 직접 기계 제작에 나섰다.[113] 오펠의 선임 엔지니어가 이 독일산 기계를 시험했고, 미국산 기계만큼 "중압을 견디지" 못한다는 사실을 알아냈다. 그는 기계의 성능을 향상하려는 계획을 제안했는데, 이 독일산 기계를 미국으로 보내 그곳에서 성능을 시험하고, "그 결과에 따라 독일 제조업체들이 더 나은 공구를 만들도록" 해야 한다는 것이었다.[114]

그러나 독일의 공작기계 제조업체들은 굳이 오펠의 수석 생산 엔지니어 오토 다이크호프Otto Dyckhoff가 어렵게 알게 된 방법을 시도하고자 하지 않았다. 1937년 다이크호프는 브란덴부르크 공장에 글리신사의 기계를 수입하고자 경제부에 수입 허가를 요청했다. 부처는 다이크호프에게 수입 허가를 내주는 대신 독일 제조업체인 클리겐베르의 기계를 사용하라고 지시했다. 이에 다이크호프는 클리겐베르의 기계를 시험해 보았지만, 이 기계의 성능이 매우 떨어진다고 회답했다. 그러나 부처는 수입 달러를 할당할 수 없으며, 오펠이 클리겐베르가 더 좋은 기계를 개발하도록 도우라는 대답을 보내왔다. 클리겐베르의 엔지니어들은 이러한 상황을 인지하고 분개하여 자신들의 기계가 수준 이하라는 견해를 부인했다. 또한 그들은 모든 미국 기계 가공이라는 "유행"을 모방할 필요는 없다고 주장했다. 이에 다이크호프는 매섭게 반응했다. 그는 클리겐베르에 "귀사의 현재 구조물"은 "대량생산을 위한 고성능 기계가 아니"라는 서신을 보내고, 그 복사본을 정부 부처에도 보냈다. 그는 계속 "아시다시피, 국가가 경제적 이유로 독일 국민의 방위와 식량 공급을 산업 수출, 특히 자동차 수출에 의존"하는 상황에서 미국 기술을 따라잡으려는 노력이 필요하다는 의견을 피력했다. 고성능 기계 없이는 "폭스바겐 혹은 자동차 수출 문제를 해결"하기는 불가능하다는 것이다. 질책을 받은 클리겐베르는 독일 자동차 산업이 "미국 기계를 사용하지 않고도 세계 시장에서 경쟁하도록" 미국 사양에 맞춘 특수목적 기계를 개발하는 데 동의했다.[115] 이러한 식으로 외환 통제, 경제적 조정, 정치적 괴롭힘을 뒤섞은 압력은 간접적이지만 매우 강력하게 기술학습에도 기여했다. 이러한 사건은 1930년대 독일 제조업체들에 더 나은 공구 또는 최소한 미국식 도구를 만들도록 어떠한 압력이 가해졌는지를 잘 보여준다. 이는 규모의 경제를 활용하고자 한 기업들이 그들에게 제작을 요청한 것들이기도 했다.[116]

마지막으로 기술 지식 특유의 "암묵적"인 성격은 대서양을 오가는 인력 교환을 필요로 했다. 오펠의 관리자들은 우리 조직에서 가장 뛰어난 독일인은 외국 경험이 있는 이들이라고 강조하고 디트로이트와 기술훈련·인적 교류를 정례화하고자 했다.[117] 우연이 아니라, 오펠의 상위 세 엔지니어는 미국 공장 현실을 오랜 시간 경험한 바 있었다. 첫 번째로 베를린 출신의 공작기계 엔지니어 게르트 슈틸러 폰 하이데캄프Gerd Stieler von Heydekampf(1905~1983)는 그 세대 다른 많은 이와 마찬가지로 1920년대 대부분을 미국 공장에서 보냈다. 대공황의 여파로 독일로 돌아온 하이데캄프는 오펠에 합류해 빠르게 이사회의 일원이 되었다. 구매 책임자로서 하이데캄프는 경제부, 군 당국과 광범위하게 거래하기 시작했다. 하이데캄프는 겨우 33세 때인1938년에 브란덴부르크 공장의 책임자가 되었다.[118] 하인리히 노르호프Heinrich Nordhoff(1899~1968)는 1920년대 베를린 기술대학에서 하이데캄프와 함께 공부했다. 노르호프는 미국으로 이주하는 대신 (그에 말을 따르면) "차선책"으로 오펠에 합류해 여러 차례 디트로이트를 방문했다. 노르호프는 1936년부터 이사회에 합류해 정권을 향한 회사의 외교에서 영향력 있는 역할을 하기 시작했다. 1940년, 오스본은 회사와 정부 사이의 "건전한 분위기"가 노르호프의 노력 덕분임을 인정했다. 1942년 노르호프는 하이데캄프의 뒤를 이어 브란덴부르크 공장의 책임자가 되었다.[119] 세 번째 인물은 앞서 언급한 공작기계 품질과 관련해 독일 제조업체들과 얽힌 오토 다이크호프였다. 오펠의 수석

생산 엔지니어였던 다이크호프는 1935년부터 브란덴부르크 공장의 기계설비를 담당했다.[120]

이들 세 사람의 이력은 실제 미국의 대량생산 기술이 어떻게 독일 산업에 스며들 수 있었는지를 보여준다. 오펠의 주요 엔지니어들은 나치의 자동차 산업 조직화 초기부터 전시 생산까지 함께 달렸고, 많은 사람이 계속 전후 서독의 경제 기적까지 일궈냈다. 1937년 오펠을 떠난 다이크호프는 포르셰의 폭스바겐 공장에서 일했다. 그는 1941년부터 BMW의 항공기 엔진 생산을 위한 "흐름 생산공장"을 담당했다.[121] 하이데캄프는 1942년 브란덴부르크를 떠나 나치의 군수 장비 생산의 중요한 축이었던 헨셸의 경영진 자리로 옮겼다. 1943년 그는 페르디난트 포르셰를 나치 독일의 탱크 개발 사업 책임자로 데려왔다. 전쟁 후 하이데캄프는 급성장한 독일 자동차 산업의 선두주자 중 한 명으로 부상했다.[122] 마지막으로 노르호프는 1945년 소련의 붉은군대the Red army가 브란덴부르크 공장을 해체할 때까지 공장을 책임졌다. 1948년 영국 점령군은 그에게 재건된 폭스바겐 공장의 책임자 자리를 제안했고, 노르호프는 그곳에서 1968년 사망할 때까지 머물렀다. 그의 이름은 서독 경제 기적 Wirtschaftswunder과 동의어가 되었다.[123]

포르셰의 미국인들

한편, 폭스바겐은 어떻게 되었을까? 1936년 7월 페르디난트 포르셰는 북부 바이에른에 있는 히틀러의 휴양지에서 자신의 "비틀" 기획의 최신 시제품을 선보였고, 독재자는 마침내 "자신의" 폭스바겐을 보았다고 결정을 내렸다. 히틀러는 2년 넘게 설계에 대해 승인하지 않았지만, 오펠의 경영진이 인기 있는 자사의 차종 P-4를 폭스바겐으로 지정받으려 애쓰는 동안에도, 포르셰에게 고무적인 신호를 보냈다. 동시에 히틀러는 폭스바겐 사업을 꺼리고 공공연하게 포르셰에게 적대적인 자동차 협회에 진저리를 쳤다. 포르셰로서는 감사하게도, 독재자는 새로운 비틀의 시제품이 독일 자동차 제조업체들과는 별개로 민간-공공사업으로 건설된 특수 공장에서 그 대량생산의 본거지를 찾아야 할 것이라고 제안했다. 이 시점에서 미국의 다국적 기업을 포함했던 기존의 구상은 별다른 절차 없이 보류되었다. 히틀러는 이제 폭스바겐은 "미국에 기반을 둔 기업들"을 배제해야 할 "순전히 국가적인 문제"라고 말했다.[124] 미국 기업들은 이러한 반전을 전혀 알지 못했다. 1936년 9월 무니는 오펠이 폭스바겐 이름을 획득하려는 마지막 시도로 P-4에 대한 추가 가격 인하를 제시하고자 독재자와 만남을 신청했다. 히틀러는 케플러를 대신 보냈고, 그는 폭스바겐에 대한 논의에서 "오히려 모호한" 태도로 일관했다.[125] 일년 후에도 GM사 경영진은 여전히 포르셰의 사업계획에 어떤 종류의 재정적 참여가 바람직한지를 질문했다.[126]

오펠의 제안은 불필요한 것으로 판명되었다. 어떻게 미래 폭스바겐 공장 건설 자금을 조달할 것이냐는 질문은 독일노동전선*이 이 사업계획의 인수를 결정했을 때, 철저하게 나치 결의안 안에서 해소되었다. 나치 노동 조직은 무너진 바이에른 노동조합에서 압수한 상당한 자산을 폭

---

* 나치 독일이 독일 사회민주당과 그 기반이 된 노동조합을 모두 강제해산하고 새로 만든 독일의 노동 단체이다.

스바겐에 투입하는 방법을 찾아냈다. 이 자금은 장래 폭스바겐 운전자가 되고자 미리 대금을 예치한 수십만 명의 저금과 함께 공장의 주요 자금원이 되었다. 또한 폭스바겐은 노동전선의 이데올로기 사업에도 적합했다. 다른 나치 조직과 달리 노동전선은 인종적인 영향을 받았지만, 독일-아리아 노동자와 임금노동자들이 함께하는 "인민 공동체" 이데올로기를 내세웠다. 공적 지원을 받아 비영리로 운영되며 현대적인 대량생산 설비를 갖춘 인민의 차 공장은 그러한 이데올로기에 잘 맞았다.[127]

처음 포르셰는 별도의 공장을 구상하지 않았다. 포르셰는 1920년대부터 "인민의 차" 생각에 매혹되어 있었지만, 처음에는 자동차 설계자로서 이 프로젝트에 접근했다. 즉 그의 관심은 T형 모델의 사례에서 출발했다. 포르셰는 자동차 협회에 자신의 구상을 처음 발표하면서 모든 독일 사람의 자동차는 강도, 내구성, 편안함에 대한 기대치를 높일 대담하고 새로운 구조에서 시작해야 한다고 주장했다. T형 모델과 마찬가지로 그러한 설계는 "10년 이상 그 기본이 변경되지 않는" 제품을 생산하도록 신중한 준비가 필요했다. 포르셰는 인민의 차의 생산과 분배를 조직하려고 기존의 여러 독일 자동차 제조업체를 하나의 행정적 지붕 아래 통합하자고 제안했다.[128] 결국, 포르셰의 초기 구상은 국가적 합병으로 내수와 수출시장 모두에서 미국과 경쟁해서 앞서나가고자 했던 바이마르 시대의 희망을 폭스바겐에 담뿍 반영한 것이었다.[129]

그러나 히틀러가 포르셰의 설계를 구현하려는 별도 공장을 요구하면서 전망은 완전히 달라졌다. 이제 T형 모델을 복제할 뿐 아니라 강력한 루즈 공장까지 모방하게 된 것이다. 이로써 소비에트의 노력과 유사하게 대량생산을 전유하려는 나치의 새로운 국면이 시작되었다. 포르셰는 루즈 공장의 공장배치와 운영을 연구하고, 기계 구매와 더불어 포드사에서 전문가를 초빙하려고 엔지니어와 기획자를 포함한 소규모 대표단 구성을 서둘렀다. 이 폭스바겐 위원회는 설계자인 자기 자신은 물론 노동전선을 대표하는 보도 라페렌츠Bodo Lafferentz(1897~1974), 히틀러에게 포르셰를 처음 소개한 다임러-벤츠의 임원 야고프 베를린Jakob Werlin(1886~1965)으로 구성되었다. 마지막으로 포르셰는 오펠의 기술 감독 오토 다이크호프를 영입할 수 있었는데, 이에 대해 GM사 경영진은 커다란 손실을 보았다고 인정했다.[130]

1937년 7월 디트로이트로 출발한 이들의 활동은 자료가 사라져 정확히 알 수 없지만, 디어본이 그들을 환영했으며, 헨리 포드와 대화할 기회를 얻은 것은 확실하다. 베를린과 친분이 있는 포드의 독일인 판매상이 이들을 소개해 주었다.[131] 베를린은 몇 년 전 소비에트 대표단을 맞이했을 때와 마찬가지로, 대표단에게 루즈 공장을 개방한 포드와의 "생생한" 대화를 떠올렸다. (이 회사는 왜 그렇게 외국 엔지니어들에게 친절을 베푸느냐는 내 질문에 포드는 "우리는 비밀이 없다. 장래에 더 좋은 차가 만들어지면, 나는 그것을 만들 것이다"라고 대답했다.)[132] 이들의 체류 기간에 포르셰가 설계한 경주용 자동차 실버 애로 중 하나가 롱아일랜드에서 열린 국제 자동차 경주대회에서 우승을 차지하자 포드가 축하를 전하기도 했다. 이 설계자는 포드에게 감사를 표하고 3주 동안 루즈 공장 "전역"을 돌아보았으며, "내가 본 중 가장 멋진 공장"이었다고 전했다.[133]

다음 몇 주 동안 다이크호프와 포르셰는 포드자동차회사에서 미래 폭스바겐 공장의 지도자가 될 기술자들을 물색했다. 루즈 공장의 고도로 훈련된 핵심 인물들 가운데 특히 대규모 독일계-미국인 집단을 공략해 도구 제작자 헨리 에스펠드, 카를 루이크, 조지프 베르너와 차체 공장 감독이었던 한스 리델, 압착 성형 작업장 감독이었던 한스 마이어 그리고 전문가 루돌프 스테판, 라인홀트 피치, 윌리 레헨바흐를 영입했다. 그들은 모두 루즈 공장에서 주요 직책을 맡았고, 최소 10년 넘게 포드자동차회사에서 일한 경험을 자랑했다. 1920년대 독일의 야심에 찬 많은 기계기술자, 엔지니어가 그랬던 것처럼 그들도 세계 최고 자동차회사에서 일하려고 미국으로 이주했다. 이 노련한 인물들 가운데서도 단연 으뜸은 제1차 세계대전 전에 처음 독일을 떠나 하일랜드파크 공장에서 일했던 마이어였다. 그는 이후 독일로 잠시 돌아왔다가 1923년에 다시 포드자동차회사로 복귀해 루즈 공장의 압착 작업장에서 책임자가 되었다.[134]

포르셰의 미국인들은 미국의 집과 차를 팔고 가족과 함께 슈투트가르트로 이주해 그곳에서 폭스바겐 기획 부서에 합류했다. 조지프 베르너와 한스 마이어는 포르셰의 폭스바겐 모델을 대량 흐름 생산에 적합하도록 재조정했다. 베르너의 회고를 따르면, 열쇠는 "사소한 것"들에 있었다. 예를 들어, 베르너는 "쉽게 말해, 기어를 하루에 1,000개 분쇄grinder 해낼 수는 없다"라고 지적하고, 기어를 연삭shaving하는 "미국식 방법"을 도입해 시간을 절감하고 효율성을 높였다. 다이크호프, 마이어, 베르너 그리고 에스펠드는 생산계획을 작성하고 기계 단지 구성을 결정했다.[135] 포드사에서 잔뼈가 굵은 또 다른 대가 프리츠 쿤체Fiitz Kuntze도 이 그룹에 합류했다. 쿤체는 1937년 봄에 독일로 돌아와 다이크호프와 계약하기 전까지 몇 년 동안 루즈 공장의 발전소를 관장했다. 쿤체는 루즈 공장에서 축적한 지식을 기반으로 주로 미래 공장의 기본 배치도 작성을 담당했다. 그의 배치도는 루즈 공장이 자랑하는 고도의 후방 통합 방식을 채택했으며 압착 성형 작업장, 차체 작업장, 기계 작업장, 원자재를 공급하는 단조·주조 공장은 물론 제철소와 발전소도 포함했다. 무수한 컨베이어벨트가 루즈-스타일 흐름 생산을 모방했다. 생산역량은 150만 대에 이를 터였다(실제로 이 수치는 1960년대 이전까지는 달성되지 못했다). 다음으로 폭스바겐은 포드의 쾰른 공장을 건설한 건축 회사 뮤스Mewes에 공장 건설을 의뢰했다. 뮤스는 쿤체가 작성한 대강의 요소들에 기능주의와 파시스트적 기념 요소들을 융합해 작업했고, 이는 오늘날에도 여전히 심란한 폭스바겐 본사의 전경으로 남아 있다.[136]

당시 쿤체가 남긴 일지는 새로 채용된 귀국자들의 흥미로운 삶의 단면을 잘 보여준다. 디트로이트를 떠나 독일에 도착한 직후 쿤체는 노동 전선이 후원하는 2주간의 교육을 마쳤다. 자본가는 물론 현지·외국 관리자를 대상으로 하는 이데올로기 교육이었다. 얼마나 많은 그의 동료 독일계 미국인이 같은 일을 했는지는 불분명하다. 어쨌든 쿤체는 나치의 동원 체제를 즐기는 듯했고, 종종 그의 일지에 정치 행사들을 기록했다(1938년 2월 20일, "일요일, 비할 데 없이 좋은 날씨. 총통Führer의 위대한 연설." 1938년 3월 14일, "오스트리아는 우리 것."). 포르셰와 마찬가지로, 쿤체도 자기 사무실에 헤르만 괴링의 초상화를 가지고 있었다. 또한 쿤체의 일지는 독일계 미국인들이 근무시간 이후에 친목을 도모하고, 주말에는 서로의 가족을 방문하는 친밀한 그룹을 형성했다는 인상을 준다. 전쟁 중에도 그들은 군단 정신을 유지했다(1942년 5월 8일, "마이어, 리델 그리고 모든 미국인을 모으자. 함께 뭉쳐 화이트칼라에 대항하자!"). 그러나 전시 생산에 따른 긴장감은 그들 사이에 격렬한 논쟁을 불러일으키기도 했다(1942년 7월 9일, "마이어와 작업장 업무에 대한 심각한 충돌, 우리에게 끔찍하게 소리를 지

름.").[137]

　이들 초기 9명의 그룹이 계속 폭스바겐의 유일한 독일계–미국인은 아니었다. 1938년 11월에 다이크호프는 다시 디트로이트로 갔고, 이번에는 루즈 공장에서 일하는 독일계–미국인 중 현장감독, 도구 제작자, 숙련 노동자를 목표로 했다. 이때 채용된 사람들에는 "엔진 블록 부문의 현장 주임"이었던 윌리엄 러프William Ruf, 차축 부문의 현장 주임이었던 존 럼프John Rumpf, "도구 작업장의 현장 주임"이었던 윌리엄 프리츠케William Fritzke, "크랭크축 부문의 현장 주임"이었던 테어도어 코흐Theodor Koch, "피스톤 실린더 부문"의 현장 주임이었던 오스카 메서슈미트Oscar Messerschmidt가 포함되었다. 미국 시민이었던 메서슈미트는 1939년 1월 4일 아내와 다섯 자녀를 이끌고 뉴욕에서 배를 탔고, 그 비용은 폭스바겐에서 지불했다. 같은 배에는 39세의 미국인 존 노이즈John Neuse와 그의 아내가 타고 있었는데, 그 둘은 모두 "독일에서 태어나 디트로이트에서 일하며 귀화한" 미국인이었다. 전직 포드사 노동자 24명 이상이 1939년의 첫 몇 달 동안 독일로 건너왔다. 독일에서 이 새로운 그룹의 숙련 노동 이민자들은 폭스바겐 시험 공장에서 감독직을 맡았으며, 그곳에서 선별된 독일 젊은이들이 예비 기계 운전 수습 과정을 마쳤다.[138]

　이렇듯 루즈 공장에서 폭스바겐 노동자를 충원하는 활동과 함께 노동전선은 산업 전반에서 독일계 숙련 노동자를 확보하고자 했다. 1938~1939년 겨울, 노동전선의 조직원들은 미국 중서부 전역의 독일어 신문에 광고를 실었고 결국 밀워키, 시카고, 클리블랜드, 디트로이트에서 700명 이상의 숙련 노동자가 미국의 직장을 그만두고 독일로 이주하게 하는 데 성공했다. 이러한 활동으로 노동전선은 독일 산업을 괴롭히턴 심각한 숙련 노동자 부족 상태를 완화하고자 했다. 더욱이 귀국자들이 가져온, FBI의 사후 추산을 따르면 20만 2,012달러에 달하는 경화는 폭스바겐이 미국산 공작기계를 구매하는 데 소소했지만 매우 긴요하게 사용되었다. 이러한 구인활동으로 모집된 사람 중 몇몇은 폭스바겐에 적응하지 못했지만 곧 독일 산업 전반에서 일자리를 찾았다.[139]

마지막 귀국자들이 도착했을 즈음, 주요 공장단지 건설이 완성 단계에 있었지만, 아직 기계 장치들은 완전히 설치되지 않은 상태였다. 이렇듯 지연된 이유는 폭스바겐 사업이 나치의 재무장 복합체의 주요 범주밖에 자리한 노동전선의 소관이었기 때문이다. 당국은 공장을 그들의 군사계획에 포함하지 않았고 노동, 철강, 기계류 할당에서도 우선순위로두지 않았다. 결국, 1939년 9월 전쟁이 일어나자 공장은 준비되지 않은상태 그대로 멈춰버렸다. 공장이 아직 폭스바겐을 단 한 대도 생산하지못한 상태에서 군 당국은 독일 자동차 산업 전체에 승용차 생산 중단을명령했다. 몇 달 동안 원자재 배송이 중단되었다. 예정된 미국산 기계의도착 시기도 무기한 연기되었다. 군사 목적으로 개조하는 작업은 어색하고 느렸다. 1940년 초까지 대규모 생산시설은 포르셰도 인정할 수밖에 없었던 것처럼 "사용되지 못하고 텅 비어" 있었다.[140] 이러한 상황에서 몇몇 노련한 포드사 퇴역자는 독일 당국이 여권을 압수하기 전에 짐을 싸서 미국으로 돌아갔다.[141]

그러나 포르셰의 초기 구인 그룹 대다수는 그대로 남았고, 폭스바겐에서 전시 생산을 이끌었다. 항공 부문에서 들어온 주문, 즉 항공기 부품과 합판 연료탱크 생산은 공장 초기에 약간의 여유를 제공했다. 다음으로 공장은 손상된 Ju-88 폭격기를 수리하기 시작했는데, 이는 전쟁에서 아주 중요한 활동의 하나로 계속되었다. 1940년 여름, 공장은 포르셰의 비틀 설계의 전쟁 버전인 지프, 수륙양용기, 통신 차량 등을 생산하기 시작했다. 전쟁 기간에 이들 차량이 6만 6,000대 이상 생산되었다.[142] 전쟁 내내 폭스바겐의 기술적 지도력과 생산 공정 관리는 포르셰의 독일계-미국인들의 손에 놓여 있었다.

이전 시기 루즈 공장의 에너지 공급을 담당했던 프리츠 쿤체는 발전소·공급 부서 책임자로 승진했다. 한스 마이어는 기술 감독직을 맡았다. 카를 루이크는 차체 작업장을 이끌었고, 조지프 베르너는 최종 차량 조립라인을 관장했다. 미국인들은 이러한 역할을 수행하면서 자신들의 전문 지식으로 나치의 전쟁 기계 생산에 이바지했고, 결국 그 범죄에 연루되었다. 한스 마이어와 포르셰는 점령된 프랑스의 산업 역량을 폭스바겐을 위해 활용하고자 했다. 포드사의 노력한 기술자였던 한스 리델과 루돌프 스테판은 1944년 지하에 폭스바겐의 공정을 재배치하기도 했다. 용도가 변경된 이 갱도에 바로 설치된 조립라인에서 강제 노동자들은 비인간적인 노동을 해야 했다. 1944년 본관 공장에서 일한 노동자 8,771명 중 절반 이상이 강제노역을 수행하는 전쟁 포로와 소외 외국인들이었다.[143]

전쟁이 끝난 뒤 미국 전략폭격조사국은 "독일에서 가장 큰 공장"이자 "유럽에서 가장 큰 압착 성형 작업장"을 자랑한 이 거대한 공장이 생산 능력의 50% 이상을 발휘한 적이 없었다는 결론을 내렸다.[144] 1945년 공장을 미군에 인도한 한 생산 엔지니어도 다음과 같은 말로 동의했다. 전쟁 중 흐름 생산은 "고도로 완성되지 못한 채 남아 있었고, 부족한 재료와 불완전한 기계류 때문에 규정된 생산 할당량에 도달하지 못했다"라는 것이다. 그러나 그는 "기술적 측면에서 최대한 현대적인 생산 방식으로 작업하려고 노력"했으며, "우리의 기술 지도자들은 미국 자동차 산업에서 실질적인 경험을 쌓았기"에 "독일의 다른 회사들과 구별되는 확실한 강점"이 있었다고 언급했다.[145]

1945년 미군 정보국은 미국인이었던 이들 열세 명이 공장에서 근무한 기록을 확인했으며, 그중 5명은 1937년 포르셰에 입사한 이들로 모두 고위직이었다.[146] 그들 중 몇 명은 체포되어 더는 폭스바겐에서 일할 수 없게 되었다. 독일계-미국인 중 가장 유명했던 한스 마이어는 추방되었다. 한스 리델은 미국으로 돌아왔다. 그러나 미국 베테랑 중 적어도 세 명은 폭스바겐에서 자기 이력을 이어갔다. 프리츠 쿤체는 공장으로 복귀할 수 있었지만 발전소 운영 책임자에서 공장 차량 관리로 강등되는 상황을 받아들여야 했다. 가장 인상적인 사례는 다른 두 미국인의 전후 이력이다. 포르셰의 첫 번째 구인 그룹 중 한 명이었던 조지프 베르너는 1951년 폭스바겐의 생산 엔지니어링 부서의 책임자로 돌아와 기술 정찰 임무를 띠고 미국을 방문했다. 1957년에는 하노버에 새로 문을 연 폭스바겐의 첫 번째 완전 자동화 공장을 설립하는 일을 도왔다. 베르너와 이러한 노력을 함께한 가까운 동료 중에는 오토 회네Otto Höhne(1895~1969)가 있었는데, 그는 1939년 시카고의 조립라인에서 일하던 중 노동전선에 채용되었다. 전쟁 기간 그는 사병으로 복무했다. 1959년 회네는 폭스바겐의 생산 감독이 되었고, 1960년에는 폭스바겐 이사회에 합류했다. 1972년 그가 은퇴할 때, 폭스바겐은 미국이 인정한 그의 자격을 상찬했다. "오토 회네가 미국에서 가져온 현대적인 자동차 제작 방법에 관한 지식이 … 폭스바겐이 현재 누리는 기술 수준까지 끌어올릴 수 있었다."[147]

결론

1938년 미국 주재 독일 영사관 직원은 저명한 미국인 사업가 두 명에게 나치 정권이 "제국에 봉사한 외국인"에게 주는 훈장을 수여했다. 그중 한 명은 GM사의 해외사업 최고 경영자였던 제임스 무니로 8월 17일 뉴욕의 독일 영사로부터 1급 독일 독수리 십자 훈장the Order of Merit of the Cross of the German Eagle, First Class을 받았다. 다른 수상자는 헨리 포드였다. 디어본의 연구소에서 열린 간단한 기념식에서 독일 외교관 두 명이 포드의 가슴에 최고의 포상인 독일 독수리 대십자the Grand Cross of the German Eagle를 달아주었다. 7월 30일은 포드의 75번째 생일이기도 했다. 일 년 전 IBM의 최고 경영자 토마스 왓슨Thomas Watson도 국제상공회의소의 베를린 회의에서 할마르 샤흐트에게 유사한 훈장을 받은 바 있었다.

이렇듯 주목할 만한 공로 인정 행위에는 두 가지 맥락이 있었다. 무니와 포드의 수상은 독일과 미국 사이의 외교 관계가 악화되던 시기에 미국 우파 내에서 친독일 목소리를 강화하려는 나치 외교관들의 노력 중 하나로 추진되었다. 1938년 내내 독일의 영사관 직원들은 12명이 넘는 인사에게 독수리 십자가를 주었다. 유명 인사였던 찰스 린드버그Charles Lindbergh(1902~1974) 정도를 제외하면, 다른 수상자들은 스탠퍼드 출신의 역사학자 랄프 해스웰 러츠Ralph Haswell Lutz(1886~1968), 프린스턴대학교 출판부에서 솜바르트의 번역물을 출판한 오벌린대학교 교수 칼 가이저Karl Geiser처럼 덜 알려진 사람들이었다. 이러한 유형의 공로상 수여는 1938년 11월 나치의 유대인 대학살로 독일에 대한 미국 내 여론이 완전히 돌아선 이후 중단되었다.[148] 왓슨, 무니, 포드의 훈장 수여가 중요했던 또 다른 이유는 나치 정권의 초국가적 산업 정치에서 찾아야 한다. 이상은 무엇보다 미국 다국적 기업이 30년에 걸쳐 나치 정권과 맺은 친밀하면서도 갈등의 소지가 많았던 관계를 반영했다. 〈뉴욕타임스〉의 보도를 따르면, 왓슨은 "경제 관계 개선" 공로로 훈장을 받았다. 무니는 이후 미군 관료들이 내린 결론을 따르면, "독일에서 아담 오펠 AG를 성장시킨 공로를 인정"받아 수상했다.[149]

이와 같은 연관성은 역사학자들이 모종의 공모에 대해 질문하는 근거가 되었다. 미국의 사업가들은 나치의 의제에 동조했는가? 그들의 회사는 나치 정권과 결탁했는가? 그들이 포기를 선택할 대안적인 행동 방침이 있었는가? 이러한 질문들은 여전히 시급하고 중요하지만, 이 장에서는 다른 각도에서 접근했다. 우리는 나치 정권이 어떻게 초기 단계부터 미국의 강력한 자동차 제조회사들이 자동차 환경 조성과 재무장 요구에 부응하도록 관리했는지를 물었다.

그 광기에는 어떤 방법이 있었음이 드러났다. 정권은 포드사와 GM사를 경제 조정이라는 일반적인 노선으로 지배했다. 기본 작동원리는 자본통제였다. 당국은 외환 할당을 거부함으로써 GM사와 포드사가 독일 지사의 수출을 지원하고 물물교환이나 장부 차변 기재 같은 방식으로 중요 원자재를 조달하도록 강요했다. 또한 정권은 독일 지사들이 미국산 공작기계를 구매할 때 세금을 부과하지 않았다. 이익을 본사로 송환하는 행위가 금지되었으므로 포드사와 GM사는 수익을 공장, 기계, 기타 고정 투자 등으로 재투입할 수밖에 없었다. 따라서 상당히 많았던 GM사의 동결된 배당금은 독일 최고의 자동차 제조업체인 오펠의 포괄적 현대화에 효과적인 강제 달러 대출을 구성했다. 자본통제에 묶인 미국 기업으로서도 미국의 기술을 공유하고 기술기법을 전수할 국내 공급업체를 육성하는 것 외에는 별다른 선택지가 없었다. 정권은 기이한 협공으로 미국 기업들을 궁지로 몰아넣으며 이러한 압력을 강화했다. 풀뿌리 민족주의 정서는 미국 기업이 베를린 당국에 보호를 요청하도록 만들었고, 그를 계기로 당국은 그들의 경제적 요구를 차례로 밀어붙였다.

그 효과는 상당했다. 오펠이 이끄는 자동차 산업은 독일 경제를 선도할 만큼 발전했고, 나치의 재무장 복합체의 초석이 되었다. 이미 1934년 독일은 차량 생산량에서 프랑스를 제치고 영국에 이어 세계 3위를 차지했다. 이러한 급성장에서 오펠이 차지하는 비중은 44%에 이르렀다. 1936년 독일은 자동차 산업에서 세계 3위의 수출 대국이 되었다. 그해 독일 자동차 수출에서 오펠의 점유율은 43.5%였다. 1938년 자동차 산업은 독일 수출 수입에서 기계와 화학 제품을 앞질렀고, 그 절반은 오펠의 몫이었다. 국내 시장에서 오펠은 전쟁 전까지 해마다 37에서 45% 정도를 차지했다.[150] GM사는 브란덴부르크에 한 종류의 트럭만 생산하는 공장을 설립하고 운영권을 육군에 넘겼다. 오펠은 독일의 공구 제작자들에게 미국 사양에 맞는 공구제작 방식을 가르쳤다. 미국식 생산방법에 익숙한 생산 엔지니어들과 숙련 노동자들이 독일 산업 전반으로 퍼져나갔고, 나치의 산업 부흥을 대서양 건너 기술 개척지와 연결했다.

따라서 나치 국가는 복합적 대량생산이 독일로 이동하는 결정적 방식을 형성했다. 이는 소비에트 국가의 경험을 반영한 것이기도 했다. 둘 사이에 눈에 띄는 차이점이 있다면, 나치 정권은 군산 증강을 지지하는 한 독일에서 미국 기업들의 활동을 명시적으로 장려했다. 반면 소비에트 지도부는 러시아 땅에서 미국 기업들을 몰아내고 그 대신 포괄적인 기술 수입에 착수했으며, 이 전략이 수반하는 경제·사회 혼란을 받아들였다.

소비에트와 나치의 전략은 모두 20세기를 조망하는 비교사적인 조명을 받기 시작했다. 소비에트의 전략은 그 극단성이 두드러진다. 외국 기업을 추방하고 모든 해외 기술을 구매하는 선택은 위험한 도박이었지만, 비용에 상관없이 신속하게 경제 독립을 달성하려는 미친 듯한 돌격이기도 했다. 그와 대조적으로 나치는 미국의 강력한 자동차 제조업체들을 포용했고, 이는 다른 권위주의적 후기 개발국가들이 국내 자동차 산업을 육성하려고 추구했던 전략과 매우 흡사했다. 나치 독일과 마찬가지로 전간기 일본, 전후 브라질과 한국 그리고 20세기 후반의 중국 정권은 외환 규제의 맥락에서 외국 기업을 다루었으며, 그들 모두 자본통제를 정책 도구로 사용했다. 그들 모두는 외국 기업에 구애하는 동시에 압력을 가했고 합작 투자, 현지 공급업체 육성, 기술 공유와 수출 지원을 요구했다.[151] 확실히, 정확한 작동방식은 각양각색이었고, 각 경우의 결과는 변화하는 국제 환경, 국가와 다국적 기업 간 힘의 균형에 크게 의존했다. 그렇지만 전략적 산업 고도화라는 관점에서 볼 때, 나치 독일만 "유일하고 독특한 경제체제"를 발전시켰다는 주장은 의심스럽다.[152] 그 대신 1930년대 독일의 경제에 대한 그럴듯한 비교 대상을 찾는 과정에서 역사가들은 20세기의 다른 많은 권위주의적이고 적극적이며 개발 지향적인 국가를 살펴볼 수 있다.

5장

공장들의 전쟁

오, 하지만 대량으로 생산하지 않아도 될 것은 아무것도 없다.
-1944년 7월, 아돌프 히틀러

1941년 11월 초, 헤르만 괴링은 독일 군비 복합체의 지도자들인 군장성, 사업가, 관료 들을 베를린의 항공부에 소집했다. 이날의 논의 주제는 "군수 산업의 합리화"로 어떤 의도도 없는 것처럼 느껴졌지만, 모인 이들은 곧 엄한 질책이 자신들을 기다리고 있다는 사실을 깨달았다. 괴링은 이 기회에 그들의 실패를 에둘러 비난했다. 회의 의정서를 따르면, 괴링은 "합리화의 측면에서 독일 산업은 미국과 동등해져야 한다"라는 신언으로 시작했다. 이 당면 과제를 두고 지금까지 군비 생산자들은 너무 머뭇거리며 접근했다. 독일의 반대편에 선 미국이 대량생산 면에서 월등히 우세한 능력을 과시하는 이때, 공장들은 지금 당장 그들의 방식을 고도화해야 했다. 괴링은 "독일도 이제는 흐름 생산을 확립"해야 하며, "수공 생산은 완전히 사라"져야 한다고 말했다. 그런 다음 괴링은 모인 기업가들을 "예리하게 공격"하기 시작했다. 무엇보다 기업은 생산 할당량을 충족하지 못하면 그 책임을 져야 했다. 시간이 가장 중요했다. 미국의 전시 생산은 곧 따라가기 힘들 정도로 가속화될 것이기 때문이었다. "유럽은 미국에 대항해야 한다!" 괴링이 소리쳤다. "조립라인 생산"

은 이제 "결정적"이었다.[1]

1941년 11월의 군사적 맥락에서 괴링은 이 사업의 긴급성을 따로 길게 설명할 필요가 없었다. 괴링이 날카롭게 지적했듯이 소비에트연방에 대항한 전투는 "경기를 일으킬" 정도였다. 붉은군대가 예상보다 월등히 좋고 풍부한 무기를 가지고 집결했으므로 몇 달 안에 소비에트연방을 격파하려고 한 바르바로사Barbarossa 작전은 사실상 실패하고 말았다. 괴링이 군비 복합체의 지도자들을 책망하기 하루 전, 독일군 최고사령부the German Military High Command는 모스크바로 향하던 중부 집단군이 6월 침공 시작 이후 전투력의 40% 이상을 잃었다고 결론지었다. 전차 사단은 3분의 2로 줄어들었다. 괴링의 본거지인 루프트바페의 사정도 나을 게 없었다. 독일 전투기는 공장에서 그 대체기를 생산하는 속도만큼 빠르게 격추되었다.[2] 상황은 괴링이 관장하는 항공부 최고 관료인 에렌스트 우데트Ernst Udet(1896~1941)를 자살로 몰고 갈 만큼 암울했다. 12월 4일, 지친 독일군은 모스크바 외곽에서 멈춰 섰다. 그로부터 3일 후 일본군의 비행기가 진주만을 폭격했다. 오랫동안 기다려온 미국의 참전이 공식화되었고, 이제 독일은 양쪽으로 그어진 전선에서 언제 끝날지도 모르는 전쟁에 직면했다.

괴링의 폭발에는 1941년 겨울 격화되고 있던 전쟁의 기본적 진실이 담겨 있었다. 모든 결과는 공장에 달려 있었다. 목재 골격 비행기와 어설픈 탱크가 등장한 1914~1918년의 참호전과 비교했을 때 제2차 세계대전은 군수물품을 놓고 벌이는 거대한 경쟁의 성격을 훨씬 더 많이 갖고 있었다. 금속 소재로 대부분 조립라인에서 생산되는 총, 탱크, 전투기, 폭격기, 선박, 탄약에서 적을 능가하는 쪽이 분명 승리한다.[3] 괴링도 이미 알고 있듯이 독일은 산업 경쟁의 새로운 국면에서 유리한 쪽에 서지 못했다. 서유럽을 점령한 독일이 1930년대 이후 과감한 조치들을 취했음에도 나치 경제는 대규모 전쟁을 준비하는 필수 기본요소였던 석탄, 철강, 연료, 원자재 그리고 노동력 부족에 시달렸다. 미국의 참가로 경쟁은 독일에 극도로 불리해졌다. 1941년 미국은 다른 모든 교전국을 합친 것보다 많은 철강을 생산했고, 이러한 공급을 바탕으로 영국군은 독일보다 거의 두 배나 많은 군용기를 생산했다. 그해 가을 괴링과 나치의 지도자들은 제3제국의 절박한 경제적·군사적 상황을 놀랍도록 상세하게 설명한 통계학자들의 보고서를 받았다.[4]

다른 정권이라면 가능성을 헤아려보거나 화평을 청했을 수도 있다. 그러나 제3제국의 지도부로서는 이를 용납할 수 없었다. 그것은 히틀러가 1920년대에 처음 선언한 이후 그의 정권이 1930년대 내내 추구한 핵심 목표, 즉 독일을 미국에 견줄 수 있는 대륙의 강국으로 만들겠다는 결의를 포기한다는 의미였다. "유럽은 미국에 대항해야 한다!"라는 괴링의 외침이 분명히 보여주듯, 바이마르 시대 이후 줄곧 독일 우익들을 괴롭힌 실존적 위협이 1941년 12월 끔찍하고 구체적으로 형상화하기 시작한 것이다. 이제 독일은 총력전에서 미국 산업과 직접 대면하게 되었다. 나치 지도부는 포기하는 대신 1941~1942년 겨울에 전개된 전략적 패배 앞에서 그들이 아는 유일한 방법인 증강으로 대응했다. 합리화에 대해 산업가들을 다그친 그날, 괴링은 소비에트 포로들을 독일 산업에 투입할 지침을 제시함으로써 강제 노동을 나치 전시 생산에 대규모로 배치할 길을 열었다.[5] 12월 3일 히틀러는 산업에 대한 더 엄격한 국가 통제와 "합리화"에 대한 집중을 포고했다. 원자재와 노동력 부족을 고려할 때, 군대는 화려한 무기류를 요구하는 대신 내구성 있고 대량생산 가능한 설계를 채택해야 했다. 같은 포고령에서 히틀러는 "노련한 기술자"에게 회사를 살펴보고 더 효율적인 생산방법을 강제할 권한을 부여했다.[6]

히틀러가 염두에 둔 "노련한 기술자" 유형의 대표 인물이 1937년 가을 오토-유니온의 전문가 그룹을 디트로이트로 이끌었던 독일계-미국인 엔지니어 윌리엄 베르너였다. 이후 베르너는 독일 산업계를 가파르게 오르는 상승세를 누렸고 괴링이 이끄는 항공부의 최고 합리화 고문으로 임명되며 절정에 이르렀다. 1941년 5월, 괴링은 무질서한 독일 항공기 산업을 항공부의 강한 통제 아래 둘 목적으로 베르너가 제안한 대책본부인 부처의 산업위원회를 베르너에게 이끌도록 했다. 베르너의 이력은 나치 군비 복합체에서 멈추지 않았다. 1941년 11월 괴링이 열변을 토하며 제안한 내용은 대부분 베르너의 산업위원회에서 발전시킨 논의들이었다. 1942년 2월 알베르트 슈페어Albert Speer(1905~1981)가 군수부장관으로 임명되자 베르너는 괴링과 슈페어의 관료 경쟁 사이에서 중요한 연락 역할을 맡았고, 체계의 최고 집행자 중 하나로 활동하기 시작했다.

이 장에서는 나치 독일에서 전시 산업 복합체의 최고봉에 오른 윌리엄 베르너의 상승 궤적을 따라가며 1930년대에 시작된 국가 주도의 대량생산 추구가 총력전 조건에서 어떻게 강화되었는지 살펴본다. 이전보다 더 큰 힘을 갖춘 나치 정권은 산업을 전시경제에 복속하고자 했고, 이를 위해 경제 조정의 나사를 차례로 조여야 했다. 슈페어가 이끄는 군수부와 실제로는 항공부차관 에르하르트 밀히Erhard Milch(1892~1972)가 운영한 괴링의 항공부가 결합한 군비 관료기구는 기업에 무엇을 만들고 어떻게 생산할지, 누구를 고용할지를 지시하기 시작했다. 국가 조정이 회사의 재량권을 좁히면서 1930년대에 형성된 협력 관계는 점차 험악해졌다. 종종 군대에 무기를 공급하는 회사들은 부처의 요구에 저항했다. 회사들은 공작기계, 노동력과 같은 부족 자원들을 공유하기를 좋아하지 않았다. 회사들은 자신들의 설계를 경쟁자들에게 사용하도록 허가 내주기를 경계했다. 반대로 다른 회사에서 시제품으로 개발한 엔진, 차량, 탱크 혹은 항공기를 조립하라는 지시를 받을 때도 불쾌해했다. 회사가 당국의 요청에 따라 엔지니어링 기법을 여러 부문과 공유하는 데는 시간이 걸렸다. 그들은 생산 규약을 간섭하는 데 분개했다.[7]

슈페어와 밀히는 회사에 압력을 가하려고 기술적으로 유능하고 정치적으로 헌신적인 엔지니어들에게 "회사에 개입해 생산 환경을 완전히 재구성할" 권한을 줌으로써 윌리엄 베르너 같은 사람들을 이용했다.[8] 베르너 외에도 이 새로운 합리화의 집행관 그룹에는 이미 우리가 접한 인물들이 포함되어 있었다. 전쟁 중 폭스바겐의 오토 다이크호프와 한스 마이어, 오펠의 하인리히 노르호프와 게르트 슈틸러 폰 하이데캄프는 정부 부처와 회사 사이를 중개하고 군비 복합체의 최고 지휘자들과 작업장 사이의 머나먼 거리를 연결했다. 그들의 활동으로 국가 조정, 작업 현장 합리화 그리고 노동 탄압이 융합되었다. 미국이 보증하는 자격증을 지닌 이 유명 생산 엔지니어들은 정부 부처들과 공장 모두에 대한 권한을 부여받고 국가 기구와 공장의 경제적 실행 영역을 연결했다.

베르너의 이력은 나치의 전쟁경제에서 중요하지만 아직 탐구되지 않은 영역, 즉 정부 부처와 작업 현장을 연결한 제도적 접촉면을 보여준다. 기존 연구들은 한편으로 기업의 수준에서 자료들을 충분히 검토하고, 특히 만연했던 강제 노동 착취의 증거들을 문서화했다.[9] 다른 한편의 연구는 행정 피라미드의 맨 꼭대기에 초점을 맞추고, 특히 슈페어의 역할을 두고 격론을 벌여왔다. 이제는 틀린 서사로 드러난 오래된 이야기지만, 슈페어는 전쟁의 마지막 3년간 나치의 전쟁경제가 기록한 놀랍도록 가파른 군비 생산량 증가, 이른바 "생산 기적"을 촉발한 개혁을 실행한 공과가 있었다. 그러나 이러한 서사는 대체로 사안을 대하는 슈페어 자신의 거의 무관심에 가까운 반응을 너무 면밀하게 반영해서 곤란을 겪었다.[10] 그와 반대로 최근 경제사학자들은 후기 전시 생산 호황이 슈페어 개인의 공로를 주장하기 어려운 역학관계 속에서 이뤄졌음을 보였다. 즉 가파른 성장은 새로운 협약에 따라 1930년대 이후 군비 역량을 지속해서 증강했고, 전쟁 중 더 많은 노동력과 자원을 군비 부분에 체계적으로 투입한 결과 예측 가능한 효과였다는 것이다. 특히 역사학자들은 대량생산에 내재된 학습 효과가 어떻게 나치의 무기 콤플렉스를 더욱 부추겼는지 설명했다.[11] 이를 바탕으로 역사학자들은 후기 전쟁 호황이 "심지어 슈페어가 없었어도" 일어났을 "불가피한 성장의 결과"였다고 기술했다. 학습의 경제로 생산은 슈페어의 군수부가 강권한 합리화 조치에 거의 영향을 받지 않은 "준자연적 성장"을 지속했다.[12]

그러나 슈페어를 둘러싼 성역을 파괴하는 이러한 시도는 우리에게 작업 현장에서 일어나는 일과 완전히 단절된 비효율적인 전시 국가 조정 기구라는 선뜻 받아들이기 어려운 모종의 인상을 준다. 1장의 포드자동차회사에 관한 논의를 여기서 다시 꺼내면, 경제학자들이 학습의 경제라고 하는 일은 거의 자동으로 일어날 수는 없으며, 실제 무수히 많은 작업 현장 개선과 끊임없는 시행착오의 결과였다. 또한 우리는 이러한 개선 사항들을 조정하는 데 숙련된 중핵집단의 중요한 역할을 지적했다. 베르너와 장관급 조정체계의 중간 고리를 맡은 기술관료 그룹은 새로운 권한을 부여받고 작업 현장의 중핵집단을 구성했다. 이러한 관점은 우리를 슈페너에게 고정된 시선을 넘어 장관급 지시가 실행된 나치의 무기 복합체의 중간 단계로 향하게 한다. 그리고 여기서 우리는 1941~1942년 위기 이후 경제를 강압적으로 통제하려는 야망이 한층 더 커진 나치 국가를 만날 수 있다. 슈페어와 밀히의 지원을 받은 베르너는 총력전을 하려면 미국식 대량생산 방식에 맞먹는 노력이 필요하다고 끊임없이 주장했으며, 경제적 부족, 정치세력 간의 마찰에 직면해서도 흐름 생산과 같은 방식을 강화하고자 적극적으로 노력했다. 확실히 혼합된 성과였지만, 어떤 식으로든 결과가 없었던 적은 없었다. 이러한 관점에서 볼 때, 1942년에 변한 것은 합리화 조치의 목록이 아니라 점점 다른 생각을 키우던 민간 회사들의 흐름에 합리화 조치를 강제하기로 한 국가 기구의 결정이었다.

이러한 관점은 두 가지 층위에서 중요하다. 첫 번째는 국가 간 비교이다. 더 공격적이고 강압적인 전시 국가의 출현은 나치만의 독특한 양식이 아니었다. 모든 교전국이 총력전을 하고자 국가가 경제를 장악할 방법을 찾으려고 했다. 전쟁 중인 모든 국가가 자본 투자를 확대하고, 자원을 소비에서 산업으로 전환하려고 정부의 권력을 사용했다. 모든 국가가 생산 영역에 직접 개입했다. 일본 산업계의 대표들로 구성되었던 "통제 협회control associations"는 회원들에게 모범사례를 강요할 권한을 지녔다는 점에서 1942년 이후 독일의 군사 복합체가 시행한 생산위원회 체계와 흡사했다.[13] 미국에서는 군사 조달기관이 기업에 생산 규약을 명령하고, 계약자에게 가격을 지시하기도 했다. 회사들은 포드의 윌로런 폭격기 공장의 경우처럼 전쟁하려고 새로 만들어진 산업 공장은 대부분 계약자가 운영하더라도 정부가 자금을 조달하고 소유했으므로(이른바 GOCO 공장) 이를 수용할 수밖에 없었다. 비슷한 제도가 영국에서도 널리 퍼졌다.[14] 소비에트 지도부는 이미 1930년대에 구축한 통제 경제의 이점을 전쟁을 위한 자원 동원 과정에서 누릴 수 있었다. 그러나 그들 역시 자원 할당에 대한 중앙 권한을 강화하고 생산 규약 쇄신을 두 배로 늘렸다.[15]

두 번째는 1930년대 기술 이전의 관점에서 독일의 산업장치들이 어떻게 토착화·정교화되었는지에 관한 문제이다. 전쟁 중 독일 경제는 한 경제사학자가 대량생산에 "충돌 과정crash course"이라 부른 일들을 겪었다.[16] 윌리엄 베르너는 우리에게 이것이 실제로 어떻게 작동했는지, 국가의 지원을 받은 전쟁 기술주의가 어떻게 이러한 충돌 과정을 촉진했는지, 어떻게 생산 규약, 조직적 능력, 기술적 경험과 같은 기술적 암묵지가 산업체계 전반에 확산되었는지 이해할 실마리를 제공한다.

윌리엄 베르너: 괴링의 미국인

윌리엄 베르너는 대서양횡단을 지렛대 삼아 20세기 중반을 선도한 부문인 자동차와 항공기 산업에서 눈부신 국가사회주의 경력을 쌓았다. 그는 1893년 뉴욕에서 독일인 부모 사이에서 태어나 1907년 독일로 이주한 후에도 미국 시민권을 유지했다. 이 때문에 그는 제1차 세계대전이 일어났을 때 징집을 면제받았다. 참호전을 피한 베르너는 공구 제작자가 되어 독일 전역의 다양한 기계 가공 회사에서 일했다. 1926년 베르너는

그림 5.1 윌리엄 베르너(왼쪽)와 페르디난트 포르셰가 오토-유니온의 실버 애로에 대해 상의하고 있다. 1938.
출처: Getty.

그 시기 수많은 독일 엔지니어가 그랬던 것처럼 미국 중서부로 순례를 떠났고, 크라이슬러에서 일하며 배웠다. 독일로 돌아와서는 작센의 고급 자동차 제조업체인 호르히에서 기술 책임자로 재직했는데, 이는 대공황기 호르히가 오토-유니온에 가입할 때까지 그가 유지한 직책이었다. 1930년대 후반까지 베르너는 오토-유니온을 오펠에 이은 독일의 두 번째 자동차회사로 만들었다.[17]

엔지니어로서는 드물게 베르너는 두 가지 재능을 지녔다. 열정적인 자동차 설계자였던 그가 포르셰와 함께 만든 오토-유니온의 실버 애로는 시대를 뛰어넘는 경주용 자동차로 큰 주목을 받았다. 그러나 1930년대에 베르너는 작업 현장에 관심을 집중했고, 이 분야에 대한 공헌이 그의 전시 경력을 형성하는 기초가 되었다. 그를 그 자리에 올려놓은 것은 무엇보다 그의 일관된 미국 지향성이었다. 그는 오토-유니온의 생산 엔지니어로서 미국의 개발상황을 파악하고, 미국의 자동차 제조업체들과 연락을 주고받으며 미국 자동차 엔지니어 협회 회원 자격을 유지했다.[18] 베르너는 특히 두 가지 미국식 방법을 전도하는 데 적극적이었다. 첫 번째는 숙련된 도구 제작자로서 흐름 생산에서 정교한 기계의 중요한 역할을 강조했다. 두 번째는 그가 루즈 공장에서 보고 크게 영감을 받은 현대적이고 자동화된 주조소의 운영이었다. 1938년까지 그는 "독일 최고의 생산 엔지니어 중 한 명"으로 평가되었다.[19]

베르너는 나치 정권 아래서 승승장구했다. 그가 나치당에 가입했는지는 확실치 않다.[20] 그러나 그는 분명히 정권의 목표를 자기 것으로 받아들였다. 폭스바겐을 둘러싼 난투가 벌어지는 동안 베르너는 자동차 협회에서 유일하게 회원들에게 논쟁을 멈추고 독재자의 요구를 따르자고 촉구하는 목소리를 냈다.[21] 1938년 베르너는 오토-유니온 직원들에게 유대인 소유의 공급업체들과 거래하지 말라고 상기시켰다. 오토-유니온의 공장 지도자로서 그는 나치 노동 전선의 "모범 공장"상을 수여하려고 모인 대회에서 노동자들에게 "기쁨으로" 경쟁하라고 권고했다. 베르너는 1939년 4월 독재자의 50번째 생일을 기념해 오토-유니온을 주제로 재구성한 "아돌프-히틀러-책(Adolf-Hitler-Book)"을 모든 노동자에게 선물했다. 1944년 새해가 되자 베르너의 사무실에서는 나치의 선전부장관 요제프 괴벨스의 특별 연설문을 오토-유니온의 직원들에게 회람시키기도 했다.[22]

베르너는 비정치적 기술관료가 아니었다. 오히려 그의 이력은 국가사회주의 아래서 활약한 기능적인 엘리트들, 즉 종종 간과되는 엔지니어들이 처한 환경을 보여준다.[23] 엔지니어들의 세계관은 기술적 진보를 독일인의 창조적인 "천재성"이라 표현하며 칭송하는 나치의 이데올로기와 공명했다. 엔지니어들은 정권의 군-산 증강에서 경력을 쌓을 충분한 기회를 얻었고, 그들의 영향력이 미치는 영역은 급격하게 늘어났다. 베르너와 같은 엔지니어들은 유력 산업가, 군사령관, 나치 친위대 장교들처럼 뉘른베르크에서 재판을 받지 않았고 학자, 변호사, 책상머리 가해자들처럼 최근 역사서술에서 주목받지도 않았다.[24] 베르너, 오토 다이크호프, 게르트 슈틸러 폰 하이데캄프 같은 엔지니어들은 선뜻 전문적인 이데올로기를 정교하게 선언하지 않았지만, 행동으로 정권 지지를 표명했다. 그들은 전쟁 내내는 물론 명분이 사라진 것이 분명해진 이후에도 나치의 생산 기계를 계속 작동시켰다. 폭스바겐 제작자에서 전차 설계자로 전향한 페르디난트 포르셰 혹은 로켓 과학자로 [액체 연료 로켓이자 탄도 미사일] V2 개발자인 베르너 폰 브라운Wernher von Braun(1912~1977)처럼 윌리엄 베르너도 자신의 뛰어난 기술을 범죄 정권에 투입한다는 사실에 동요하지 않았다.[25]

나치 전시 생산의 온상에서 미국의 인정을 받았던 자격은 경력의 지렛대가 되었다. 1930년대 후반 어느 시점에서 베르너는 폭스바겐의 독일계-미국인 동료들이 그랬던 것처럼, 미국 시민권을 포기했음이 틀림없다. 그렇지만 윌리엄 베르너가 결코 자기 이름을 독일식으로 표기하지 않았다는 사실은 미국의 기술이 나치의 상상을 뛰어넘었다는 강력한 증거이기도 하다.

베르너가 나치 전시 생산의 지휘부로 올라가기 시작한 때는 1937년 11월 디트로이트에서 돌아온 직후까지 거슬러 올라갈 수 있다. 1장의 첫 페이지에서 설명했듯이, 그 여행에서 베르너와 그의 엔지니어들은 쉐보레, 폰티액, 리버 루즈 공장을 포함해 미시간 남부의 각기 다른 13개 자동차 공장과 공구 제조업체를 방문했다. 이 산업 정찰 임무에서 작성된 보고서는 고해상도 사진 수백 장과 함께 무수한 공작기계와 작업공정에 대한 자세한 설명을 수록했다. 이 보고서가 도출한 결론은 단순했다. 미국식 실행은 원자재와 노동력을 절약한다는 것이다. 흐름 생산은 경험이 없는 노동자를 고용해 큰 효과를 낼 수 있었다. 정교한 기계는 단순 노동자도 충분히 생산에 이바지하도록 했다.[26]

독일로 돌아온 베르너는 재무장의 맥락에서 진행된 일련의 강연에서 산업가와 엔지니어들에게 이러한 조사 결과를 발표했다. 베르너는 "오늘날 독일 산업에서 가장 중요한 관심사"는 "더 적은 숙련 노동자를 투입해서 더 높은 생산량을 달성하는 것"이라고 말했다. 강의에서 베르너는 작업 흐름을 동기화하고 작업자를 생산 공정에 연결하도록 설계된 미국산 기계 사진을 수십 장 보여주며 청중을 설득했다. 베르너는 재료 절약 가능성을 설명하려고 전쟁 중 자문 작업에서 사소하게 집착을 보이게 된 사례로 엔진 블록과 크랭크축 같은 부품을 만드는 주조소를 선택했다. 베르너는 독일의 구식 주조 방식은 특히 물품이 부족하기 쉬운 재무장 조건에서 "용납할 수 없는" 낭비를 초래할 것이라고 말했다. 그 좋은 반례로 베르너는 전체 크랭크축을 1회 주조해 1% 미만의 폐기물만 만드는 현대적인 루즈 공장의 주조소를 제시했다. 루즈 공장처럼 독일의 주물·단조 공장들도 "정밀 작업"장으로 전환해야 한다는 것이 베르너의 주장이었다.

베르너는 연설에서 자신이 제시한 원칙들이 엄밀히 말해 새로운 내용은 아니라고 인정했다. 그러나 그는 이제 재무장이 독일 산업 전반에 걸쳐 "명확한 인식과 급진적인 이행"을 요구한다고 주장했다.[27] 분명 베르너는 미국에서 받은 자격 증명서가 곧 자신이 그 일에 적합한 사람임을 증명한다고 확신했고, 독일 최대 항공기 생산업체인 융커스를 목표로 삼아 그 결함들을 지적했다. 베르너는 융커스에 보낸 문건에서 루즈 공장에서 목격한 주조·주물 방법의 우수성에 대한 강의를 자세히 설명했다. 베르너를 따르면, 이러한 모범사례와 정반대로 융커스의 주조 공장은 강철 원료 할당량의 88%를 낭비하고 있었다! 따라서 "현대적인 단조 기계"를 설치하고 "주조 기술을 개선"할 필요가 절실했다. 전쟁과 결핍은 그러한 조치를 "필수" 요건으로 만들었고, 항공기 엔진 산업의 선두 기업도 "이를 회피할 형편"이 아니라고 베르너는 주장했다. 분명히 융커스도 "미국의 생산자들이 막대한 에너지를 들여 항공기 엔진의 대량생산에 따른 문제들을 해결"해 왔음을 알고 있었다. 베르너는 자기주장을 다시 한번 강조하려고 패커드가 롤스 로이스 엔진을 만들고자 어떤 개조작업을 진행했는지를 설명한 〈자동차 산업Automotive Industries〉의 기사를 첨부했다.[28]

베르너와 항공산업 사이의 대립과 유사한 사례는 다른 나라에서도 쉽게 찾아볼 수 있다. 포드주의가 항공 분야로 옮겨가면서 진취적인 자동차 엔지니어들은 국가의 지원을 기대할 수 있는 모든 지역, 교전국들 곳곳에서 기존 항공기 회사들과 충돌했다. 예를 들면, 미국에서 찰스 소렌슨은 폭격기를 만드는 것은 자동차를 만드는 것과 근본적으로 다르며, 자동차 산업의 대량생산 규약은 항공기에 적용되지 않는다고 주장하는 컨솔리데이티드Consolidated의 항공기 설계자와 난상토론을 벌였다. 그러나 곧 소렌슨이 군부의 지원을 동원하면서 컨솔리데이티드는 포드에게 설계 승인을 받으라는 지시를 받았다. 그 과정은 순조롭지 못했지만, 윌로 런은 흐름 생산으로 폭격기 리베라토Liberato를 생산해냄으로써 그 유명한 결과를 보여주었다. 영국에서는 롤스 로이스 엔지니어들에게 포드 영국 지사에서 적합한 인력을 찾아 미국에서 선적한 공작기계를 사용해 수공업으로 만들어진 엔진을 대량생산에 적합하도록 개조하라는 지시가 내려졌다.[29]

마찬가지로 베르너도 국가에 독일 항공기 부문에 자동차 대량생산 규약을 부과하라고 요청했다. 베르너는 항공부 관료들에게 생산을 개선하려면 더는 "개별 회사들에 맡길" 수 없다고 주장했다. 산업 방식 고도화에 "주어진 심각함과 막대한 중요성"을 고려할 때 베르너는 "항공부와 그 권한을 포함"하는 것이 필수적이라고 생각했다.[30] 다른 엔지니어들도

항공기 산업을 비판하고, 항공부에 기업에 대한 "전횡적인 권한"을 부여하라고 촉구했다.[31]

항공부는 그간 항공기 회사와 날카롭게 대립했던 만큼 이러한 주장을 환영했다. 최고의 항공기 생산업체인 융커스는 소규모 항공기 개발자들로 이뤄진 분산된 환경을 통솔했다. 이 회사는 12개 이상의 공급업체, 하도급업체, 면허취득자들로 구성되었다. 합리화 전략은 조직의 "범위의 경제economies of scope"를 활용하는 데 초점이 맞춰졌다. 생산 현실이 흐름 생산과 컨베이어벨트에 대한 전망까지는 미치지 못했던 것이다.[32] 그러나 1940년이 지나도록 융커스의 체계가 영국에 대항한 공중전 요구를 충족하지 못한다는 사실이 분명해졌다. 항공부는 자동차 산업의 깊은 역량을 바탕으로 향후 미국의 전투기와 폭격기 생산량이 급증할 것이라는 예측에 베르너와 생각을 같이했고, 대서양 전역에 경계경보를 발령했다. 이러한 우려는 항공부가 산업에 대한 지배력을 높여야 한다는 주장에 다시금 힘을 실어주었고, 장기적으로 항공기 복합체의 재배치를 촉발했다.[33]

이러한 과정의 핵심 인물이 바로 윌리엄 베르너였다. 항공부에서 볼 때 그는 이상적인 인물이었다. 자동차 산업에서 잔뼈가 굵은 흐름 생산 전문가였고, 고군분투하는 항공기 산업을 구체화할 능력과 의지를 모두 지닌 사람으로 보였다. 1941년 초, 항공부의 최고 관리 에른스트 우데트가 베르너를 고용해 BMW에서 생산한 항공기 엔진의 검수를 맡기면서 이러한 과정이 어떻게 작동할 수 있는지 확연히 드러났다. 1940년 바이에른 엔진 제조사는 독일 전투기의 핵심 장치 중 하나인 BMW 801 이중 방사형 엔진을 할당량에 한참 못 미치게 생산했다. BMW의 책임자로 앞선 장에서 버스가 진정한 "인민의 차"라고 주장했던 인물인 프란츠-요제프 포프는 이러한 실패에 대한 책임을 받아들이지 못하고, 그 대신 공작기계, 숙련 노동력의 부족을 그 원인으로 지목했다. 더욱이 자신은 801을 싫어하며 새로운 엔진 개발을 선호한다는 사실을 숨기지 않는 포프의 행동은 항공부를 더욱 자극했다. 이러한 포프의 저항은 기업의 목표와 무기 관료기구의 목표가 어떻게 다를 수 있는지를 보여준다. 포프로서는 자원과 기술 개발에 대한 통제권이 BMW에 남아 있어야 했다. 우데트로서는 BMW와 같은 회사는 항공기 생산의 전반적인 전략안에 종속되어야 하며, 기술 전문지식에 관한 판단은 항공부 소관으로 맡겨야 한다고 보았다. 우데트는 가능한 한 빨리 BMW 801을 대량으로 원했고, 포프의 변명이 "순전히 날강도 같은 어리석은 짓"이라고 여겼다.[34]

우데트는 포프를 베를린으로 소환해 BMW의 성능이 "재앙적이고 용납할 수 없는" 수준이라고 생각한다고 통보하고, 곧 윌리엄 베르너를 특정해 BMW의 작업을 검수할 것이라고 알려주었다.[35] 이에 뮌헨을 다녀온 베르너는 1941년 2월 항공부에 보고서를 제출했는데, 여기서는 조직과 기술 문제 모두가 언급되었다. 첫째, 베르너는 BMW의 분산화된 형태를 비판했다. 이 회사의 5개 자회사는 일련의 인수과정에서 하나로 합쳐지고 상호 경쟁에 참여했지만, 그들의 노력을 통합하는 데는 실패했다. 베르너는 BMW에 11개 하부단위를 통솔하는 중앙집중적 규약을 가지고 있으며, 부서 간에 자원, 작업자, 기계를 공유하는 자신의 모기업 오토-유니온을 모방해야 한다고 주장했다. 둘째, 베르너는 BMW의 작업장 관행에서 나타난 결함을 확인했다. 뮌헨과 슈판다우에 있는 주요 작업장들은 "각기 다른 유형의 엔진을 만드는 용도로 사용"될 수 있지만, 이는 "현재 수준의 항공기 엔진 생산에는 잘 맞지 않았다." 그 대신 베르너는 BMW의 부서들이 더욱 전문화되어 확실히 대규모 작업장으로 전환되어야 한다고 조언했다. BMW에서 사용 중인 기계들은 "논의할 수 없는 수준"이었다. 숙련된 노동자 부족을 고려할 때 "작업자의 손재주 없이"도 엔진을 더 빠르고 균질하게 움직이도록 설계된 고출력 공작기계가 필요했다.[36]

BMW 경영진은 베르너의 비판적 논평을 검토하고 "부끄러움"을 느꼈다고 인정했다. 이를 계기로 회사는 미국에서 인정받은 자격을 갖춘 엔지니어를 찾으려고 업계를 샅샅이 뒤졌다. 먼저 BMW는 오펠의 브란덴부르크 트럭 공장의 책임자인 게르트 슈틸러 폰 하이데캄프를 데려오고자 했다. 오펠 측이 하이데캄프에게 항공기 경험이 전혀 없다고 알려주자 BMW의 관리자는 자신들이 주력해서 찾는 사람은 "대량생산 관련자"라고 대답했다. 오펠은 하이데캄프를 보내지 않았다.[37] 그러자 BMW는 오펠에서 폭스바겐으로 자리를 옮겨 1937~1938년 디트로이트에서 독일계-미국인 모집을 담당했던 오토 다이크호프를 영입했다. 1941년 봄, 다이크호프는 전시경제에 종속된 폭스바겐의 위치를 참을 수 없다고 느꼈고, 결국 회사를 떠나 BMW의 엔진 사업부 중 한 곳에서 책임자 직책을 맡았다.[38]

베르너의 BMW 개입에 깊은 인상을 받은 괴링은 항공부를 강화해야 한다는 그의 제안을 받아들였다. 1941년 5월, 괴링은 자동차 대량생산 방법을 항공기 부문에까지 밀어붙이려는 명확한 목적을 지닌 집행기관을 창설했다. 이 새로운 기관이 윌리엄 베르너가 이끈 항공부 산업 위원회였다. 베르너의 주장을 따르면, 위원회는 분산된 형태의 항공기 산업에 대해 "필요한 모든 권한을 부여받아야" 하며 그래야만 "가장 합리적인 생산방법"을 널리 시행할 수 있었다.[39] 항공부는 회사들에 베르너를 새로운 합리화 담당자로 소개했다. 기업가들은 생산방법 개선에 대해 궁금한 모든 질문을 베르너에게 하라고 권장받았고, 그러고 나면 베르너가 요청하는 모든 정보를 공개해야 했다.[40]

산업위원회를 윌리엄 베르너에게 맡긴 괴링은 다음으로 항공부의 야심에 찬 차관 에르하르트 밀히에게 산업 자원에 대한 광범위한 권한을 주었다. 오래된 관료 정치의 경쟁구조 때문에 실제 밀히의 힘은 제한적이었다. 그러나 이러한 움직임은 소비에트연방 침공 직전 항공부 관료들이 개발하던 산업에 대한 국가 권력의 광범위한 전망을 알리는 신호탄이었다. 밀히는 괴링의 명령에 따라 회사들을 넘나들며 기계, 건물, 원자재를 요청하고 "사적 계약과 관계없이" 관리 인력을 이동하는 권리를 받았다. 밀히는 영국과 미국에 대항한 항공기 생산 경쟁에서 패배할지도 모른다는 날카로운 위협으로 이러한 권한을 정당화했다. 밀히는 6월 중순 군사 조달기관 회의에서 "현재 공군의 전력은 승리를 쟁취하기에 충분치 않다"라고 말하기도 했다. 따라서 그는 루프트바페의 전력을 4배로 증강할 필요가 있다고 확신했다. 밀히는 항공산업을 위해 "독일의 모든 공장을 몰수할 권리"가 있어야 그 목표를 달성할 수 있다고 주장했다.[41]

밀히의 국가 권력에 대한 광범위한 전망은 베르너의 구상인 국가가 부과하는 합리화와 궤를 같이했다. 1941년 여름부터 베르너의 이력은 밀히를 따라 움직였고, 베르너는 그의 피후견인protégé이 되었다. 10월 말 밀히는 베르너를 브란덴부르크 트럭 공장 건설을 GM 경영진과 협상한

그림 5.2 윌리엄 베르너(왼쪽), 에른스트 우데트, 에르하르트 밀히. BMW의 항공기-엔진 앞에서, 1941.
출처: BMW 아카이브.

장교로 4장에서 논의한 육군 조달청 책임자 게오르크 토마스에게 소개
했다. 토마스는 베르너에게 합리화 계획을 세워달라고 요청했다. 베르너
는 다시 한번 대담하게 미국식 합리화 자문 활동을 수행했다. 베르너는
"미국식 대량생산 방법"과 비교할 때, 독일 산업 관행은 "구태의연하다"
고 말했다. 그는 다음과 같은 개선과제를 제시했다. 현대식 단조·주물
기술을 도입해야 한다. 각 생산과정에 3개 이상의 공장이 포함되지 않도
록 각 분야의 전문화가 필요하다. 회사는 생산기법을 공유해야 하고 공
장은 가장 효율적인 생산 방식을 채택해야 한다.[42] 3주가 채 지나지 않아
괴링은 베를린에 모인 군비 관리자들을 질책하면서 이러한 과제를 정확
하고 철저하게 강조했다.

1941~1942년 겨울, 제3제국의 전략적 위치가 불확실해지면서 나치 항공산업 복합체 내부의 압력은 중대한 개편을 불러왔다. 12월 우데트의 자살은 그의 경쟁자 에르하르트 밀히에게 항공부 수장이 될 기회를 열어주었다. 1942년 초, 항공기 산업의 가장 강력한 회사였던 메서슈미트, 하인켈, 융커스의 책임자들은 모두 강등되었다. BMW는 항공부 지시로 포프를 축출하고 그 자리를 생산 엔지니어 3인 체제로 대체했다. 밀히는 그들에게 "당신들이 이 작업장을 운영할 수 있다는 것을 나에게 보여주시오." 그렇지 않으면 "당신들 위에 누군가를 둘 것"이라고 말했다. BMW의 새로운 경영진은 항공부 지시에 따를 것이며, 포프가 저항했던 801엔진에 집중하겠다고 약속했다.[43] 윌리엄 베르너는 밀히의 피후견인으로서 그의 영향력이 점점 더 커지는 것을 똑똑히 보았다. 1942년 초, 베르너는 밀히의 항공부 집무실에서 열린 주간 임원 회의에 참석했다.

나치 전쟁 기계에 포드주의 강제하기

1940년에서 1941년 사이, 베르너의 부상은 나치의 전쟁경제가 군사적 좌절과 산업적 취약성에 대한 놀라운 평가에 직면해 어떻게 급진화했는지를 보여준다. 항공부는 국가의 강압적인 권한을 마구 휘두르며 항공기 회사들을 더욱 엄격하게 통제하고자 했다. 그러나 베르너의 부상은 이것이 결코 "국가"와 "기업"이 말끔하게 편을 갈라 겨루는 개발이 아니었음을 분명하게 보여준다. 오히려 정권의 정치적 목표는 베르너와 같은 생산 엔지니어들 사이에서 큰 지지를 얻었고, 관료기구는 회사로부터 그들을 충원했다. 베르너는 자신의 전문지식을 정권의 처분에 맡기고 싶어했다. 1941~1942년 겨울 위기에서 등장한 나치 군비 관료기구에서 베르너는 정권의 산업적 요구를 강제하는 역할을 했다.

전쟁경제 행정부의 개편은 1942년 2월 알베르트 슈페어가 군수부장관으로 임명되면서 절정에 달했다. 히틀러는 슈페어의 부처에 독일 경제 전체를 전시 생산에 종속시킬 책임을 부과했다.[44] 이전까지 군수품 조달은 군 부서가 그들의 주문을 기업에 직접 전달하는 방식으로 군수품 시장에 의존했다. 앞선 장에서 살펴본 토마스와 오펠의 미국인 경영진 간 협의 사례에서 보았듯이 이 시장은 군대와 개별 기업 사이에 성립된 밀접한 관계에 의존했다. 이제 슈페어의 관료기구가 기업과 군대 사이에 끼어들었다. 이후 주문은 부처를 거쳐 전달되었다. 히틀러의 지원을 받은 슈페어의 부처는 자원에 대한 중앙집중식 통제를 가정하고, 기업들에 "각 기업이 무엇을 어떻게 생산해야 하는지"를 지시하기 시작했다.[45]

이 조정체계는 항공부 조직의 선례와 슈페어의 전임자 프리츠 토트 Fritz Todt(1891~1942)가 시작한 행정개혁을 기반으로 구축됐다. 이 체계는 탱크, 항공기 엔진, 항공기 동체, 자동차 등 주요 군비 부문을 대표하는 여러 위원회Ausschüsse를 중심으로 이뤄졌다. 또한 크랭크축, 볼베어링 같은 구성품을 위해 공급업체를 통합한 이른바 생산 고리production rings가 이러한 구조를 보완했다. 생산 고리와 위원회는 "부처의 기관"으로 공표되고 그 권한을 부여받았다. 수백 개 기업에서 파견된 엔지니어와 전문가들이 많은 사무실에서 근무했다. 이 엔지니어-관료는 회사에서 급여를 받았지만, 슈페어는 그들이 고용주에 대한 기본적인 충성심을 발휘하는 대신 부처의 배치 명령에 따라 복무하기를 기대했다.

슈페어는 이 조직의 구조에 "산업적 자기 책임", 즉 산업자치Industrielle Selbstverwaltung 혹은 ISV라는 별칭을 붙여 대중에게 선전했다. 이 용어는 나치 경제 아래서 국가와 산업 사이의 관계에 관한 기본적 이데올로기를 재정립했다. 즉 이름 그대로 산업 기업의 임무는 정권이 설정한 목표를 달성하는 것이고, 산업이 "자기 책임"으로 그렇게 하는 한 정권은 그들의 자율성을 존중한다는 것이다.[46] 슈페어를 따르면, 산업적 자기 책임 체계는 과거 작업 현장에 익숙하지 않아 문제를 일으켰던 군 조달 장교나 부처 관료들과 달리 산업 부문에서 파견된 엔지니어들로 구성되었으므로 그러한 이름을 가질 자격이 있었다.

슈페어는 지역 당 대표들에게 행정개혁 도입을 소개하며 정치적 함의를 강조했다. 산업자치ISV 체계는 기업에 더 강압적인 조치가 필요치 않도록 미리 주도적으로 행동할 기회를 제공했다. 슈페어는 "산업계는 최고의 인력을 파견할 독특한 기회를 가진다"라고 설명했다. 그는 이어서 "이러한 기회를 놓치면", "우리 중 누구도 원하지 않는 엄격한 국가 지도가 계속되어야 할 것"이라고 말했다. 과거에 기업들은 "사리사욕과 이익 고려"를 포기하지 못해 전통적인 낡은 생산 방식을 고수해 왔다. 기업들이 사적 고려사항들을 어느 정도 따라야 하는 것은 이해할 수 있지만, 지도력과 조직의 실패는 용납할 수 없었다. 슈페어는 "우리 산업계의 주요 인사들은 불행하게도 늙었다"라고 개탄했다. 따라서 새로운 위원회와 생산 고리는 회사 내부의 엔지니어들에게 권한을 부여하고, 그들은 이제 기술 전문성이 부족한 기업가들의 위에 올라 명령의 힘으로 권고할 권한을 가진다.[47]

새로운 시대의 엔지니어—기술관료라는 호명은 단순한 선전전만은 아니었다. 슈페어를 따르면, 계속 뻗어가는 산업자치 체계는 다양한 위원회와 소위원회, 생산 고리와 하위고리 등에 속한 구성원 6,000여 명을 포함했다. 1944년 이 체계의 주소 성명록을 잠깐 살펴보면, 실제 "박사과정 등록 가능 학위Dr.-Ing", "공학 박사과정 등록 가능 학위Dipl.-Ing"를 가진 이들이 다수를 차지했다. 8개 주요 위원회(탄약, 대포, 탱크, 자동차, 철도 장비, 항공기 기체, 항공기 엔진, 항공기 기어)를 책임지는 이들 중 5명은 학위를 받은 엔지니어였고, 2명은 공인받은 도구 제작자였다.[48] 1942년 48세로 항공기 엔진 위원회 책임자가 된 베르너는 연장자에 속했다.

게다가 "산업적 자기 책임" 체계는 베르너와 같은 야심 찬 엔지니어들이 새로운 권력의 위치로 부상하도록 제도화했다. 윌리엄 베르너는 항공기 엔진 위원회 수장으로서 실제로 전체 군비 복합체에서 핵심 위치를 차지했다. 항공은 나치 전쟁경제에서 단연 중요한 부분으로 가장 큰 비용을 지출하고 가장 많은 자원을 소비했다. 더욱이 엔진은 항공기에서 가장 비싸고 복잡한 부분으로 일반 자동차의 것보다 더 크고 복잡했다. 즉 항공기 엔진의 대량생산은 공장들의 전쟁에서 가장 도전적인 과정이었으며, 자동차 엔지니어 베르너는 광범위하게 확장된 영역까지 그 영향력을 발휘할 수 있었다.[49]

베르너는 미국에서 인정받은 합리화 전문가로서 자기중심의 조직재편으로 자신을 산업자치 체계에서 가장 중요한 연결고리로 만들었다. 항공기 엔진 위원회의 수장으로서 다양한 항공기 엔진 생산업체(BMW, 다임러-벤츠, 융커스 등)와 광범위한 공급 고리들을 감독했다. 동시에 베르너는 산업 협의회의 주요 인사로 남았고, 그 참가 자격은 곧 대체 불가능

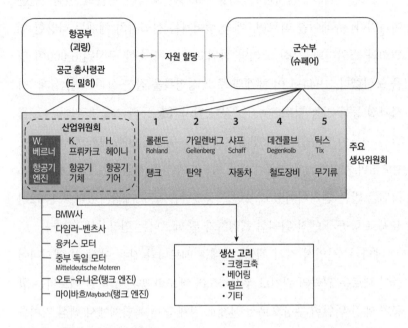

그림 5.3 1943년 봄 독일 군수품 복합체.

한 세 가지인 엔진, 항공기 기체, 항공기 기체 분야 각 위원회의 수장으로 축소되었다. 항공기 산업에서 산업 협의회는 합리화 감시자로서 독립적인 지위를 유지했다. 그러나 베르너의 가장 민감한 역할은 조직도에도 기록되지 않았다. 그는 슈페어의 군수부와 밀히의 항공부 사이 가장 중요한 관계에서 최고 연락관 역할을 했다. 베르너는 군수품 개발에 대해 밀히에게 보고했고, 자주 슈페어의 고문들과 긴장감 높은 협상을 이끌었다. 그 반대의 경우에도 항공 대표로서 슈페어의 "전시 생산 내각"—중앙 계획—회의에 참석했고, 위원회들과 원자재, 철, 공작기계, 노동력의 할당을 놓고 언쟁을 벌였다. 밀히는 산업 협의회에서 "최고의 사람"이자 슈페어의 부처 대책본부에 참가해 "속도조절자pacemaker" 역할을 하는 베르너를 전적으로 신뢰한 것으로 보인다.[50]

베르너의 활동들은 항공부의 공식 최고 직책인 공군 총사령관 Generalluftzeugmeister(약자로 GL) 자격으로 밀히가 주재하는 주간 회의, 이른바 GL 회의들Besprechungen의 규약으로부터 재구성할 수 있다. 이러한 자료들은 베르너의 활동이 크게 두 가지로 이뤄졌음을 보여준다. 한편으로 그는 자원과 공급 부족 문제를 임기응변을 발휘해 해결했다. 2년 동안 베르너를 괴롭혔던 문제 중 하나였던 크랭크축의 병목현상은 그 좋은 예가 될 수 있다. 피스톤의 선형 추진력을 원형 운동으로 바꾸는 장치인 크랭크축은 엔진에서 아주 중요한 부품 중 하나였다. 베르너는 루즈 공장에서 단 한 번의 작업으로 크랭크축이 만들어지는 모습을 보고 깊은 인상을 받았다. 1942년 여름, 크랭크축 공급업체들은 도저히 그들에게 주어진 할당량을 채울 수 없었다. 연말까지 엔진에도, 항공기에도 2,600개 크랭크축이 부족할 것으로 예상되었다. 같은 시기 엔진 조립공장에서는 생산이 진행되지 않아 노동자들이 일감 없이 쉬고 있었다. 슈페어의 부처는 공급자들에게 도구를 더 할당하겠다고 약속했지만 이행에 실패했다. 베르너는 이 문제를 해결하려고 기이한 거래를 생각해냈다. 항공기 산업이 군수품을 할당받는 대신 직접 노동자 수백 명을 공작기계 위원회에 "빌려"주어 크랭크축을 만들기 위한 특수목적 공작기계를 생산하도록 한 것이다. 그러나 할당된 기간이 끝날 때까지 공작기계 위원회는 노동자들의 "반환"을 거부했다. 곧 크랭크축 부족으로 엔진 조립업체의 작업 속도가 느려졌다. 노동자와 기계가 유휴 상태에 놓이는 것을 참을 수 없었던 베르너는 엔진을 크랭크축 없이 조립하고 이후 물량 공급이 원활해지면 새로 장착한다는 다소 의심스러운 해결책을 찾기도 했다. 물론 이것도 흐름 생산 방식에 맞춰 이뤄져야 한다.[51]

다른 한편으로, 베르너는 일종의 대량생산 협박꾼을 자처했는데, 회사들의 무능력, 질질 끌기, 위장 등에 맞서 다양한 형태로 압력을 가했다. 베르너는 결정적인 순간에 메서슈미트, 하인켈 같은 항공기 산업을 선도하는 회사의 수장들에게 "당신이 흐름 생산의 장애물"이라며 호되게 질책했다.[52] 베르너는 루르 지역 철강 공급업체들에 포드식으로 크랭크축을 한 단계로 단조하는 체계를 채택하도록 압력을 가했지만, "그들이 외부에 강요에 맞서 필사적으로 싸우고" 있음을 발견하기도 했다.[53] 힘이 약한 공급자들에게는 더욱 무자비하게 대했다. 베르너는 반복적으로 회사 수준의 엔지니어들을 겁박했다. 한번은 더딘 공급자를 군법회의에 회부하겠다고 위협했는데 그는 "진짜로 한 방 먹였다"라며 자랑하기도 했다.[54] 다음 대화는 기술적 집착과 집행 정신이 놀랍도록 섞여 있는 항공부 주간 회의의 성격을 잘 보여준다.

보워드(Vorwald): 함부르크 항공기 엔진 펌프 공급업체 방문 보고

저는 이곳이 끔찍한 쓰레기장이라고 말할 수밖에 없습니다. 내 평생 본 적 없는 혼돈! 그들은 선사시대처럼 일하는데, 회사 전체가 그렇습니다.

베르너: 함부르크는 무의미합니다. 정말 완전한 쓰레기장입니다. 나는 레만Lehmann을 호되게 질책했습니다. 문제는 태핏이 1000분의 1밀리미터 정확도로 장착되어야 한다는 것입니다. 모든 원추형 태핏이 잘 맞아야 합니다. 이 작업은 완전히 재앙입니다. 실제로 제작에 적합하도록 수정을 권했습니다. … 불행하게도 우리는 측정치가 다르고, 출력 수가 적은 완전히

다른 체계를 가지고 있습니다. 흐름 생산은 표준화된 엔진 펌프로만 달성할 수 있으며, 우리는 반드시 거기에 도달해야 합니다.[55]

일주일 후 베르너는 내장형 기관총의 새로운 생산시설에 대한 논의를 중단했다.

기계의 대수로 보건대, 이것은 흐름 생산을 위한 계획이 아니라고 생각됩니다. 숙련된 노동자 400명에 수직 밀링머신 77대가 그 증거입니다. 흐름 생산이 아니고는 우리가 요구하는 출력을 충당할 수 없습니다.

같은 회의에서 베르너는 자신이 산업위원회에 취임한 이후 계속 "정교한 주조 방법과 흐름 생산을 훈계하고 있다"라고 신음하듯 말했다.[56]

흐름 생산과 노동 강압

베르너가 한 연설을 따르면, 당시 "독일 산업의 가장 주된 관심사"는 "더 적은 숙련 노동자로 더 많은 생산량을 얻는 것"이었다. 이 언급은 당시 나치 전쟁경제가 처한 핵심 문제를 정확하게 보여준다. 군비 복합체는 질적 측면뿐 아니라 절대적 수에서도 심각한 노동력 부족에 직면했다. 전체적으로 노동자 수가 적었고, 숙련 노동자 수는 너무 적었다. 무기 생산량과 노동력 공급 사이의 엑스자 그래프는 1930년대 중반 이후 간격이 더 벌어졌고, 전쟁 중에는 한계점에 다다랐다. 계속되는 징집으로 독일 노동자들이 공장에서 빠져나가자 점령지 유럽 전역에서 온 남녀가 그들을 대체했고, 그들 중 상당수는 상당한 강제력을 동원해 모집되었다. 1944년 가을까지 790만 명 이상의 외국인 노동자와 전쟁포로가 "대독일Greater Germany"의 국경 안에 새로 등록되었는데 그들 중 대부분은 폴란드인이거나 소비에트 출신이었고, 4분의 1이 여성이었다. 그들은 공장과 건설 현장에서 노역하도록 강요받은 강제수용소 수감자 40만 명과 같은 대열에 합류되었다. 종합해 보면, 이 숫자는 전체 노동력의 약 3분 1을 차지했다. 의심할 바 없이 나치 전쟁경제는 강제 노동을 통한 체계적 착취가 없었다면 급속하게 붕괴했을 것이다.[57]

이들 "외국인 노동자" 대부분이 광산과 제강, 도로와 건설 현장에서 노역했지만, 군수 산업의 작업장에도 상당수가 동원되었다. 그러나 노동자들을 강제로 공장에 투입하는 일은 첫 단계에 불과했다. 노동자들은 공장 경험이 없는 상태였을 뿐만 아니라 영양실조와 잦은 야만적 대우에 시달린 채로 작업 현장에 도착했다. 공장의 엔지니어들은 기진맥진한 이 노동자들을 항공기 엔진 같은 복합적인 산업 제품 생산과정에 통합할 방법을 찾았다. 윌리엄 베르너와 그의 동료 기술관료들이 보급한 해법은 포드주의와 다양한 수준의 노동 강제를 통합하는 것이었다. 노동자들은 날 선 감시와 상시적인 징벌 위협 속에서 일하게 되었다. 흐름 생산은 나치의 군비 확충 노력에서 "외국인" 노동력을 착취하는 최고의 도구가 되었다.

항공부의 기술관료들은 흐름 생산이 기술 수준 저하와 노동자 규율이라는 두 가지 문제를 한꺼번에 해결해 주기를 기대했다.[58] 흐름 설정으로 기대할 수 있는 효과는 기술이 거의 없는 노동자의 생산성 향상만

이 아니었다. 베르너와 그의 동료 기술관료들은 자동화된 컨베이어벨트와 결합한 조립라인은 고유의 규율 능력을 발휘한다고 주장했다. 베르너는 1943년 괴링에게 "미국식 모범에 따른 조립라인 생산"의 이점은 "누군가 기계 앞을 떠나면, 전체 작업이 정지됩니다. 그러한 체계라면 외국인들에게 100% 일을 시킬 수 있을 것입니다"라고 설명했다.[59] 항공기 기체를 담당한 산업위원회의 위원 카를 프뤼다크Karl Frydag도 비슷한 생각을 표명했다. 독일의 숙련 노동자들이 징집으로 노동 현장에서 사라짐에 따라 노동력에 대한 통제는 점점 더 "생산 방식 자체로" 전환되어야 했다. "흐름 생산을 적용하면 사람들도 그것을 따라 가게 된다."[60] 밀히는 BMW 801과 관련해 다음과 같은 근거를 제시했다.

비숙련 외국인에 의한 고품질 2열 방사형 엔진 제조는 오직 각각이 특정 작업만 이행하는 컨베이어벨트에서 순차적으로 수행할 때만 가능하다. [이러한 작업을 이행하도록] 외국인을 훈련하는 것은 가능하지만 그들을 숙련 노동자로 만들 수는 없다.[61]

회사의 작업장 엔지니어들도 비슷한 결론에 도달했다. 베를린 외곽 겐스하겐에 위치한 다임러-벤츠의 항공기 엔진 공장의 예를 살펴보면, 1943년 외국인이 공장 노동력의 거의 3분의 2를 차지했다. 겐스하겐 공장의 책임자를 따르면, 이들 노동자는 그들의 작업에 "내적 동기"가 없어서 "최대한 노동분업이 가능한" 일에만 동원 가능했다.[62] BMW의 생산 엔지니어들은 "대규모 시리즈가 도입"되면 "이전보다 훨씬 더 나은 외국인 배치가 가능할 것"이라고 기대했다.[63]

어떻게 "외국인"과 강제 노동이 군비 확충 노력의 축이 되었는지는 뮌헨-알라흐에 위치한 BMW 공장의 주요 시설로 확인할 수 있다.[64] 알라흐는 1941년 이후 엔진 생산 부문에 설치된 몇 개 새로운 "흐름 작업장" 중 하나였다. 융커스의 오라니엔부르크 작업장, BMW의 쥘스도르프 공장, 베르너가 감독한 빈 작업장에도 새로운 설비가 배치되었다. 1941년 3월 베르너의 신랄한 조사보고서가 제출된 후 BMW는 801엔진을 연속 생산하려고 흐름 설정, 특수목적 기계, 조립라인을 포함해 포괄적인 알라흐 공장 확장계획을 수립했다. 이후 3년 사이, 알라흐 공장은 BMW의 가장 큰 생산 지부로 성장했다. 1941년에서 1944년 사이 공장의 노동자 수는 5,572명에서 1만 7,313명으로 세 배 이상 증가했다. 새로 유입된 노동자들은 대부분 "외국인"이었고, 결국 그들이 전체 노동력의 3분의 2 이상을 차지했다. 이는 1943년 10월 군수부가 발표한 항공기 생산의 모든 부분을 합친 외국인 노동자 평균비율 31%를 한참 넘어선 수치였다.[65] 이러한 수치는 항공기 부문 안에서 "외국인"이 무수히 많은 소규모 공급업체보다는 알라흐 공장과 같은 대규모 마무리 작업장에 주로 배치되었음을 시사한다.

알라흐 공장에서 외국인 구인은 나치 전쟁경제의 전형적인 순차적 유형에 따라 진행되었다. 초기 BMW는 서유럽에서 노동자를 고용했는데, 이들은 대부분 자유 계약 노동자였다. 다음으로는 포로와 강제 노동자들이 왔는데, 그들은 대체로 동유럽 점령지 출신이었다. 강제수용소 노동력의 대규모 활용은 전쟁 말기까지 이어졌다. 1941년 가을, BMW의 외국인 중 가장 큰 그룹은 이탈리아에서 온 무급의 신참자들이었고, 몇 달 후에는 프랑스 포로 790명이 새로 들어왔다. 1942년에 BMW는 점령된 소비에트 영토에서 노동력 강제이주를 추진하여 많은 "동부인Easterners"을 획득할 수 있었다. 1943년 가을에는 강제 징집된 체코 노동자 파견대와 함께 이탈리아 포로들이 도착했다. 나치 친위대는 1941년 8월 강제수용소 노동자에 대한 BMW의 초기 요청을 거부했지만, 몇 달 후 인근에 있는 다하우 수용소의 수감자들을 BMW 건설 현장에서 노역하게 했다. 1943년 가을까지 수용소 수감자 1,924명이 알라흐 작업장에서 노역을 강요당했고, 1944년에는 그 수가 5,500명으로 증가했다.

그러나 생산 엔지니어들의 기대와 달리 흐름 생산이 강제 채용 여부와 상관없이 미숙련 노동 동원의 모든 문제를 해결해 주지는 못했다. 뿌리 깊은 이데올로기가 작동하는 인종 계층 문제는 완전히 효율적인 흐름 생산을 실현하는 데 첫 번째 장벽이 되었다. 알라흐 공장에서 "외국인"에 대한 강압적 노동관계는 다양한 수준으로 나뉘었다. 계약 기간 없이 고용주를 마음대로 바꿀 수 있는 자유로운 외국인들도 있었는데, 그들은 종종 그렇게 했다. 다른 서부인들Westerners은 6개월에서 12개월 정도 고용 기간을 계약하기도 했다. 일부는 다시 의무 노동으로 징집되었다. "동부Eastern" 노동자들과 프랑스, 소비에트, 이탈리아 포로들은 강제로 노역했다. 나치 친위대 토벌 대대와 강제수용소에서 끌려온 국적을 알 수 없는 이들도 있었다.[66] 작업 현장에서는 인종, 성별, 기술 서열이 서로 교차하며 계층 구조를 형성했다. 그곳에서 독일인 작업장 엔지니어들, 숙련 노동자들 그리고 현장 주임들은 스스로 그들과 다르다고 여기며 외국인을 지배하고자 했다. 서부인들은 "동부" 노동자들보다 유리한 위치에 있었다. 프랑스 포로들의 형편은 소비에트 포로들보다 나았다. 강제수용소 노동자들은 불충분한 보급품, 가혹한 감시, 징벌적 폭력에 시달리며 최악의 상황을 겪었다. 여성들은 남성들과 별도 작업장에서 일했다. 강제수용소 수감자들은 나머지 작업장과 분리된 작업장에서 나치 친위대의 감시를 받으며 일해야 했다. 즉 알라흐의 전체 시설은 계약조건, 인종 지위에 따라 노동자들을 분류하고, 그들의 이동을 제한하는 복잡하고 촘촘한 감시의 그물망에 휘감겨 있었다.

중단 없는 흐름을 형성하기 힘들게 만든 두 번째 장애물은 숙련 노동자 부족이었다. 베르너와 항공부 기술관료들은 가장 세분화한 순차적 생산 방식에서도 그 배치를 준비하고, 기계를 조율하고, 운영을 감독하고, 문제를 해결할 숙련 노동자 핵심 그룹이 필요하다는 사실을 깨달았다. 더욱이 미숙련 조립작업자에게는 최소한의 교육이 필요했다. 흐름 생산은 숙련 노동자 없이는 작동이 불가능하다는 사실이 작업 현장에서 독일 노동자들에 대한 징집이 늘어날수록 더욱 극명하게 드러났고, 이는 생산 계획자들을 놀라게 하기에 충분했다. 1943년 말, 항공산업에서 독일 노동자를 약 6만 명 징집하겠다는 특별 징집안이 발표되자 베르너와 그의 산업위원회 동료들은 그 영향이 심각할 것이라 경고했다. 그들은 징집된 노동자 대부분이 도구 제작자, 조립공, 관리자, 현장 주임 같은 숙련 노동자라고 지적했다. 이는 이미 "외국인이나 여성 노동자의 비율이 높은" 알라흐 같은 공장들에서도 심각한 파장을 몰고 왔다. 특히 그곳에는 미숙련자를 지도하고 훈련하고 감독할 숙련 노동자들이 필요했다. 프뤼다크와 베르너는 징집으로 매달 비행기 160대와 엔진 800대가 생산에 차질을 빚을 것이며, 새로운 계획 추진도 상당히 지연될 것이라고 추산했다.[67]

흐름 배열로 엔지니어가 생각하는 "좋은 생산 결과"를 달성하려면,

매우 강제적인 조건을 만들어야 했다. 이는 1944년 하인켈이 새로 설립한 작업장 "홀 7(강제수용소)"의 예에서 확인할 수 있는데, 베르너의 산업위원회 동료였던 카를 프뤼다크가 이곳의 책임을 맡았다. 항공기 날개를 제작하려는 흐름 체계를 갖춘 이 작업장에서 한창일 때는 라벤스브뤼크 강제수용소에서 끌고 온 여성 673명이 일했다. 그들은 대부분 최근 헝가리에서 추방된 유대인이었다. 그들은 독일인 현장 주임과 나치 친위대의 감시 아래 하루 12시간에서 17시간씩 일했다. 여성들은 작업장 인근 숙소에서 쪽잠을 잤는데, 열악하고 비좁은 환경에 음식도 부족했다. 그러나 이러한 조건 아래서 이 작업 현장 겸 강제수용소는 하인켈의 생산 계획자들이 만족할 만한 생산성 향상을 나타냈다. 7월에는 날개 하나를 생산하는 데 941의 여성—시간woman-hours이 걸렸지만, 11월에는 그 수치가 392로 떨어졌다. 한 생존자의 회고를 들어보면, 이것이 여성들에게 무엇을 의미했는지 분명히 알 수 있다. "컨베이어벨트 앞에서는 늘 작업 압박이 가중되었다. 처음에는 벨트가 3시간마다 왔다면 나중에는 40분마다 와서 거의 한순간도 숨돌릴 여유가 없었다."[68] 이러한 예에서 알 수 있듯이 조립라인의 강제 규율은 강압과 통제가 완벽하게 작동하고, 폭력의 위협이 존재하는 경우에만 달성될 수 있었다.[69] 베르너와 항공부 기술관료들의 희망과 달리 흐름 생산은 규율의 "자동" 집행자가 아니었다. 대부분 작업 현장에서 현실은 더 인간적이기는커녕 더 너저분하고 통제하기 힘든 상황에 처해 있었다.

포드주의와 나치의 군비 "기적"

독일의 군비 복합체는 전쟁이 진행되는 동안 더욱 풍족해졌다. 전쟁 후 미 전략폭격조사국USSBS에서 취합한 수치를 보면, 독일 항공기 생산은 1940년 1만 826대에서 1944년 가장 많은 생산 대수를 보여 3만 9,807대까지 급증했다. 베르너의 근거지인 항공기 엔진 부서는 1942년과 1943년 가장 큰 폭격을 맞았지만, 전체적으로 유사한 궤적을 기록했다(표 5.1 참조). 이는 대체로 군비 복합체에 더 많은 자원을 공급함으로써 이뤄진 예상 가능한 결과로 설명할 수 있다.[70] 전반적으로 항공부의 호출에 응답해 회사들이 파견한 인력은 1940년 30만 7,748명에서 1944년 64만 448명으로 두 배 이상 증가했다. 특히 베르너의 엔진 부서는 8만 353명에서 20만 명 이상으로 증가세가 더욱 가팔랐다. 그러나 이는 수많은 공급업체와 보조 회사가 포함되지 않은 수치였다. 이를 고려해 항공부는 1943년 항공기 생산에 고용된 총노동자가 200만 명에 가까울 것으로 추산했다.[71] 또한 노동자들은 더 오랜 시간 일해야 했다. 예를 들어, BMW의 알라흐 작업장의 주당 근무시간은 1940년 말 54시간에서 1944년 3월 69시간으로 증가했고, 때로 72시간까지 이어지기도 했다.[72] 항공부문은 새로운 공작기계 할당에서도 혜택을 보았다. 1942년에서 1944년 사이 매달 새로운 기계 대략 2,000대가 항공기 산업에 도입되었다.[73] 1944년 엔진 생산 대수가 정체된 데 반해 놀라운 정점을 찍은 항공기 생산 대수 사이의 불일치는 자원을 우선순위에 따라 효과적으로 이동시킨 정권의 능력을 보여준다. 1944년 "전투기 참모Fighter Staff"는 엔진을 하나 탑재한 전투기를 생산하려고 엔진이 넷이거나 둘인 폭격기 생산을 중단

표 5.1 독일의 항공기와 항공기 엔진 생산량, 1939~1944

	1939	1940	1941	1942	1943	1944
모든 항공기	8,195	10,826	11,776	15,556	25,527	39,807
항공기 엔진		15,510	22,400	37,000	50,700	54,000

출처: Uziel, "Between Industrial Revolution and Slavery", 293; Overy, *Air War*, 150.

했다. 슈페어의 말을 그대로 가져오면, "더 많은 가벼운 비행기"를 만들려고 "무겁거나 매우 무거운 항공기는 대부분 생산에서 제외했다."[74]

무엇보다 전체 생산량이 늘었을 뿐 아니라 생산성도 높아졌다. 가장 신뢰성이 높은 지표인 USSBS의 자료를 보면, 독일 금속 가공 산업의 노동 생산성은 1939년에 비해 1944년에 48% 더 높았다.[75] 1941년 기준으로 군비 복합체만 고려하면, 노동생산성지수는 100(1941)에서 234(1944)로 급등했다.[76] 이러한 결과를 이해하려면 퍼즐을 꿰어맞춰야 한다. 연합군의 폭격, 공급망의 붕괴, 지하 공간 재배치의 잔혹한 공포 속에서 어떻게 나치 전쟁기계는 더 효율적으로 작동했을까? 이 장 도입부에서 논의한 것처럼 연구자들은 대체로 1942년 이후 슈페어의 것으로 추정된 혁신을 중심으로 한 서사를 대체로 신뢰하지 않는다. 그 대신 그들은 전쟁의 전 과정에서 경제에 대한 지속적인 동원이 있었음을 강조했다. 경제 붕괴가 한창일 때 이뤄진 뒤늦은 정점은 훨씬 더 이른 시기에 투자가 이어졌기 때문이고, 학습이 누적된 대량생산 경제의 효과에서 기인한 것이기도 했다.

윌리엄 베르너와 그의 동료 기술관료들의 활동은 이러한 발견을 어느 정도 세분하도록 한다. 대량생산의 학습 곡선이 보인 "자동" 효과 뒤에는 구체적인 작업 현장의 조치가 있었다. 경제학자들이 제시한 학습

곡선에서 그 배움은 누구 것이었나? 그리고 그들은 무엇을 배웠나? 대규모 이직률과 징벌적 작업장 환경을 고려할 때 학습은 특히 숙련된 핵심 노동력 사이에서 이뤄졌다고 보는 것이 합리적이다. 즉 엔지니어와 현장 주임들은 비숙련 노동자들을 좀 더 효과적으로 착취하는 법을 학습했다.[77] 회사가 항공부에 제출한 성과 보고서들은 흐름 배치의 주목할 만한 특징인 더 나은 생산방법과 비숙련 노동의 효과적인 활용으로 생산성과 효율성이 증가했다는 일관된 증언을 보여준다. 베르너의 본거지 엔진 제조업체인 중부 독일 모터제작사의 "외국인" 수는 1942년 노동력의 3분의 1로 최고조에 달했다. 같은 해 경영진은 "모범사례를 향한 생산방법 개선"의 결과로 더 적은 노동시간man-hours을 들여 더 많이 생산했다고 보고했다.[78] 융커스와 기타 항공기 조립업체들의 회계 감사원은 개선된 생산방법과 조립라인의 도입으로 인건비를 줄일 수 있었다고 설명했다.[79] 항공기 제조업체인 메서슈미트는 1943년 "흐름 생산을 통한 생산성 증대"에 대한 완전한 보고서를 제출했다.[80] 오펠은 "모든 부서에 흐름을 적용"했으며, 2년 동안 항공기 부품 배송이 250% 증가했다고 자랑스럽게 제시했다.[81] BMW는 사업부가 공작기계 공유, 인가된 업체에 기술 기법 공개, 특수목적 기계와 조립라인을 확대한 결과, 요컨대 1941년 베르너의 비판적 논평에서 처음 제시한 개선 사항들을 구현함으로써 더 높은 생산성을 달성했다고 보고했다.[82]

이러한 보고서에는 약간 과장이 포함되었다는 사실을 간과해서는 안 된다. 엔지니어들은 정부 부처의 기술관료들에게 그들이 듣고 싶어 하는 것을 말해야 할 충분한 이유가 있었다. 그리고 부족과 공습이 불가피하게 그러한 합리화를 방해했음도 분명했다. 전시 생산 중 작업 현장의 모습을 조사한 결과는 회사들이 다양한 생산 배치를 사용했음을 시사한다. 그들 중 일부는 전형적으로 움직이는 컨베이어벨트와 조립라인을 채택했다. 다른 곳은 구역과 구역 사이에 궤도를 설치하고 카트와 트롤리를 밀어 늘어선 기계들을 연결했다. 이 모든 작업은 구식 작업대에서 하는 수공작업을 포함했다.[83] 그러나 전후 몇몇 항공기 회사에 대한 USSBS의 조사보고서를 보면, 흐름 생산은 생산성 향상과 강압적 노동 장치로 충분히 사용되었다. "일반적인 절차로 모든 최종 조립라인, 주요 하위 조립과 그 하위 조립은 계속 움직이는 컨베이어 라인에서 수행되었다."[84]

요약해 보면, 기업들은 베르너와 부처가 지속해서 그들에게 압력을 가하는 요구사항들을 이행했다. 베르너의 비판과 호통은 작업 현장에 영향을 미쳤고, 엔지니어들은 다양한 유형의 무경험 노동자들을 동원하려고 흐름 배치를 점점 더 진전시켰다. 베르너가 괴링의 산업위원회를 맡고 슈페어의 "산업적 자기 책임" 체계를 발전시키면서 등장한 제도적 얼개는 산업을 "합리화"로, 적어도 나치 경제의 대체로 물자가 부족한 환경에서 최대한 압박할 정도까지 괴롭히는 데 효과적이었다.[85]

궁극적으로, 어떤 학습으로도 전쟁 결과를 바꿀 수는 없었다. 경제적 잠재력의 분포가 너무 고르지 못했다.[86] 다른 교전국들이 전쟁 기계를 가동하려고 민간 소비를 가혹하게 줄였지만, 미국은 민간 경제를 침략으로부터 보호했고, 여전히 생산력에서 동맹국과 적국을 월등히 능가했다.[87] 독일의 항공기 엔진 생산량은 1944년 정점에 이르렀지만, 이는 이미 미국이 1941년에 도달한 수준에 막 접근했을 뿐이었다.[88] 실제로 대일 전승 기념일V-J Day로부터 1년 후 미국 정부는 너무 많은 전쟁 기계를 폐기할 계획을 세웠는데, 비행기는 약 6만 8,000대가 불필요한 것으로 추산되었다. 이는 괴링이 베르너의 영향을 받아 1941년 11월 합리화에 대해 연설하며 치하한 독일 전체 생산량과 거의 일치하는 숫자였다.[89]

오히려 대량생산 학습은 전쟁 후에 유용했다. 베르너, 마이어, 슈틸러, 폰 하이데캄프, 노르호프 그리고 다른 많은 덜 유명한 작업장 엔지니어와 숙련된 금속 노동자들은 총력전의 뜨거운 온실 조건에서 몇 년간 미국식 생산 모범을 부지런히 모방했고, 그 과정에서 무수한 혁신을 즉각 만들어내기도 했다. 1945년 5월 이후 그들은 그들의 지식을 기반으로 서독 경제 기적의 중추 자동차 산업을 이끌었다. 윌리엄 베르너는 소련군이 도착하기 전 캠니츠를 떠났다. 1950년대에 그는 쇄신된 서독 오토-유니온의 경영진으로 다시 등장해 "합리화 광신자"로 알려지게 되었다.[90]

가즈와 소비에트 생산의 "기적"

1941년 11월 7일, 베를린에서 괴링이 참모들을 앞에 두고 폭발한 바로 그날, 붉은군대는 모스크바에서 10월 혁명*을 기념하는 연례 열병식을 벌이고 있었다. 열병식은 놀랍도록 잘 연출된 침착함을 보여주었다. 독일 국방군이 소비에트의 수도에 있었고 국가 포위 상태가 선언되었다. 괴링에게 긴장할 이유가 있었다면 소비에트 지도부는 공황 상태에 빠졌

---

* 1917년 러시아 2월 혁명에 이은 러시아 혁명의 두 번째 단계다. 레닌의 지도로 볼셰비키가 이루었으며 마르크스 사상에 기반한 20세기 최초이자 세계 최초의 공산주의 혁명이지만 10월 혁명의 진짜 주체는 민중이었다.

어야 했다. 10월 내내 약탈과 폭동이 벌어지는 가운데 공장들이 모스크바에서 철수했고, 정치국the Politburo은 볼가강 동쪽 굽이에 있는 쿠이비셰프에 진을 쳤다. 독일의 침공은 소비에트 경제에 치명적인 타격을 입힐 만한 일들을 몰고 왔다. 소비에트 국가는 곡물 생산 지역의 3분의 1 이상, 인구의 약 5분의 2, 조강·석탄 생산능력의 거의 3분의 2, 철광석 매장지역의 10분의 7을 잃었다. 수천 개 산업 공장이 손실되었고, 나머지는 급히 해체되어 동쪽으로 향하는 트럭과 철도 차량에 실렸다. 이 공장들이 우랄산맥 너머에서 재조립될 때까지 소비에트의 무장 능력은 대략 4분의 3으로 줄어들었다. 1942년 초의 전율을 기록한 미국인 관찰자들은 붉은군대가 독일의 공격을 격퇴한다고 해도 소비에트 경제는 "기적이 없는 한" 아무것도 필요치 않을 것이라고 지적했다.[91]

그러나 1942년이 지나며 이 기적과 유사한 어떤 일이 일어나는 것처럼 보였다. 그해 소비에트 산업은 1941년에 비해 항공기 생산량을 3분의 2가량 늘렸다. 전차 생산은 거의 4배, 대포와 박격포 생산은 5배 이상으로 증가했다. 남은 전쟁 기간에 소비에트연방은 선박과 잠수함을 제외한 모든 무기 범주의 공장 전쟁에서 독일을 결정적으로 압도했다.[92] 소비에트의 전시경제의 성과에 비하면 확실히 슈페어의 "생산 기적"은 시시해 보일 정도였다.[93] 소비에트의 공식적인 서사는 표면적으로 전쟁 중 더 효율적인 경제 동원을 가능케 만든 계획 체계의 공을 인정하고 있다.[94] 그러나 이러한 평가는 독일의 침공 당시 소비에트가 보여준 혼란스럽고 즉자적인 대응과 대비되어 쉽게 받아들이기 어려운 지점들이 있다. 소비에트 경제가 어떻게, 왜 제2차 세계대전에서 초과 성과를 거두었는지는 여전히 20세기의 가장 큰 의문으로 남아 있다.

그 대답 중 일부는 소련 경제가 독일의 공격에 놀라고 압도당했으며, 전쟁 준비가 완전하게 되어 있지는 않았다는 것이다.[95] 1941년 스탈린의 전략적 실수는 악명이 높다. 그는 침공 시간과 그 규모를 정확하게 예측한 정보를 포함해 독일의 공격이 임박했다는 점증하는 증거를 무시했다. 더욱이 1941년 여름과 겨울에 입은 막대한 소실에 상응하는 전면적인 동원 계획은 존재하지도 존재할 수도 없었다. 그러나 스탈린이 스스로 1941년 독일이 침공하지 않을 것이라는 모종의 믿음을 가지고 있었다고는 해도, 제1차 5개년 계획 이후 스탈린식 산업화 정책이 일관되게 결국 대규모 전쟁이 일어날 것을 가정했다. 1930년대 내내 소비에트연방은 비행기, 전차, 탄약을 위한 다수의 지정된 생산시설을 포함해 심도 있는 군비 역량을 갖췄다. 민간 산업, 특히 공작기계, 트랙터, 자동차 공장들은 전시 전환 계획을 세워두고 있었다. 실제 독일의 공습에 대비한 대피 계획이 시행되었다. 예를 들어, 1934년 초 레닌그라드는 100개 이상의 국방 관련 공장을 해체해서 배에 실어 이동시키는 시나리오를 작성하기 시작했다.[96] 이러한 준비는 레닌그라드 키로프 공장이 생산 중이던 T-34 전차 생산설비를 1941년 우랄산맥 너머로 피신시킬 때 확실히 도움이 되었다. 요약하면, 실제 공장 시설에 대한 대피와 전환이 예상치 못한 규모로 일어났지만, 기존 계획과 시나리오는 1941년 발생한 재난에 대응하는 기반이 되었다.[97]

전쟁에 대비한 경제 준비에서 소비에트연방은 나치 독일에 뒤지지 않았다.[98] 소비에트연방이 적들을 능가한 이면에는 독일 침공 이후 자행된 무자비한 경제 동원이 있었다. 침공으로 소련의 철강 생산능력이 확연하게 줄었지만, 남은 것들은 끊임없이 군비 생산에 투입되었다. 소비에트연방이 보유한 사용 가능한 강철의 양은 다른 어떤 교전국들보다 적었지만, 그들은 다른 모든 교전국을 합친 것보다 사용 가능한 강철 대비 더 많은 전차와 항공기를 생산했다.[99] 확실히 비군사적 용도로는 하나도 남겨놓지 않았다. 다른 민간 부문들에서도 비슷한 충격이 일어났다. 1942년 면직물 생산량은 전쟁 전과 비교하면 36%에 불과했다. 육류제품은 52%, 정제된 설탕은 5% 정도를 생산했다. 소작농들이 붉은군대에 징집됨에 따라 집단농장의 노동력은 절반 이상 줄었고, 식량 공급에 예견된 결과가 발생했다.[100] 이때 소비에트연방은 나치 독일보다 훨씬 빠르고 강도 높게 민간 경제를 쥐어짜는 데 성공했다. 이는 강압적인 국가 역량의 대비를 보여준다. 1943년까지 슈페어의 군수부는 여전히 국방과 관련 없는 회사들을 폐쇄하는 문제로 지역당 간부들을 설득하느라 바빴지만, 소비에트 전쟁 기계는 이미 민간 부문의 마지막 잔재까지 집어삼켰다.

그러나 우리의 관점에서 중요한 질문은 다음과 같다. 노동력과 철강을 모두 쏟아부어 엄청난 무기를 단조한 공장의 수준에서 자원 동원이 어떻게 작동했을까? 1930년대 소비에트 산업이 대량생산을 토착화한 특별한 방식이 이로써 어떻게 달라졌을까?[101] 나치와 소비에트의 전쟁경제가 직면한 문제는 놀라울 정도로 유사했다. 1941년, 산업화가 시작된 이후 처음으로 소비에트의 공장 노동력이 눈에 띄게 감소했다. 1942년까지 소비에트의 방위 부문은 전쟁 전과 비교해 노동력을 5분의 1가량 잃었다(다른 부문에서는 상황이 더욱 나빴다). 가혹한 노동시간과 장시간 노동도 이러한 손실에 일부만을 보충할 수 있었다.[102] 나치의 전쟁 기계처럼 소비에트의 군수 산업도 윌리엄 베르너의 말을 빌리면 "더 적은 숙련

그림 5.4 엔진 블록 생산라인, 가즈, 1944.
출처: TsANO.

노동자로 더 많은 생산량"을 달성할 방법을 찾아야 했다.

　이것이 어떻게 작동했는지는 가즈를 다시 한번 살펴봄으로써 설명할 수 있다. 1941년 여름과 가을, 가즈의 본거지 고리키시는 소비에트 무기고 내에서 가장 중요한 전략적 요충지가 되었다. 모스크바에서 동쪽으로 400킬로미터 떨어진 고리키시는 전선으로부터 상대적으로 안전한 지역이었다. 이 도시의 공장들은 서부 러시아의 산업체들이 철수하는 동안에도 소비에트 전쟁 노력에 결정적인 생명선을 제공했고, 1941년 말 모스크바 전투에서 붉은군대에 보급품을 공급하는 데 핵심 역할을 했다. 독일의 공격 직후 가즈는 정식으로 다양한 유형의 폭탄, 포탄, 박격포를 만들기 시작했다. 그러나 곧 모스크바가 독일의 공격 규모에 맞춰 생산계획을 재편하려고 노력하면서 가즈는 전차 엔진, 예비 부품, 다양한 유형

표 5.2 가즈의 트럭과 탈것 생산 1941~1945

	T-60	T-70	SU-70	장갑차	수입 트럭 조립	트럭과 다른 차량	고용자 총 수(1월 1일 현재)	생산량 지표(루블)(1940=100)	노동 생산 성 지표(1940=100)
1941	1,323				221	71,398		100.6	112.8
1942	1,684	3,499		2,485	12,644	23,672		146.2	148.2
1943		3,348	601	1,824	13,891	20,771	39,711	111.7	133.2
1944			4,708	2,950	14,748	26,267	37,357	121.3	151.0
1945			3,824	1,742	5,493	29,749	35,670		
총합	3,007	7,847	9,133	9,001	46,997	171,857			

출처: TsANO archives, f. R-2435, o.9, d. 58; d. 68; d. 69, l.9; d. 78; o.1, d.178, l.149; Gordin, *Gor'kovskii Avtomobil'nyi Zavod*, 158-59.

의 포탄을 생산하라는 주문을 받았다. 항공기 엔진을 위해 별도 작업장이 공장 구내에 설치되었다. 7월에는 모스크바에서 경량 전차T-60의 개조작업을 감독하려고 주요 전차 전문가 중 한 명인 니콜라이 아스트로프 Nikolai Astrov가 파견되었다.[103]

전쟁이 진행되는 동안 가즈의 생산계획은 상당히 변경되었다(표 5.2 참조). 트럭 생산은 욕심을 버리고 동맹국에 대한 무기 대여로 제공되는 조립식 포드-마몬-헤링턴Ford-Marmon-Herrington트럭을 조립해 충당했다. 또한 가즈는 1930년대 중반 이후 자체 설계로 개발된 다수의 장갑차, 지프 형태의 탈것을 생산했다. 무엇보다 공장은 2종의 경량 전차(T-60과 T-70)와 자주포SU-76를 생산해 붉은군대에 큰 공헌을 했다. SU-76은 두 전차보다 훨씬 큰 차량으로 실제 군사 훈련을 받지 않은 사람들 눈에는 그냥 전차처럼 보였다. 사실 가즈의 모든 전시 공헌 중 큰 것은 선전효과였다.

전시 전환은 순조롭지 않았다. 전쟁 중 유라시아 전역의 다른 공장들과 마찬가지로 가즈도 평시보다 적은 수의 노동자가 더 많은 작업을 수행해야 했다. 한편으로, 군수품의 목록이 극적으로 확장되었다. 이제 가즈의 작업장은 탈것, 전차 엔진과 부품, 항공기용 부품뿐 아니라 당혹스러울 정도로 잡다한 종류의 폭탄, 지뢰, 포탄, 기타 탄약을 생산했다. 동시에 가즈는 노동자들을 계속 잃고 있었다. 공장은 생산 엔지니어들의 표현대로 "노동의 질이 현저하게 떨어"지고, 심지어 "노동력 부족 또한 심각한" 상황에서 큰 곤란을 겪었다. 숙련된 노동자들이 전선으로 떠나고 그 자리를 메우고자 약하고 경험이 부족한 노동자들이 왔다는 아이러니는 독일 생산 엔지니어들이 느꼈던 문제와 유사했다. 1942년 동안 8,000명 이상의 노동자가 붉은군대에 징집되었고, 다른 7,000명은 떠났다. 그러는 동안 1만 3,000명이 채 안 되는 신참자가 도착했고, 종종 전선에서 직접 왔다. 가즈의 수석 엔지니어는 "일정한 생활기반을 갖춘 신체적으로 건강한 숙련 노동자들이 공장을 떠났다"라고 보고했다. 그 대신 "질병과 부상으로 약해진" 퇴역 군인들과 시골에서 막 올라온 사람들이 공장에 왔다. 이들 신참자 대부분은 "산업계에서 일한 경험이 없고, 필요한 기술도 가지고 있지 않았다." 그들은 적절한 주택을 구할 수도 없었다. 수석 엔지니어 리프쉬츠의 다음과 같은 진술은 1942년 후반 공장의 놀라운 광경을 생생히 보여준다.

많은 사람이 신발도 없이 출근했다. 많은 노동자가 누울 자리조차 없는 꽉 찬 공유 아파트로 돌아가지 않고 작업장 공유지역에 있는 난로 옆에서 밤을 보내기 시작했다. 이들은 밤에 거의 휴식을 취하지 못해 낮에도 일을 제대로 할 수 없었다. 지저분하고 피곤한 상태로 작업장을 돌아다녀 작업

그림 5.5 SU-76의 생산, 가즈, 1944.
출처: TsANO.

규율에 심각한 영향을 미쳤다. 기온이 떨어지자 그들은 작업장에서 불을 때기 시작했다.

리프쉬츠는 가즈가 숙련된 노동자들과 생산 엔지니어들로 구성된 대규모의 고도로 숙련된, 경험이 풍부한 집단을 보유하고 있음을 인정했다. 그러나 이 숙련된 핵심 그룹은 다양해진 생산계획에 수많은 이주민을 동화시키느라 고군분투하고 있었다. 리프쉬츠는 "생산되는 품목 수가 공장의 조직용량을 초과"한다고 개탄했다. 그의 보고서는 "장갑차와 전차는 많은 공장에서도 생산할 수 있지만", "우리 제품"인 트럭과 예비 부품은 가즈에서만 생산할 수 있으므로 공장이 다시 트럭 생산에 집중했으면 한다는 간청으로 결론을 맺었다.[104]

이러한 문제에도 불구하고 가즈는 1942년 5,000대 이상의 T−60과 T−70을 생산해 소비에트 경량 전차의 절반 이상을 차지했다. 고리키시에 있는 가즈의 자매 공장 크라소느의 소르모보 공장은 T−34들을 가져오고 있었다. 이러한 생산품들을 고려할 때, 독일 국방군은 "이 공장들을 파괴하고자 큰 관심을 가질" 수밖에 없었다.[105] 이전(1941년 11월과 1942년 2월)의 공습으로 고리키를 강타한 바 있는 루프트바페는 1943년 6월 이 도시의 공장을 목표로 다시금 일련의 폭격을 가했다. 가즈는 특히 심한 타격을 입었다. 기계 5,900대와 10킬로미터가 넘는 컨베이어가 파괴되었고, 주요 조립공장들은 잔해만 남았다.[106]

이 기간의 공장 보고서를 신뢰할 수 있다면, 가즈의 엔지니어들은 루프트바페가 그들에게 준 기회를 이용해 공장 전체를 흐름 생산의 원칙에 따라 점검했다. 1943년 11월 완전히 재건된 가즈는 "공장조직의 급진적인 개선"과 작업장 간 더 빠르고 더욱 향상된 협력으로 특징지을 수 있었다. 매우 광범위한 생산품을 조율하는 문제는 작업장에 완전한 흐름 조직을 도입하고, 다양한 작업장(단조 공장, 주조 공장, 압착 성형 작업장, 기계 작업장)을 컨베이어로 연결함으로써 해결했다. SU−76 자주포 생산은 공장이 재건된 후 시작되었다. 엔지니어들은 일단 흐름이 시작되자 가즈의 노동자들이 완전한 SU−76를 생산하는 데 1,693노동시간man-hours을 소요했다고 자랑했다. 동력기가 없는 자매 공장에서는 거의 두 배로 시간이 필요했다. 가즈 엔지니어들은 곧 고리키 지역의 다른 공장들에도 흐름 생산 원칙을 지시하기 시작했다.[107]

어느 정도 자화자찬을 허용한다고 해도, 가즈 엔지니어들이 숙련되지 않는 임시 노동력을 흐름 생산 원칙으로 활용했다는 인상은 타당해

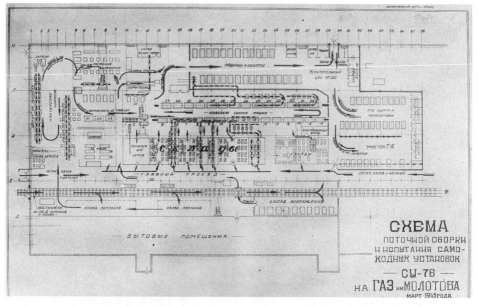

그림 5.6 SU-76 생산을 위한 흐름 도표, 가즈, 1945.
출처: TsAN.

보인다. 소비에트의 기술은 그 수준에 따라 최상급 1에서 최하위 5까지 등급을 매겼는데, 전쟁 중 가즈 노동자의 평균 기술 수준은 4.7이었다. 중요 작업장에서는 평균이 그보다 높았는데, 이는 대량생산의 전형적인 기술 분기를 반영했다. 예를 들어, 모터 작업장은 60% 노동자가 3등급에서 4등급, 18%가 2등급, 나머지 22%가 고도로 숙련된 1등급 기술 수준을 보유했다. 독일 군비 산업과 마찬가지로, 가즈에서 고도로 숙련된 노동자, 현장 주임, 엔지니어 들은 대부분 비숙련, 임시직, 때로 영양실조에 걸린 노동력을 관리 감독했다. 작업장 엔지니어들이 내린 결론을 따르면, 가즈는 "오직 지속적인 흐름 방식에 따라 압도적으로 많은 부분의 생산을 조직함"으로써 노동 동원 문제를 해결했다. 흐름 생

산은 미숙련 신참자가 "공장에 온 지 2주 이내"에 원하는 기준에 도달하도록 했다.[108]

동시에 전쟁은 이른바 전방 여단의 형태로 스타하노프식 노동자 동원의 새로운 국면을 열었다. 1930년대와 마찬가지로, 이는 어느 정도 평사원의 지지를 받은 간부 노동자들이 관장하는 대대적인 선전 활동이었다. 그러나 결정적 차이도 있었다. 1937년의 스타하노프주의자들과 달리 전방 여단은 공병과 기술 참모진을 반대하지 않았다. 이 운동은 여전히 "사회주의적 경쟁"과 집단 규범의 과잉 이행, 즉 공식적 표창, 금전적 보상, 잉여 식량 배급을 약속하는 공훈들을 퍼트리는 역할을 했다. 그러나 주목할 것은 여단이 엔지니어링 계층의 요구에도 귀를 기울였다는 사실이다. 그들은 기계를 주의 깊게 취급하고, 원자재를 절약할 뿐 아니라 결함 있는 제품 출하를 방지하도록 요청했다. 그들은 노동자들이 지속해서 기술 교육을 받도록 독려했고, 저숙련 작업자들에 대한 밀착 관리 감독과 "작업 규율 강화"를 요구했다. 1943년까지 가즈는 노동력의 대략 11%에 해당하는 4,600명 이상의 구성원으로 이뤄진 661개 전선 여단을 보고했다.[109] 이러한 신스타하노프주의자들이 대량생산의 고도로 숙련된 핵심 계층, 이른바 "새로운 소비에트 인텔리겐치아intelligentsia"를 형성하면서 1930년대의 풀뿌리 동원과 흐름 생산에 열중하는 기술·엔지니어 직원들의 특권 사이의 긴장이 완화되었다.[110]

그렇다고는 해도 가즈 작업장들의 운영이 순조롭게 합리화되었다고 생각하는 것은 오해할 여지가 있다. 노동 이직률은 전쟁 중 다소 줄었지만 상당한 수준을 유지했다. 표 5.3에서 볼 수 있듯이, 많은 노동자가 가혹한 제재의 위험을 무시한 채 가즈를 떠났는데, 그들은 다른 고리키의

표 5.3 노동자 이직 사유, 가즈, 1944

입사	그룹별 수	퇴사	그룹별 수
붉은군대로부터	2,016	직장 이탈	2,289
기술학교로부터	1,462	질병 혹은 무능력	1,829
민간인 징집	847	다른 회사로 이직	755
이전 가즈 노동자 귀환	614	붉은군대로 징집	517
다른 기업에서 이직	110	죽음	398
그 외 새로운 고용	1,002	체포	388
		집안 사정	374
		학교 진학	270
		그 외	141
총합	6,051	총합	6,961

출처: TsANO archives, f.2435, o.9, d.80.

공장에서 일자리를 구했거나 시골까지 떠밀려 갔을 가능성도 있었다. 새로 도착한 사람들은 종종 읽지 못하거나 "반문맹"으로 따로 지정된 공장에 분류되어 관리되었다.

작업 현장의 무질서한 현실은 다른 보고서에서도 확인할 수 있다. 시골 지역은 강철과 금속 부족이 만연했고 공장은 식량이 형편없어서 불법 거래가 생겨났다. "소소한 사회주의 재산 절도"가 그 결과였다. 1944년 노동자 거의 2,900명이 "집단농장의 작업을 위해" 철강, 금속, 심지어 차량 전체를 횡령한 혐의로 일시적으로 체포되었다. 한 현장 주임은 "가짜 허가증을 발급"받아 금속 총 1.5톤을 단조 공장에서 빼내 "농업을 위해 집단농장으로 가져왔다." 바퀴 작업장의 한 감독관은 집단농장에 차 두 대를 제공하고 그 대가로 밀가루, 버터, 고기, 기타 식료품을 받았다. 조립라인의 한 감독관은 미국이 동맹국에 무상으로 임대한 트럭을 시골로 가져가 "제품들과 교환했고, 트럭은 그곳에서 여름 내내 사용"되었다.

그러다 필요 없어지자 "이 차량을 숨기려고 강에 버렸다."[111]

이러한 마찰에도 흐름 생산은 전쟁 중 가즈에서 주목할 만한 반격을 이뤄냈다. 전쟁 시기 대량생산 방법의 강화라는 측면에서 나치와 소비에트 정권은 서로 닮아 있었다. 둘 다 기술 부족에 직면했고, 둘 다 흐름 생산을 배치함으로써 비숙련 노동에 대응했다. 두 체제 모두 고도로 숙련된 관리자와 엔지니어로 구성된 핵심 그룹이 작업장에 투입된 대규모 비숙련 노동력을 관리했다. 수행을 통한 학습은 두 체제 모두에서 숙련된 엘리트가 대량생산 과정을 개선하는 주요 방법의 하나였다. 그에 따른 생산성 향상 효과도 비슷했다. 가즈와 BMW-알라흐의 작업 현장은 벽에 붙은 현수막에 적힌 선전 문구를 제외하고는 놀라울 정도로 유사해 보였다.

그렇다면 소비에트의 군비 복합체가 그들의 적 독일을 능가한 까닭은 어떻게 설명할 수 있을까? 분명히 독일과 소비에트의 생산 엔지니어는 매우 유사한 문제에 직면해 거의 같은 방법을 사용했다. 정권이 지치고 힘든 비숙련 노동자들을 동원하려고 흐름 대량생산을 활용한 방식에는 결정적 차이가 없는 듯하다. 둘 다 이러한 방식을 널리 이용했다. 오히려 그 차이는 흐름 생산이 작동하는 정치경제에서 발생했다. 소비에트의 통제 경제는 대량생산이 융성할 조건을 강제하는 데 독일보다 유능했다. 소비에트연방은 독일보다 더 일관된 방식으로 질과 양을, 군수용 다양성과 생산에 적합한 균질성을, 기술 향상보다는 순수 생산량을 선택했다. 독일은 제트 엔진을 개발했지만, 소비에트연방은 프로펠러 항공기를 독일보다 더 많이 생산했다. 제2차 세계대전에서 붉은군대는 다른 교전국들에 비해서도 한정된 수의 무기 유형에 의존했다. 예를 들어, 1943년 여름, 베를린의 항공부 엔지니어들은 미국이 126종의 서로 다른 군용 항공기 모델을 보유했으며, 심지어 영국이 보유한 항공기 모델은 235종에 이른다고 보고했다. 독일은 65종을 보유했는데 밀히는 여전히 너무 많다고 주장했다. 그에 비해 소비에트는 15종만 가지고 있었다.[112] 이 소비에트 전투기들을 조사한 독일 엔지니어들은 그들이 수량을 늘리고자 시도한 급진적인 교환에 경탄을 금치 못했다. 그 항공기들의 구조는 "매우 거칠고" 심지어 "원시적"이었다. 그들은 "극단적으로 노동을 절약하는 생산"과 "효용" 사이에서 "이상한 혼합"을 보여주었다.[113] 전쟁이 계속되면서 독일 당국이 기업들에 떠넘기고자 고심했던 "정제되지" 않은 생산이 소비에트 무기 생산에는 처음부터 내장되어 있었다.

결국, 소비에트의 이점은 "계획"경제의 특성이 아닌 "통제"경제라는 측면에서 나왔다. 즉 자원을 효율적으로 할당하는 정권의 능력이 아닌 자원을 무자비하게 동원하는 능력이었다.[114] 소비에트 국가는 사람들을 강제 이주시키고, 자원을 지휘할 수 있었으며, 조직적인 반대를 거의 만날 가능성 없이 지역과 관할권을 가로질러 그것들을 뒤섞을 수 있었다. 이들은 윌리엄 베르너를 그토록 격분하게 했던 꾸물거리는 회사들을 극복할 필요도 없이, 표준과 생산계획을 지시할 수 있었다. 1941년 7일, 산업 주변으로 자원을 이동할 권한을 요구한 밀히의 제안이 좌절된 바로 그때 소비에트의 전쟁 행정가들은 "전시 소비에트 인민위원회의 권리 확장에 관한" 법령으로 바로 그 권한을 부여받았다.[115] 슈페어는 마지못해 그 차이를 인정했다. "볼셰비키는 우리를 능가하는 한 가지를 가지고 있다." "그들은 국가 이익에 반하는 아주 작은 위반이라도 무자비하게 단속하고 처벌한다"라는 것이다.[116]

결론

1944년 7월 히틀러는 자신의 마지막 공개석상 연설에서 나치 경제 질서에서 대량생산의 위치를 길게 반추했다. 슈페어의 산업적 자기 책임 체계에 관여하는 대표자들이 모인 자리에서 히틀러는 1920년대에 처음 정교화하기 시작한 주제로 돌아가 연설을 시작했다. 그는 국가사회주의가 "경제가 자본의 하인"이 되는 자유주의는 물론 개인의 경제적 주도권을 짓밟는 공산주의와 다르다고 상세히 설명했다. 그것들과 대조적으로 국가사회주의는 "개인의 창조적 활동"이 공동의 목적에 복무하게 했다. 히틀러는 청중에게 대중의 "생활공간"을 확보하고 "생활 수준"을 높이려는 목표를 상기시켰다. 이것은 상품의 대량생산, 획기적인 생산방법으로만 달성할 수 있는 대량생산을 요구했다. 전쟁은 이러한 방법을 가르치면서 전후 독일 산업을 준비하고 있었다. 히틀러는 "우리가 전쟁에서 승리하면, 독일 산업은 오직 대량생산으로만 제대로 다룰 수 있을 만큼 엄청난 주문을 받게 될 것이다"라고 선언했다. 그리고 "오, 하지만 대량으로 생산하지 않아도 될 것은 아무것도 없다!"라고 덧붙였다.[117]

청중은 이러한 히틀러의 구매 유혹에 넘어가지 않았다. 나중에 한 청자는 그 연설을 "유령 같았다"고 묘사했다. 이제 독재자는 나약했고 설득력이 없었다.[118] 1944년 여름, 독일 산업이 압도적인 연합군의 공격을 막아낼 수 없다는 사실이 명백해지면서 히틀러는 엔지니어들에게 1941~1942년 위기에서 등장한 산업체계가 효과적이라거나 나치 이데올로기에 순응하는 미래 경제 질서의 선구자라고 더는 설득할 수 없었다. 결국, 히틀러의 연설에는 민간 기업의 분산된 지형에서 구축된 전쟁-산업 복합체에서 첨예한 마찰이 발생했으며, 민간 기업들이 종종 총동원 경제의 더 큰 요구에 마지못해 복종할 수밖에 없었다는 사실에 대한 인정이 내포되어 있었다. 실제로 연합국의 뚜렷한 물질적 우위에 비춰볼 때, 대량생산에 대한 나치의 이데올로기적 담론은 내내 깊은 양가성을 유지했다. 히틀러는 대량생산에 관해서는 독일의 반대편에 선 국가들이 "조금 더 낫다"고 겸손하게 인정했다. 슈페어는 수많은 연설을 하며 스스로 한결같이 독일의 우수한 무기 기술이 궁극적으로 승리를 가져올 것이라는 생각에 휩싸였다. 심지어 자신이 통솔하는 군수부에서 군수품 생산량이 상향 곡선을 그리고 있다고 계속 큰 소리로 발표할 때도 슈페어는 "전쟁에서 기술의 중요성이 커짐에 따라 수량의 중요성은 줄어들고 있다"고 단언했다.[119] 군비 복합체 바깥에서 나치 급진주의자들은 총력전이 기술을 장악했다고 개탄했고, 완전히 기계화된 경제가 "삶의 민족 이상völkisch ideal of life"과 양립할 수 있는지에 대한 의문을 제기했다.[120]

반면, 소비에트연방은 전시 대량생산으로 승리했다. 따라서 이는 1920년대 이후 소비에트연방이 확립한 "기술적·경제적 독립"의 결과로 소비에트 체계가 거둔 특별한 승리로 완전히 받아들여졌다.[121] 무기에 대한 공치사가 잦아들기도 전에, 이미 전쟁의 참화(독일의 침공과 대규모 공장 이전 등)를 소비에트 산업을 포괄적으로 근대화하는 대담한 기회로 포착한 재해석 담론들이 떠들썩하게 자리 잡았다.[122] 가즈는 다시 전형적으로 움직였다. 1945년 3월 가즈의 생산 엔지니어들은 공장 설립 이후의 역사를 정리한 포괄적인 보고서를 작성했다. 이 보고서는 기계화된 흐름 생산의 성장을 공장 엔지니어들이 점차 미국 의존에서 벗어나 독립적으로 혁신을 시작하는 학습 과정으로 설명했다. 초기 가즈는 설계와 생산에 필요한 충분히 강력한 공학적 장치가 없었으므로 포드식 모범과 미국 생산기술을 모방해야 했다. 1936년 가즈의 M-1은 여전히 미국 모델을 빌려 미국의 공작기계로 제작되었다. 로스쿠토프가 감독관으로 있는 동안 가즈는 점차 자체 설계를 토대로 대량생산하고, 자체 장비를 사용하기 시작했다. 그러나 완전한 독립을 향한 노력은 오직 전쟁으로만 열매를 맺을 수 있었다. 공장의 주요 성과는 자랑스러운 SU-76과 같은 전쟁 무기류 생산에 "자동차 기술의 가장 현대적인 방법을 적용"한 것이었다. 대량생산을 정복한 가즈는 다른 소비에트 산업들과 마찬가지로 전후 시대의 도전을 대비했다.[123] 혹은 엔지니어들은 그렇게 희망했다.

미국 헤게모니 아래
개조된 포드주의

제2차 세계대전에서 미국은 그들의 적수 파시스트들을 물리치고자 대량생산 능력을 집결했다. 전쟁이 끝날 무렵, 전간기 포스트 자유주의 반란군들이 예측하고, 우려하고, 저항하고자 했던 바로 그 전망, 즉 미국의 전 세계적 힘의 우위가 완전히 실현되었다. 교전국 중에서 유일하게 미국만이 전쟁으로 더욱 강해졌다. 미국은 생산라인을 다시 돌리기 위해 적국은 물론 동맹국들까지 감내해야 했던 소비재 부족을 겪을 필요가 없었다. 그 결과 전쟁 후 대량생산을 둘러싼 이데올로기는 미국 헤게모니의 핵심 어휘인 민주주의, 번영, 소비주의, 경제적 국제주의의 자장 안에서 새롭게 재구성되었다. 정치구조, 경제조직 그리고 미국 주도의 세계질서 안에서 굴절된 자유주의 이데올로기가 어떻게 자동차 대량생산이 1930~1940년대의 유산들을 활용하고 변환시킬지를 결정했다. 이것은 패배한 적국에만 적용된 진실이 아니었다. 동맹국이 된 경쟁자 소비에트연방 역시 미국이 정한 기준들을 계속 따라야 했다. 세계정치 환경이 세계대전 시기의 대립에서 표면상 풍요와 생산성이라는 비제로섬nonzero-sum* 원칙으로 전환되면서 새로운 해법이라고 하나 이미 익숙한, 기술 이전과 산업 중심의 개발 경쟁이 재개되었다. 이데올로기적 재구성과 정치·경제적 구조조정은 기술적·개인적·정치적으로 1930년대와 강력한 연속성을 유지했다.

전후 미국의 헤게모니는 "생산성의 정치", 즉 대량생산과 소비라는 성장 창출 기구에 대한 합의를 바탕으로 국내외에서 계급 갈등과 분배 투쟁을 극복할 수 있다는 신념에 기반을 두었다.[1] 미국에서는 전쟁이 1930년대의 정치적 균열을 덮고 변형시켰기 때문에 쉽게 합의의 정치가 가능해졌다. 전쟁 중 생산력의 놀라운 동원은 대공황의 지속적인 불안을 몰아내고 미국 산업에 대한 대중의 신뢰를 새롭게 했으며, 정치의 장에서 조직된 노동력을 확고하게 정착시켰다.[2] 전쟁은 프랭클린 루스벨트 Franklin Roosevelt(1882~1945)가 "정부, 산업, 노동자 사이의 훌륭한 협력"이라고 한 것을 뿌리내리게 하고, 튼튼하게 키워 단체교섭, 국가 관리, 기업 절제로 갈등을 억제하는 정치경제를 탄생시켰다.[3] 국제전의 맥락에서 이러한 타협은 미국의 사명감과 분리할 수 없는 관계를 형성했다. 루스벨트는 미국을 "민주주의의 무기고"로 호명하면서 생산 잠재력을 미국의 전쟁 노력을 뒷받침한 신윌슨주의 전망과 연결했다. 전쟁이 끝날 무렵, 대량생산은 미국의 승리를 설명할 뿐 아니라 미국의 전 세계적 목표를 표현했다. 대량생산은 미국의 "독특한 기술"임이 입증되었고, 이제는 "미국이 세계에 주는 선물"이 되었다.[4]

이러한 생각은 미묘한 변화가 더해져 1920년대 헨리 포드가 제안한

---

* 상호 의존관계에서 어느 한쪽이 큰 이익을 얻더라도 다른 한쪽이 여전히 이득을 볼 수 있거나 손해를 입지 않는 경우로 윈윈전략으로 이해되기도 한다.

구상과는 다른 것으로 분리되었다. 1947년 포드가 사망했을 때 포드주의라는 용어는 신문과 개혁가들의 소책자에서 거의 사라졌다. 1980년대 사회과학 담론이 다시 불러낼 때까지 이 용어는 부활을 기다려야 했다. 포드의 생산자주의 전망에는 이익단체, 단체 교섭 또는 강력한 연방국가의 존재를 수용할 여지가 없었다. 국제적 산업 확산에서 배움을 찾아 루즈 공장에 온 모든 이를 환영한 헨리 포드의 개방적 태도와 달리 이제 워싱턴은 의도적으로 대량생산과 "생산성의 정치"를 수출 품목으로 만들었다. 생산성은 여전히 가장 중요했지만, 새로운 전문가들은 그 원천을 더는 공장 현장이 아닌 관리 사무실에서, 기계가 아닌 "인간관계"에서 찾았다.

오스트리아 출신 사회학자 피터 드러커Peter Drucker(1909~2005)는 헨리 포드에 관한 부고 기사를 내며 자신의 새로운 처방을 함축해서 제시했다. 드러커는 포드식 대량생산이 우리에게 새로운 성취와 새로운 문제를 동시에 가진 "새로운 산업 문명을 주었다"고 썼다. 그렇다. 대량생산은 대중적인 번영의 지평을 넓혔지만 동시에 이제는 사회에 결정적인 도전을 제시하는 거대한 사업 조직을 만들어냈다. 비극적이게도 포드는 이러한 대규모 제도가 직면한 가장 시급한 논점들이 엔지니어링 문제가 아니라는 사실을 알아채지 못했다. 그것들은 의미의 문제였다. 어떻게 직원 수만 명이 거대한 사업을 압도하는 일로 인정, 목적, 시민 의식을 얻을 수 있었을까? 드러커는 대량생산이 "근본적으로 기계의 원리가 아니라 사회 조직의 원리"라고 제시했다. "기계 만지작거리기"에 사로잡힌 포드는 대규모 대량생산 기업이 기계의 유지보수가 아닌 인간의 지도력이라는 현명한 관리를 필요로 한다는 사실을 깨닫는 데 실패했다는 것이다. 과제는 헨리 포드가 물려준 일을 끝마치는 것이었다. 드러커가 "대량생산의 개념"이라고 한 헨리 포드의 유산은 "기업의 개념"으로 온전하게 만들어져야 했다.[5]

새로운 처방은 놀랍도록 빠른 속도로 포드자동차회사에 뿌리를 내렸다. 28세 때인 1945년, 쇠약해진 할아버지의 뒤를 이어 회장직을 물려받은 헨리 포드 2세Henry Ford Ⅱ는 지체없이 그가 "현대적 조직 노선"이라 부른 방식에 따라 회사를 재편했다. 이 노선은 제너럴모터스사에서 개발되어 드러커의 저서 『기업의 개념Concept of the Corporation』(1946)으로 대중화되었다. 해군으로 참전했던 헨리 포드 2세는 갓 제대한 자기 세대의 젊은 장교들인 로버트 맥나마라Robert McNamara(1916~2009)와 "위즈 키즈Whiz Kids"*를 데려왔다. 또한 제너럴모터스사의 임원을 고용해 확장되던 회사를 재편했다. 그는 드러커의 개념들을 하나의 교범으로 느슨하게 활용해 새로운 사람들을 오래된 작업장 관리자들을 통솔할 관리자 집단으로 위치시키고, 회사의 무게중심을 작업 현장에서 회의실로 이동시켰다. 곧 대학 졸업자들이 경영진을 채웠다(할아버지 포드 시절에는 철저하게 사내·작업 현장에서 채용이 이뤄졌다). 1919년 이후 회사에서 금지되었던 조직도는 이제 권한, 부서, "수익 중심" 등의 라인을 설명하려고 흔히 사용되었다. 루즈 공장의 현장 주임과 감독관은 작업 현장에 대한 통제권을 양도해야 했다.[6]

대량생산의 언어도 바뀌었다. 『나의 삶과 일』은 생산의 투사들과 금

융가, 엘리트 개혁가, 노동조합 가운데 있는 그들의 적들이 서로 다투는 갈등의 공간으로 묘사하곤 했다. 책의 어휘들 가운데 **자본가**는 돈을 가진자로 확실히 경멸의 의미를 내포했다. 책에서는 **정의**와 **분배**의 개념이 두드러졌으며, 심지어 **착취**라는 개념도 종종 등장하곤 했다. [한편] 헨리 포드 2세와 그의 경영진은 **인간관계**와 **자유 기업**을 강조하는 담론으로 기업을 운영했다. 그들은 **분권화, 성과, 장려금, 통제, 정책, 계획, 책임**을 중심으로 하는 기업의 신조어를 전략적으로 배치했다. 할아버지 포드는 자기 회사를 노동력과 기계가 함께 제품을 생산하는 "생산적인 조직"으로 여겼다면, 손자인 헨리 포드 2세에게 "조직"이란 회사가 경영진의 사무실에서 운영되도록 만드는 관리 조직이었다. 새로운 제도는 산업지도부가 근본적으로 기능적 차원의 계층에 뿌리내리게 했다. 할아버지 포드가 완전한 대량생산의 실현에 전혀 필요치 않다고 했던 그 계몽된 경영 엘리트 집단 말이다.

포드자동차회사가 너무도 생생하게 보여준 이 새로운 경영 이데올로기는 미국이 해외에서 어떻게 헤게모니를 투영하고 표현할지에 지대한 영향을 주었다. 마셜 플랜Marshall Plan*은 기술·엔지니어링 기법을 이전하는 데 자금을 지원하는 대신 유럽인에게 미국식 경영 관행을 교육하는 사업을 후원했다. 인간관계가 기술 향상보다 더욱 강력하게 생산성을 발휘하도록 만든다고 본 것이다. 마셜이 후원한 유럽 생산성 기구European Productivity Agency는 "기술 분야의 계획사업은 … 제한되어야 한다"라고 선

---

* 제2차 세계대전 이후 폐허가 된 유럽을 재건하려고 미국이 기획한 재건·원조 기획이다. 서유럽 동맹국을 중심으로 이뤄진 미국의 풍부한 원조 덕에 서유럽은 전쟁의 상흔에서 벗어나 빠르게 경제적 풍요를 되찾을 수 있었고, 미국은 소비에트의 대서양 진출을 저지하는 동시에 미국 주도의 세계 체제를 건설할 수 있었다.

언하며 "인간관계 개선과 태도 변화"를 강조했다. 기술보다 더 중요한 것은 "생산성이 증대될 수 있는 심리 상태를 창출"하는 것이다.[7] 아이러 니하게도 포드 재단은 이러한 유형의 기업가 재교육 사업을 추진하는 중 심 역할을 맡았다. 헨리와 에드셀의 공동 재산을 물려받은 재단은 풍부 한 자금을 해외에서 "생산성 의식"을 전파하는 데 사용했다.[8]

이러한 재교육 전략이 얼마큼 많은 영향을 주었는지는 논란의 여지 가 있다. 1950년대 중반까지 미국의 생산성 관료들은 서독에서 "우리의 의지와 목적 측면에서 긍정적인 결과"가 "거의 무시할 만큼"이라고 불평 했다. 산업가와 노동자 모두 그들의 처방에 별다른 영향을 받지 않는다 는 것이 입증되었을 뿐이다.[9] 오히려 더 결정적인 것은 두 가지였다. 서 구 수출시장을 미국의 후원으로 재건하는 것 그리고 기업이 주도하고 국 가가 지원하는, 특히 미국으로부터 기술 이전을 지속하는 것이다.[10]

수출시장의 재건은 미국이 서유럽 국가들에 제공한 대타협의 결과로 이뤄졌다. 유럽인은 관세를 낮추고 상환과 무역에서 다자주의를 채택할 것이며, 산업 경쟁 관리에 전념하고, 서방 안보 동맹의 재정적 부담을 함 께 지겠다고 약속했다. 그 대가로 미국은 수입을 위해 국내 시장을 개방 하고 유럽의 급격한 달러 부족을 완화하려고 자금을 제공했다. 이러한 타협의 결과 중 하나로 서독은 미국 헤게모니의 원조 아래 1920년대에 히틀러가 그토록 거부했던 유형인 수출 기반 성장을 경험했다. 바이마르 경제를 제약한 결정적 요인은 무엇보다 수출시장이 불안정하다는 것이 었다. 이제 미국이 묵인하는 가운데 무역 흑자를 달성한 서독 경제는 원 자재를 수입하고 고품질 공업생산품을 수출하는 독일의 장점을 발휘해 성장의 토대를 마련할 수 있었다. 결정적으로 미국은 자유화에 앞선 전후 복구를 허용했고 1958년까지 서독의 수입 제한과 자본통제를 용인했다. 1960년까지 서독은 세계 제조업 수출의 거의 5분의 1을 차지했으며, 30년 전 바이마르 경제를 질식하게 했던 국제수지 압박에서 완전히 벗어났다.[11]

미국의 전략적 관대함의 상징적 수혜자는 서독의 자동차 산업이었다. 1920년대에 이 분야를 뒤흔들었던 "생존 투쟁"은 이제 사라졌다. 자동차 제작사는 수출로 한정된 국내 시장에서 벗어나 1930~1940년대 기술학습을 기반으로 성장할 수 있었다. 1950년에서 1962년 사이 전 세계 자동차 생산에서 미국이 차지하는 비중은 80% 이상에서 50% 미만까지 낮아졌고, 서독이 겨우 3%에서 15% 이상으로 증가했다. 이전 시기 반란군이 패권국 미국에 이어 두 번째 자리로 올라선 것이다. 그해 서독은 141개 나라에 자동차를 수출했고, 강력한 경쟁자 미국을 서서히 잠식해 들어갔다. 더 중요한 사실은 워싱턴의 낮은 관세 정책 덕분에 이제 미국의 소비자들이 독일 차를 구매하기 시작했다는 것이다. 1960년대 미국은 서독의 전체 차량 수출의 거의 4분의 1을 흡수했다. 이러한 급성장 국면에서 폭스바겐의 역할은 아무리 강조해도 지나치지 않다. 나치에게는 애물단지에 불과했던 이 자동차는 1955년부터 국내에서 판매된 것보다 더 많이 수출되었고, 대부분의 기간에 서독의 전체 차량 수출의 절반 이상을 차지했다.[12] 1950년대 후반 한 역사가는 "서독의 국제수지 흑자의 약 절반을 폭스바겐이 단독으로 벌어"들였다고 경탄하기도 했다.[13] 나치는 미국에 도전하는 대륙적 포드주의의 선두주자로서 거대한 폭스바겐 사업을 기획했다. 이제 폭스바겐은 수출 중심의 라인강의 기적

Wirtschaftswunder[*]을 실현하는 대가로 대서양 동맹의 하위 파트너로서 자기 위치를 수용하고 유순해진 서독에 활력을 불어넣었다.

폭스바겐은 1930년대 적대적인 개발 경쟁의 유산이 어떻게 그 시대의 포스트 자유주의자들이 거의 의도하지 않은 방식으로 팍스 아메리카 아래서 열매를 맺었는지를 가장 분명하게 보여준다. 폭스바겐이 수출상품으로 고정된 데는 전후 20년간 회사의 전설적인 성장 기간(1948~1968)을 이끈 하인리히 노르호프의 공이 컸다. 4장에서 살펴보았듯이 노르호프는 1930년대 오펠사에서 일할 때 제너럴모터스사 소유의 회사와 나치 당국 사이를 오가며 능숙한 중개인으로 활약했다. 전쟁 중 그는 독일 국방군의 트럭 함대 대부분을 제작한 오펠사의 브란덴부르크 공장을 운영했다. 1945년 이후 노르호프는 그 세대의 다른 사람들과 마찬가지로 나치와 거리를 두는 데 성공했고, 겉보기에는 진심으로 루트비히 에르하르트Ludwig Erhard(1897~1977)의 "사회적 시장 경제"를 지지했다. 그러나 노르호프는 우월한 미국의 그늘에서 언젠가 벗어날 것이라 전혀 생각하지 못했다. 노르호프는 마치 1930년대와 같은 언어로 1955년 독일이 "여전히 수출을 강요"당하고 있다고 경고했다. 국제수지는 여전히 노르호프에게 부담으로 다가왔다. 그는 "우리 경제는 수입에 완전히 의존하고 있다"라며 "지불 수단을 조달하는 수출 없이는 생존할 수 없는" 상태라고 지적했다. 전후 세계 시장 구조가 미국의 지원으로 지탱하고 있음을 예리하게 인지한 노르호프는 "하루아침에 수출이 중단될 수 있다"라고 경계했다.[14]

---

[*] 제2차 세계대전이 끝나고 석기시대로 돌아간 듯했던 서독이 1950년대 보여준 급속한 경제성장을 일컫는 말이다.

다른 방식으로도 폭스바겐은 전간기의 열망을 되살렸다.[15] 노르호프는 1936년 포르셰가 히틀러에게 선보였던 비틀의 설계 그대로 생산가동을 시작해 20년간 단일한 모델로 대량 흐름 생산을 구현하면서 규모의 경제를 최대한 활용했다. 마침내 여기에 T형 모델에 대한 독일의 대답이 있었다. 전 세계 수출시장에서 미국과 경쟁할 수 있고, 심지어 미국 시장에도 침투할 수 있는 실용적이고 견고하고 저렴하기까지 한 가족용 차량이 바로 그것이었다. 주주가 없는 국영기업 폭스바겐은 가격을 낮추고 임금을 인상하면서도 충분한 수익금을 재투자에 사용할 수 있었다.[16] 헨리 포드와 마찬가지로 노르호프 역시 판매전략에 큰 관심이 필요하다는 주장에 설득되지 않았는데, 그는 "폭스바겐vw이 우리의 가장 효과적인 광고"라고 주장하기도 했다.[17]

노르호프는 폭스바겐의 직원들에게 생산에 대한 집착은 강하지만 자상한 아버지 같은 모습을 보여주었다는 점에서 포드에게 영감을 받아 "백인 사회주의"를 숙고한 고틀 오틀릴린펠트를 연상시켰다. 그는 노동조합이 적대적인 행동을 포기하고 생산 지향적 "공동체"라는 자신의 노동에 대한 이해를 수용하는 한에서 그들의 활동을 용인했다. 집결한 노동자들 앞에서 그는 "자본과 노동의 시대착오적 대립"을 풍자하는 연설을 하기도 했다. 1953년 처음 발표된 폭스바겐의 이익 공유 계획은 경제부를 깜짝 놀라게 하기에 충분했다. 이에 대해 노르호프는 "자본과 노동이 절대적으로 같은 방식으로 소득에 참여할 것"이라는 말로 정당화했다. 그는 이것이 "정의의 명령"이라고 주장했다.[18]

기술 고도화에서도 폭스바겐은 1930년대 전략을 다시금 가져왔다. 1954년 노르호프는 "10년 후 우리 공장이 어떤 모습일지 알기 위해"

1939년 독일노동전선의 시카고 구인에서 채용된 오토 회네를 다시 미국으로 보냈다.[19] 회네는 "자동화"를 움켜쥔 미국의 자동차 공장들과 마주했다.[20] 그는 돌아오자마자 폭스바겐이 새로운 동향을 채택하고, 개별 기계들을 자동화된 일련의 생산 고리에 연결하는 작업을 시작해야 한다고 권고했다. 1958년 노르호프는 일부 작업에서는 "거의 모든 과정이 자동화로 진행"되고 있으며, 덧붙여 "목표는 '거의'라는 단어를 제거하는 것"이라고 자랑스럽게 말했다.[21] 수출 덕분에 1950년대 폭스바겐은 고전 시대의 포드자동차회사가 그랬듯이 생산이 수요를 따르지 못했고, 노동력도 부족했다. 이러한 환경에서도 진전된 자동화는 생산성의 증대를 가져왔는데, 1950년대 노동력이 3배로 증가하는 사이에 1인당 차량 생산 비율은 6.2대에서 20.8대로 크게 높아졌다.[22] 폭스바겐은 공장의 과부하를 해소하려고 하노버에 지사를 열었다. 회사의 보고서를 보면, 여기에서 노련한 미국인 엔지니어 회네는 1937년 포르셰가 구인한 첫 미국인들 중 한 명이자 전직 루즈 공장의 도구 제작자였던 조셉 베르너에게 공장 지도자 자리를 넘겨주기 전까지 "대규모 자동차 계획을 실현"했다.[23]

소비에트의 엔지니어들도 다시 미국의 공장에 모습을 드러냈다. 대연합Grand Alliance이 냉전으로 악화된 후 처음으로 미국 당국은 소비에트 전문가들에게 1955년 시카고에서 열린 공작기계박람회에 참가하고 그 과정에서 몇 개 공장을 방문하도록 비자를 발급했다. 그 대가로 미국인 엔지니어 세 명이 러시아 방문을 허가받았다. 그들은 가즈 주변과 재건된 스탈린그라드(현 볼고그라드)의 트랙터 공장을 둘러보았고, 그 실상을 폭로하는 보고서를 가지고 돌아왔다. 그들은 "그 어느 곳에서도" 미국 수준에 "맞먹는 전반적인 생산기술을 찾아볼 수 없으며 제작방법은 거의 10년 전의 것을 그대로 따르고 있다"라고 기록했다. 소비에트 산업은 전쟁에서 물려받은 생산 규약 수준에서 가동되고 있었고, "잘 보관"되긴 했으나 "오래된" 도구들로 운영되었다. 공장에는 아직 자동화를 향한 최신 포드주의 운동이 정착되지 못했다. 결론적으로 소비에트연방은 "현재의 미국과 견줄 만한 생활 수준을 제공할 준비가 되어 있지 않았다." 가즈의 수장 이반 로스쿠토프를 포함한 소비에트 관료들은 모스크바에서 미국인과 함께할 자리를 마련하고는 그들에게 정직한 평가와 직설적 조언을 부탁했는데, 소비에트가 "여전히 미국을 현대 산업의 지도자로 여기고 있다"라는 사실이 분명해 보였다.[24]

이 보고서는 1950년대 소비에트 정치경제의 기본적인 진실을 반영했다. 산업은 새로운 투자에도 불구하고, 상대적인 저개발에서 벗어나지 못했고, 여전히 미국은 이겨야 할 기준점으로 남아 있었다. 달라진 것은 개발 경쟁의 이데올로기적 환경이었다. 전쟁이 끝난 직후 미국의 의도에 대한 스탈린의 편견에 가득 찬 독해는 "자본주의의 포위"에 대한 새로운 두려움을 불러일으켰다. 국내 경제 완화에 대한 희망은 산산조각이 났다. 그 대신 스탈린의 선택은 1930년대 암울한 발전 논리로 회귀하는 것이었다. 농업과 소비 부분에서 쥐어짠 자원은 다시금 군사–산업 부분의 재건자금으로 투입되었다. 1950년이 되자 산업 생산은 급증했지만, 소비와 곡물 생산량은 전쟁 이전 수준보다 더 나빠졌다.[25] 시골 지역에서 전후의 비참함은 1930년대 초반의 궁핍을 떠올리게 했고, 1946년에서 1948년까지 식량 부족과 기근에 직면한 상황에서도 곡물은 기계와 교환되어 수출되었다.[26]

니키타 흐루쇼프Nikita Khrushchev(1894~1971)는 스탈린의 범죄를 비판한 것으로 유명하다. 실제로 그는 지정학적 목표를 달성하려는 전임자의 무자비한 경제 정책과 소비에트 시민들을 옥죄던 통제를 완화하고자 노력했다. 흐루쇼프는 스탈린의 정치구호 "따라잡고 추월하라"를 다시 꺼내 냉전 분위기에 맞춰 그 목적을 쇄신했다. 흐루쇼프는 최근 달성된 핵 균등상태nuclear parity가 제국주의 서방세계를 궁지로 몰아넣을 것이라고 생각했다. 이제 전쟁은 피할 수 있게 되었다. 생활 수준과 성장률을 기반으로 "자본주의와 경제 경쟁"을 벌이며, 사회주의와 자본주의 진영이 "평화롭게 공존"할 시간이 무르익었다.[27] 흐루쇼프 아래서 군사 분야 지출은 고급 우주·미사일 계획을 목표로 이뤄졌다. 계획서에서 투자가 처음으로 농업과 소비재 산업으로 전환 배치되었다.[28] 스탈린은 정책의 산물이기도 했던, 주기적으로 기근을 발생시키는 식량 불안정을 산업·군사력의 대가로 정당화해 왔다. 흐루쇼프는 소비에트 인민들에게 "반기근 정치 계약"을 약속했고, 그 이후 어떤 크렘린 지도자도 그 계획을 감히 철회하지 못했다.[29] 1963년부터 소비에트연방은 스탈린 치하에서는 상상할 수 없었던 일을 되풀이했다. 식량 수입에 경화를 쓰기 시작한 것이다.[30]

소비에트의 육류 생산이 미국을 능가할 것이라는 흐루쇼프의 1957년 발표는 식량 불안이라는 역사적 경험으로 그 의미를 제대로 이해할 수 있다.[31] 그러나 한편으로 이러한 열망은 기본 생활 수준에 대한 흐루쇼프의 관심과 미국식 소비주의 사이의 상당한 거리를 드러내는 것이기도 했다. 그 격차는 전후 서방 소비자 자본주의의 최고 상징물인 자동차의 가용성으로 가장 쉽게 가늠할 수 있다. 소비에트의 차량 생산량은 1938년 21만 1,000대로 정점을 찍었다. 1949년이 되어서야 그 수치를 조금씩 넘어서기 시작했고, 1950년대 후반에는 50만 대를 향해 증가했다. 이는 해마다 미국 공장에서 대량으로 쏟아져나오는 자동차 수백만 대에 비할 수치는 아니었다. 더구나 트럭이 소비에트 차량 생산에서 가장 큰 비중을 차지하고 있다는 점에서 소비에트에서 차량은 여전히 생산재에 가까웠다. 가즈 볼가Gaz Volga(1955년 출시)와 같이 소비에트에서 설계된 승용차가 출시되고 그를 기념하는 화려한 축포가 울려 퍼졌지만, 그것들은 대부분 당 간부, 국가 당국, 공공기관들이 징발해 사용했다.[32] 개인들의 차량 소유라는 미국식 사고방식은 여전히 손에 닿지 않는 곳에 있었다. 흐루쇼프는 소비에트연방이 "미국인들보다 차량을 더 합리적으로 사용"할 것이며, "택시 함대"를 개발할 것이라고 주장하면서 오히려 대비된 상황을 미덕으로 삼고자 했다.[33]

소비에트에서 대규모 자동차 시대와 유사한 어떤 것을 구현하려는 노력은 흐루쇼프의 후계자들에게 맡겨졌다. 흐루쇼프의 축출에는 여러 가지 이유가 있었지만, 그중에서도 흐루쇼프 치하의 소련이 소비주의적 용어로 정의되는 추격 과정에서 크게 진전을 이루지 못한 것이 분명하게 작용했다. 결과적으로 제8차 5개년 계획 기간(1966~1970) 승용차에 대한 투자는 3배 이상 증가했다.[34] 다시 한번 서방의 기술지원 계약을 기반으로 구축된 볼가강의 "자동차 거인"은 새로운 공약의 빛나는 상징이 되었다. 1966년에서 1970년 사이 그람시의 동료 공산주의자 팔미로 톨리아티Palmiro Togliatti(1893~1964)의 이름을 딴 톨리아티시에 바즈Volzhskii Avtomobil'nyi Zavod의 시설들이 이탈리아 자동차회사 피아트의 자문 아래 그 모습을 드러냈다.[35]

바즈와 함께 미국식 포드주의를 수입하고자 노력했던 소비에트의 오랜 역사가 완전히 되돌아왔다. 1929년 발레리 메즐라우크와 헨리 포드가 디어본에서 서명을 교환하던 때 이후로 많은 것이 바뀌었다. 니즈니의 가즈는 급속한 산업화의 맥락에서 구체화되어 제2차 세계대전에서 소비에트 생산 기계를 떠받치는 기둥이 되었다. 창립 이후 최소 20년 동안 가즈는 주로 트럭 생산에 주력해 왔다. 반면 톨리아티의 바즈는 명백히 소비자 지향성을 가졌다. 이곳은 소비에트연방에 승용차 수백만 대를 제공하고자 설립되었다. 그리고 결국 그렇게 되었지만, 미국의 자동차 소유 비율을 따라잡기에는 충분치 않았다. 물론 이것으로 미국의 자동차 소유 비율을 따라잡기에는 충분치 않았지만 말이다. 또한 미국과 경쟁하려고 소련은 여전히 서방 국가들에 의지해야 했으며, 기술 수입에 막대한 외화를 지출해야만 했다.

소비에트 경제가 국내 기술 혁신에서 왜 그토록 저조한 성과를 거두는지에 대해서는 종종 논의가 진행되었다. 평범한 산업 생산과 고급 연구·개발을 분리하는 제도적 환경, 경쟁이 없어 혁신할 필요가 없었던 기업 자체의 타성, 품질보다 생산량을 중시하는 체계적 편향, 응답 없는 공급망 등이 주로 지적된 사항이었다.[36] 그러나 무엇보다 비교 정치경제학의 관점에서 볼 때, 미국이 지배하는 세계 경제 질서에서 소비에트연방이 차지하는 낮은 지위가 이러한 문제를 더욱 가중했음이 분명하다. 흔한 냉전 서사들과 달리, 실제 소비에트연방은 별도의 폐쇄된 경제체계를 구축하지 않았다. 오히려 다른 모든 국가와 마찬가지로 자본과 기술이 달러로 표시되는 세계 경제에 참여했다. 핵 균등상태와 우주 경쟁에도 불구하고 소비에트연방은 20세기 내내 경제적으로 취약한 위치에서 미국과 대결했다.[37] 의도적으로 미국의 냉전 지원체계에서 배제된 소비에트연방은 서독과 달리 기술 수입과 산업 고도화를 발판으로 경쟁력 있는 공산품 수출국으로 전환하는 데 실패했다. 소비에트연방의 개발을 가로막은 주요 제약은 세계 시장에서 경쟁하려고 산업에서 고군분투하는 20세기 후반 후기 개발국가들이 직면하게 되는 가혹한 삼중고trilemma이기도 했다. 즉 투자 성장과 소비 성장 그리고 국제수지 흑자를 동시에 유지할 수는 없었다. 스탈린의 가혹한 경제적 현실정치는 소비 성장을 희생시켰다. 그리고 그의 후계자들은 결국 국제수지 흑자를 포기했다. 돌이켜보면, 1980년대 소비에트연방이 다른 국가들이 선택한 수입 대체 산업화와 비슷한 유혹, 즉 서방에서 대출한 경화와 함께 온 "부채의 입맞춤"에 굴복한 것은 놀라운 일이 아닌 것 같다.[38]

미국식 전후 "포드주의"는 헨리 포드가 남긴 여러 층위의 세계 유산 중 하나에 불과했다. 성공적인 개발 자체의 목표가 "고도의 대량소비"에 있다고 본 1960년대 로스토의 근대화 이론이 이 독특한 역사적 주장을 보편화할 수 있었던 것은 미국 헤게모니의 이데올로기 효과가 전혀 아니었다. 1980~1990년대 위기에 대한 대응으로 사회과학자들은 다음 단계를 추가했다. "포스트−포드주의" 혹은 "포스트−산업 사회"는 어떤 사람들에게는 탈산업화를, 다른 어떤 사람들에게는 서비스와 정보의 경제에 대한 약속을 의미했다. 이러한 복합적 심상이 합쳐져 순차적 단계에 따른 사고, 국가 개발 양식에 대한 선입견 그리고 자기 발전력에 중점을 둔 인과이론들이 등장했다. 로스토가 말한 생산적 혁신의 "동적" 과정이든 조절론자들이 주장한 자본 축적의 변화하는 변증법이든 상관없었다. 이런 종류의 온건한 헤겔주의Hegelianism가 여전히 역사학자들을 종종 함정에 빠뜨리기도 하지만, 21세기의 경험들은 그러한 서사들을 설득력 없계 만들었다. 산업화와 탈산업화의 순환은 국제 분업을 재구성하려는 공동의 노력과 불가분의 관계에 있으며, 생산적인 이중 용도 기술은 국가와 기업이 모두 참여하는 치열한 경쟁 속에 있다. 투자와 투자 회수는 세계화 조건을 둘러싼 경쟁에서 제외될 수 없고 자본은 정치 행위자의 설계 혹은 투쟁을 통과하지 않고는 자율적인 권한이 없었다.

이 책은 이러한 고찰들을 염두에 두고 20세기 포드주의를 전달하고자 했다. 전후 포드주의를 복잡한 대량생산에 내재한다고 알려진 정치적·경제적 경향들의 실현으로 바라보는 시각은 이제 거의 정당화하기 어렵다. 포드의 생산자−포퓰리즘과 1930~1940년대 군사−산업 국가들은 근대 산업 관계가 전개되는 과정의 목적론적 선례도 일탈도 아니었다. 포드주의는 서로 다른 이데올로기적 틀로 강화된 다양한 정치적·경제적 합의 안에서 작동해 왔으며, 여전히 계속 작동하고 있다. 복잡한 대량생산이 제기하는 두 가지 수수께끼, 즉 공장 규율과 수요 관리 문제는 서로 다른, 일반적으로 위기에 취약하고 일시적이며 뒤섞인 해답을 찾았다. 1920년대 미국 혹은 1950년대 폭스바겐과 같은 경제적 확장기에 노동자들은 고소득을 위해 고된 노동을 감수하는 거래에 설득될 수 있었다. 소비에트 산업화 시기 공장으로 몰려든 소작농 수만 명에게는 생계 수단을 상실한 채 임금을 벌어야 할 절박한 필요가 무엇보다 중요했다. 제2차 세계대전 중 나치의 항공기 복합체 공장에서는 적나라한 강압이 조립작업의 특징이기도 했다. 한편, 대량 수요는 본질적으로 케인스주의 정책 도구를 휘두르는 국가들과 잘 연결되지 않았다. 헨리 포드가 영구적이라 착각한 농장의 소득상승이 T형 모델의 전성기 수요를 떠받쳤다. 나치 독일과 같은 무기 구매로 인플레이션을 유발한 국가는 자체적인 형태로 대량 수요를 충당했다. 서독 자동차 산업은 미국의 헤게모니로 열린 수출시장에 대한 공략을 수요 관리 전략의 핵심으로 삼았다.

포드주의가 어디서 어떻게 자리 잡게 되었는지는 세계적 산업 질서를 둘러싼 치열한 갈등의 결과에 따랐다. 전간기 포스트 자유주의자들은 헨리 포드의 대량생산에 대한 포퓰리스트 이데올로기에서 정치적·경제적 부활에 대한 강력한 약속을 추출했다. 1930년대 내내 그들은 미국을 모방하고, 미국의 기술을 사용해 자국의 군사—산업의 확장을 지원함으로써 미국에 도전하고자 했다. 나치의 반란군은 비록 그 유산으로 서독 산업 성장에 영향을 미칠 수 있었지만, 그 반대자들의 손에 붕괴되었다. 소비에트연방에서 포드주의 반란군은 역사상 가장 넓은 영토 전쟁에서 승리할 만큼 강력했지만, 제2차 세계대전 이후 미국 산업의 우위에 도전하기에는 너무 약했다. 냉전 시기 미국이 서유럽에서 온건한 재건 정책을 펼치는 사이에 소비에트연방은 기축통화가 된 달러의 메커니즘 바깥에 놓이게 되었고, 각각의 포드주의는 중대한 변화를 맞았다.

이러한 역사에 한 가지 분명한 교훈이 있다면 성장은 언제나 관계를 맺는다는 것이다. 세계 경제 구조가 가진 근본적인 힘의 불균형에 충분히 주의를 기울이지 않고 성장을 단지 하나의 국가 안에서 이해하고자 한다면 결코 그것에 접근할 수 없다. 팽팽하고 양가적인 전 세계의 연결망은 경쟁의 논리 속에 고스란히 녹아 있다. 후기 개발 국가들은 기술과 자본이라는 측면에서 그들이 모방하고 도전하고자 하는 국가에 의존할 수밖에 없다. 세계화의 역사는 지정학적 관계라는 변화무쌍한 정치 구조 속에서 실제 끊임없이 논쟁거리가 되어온 기술, 자본, 상품, 정보에 관한 주장들을 "흐름"으로 착각하지 않도록 이러한 교훈을 잘 새겨야 할 것이다. 이러한 의미에서 20세기 포드주의를 전 세계로 퍼뜨린 개발 경쟁 형태는 계속 우리와 함께할 것이며, 결코 끝나는 일 없이 경쟁적인 세계 경제 질서를 형성해 나갈 것이다.

감사의 글

이 책을 쓰고자 연구하고 집필하는 과정은 맨 처음 신발 끈을 매고 산행에 나서며 순진하게 예상했던 것보다 훨씬 더 길고 힘든 등반이었다. 여정은 장애물로 가득 차 있었고 우회로가 수두룩했다. 종종 더듬어 찾아간 길 끝에선 가파른 절벽이 나를 기다리고 있기도 했다. 한 번 이상 돌아서는 길들은 나를 더욱 매혹했다. 이러한 나의 여정을 물심양면으로 아낌없이 지원하고 조언·격려·지지를 아끼지 않았을 뿐 아니라 안식처와 생계까지 제공해준 사람들에게 감사할 뿐이다.

다트머스대학교 동료들은 마지막 단계에서 고뇌하는 나에게 커다란 도움을 주었다. 숙고한 의견과 비판을 보내준 론 에드스포스, 스티브 에릭슨, 맥스 프레이저, 우디 그린버그, 더글러스 헤인즈, 에드 밀러, 제니퍼 밀러, 베서니 모어튼에게 고맙다는 말을 전한다. 샌드위치 점심을 함께 먹으며 경제사를 토론한 더그 어윈에게도 큰 감사를 전한다. 티모시 로젠코에터는 또래 동조 압력Peer Pressure에 숙달하도록 격려해 주었고, 나의 노력에 인내심을 가지고 기다려주었다. 밥 본너, 레슬리 버틀러, 파멜라 크로슬리, 페기 대로, 칼 에스테룩, 세실리아 가포슈킨, 라샤우나 존슨, 대린 맥마혼, 폴 머셀화이트, 아넬리아 올렉, 게일 패튼, 나보르코 사케이피오-레녹, 데릭 화이트는 역사학과를 이례적으로 동료애가 넘치는 공간으로 만들어주었다.

원고를 읽고 논평할 시간을 아낌없이 내준 마리오 다니엘스, 콜린 던 라비, 크리스티 아이언사이드, 존 크리에게 감사한다. 모스크바의 한 러시아식당에서 오스카 산체스-시보니와 나눈 대화는 내가 어렴풋하게만 느끼던 소비에트 경제사의 방향을 명확하게 만들어주었다. 그 덕분에 나는 그것을 적확하게 제시할 수 있었다. 안나 크릴로바는 근대화론을 떨쳐내려는 모든 시도가 "편협한" 개념들을 근거로 방해받고 있다고 지적했다. 그녀가 보여준 통찰은 핵심적인 문제를 제기했고 그 덕에 이 책은 더욱 좋아질 수 있었다. 메리 놀런은 내가 연구를 마무리하는 데 큰 도움이 된 예리하고 관대한 비평을 제공했다. 가브리엘 클라크는 나의 불만과 혼란에 귀를 기울이고 해결책을 찾도록 항상 명쾌한 답변을 제시해주었다. 여러 갈림길에서 키란 파탈은 내 연구 상태에 대해 특유의 냉철한 평가를 해주었다. 그의 피드백은 난관을 헤치고 앞으로 나아가는 데 큰 도움이 되었다. 마치 황무지에 서 있는 것 같았던 연구 과정에서 내 직관을 믿으라고 응원해 준 노암 마르고에게 특별한 감사를 전한다. 노암의 지적인 격려와 정신적인 지지가 없었다면 이 책은 빛을 보지 못했을 것이다. 고마워요, 노암. 계속 함께 갑시다. 어떤 대화들은 머릿속을 계속 맴돌며 수많은 생각을 불러일으킨다. 많은 학자가 의식하지 못한 채 여러 방식으로 이 책에 기여했다. 오하이오주 톨레도의 데이비드 시칠리아, 플로렌스의 유세프 가시스, 사이먼 잭슨, 네이선 마르커스, 에이

단 리건, 괴팅겐의 만프레드 그리거와 얀 로게만, 뉴햄프셔주 하노버의 마크 해리슨, 베를린의 사라 앨리스와 알렉스 코브. 알렉스는 도저히 모방할 수 없는 방식으로 삶에는 많은 것이 있다는 사실을 나에게 상기시켰다.

나의 초기 연구는 지적 영감을 고양하는 하버드 역사가들 사이에서 싹을 틔울 수 있었다. 찰스 마이어, 스벤 베커트, 니얼 퍼거슨과 함께 연구하고 토론하면서 비로소 나는 경제사의 중요성을 이해할 수 있었다. 크리스틴 데산, 테리 마틴, 피터 고든은 내게 오랜 시간을 두고 검증된 많은 것을 가르쳐주었다. 타리크 알리, 요한나 콘테리오, 엘리 쿡, 이안 클라우스, 바네사 오글, 제너퍼 얌 파크, 마야 피터슨, 케이틀린 로젠탈, 레이너 슐츠, 하이디 투렉, 제레미 엘런에게도 감사를 표한다. 미샤 아클로프와 하산 말리크는 특유의 관대함으로 내가 러시아에서 길을 찾도록 도와주었다. 몰리 차우와 에딘 시드먼은 지혜와 회복력을 가르쳐주었다. 이후 하버드에서 근무하면서 마틴 기로도, 니콜라스 바레이어, 트레이스 뉴먼, 폴 커쇼를 알게 되었다.

나의 연구를 지원한 수많은 기관에도 감사를 전한다. 유럽학 연구소, 데이비스 러시아 및 유라시아학 연구소, 찰스 웨런 미국학 연구소, 하버드의 웨더헤드 국제문제 연구소, 미시간주 디어본의 벤슨포드 연구소, 워싱턴 D.C.의 독일 역사 연구소, 모스크바의 독일 역사 연구소, 이탈리아 플로렌스의 유럽대학 연구소에서 큰 도움을 받았다. 넉넉한 휴가 정책으로 이 책을 완성할 충분한 시간을 준 다트머스대학교에도 감사한다. 나로 인해 인내심을 시험해야 했던 수많은 기록보관 담당자 중 특히 벤슨포드 연구 센터의 린다 스콜라스, 니즈니 노브고로드에 위치한 중

부지역 아카이브의 갈리나 데미노바, 볼프스부르크에 있는 폭스바겐 아카이브의 울리케 구츠만에게 깊은 감사를 표한다. 뛰어난 연구보조원들인 샌드라 펑크, 노아 그라스, 샘 네프, 라인 엄이 원고 정리 작업을 도와주었다.

나는 클리오가 과연 사교성이 있는 사람인지 의심스럽다. 나는 종종 그녀가 오직 책과 교감하며 수많은 시간을 보낸다고 상상한다. 그래도 그녀가 새로운 디지털 모드보다 아날로그적인 실제 관계를 선호한다고 믿고 싶다. 무엇보다 내 연구에 토대가 된 모든 역사학자와 사회과학자에게 감사한다. 당신들에 기대어 오랜 시간 연구를 지속하면서 때때로 열광하고, 지루해하고, 경악하고, 기뻐하고, 짜증 내고, 경외감을 느끼며 수많은 자극과 영감을 받았다. 그러므로 당신들 모두가 이 책이 일으킨 지적 파고에 기여했다.

개비—이런 글을 쓰지 않겠다고 했지만, 당신이 없었다면 아무것도 하지 못했을 것이오. 고마워요. 당신이 우리 삶에 가져온 아름답고 경이로운 일들에 감사해요. 사랑을 담아 당신과 솔렌에게 이 책을 바칩니다.

옮긴이의 글

20세기를 대표하는 인공물을 꼽는다면 그중 하나는 분명 자동차일 것이다. 자동차는 내연기관, 기화장치, 점화장치 등 19세기에 제각각 개발되고 보완된 수많은 기술이 집적되어 20세기 벽두에 등장한 이전과는 완전히 다른 이동수단이었고, 20세기를 그야말로 새로운 시공간으로 만들었다. 카를 벤츠, 고틀리프 다임러, 빌헬름 마이바흐, 아르망 푸조 등 초기 발명가들이 자동차 개발의 역사에서 저마다 중요한 역할을 했지만, 현재와 같이 유려하게 이동하는 자동차가 만들어지기까지 자동차는 과연 누가 자동차를 개발했는가 하는 질문이 무색하게 무수한 기술을 끌어당겨 혁신을 거듭했고 도로망, 신호체계 등 사회 제 요소와 얽혀 복잡한 기술체계로 확장되었다. 그리고 헨리 포드는 다른 무엇도 아닌 자동차를 대량생산해냄으로써 과학기술과 사회문화, 정치경제가 긴밀하게 연결된 새로운 세계를 만들었다. 이제 자동차는 단순히 조금 복잡한 기술체계를 넘어 세계화된 산업사회를 구현하는 매개체가 되었고, 대공황과 전쟁으로 갈라진 세계는 자동차를 통해 긴밀하게 연결될 수 있었다.

스테판 J. 링크는 포드자동차회사의 리버 루즈 공장이 있는 미국 중서부의 변방 디트로이트를 '20세기 수도'로 선언하며 이 책을 시작한다.

디트로이트라고? 떠오르는 의구심을 뒤로하고 링크의 안내를 따라 시선을 이 신생 산업도시로 옮기는 순간 20세기 역사는 새롭게 재구성된다. 이 도시는 구체제가 무너져내린 후 20세기 새로운 세계가 무엇으로 어떻게 만들어졌는지를 생생하게 보여준다. 이 변방의 도시로 가기 위해 대서양을 건너온 사람들은 세계 금융의 중심지 뉴욕을 지나쳐 곧바로 기차로 옮겨타고 허드슨강을 따라 북쪽으로 나이아가라폭포가 보이는 캐나다 국경지대까지 먼 거리를 이동해 겨우 도착한 곳에서 장대한 대지 위에 자동차 생산 공정 전체를 펼쳐놓은 새로운 형태의 산업 현장을 만날 수 있었다. 확실히 이 새로운 산업이 탄생하는 현장을 직접 보고 배우기 위해 세계 각국의 정치가, 기업인, 언론인, 엔지니어 들이 이 도시로 모여들었고, 얼마 지나지 않아 그와 유사한 형태의 산업도시들이 세계 곳곳에 생겨났다.

20세기를 매료시킨 포드주의는 분명 새로운 현상이었다. 포드자동차 회사가 자동차를 대량생산하기 시작하면서 미국의 산업은 다른 국가들과는 다른 발전 궤적을 그리게 되었고, 결국 미국은 그야말로 발전된 근대사회가 도달할 최정점에 홀로 우뚝 설 수 있었다. 그러나 링크는 오늘날 당연한 듯 보이는, 미국에서 시작된 대량생산과 그 세계적 확산이라는 역사 인식이 19세기 말~20세기 초 미국의 맥락에서는 전혀 자명하지 않았다고 주장한다. 대량생산으로 실현된 규모의 경제와 고도의 소비 사회는 그 결과였을 뿐 애초 헨리 포드가 예상했던 바도 의도했던 바도 아니었다. 그렇다면 이 모든 변화를 가져온 대량생산은 어떻게 시작되었을까? 미국 중서부 변방의 기계공이었던 헨리 포드는 왜 자동차를 대량생산하고자 했을까? 링크를 따르면, 20세기 초까지도 미국에서 대량생산의 도입은 기술, 금융, 노동, 법제도 어느 것 하나 호의적이지 않았다. 대량생산을 실현하기 위한 생산기술의 순차배치, 단일목적 기계 제작. 그것들을 동기화하는 기술적 어려움은 앞으로 나아가기 위해 극복해야 할 문제로 차치해 둔다고 하더라도 자금줄을 쥐고 있는 동부의 금융 엘리트들은 물론, 기존 자동차 업계의 사람들도 왜 자동차를 대량생산하려 하는지 도무지 이해하지 못했다. 자동차는 기존의 수공 생산방식대로 만들어 그 값을 치를 수 있는 소수의 부자에게 비싸게 팔아 그만큼의 수익을 남기면 되는 사치품일 뿐이었다. 결국 링크는 자동차 대량생산이 근대화 과정 혹은 자본 축적의 결과로 이뤄진 것이 아닌 오히려 그 반대편에서 미국 중서부 기계공, 농부들의 생산자─포퓰리즘에 기반한 적극적인 기술 선택의 결과였음을 보여준다. 즉 기술은 공공재이고 기업은 생산자의 이익에 복무해야 하며, 자동차 또한 모든 대중을 위한 것이어야 한다는 도덕경제의 믿음이 헨리 포드와 그 동료 기계공들로 하여금 자동차를 대량생산하도록 만들었고, 포드자동차회사는 오랫동안 단 한 종의 자동차를 만들어 싸게 팔고, 특허권 없이 기술을 공유하며, 노동자에게 하루 5달러의 높은 임금을 지급하고, 수익을 주주에게 배분하는 대신 공장에 재투자하는 가족회사로 남아 있었다.

링크는 포드주의가 전 세계로 확산하는 과정에 대해서도 새로운 그림을 제시한다. 흔히 전쟁과 대공황으로 세계가 쪼개지고 국제적 고립이 강화되었다고 여겨지던 전간기에 이미 포드주의는 전 세계를 활발하게 이어주고 있었다. 이는 무엇보다 포드주의가 보여준 놀라운 산업적 성취 때문이었겠지만, 링크는 포드주의와 그 뿌리인 생산자─포퓰리즘, 도덕경제의 함의를 두고 때로 과열 양상까지 보이며 일찍부터 활발하게 진행된 논의들에 주목한다. 포드주의는 자유주의 시대의 방종을 치유하겠다고 나선 포스트 자유주의 우파와 좌파를 가릴 것 없이 모두에게 큰 영감을 주었고, 그들에게 포드주의는 단순한 기술체계를 넘어 새로운 근대 산업 사회의 청사진이자 규범으로 여겨졌다는 것이다. 물론 각자의 처지와 이념이 달랐던 만큼 포드주의를 이해하고 수용하는 방식도 제각각이었지만, 이러한 새로운 산업 사회 규범으로서 포드주의는 전간기 권위주의 국가들이 국민을 선동, 회유, 설득하고 때로 엄청난 희생과 낭비를 감수하면서도 쉽지 않았던 기술 이전을 계속 추진하게 만든 구심점이 되었다.

나아가 링크는 포드주의가 대공황이라는 큰 재앙에 직면한 후진 개발국가 나치 독일, 소비에트의 자립경제 구축 프로젝트, 경쟁적 근대 산업화 전략에 중요한 일부로 포함되면서 더욱 강력한 힘을 발휘하게 되는 과정을 광범위한 문헌 조사로 집요하게 추적했다. 그들은 패권 국가 미국에 도전하고자 미국에 대한 반란을 조직하면서 무엇보다 미국 산업의 전략적 핵심으로 보이는 자동차 산업과 대량생산 체계를 그대로 모방하고자 했고, 어느 때보다 열정적으로 미국의 기술을 수용했다. 링크는 수입대체 산업화 전략에 기반해 대량생산 기술체제 자체만 복제하고자 했던 소비에트와 독일에 지사를 두고 있는 포드자동차회사와 GM사를 활용해 미국적 생산방식과 그 전망까지 흡수하고자 한 나치 독일 사이의 기술 수용 및 토착화 방식 차이도 상세하게 분석했는데, 아직 준비가 덜 된 사회경제 환경 위에 이질적인 기술체제를 안착시키려는 소비에트의 시도가 계속 엇박자를 내며 미끄러졌다면, 기존 국내 기술력을 토대로 선진 기술 방식을 접합하고자 한 나치 독일에서는 비교적 쉽게 진전될 수 있었다.

그러나 이렇듯 경쟁적 산업화 전략의 일환으로서 권위주의 국가의 전폭적인 지원 아래 추진된 기술 이전도 전혀 매끄럽지 않았다. 대량생산 기술의 이전은 비단 뛰어난 기계류 몇 가지를 수입해 온다고 해서 이뤄질 수 없었다. 그것들을 배치하고 조율하고 운용할, 종국에는 기술 조직과 문화까지 자국의 토양에 맞게 토착화할 역량이 뒷받침되어야 했다. 즉 대량생산 체계는 단순히 숙련 노동을 대체할 기계와 비숙련 노동의 결합으로 이뤄질 수 있는 것이 아니었다. 특히 기술체계 특유의 암묵지는 단순한 재화로 기술의 이동을 어렵게 만들었다. 링크를 따르면, 두 정권 모두 기술에 관한 한 공장의 문을 활짝 열고 모든 정보를 공유하는 포드자동차회사의 도덕경제 원칙을 충분히 활용했지만, 그것만으로는 부족했다. 그들은 끊임없이 포드자동차회사를 방문하고, 숙련 기술자를 영입하는 등 오랜 기술교류로 조금씩 자국의 토착 기술을 축적해 갈 수 있었다. 링크는 대량생산 체계를 획득하려는 두 정권의 노력이 결국 전쟁과 재무장 경제라는 맥락에서 모든 것을 쏟아붓고서야 비로소 실현될 수 있었음을 보여준다. 또한 소비에트연방에서 대량생산 체계는 소비에트가 오랫동안 준비한 '계획경제'가 아닌 '무자비한 동원'으로 구축될 수 있었고, 나치 독일에서는 미국 기술인이라는 인장을 등에 업고 재무장 경제의 전권을 쥔 윌리엄 베르너와 같은 '독일계 미국인(혹은 미국계 독일인)' 엔지니어들에 힘입은 바가 컸다.

마지막으로 링크는 전쟁으로 완숙한 대량생산 체계를 갖추게 된 두 국가가 전후 미국의 패권이 명확해진 상황에서 처하게 된 명암도 간략하게 언급한다. 패전국이었던 서독이 미국의 원조 아래 자동차를 미국에 수출하며 '라인강의 기적'을 이룰 수 있었던 반면, 승전국인데도 미국과 적대적 관계에 있던 소비에트연방은 여전히 기술력에서 미국에 대적하기엔 부족한 채 고립되었다. 이러한 통찰을 바탕으로 링크는 현재에도 유효한 국가 주도의 경쟁적 산업화가 전간기 세계 체제에 대한 위기 인식과 그 대안으로 지목된 포드주의로 촉발된 활발한 기술교류에 뿌리를 두고 있으며, 그로써 1930년대 이미 '거대한 전환'이 시작되었음을 풍부하고 설득력 있게 제시했다.

이러한 링크의 분석은 전후 세계 체제의 변두리에서 도약을 꿈꾸며 개발 경쟁에 뛰어든 한국의 사례에도 적용해 볼 수 있다. 한국에서 자동차 문화는 이미 식민지 시대부터 형성되었다. 식민지 시기 성장한 자동차 정비사들은 해방과 동시에 적산으로 남겨진 미국과 일본의 자동차를 모두 해체하고 재조립해 자동차를 만들어 판매하며 미약하나마 자동차 산업을 시작했다. 이때 판매된 자동차들은 기존 자동차의 부품을 있으면 있는 대로 없으면 없는 대로 뜯어 조립한 탓에 각기 생김새도 기능도 제각각이었다고 한다. 그러나 이 시기 기성품을 해체 조립하며 선진 기술을 이해하는 역진 공학reverse engineering은 향후 한국이 자동차 기술을 수용하는 토대가 되었을 것이다.

한국에서 본격적인 자동차 산업은 1970년대 안보체계와 경제성장 모두에서 심각한 불확실성에 직면한 개발독재 정권, 박정희 정부가 국제적으로 제약이 많은 방위산업을 우회 구축하려는 방책으로 중화학공업화를 추진하면서 시작되었다. 박정희 정부의 산업정책을 책임졌던 오원철을 따르면, 모든 병기는 부품으로 분해될 수 있으므로, 병기 생산을 각기 핵심 분야로 나눠 각각 정교한 부품을 생산할 수 있는 민간 기업을 육성하고 그들이 만들어낸 부품을 조립해서 무기를 조립할 수 있었다. 자동차 산업도 그 중요한 역할을 담당할 것이었다. 권위주의 국가의 전폭적인 지원을 받은 자동차회사들은 여느 국가들과 마찬가지로 포드자동차회사, GM사 등 외국의 선진 자동차회사들의 기술을 그대로 들여와 한국에 적용하고자 노력했으나 쉽지 않았다. 결국 10여 년이 지난 후 현대자동차회사는 미국은 물론 일본, 영국, 이탈리아 등 여러 선진 기술국가들의 기술력과 기업 조직, 기술 문화를 모방하고 수정하며 토착화한 끝에 독자개발모델 '포니'를 국내 시장은 물론 수출시장에 내놓을 수 있었다. 이러한 한국 자동차 산업의 궤적은 링크가 추적한 1930~1940년대 세계 정치경제 질서에 도전하고자 반란을 꾀한 권위주의 국가의 경쟁적 산업화 전략을 그대로 답습한 듯 보이기도 한다. 물론 세계 정치경제 질서가 그때와 같지 않고, 한국이 처한 상황도 그들과 같을 수 없지만 링크의 연구가 던져준 질문들은 향후 세계 체제 안에서 한국의 자동차 산업의 도입과 도약에 관한 연구가 진척될 때 염두에 두어야 할 풍부한 과제를 던져준다.

21세기에도 자동차 산업은 여전히 세계화의 선두에 있다. 전 세계의 자동차 생산기술과 대량생산 체계는 거의 평준화되었지만, 자동차 산업은 유연화된 시장, 여전히 노동 소외를 부르는 노동환경, 나아가 기후변화에 대비하기 위한 기술경쟁 등 다양한 도전과제에 직면해 있다. 이러한 문제들은 분명 이전과는 다른 기술적·정치경제적·사회문화적 답을 요구하겠지만, 링크가 던져준 실마리를 손에 쥐고 앞으로 자동차 산업과 포스트 포드주의 이후의 포스트─포스트 포드주의가 어떻게 진화해 나갈지 흥미롭게 지켜볼 수 있을 것이다.

이 책이 출판되기까지 많은 분의 도움이 있었다. 이 책은 눈 밝은 너머북스의 이재민 대표가 먼저 발견하고 번역자를 찾던 중 운 좋게 나에게 왔다. 책을 보자마자 매료되어 때로 시간을 잊은 채 신나게 번역했지만, 때로 망설이고 맴맴 도느라 오랜 시간이 걸렸다. 재촉 없이 기다려주신 이재민 대표에게 감사하고 또 죄송하다. 여기저기 튀어나온 글들을 매끄럽게 손봐주신 편집부에도 감사드린다. 그리고 아직 완성되지도 않은 거친 원고를 읽고 검토해 주었을 뿐 아니라 이 책이 미국사의 맥락에서 어떤 의미가 있는지, 어떤 번역어가 적합할지 많은 의견을 나눠준 나의 동반자 김봉국에게 가장 큰 고마움을 전한다. 마지막으로 여전히 나의 가장 많은 시간과 노력을 요구하는 여섯 살 어린이 지안에게. 너와 함께 내가 성장하고 있음을 알고 있다. 항상 고맙다.

들어가는 글: 디트로이트, 20세기의 수도

1   Benito Mussolini, "La dottrina del fascismo," in *Opera Omnia*, ed. Edoardo Susmel and Duilio Susmel(Firenze, Italy: La Fenice, 1961), 34: 115 – 38.

2   John Maynard Keynes, "National Self–Sufficiency," *Yale Review* 22, no. 4(1933): 755 – 69.

3   Walter Benjamin, "Paris, Hauptstadt des 19. Jahrhunderts" [1935] in *Illuminationen: Ausgewählte Schriften*(Frankfurt: Suhrkamp, 2001), 185 – 200; Walter Benjamin, "Paris—apitale du XIXeme siecle" [1937] in *Das Passagen-Werk*(Frankfurt: Suhrkamp, 1982), 60 – 77.

4   Benson Ford Research Center(BFRC), Dearborn, MI, Acc. 285, Box 160.

5   Friedrich von Gottl–Ottlilienfeld, *Fordismus. Über Industrie und technische Vernunft*(Jena, Germany: Fischer, 1926).

6   N. S. Rozenblit, *Fordizm: Amerikanskaia organizatsiia proizvodstva*(Moscow: Ekonomicheskaia Zhizn', 1925).

7   Carl Raushenbush, *Fordism, Ford and the Workers, Ford and the Community*(New York: League for Industrial Democracy, 1937).

8   그람시의 말로 표현하면 "헤게모니는 공장에서 태어난다."(*Quaderno 22: Americanismo e fordismo*, ed. Franco de Felice [Turin, Italy: Einaudi, 1978], 18).

9   고전적인 규제주의적 성명으로는 Michel Aglietta, *A Theory of Capitalist Regulation: The U.S. Experience*, trans. David Fernbach(London: NLB, 1979)가 있다. 이에 대한 훌륭한 개관은 다음을 참조하라. Bob Jessop, "Regulation Theories in Retrospect and Prospect," *Economy and Society* 19, no. 2(1990): 153 – 216; Bob Jessop, "Fordism and

Post-Fordism: A Critical Reformulation," in *Pathways to Regionalism and Industrial Development*, ed. A. J. Scott and M. J. Storper(London: Routledge, 1992), 43 - 65, reprinted with slight revisions in Bob Jessop and Ngai-Ling Sum, *Beyond the Regulation Approach: Putting Capitalist Economies in Their Place*(Cheltenham, UK: Edward Elgar, 2006), 58 - 89.

10 Michael J. Piore and Charles F. Sabel, *The Second Industrial Divide: Possibilities for Prosperity*(New York: Basic, 1984).

11 Charles F. Sabel and Johnathan Zeitlin, "Historical Alternatives to Mass Production," *Past and Present* 108, no. 1(1985): 133 - 76; Charles F. Sabel and Johnathan Zeitlin, eds., *World of Possibilities: Flexibility and Mass Production in Western Industrialization*(Cambridge, UK: Cambridge University Press, 1997); Philip Scranton, *Endless Novelty: Specialty Production and American Industrialization 1865-1925*(Princeton, NJ: Princeton University Press, 1997).

12 Paul Hirst and Johnathan Zeitlin, "Flexible Specialization versus Post-Fordism: Theory, Evidence, and Policy Implications," *Economy and Society* 20, no. 1(1991): 1 - 55.

13 이 주장을 확인하기 위해 독자들은 구글 엔그램 뷰어(Ngram Viewer)에서 '포드주의 (Fordism)'를 찾아볼 수 있다.

14 기초적인 논의로는 Charles S. Maier, "Between Taylorism and Technocracy: European Ideologies and the Vision of Industrial Productivity," *Journal of Contemporary History* 5, no. 2(1970): 27 - 61이 있다. 다음도 참조하라. Mary Nolan, *Visions of Modernity: American Business and the Modernization of Germany*(New York: Oxford University Press, 1994); Alf Ludtke, Inge Marßolek, and Adelheid von Saldern, eds., *Amerikanisierung: Traum und Alptraum im Deutschland des zwanzigsten Jahrhunderts*(Stuttgart: Steiner, 1996); Marie-Laure Djelic, *Exporting the American Model: The Post-war Transformation of European Business*(New York: Oxford University Press, 1998); Victoria de Grazia, *Irresistible Empire: America's Advance through Twentieth Century Europe*(Cambridge, MA: Harvard University Press, 2005); Mary Nolan, *The Transatlantic Century: Europe and America, 1890–2010*(New York: Cambridge University Press, 2012); David Ellwood, *The Shock of America: Europe and the Challenge of the Century*(Oxford: Oxford University Press, 2012). 이에 대한 개관으로는 '미국화' 문헌들에 대한 추가 참고문헌들과 함께 Philipp Gassert, "The Spectre of Americanization: Western Europe in the American Century," in *The Oxford Handbook of Postwar European History*, ed. Dan Stone(Oxford: Oxford University Press, 2012)을 참조하라.

15 '소비 명령'은 그라치아(de Grazia)의 용어이다. de Grazia, *Irresistible Empire*, 124 - 26. 인민의 상품과 나치의 소비주의에 관해서는 다음을 참조하라. Wolfgang Konig, *Volkswagen*,

Volksempfänger, Volksgemeinschaft. "Volksprodukte" im Dritten Reich: Vom Scheitern einer Nationalsozialistischen Konsumgesellschaft(Paderborn, Germany: Schoningh, 2004); Shelley Baranowski, *Strength through Joy: Consumerism and Mass Tourism in the Third Reich*(Cambridge, UK: Cambridge University Press, 2004). 스탈린의 소비주의에 관해 서는 다음을 참조하라. Elena Osokina, *Za fasadom "Stalinskogo izobiliia": raspredelenie i rynok v snabzhenii naseleniia v gody industrializatsii, 1927–41*(Moscow: ROSSPEN, 1998); Amy Randall, *The Soviet Dream World of Retail Trade and Consumption in the 1930s*(Basingstoke, UK: Palgrave Macmillan, 2008).

16   Gassert, "Spectre of Americanization," 190.

17   Robert J. Antonio and Alessandro Bonanno, "A New Global Capitalism? From 'Americanism and Fordism' to 'Americanization–Globalization,'" *American Studies* 41, no. 2/3(2000): 36.

18   Mira Wilkins and Frank Ernest Hill, *American Business Abroad: Ford on Six Continents*, updated ed.(New York: Cambridge University Press, 2011); Hubert Bonin, Yannick Lung, and Steven Tolliday, eds., *Ford, 1903~2003: The European History*, 2 vols.(Paris: PLAGE, 2003); David Nye, *America's Assembly Line*(Cambridge, MA: MIT Press, 2013), chapter 4; Elizabeth Esch, *The Color Line and the Assembly Line: Managing Race in the Ford Empire*(Berkeley: University of California Press, 2018).

19   Wayne Lewchuk, *American Technology and the British Vehicle Industry*(Cambridge, UK: Cambridge University Press, 1987); James P. Womack, Daniel T. Jones, and Daniel Roos, *The Machine That Changed the World*(New York: Free Press, 1990); Haruhito Shiomi and Kazuo Wada, eds., *Fordism Transformed: The Development of Production Methods in the Automobile Industry*(New York: Oxford University Press, 1995); Robert Boyer et al., eds., *Between Imitation and Innovation: The Transfer and Hybridization of Productive Models in the International Automobile Industry*(New York: Oxford University Press, 1998); Jonathan Zeitlin and Gary Herrigel, eds., *Americanization and Its Limits: Reworking US Technology and Management in Postwar Europe and Japan*(Oxford, UK: Oxford University Press, 2000).

20   표준적 전거는 확실히 Harry Braverman, *Labor and Monopoly Capital: The Degradation of Work in the Twentieth Century*(New York: Monthly Review Press, 1974)이다. 다음도 참조하라. Wayne Lewchuck, "Fordist Technology in Britain: The Diffusion of Labour Speed–Up," in *The International Diffusion of Technology*, ed. David Jeremy(Aldershot, UK: Edward Elgar, 1992); Steven Tolliday and Jonathan Zeitlin, eds., *Between Fordism and Flexibility: The Automobile Industry and Its Workers*(New York: St. Martin's, 1992).

21   Jürgen Bönig, *Die Einführung von Fließarbeit in Deutschland bis 1933: Zur Geschichte*

einer Sozialinnovation(Münster, Germany: LIT Verlag, 1993).

22 Charles S. Maier, "The Politics of Productivity: Foundations of American International Economic Policy after World War II," in In *Search of Stability: Explorations in Historical Political Economy*, ed. C. S. Maier(Cambridge, UK: Cambridge University Press, 1987), 121‑152; Mark Rupert, *Producing Hegemony: The Politics of Mass Production and American Global Power*(Cambridge, UK: Cambridge University Press, 1995).

23 Walt W. Rostow, *The Stages of Economic Growth: A Non-Communist Manifesto*(Cambridge, UK: Cambridge University Press, 1960). 사실상 로스토는 포드주의 연구 학풍이 장차 따를 주요 서사를 약식으로 제시했다. 로스토의 서술을 따르면(11쪽), "고도의 대량소비는 1913~1914년 헨리 포드의 이동식 조립라인에서 시작되었지만, 이러한 성장의 단계가 사실상 그 논리적 귀결에 이르게 되는 시기는 1920년대 그리고 전후 10년인 1946~1956년이다. 1950년대에는 서유럽과 일본이 이 단계에 완전히 진입한 것으로 보인다."

24 David Edgerton, *Warfare State: Britain, 1920-1970*(New York: Cambridge University Press, 2006)의 기술에 관한 주장에 전적으로 동의한다.

25 이 절은 Adam Tooze, *The Deluge: The Great War, America, and the Making of a New Global Order, 1916-1931*(New York: Viking, 2014)의 통찰을 바탕으로 작성되었다.

26 Sven Beckert, "American Danger: US Empire, Eurafrica, and the Territorialization of Capitalism" *American Historical Review* 122, no. 4(2017): 1137‑70.

27 Mariangela Paradisi, "Il commercio estero e la struttura industriale," in *L'economia italiana nel periodo fascista*, ed. Pierluigi Ciocca and Gianni Toniolo(Bologna, Italy: Mulino, 1976), 271‑328.

28 Steven Marks, "The Russian Experience with Money, 1914~1924," in *Russian Culture in War and Revolution, 1914-22*, ed. Murray Frame et al.(Bloomington, IN: Slavica, 2014), 2: 142‑43; Katherine Siegel, *Loans and Legitimacy: The Evolution of Soviet-American Relations, 1919-1933*(Lexington: University Press of Kentucky, 1996), 100; Oscar Sanchez–Sibony, "Global Money and Bolshevik Authority: The NEP as the First Socialist Project," *Slavic Review* 78, no. 3(2019): 694‑716.

29 "Insurgents" is Tooze's term: Tooze, *Deluge*, 7.

30 Ferdinand Fried, *Autarkie*(Jena, Germany: Diedrichs, 1932); Alberto de Stefani, *Autarchia ed antiautarchia*(Città di Castello, Italy: Unione ArtiGrafiche, 1935); Herbert Backe, *Das Ende des Liberalismus*(Berlin: Reichsnährstand Verlagsanstalt, 1938); H. Kremmler, *Autarkie in der organischen Wirtschaft*(Dresden, Germany: Focken & Oltmans, 1940). 다음도 참조하라. Eckart Teichert, *Autarkie und Großraumwirtschaft in Deutschland, 1930-39*(Munich: Oldenbourg, 1984); Rolf Petri, *Von der Autarkie*

zum Wirtschaftswunder: Wirtschaftspolitik und industrieller Wandel in Italien 1935-65(Tübingen, Germany: Niemeyer, 2001).

31 대공황이 국제 무역 이론에 미친 영향에 관해서는 Jacob Viner, "The Doctrine of Comparative Costs," *Weltwirtschaftliches Archiv* 36(1932): 356 - 414와 이 학술지에 실린 후속 토론을 참조하라.

32 Dietmar Petzina, Autarkiepolitik im "Dritten Reich": *Der nationalsozialistische Vierjahresplan*(Stuttgart: DVA, 1968); Adam Tooze, *The Wages of Destruction: The Making and Breaking of the Nazi Economy*(New York: Viking, 2007), chapters 3 and 7; Luciano Zani, *Fascismo, autarchia, commercio estero. Felice Guarneri, un tecnocrate al servizio dello "Stato Nuovo"*(Bologna, Italy: Il Mulino, 1988).

33 Jeffry Frieden, *Global Capitalism: Its Rise and Fall in the Twentieth Century*(New York: Norton, 2006), 208.

34 Michael R. Dohan, "The Economic Origins of Soviet Autarky, 1927/28 - 934," *Slavic Review* 35, no. 4(1976): 603 - 35; Oscar Sanchez—Sibony, "Depression Stalinism: The Great Break Reconsidered," *Kritika: Explorations in Russian and Eurasian History* 15, no. 1(2014): 23 - 49; I. P. Bokarev, "Rossiiskaia ekonomika v mirovoi ekonomicheskoi sisteme(konets XIX—0—e gg. XX veka)," in *Ekonomicheskaia istoriia Rossii XIX-XX vv.: Sovremennyi vzgliad*, ed. B.A. Vinogradov(Moscow: ROSSPEN, 2000), 433 - 57, esp. 450 - 53. 다른 시각으로는 Stephen Kotkin, *Stalin: The Paradoxes of Power, 1878-1928*(New York: Penguin, 2014)을 참조하라. 이에 따르면 급격한 산업화의 시작이 주로 독재자의 이념적 결단으로 결정되었다.

35 I. V. Stalin, *Sochineniia*(Moscow: Gosizdat politicheskoi literatury, 1946 - 52), 7: 354 - 56 and 13: 171 - 73; Nikolai A. Voznesenskii, *The Economy of the USSR During World War II*(Washington, DC: Public Affairs, 1948), 41. 1941년 인용의 출처는 다음과 같다. "Notes from the Meeting between Comrade Stalin and Economists Concerning Questions in Political Economy, 29 Jan 1941," History and Policy Program Digital Archive, ARAN f. 1705, o.1. d.166, ll.14 - 6, trans. Ethan Pollock, https://digitalarchive.wilsoncenter.org/document/110984. Yakov Feygin, "Reforming the Cold War State: Economic Thought, Internationalization, and the Politics of Soviet Reform, 1955 - 1985"(PhD dissertation, University of Pennsylvania, 2017), 36 - 37을 참고한 인용이다.

36 전통적으로 소비에트의 산업화에 관한 문헌들은 산업화의 주된 목표가 민간의 성장이었다고 가정해 왔다. 이에 관한 고전적인 논의로 다음을 참조하라. Maurice Dobb, *Soviet Economic Development since 1917*(London: Routledge & Kegan Paul, 1948); Alexander Erlich, The Soviet Industrialization Debate(Cambridge, MA: Harvard

University Press, 1960); Eugène Zaleski, *Planning for Economic Growth in the Soviet Union, 1918-1932*(Chapel Hill: University of North Carolina Press, 1971); Alec Nove, *An Economic History of the USSR, 1917-1991*(London: Penguin, 1992); Robert C. Allen, *Farm to Factory: A Reinterpretation of the Soviet Industrial Revolution*(Princeton, NJ: Princeton University Press, 2003). '성장' 가정에 대한 효과적 비판으로는 Vladimir Kantorovich, "The Military Origins of Soviet Industrialization," *Comparative Economic Studies 57*, no. 4(2015), 669 - 692를 참조하라. 칸토로비치는 스탈린주의 산업화의 군사적 목표를 강조하는 학자들 사이의 최신 유행을 따르고 있다. 이에 관한 연구들로 다음을 참조하라. Lennart Samuelson, *Plans for Stalin's War Machine: Tukhachevskii and Military-Economic Planning 1925-1941*(Basingstoke, UK: Palgrave Macmillan, 2000); John Barber and Mark Harrison, eds., *The Soviet Defence Industry Complex from Stalin to Khrushchev*(Basingstoke, UK: Palgrave Macmillan, 2000); Mark Harrison, ed., *Guns and Rubles: The Defense Industry in the Stalinist State*(New Haven, CT: Yale University Press, 2008); Vladimir Kantorovich and A. Wein, "What Did the Soviet Rulers Maximize?" *Europe-Asia Studies 61*, no. 1(2009): 1579 - 1601; R. W. Davies et al., *The Industrialisation of Soviet Russia: The Soviet Economy and the Approach of War, 1937-1939*(London: Palgrave Macmillan, 2018). 이러한 연구들은 스탈린 치하에서 국방은 계속 중요한 문제였고, 소비에트연방이 1930년대에 강력한 군산복합체를 실제로 세웠으며, 정권의 범죄를 보면 민간의 복지가 우선시되었다는 생각은 사실 의심스러워 보인다는 점을 강조한다. 그러나 이 문제를 양자택일의 우선순위로 단순화한다면, 군사적 동기를 정치적 인정, 경제적 독립, 문명의 생존과 부흥이라는 더 큰 목표의 일부로 보는 볼셰비키 발전 이념의 특징을 놓치게 된다.

37   Tooze, *Wages of Destruction*; Benjamin Carter Hett, *The Death of Democracy: Hitler's Rise to Power and the Downfall of the Weimar Republic*(New York: Henry Holt, 2018), esp. pp. 106 - 114; Brendan Simms, *Hitler: Only the World Was Enough*(New York: Allen Lane, 2019), esp. chapter 7(Charles S. Maier, "The Economics of Fascism and Nazism," in Maier, *In Search of Stability*, pp. 70 - 120 같은 예외가 있긴 하지만). 나치 경제를 연구하는 역사가들은 그들의 분석을 비교사적 관점에서 틀 짓는 것을 피해왔다. 나치 경제가 독특할 것이라는 가정 때문일 것이다. 따라서 나치 경제 체제가 1930년대의 세계에 적합했는지는 여전히 이론적 틀을 찾는 문제이다. 나치 경제의 본성에 관한 논쟁으로는 다음을 참조하라. Avraham Barkai, *Nazi Economics*(Oxford, UK: Berg, 1990); Ludolf Herbst, *Der Totale Krieg und die Ordnung der Wirtschaft*(Munich, Germany: Oldenbourg, 1982); Richard J. Overy, *War and Economy in the Third Reich*(Oxford, UK: Clarendon Press, 2002); Werner Abelshauser, Jan O. Hesse, and Werner Plumpe, eds., *Wirtschaftsordnung, Staat, und Unternehmen: Neue Forschungen zur Wirtschaftsgeschichte* *des Nationalsozialismus*(Essen, Germany: Klartext, 2003); Christoph Buchheim, "Unternehmen in Deutschland und NS–Regime 1933~45: Versuch einer Synthese," *Historische Zeitschrift* 282, no. 1(2006): 351 – 90; Peter Hayes, "Corporate Freedom of Action in Nazi Germany," *Bulletin of the German Historical Institute* 45(2009): 29 – 42, and the ensuing debate in the pages of the Bulletin; and most recently Ludolf Herbst, "Gab es ein nationalsozialistisches Wirtschaftssystem?" in *Das Reichswirtschaftsministerium in der NS-Zeit: Wirtschaftsordnung und Verbrechenskomplex*, ed. Albrecht Ritschl(Berlin: De Gruyter, 2016), 611 – 44.

38   Adolf Hitler, *Reden, Schriften, Anordnungen: Februar 1925 bis Januar 1933*, vol. IIa, ed. Institut für Zeitgeschichte(Munich: Saur, 1995), 14.

39   Hitler, *Reden, Schriften, Anordnungen*, vol. IV/1, 194 – 96.

40   Theodor Lüddecke, "Amerikanismus als Schlagwort und Tatsache," *Deutsche Rundschau* 56(August 1930): 214 – 21.

41   Arsenii Mikhailov, *Sistema Forda*(Moscow: Gosizdat, 1930), 5.

42   Michael Cusumano, *The Japanese Automobile Industry: Technology and Management at Nissan and Toyota*(Cambridge, MA: Harvard University Press, 1985), 1 – 72; Mira Wilkins, "The Contributions of Foreign Enterprises to Japanese Economic Development," in *Foreign Business in Japan before World War II*, ed. Takeshi Yuzawa and Masaru Udagawa(Tokyo: Tokyo University Press, 1990), 35 – 57; Mark Mason, *American Multinationals and Japan: The Political Economy of Capital Controls*(Cambridge, MA: Harvard University Press, 1992), 48 – 99.

43   Pier Angelo Toninelli, "Between Agnelli and Mussolini: Ford's Unsuccessful Attempt to Penetrate the Italian Automobile Market in the Interwar Period," *Enterprise and Society 10*, no. 2(2009): 335 – 75; Giuseppe Volpato, "Ford in Italy: Commercial Breakthroughs without Industrial Bridgeheads," in *Ford, 1903-2003: The European History*, vol. 2, 451 – 56. 피아트와 무솔리니 정권의 관계는 다음을 참조하라. Traute Rafalski, *Italienischer Faschismus in der Weltwirtschaftskrise, 1925-1936*(Opladen, Germany: Westdeutscher Verlag, 1984), 287 – 340; Valerio Castronovo, *Giovanni Agnelli: la FIAT dal 1899 al 1945*(Turin, Italy: Einaudi, 1977). 미라피오리와 그것이 생겨난 1930년대 말의 정치경제에 관해서는 다음을 참조하라. Duccio Bigazzi, *La grande fabbrica: Organizzazzione industriale e modello americano alla Fiat dal Lingotto a Mirafiori*(Milan: Feltrinelli, 2000), 72 – 103; Giuseppe Volpato, "Produzione e mercato: Verso l'automobilismo di massa," in *Mirafiori, 1936–1962*, ed. Carlo Olmo(Turin, Italy: Umberto Allemandi, 1997), 133 – 50.

44   Mussolini, *Opera Omnia*, 31: 195.

45 자동차 산업을 연구하는 학자들은 일반적으로 기업 전략, 산업 관계, 기술사의 관점에서 그들의 주제를 다뤄왔다. 반면에 20세기 전반기에 한 나라 자동차 부문의 운명이 정해지는 데서 국가가 행한 중요한 역할에 대한 이해는 상당히 빈약하다. 20세기 중반 유럽 자동차 산업의 정치경제에 대한 비교사적 질문을 명시적으로 던지는 유일한 책이 Simon Reich, *The Fruits of Fascism: Postwar Prosperity in Historical Perspective*(Ithaca, NY: Cornell University Press, 1990)이다. 그러나 불행하게도 그 책은 실상을 과장한 면이 있어 문제가 많은 저작이다. 라이히에게는 미안한 말이지만, 전후 글로벌 산업 정책에 관한 문헌들이 보여주었듯이, 자국의 자동차 부문을 진흥하는 데 파시스트 체제나 포스트-파시스트 후계 국가가 필요하지는 않았다. 예를 들어 다음을 참조하라. Douglas C. Bennett and Kenneth Evan Sharpe, *Transnational Corporations versus the State: The Political Economy of the Mexican Auto Industry*(Princeton: Princeton University Press, 1985); Helen Shapiro, *Engines of Growth: The State and Transnational Auto Companies in Brazil*(Cambridge, UK: Cambridge University Press, 1994); Linsu Kim, *Imitation to Innovation: The Dynamics of Korea's Technological Learning*(Cambridge, MA: Harvard Business School Press, 1997), esp. chapter 5.

46 이러한 패턴은 Wilkins and Hill, *Ford on Six Continents*의 관련 절들과 Bonin, Lung, and Tolliday, *Ford, 1903–2003: The European History*, vol. 2의 에세이들이 잘 보여준다.

47 Talbot Imlay and Martin Horn, *The Politics of Industrial Collaboration during World War II: Ford France, Vichy, and Nazi Germany*(Cambridge, UK: Cambridge University Press, 2014), 17에서 인용.

48 전간기의 프랑스 자동차 생산자들과 미국의 경쟁자들 간 골치 아픈 관계에 관해서는 다음을 참조하라. Imlay and Horn, *Politics of Industrial Collaboration*, 21–49; Patrick Fridenson, "Ford as a Model for French Carmakers," in *Ford, 1903–2003: The European History*, 1: 125‑52. See also Yves Cohen, "The Modernization of Production in the French Automobile Industry: A Photographic Essay," *Business History Review* 65, no. 4(1991), 754‑80.

49 Ronald Findlay and Kevin H. O'Rourke, *Power and Plenty: Trade, War, and the World Economy in the Second Millenium*(Princeton, NJ: Princeton University Press, 2007), 365‑428; Dietmar Rothermund, "Einleitung: Weltgefälle und Wirtschaftskrise," in *Die Peripherie in der Weltwirtschaftskrise: Afrika, Asien, und Lateinamerika 1929–1939*, ed. Dieter Rothermund(Paderborn, Germany: Schöningh, 1982), 13‑36.

50 이에 관한 훌륭한 개요는 Frieden, *Global Capitalism*, chapter 9이 있다. 다음도 참조하라. A. J. H. Latham, *The Depression and the Developing World, 1914–1939*(London: Croom Helm, 1981); Rosemary Thorp, ed., *Latin America in the 1930s: The Role of the Periphery in the World Crisis*(Basingstoke, UK: Macmillan, 1984).

51 John B. Condliffe, "Die Industrialisierung der wirtschaftlich rückständigen Länder," *Weltwirtschaftliches Archiv* 37(1933), 358.

52 예를 들어 다음을 참조하라. Zygmunt Bauman, *Modernity and the Holocaust*(Cambridge, UK: Polity, 1989); Michael Prinz and Rainer Zitelmann, eds., *Nationalsozialismus und Modernisierung*(Darmstadt, Germany: Wissenschaftliche Buchgesellschaft, 1991); Lawrence Birken, *Hitler as Philosophe: Remnants of the Enlightenment in National Socialism*(Westport, CT: Praeger, 1995); Stephen Kotkin, *Magnetic Mountain: Stalinism as a Civilization*(Berkeley: University of California Press, 1995); James C. Scott, *Seeing Like a State: How Certain Schemes to Improve the Human Condition Have Failed*(New Haven, CT: Yale University Press, 1998); Mark Mazower, *Dark Continent: Europe's Twentieth Century*(New York: Knopf, 1998); Igal Halfin, *From Darkness to Light: Class Consciousness and Salvation in Revolutionary Russia*(Pittsburgh, PA: University of Pittsburgh Press, 2000); Kate Brown, *A Biography of No Place: From Ethnic Borderland to Soviet Heartland*(Cambridge, MA: Harvard University Press, 2005); Jochen Hellbeck, *Revolution on My Mind: Writing a Dairy under Stalin*(Cambridge, MA: Harvard University Press, 2006); Roger Griffin, *Modernism and Fascism: The Sense of a New Beginning under Mussolini and Hitler*(Basingstoke, UK: Palgrave Macmillan, 2007); Peter Fritzsche, *Life and Death in the Third Reich*(Cambridge, MA: Harvard University Press, 2008).

53 Jeffrey Herf, *Reactionary Modernism: Technology, Culture, and Politics in Weimar and the Third Reich*(Cambridge, UK: Cambridge University Press, 1984); Hans Mommsen, "Nationalsozialismus als vorgetäuschte Modernisierung," in *Der Nationalsozialismus und die deutsche Gesellschaft*, ed. H. Mommsen(Reinbek, Germany: Lau, 1991), 405-27. 이 신랄한 논쟁에 대한 소개는 다음을 참조하라. Riccardo Bavaj, *Die Ambivalenz der Moderne im Nationalsozialismus: Eine Bilanz der Forschung*(Munich: Oldenbourg, 2003); Mark Roseman, "National Socialism and the End of Modernity," *American Historical Review* 116, no. 3(2011): 688-701. 최근에 안나 크릴로바는 스티븐 코트킨의 연구가 냉전 시대의 근대화론과 틀림없이 연속성이 있을 것이라고 주장한 바 있다. Krylova, "Soviet Modernity: Stephen Kotkin and the Bolshevik Predicament," *Contemporary European History* 23, no. 2(2014): 167-92. 실제로 소비에트 공산주의를 '일종의 반세계'로 묘사한 코트킨이나 국가 사회주의를 '위장 근대화'로 규정한 몸젠은 닮은 점이 있다.

54 여기서는 일부만 인용 가능하다. Stephen Kotkin, "Modern Times: The Soviet Union and the Interwar Conjuncture," *Kritika: Explorations in Russian and Eurasian History 2*, no. 1(Winter 2001): 111-64; Ruth Ben-Ghiat, *Fascist Modernities: Italy 1922-1945*(Berkeley: University of California Press, 2001); Kiran Klaus Patel, *Soldiers*

of Labor: Labor Service in Nazi Germany and New Deal America, 1933–45(Cambridge, UK: Cambridge University Press, 2005); Michael David–Fox, "Multiple Modernities vs. Neo–Traditionalism: On Recent Debates in Russian and Soviet History," *Jahrbücher für Geschichte Osteuropas* 54, no. 4(2006): 535 – 55; Wolfgang Schivelbusch, *Three New Deals: Reflections on Roosevelt's America, Mussolini's Italy, and Hitler's Germany, 1933– 1939*(New York: Henry Holt, 2006); Michael Geyer and Sheila Fitzpatrick, eds., *Beyond Totalitarianism: Stalinism and Nazism Compared*(New York: Cambridge University Press, 2009); Stephan Plaggenborg, *Ordnung und Gewalt: Kemalismus—Faschismus— Sozialismus*(Munich: Oldenbourg, 2012); Kris Manjapra, *Age of Entanglement: German and Indian Intellectuals across Empire*(Cambridge, MA: Harvard University Press, 2014); Reto Hofmann, *The Fascist Effect: Japan and Italy, 1915–1952*(Ithaca, NY: Cornell University Press, 2015); Kiran Klaus Patel, *The New Deal: A Global History*(Princeton, NJ: Princeton University Press, 2016); Grzegorz Rossoliński–Liebe, *Fascism without Borders: Transnational Connections and Cooperation between Movements and Regimes in Europe from 1918 to 1945*(New York: Berghahn, 2017).

55 Stephen K. Macekura and Erez Manela, eds., *The Development Century: A Global History*(Cambridge, UK: Cambridge University Press, 2018).

56 Greg Grandin, *Fordlandia: The Untold History of Henry Ford's Forgotten Jungle City*(New York: Henry Holt, 2009); Esch, *The Color Line and the Assembly Line.*

57 그 대신에 역사가들은 사회과학자들에게 그 일을 남겼다. Stephan Haggard, *Developmental States*(Cambridge, UK: Cambridge University Press, 2018); Atul Kohli, *State-Directed Development: Political Power and Industrialization in the Global Periphery*(Cambridge, UK: Cambridge University Press, 2004); Alice H. Amsden, *The Rise of "the Rest": Challenges to the West from Late-Industrializing Economies*(Oxford, UK: Oxford University Press, 2001); Peter B. Evans, *Embedded Autonomy: States and Industrial Transformation*(Princeton, NJ: Princeton University Press, 1995); Robert Wade, *Governing the Market: Economic Theory and the Role of Government in East Asian Industrialization*(Princeton, NJ: Princeton University Press, 1990); Chalmers Johnson, *MITI and the Japanese Miracle: The Growth of Industrial Policy, 1925–1975*(Stanford, CA: Stanford University Press, 1982). 단, Amy C. Offner, *Sorting Out the Mixed Economy: The Rise and Fall of Welfare and Developmental States in the Americas*(Princeton, NJ: Princeton University Press, 2019)도 참고하라.

58 Charles S. Maier, "Consigning the Twentieth Century to History," *American Historical Review* 105, no. 3(2000): 807 – 31.

59 Maier, "Consigning the Twentieth Centuryto History," 812. 그러한 서사의 지속적 힘

은 Frieden, *Global Capitalism: Its Fall and Rise in the 20th Century*의 전개 과정; Hans‒Ulrich Wehler의 다섯 권짜리 저작 *Deutsche Gesellschaftsgeschichte*(Munich: Beck, 1987 ‒ 2008)의 구성에서 확인할 수 있다. 다음도 마찬가지다. Piers Brendon, *The Dark Valley: A Panorama of the 1930s*(New York: Knopf, 2000); Zara Steiner, The Triumph of the Dark: European International History, 1933 ‒ 39(Oxford, UK: Oxford University Press, 2011); Heinrich August Winkler, *The Age of Catastrophe: A History of the West, 1914–1945*(New Haven, CT: Yale University Press, 2015); and Ian Kershaw's programmatically titled *To Hell and Back: Europe 1914–1949*(New York: Penguin, 2015).

60 Francis Fukuyama, "The End of History?" *The National Interest 16*(Summer 1989): 3 ‒ 18; Eric Hobsbawm, *Age of Extremes: A History of the 20th Century*(New York: Vintage, 1994).

61 메타 서사로서 근대화론의 지속력에 관해서는 다음을 참조하라. Nils Gilman, "Modernization Theory Never Dies," *History of Political Economy* 50, no. S1(2018): 133 ‒ 51; Stefan Link, review of *The Age of Catastrophe*, by Heinrich August Winkler, *Journal of Modern History* 89, no. 3(2017): 669 ‒ 70.

62 Maier, "Consigning the Twentieth Century to History," 807. 마이어는 20세기에는 명확한 구조적 서사가 적용되지 않는다고 주장했다. 그 대신에 그는 대략 1870년대부터 1970년대까지 걸친 '영토성(territoriality)'의 세기를 제안했다.

63 Karl Polanyi, *The Great Transformation: The Political and Economic Origins of Our Time*(Boston: Beacon, 2001 [1944]), 3.

64 Polanyi, *Great Transformation*, 29 ‒ 31. 폴라니의 고전은 도달할 수 없는 '적나라한 유토피아'인 19세기 시장 사회에 대한 설명으로 유명하다. 그 내재적 결함은 1930년대의 극적인 붕괴를 설명한다고 폴라니는 주장한다. 그러나 그 책의 제목은 그의 동시대를 가리키는 것이지, 많은 독자가 성급하게 결론 내린 것처럼 시장 사회의 초기 부상을 가리키는 것은 아니었다. 폴라니는 서두의 구절들에서 제목의 의도를 매우 분명하게 밝혔다. "19세기 문명은 붕괴했다. 이 책은 이 사건의 정치적·경제적 기원뿐 아니라 **이것이 가져온** 거대한 전환에 관해 다룬다(3쪽)." [강조 추가]

65 1945년을 가로지르는 사회적·경제적·기술적 연속성에 관한 탐구로는 다음과 같은 연구들이 있다. Werner Abelshauser, "Kriegswirtschaft und Wirtschaftswunder: Deutschlands wirtschaftliche Mobilisierung für den Zweiten Weltkrieg und die Folgen für die Nachkriegszeit," *Vierteljahreshefte für Zeitgeschichte* 47, no. 4(1999): 503 ‒ 38; Werner Abelshauser, *Deutsche Wirtschaftsgeschichte seit 1945*(Munich: Beck, 2005); Reich, *The Fruits of Fascism*; Petri, *Von der Autarkie zum Wirtschaftswunder*; Philip Nord, *France's New Deal: From the Thirties to the Postwar Era*(Princeton, NJ: Princeton University Press, 2010); David Edgerton, *Warfare State*; James T. Sparrow, *Warfare State: World War II*

Americans and the Age of Big Government(New York: Oxford University Press, 2011); Richard Samuels, *"Rich Nation, Strong Army": National Security and the Technological Transformation of Japan*(Ithaca, NY: Cornell University Press, 1994); Johnson, *MITI and the Japanese Miracle; Elena Zubkova, Russia after the War: Hopes, Illusions, and Disappointments*(Armonk, NY: Sharpe, 1998).

1장 포퓰리즘에서 찾는 대량생산의 뿌리

1 *Sächsisches Staatsarchiv*(SSAC), Chemnitz, 31050/1046, "Amerikareise Werners 1937"; Hans Mommsen and Manfred Grieger, *Das Volkswagenwerk und seine Arbeiter im Dritten Reich*(Dusseldorf, Germany: Econ, 1996), 167–68; Duccio Bigazzi, *La grande fabbrica: Organizzazzione industriale e modello americano alla Fiat dal Lingotto a Mirafiori*(Milan: Feltrinelli, 2000), 94–95.

2 Ford R. Bryan, *Rouge: Pictured in Its Prime*(Dearborn, MI: Wayne State University Press, 2003), 22–23; Automobile Manufacturers Association, *Automobile Facts and Figures: 1937 Edition*(Detroit: Automobile Manufacturers Association, 1937), 46.

3 SSAC, 31050/1635, Report of the Werner Commission, 1937. The quotes are taken from John H. Van Deventer, *Ford Principles and Practice at River Rouge*(New York: Engineering Magazine Co., 1922), 65, 132, 196; and Hartley W. Barclay, *Ford Production Methods*(New York: Harper, 1936), 93.

4 US Department of Commerce, *Abstract of the Census of Manufactures 1914*(Washington, DC: Government Printing Office, 1917), 26.

5 국세 조사를 따르면 오하이오, 인디애나, 일리노이, 미시간, 위스콘신의 가치 총합은 8,446,131,000달러로 뉴욕, 펜실베이니아, 뉴저지의 가치 총합인 7,343,298,000달러보다 높다. 자동차와 공급업체의 가치 총합은 1,506,984,000달러로 이는 강철과 압연 제품(1,496,747,000달러)보다 높다. US Department of Commerce, *Biennial Census of Manufactures 1937*, vol. 1(Washington, DC: Government Printing Office, 1939), 20, 34.

6 Automobile Manufacturers Association, *Automobile Facts and Figures: 1937 Edition*, 20, 47–51.

7 George Galster, *Driving Detroit: The Quest for Respect in the Motor City*(Philadelphia: University of Pennsylvania Press, 2012), 81에서 인용.

8 US Department of Commerce, *Biennial Census of Manufactures 1937*, vol. 1, 40으로 계산.

9   Ronald Edsforth, *Class Conflict and Cultural Consensus: The Making of a Mass Consumer Society in Flint, Michigan*(New Brunswick, NJ: Rutgers University Press, 1987), 91‒94 를 참조하라.

10   National Automobile Chamber of Commerce, *Automobile Facts and Figures, 1937 edition*, 40; US Federal Trade Commission, *Report on Motor Vehicle Industry*(Washington, DC: Government Printing Office, 1939), 34‒36.

11   에즈포스(Ronald Edsforth)가 강조한 바와 같이 계급 갈등.

12   Noam Maggor, "American Capitalism: From the Atlantic Economy to Domestic Industrialization," in *A Companion to the Gilded Age and Progressive Era*, ed. Christopher McKnight Nichols and Nancy C. Unger(Hoboken, NJ: Wiley‒Blackwell, 2017), 205‒14. '2차 대분기'는 베커트의 구절에서 가져왔다. Sven Beckert, "American Danger: US Empire, Eurafrica, and the Territorialization of Capitalism," *American Historical Review* 122, no. 4(2017): 1137‒70. 다음도 참조하라. Stefan Link and Noam Maggor, "The United States as a Developing Nation: Revisiting the Peculiarities of American History," *Past and Present* 246, no. 1(2020): 269‒306.

13   Louis Galambos, "The Emerging Organizational Synthesis in Modern American History," *Business History Review* 44, no. 3(1970): 279‒90; Alfred D. Chandler, *Giant Enterprise: Ford, General Motors, and the Automobile Industry*(New York: Harcourt, Brace & World, 1964); Alfred D. Chandler, *The Visible Hand: The Managerial Revolution in American Business*(Cambridge, MA: Harvard University Press, 1977); David Hounshell, *From the American System to Mass Production, 1800–1932*(Baltimore, MD: Johns Hopkins University Press, 1984); Thomas Hughes, *American Genesis: A Century of Invention and Technological Enthusiasm, 1870–1970*(New York: Viking, 1989). For critiques see Philip Scranton, *Endless Novelty: Specialty Production and American Industrialization, 1865–1925*(Princeton, NJ: Princeton University Press, 1997); Robert F. Freeland, *The Struggle for Control of the Modern Corporation: Organizational Change at General Motors, 1924–1970*(New York: Cambridge University Press, 2001).

14   Lawrence Goodwyn, *Democratic Promise: The Populist Movement in America*(New York: Oxford University Press, 1976); David Montgomery, *The Fall of the House of Labor: The Workplace, the State, and American Labor Activism, 1865–1925*(Cambridge, UK: Cambridge University Press, 1987); David Nelson, *Managers and Workers: Origins of the Twentieth-Century Factory System in the United States, 1880–1920*(Madison: University of Wisconsin Press, 1996); Martin Sklar, *The Corporate Reconstruction of American Capitalism, 1890–1916: The Market, the Law, and Politics*(Cambridge, UK: Cambridge University Press, 1988); James Livingston, *Pragmatism and the Political*

Economy of Cultural Revolution(Chapel Hill: University of North Carolina Press, 1994); David F. Noble, *America by Design: Science, Technology, and the Rise of Corporate Capitalism*(Oxford, UK: Oxford University Press, 1979); Stephen P. Meyer III, *The Five Dollar Day: Labor Management and Social Control in the Ford Motor Company, 1908–1921*(Albany: State University of New York Press, 1981). See also Link and Maggor, "United States as a Developing Nation," 281 - 88.

15 제너럴 버크가 이 문제를 예리하게 지적했다. Gerald Berk, "Corporate Liberalism Reconsidered: A Review Essay," *Journal of Policy History* 3, no. 1(1991): 70 - 84. 그러나 과학적 관리가 특히 자본주의적 합리성의 만연한 표현이라기보다는 논쟁할 여지가 있는 정치적 상황에 따른 프로젝트라는 점을 주장한 다음 두 저작도 참조하라. Sanford M. Jacoby, *Employing Bureaucracy: Managers, Unions, and the Transformation of Work in the 20th Century*(New York: Columbia University Press, 1985); Yehouda Shenhav, *Manufacturing Rationality: The Engineering Foundations of the Managerial Revolution*(Oxford, UK: Oxford University Press, 1999).

16 Donald Finlay Davis, *Conspicuous Production: Automobiles and Elites in Detroit, 1899–1933*(Philadelphia: Temple University Press, 1988), 41 - 43; James M. Rubenstein, *The Changing US Auto Industry: A Geographical Analysis*(London: Routledge, 1992), 26 - 28.

17 존 B. 레이는 "진정한 설명은 … 디트로이트 지역에 주목할 만한 자동차 기업가 그룹이 동시에 등장한 우연적인 상황이 될 것이다"라고 주장했다(Rae, "Why Michigan?" in *The Automobile and American Culture*, ed. David L. Lewis and Lawrence Goldstein [Ann Arbor: University of Michigan Press, 1983], 3 - 5). 제임스 루벤스타인은 20세기 전환기 '북미 자동차 산업의 위치'를 '대부분 우연적인' 것이라고 주장한다(Rubenstein, *The Changing US Auto Industry*, 1). 유사한 논의로 George S. May, *A Most Unique Machine: The Michigan Origins of the American Automobile Industry*(Madison: University of Wisconsin Press, 1975), 335 - 344가 있다. Galster, *Driving Detroit*도 디트로이트가 자동차 도시로 부상한 것은 '우연'이며, '혁신과 개성'의 결과라고 주장한다(77쪽).

18 Brian Page and Richard Walker, "From Settlement to Fordism: The Agro–Industrial Revolution in the American Midwest," *Economic Geography* 67, no. 4(1991): 281 - 315; Galster, *Driving Detroit*, 71 - 75; Sten DeGeer, "The North American Manufacturing Belt," *Geografiska Annaler* 9(1927): 233 - 359; Davis, *Conspicuous Production*, 43.

19 1915년 월시 위원회(Walsh Commission)에서 포드가 증언한 내용을 인용한 것이다. US Senate, *Industrial Relations: Final Report and Testimony of the Commission on Industrial Relations*(Washington, DC: Government Printing Office, 1916), 8: 7634. 생산자 포퓰리즘에 관해서는 다음을 참조하라. Daniel Ott, "Producing a Past: McCormick Harvester

and Producer Populists in the 1890s," *Agricultural History* 88, no. 1(2014): 87 – 119; Alex Gourevitch, *From Slavery to the Cooperative Commonwealth: Labor and Republican Liberty in the Nineteenth Century*(New York: Cambridge University Press, 2015); Noam Maggor, *Brahmin Capitalism: Frontiers of Wealth and Populism in America's First Gilded Age*(Cambridge, MA: Harvard University Press, 2017), esp. chapter 4. 미국 중서부의 포퓰리즘에 관해서는 Norman Pollack, *The Populist Response to Industrial America: Midwestern Populist Thought*(Cambridge, MA: Harvard University Press, 1962)를 참조하라. 디트로이트의 포퓰리즘에 관해서는 Melvin Holli, *Reform in Detroit: Hazen Pingree and Urban Politics*(New York: Oxford University Press, 1969)를 참조하라. Stefan Link, "The Charismatic Corporation: Finance, Administration, and Shop Floor Management under Henry Ford," *Business History Review* 92, no. 1(2018): 91 – 92도 참조하라.

20 Gourevitch, *From Slavery*, 127 – 28을 참조하라.

21 Holli, *Reform in Detroit*, 56, 83. 반기업적 동원에 관해서는 Hazen Pingree, *Facts and Opinions; or Dangers That Beset Us*(Detroit: F. B. Dickerson Co., 1895)를 참조하라.

22 Allan Nevins and Frank Ernest Hill, *Ford: The Times, the Man, the Company*(New York: Charles Scribner's Sons, 1954), 135.

23 Davis, *Conspicuous Production*, 56에서 인용.

24 Davis, 59에서 인용.

25 Davis, 60 – 63; Nevins and Hill, *Ford: The Times, the Man, the Company*, 175 – 180, 211 – 213.

26 Lawrence H. Seltzer, *A Financial History of the Automobile Industry: A Study of the Ways in Which the Leading American Producers of Automobiles Have Met Their Capital Requirements*(Boston: Houghton Mifflin, 1928), 86 – 94; Davis, *Conspicuous Production*, 118, 128.

27 *Benson Ford Research Center*(BFRC), *Dearborn, MI*, Acc. 65, Reminiscences of George Brown, 32; Nevins and Hill, *Ford: The Times, the Man, the Company*, 378; Robert H. Casey, *The Model T: A Centennial History*(Baltimore, MD: Johns Hopkins University Press, 2008), 76.

28 E. D. Kennedy, *The Automobile Industry: The Coming of Capitalism's Favorite Child*(New York: Reynal & Hitchcock, 1941), 316; Rubenstein, *The Changing US Auto Industry*, 41.

29 Henry Ford with Samuel Crowther, *My Life and Work*(Garden City, NY: Doubleday, Page & Co., 1922), 79 – 80.

30 Ford, *My Life and Work*, 90. 포드자동차회사에서의 대량생산 혁명에 관한 훌륭한 설명은 다음을 참조하라. Nevins and Hill, *Ford: The Times, the Man, the Company*, 447 – 80;

Hounshell, *From the American System*, 217-61; Lindy Biggs, *The Rational Factory: Architecture, Technology, and Work in America's Age of Mass Production*(Baltimore, MD: Johns Hopkins University Press, 1996), 118-36.

31   Ford, *My Life and Work*, 81; Hounshell, *From the American System*, 239-43.

32   Charles Sorensen with Samuel T. Williamson, *My Forty Years with Ford*(New York: Norton, 1956), 131.

33   포드의 방법에 대한 잇따른 설명에서 한결같이 나오는 주제이다. Horace L. Arnold and Fay L. Faurote, *Ford Methods and the Ford Shops*(New York: Engineering Magazine Company, 1915); Van Deventer, *Ford Principles*; Barclay, *Ford Production Methods*. See also Daniel Raff, "Making Cars and Making Money in the Interwar Automobile Industry: Economies of Scale and Scope and the Manufacturing behind the Marketing," *Business History Review* 65, no. 4(1991), 729-31.

34   Nevins and Hill, *Ford: The Times, the Man, the Company*, 463-64에서 인용. 공작 기계가 점점 복잡해짐에 따라 그와 연관된 에너지 혁명이 필요해졌다. 1907년부터 1927년까지 미국 제조업에서 소비된 전기는 10배 증가했고, 1939년까지 추가로 40% 증가했다. Cristiano Andrea Ristuccia and Solomos Solomou, "Electricity Diffusion and Trend Acceleration in Inter-War Manufacturing Productivity," Cambridge Working Papers in Economics 0202(2002), 15, table 8; Bernard C. Beaudreau, *Mass Production, the Stock Market Crash, and the Great Depression: The Macroeconomics of Electrification*(Westport, CT: Greenwood, 1996), 4-28; Warren Devine, "From Shafts to Wires: Historical Perspectives on Electrification," *Journal of Economic History* 43, no. 2(1983), 347-372; Alexander J. Field, *A Great Leap Forward: 1930s Depression and U.S. Economic Growth*(New Haven, CT: Yale University Press, 2011), 44-47.

35   Arnold and Faurote, *Ford Methods*, 142-150; Biggs, *The Rational Factory*.

36   Arnold and Faurote, 47.

37   Karl Bücher, "Das Gesetz der Massenproduktion," *Zeitschrift für die gesamte Staatswissenschaft* 66, no. 3(1910): 429-44. 마르크스주의 용어로 표현하면, 자동차 대량생산은 노동에서 상대적 잉여 가치를 추출할 가능성을 상당히 높였다. 그러나 조절 이론의 설명을 따르면, 포드주의의 핵심적인 경험적 특징은 생산성 향상에 뒤따르는 임금 상승이고 따라서 자본 집약도는 비교적 안정적으로 유지된다. Volker Wellhöner, *"Wirtschaftswunder," Weltmarkt, westdeutscher Fordismus: Der Fall Volkswagen*(Münster, Germany: Westfälisches Dampfboot, 1996), 56-57, 134-35; Alain Lipietz, "Behind the Crisis: The Exhaustion of a Regime of Accumulation; A 'Regulation School' Perspective on Some French Empirical Works," *Review of Radical Economics* 18, no. 1-2(1988): 13-32.

38   SSAC, 31050/1635, Report of the Werner Commission 1937, 12.

39   일례로 Hounshell, *From the American System*, 249 – 53; Nye, *America's Assembly Line*, 33 – 37을 참조하라.

40   Sorensen, *My Forty Years*, 64 – 69; Ford R. Bryan, *Henry's Lieutenants*(Detroit: Wayne State University Press, 1993), 213 – 17, 267.

41   BFRC, Acc. 65, Reminiscences of William C. Klann, 31, 77.

42   BFRC, Acc. 65, Reminiscences of James O'Connor, 16 – 5.

43   BFRC, Acc. 65, Reminiscences of Arthur Renner, 9.

44   BFRC, Acc. 65, Reminiscences of Alex Lumsden.

45   사실 테일러주의는 1920년대 이전에는 중서부 작업장에 거의 진출하지 못했다. Nelson, *Managers and Workers*의 72쪽 표를 참조하라.

46   Frederick Winslow Taylor, *The Principles of Scientific Management*(New York: Harper & Brothers, 1911), 50 – 51.

47   Sorensen, *My Forty Years*, 41

48   쇠퇴 서사는 이를 놓치기 쉽다. 데이비드 몽고메리는 대량생산을 구축하려고 "기업가–기계제작 엔지니어들은 19세기 작업장 문화의 마지막 잔재를 멀리해야만 했다"라고 말한다(Montgomery, *Fall of the House of Labor*, 213). 포드자동차회사는 이를 꼭 폐기해야 하는 게 아니며 창의적 재탄생이 가능함을 시사한다. 이러한 역학은 포드의 많은 숙련 기계공이 회사와 그 창립자에게 1920년대까지도 강한 충성심을 유지한 이유를 설명해 준다. Link, "Charismatic Corporation"을 참조하라.

49   포드자동차회사에서 이루어진 학습과 지속적인 공정 혁신에 관해서는 James M. Wilson and Alan McKinlay, "Rethinking the Assembly Line: Organisation, Performance, and Productivity in Ford Motor Company, c. 1908 – 27," *Business History* 52, no. 5(2010): 760 – 78을 참조하라. 더 일반적인 대량생산에서의 학습에 관해서는 다음을 참조하라. Lutz Budraß, *Flugzeugindustrie und Luftrüstung in Deutschland, 1918–1945*(Düsseldorf, Germany: Droste, 1998), 843 – 46; Lutz Budraß, Jonas Scherner, and Jochen Streb, "Fixed–Price Contracts, Learning, and Outsourcing: Explaining the Continuous Growth of Output and Labour Productivity in the German Aircraft Industry during the Second World War," *Economic History Review* 63, no. 1(2010): 107 – 36; Leonard Rapping, "Learning and World War II Production Functions," *Review of Economics and Statistics* 47, no. 1(1965): 81 – 86. On shop suggestion systems and institutional learning see Budraß et al., "Fixed–Price Contracts," 131 – 2; Allan Nevins and Frank Ernest Hill, *Ford: Expansion and Challenge, 1915–1933*(New York: Charles Scribner's Sons, 1957), 517 – 8.

50   Bernard A. Weisberger, *The Dream Maker: William C. Durant, Founder of General*

Motors(Boston: Little Brown & Co., 1979), chapters 1–3; Edsforth, *Class Conflict*, 39–54.

51 Weisberger, *The Dream Maker*, 94; Seltzer, *Financial History of the Automobile Industry*, 147, 151–54; Kennedy, *Coming of Capitalism's Favorite Child*, 67. 크랭크축은 직선 방향의 추력을 바퀴의 회전 운동으로 변환하고 차동장치는 차량의 바퀴가 곡선 주로에서도 균일한 속도로 회전할 수 있게 해준다.

52 Weisberger, *Dream Maker*, 120에서 인용.

53 금융 언론이 중서부 자동차 산업을 보도한 방식을 보면 이러한 회의론을 가늠할 수 있다. 예를 들어 다음을 참조하라. "Are Automobiles Tying Up Capitals?" *Wall Street Journal*, July 30, 1907; "Effect Automobile Trade Has on the Money Market," *Wall Street Journal*, October 19, 1907; Franklin Escher, "The Auto and the Bond Market," *Bankers Magazine* 81, no. 4(1910): 508; "Bond Business Affected by American Extravagances," *Wall Street Journal*, December 31, 1912.

54 Weisberger, *Dream Maker*, chapter 6; Davis, *Conspicuous Production*, 146–48.

55 Seltzer, *Financial History of the Automobile Industry*, 195ff; David Farber, *Everybody Ought to Be Rich: The Life and Times of John J. Raskob, Capitalist*(New York: Oxford University Press, 2013), chapters 6 and 8; Alfred D. Chandler Jr. and Stephen Salsbury, *Pierre S. du Pont and the Making of the Modern Corporation*(New York: Harper & Row, 1971), 455, 478–79. 해당 구절은 챈들러의 책(490쪽)에서 인용.

56 William Greenleaf, *Monopoly on Wheels: Henry Ford and the Selden Automobile Patent*(Detroit: Wayne State University Press, 1961), 114, 227.

57 Greenleaf, *Monopoly on Wheels*, 247–50.

58 Meyer, *The Five Dollar Day*, 160–61에서 인용.

59 John R. Lee, "The So–Called Profit–Sharing System in the Ford Plant," *Annals of the American Academy of Political and Social Science* 65, no. 1(1916): 308.

60 Meyer, *Five Dollar Day*, 56, 77; Olivier Zunz, *The Changing Face of Inequality: Urbanization, Industrial Development, and Immigrants in Detroit, 1880–1920*(Chicago: University of Chicago Press, 1982), 312.

61 Meyer, *Five Dollar Day*, 161–164; Lee, "Profit–Sharing System."

62 Meyer, *Five Dollar Day*; Clarence Hooker, *Life in the Shadows of the Crystal Palace, 1910–1927: Ford Workers in the Model T Era*(Bowling Green, OH: Bowling Green State University Press, 1997); Daniel M. G. Raff and Lawrence H. Summers, "Did Henry Ford Pay Efficiency Wages?" *Journal of Labor Economics* 5, no. 4(1987): S57–S86; Daniel M. G. Raff, "Wage Determination Theory and the Five Dollar Day at Ford," *Journal of Economic History* 48, no. 2(1988): 387–399; Daniel M. G. Raff,

"Ford Welfare Capitalism in Its Economic Context," in *Masters to Managers: Historical and Comparative Perspectives on American Employers*, ed. Sanford M. Jacoby(New York: Columbia University Press, 1991), 90 – 105.

63 월시 위원회(Walsh Commission)에서 포드가 증언한 내용을 인용한 것이다. US Senate, *Industrial Relations*, 8: 7627 – 29.

64 "Gives $10,000,000 to 26,000 Employees," *New York Times*, January 6, 1914.

65 Sorensen, *My Forty Years*, 136 – 39. 다른 설명에 관해서는 다음을 참조하라. Nevins and Hill, *Ford: The Times, the Man, the Company*, 532 – 534, 647; Meyer, *Five Dollar Day*, 109 – 10.

66 Meyer, *Five Dollar Day*, 111 – 12; "Henry Ford Explains Why He Gives Away $10,000,000," *New York Times*, January 11, 1914.

67 Meyer, *Five Dollar Day*, 110에서 인용.

68 전문은 Terence Powderly, *Thirty Years of Labor, 1859–1889*(Columbus, OH: Excelsior, 1889), 128 – 30에 있다.

69 파우덜리에 따르면, 기사단은 '임금 체계를 산업 협력 체계로 대체하려고' 노력했다 (Powderly, *Thirty Years of Labor*, 233). 기사단의 또 다른 구성원은 임금 노동에서 협력 체계로의 이행은 '**임금 인상**에서 **이윤 참여**로 요구 형태의 변화'를 필요로 했다고 적고 있다. Gourevitch, *From Slavery*, 130에서 인용(강조는 원문에 따름).

70 Gourevitch, *From Slavery*, 171. 1884년 *Journal of United Labor*는 생산적인 협력은 "착실, 명예, 우애의 미덕을 수반한다"라고 적고 있다. 노동기사단의 헨리 샤프(Henry Sharpe)는 "이를 계발하지 않으면 개인의 진보가 있을 수 없는, 따라서 사회의 진보도 있을 수 없는 특정한 습관, 특정한 속성의 성격이 존재한다. 이러한 습관과 성격은 인간을 독립적인 존재로 만든다"라고 썼다. Gourevitch, *From Slavery*, 162 – 63에서 인용. Leon Fink, *Workingmen's Democracy: The Knights of Labor and American Politics*(Urbana, IL: University of Illinois Press, 1983), 3 – 17도 참조하라.

71 미숙련 이민자에 대한 노동 공화주의자들의 '요구적' 자세에 관해서는 Gourevitch, *From Slavery*, 133 – 35, 168 – 71을 참조하라. 레온 핑크는 노동기사단에 대해 '일반 구성원들을 가르치려는 듯한 그들의 탄원'은 숙련공과 비숙련공 간의 '실질적 · 사회적 거리', 그와 '동시에(진심 어린) 원칙적 평등주의'를 반영한다고 썼다(Fink, *Workingmen's Democracy*, 14).

72 다음에서 인용. Davis, *Conspicuous Production*, 133; Robert Lacey, *Ford: The Men and the Machine*(Boston: Little Brown & Co.), 120; Nevins and Hill, *Ford: The Times, the Man, the Company*, 536; US Senate, *Industrial Relations*, 8: 7827.

73 Meyer, *Five Dollar Day*, 161 – 67, 198 – 99; Sorensen, *My Forty Years*, 145.

74 Link, "Charismatic Corporation."

75 이 소송에 관해서는 다음을 참조하라. Nevins and Hill, *Ford: Expansion and Challenge*,

86 – 113; M. Todd Henderson, "Everything Old Is New Again: Lessons from Dodge v. Ford Motor Company," University of Chicago Law & Economics Olin Working Paper No. 373(December 2007).

76 BFRC, Ford Legal Department, Supreme Court of Michigan, Dodge v. Ford, vol. II, "Amended Bill of Complaint," 4 – 9.

77 "Henry Ford Makes Reply to Suit Brought by Dodge Brothers–Says Present Plans Are Only in Line with Past History of Company," *Detroit News*, November 4, 1916.

78 Dodge v. Ford Motor Co., 170 N.W. 668(Michigan, 1919).

79 Alan Brinkley, *The End of Reform: New Deal Liberalism in Recession and War*(New York: Vintage Books, 1995), chapter 4; Arthur M. Schlesinger Jr., *The Age of Roosevelt: The Crisis of the Old Order, 1919–1933*(Boston: Houghton Mifflin Co., 1957), 67 – 70, 111; Raff, "Making Cars and Making Money," 751, table 3.

80 Raff, "Making Cars and Making Money"; US Federal Trade Commission, *Report on Motor Vehicle Industry*, 527 – 31; Norman Beasley, *Knudsen: A Biography*(New York: McGraw-Hill Book Company, 1947), 219 – 23; Hounshell, *From the American System*, 263 – 67.

81 다음을 참조하라. Chandler, *Giant Enterprise*; Arthur J. Kuhn, *GM Passes Ford, 1918–1938: Designing the General Motors Performance-Control System*(University Park: Pennsylvania State University Press, 1986); Richard Tedlow, "The Struggle for Dominance in the Automobile Market: The Early Years of Ford and GM," *Business and Economic History* 17(1988): 49 – 62; Raff, "Making Cars and Making Money"; Thomas K. McCraw, *American Business 1920–2000: How It Worked*(Wheeling, IL: Harlan Davidson, 2000), 10 – 27.

82 Harvard Business School, Baker Library(HBL), Allston, MA, Alfred D. Chandler Papers, Box 33, folder 29, "Interview with Donaldson Brown"(June, 1956), 19.

83 Seltzer, *A Financial History of the Automobile Industry*, 145.

84 나는 프리랜드의 설득력 있는 재해석을 좇아 슬론을 기본적으로 행정 혁신가로 그린 챈들러의 고전적 묘사와 달리 기업 내 정치의 유능한 브로커로 바라본다. Freeland, *Struggle for Control*; Alfred D. Chandler, Jr., *Strategy and Structure: Chapters in the History of the American Industrial Enterprise*(Cambridge, MA: MIT Press, 1962), chapter 2.

85 포드의 한 회계사에게 한 말이다. BFRC, Acc. 65, Reminiscences of L. E. Briggs, 22.

86 Link, "Charismatic Corporation."

87 Roland Marchand, *Advertising the American Dream: Making Way for Modernity, 1920–1940*(Berkeley: University of California Press, 1985), chapter 5; Sally H. Clarke, *Trust and Power: Consumers, the Modern Corporation, and the Making of the United States*

Automobile Market(New York: Cambridge University Press, 2007).

88   Chandler, *Giant Enterprise*, 97 – 99, 104 – 111.

89   General Motors Corporation, *Twenty-Ninth Annual Report: Year Ended December 31, 1937*(New York: General Motors Corporation, 1938), 79; Arthur Pound, *The Turning Wheel: The Story of General Motors through Twenty-Five Years 1908–1933*(Garden City, NY: Doubleday, Doran & Co., 1934), 356; US Federal Trade Commission, *Report on Motor Vehicle Industry*, 522.

90   Link, "Charismatic Corporation," 96 – 8.

91   '투자 수익률(return on investment, ROI)'에 관해서는 다음을 참조하라. Donaldson Brown, "Pricing Policy in Relation to Financial Control: Tuning Up General Motors," in *Alfred P. Sloan: Critical Evaluations in Business and Management*, ed. John C. Wood and Michael C. Wood, vol. 1(London: Routledge, 2003), 101 – 9(originally published in *Management and Administration 7*, no. 3 [1924]: 283 – 86). Freeland, *Struggle for Control*, 43 – 58도 참조하라. 20세기 전반기 이윤 계산의 표준을 변경하는 데서 ROI의 중요성에 관해서는 Jonathan Levy, "Accounting for Profit and the History of Capital," *Critical Historical Studies* 1, no. 2(2014): 192 – 203을 참조하라.

92   헨리 포드가 새무얼 크라우더와 공동 출판한 책 세 권을 참조하라. Ford, *My Life and Work*; Henry Ford with Samuel Crowther, *Today and Tomorrow*(Garden City, NY: Doubleday, Page and Co., 1926); Henry Ford with Samuel Crowther, *Moving Forward*(Garden City, NY: Doubleday, Doran and Co., 1930). 다음도 참조하라. Samuel Crowther, "Henry Ford: Why I Favor Five Days' Work at Six Days' Pay," *World's Work*, October 1926, 613 – 16; Henry Ford, "A Rich Man Should Not Have Any Money," *Cosmopolitan*, March 1932, 52 – 53, 164 – 65. 『브리티시 백과사전(Encyclopedia Britannica)』 13판 '대량생산(Mass production)'의 헨리 포드 항목(1926; reprinted in Steven Tolliday, ed., *The Rise and Fall of Mass Production*, vol. 1 [Cheltenham, UK: Edward Elgar, 1988], 157 – 63)도 참조하라.

93   예를 들어 GM의 경영 개혁에 관한 기사들은 *Management and Administration* 7(1924)에 있다(Wood and Wood, *Alfred P. Sloan*, vol.1, 101 – 71에 재수록). 다음도 참조하라. Alfred P. Sloan, "The Most Important Thing I Ever Learned about Management," *System: The Magazine of Business* 46(1924): 140 – 41, 191; Sloan, "Modern Ideals of Big Business," *World's Work*(October 1926): 695 – 99; Donaldson Brown, *Centralized Control with Decentralized Responsibilities*(New York: American Management Association, 1927); Alfred P. Sloan, "Getting the Facts Is a Keystone of General Motors Success," *Automotive Industries* 57(1927): 550 – 51; Alfred P. Sloan's 1927 speech to journalists, "The Point of View of General Motors," which is reproduced in Pound, *Turning Wheel*, 329 – 47.

94 '생산적인 조직' 개념에 관해서는 Ford, "Mass Production"; Ford, *My Life and Work*, 193‒94; Ford, *Today and Tomorrow*, 14, 150‒61을 참조하라.

95 Sloan quoted in Pound, *The Turning Wheel*, 339.

96 Ford, *My Life and Work*, 12; 슬론은 Pound, *The Turning Wheel*, 339에서 인용.

97 Ford, *Moving Forward*, 148; Alfred Sloan with Boyden Sparkes, *Adventures of a White-Collar Man*(New York: Doubleday, Doran & Co., 1941), 145. David Farber, *Sloan Rules: Alfred P. Sloan and the Triumph of General Motors*(Chicago: University of Chicago Press, 2002), 174‒85를 참조하라.

98 Ott, *When Wall Street Met Main Street: The Quest for Investors' Democracy*(Cambridge, MA: Harvard University Press, 2011), 135‒40; Meg Jacobs, *Pocketbook Politics: Economic Citizenship in Twentieth-Century America*(Princeton, NJ: Princeton University Press, 2005), 74‒81; Brinkley, *End of Reform*, 66‒77; William Truant Foster and Waddill Catchings, *Profits*(Cambridge, MA: Riverside Press, 1927).

99 Crowther, "Henry Ford: Why I Favor Five Days' Work"; Ford, *Today and Tomorrow*, 151.

100 Jacobs, *Pocketbook Politics*, 85‒86.

101 GM 경영진의 핵심 간부가 회고한 바와 같이, 투자 수익률은 "경영진의 일차적 책임의 측면에서 산업 효율성을 특정하는 최종적이고 근본적인 척도"였다(Donaldson Brown, *Some Reminiscences of an Industrialist* [Easton, PA: Hive Publishing Co., 1958], 26). 자본화의 논리에 관해서는 Eli Cook, *The Pricing of Progress: Economic Indicators and the Capitalization of American Life*(Cambridge, MA: Harvard University Press, 2017)를 참조하라.

102 Nevins and Hill, *Ford: Expansion and Challenge*, 529‒31.

103 Edsforth, *Class Conflict*, chapters 4‒6.

104 Steven Watts, *The People's Tycoon: Henry Ford and the American Century*(New York: Vintage, 2006), 459에서 인용.

105 포드는 알프레드 슬론과 다른 제조업체 경영진과 함께 '자유 기업'을 옹호하는 원탁 토론에 참여하려고 뉴욕으로 가는 것을 거부했다. BFRC, Acc. 285, Box 2399. 1940년에 미국 제조업자 협회(National Association of Manufacturers, NAM)는 뉴딜 특허 개혁에 반대하는 캠페인을 공개적으로 벌였다. 이러한 맥락에서 NAM은 특별상을 수여할 '미국 산업의 최전선에 있는 현대적 개척자'를 몇 명 선정했다. 수상 예정자 중 한 명은 헨리 포드였지만, 그는 이 영예를 거절했다. BFRC, Acc. 285, Box 2362. 그 맥락에 관해서는 Eric S. Hintz, "The 'Monopoly' Hearings, Their Critics, and the Limits of Patent Reform in the New Deal," in *Capital Gains: Business and Politics in Twentieth-Century America*, ed. Richard John and Kim Philips‒Fein(Philadelphia: University of Pennsylvania Press,

2017), 61 - 79를 참조하라. 그해 말, NAM이 '미국 사업 체계'의 이름으로 사업가 700여 명을 소집했을 때 포드는 불참했다. BFRC, Acc. 285, Box 2512.

106 BFRC, Acc. 285, Box 1951: Raskob to Ford, January 30, 1936; Campsall to Raskob, February 10, 1936.

107 Farber, *Sloan Rules*, 179 - 81; BFRC, Acc. 285, Box 2362, "Memorandum [on association membership]," June 29, 1944.

108 추문 들추기식 세부사항은 Max Wallace, *The American Axis: Henry Ford, Charles Lindbergh, and the Rise of the Third Reich*(New York: St. Martin's Press, 2003)를 참조하라.

109 Barclay, *Ford Production Methods*, 32

110 SSAC, 31050/1046, "Amerikareise Werners 1937."

111 BFRC, Acc. 285, Box 2093, Porsche to Ford, July 10, 1937.

2장 포드, 근대사회의 바이블

1 Benson Ford Research Center(BFRC), Dearborn, MI, Acc. 285, Box 2031, correspondence between Liebold and Fritz Hailer; Rennie W. Brantz, "German—American Friendship: The Carl Schurz Vereinigung, 1926 - 1942," *International History Review* 11, no. 2(1989): 229 - 51.

2 Albrecht Tyrell, "Gottfried Feder and the NSDAP," in *The Shaping of the Nazi State*, ed. Peter D. Strachura(New York: Barnes & Noble: 1978), 48 - 87; Avraham Barkai, *Nazi Economics: Ideology, Theory, and Policy*(New Haven, CT: Yale University Press, 1990), chapter 1.

3 Leo P. Ribuffo, "Henry Ford and the International Jew," in *Right Center Left: Essays in American History*, ed. L. P. Ribuffo(New Brunswick, NJ: Rutgers University Press, 1992), 70 - 105; Stefan Link, "Rethinking the Ford—Nazi Connection," *Bulletin of the German Historical Institute* 49(2011): 135 - 50.

4 Gottfried Feder, *Das Programm der NSDAP und seine weltanschaulichen Grundlagen*(Munich: Eher, 1927), 33 - 34; Gottfried Feder, *Der deutsche Staat auf nationaler und sozialer Grundlage*(Munich: Eher, 1933), 13 - 20; 59 - 60.

5 Theodor Lüddecke, "Der neue Wirtschaftsgeist!," in *Industrieller Friede: Ein Symposium*, ed. Jerome Davis and Theodor Lüddecke(Leipzig, Germany: Paul List Verlag, 1928), 45.

6 Peter Berg, *Deutschland und Amerika, 1918–1929: Über das deutsche Amerikabild der zwanziger Jahre*(Lübeck, Germany: Matthiesen, 1963), 99 - 107; Mary Nolan, *Visions of Modernity: American Business and the Modernization of Germany*(Oxford, UK: Oxford

University Press, 1994), 30–57; Philipp Gassert, " 'Without Concessions to Marxist or Communist Thought': Fordism in Germany, 1923–1939," in *Transatlantic Images and Perspectives: Germany and America since 1776*, ed. David E. Barclay and Elisabeth Glaser–Schmidt(Cambridge, UK: Cambridge University Press, 1997), 217–42; Christiane Eifert, "Antisemit und Autokonig. Henry Fords Autobiographie und ihre deutsche Rezeption in den 1920er–Jahren," *Zeithistorische Forschungen/Studies in Contemporary History,* online ed. 6, no. 2(2009), https://zeithistorische–forschungen. de/2–2009;"revelation": Otto Moog, *Drüben steht Amerika*(Braunschweig, Germany: Westermann, 1927), 118; "Ford psychosis"/ "doctrine of salvation" quoted in Nolan, *Visions of Modernity*, 31; "ghastly book" also quoted in Nolan, 35.

7   D. I. Zaslavksii, "Dva Forda: Predislovie k russkomu izdaniiu," in *Segodnia i zavtra*(Leningrad, Russia: Vremia, 1926), 3–14.

8   Yves Guyot, review of *Today and Tomorrow*, by Henry Ford with Samuel Crowther, *Journal des économistes* 85(October 1926): 145–68; Albert Kinross, review of *My Life and Work*, by Henry Ford with Samuel Crowther, *English Review* 37(1923): 649–52; José Monteiro Lobato, *How Henry Ford Is Regarded in Brazil*(Rio de Janeiro: O Journal, 1926); *Waga isshō to jigyō: Henrī Fōdo jijoden* [*My Life and Work: The Autobiography of Henry Ford*], trans. Katō Saburō(Tokyo: Henridō, 1927). See Kato's and Nakamura's letters to Ford in BFRC, Acc. 285, Box 252 and Box 464.

9   풍부한 문헌에서 강조한 내용. Nolan, *Visions of Modernity*; Egbert Klautke, *Unbegrenzte Möglichkeiten: "Amerikanisierung" in Deutschland und Frankreich, 1900–1933*(Stuttgart: Steiner, 2003); Victoria de Grazia, *Irresistible Empire: America's March through 20th-Century Europe*(Cambridge, MA: Harvard University Press, 2005); Mary Nolan, *The Transatlantic Century: Europe and America, 1890–2010*(New York: Cambridge University Press, 2012); David E. Ellwood, *The Shock of America: Europe and the Challenge of the Century*(Oxford, UK: Oxford University Press, 2012).

10   Paul Rieppel, *Ford-Betriebe und Ford-Methoden*(Berlin: Oldenbourg, 1925), 50.

11   "Absent presence" is Adam Tooze's phrase: Tooze, *The Deluge: The Great War, America, and the Remaking of the Global Order, 1916–1931*(New York: Viking, 2014), 4.

12   Sven Beckert, "American Danger: United States Empire, Eurafrica, and the Territorialization of Global Capitalism, 1870–1950," *American Historical Review* 122, no. 4(2017): 1137–70. 미국의 위협에 대한 당대의 경고는 다음을 참조하라. Alexander Graf Brockdorff, *Amerikanische Weltherrschaft?*(Berlin: Albrecht, 1929); Lucien Romier, *Qui sera le maître: Europe ou Amérique?*(Paris: Hachette, 1927); Theodor Lüddecke, *Das amerikanische Wirtschaftstempo als Bedrohung Europas*(Leipzig, Germany: List, 1925).

13 예를 들어 다음을 참조하라. Werner Sombart, "Die Wandlungen des Kapitalismus," *Weltwirtschaftliches Archiv* 28(1928): 243 – 56; Ferdinand Fried, *Das Ende des Kapitalismus*(Jena, Germany: Diedrichs, 1931).

14 John Maynard Keynes, *The Economic Consequences of the Peace*(New York: Harcourt, Brace, and Howe, 1920); Richard Nicolaus Graf von Coudenhove–Kalergi, *Pan-Europa*(Vienna: Pan–Europa Verlag, 1923).

15 BFRC: Acc. 65, Reminiscences of William Cameron, 157; Acc. 65, Reminiscences of Ernest G. Liebold, 1256; Acc. 285, Box 91, Liebold to Doubleday, September 13, 1922.

16 "Ford Tells How He Foiled Wall Street," *New York Times*, July 23, 1921. 기사를 보면, 그 위업은 회사 전설의 일부가 되었는데, 포드는 친절한 뉴욕 은행가를 맞이한 후 은행이 회사에 자체 회계 담당자를 배치하려 했다는 점이 밝혀지자마자 그를 내쫓아 버렸다.

17 BFRC, Acc. 285, Box 23, Doubleday to Ford, July 28, 1921.

18 David Farber, *Everybody Ought to Be Rich: The Life and Times of John J. Raskob, Capitalist*(New York: Oxford University Press, 2013), 188 – 90, 260 – 61.

19 Henry Ford with Samuel Crowther, *My Life and Work*(Garden City, NY: Doubleday, Page & Co., 1922), 2 – 3.

20 Ford, *My Life and Work*, 156, 161, 176, 270.

21 Ford, 136, 160 – 62, 224.

22 Ford, 19, 162, 194. 75쪽도 참조하라. "어떤 제조업체도 '내가 이 사업을 일으켰다'라고 말할 수 없다. 그가 그 사업을 일으키는 데 수천 명의 도움이 필요했다면 말이다. 이는 공동 생산이다."

23 Ford, 78 – 79, 105.

24 Ford, 242 – 43.

25 Ford, 270, 274. 생산자―포퓰리즘의 정치에 관해서는 다음을 참조하라. Alex Gourevitch, *From Slavery to the Cooperative Commonwealth: Labor and Republican Liberty in the Nineteenth Century*(New York: Cambridge University Press, 2014); Noam Maggor, *Brahmin Capitalism: Frontiers of Wealth and Populism in America's First Gilded Age*(Cambridge, MA: Harvard University Press, 2017).

26 Rexford Tugwell, review of *Today and Tomorrow*, by Henry Ford with Samuel Crowther, *Saturday Review of Literature* 111, no. 2(August 7, 1926): 17 – 18; Gustav Faldix, *Henry Ford als Wirtschaftspolitiker*(Munich: Pfeiffer, 1925), 80; Gramsci to Schucht, May 23, 1927, in Antonio Gramsci and Tania Schucht, *Lettere 1926–1935*, ed. Aldo Natoli and Chiara Daniele(Turin, Italy: Einaudi, 1997), 105; Zaslavskii, "Dva Forda," 11.

27 Lobato, *How Henry Ford Is Regarded in Brazil*, 9 – 10.

28   Harold James, *The German Slump: Politics and Economics, 1924–1936*(Oxford, UK: Oxford University Press, 1986), 114–23, 138; Albrecht Ritschl, *Deutschlands Krise und Konjunktur, 1924–1934: Binnenkonjunktur, Auslandsverschuldung und Reparationsproblem zwischen Dawes-Plan und Transfersperre*(Berlin: Akademie, 2002), 19; Stephen Gross, *Export Empire: German Soft Power in Southeastern Europe, 1890–1945*(Cambridge, UK: Cambridge University Press, 2015), chapter 4.

29   Charles S. Maier, "Between Taylorism and Technocracy: European Ideologies and the Vision of Industrial Productivity," *Journal of Contemporary History* 5, no. 2(1970): 27–61; Nolan, *Visions of Modernity,* esp. 30–82; Carl Kottgen, *Das wirtschaftliche Amerika*(Berlin: VDI, 1925), 48; Fritz Tarnow, *Warum arm sein?*(Berlin: Allgemeiner Deutscher Gewerkschaftsbund, 1928).

30   Gassert, "'Without Concessions to Marxist or Communist Thought'"; Lüddecke, "Der neue Wirtschaftsgeist!," 45; Rieppel, *Ford-Betriebe,* 44.

31   Ford, *My Life and Work,* 164.

32   1920년대에 전 세계 우파로부터 반자유주의, 반자본주의적인 문학이 쏟아져 나왔다는 점을 알고 싶은 독자들은 Gaetan Pirou et al., eds., *La crisi del capitalismo*(Florence: G. C. Sansoni, 1933), 153–98에 있는 국제 서지 목록을 참고할 수 있다. 다음도 참조하라. Reto Hoffmann, *The Fascist Effect: Japan and Italy, 1915–1952*(Ithaca, NY: Cornell University Press, 2015); Zeev Sternhell, *Neither Right nor Left: Fascist Ideology in France*, trans. David Maisel(Berkeley: University of California Press, 1986). 독일의 맥락에 관해서는 Udi Greenberg, "Revolution from the Right: Against Equality," in *The Cambridge History of Modern European Thought*, ed. Peter Gordon and Warren Breckman(Cambridge, UK: Cambridge University Press, 2019), 233–58을 참조하라.

33   Ford, *My Life and Work,* 177–83.

34   Allan Nevins and Frank Ernest Hill, *Ford: Expansion and Challenge, 1915–1933*(New York: Charles Scribner's Sons, 1957), 305 ff.; David L. Hammes, *Harvesting Gold: Thomas Edison's Experiment to Re-Invent American Money*(Silver City, NM: Richard Mahler, 2012); "Ford Sees Wealth in Muscle Shoals," *New York Times,* December 6, 1921.

35   "Ford Sees Wealth in Muscle Shoals," *New York Times.*

36   Feder, *Der deutsche Staat,* 131–33, 194.

37   Thorstein Veblen, *The Engineers and the Price System*(New York: B. W. Huebsch, 1921); C. H. Douglas, *Economic Democracy*(London: Palmer, 1920); C. H. Douglas, *Social Credit*(London: Eyre and Spottiswoode, 1924). 더글러스의 반유대주의와 앨버타 사회신용당의 정치에 관해서는 Bob Hesketh, *Major Douglas and Alberta Social Credit*(Toronto:

University of Toronto Press, 1997)을 참조하라.

38 Tooze, *Deluge*, 353 - 73; Niall Ferguson, "Constraints and Room for Manoeuvre in the German Inflation of the Early 1920s," *Economic History Review* 49, no. 4(1996): 653 - 66; Barry Eichengreen, *Golden Fetters: The Gold Standard and the Great Depression, 1919–1939*(New York: Oxford University Press, 1995), chapter 1; Werner Link, *Die amerikanische Stabilisierungspolitik in Deutschland, 1921–32*(Dusseldorf, Germany: Droste, 1970).

39 BFRC, Acc. 285, Box 137, Irvine to Liebold, March 15, 1923.

40 Friedrich von Gottl—Ottlilienfeld, *Fordismus: Über Industrie und technische Vernunft*(Jena, Germany: Fischer, 1926), 80. 엔지니어 폴 리펠(Paul Rieppel)이 보기에 포드의 방법은 '거의 프러시아—독일 사회주의나 마찬가지'였다. 프랑스 엔지니어 앙드레 프루조(Andre Fourgeaud)는 포드를 '새로운 사회주의의 선봉대'라 불렀다(Klautke, *Unbegrenzte Möglichkeiten*, 226에서 인용).

41 Christoph Werth, *Sozialismus und Nation: Die deutsche Ideologiedebatte zwischen 1918 und 1945*(Opladen, Germany: Westdeutscher Verlag, 1996); Walter Rathenau, *Die neue Wirtschaft*(Berlin: Fischer, 1919); Oswald Spengler, *Preußentum und Sozialismus*(Munich: Beck, 1920); Wichard von Moellendorff, *Konservativer Sozialismus*(Hamburg: Hanseatischer Verlag, 1932); Werner Sombart, *A New Social Philosophy*, trans. Karl F. Geiser(Princeton, NJ: Princeton University Press, 1937 [originally published in 1934 as *Deutscher Sozialismus*]), 146. 프랑스 파시스트 사이에서 통용되었던 '사회주의'에 관해서는 Zeev Sternhell, *Neither Right nor Left*. See also Griffin, *Modernism and Fascism: The Sense of a New Beginning under Mussolini and Hitler*를 참조하라.

42 고틀 오틀릴린펠트는 포드주의에 대한 시리즈 에세이를 헌정했다. "Fordismus? Von Frederick W. Taylor zu Henry Ford"(1924); "Industrie im Geiste Henry Fords"(1925); and the encyclopedia entry "Fordismus und Fordisation"(1925). 이것들은 Gottl—Ottlilienfeld, *Fordismus: Über Industrie und Technische Vernunft*에 수록되어 있으며 이를 인용하였다.

43 Osamu Yanagisawa, "The Impact of German Economic Thought on Japanese Economists before World War II," in *The German Historical School: The Historical and Ethical Approach to Economics*, ed. Yuichi Shionova(London: Routledge, 2001), 173 - 87; Janis Mimura, *Planning for Empire: Reform Bureaucrats and the Japanese Wartime State*(Ithaca, NY: Cornell University Press, 2011), 114 - 16.

44 바이마르의 경제 논쟁, 특히 그 안에서 고틀의 역할에 관해서는 Hauke Janssen, *Nationalökonomie und Nationalsozialismus: Die deutsche Volkswirtschaftslehre in den*

dreißiger Jahren(Marburg, Germany: Metropolis, 2000), 20 - 75를 참조하라.

45　이곳과 이후의 인용구는 Gottl−Ottlilienfeld, *Fordismus*, 3 - 40에서 따온 것이다.

46　Lüddecke, *Das amerikanische Wirtschaftstempo*.

47　Lüddecke, 6, 47.

48　Lüddecke, 49, 106.

49　Lüddecke, 29, 64 - 65.

50　다음을 참조하라. Friedrich von Gottl−Ottlilienfeld, *Vom Sinn der Rationalisierung*(Jena, Germany: Fischer, 1929); Tilla Siegel and Thomas von Freyberg, *Industrielle Rationalisierung unter dem Nationalsozialismus*(Frankfurt: Campus, 1991), 77 - 89; Janssen, *Nationalökonomie*, 81 - 82.

51　다음을 참조하라. https://www.catalogus−professorum−halensis.de/lueddecketheodor. html. 이 정보를 알려준 알렉스 코브(Alex Korb)에게 감사한다.

52　사진상의 책 사본은 뮌헨에 있는 히틀러의 사택에서 미군 장병이 회수했고, 이후에는 뉘른 베르크 재판의 전직 검시관이자 나치 물품 수집가인 존 K. 라티머(John K. Lattimer)가 소 유했다. 현재는 프랑스인이 개인적으로 소유하고 있다. 이 정보는 이 이미지를 제작한 경 매사로부터(샌드라 펑크[Sandra Funck]에게서) 들은 것이다. 1945년 미군에 회수된 베를 린 제국 총리실 도서관 목록에는 포드와 크로더의 세 번째 작품인 『전진 앞으로(Moving Forward)』만 포함되었다. Philipp Gassert and Daniel S. Mattern, *The Hitler Library: A Bibliography*(Westport, CT: Greenwood, 2001), 485.

53　1924년 4월 9일 헤스의 메모를 참조하라. "히틀러의 생각은 주로 더 나은 생산방법과 생 산량 증가에 쏠려 있다. 이 지점에서 히틀러는 주로 포드를 가리키며, 훌륭한 자동차를 몇 백 달러에 제공하여 광범위한 대중이 자동차를 살 수 있게 만든 사람이라고 했다." Rudolf Hess, *Briefe, 1908–1933*, ed. Wolf Rudiger Hess(Munich: Langen Muller, 1987), 319. See also pp. 324, 339.

54　Adolf Hitler, *Mein Kampf*(Munich: Zentralverlag der NSDAP, 1938), reprint of the 1927 edition, 730.

55　As Adam Tooze put it pithily, in his "Second Book" Hitler expressed the view that "Fordism … required Lebensraum"(Tooze, *The Wages of Destruction: The Making and Breaking of the Nazi Economy* [New York: Viking, 2007], 10).

56　Philipp Gassert, *Amerika im Dritten Reich: Ideologie, Propaganda, und Volksmeinung, 1933–1945*(Stuttgart: Steiner, 1997), 89, footnote 7에서 인용.

57　Adolf Hitler, *Reden, Schriften, Anordnungen. Februar 1925 bis Januar 1933*, vol. IIa, ed. Institut für Zeitgeschichte(Munich: Saur, 1995), 84.

58　Hitler, *Reden, Schriften, Anordnungen*, vol. II/2, 615.

59　Hitler, vol. IIa, 84, 123. See Gassert, *Amerika im Dritten Reich*, 88 - 94; Tooze, *Wages of*

Destruction, 10 - 11.

60 1926년 2월 팸플릿에서 히틀러는 포드가 '유대인' 주식시장에서 독립했다고 찬양했다. Hitler, *Reden, Schriften, Anordnungen*, vol. I, 292. 히틀러의 연설을 다룬 경찰 보고서를 보면, 1926년 3월 30일에 히틀러는 뮌헨에서 열린 나치 당원 모임에서 연설을 하면서 '포드 공장의 작업 조건을 자세히 다루는 언급'을 했다. Hitler, vol. I, 361 - 62. 1926년 4월 1일에 당원들에게 한 연설에서 히틀러는 이 내용을 반복했고, 독일 자동차 산업을 포드와 안 좋게 비교했다. Hitler, vol. I, 368.

61 Hitler, *Reden, Schriften, Anordnungen*, vol. IV/1, 194 - 95.

62 다음을 참조하라. Ludolf Herbst, *Der Totale Krieg und die Ordnung der Wirtschaft* (Munich: Oldenbourg, 1982), 84 - 92; Rainer Zitelmann, *Hitler: Selbstverständnis eines Revolutionärs*, 5th rev. ed.(Reinbek, Germany: Lau, 2017 [1987]), 401 - 5.

63 1933년 초, 그람시의 동료 공산주의자 아토스 리사(Athos Lisa)는 투리에서 석방된 후에 수감자들 간의 대화를 담은 회고록을 썼다. 리사의 글은 다음에 재수록되었다. Perry Anderson, *The Antinomies of Antonio Gramsci: With a New Preface*(London: Verso, 2017), 156 - 75, here 172.

64 Gramsci and Schucht, *Lettere, 1926–1935*, 105; Antonio Gramsci, *Quaderno 22: Americanismo e fordismo*, ed. Franco de Felice(Turin, Italy: G. Einaudi, 1978), 21; Antonio Gramsci, *Amerika und Europa*, ed. Thomas Barfuss(Hamburg: Argument, 2007), 21; Alastair Davidson, *Antonio Gramsci: Towards an Intellectual Biography*(London: Merlin, 1977), 246.

65 독일 사회민주당이 포드를 긍정적으로 받아들인 것에 관해서는 Nolan, *Visions of Modernity*, 50 - 54, 63 - 67을 참조하라. Leon Trotsky, "Culture and Socialism"(February 1926), reprinted in Trotsky, *Problems of Everyday Life*(New York: Monad, 1973), 227 - 49, 243도 참조하라.

66 Peter D. Thomas, *The Gramscian Moment: Philosophy, Hegemony, and Marxism*(Leiden, Netherlands: Brill, 2009), 115; Giuseppe Vacca, "Gramsci Studies since 1989," *Journal of Modern Italian Studies* 16, no. 2(2011), 188.

67 그람시의 『옥중수고』에 대한 신좌파의 반응에 관해서는 Anderson, *Antinomies of Antonio Gramsci: With a New Preface*, 1 - 28을 참조하라. 앤더슨은 '어떤 언어로든' 『수고』에 대한 '최초의 광범위한 번역'은 고전 *Selections from the Prison Notebooks of Antonio Gramsci*, ed. Quintin Hoare and Geoffrey Nowell-Smith(New York: International Publishers, 1971)에서 나왔다고 적고 있다. 22번째 노트 대부분이 *Selections*(pp. 279 - 320)에 포함되어 있다. Eric Hobsbawm, ed., *Gramsci in Europa e in America*(Rome: Sagittari Laterza, 1995)도 참조하라.

68 Giorgio Baratta, "Americanismo e fordismo," in *Le parole di Gramsci: Per un lessico dei*

Quaderni del Carcere, ed. Fabio Frosini and Guido Liguori(Rome: Carocci, 2004), 18.

69   Craig Brandist, "The Cultural and Linguistic Dimensions of Hegemony: Aspects of Gramsci's Debt to Early Soviet Cultural Policy," *Journal of Romance Studies* 12, no. 3(2012), 25.

70   Gramsci and Schucht, *Lettere, 1926–1935.*

71   Robert C. Allen, *Farm to Factory: A Reinterpretation of the Soviet Industrial Revolution*(Princeton, NJ: Princeton University Press, 2003), 48; Maurice Dobb, *Soviet Economic Development since 1917*(London: Routledge & Kegan Paul, 1948), 161; Andrei Markevich and Mark Harrison, "Great War, Civil War, and Recovery: Russia's National Income, 1913 to 1928," *Journal of Economic History* 71, no. 3(2011): 680, 688; Mark R. Beissinger, *Scientific Management, Socialist Discipline, and Soviet Power*(Cambridge, MA: Harvard University Press, 1988), chapter 2.

72   Trotsky, "Culture and Socialism," 236.

73   Nikolai Bukharin, "Problema kul'tury v epokhu rabochei revoliutsii," *Pravda*, October 11, 1922; Hans Rogger, *"Amerikanizm* and the Economic Development of Russia," *Comparative Studies in Society and History* 23, no. 3(1981): 384. A sure guide to early Soviet Americanism is Alan M. Ball, *Imagining America: Influence and Images in Twentieth-Century Russia*(New York: Rowman & Littlefield, 2003), esp. chapter 1.

74   Trotsky, "Culture and Socialism," 241.

75   Rogger, *"Amerikanizm,"* 385에서 인용.

76   Sheila Fitzpatrick, "The Soft Line in Culture and Its Enemies, 1922 – 927," *Slavic Review* 33, no. 2(1974): 267 – 87; John Biggart, "Bukharin and the Origins of the 'Proletarian Culture' Debate," *Soviet Studies* 39, no. 2(1987): 229 – 46; John Biggart, "Bukharin's Theory of Cultural Revolution," in *The Ideas of Nikolai Bukharin*, ed. Anthony Kemp-Welch(Oxford, UK: Clarendon Press, 1992), 131 – 58; Trotsky, "Culture and Socialism."

77   가스테프는 Kendall E. Bailes, "Alexei Gastev and the Soviet Controversy over Taylorism, 1918 – 24," *Soviet Studies* 29, no. 3(1977): 377 – 78에서 인용.

78   Peter Fritzsche and Jochen Hellbeck, "The New Man in Stalinist Russia and Nazi Germany," in *Beyond Totalitarianism: Stalinism and Nazism Compared*, ed. Michael Geyer and Sheila Fitzpatrick(Cambridge, UK: Cambridge University Press, 2009), esp. 315 – 17.

79   Gramsci, *Quaderno 22: Americanismo e fordismo*, 60 – 63, 71 – 76, 85 – 86.

80   Gramsci, 41 – 48.

81   Gramsci, 62 – 63, 71 – 75; Trotsky, *Problems of Everyday Life*, 29.

82   프리스탄드는 이러한 모순을 볼셰비키 이념에서 '엘리트주의자'와 '포퓰리스트' 간

의 긴장이라는 관점에서 설명한다(Priestland, *Stalinism and the Politics of Ideological Mobilization: Ideas, Power, and Terror in Inter-war Russia*[Oxford, UK: Oxford University Press, 2007]).

83 Stephen Kotkin, *Stalin: The Paradoxes of Power, 1878–1928*(New York: Penguin, 2015), 517에서 인용.

84 1930년대에 이뤄진 '부르주아' 기술 지식인의 쇠퇴와 프롤레타리아 지식의 출현에 관해서는 다음을 참조하라. Kendall E. Bailes, "The Politics of Technology: Stalin and Technocratic Thinking among Soviet Engineers," *American Historical Review* 79, no. 2(1974): 445 – 69; Kendall E. Bailes, *Technology and Society under Lenin and Stalin: Origins of the Soviet Technical Intelligentsia, 1917–1941*(Princeton, NJ: Princeton University Press, 1978); Beissinger, *Scientific Management*, 1 – 156; Sheila Fitzpatrick, *Education and Social Mobility in the Soviet Union, 1921–1934*(Cambridge, UK: Cambridge University Press, 1979). 다음도 참조하라. Sheila Fitzpatrick, "Cultural Revolution as Class War," in *The Cultural Front: Power and Culture in Revolutionary Russia*, ed. S. Fitzpatrick(Ithaca, NY: Cornell University Press, 1992), 115 – 48; Loren Graham, *The Ghost of the Executed Engineer: Technology and the Fall of the Soviet Union*(Cambridge, MA: Harvard University Press, 1993).

85 N. S. Lavrov, *Genri Ford i ego proizvodstvo*(Leningrad: Vremia, 1925). 1917년 2월 혁명 후에 라브로프는 헨리 포드에게 편지를 써서 그의 아이디어가 '새로운 러시아'를 재건하는 데 도움이 될 것이라는 희망을 표했다(BFRC, Acc. 1, Box 173).

86 Bukharin as quoted in Bailes, "Alexei Gastev," 387.

87 O. A. Ermanskii, *Legenda o Forde*(Moscow: Gosizdat, 1925); O. A. Ermanskii, *Teoriia I praktika ratsionalizatsii*(Moscow: Gosizdat, 1927); Beissinger, *Scientific Management*, 94 – 99.

88 Arsenii Mikhailov, *Sistema Forda*(Moscow: Gosizdat, 1930).

89 Bailes, "Alexei Gastev"; Lewis H. Siegelbaum, "Soviet Norm Determination in Theory and Practice, 1917 – 1941," *Soviet Studies* 36, no. 1(1984): 45 – 68; Beissinger, *Scientific Management*, 35 – 43, 71 – 73; Judith A. Merkle, *Management and Ideology: The Legacy of the International Scientific Management Movement*(Berkeley: University of California Press, 1980), 105 – 109.

90 Beissinger, *Scientific Management*, 56, 87 – 89; Bailes, "Alexei Gastev," 386, 390.

91 O. A. Ermanskii, *Theorie und Praxis der Rationalisierung*(Vienna: Verlag fur Literatur und Politik, 1928), vi.

92 Henry Ford, *Moia zhizn', moi dostizheniia*(Leningrad: Vremia, 1924); Ford, *Segodnia I zavtra*(Leningrad: Vremia, 1926); Ford, *Segodnia i zavtra*(Moscow: Gosizdat, 1926);

Ford, *Segodnia i zavtra*(Moscow: Gostekhizdat, 1926). 다양한 판본과 발행부수에 관한 정보는 Ford, *Segodnia*(Vremia edition)의 뒷면 광고와 Mikhailov, *Sistema Forda*, 139에서 도 얻을 수 있다.

93 N. S. Lavrov, "Predislovie," in Ford, *Moia zhizn'*, 3 – 8. For similar arguments see Aleksei K. Gastev, "Marks i Ford" [1927], in A. K. Gastev, *Kak nado rabotat': Prakticheskoe vvedenie v nauku organizatsii truda*(Moscow: Ekonomika, 1972), 311 – 15.

94 Iakob Walkher, *Ford ili Marks*(Moscow: Profintern, 1925); German edition: Jakob Walcher, *Ford oder Marx: Die praktische Lösung der sozialen Frage*(Berlin: Neuer Deutscher Verlag, 1925), 55.

95 I. V. Rabchinskii, "Vvodnaia stat'ia," in Ford, *Segodnia i zavtra*(Moscow: Gostekhizdat, 1926), 3 – 8. 라브친스키는 테일러주의와 과학적 경영에 관한 주요 연구를 출판했다. *O sisteme Teilora*(Moscow: Gostekhizdat, 1921); *Promkapital i novaia shkola NOT v Amerike*(Moscow: Gostekhizdat, 1922). 라브친스키의 *Printsipy Forda*(Moscow: Gostekhizdat, 1925)도 참조하라.

96 O. A. Ermanskii, "Predislovie," in N. S. Rozenblit, *Fordizm: Amerikanskaia organizatsiia proizvodsto*(Moscow: Ekonomicheskaia Zhizn', 1925), 5 – 3. Ermanskii expanded on these themes in his comprehensive takedown *Legenda o Forde*.

97 Rozenblit, *Fordizm*, 73 – 78.

98 Mikhailov, *Sistema Forda*, 87 – 89.

99 Mikhailov, 122.

100 Gastev, "K perepiske s Fordom" [1928], in *Kak nado rabotat'*, 306 – 7.

101 Trotsky, "Culture and Socialism," 241 – 4.

102 Gastev, "Remeslo i sovremennaia industriia" [1925], in *Kak nado rabotat'*, 171 – 77.

103 Mikhailov, *Sistema Forda*, 90, 104.

104 Quotes in Beissinger, *Scientific Management*, 105 – 9.

105 N. S. Lavrov, *Fordizm: Uchenie o proizvodstve veshchei*(Leningrad: n. p., 1928); Mikhailov, *Sistema Forda*, 140.

106 *Rossiiskii gosudarstvennyi arkhiv ekonomiki*(RGAE), Moscow, f.7620, o.1, d.13.

107 Beissinger, *Scientific Management*, 101.

108 David R. Shearer, "The Language and Politics of Socialist Rationalization. Productivity, Industrial Relations, and the Social Origins of Stalinism at the End of NEP," *Cahiers du Monde Russe et Soviétique* 32, no. 4(1991): 581 – 608. Shearer, *Industry, State, and Society in Stalin's Russia, 1926–1934*(Ithaca, NY: Cornell University Press, 1996), chapters 3 – 5. Sheila Fitzpatrick, "Ordzhonikidze's Takeover of Vesenkha: A Case Study in Soviet Bureaucratic Politics," *Soviet Studies* 37, no. 2(1985): 153 – 72. 스탈린주의 근

대화론자들의 이념적 지평에 관해서는 다음도 참조하라. Andrea Graziosi, "Building the First System of State Industry in History.' Piatakov's VSNKh and the Crisis of the NEP, 1923 - 1926," *Cahiers du Monde Russe et Soviétique* 32, no. 4(1991): 539 - 80; Shearer, *Industry, State, and Society in Stalin's Russia*, 77 - 85, 115 - 17, 239; Arkadii Rozengol'ts, "Ispol'zuem preimushchestva sotsialisticheskogo stroitel'stva," in *Promyshlennost': Sbornik statei po materialam TsKK VKP(b)-NK RKI*, ed. A. Rozengol'ts(Moscow: Gosizdat, 1930), 5 - 6.

109   Rozengol'ts, "Ispol'zuem preimushchestva."
110   N. Osinskii, *Avtomobilizatsiia SSSR: Stat'i, ocherki, rechi*(Moscow: Gosizdat, 1930), 5 - 23.
111   Rozengol'ts, "Ispol'zuem preimushchestva," 14 - 15.
112   Mikhailov, *Sistema Forda*, 5.
113   Aleksei Gastev, "Fordism," in *Bol'shaia sovetskaia entsiklopediia*, vol. 58(Moscow: Gosudarstvennyi Institut "Sovetskaia Entsiklopediia", 1936).
114   N. Beliaev, *Genri Ford*(Moscow: Zhurnal'no-gazetnoe Ob"edinenie, 1935), 7.
115   Louis Lochner, *Henry Ford: America's Don Quixote*(New York: International Publishers, 1925); Russian: Luis Lokhner, *Genri Ford i ego "korabl' mira"*(Leningrad: Vremia, 1925); Frank Mäckbach and Otto Kienzle, eds., *Fließarbeit. Beiträge zu ihrer Einführung*(Berlin: VDI Verlag, 1926); Russian: F. Mekkbakh and A. Kintsle, *Rabota nepreryvnym proizvodstvennym potokom*(Moscow: Promizdat, 1927); Mikhailov, *Sistema Forda*, 142.
116   O. A. Ermanskii, *Nauchnaia organizatsiia truda i proizvodstva i sistema Teilora*(Moscow: Gosizdat, 1923); German: O. A. Ermanskii, *Wissenschaftliche Betriebsorganisation und Taylor-System*(Berlin: Karl Dietz Verlag, 1925); Ermanskii, *Teoriia i praktika ratsionalizatsii*; German: Ermanskii, *Theorie und Praxis der Rationalisierung*.
117   Klautke, *Unbegrenzte Möglichkeiten*, 226; Yanagisawa, "The Impact of German Economic Thought on Japanese Economists."
118   Irene Margarete Witte, *Taylor, Gilbreth, Ford: Gegenwartsfragen der amerikanischen und europäischen Arbeitswissenschaft*(Munich: Oldenbourg, 1925); Russian: I. M. Vitte, *Amerika—Germaniia: Teilor, Dzhil'bret, Ford*(Leningrad: Vremia, 1926); Hilda Weiss, *Abbe und Ford: Kapitalistische Utopien*(Berlin: Prager, 1927); Russian: G. Veis, *Abbe i Ford. Kapitalicheskie utopii*(Moscow: Gosizdat, 1928).
119   Gramsci, *Quaderno 22: Americanismo e fordismo*, 18.
120   Lüddecke, "Amerikanismus als Schlagwort und Tatsache," 215.
121   Rogger, *"Amerikanizm,"* 385에서 인용. 소비에트인들이 미국주의(*delovitost', delochestvo*)를 설명하면서 사용한 단어는 '행위'를 뜻하는 *delo*에서 파생되었다.

122 Lüddecke, "Amerikanismus als Schlagwort und Tatsache," 221.

123 Gramsci, *Quaderno 22: Americanismo e fordismo*, 41–42.

3장 소비에트의 자동차 거인

1 V. I. Lenin, "How We Should Reorganize the Workers and Peasants Inspectorate," quoted in Sarah Davies and James Harris, *Stalin's World: Dictating the Soviet Order*(New Haven, CT: Yale University Press, 2014), 22.

2 Alice Amsden, *The Rise of "the Rest": Challenges to the West from Late-Industrializing Economies*(Oxford, UK: Oxford University Press, 2001), 64.

3 Benson Ford Research Center(BFRC), Dearborn, MI, Acc. 38, Box 80, Camerana to Sorensen, September 28, 1936; Duccio Bigazzi, *La grande fabbrica. Organizzazione industriale e modelo americano alla Fiat dal Lingotto a Mirafiori*(Milan: Feltrinelli, 2000), 73–75.

4 BFRC, Acc. 38, Box 80, Sorensen to Camerana, October 2, 1936.

5 *Rossiiskii gosudarstvennyi arkhiv ekonomiki*(RGAE), Moscow, f. 7622, o. 3, d. 68; Aleksandr Bek, "Takova dolzhnost'(vospominaniia Dybetsa)" *Novyi mir* 7(1969): 106–68.

6 RGAE, f. 7620, o. 1, d. 776에 있는 해외 기술협정에 관한 참고문헌 목록을 참조하라. S. S. Khromov, ed., *Industrializatsiia sovetskogo soiuza: Novye dokumenty, novye fakty, novye podkhody*, 2 vols.(Moscow: RAN, 1999), 2: 254.

7 1930년대 초의 상황을 반영한 협정 목록은 Saul Bron, *Soviet Economic Development and American Business*(New York: Liveright, 1930), 144–46을 참조하라.

8 Sonia Melnikova-Raich, "The Problem with Two 'Unknowns': How an American Architect and a Soviet Negotiator Jump-Started the Industrialization of Russia, Part I: Albert Kahn," *Journal of the Society for Industrial Archeology* 36, no. 2(2010): 57–80. 멜리코바-라이히의 추정을 따르면, 1932년까지 소비에트연방 내 '21개 도시에서 몇백 개 공장'이 앨버트 칸의 설계를 기반으로 설립되었다(75쪽).

9 기술 이전에 관해서는 다음의 고전적 저작들을 참조하라. E. H. Carr and R. W. Davies, *Foundations of a Planned Economy, 1926–1929*(New York: Macmillan, 1971); Davies, *The Soviet Economy in Turmoil, 1929–1930*(Cambridge, MA: Harvard University Press, 1989); Davies, *Crisis and Progress in the Soviet Economy, 1931–33*(Basingstoke, UK: Macmillan, 1996); Alec Nove, *An Economic History of the USSR, 1917–1991*(London: Penguin, 1992); and R. W. Davies, Mark Harrison, and S. G. Wheatcroft, eds., *The*

Economic Transformation of the Soviet Union, 1913–1945(Cambridge, UK: Cambridge University Press, 1994).

10 특히 Antony C. Sutton, *Western Technology and Soviet Economic Development*, 3 vols. (Stanford, CA: Hoover Institution, 1968 – 1973)를 참조하라. 서튼은 서구의 기술에 대한 소비에트연방의 의존성을 강박적으로 상세히 설명했는데, 추격 발전의 표준적 특징이 기보다는 공산주의 체제의 특징적 실패라고 해석한다. 서튼은 소비에트의 생산 공정, 기계류, 장비류를 포괄적으로 조사하면서 "두 가지 경우를 제외하면 모두 서방의 선례가 있었다"라고 언급했다(2권, 329쪽, 각주 1). 이것은 서튼이 강조한 것처럼 소련의 혁신 역량이 부족하다는 점을 분명히 보여주지만, 한편으로는 그도 인정했듯이 외국의 기술을 채택하고 토착화하는 소비에트연방의 기량을 보여주는 것이기도 했다. 기술 이전의 역사에 비추어 볼 때, 서구의 기술에 대한 소비에트의 선택은 대단히 훌륭했다. … 소비에트 체제는 저렴하고 상대적으로 효율적인 방식으로 서구의 기술을 신속하면서도 대개는 성공적으로 이전할 수 있는 제도적 절차를 갖추고 있었다. … 1920년경부터 소비에트는 전 세계의 기술 발전을 저인망으로 빈틈없이 지속적으로 모으는 일을 수행했다. 아마도 그들은 서구에서 만들어진 모든 물품 하나씩은 획득했거나 획득하려 시도했을 것이다(2권, 291–93쪽). 다음도 참조하라. George D. Holliday, *Technology Transfer to the USSR, 1928–1937 and 1966–1975: The Role of Western Technology in Soviet Economic Development*(Boulder, CO.: Westview Press, 1979); Philipp Hanson, *Trade and Technology in Soviet- Western Relations*(New York: Columbia University Press, 1981); Bruce Parrott, ed., *Trade, Technology, and Soviet-American Relations*(Bloomington: Indiana University Press, 1985).

11 기본적인 연구로 Foundational was Kendall E. Bailes, "The American Connection: Ideology and the Transfer of American Technology to the Soviet Union, 1917 – 1941," *Comparative Studies in Society and History* 23, no. 3(1981): 421 – 48이 있다. 다음도 참조하라. Kurt Schultz, "The American Factor in Soviet Industrialization: Fordism and the First Five—Year Plan, 1928 – 1932"(PhD dissertation, Ohio State University, 1992); Shpotov, "Uchastie amerikanskikh promyshlennykh kompanii v sovetskoi industrializatsii, 1928 – 1933," *Ekonomicheskaia istoriia: Ezhegodnik*(2005): 172 – 96; 건축사가가 쓴 중요한 논문으로 Sonia Melnikova—Raich, "The Problem with Two 'Unknowns,' Part I," and "Part II: Saul Bron," *Journal of the Society for Industrial Archeology* 37, no. 1/2(2011): 5 – 28이 있다. 포드사와 러시아 간 연관성의 다양한 측면에 관해서는 다음을 보라. On various aspects of the Ford—Russia connection in the 1920s and 1930s see Mira Wilkins and Frank Ernest Hill, *American Business Abroad: Ford on Six Continents*, updated ed.(New York: Cambridge University Press, 2011), chapter 10; Christine White, "Ford in Russia: In Pursuit of the Chimerical Market," *Business History* 28, no. 4(1986): 77 – 104; Boris Shpotov, "Ford in Russia, from 1909 to World War II," in *Ford, 1903–2003: The*

European History, ed. Hubert Bonin, Yannick Lung, and Steven Tolliday(Paris: PLAGE, 2003), 2: 514-18. 클리블랜드 엔지니어링 회사 오스튼(Austin)의 원조 아래 가즈가 건설된 기간(1930~1931)에 관한 탐구는 다음을 보라. Shpotov, "Bisnesmeny i biurokraty: Amerikanskaia tekhnicheskaia pomoshch' v stroitel'stve Nizhegorodskogo avtozavoda, 1929-1931 gg.," *Ekonomicheskaia istoriia: Ezhegodnik*(2002): 191-232; Kurt Schultz, "Building the 'Soviet Detroit': The Construction of the Nizhnii—Novgorod Automobile Factory, 1927-1932," *Slavic Review* 49, no. 2(1990): 200-12; and Richard Austin, *Building Utopia: Erecting Russia's First Modern City, 1930*(Kent, OH: Kent State University Press, 2004). 포드자동차회사의 포드슨(Fordson) 트랙터에 관해서는 다음을 참조하라. Dana D. Dalrymple, "The American Tractor Comes to Soviet Agriculture: The Transfer of a Technology," *Technology and Culture* 5, no. 2(1964): 191-214; and Yves Cohen, "The Soviet Fordson: Between the Politics of Stalin and the Philosophy of Ford, 1924-1932," in *Ford, 1903–2003: The European History*. David Greenstein, "Assembling Fordizm: The Production of Automobiles, Americans, and Bolsheviks in Detroit and Early Soviet Russia," *Comparative Studies in Society and History* 56, no. 2(2014): 259-89에 제시된 **얽힌 역사**(histoire croisée)도 참조하라.

12 Amsden, *The Rise of "the Rest"*; Chalmers Johnson, *MITI and the Japanese Miracle: The Growth of Industrial Policy, 1925–1975*(Stanford, CA: Stanford University Press, 1982); Richard Samuels, *"Rich Nation, Strong Army": National Security and the Technological Transformation of Japan*(Ithaca, NY: Cornell University Press, 1994) speaks of "indigenization, nurturance, and diffusion"(chapter 2). Kevin O'Rourke and Jeffrey Williamson, eds., *The Spread of Modern Industry to the Periphery since 1871*(Oxford, UK: Oxford University Press, 2017)도 참조하라.

13 예를 들어 다음을 보라. Schultz, "American Factor"; Lewis Siegelbaum, *Cars for Comrades: The Life of the Soviet Automobile*(Ithaca, NY: Cornell University Press, 2008).

14 이에 관한 예리한 주장은 Johnson, *MITI and the Japanese Miracle*, 21-22가 있다.

15 가즈의 역사에 관해서는 Siegelbaum, *Cars for Comrades*, chapter 2와 유용한 기업사인 Polina Aleshina et. al., *Gor'kovskii Avtomobil'nyi: Ocherk istorii zavoda*(Moscow: Profizdat, 1964)를 보라. 다음도 참조하라. V. Ia. Dobrokhotov, *Gor'kovskii Avtomobil'nyi*(Moscow: Mysl', 1981); and A. A. Gordin, *Gor'kovskii Avtomobil'nyi Zavod: Istoriia i sovremennost' 1932–2012*(Nizhnii Novgorod: Kvarts, 2012).

16 Robert C. Allen, *Farm to Factory: A Reinterpretation of the Soviet Industrial Revolution*(Princeton, NJ: Princeton University Press, 2003); Andrei Markevich and Steven Nafziger, "State and Market in Russian Industrialization, 1870-2010," in *Spread of Modern Industry*, ed. O'Rourke and Williamson, esp. 33-37, 43-47; Davies,

Harrison, and Wheatcroft, *Economic Transformation of the Soviet Union*; Mark Harrison, "Foundations of the Soviet Command Economy 1917 – 1941," in *The Cambridge History of Communism, Vol. 1: World Revolution and Socialism in One Country*, ed. Silvio Pons and Stephen Smith(Cambridge, UK: Cambridge University Press, 2017), 327 – 47; Anton Cheremukhin et al., "Was Stalin Necessary for Russia's Economic Development?" NBER Working Paper No. 19425(September 2013).

17 산업화, 집단화, 기근에 관해서 이 책은 다음 논의를 따른다. Terry Martin, "The 1932 – 33 Ukrainian Terror: New Documentation on Surveillance and the Thought Process of Stalin," in *Famine-Genocide in Ukraine, 1932–1933. Western Archives, Testimonies and New Research*, ed. Wsevolod W. Isajiw(Toronto: Ukranian Canadian Research and Documentation Center, 2003), 97 – 114; and Andrea Graziosi, "Les famines soviétiques de 1931 – 1933 et le Holodomor ukrainien. Une nouvelle interprétation est—elle possible et quelles en seraient les conséquences?" *Cahiers du monde russe et soviétique* 46, no. 3(2005): 453 – 72. 진행 중인 논쟁에 관한 최근의 개요는 Sergei Nefedov and Michael Ellman, "The Soviet Famine of 1931 – 1934: Genocide, a Result of Poor Harvests, or the Outcome of a Conflict between the State and the Peasants?" *Europe-Asia Studies* 71, no. 6(2019): 1048 – 65를 참조하라.

18 볼셰비키 천년왕국설에 관해서는 다음을 보라. Halfin, *From Darkness to Light: Class Consciousness and Salvation in Revolutionary Russia*; Yuri Slezkine, *The House of Government: A Saga of the Russian Revolution*(Princeton, NJ: Princeton University Press, 2017).

19 상대적 저개발이 어떻게 일본의 추격 노력에 박차를 가했는지에 관해서는 Samuels, *"Rich Nation, Strong Army"*를 보라. 찰머스 존슨(Chalmers Johnson)이 요약했듯이, "개발 국가의 목표는 항상 외부 기준 경제와의 비교에서 도출되었다"(*MITI and the Japanese Miracle*, 24).

20 트로츠키에 관한 인용은 Richard Day, *Leon Trotsky and the Politics of Economic Isolation*(Cambridge, UK: Cambridge University Press, 1973), 155에 있다.

21 Michael Dohan, "Soviet Foreign Trade in the NEP Economy and Soviet Industrialization Strategy,"(PhD dissertation, Massachusetts Institute of Technology, 1969), 53 – 58; Michael Dohan, "The Economic Origins of Soviet Autarky, 1927/28 – 1934," *Slavic Review* 35, no. 4(1976): 633 – 34.

22 James Harris, "Encircled by Enemies: Stalin's Perceptions of the Capitalist World, 1918 – 1941," *Journal of Strategic Studies* 30, no. 3(2007): 513 – 45.

23 Maurice Dobb, *Soviet Economic Development since 1917*(London: Routledge & Kegan Paul: 1948), 192에서 인용.

24 NEP의 종료에 기여한 국제적 압박에 관해서는 다음을 보라. Jon Jacobson, *When the Soviet Union Entered World Politics*(Berkeley: University of California Press, 1994), 233 – 56; Robert Lewis, "Foreign Economic Relations," in *Economic Transformation of the Soviet Union*, ed. Davies, Harrison, and Wheatcroft, 202 – 6.

25 David Shearer, *Industry, State, and Society in Stalin's Russia, 1926–1934*(Ithaca, NY: Cornell University Press, 2006), chapter 5.

26 Dohan, "Economic Origins," 612 – 13; Oscar Sanchez–Sibony, *Red Globalization: The Political Economy of the Soviet Cold War from Stalin to Khrushchev*(Cambridge, UK: Cambridge University Press, 2014), 42 – 43; Shearer, *Industry, State, and Society*, 77 – 85, 96; Paul Gregory, *The Political Economy of Stalinism: Evidence from the Soviet Secret Archives*(Cambridge, UK: Cambridge University Press, 2004), chapter 2; Jeffrey J. Rossman, *Worker Resistance under Stalin: Class and Revolution on the Shop Floor*(Cambridge, MA: Harvard University Press, 2005), 3 – 6; Elena Osokina, *Zoloto dlia industrializatsii: TORGSIN*(Moscow: ROSSPEN, 2009).

27 Dohan, "Economic Origins."

28 Lars Lih, Oleg Naumov, and Oleg Khlevniuk, eds., *Stalin's Letters to Molotov*(New Haven, CT: Yale University Press, 1995), 205. 아브토 공장은 가즈를 가리킨다. 첼리압 공장은 당시 건설 중이던 첼랴빈스크에 있는 트랙터 공장을 말한다. 그 공장은 훗날 소비에트 탱크의 주요 생산 기지 중 하나인 탄코그라드(*Tankograd*)가 된다. Lennart Samuelson, *Tankograd: The Formation of a Soviet Company Town: Cheliabinsk, 1900–1950s*(London: Palgrave, 2011)을 살펴보라.

29 Shearer, *Industry, State, and Society*, 77 – 85, 115 – 17, 239.

30 Siegelbaum, *Cars for Comrades*, 11 – 15. See also N. Osinskii, *Avtomobilizatsiia SSSR: Stat'i, ocherki, rechi*(Moscow: Gozisdat, 1930), 8 – 10; Adrian Streather, *Bernar Nahum: A Pioneer of Turkey's Automotive Industry*(Eden, SD: Nettleberry, 2011), 45; Joel Wolfe, *Autos and Progress: The Brazilian Search for Modernity*(New York: Oxford University Press, 2010), 44; Michael Cusumano, *The Japanese Automobile Industry: Technology and Management at Nissan and Toyota*(Cambridge, MA: Harvard University Asia Center, 1985), 385; Stefan Tetzlaff, "The Motorisation of the 'Moffusil': Automobile Traffic and Social Change in Rural and Small–Town India, c. 1915 – 1940,"(PhD dissertation, University of Göttingen, 2015), 288, table 2.

31 경제 행정부 내의 다툼에 관해서는 Shearer, *Industry, State, and Society*를 참조하라. 지역 간 경쟁에 관해서는 James R. Harris, *The Great Urals: Regionalism and the Evolution of the Soviet System*(Ithaca, NY: Cornell University Press, 1999)을 참조하라.

32 Eugène Zaleski, *Planning for Economic Growth in the Soviet Union, 1918–1932*(Chapel

Hill: University of North Carolina Press, 1971), 50 - 73; Osinskii, *Avtomobilizatsiia SSSR*, 13.

33 Osinskii features as a Bolshevik leftist par excellence in Yuri Slezkine, *The House of Government*에서 오신스키는 탁월한 좌파로 등장한다. 당 좌파에 대한 오신스키의 헌신은 1927년 10월에 오신스키가 한 개입에서 잘 드러난다. 당시 오신스키는 '최소한의 당내 민주주의'에 호소하며 트로츠키와 지노비예프를 중앙 위원회에서 제명하는 것에 반대했다. 인용은 Khromov, *Industrializatsiia*, 1: 191 - 92에서 했다. 오신스키가 벌인 다양한 활동의 사례에 관해서는 다음도 참조하라. Hassan Malik, *Bankers and Bolsheviks: International Finance and the Russian Revolution*(Princeton, NJ: Princeton University Press, 2018), 187 - 90; N. Osinskii, *Mirovoi selskokhoziastvennyi krisis*(Moscow, 1923); Osinskii, *Ocherki mirovogo selskokhoziastvennogo rynka*(Moscow, 1925); V. V. Obolensky-Ossinsky(N. Osinksii), "Social Economic Planning in the USSR: The Premises, Nature, and Forms of Social Economic Planning," *Annals of Collective Economy* 7, no. 3(1931); Obolensky-Ossinsky, "Planning in the Soviet Union," *Foreign Affairs*(April 1935).

34 이 논쟁에 관해서는 Siegelbaum, *Cars for Comrades*, 37 - 39; Schultz, "American Factor," 107 - 8을 참조하라.

35 Osinskii, *Avtomobilizatsiia SSSR*, 5 - 23.

36 "Rabotniki Gosplana i VSNKh o predlozheniakh t. Osinskogo," in N. Osinskii, *Amerikanskaia avtomobil' ili rossiiskaia telega*(Moscow: Pravda, 1927), 63 - 70.

37 Osinskii, *Avtomobilizatsiia SSSR*, 24 - 27.

38 이하의 단락은 다음에서 가져왔다. Osinskii, *Avtomobilizatsiia SSSR*, 108 - 12; Shpotov, "Ford in Russia, from 1909 to World War II"; Siegelbaum, *Cars for Comrades*, 16 - 19; Schultz, "American Factor," 109 - 17.

39 Osinskii, *Amerikanskaia avtomobil' ili rossiiskaia telega*, 67.

40 Osinskii, *Avtomobilizatsiia SSSR*, 112; Charles Sorensen with Samuel T. Williamson, *My Forty Years with Ford*(New York: Norton, 1956), 182. A draft of the contract proposed by Sorensen is in BFRC, Acc. 572, Box 24.

41 Schultz, "American Factor," 114; Siegelbaum, *Cars for Comrades*, 17.

42 On *Vato*'s administrative structure see RGAE, f. 7620, o.1, d.1.

43 Quoted in Day, *Leon Trotsky*, 133.

44 NEP 양허에 대한 연구는 미흡하다. Sutton, *Western Technology and Soviet Economic Development*, vol. 1은 NEP 양허에 대한 포괄적인 개요를 제공하지만, 어떻게 그것이 변화하는 소비에트의 경제 정책에 맞춰졌는지는 명확하게 설명하지 않는다. 양허에 대한 일부 정보는 다음에서 얻을 수 있다. Bailes, "American Connection,"; Carr and Davies, *Foundations of a Planned Economy*, 1: 716 - 18; Katherine Siegel, *Loans and Legitimacy:*

The Evolution of Soviet- American Relations, 1919–1933(Lexington: University Press of Kentucky, 1996), chapter 7; Andy Williams, *Trading with the Bolsheviks. The Politics of East-West Trade, 1920–39*(Manchester, UK: Manchester University Press, 1992), 10 - 11. Cyrus Veeser, "A Forgotten Instrument of Global Capitalism? International Concessions, 1870 - 1930," *International History Review* 35, no. 5(2013): 1136 - 55도 참조하라. 1926년에 트로츠키는 주요 양허 위원회(Main Concession Committee)의 의장으로서 양허가 더 큰 소비에트의 산업화 전략에 종속되어야 한다고 주장했다. Khromov, *Industrializatsiia*, 2: 208 - 20을 참조하라.

45   Kendall E. Bailes, *Technology and Society under Lenin and Stalin: Origins of the Soviet Technical Intelligentsia, 1917–1941*(Princeton, NJ: Princeton University Press, 1978), 343에서 인용.

46   Sutton, *Western Technology*, 1: 99; Osinskii, *Avtomobilizatsiia SSSR*, 84.

47   "Dogovor s Fordom," in Osinskii, *Avtomobilizatsiia SSSR*, 82 - 86.

48   Oskinskii, *Avtomobilizatsiia SSSR*, 111 - 12.

49   Bailes, "American Connection." 제1차 계획의 또 다른 주요 산업 프로젝트에 관해서는 다음을 참조하라. Anne Rassweiler, *The Generation of Power: The History of Dneprostroi*(New York: Oxford University Press, 1988); Kotkin, *Magnetic Mountain: Stalinism as a Civilization*; Jean-Paul Depretto, "Un grand chantier du premier plan quinquennal sovietique: Kuznetskstroi," *Genèses* 39, no. 2(2000): 5 - 26.

50   이 숫자는 다음에서 인용했다. Elena Osokina, *Our Daily Bread: Socialist Distribution and the Art of Survival in Stalin's Russia, 1927–1941*, ed. Kate Transchel(Armonk, NY: Sharpe, 2001), 127.

51   BFRC, Acc. 572, Box 17, folder 11.14, "Agreement"(between Ford Motor Company and *Vesenkha*), May 31,1929; Osinskii, "Dogovor s Fordom."

52   Shpotov, "Biznesmeny i biurokraty," 193 - 94를 참조하라. 대표적인 사례는 질소 엔지니어링 회사(Nitrogen Engineering Corporation)와 소비에트 화학 산업 간의 1931년 협정으로, 이는 Sutton, *Western Technology*, 2: 352 - 62에 재수록되었다. 대규모 볼베어링 공장을 세우기 위해 Fiat-RIV(이탈리아)와 체결한 협정에서도 기술 이전의 동일한 요소가 나타난다. Fiat Archives(FAT), Turin, Italy, Fondo URSS; Sutton, *Western Technology*, 2: 145 - 46.

53   협상 과정에서 메즐라우크는 기술사용료 문제를 제기했지만 소렌슨은 이를 무시하고 다음과 같은 편지를 메즐라우크에게 보냈다. "우리는 명시된 대로 우리 제품을 구매하기로 한 귀하의 동의만으로 추가적인 보상 없이도 … 모든 라이선스, 특허 등의 사용을 허용하게 되어 기쁩니다."(BFRC, Acc. 6, Box 275: Mezhlauk to Edsel Ford, May 6, 1929; Sorensen to Mezhlauk, May 17, 1929; Sorensen to Edsel Ford, May 20, 1929). 포드 계

약의 유리한 특성은 그 조건들을 비교하여 가늠할 수 있다. 위에 인용한 1931년 계약에 따라 질소 엔지니어링 회사는 도면, 계획, 청사진을 준비하는 데 드는 '실제 원가'에 간접비 100%를 소비에트 측에 청구했다. 이에 반해, 1929년 계약에 따라 포드자동차회사는 '실제 원가'에 10%의 간접비를 부과했다. 기술사용료의 측면에서 소비에트 화학 산업은 질소 엔지니어링 회사에 '제공되는 권리와 기술 서비스의 대가로' 4년에 걸쳐 400,000달러를 지불해야 했다. 포드 계약에는 이러한 조항이 포함되지 않았다.

54   BFRC, Acc. 531, Box 1, Fitzgerald(Ford accounting) to Malychevitch(Autostroy), November 11, 1929.

55   BFRC, Acc. 531, Box 1, "Instructions covering equipment to be sold to Amtorg Trading Corporation for Autostroy," April 27, 1931.

56   BFRC, Acc. 38, Box 67, Sorensen to Perry, December 6, 1929. Similar requests are Sorensen to Perry, May 16, 1930, and Sorensen to Perry, August 27, 1931.

57   BFRC, Acc. 531, Box 1, "List of Ford Motor Company purchase orders covering machinery and equipment purchased for the Amtorg Trading Corporation [1931]"; Fitzgerald to Malychevitch, November 11, 1929.

58   BFRC, Acc. 65, Box 66, Reminiscences of Charles Sorensen, folder "Amtorg." 59. Quoted in Gordin, Gor'kovskii Avtomobil'nyi Zavod, 20.

60   RGAE, f.7620, o.1, d.1, l.56.

61   L. Mertts et. al., "GAZ i Ford," Planovoe Khoziaistvo 6 - 7(1932): 258 - 59.

62   RGAE, f.7297, o.38, d. 20, ll.91 - 96, Lomanov to Bogdanov, March 8, 1934.

63   '기술 저인망'은 서튼의 용어이다. Sutton, Western Technology, 2: 291.

64   내가 참고한 자료는 다음과 같다. Everett Rogers, Diffusion of Innovations(New York: Free Press, 1962); Nathan Rosenberg, "Economic Development and the Transfer of Technology: Some Historical Perspectives," Technology and Culture 11, no. 4(1970): 553 - 56, 568 - 70; Amsden, The Rise of "the Rest," 51 - 64; David Edgerton, The Shock of the Old: Technology and Global History since 1900(New York: Oxford University Press, 2007).

65   Tsentral'nyi arkhiv Nizhegorodskoi oblasti(TsANO), Nizhnii Novgorod, f.2431, o.2, d.6, ll.7 - 8; 57 - 59; TsANO, f.2431, op.4, d.2, l.1.

66   예를 들어 BFRC, Acc. 285, Box 1298, Dybets to Henry Ford, January 28, 1931을 참조하라.

67   BFRC, Acc. 199, Box 37: "Badge No. Arrangement" and "Combined Chart"; "List of Ford Men with Autostroy," March 18, 1930; BFRC, Acc. 531, Box 1, "Departmental Communication—Subject: Students Autostroy," May 21, 1930.

68   이 인용문과 다음 인용문의 출처는 Dybets's reports to Vesenkha from January 1930,

TsANO, f. 2431, o.2, d.10이다.

69 TsANO, f. 2431, o.2, d.10, l.52.

70 TsANO, f. 2431, o.2, d.10, ll. 21 – 22; Schultz, "Building the Soviet Detroit"; Austin, *Building Utopia*.

71 TsANO f. 2431, o.1, d.15; RGAE, f.7297, op.24, dd. 60, 61,105에 있는 다양한 보고 서를 참조하라.

72 Dybets's December 1930 report to Ordzhonikidze, TsANO, f. 2431, o.4, d.11a, l.21에 서 인용.

73 RGAE, f.7297, o.24, d.71에 있는 로마노프의 1933년 보고서를 참조하라.

74 TsANO, f. 2431, o.4, d.11a, ll.35 – 42; Shpotov, "Uchastie," 184.

75 TsANO, f.2431, o.4, d.14, ll.137 – 39, Mertts to Dybets, November 25, 1930.

76 슈포토프는 니즈니 기계 단지의 일부가 되는 도구와 장비들의 미국 회사 목록을 100개 이 상 열거했다. Shpotov, "Uchastie," 194 – 96. 포드사 문서고의 기록에 따르면, 이 수치조 차 과소 평가된 듯하다. BFRC, Acc. 531, Box 1, "List of Ford Motor Company Purchase Orders."

77 BFRC, Acc. 390, Box 87, Ford Motor Company to Amtorg, April 7, 1931; BFRC, Acc. 531, Box 1, "Instructions covering equipment to be sold to Amtorg Trading Corporation for Autostroy," April 27, 1931, and "List of Ford Motor Company Purchase Orders"; BFRC, Acc. 199, Box 2, "Draft of General Plan for handling orders received from Amtorg," April 3, 1931.

78 BFRC, Acc. 199, Box 2, Amtorg Trading Corp., "Standard Sheets and Instructions for Ordering and Manufacturing Tools and Equipment," March 1931; BFRC, Acc. 531, Box 1, "Comments [on] tools which were made here for Amtorg," February 10, 1932. The tussle is covered in Boris Shpotov, "Pereplatil–li sovetskii soiuz kompanii Forda? K voprosu o tsene industrializatsii," *Ekonomicheskaia istoriia: Ezhegodnik*(2004): 160 – 80.

79 BFRC, Acc. 65, Reminiscences of Frank Bennett, 117 – 18.

80 BFRC, Acc. 531, Box 1, Oleinikoff to Sorensen, February 10, 1932와 관련 서신들을 참 조하라.

81 RGAE, f.7620, o.1, d.802, l.149.

82 Z. K. Zvezdin and N. I. Kuprianova, eds., *Istoriia industrializatsii Nizhegorodskogo-Gor'kovskogo kraia, 1926–1941*(Gorky: Volgo–Viatskoe Knizhnoe Izdatel'stvo, 1968), 183 – 87; RGAE, f.7620, o.1, d.774, ll.1 – 15.

83 Nelson Lichtenstein, *Walter Reuther: The Most Dangerous Man in Detroit*(Urbana: University of Illinois Press, 1995), chapter 3.

84 Robert Robinson's memoir, *Black on Red: My Forty-Four Years inside the Soviet*

Union(New York: Acropolis, 1988)을 참조하라.

85 Tim Tzouliadis, *The Forsaken: An American Tragedy in Stalin's Russia*(New York: Penguin, 2008)는 이와 같은 노동자들의 운명을 인상적인 방식으로 탐구한다. Andrea Graziosi, "Foreign Workers in Soviet Russia, 1920 – 40: Their Experience and Their Legacy," *International Labor and Working-Class History* 33(1988): 38 – 59도 참조하라.

86 RGAE, f.7620, o.1, d.756, ll.45 – 47, Protocol of *Vato* board meeting, December 5, 1930.

87 RGAE, f.7620, o.1, d.774, ll.1 – 15. On Grondon, see Tzouliadis, *The Forsaken*, 44 – 45, 100. 88. BFRC, Acc. 65, Reminiscences of Frank Bennett, 128 – 29, 133.

89 Graziosi, "Foreign Workers," 45.

90 Schultz, "American Factor," 147에서 인용.

91 BFRC, Acc. 390, Box 87, Schram to Falland, June 30, 1932.

92 Schultz, "American Factor," 214에서 인용.

93 RGAE, f.7620, o.1, d.768, ll.3 – 7.

94 RGAE, f.7620, o.1, d.756, l.47.

95 RGAE, f. 7297, o.38, d.289, ll.65 – 74에 있는 1933년 12월 NKTP 보고서를 참조하라. 인용 출처는 Khromov, *Industrializatsiia*, 2: 260이다. 이러한 논점은 RGAE, f. 7297, o.38, d.203, l.81 – 82, M. Kaganovich to Ezhov, January 9, 1934에서도 되풀이된다.

96 RGAE, f. 7297, o.38, d.129, l.120.

97 RGAE, f. 7620, o.1, d.701, l.47.

98 RGAE, f.7620, o.1, d.785, l.33.

99 BFRC, Acc. 818, Box 1. On Lipgart see Siegelbaum, *Cars for Comrades*, 54 – 55.

100 TsMAMLS, f.86, o.1, Kriger files; RGAE, f.7622, o.2, d.52

101 RGAE, f. 7297, o.38, d.129, ll.313ff.

102 세계 대공황이 기본재 수출국들에 미친 영향에 관해서는 다음을 보라. Dietmar Rothermund, "Einleitung: Weltgefälle und Wirtschaftskrise," in *Die Peripherie in der Weltwirtschaftskrise: Afrika, Asien, und Lateinamerika 1929–1939*, 13 – 36; Jeffry A. Frieden, *Global Capitalism: Its Fall and Rise in the Twentieth Century*(New York: Norton, 2006), 221 – 23.

103 The squeeze on the terms of trade was quick and devastating. According to Michael Dohan's calculations, had 1929 price levels prevailed in 1931, actual Soviet trade would have earned a surplus of 277 million rubles. In fact, the year ended with a trade deficit of 294 million rubles. See Michael Dohan and Edward Hewett, *Two Studies in Soviet Terms of Trade, 1918–1970*(Bloomington: International Development and Research Center, Indiana University, 1973), 51, table 7.

104 Dohan, "Economic Origins."

105 소비에트의 덤핑 반대 캠페인에 관해서는 Schultz, "American Factor," chapter 6. 106을 참조하라. 1933년에 공무원들은 18만 환전 루블이 넘는 금액이 서구의 엔지니어들과 전 문가들에게 지급되었다고 추산한다. 전체적으로 1921년부터 1933년까지 체결된 170개 외국의 기술 지원에 65만 환전 루블이 사용되었다. 이러한 액수는 자문, 라이선스, 특허, 코만디로프카 경비만 반영하며, 기계 수입에 드는 '수억 루블'은 포함하지 않는다. "Spravka INO NKTP o privlechenii inostrannoi tekhnicheskoi pomoshchi," in Khromov, *Industrializatsiia*, 2: 260 – 65를 참조하라.

107 Khromov, 2: 252 – 54; RGAE, f. 7297, o.38, d.67, ll.126ff; f. 7297, o.38, d.376, ll.15 – 19.

108 Dohan, "Economic Origins," 616, table 4.

109 RGAE, f. 7622, o.1, d.1, l.86, Gutap board meeting, October 14, 1933.

110 RGAE, f. 7297, o.38, d.129, l.50.

111 RGAE, f. 7297, o.38, d.203, l.224, Piatakov to Mezhlauk, October 16, 1935.

112 Stalin to Ordzhonikidze, September 9, 1931, quoted in *The Stalin-Kaganovich Correspondence, 1931–36*, ed. R. W. Davies et al.(New Haven, CT: Yale University Press, 2003), 375.

113 이것은 1931년 8월과 9월에 카가노비치가 스탈린에게 보낸 보고서에서 가장 중요한 사안 이다. Davies et al., *Stalin-Kaganovich Correspondence*, 49 – 103. Oscar SanchezSibony, "Depression Stalinism: The Great Break Reconsidered," *Kritika* 15, no. 1(2014): 44를 참 조하라.

114 Davies et al., *Stalin-Kaganovich Correspondence*, 66.

115 Davies et al., 63.

116 RGAE, f.7620, o.1, d.786, l.139, Dybets to *Vato* board, September 23, 1931.

117 BFRC, Acc. 199, Box 1: "Amtorg agreement dated May 31st, 1929"; Amtorg to Ford Motor Company, November 22, 1934.

118 BFRC, Acc. 199, Box 1, "Agreement"(between Ford Motor Company and NKTP), March 14, 1935.

119 BFRC, Acc. 199, Box 1, Sorensen to Wibel, April 18, 1935.

120 소렌슨은 "위벨: B형 모델은 A형 모델과 동일하오. 그들에게 인쇄본을 주시오"라고 지 시했다(BFRC, Acc. 390, Box 87, Wibel to Sorensen, October 22, 1935). Grosny to Wibel, June 27, 1935, Grosny to Sorensen, October 17, 1935와 BFRC, Acc. 390, Box 87에 있는 관련 서신들도 참조하라.

121 BFRC, Acc. 390, Box 87, Wibel to Sorensen, January 31, 1936.

122 BFRC, Acc. 390, Box 87, Buell to Wibel, November 10, 1936.

123 BFRC, Acc. 390, Box 87, Morgan Construction Company to Ford Motor Company, October 19, 1936, and following correspondence.

124 "러시아인들은 우리 급여 지급 명단에는 없지만 참관인 자격으로 왔습니다. 그들은 원하는 곳을 돌아다닐 수 있고, 자신들의 통역가와 안내자를 대동하고 다닙니다. 우리 직원들은 가능할 때마다 그들을 도우려 노력합니다"(BFRC, Acc. 390, Box 87, Buell to Wibel, April 27, 1937).

125 BFRC, Acc. 38, Box 80: Boyeff to Sorensen, March 11, 1936; Gnau to Boyeff, March 16, 1936.

126 BFRC, Acc. 65, Box 66, Reminiscences of Charles Sorensen, folder "Amtorg"; "Soviet Official to Study U.S. Food Devices," *New York Times*, August 12, 1936.

127 BFRC, Acc. 65, Box 66, Reminiscences of Charles Sorensen, folder "Amtorg." 128. Melnikova-Raich, "The Problem with Two 'Unknowns,' Part II," 19-20.

129 Zvezdin and Kuprianova, *Istoriia industrializatsii*, 296.

130 Dobrokhotov, *Gor'kovskii Avtomobil'nyi*, 39-40.

131 TsANO, f. 2435, o.2, d.6. 132에 있는 "Survey on production at Gaz in 1932"를 참조하라. Gaz labor force census in TsANO, f. 2435, o.2, d. 26, ll.26-27에 있는 가즈 노동력 총조사를 참조하라.

133 Rossman, *Worker Resistance under Stalin*.

134 Zvezdin and Kuprianova, *Istoriia industrializatsii*, 325.

135 Dobrokhotov, *Gor'kovskii Avtomobil'nyi*, 41.

136 Zvezdin and Kuprianova, *Istoriia industrializatsii*, 298

137 Lewis H. Siegelbaum, *Stakhanovism and the Politics of Productivity in the USSR, 1935–1941*(Cambridge, UK: Cambridge University Press, 1988), 158-61.

138 1936년 2월/3월, 하르코프에서 개최된 구타프(Gutap) 지부 회의에 관한 보고서를 참조하라. RGAE, f. 7622, o.1, d.58, ll. 1-63에 수록돼 있다.

139 RGAE, f. 7622, o.1, d.58, ll.33-37.

140 Siegelbaum, *Stakhanovism and the Politics of Productivity*, 86.

141 이와 같은 공장 회의는 1937년 초에 산업 전반에 걸쳐 열렸고, 이사들과 기술 관리들이 희생양이 되었다. Sheila Fitzpatrick, "Workers against Bosses: The Impact of the Great Purges on Labor-Management Relations," in *Making Workers Soviet: Power, Class, and Identity*, ed. Lewis Siegelbaum and Ronald Suny(Ithaca, NY: Cornell University Press, 1994). 뒤따르는 인용의 출처는 RGAE, f. 7622, o.1, d.97, ll.2-14이다.

142 Zvezdin and Kuprianova, *Istoriia industrializatsii*, 546; TsANO, f. 2435, o.1, d. 171. 체포와 처형에 관해서는 다음을 보라. "Zhertvy politicheskogo terrora v SSSR," http://lists.memo.ru/index2.htm.

143 TsANO, f. 2435, o.1, d. 169에 있는 로스쿠토프의 1938년 보고서를 참조하라.

144 TsANO, f. 2435, o.1, d.169, l.105.

145 TsANO, f. 2435, o.1, d. 180, ll.1 – 8a.

146 A. V. Mitrofanova, *Industrializatsiia SSSR, 1938–1941: Dokumenty i materialy*(Moscow: Nauka, 1973), 68.

147 TsANO, f. 2435, o.1, d.177, l.38.

148 Siegelbaum, *Stakhanovism and the Politics of Productivity*, chapter 7.

149 TsANO, f. 2435, o.1, d.178, l.92.

150 Bigazzi, *La grande fabbrica*, 74에서 인용.

4장   나치의 포드주의

1 *Sächsisches Staatsarchiv*(SSAC), Chemnitz, 31050/1046: Bruhn to Werner, October 21, 1937; Werner to Bruhn, October 24, 1937.

2 *Unternehmensarchiv Volkswagen*(UVW), Wolfsburg: Rückwanderer Akten, 174/1590; 69/166; 69/168, interview with J. Werner, February 21, 1961; Henry Nelson, *Small Wonder: The Amazing Story of the Volkswagen*(Boston: Little, Brown and Company, 1967), 54 – 55; Hans Mommsen and Manfred Grieger, *Das Volkswagenwerk und seine Arbeiter im Dritten Reich*(Düsseldorf, Germany: Econ, 1996), 407 – 8.

3 Mira Wilkins, *The History of Foreign Investment in the United States, 1914–1945* (Cambridge, MA: Harvard University Press, 2004), 117 – 18, 238 – 47; Kathryn Steen, *The American Synthetic Organic Chemicals Industry: War and Politics, 1910–1930*(Chapel Hill: University of North Carolina Press, 2014).

4 Harold James, *The German Slump: Politics and Economics, 1924–1936*(New York: Clarendon Press, 1986), 387 – 413; Albrecht Ritschl, *Deutschlands Krise und Konjunktur 1924–1934: Binnenkonjunktur, Auslandsverschuldung und Reparationsproblem zwischen Dawes-Plan und Transfersperre*(Berlin: Akademie, 2002), 177 – 88.

5 Ralf Banken, "Die wirtschaftspolitische Achillesferse des 'Dritten Reiches': Das Reichswirtschaftsministerium und die NS−Außenwirtschaftspolitik 1933 – 39," in *Das Reichswirtschaftsministerium in der NS-Zeit: Wirtschaftsordnung und Verbrechenskomplex*, ed. Albrecht Ritschl(Berlin: De Gruyter, 2016), 111 – 232. 나치의 수출 장려 계획에 관해서는 다음을 참조하라. Michael Ebi, *Export um jeden Preis: Die deutsche Exportförderung von 1932–1938*(Stuttgart: Steiner, 2004); Stephen Gross, *Export Empire: German Soft Power in Southeastern Europe, 1890–1945*(Cambridge, UK: Cambridge University Press,

2015), 184-197. '새로운 계획'의 간략한 개요는 Adam Tooze, *The Wages of Destruction: The Making and Breaking of the Nazi Economy*(New York: Viking, 2007), 91-96을 참조하라.

6 '조정된 시장 경제'는 부크하임과 셔너의 용어이다. Christoph Buchheim and Jonas Scherner, "Anmerkungen zum Wirtschaftssystem des 'Dritten Reiches,'" in *Wirtschaftsordnung, Staat und Unternehmen: Neuere Forschungen zur Wirtschaftsgeschichte des Nationalsozialismus*, ed. Werner Abelshauser, Jan O. Hesse, and Werner Plumpe(Essen, Germany: Klartext, 2003), 81-97. 이에 관한 최근 연구 중 중요한 것으로는 다음을 보라. Johannes Bähr and Ralf Banken, eds., *Wirtschaftssteuerung durch Recht im Nationalsozialismus. Studien zur Entwicklung des Wirtschaftsrechts im Interventionsstaat des 'Dritten Reichs'*(Frankfurt: Klostermann, 2006); Christoph Buchheim, ed., *German Industry in the Nazi Period*(Stuttgart: Steiner, 2008); Jonas Scherner, *Die Logik der Industriepolitik im Dritten Reich: Die Investitionen in die Autarkieund Rüstungsindustrie und ihre staatliche Förderung*(Stuttgart: Steiner, 2008); Dieter Ziegler, "'A Regulated Market Economy': New Perspectives on the Nature of the Economic Order of the Third Reich, 1933-39," in *Business in the Age of Extremes: Essays in Modern German and Austrian Economic History*, ed. Hartmut Berghoff, Jürgen Kocka, and Dieter Ziegler(Washington, DC: German Historical Institute, 2013), 139-52; Alexander Donges, *Die Vereinigten Stahlwerke AG im Nationalsozialismus: Konzernpolitik zwischen Marktwirtschaft und Staatswirtschaft*(Paderborn, Germany: Schöningh, 2014). 사업 자율성의 한계를 강조하는 반대 견해는 Peter Hayes, "Corporate Freedom of Action in Nazi Germany," *Bulletin of the German Historical Institute* 45(2009): 29-42를 참조하라. 같은 저널에 실린 Christoph Buchheim and Jonas Scherner, "Corporate Freedom of Action in Nazi Germany: A Response to Peter Hayes"의 응답도 참조하라(43-50쪽).

7 Wilhelm Treue, "Hitlers Denkschrift zum Vierjahresplan 1936," *Vierteljahreshefte für Zeitgeschichte* 3, no. 2(1955): 208-9에서 인용.

8 *Bundesarchiv*(BAL), Berlin–Lichterfelde, R43 II/547, fol. 143ff.; Albert Pietzsch, "Wirtschaftslenkung durch den Staat," June 1938.

9 Scherner, *Die Logik*, 278-84를 참조하라. 1942년에 괴링은 "국가가 산업적 사업에 유의미하게 참여하는 것은 그에 대한 요구가 사적 기업의 능력을 초과할 때에 한해야 한다는 것이 내 일관된 견해이다"라고 명확히 밝혔다(Scherner, *Die Logik*, 281에서 인용). 항공기 제조업체 융커스(Junkers)의 징발에 관해서는 Lutz Budraß, *Flugzeugindustrie und Luftrüstung in Deutschland 1918–1945*(Düsseldorf, Germany: Droste, 1998), 320-35를 보라. 국영 철강 단지인 헤르만 괴링 국가공업(Reichswerke Hermann Göring)에 관해서는 Overy, *War and Economy in the Third Reich*(Oxford, UK: Clarendon Press, 1994),

144-74를 참조하라.

10   BAL, R43 II/1465, fol. 92, "Berichtigung zur Aufzeichnung betreffed Mr. Mooney,
      General Motors Corporation," April 13, 1934.

11   BAL, NS 6/231, fol. 89, "Betrifft: Wirtschaftliche Betätigung von ausländischem Kapital
      in Deutschland," November 19, 1938.

12   Mira Wilkins, *The Maturing of Multinational Enterprise: American Business Abroad from
      1914 to 1970*(Cambridge, MA: Harvard University Press, 1974), 185 - 86.

13   Rainer Karlsch and Raymond G. Stokes, *Faktor Öl: Die Mineralölwirtschaft in
      Deutschland 1859–1974*(Munich: Beck, 2003), 195 - 96.

14   Edwin Black, *IBM and the Holocaust: The Strategic Alliance between Nazi Germany and
      America's Most Powerful Corporation*(Washington, DC: Dialog, 2009), 122 - 23; Lars
      Heide, "Between Parent and 'Child': IBM and Its German Subsidiary, 1910 - 1945,"
      in *European Business, Dictatorship, and Personal Risk 1920–1945*, ed. Christopher
      Kobrak and Per Hansen(New York: Berghahn Books, 2004), 160 - 61; Mira Wilkins,
      "Multinationals and Dictatorship: Europe in the 1930s and Early 1940s," in *European
      Business, Dictatorship, and Personal Risk*, 32 - 33.

15   Henry Ashby Turner, *General Motors and the Nazis: The Struggle for Control of Opel,
      Europe's Biggest Carmaker*(New Haven, CT: Yale University Press, 2005), 41 - 42.

16   Benson Ford Research Center(BFRC), Dearborn, MI, Acc. 38, Box 37, "Memo covering
      the plan to execute orders from the government," December 7, 1937.

17   Gerhard Kümmel, *Transnationale Wirtschaftskooperation und der Nationalstaat: Deutsch-
      amerikanische Unternehmensbeziehungen in den dreißiger Jahren*(Stuttgart: Steiner, 1995),
      103 - 40; Wilkins, "Multinationals and Dictatorship," 22 - 38; Turner, *General Motors
      and the Nazis*, 10 - 12; Simon Reich, *Research Findings about Ford-Werke under the Nazi
      Regime*(Dearborn, MI: Ford Motor Company, 2001), 24 - 25.

18   Wilkins, *Maturing of Multinational Enterprise*, 186 - 89.

19   Black, *IBM and the Holocaust*; Reinhold Billstein et. al., *Working for the Enemy: Ford,
      General Motors, and Forced Labor in Germany during the Second World War*(New York:
      Berghahn Books, 2000).

20   Turner, *General Motors and the Nazis*; Reich, *Research Findings*.

21   Tooze, *Wages of Destruction*, 133 - 34.

22   Pier Angelo Toninelli, "Between Agnelli and Mussolini: Ford's Unsuccessful Attempt to
      Penetrate the Italian Automobile Market in the Interwar Period," *Enterprise and Society*
      10, no. 2(2009): 335 - 75.

23   Talbot Imlay and Martin Horn, *The Politics of Industrial Collaboration during World War*

II: Ford France, Vichy and Nazi Germany(Cambridge, UK: Cambridge University Press, 2014), chapter 1. The General Motors assembly plant in Denmark similarly faced import restrictions resulting from "exchange stringencies": General Motors Corporation, *The War Effort of the Overseas Division*(New York: General Motors Overseas Operations, 1944), 80.

24   Michael Cusumano, *The Japanese Automobile Industry: Technology and Management at Nissan and Toyota*(Cambridge, MA: Harvard University Press, 1985), 113, 116–22.; Mark Mason, *American Multinationals and Japan: The Political Economy of Capital Controls*(Cambridge, MA: Harvard University Press, 1992), 60–93; Masaru Udagawa, "The Prewar Japanese Automobile Industry and American Manufacturers," *Japanese Yearbook of Business History* 2(1985): 81–99. See also Mira Wilkins and Frank E. Hill, *American Business Abroad: Ford on Six Continents*(New York: Cambridge University Press, 2011), 254–56; J. Scott Mathews, "Nippon Ford," *Michigan Historical Review* 22, no. 2(1996).

25   Udagawa, "Prewar Japanese Automobile Industry," 87; General Motors Corporation, *War Effort,* 88–91.

26   최근의 간결한 개요로는 Stephan Haggard, *Developmental States*(Cambridge, UK: Cambridge University Press, 2018)가 있다. 이러한 주제의 핵심을 이루는 연구로는 다음을 참조하라. Chalmers Johnson, *MITI and the Japanese Miracle: The Growth of Industrial Policy, 1925–1975*(Stanford, CA: Stanford University Press, 1982); Peter B. Evans, *Embedded Autonomy: States and Industrial Transformation*(Princeton, NJ: Princeton University Press, 1995); Robert Wade, *Governing the Market: Economic Theory and the Role of Government in East Asian Industrialization*(Princeton, NJ: Princeton University Press, 1990); Alice Amsden, *The Rise of "the Rest": Challenges to the West from Late-Industrializing Economies*(Oxford, UK: Oxford University Press, 2001); Atul Kohli, *State-Directed Development: Political Power and Industrialization in the Global Periphery*(Cambridge, UK: Cambridge University Press, 2004). 개발 국가와 기술 이전에 관해서는 다음을 보라. Sanjay Lall, "Technological Capabilities and Industrialization," *World Development* 20, no. 2(1992): 165–86; John Cantwell and Yanli Zhang, "The Co-evolution of International Business Connections and Domestic Technological Capabilities: Lessons from the Japanese Catch-Up Experience," *Transnational Corporations* 25, no. 2(2009): 37–68.

27   Georg Schlesinger, *Der Daseinskampf der deutschen Automobil-Industrie*(Berlin: RDA, 1925).

28   Reiner Flik, *Von Ford lernen? Automobilbau und Motorisierung in Deutschland bis*

1933(Cologne: Böhlau, 2001), 34 – 35, 57, 146; Heidrun Edelmann, *Vom Luxusgut zum Gebrauchsgegenstand: Die Geschichte der Verbreitung von Personenkraftwagen in Deutschland*(Frankfurt: VDA, 1989), 146.

29   Magnus Tessner, *Die deutsche Automobilindustrie im Strukturwandel von 1919 bis 1938*(Cologne: Botermann, 1994), 82 – 83; Flik, *Von Ford lernen?*, 221 – 36; quote on p. 239.

30   Fred Ledermann, *Fehlrationalisierung – der Irrweg der deutschen Automobilindustrie seit der Stabilisierung der Mark*(Stuttgart: Pöschel, 1933).

31   Flik, *Von Ford lernen?*, 168 – 69; Edelmann, *Vom Luxusgut*, 140 – 50.

32   James Foreman–Peck, "The American Challenge of the Twenties: Multinationals and the European Motor Industry," *Journal of Economic History* 42, no. 4(1982): 865 – 81; Stephen Tolliday, "Transplanting the American Model? US Automobile Companies and the Transfer of Technology and Management to Britain, France, and Germany, 1928 – 1962," in *Americanization and Its Limits: Reworking US Technology and Management in Post-War Europe and Japan*, ed. Jonathan Zeitlin and Gary Herrigel(Oxford, UK: Oxford University Press, 2000), 79 – 93.

33   Flik, *Von Ford lernen?*, 160 – 61.

34   Louis Betz, *Das Volksauto: Rettung oder Untergang der deutschen Automobilindustrie?* (Stuttgart: Petri, 1931), 31, 64, 71 – 94.

35   BAL, R43 II/748: Allmers to Hitler, January 31, 1933; Lammers to Allmers, February 3, 1933. Max Domarus, *Hitler: Reden und Proklamationen, 1932–1945*(Neustadt an der Aisch, Germany: VDS, 1962), 1: 266; Bernhard Rieger, *The People's Car: A Global History of the Volkswagen Beetle*(Cambridge, MA: Harvard University Press, 2013), 47; Edelmann, *Vom Luxusgut*, 174.

36   Richard Overy, "Cars, Roads, and Economic Recovery in Germany, 1932 – 8," *Economic History Review* 28, no. 3(1975): 466 – 83; Flik, *Von Ford lernen?*, 60; Edelmann, *Vom Luxusgut*, 160 – 65.

37   Dorothee Hochstetter, *Motorisierung und 'Volksgemeinschaft': Das Nationalsozialistische Kraftfahrkorps(NSKK), 1931–1945*(Munich: Oldenbourg, 2005).

38   Uwe Day, *Silberpfeil und Hakenkreuz: Autorennsport im Nationalsozialismus*(Berlin: Bebra, 2005).

39   예를 들어 다음 문헌에 있는 1936년, 1937년 전시회에 대한 묘사를 참조하라. BAL, R43 II/749. 40. Domarus, *Hitler: Reden und Proklamationen*, 1: 370; Rieger, *People's Car*, 57 – 58.

41   Mommsen and Grieger, *Volkswagenwerk*, 375 – 76.

42　다음을 참조하라. Mommsen and Grieger, *Das Volkswagenwerk*; Wolfgang König, *Volkswagen, Volksempfänger, Volksgemeinschaft: "Volksprodukte" im Dritten Reich; Vom Scheitern einer nationalsozialistischen Konsumgesellschaft*(Paderborn: Schöningh, 2004); Rieger, *People's Car*, chapter 2. Tooze called the Volkswagen "a disastrous flop"(*Wages of Destruction*, 156).

43　Rieger, *People's Car*, 59에서 인용.

44　Mommsen and Grieger, *Das Volkswagenwerk*, 60 - 70, 119.

45　Herbert Quint, *Porsche: der Weg eines Zeitalters*(Stuttgart: Steingrüben, 1951), 144 - 49 에 따른 논의이다. 나는 소비에트가 포르셰를 초청한 증거를 바토(Vato) 외무국의 기록에 서 찾을 수 없었다.

46　BAL R43 II/753; Mommsen and Grieger, *Das Volkswagenwerk*, 71 - 79에 있는 자동차 제조업체 연합(Association of Auto Manufacturers)의 1936년 2월 5일자 내부 문건을 보라.

47　Turner, *General Motors and the Nazis*, 4 - 10; Kümmel, *Transnationale Wirtschaftskooperation*, 105 - 11; Daniel Wren, "James D. Mooney and General Motors' Multinational Operations, 1922 - 1940," *Business History Review* 87, no. 3(2013): 515 - 43; Jacob Anbinder, "Selling the World: Public Relations and the Global Expansion of General Motors, 1922 - 1940," *Business History Review* 92, no. 3(2018): 483 - 507.

48　Kümmel, *Transnationale Wirtschaftskooperation*, 122에서 인용.

49　Black, *IBM and the Holocaust*, 232; Reich, *Research Findings*, 7, footnote 25. 외교사 애 호가들에게 하인리히 알베르트는 '포트폴리오 없는 장관'으로 친숙할 것이다. 1915년 8 월, 알베르트가 워싱턴에서 독일 대사관의 상무관으로 근무하던 시기에 민감한 정보가 든 서류 가방을 부주의하게 뉴욕 전차에 두고 내려 스캔들을 일으켰고, 이 일로 독일과 미국 간의 긴장 관계는 더욱 악화되었다. 알베르트의 생애에 관해서는 다음을 참조하라. Johannes Reiling, *Deutschland, Safe for Democracy? Deutsch-amerikanische Beziehungen aus dem Tätigkeitsbereich Heinrich F. Alberts, kaiserlicher Geheimrat in Amerika, erster Staatssekretär der Reichskanzlei der Weimarer Republik, Reichsminister, Betreuer der Ford-Gesellschaften im Herrschaftsgebiet des Dritten Reiches, 1914 bis 1945*(Stuttgart: Steiner, 1997).

50　BAL, R43 II/1602에 있는 케플러의 개인 파일을 참조하라. 1930년대 동안 경제 행정 부문에서 케플러가 펼친 다양한 활동은 체계적으로 재구성되어 있지 않다. 그러나 다 음을 참조하라. Henry Ashby Turner, *German Big Business and the Rise of Hitler*(New York: Oxford University Press, 1985), 238 - 46; Peter Hayes, *Industry and Ideology: IG Farben in the Nazi Era*(Cambridge, UK: Cambridge University Press, 1987), 144 - 51; and Tooze, *Wages of Destruction*, 131 - 34, 214. Tobias Bütow, "Der 'Freundeskreis Himmler': Ein Netzwerk im Spannungsfeld zwischen Wirtschaft, Politik und staatlicher

Administration"(Diploma thesis, Free University Berlin, 2004), esp. 22 – 37에서도 도움을 얻었다.

51 Yale Sterling Library(YSL–GM), New Haven, CT, MS 1799, Box 1, doc 10669 – 70, Mooney to Sloan, April 28, 1936.

52 National Archives and Records Administration(NARA), College Park, MD, RG 165, Entry 179, Box 745, "Interrogation of Wilhelm Keppler," September 14, 1945.

53 *Staatsarchiv*(SAH), Hamburg, 622 – 1/153 C7/1, Krogmann to von der Goltz, November 4, 1932(copy).

54 Mommsen and Grieger, *Das Volkswagenwerk*, 62 – 63; König, *Volkswagen*, 160 – 61; BAL, R43 II/753, fol. 8ff.

55 BAL: R43 II/ 748, fol. 234 – 36; R43 II/1465, fol. 88 – 91.

56 BAL, R43 II/1465, fol. 92, "Berichtigung zur Aufzeichnung betreffed Mr. Mooney, General Motors Corporation," April 13, 1934.

57 YSL–GM, Ms 1799, Box 1, doc 682 – 84; Turner, *General Motors*, 32 – 34.

58 Turner, *General Motors*, 7 – 9; BAL, R43II/1465, fol. 135, Mooney to Hitler, May 21, 1934. 59. Heinrich Albert, memorandum, June 1934, BFRC, Acc. 572, Box 16.

60 SAH, 622 – 1/153, C23a/13, "Niederschrift über den Plan, in Hamburg eine Automobil–Fabrik zu errichten," July 18, 1934.

61 BFRC: Acc. 64, Box 1, Henry Ford to Wilhelm II, April 15, 1929; Acc. 285, Box 1346, Liebold to Louis Ferdinand, December 27, 1929; Louis Ferdinand to Liebold, February 2, 1930; Acc. 23, Box 6, Louis Ferdinand to Liebold, March 21, 1933. Prinz Louis Ferdinand von Preussen, *Als Kaiserenkel durch die Welt*(Berlin: Argon Verlag, 1952), 261.

62 BFRC, Acc. 572, Box 16: Louis Ferdinand to Gnau, April 3, 1934; Louis Ferdinand to Liebold, April 26, 1934.

63 SAH, 622 – 1/153, C15 II 5, Krogmann diaries, entry July 17, 1934: "I relayed to the gentlemen the Führer's agreement."

64 BFRC, Acc. 572, Box 16: Sorensen to Wirtz, August 2, 1934; Sorensen to Perry, August 22, 1934; Sorensen to Perry, August 27, 1934; Sorensen to Perry, September 24, 1934.

65 BFRC, Acc. 285, Box 1766, Keppler to Louis Ferdinand, September 8, 1934; SAH, 622 – 1/153, C23a/13, "Niederschrift über die Besprechung bei dem Wirtschaftsbeauftragten des Führers, Pg. Keppler, am 25. Oktober 1934."

66 BFRC, Acc. 572, Box 16, Sorensen to Perry, September 24, 1934.

67 SAH, 622 – 1/153: C23a/13, "Niederschrift über die Entwicklung und den augenblicklichen Stand der Ford–Angelegenheit," October 18, 1934; "Niederschrift über die Besprechung bei dem Wirtschaftsbeauftragten des Führers, Pg. Keppler, am 25.

Oktober 1934"; C15 II 5, Krogmann diaries, entry October 18, 1934.

68 YSL-GM, Box 15, doc 19065-70, Evans to Mooney, November 16, 1934; Turner, *General Motors*, 35-36.

69 BFRC, Acc. 38, Box 28, Albert to Sorensen, December 14, 1934.

70 BFRC, Acc. 6, Box 227, Louis Ferdinand to Edsel Ford, January 3, 1935.

71 '타협'은 무니의 용어이다. YSL-GM, Box 1, doc 1067-70, Mooney to Sloan, April 28, 1938.

72 YSL-GM, Box 15: Fleischer to Keppler, December 18, 1934; Keppler to Fleischer, December 22, 1934.

73 YSL-GM, Box 15: Keppler to Fleischer, January 3, 1935; Fleischer to Keppler, January 15, 1935; Keppler to Fleischer, January 30, 1935; Paetsch to Fleischer, February 26, 1935. 오펠의 재무관 루돌프 플라이셔는 새로운 공장배치를 육군 조달청의 장군 토마스에게 보여줬다. 답신에서 육군 조달청은 "브란덴부르크에 공장을 건설하고 그곳에서 트럭을 생산할 것을 추천했다"(YSL-GM, Box 15: Fleischer to Thomas, February 19, 1935; Paetsch to Fleischer, February 26, 1935).

74 YSL-GM, Box 3, doc 1599-1601.

75 BFRC, Acc. 38, Box 33, Albert to Sorensen, January 20, 1936.

76 나치 치하에서의 '목표를 향한 노력(working towards)'의 동원 역학에 관해서는 Ian Kershaw, "'Working Towards the Führer': Reflections on the Nature of Hitler's Dictatorship," *Contemporary European History* 2, no. 2(1993): 103-18을 보라.

77 YSL-GM, Box 15, folder 19073-19366, Fleischer to Evans, April 4, 1935; Turner, *General Motors*, 42; YSL-GM, Box 1, doc 1071-73, Howard to Mooney, March 10, 1937.

78 인용 출처는 Turner, *General Motors*, 72이다. 하워드가 토마스에게 보낸 과장된 감사 편지도 참고하라. YSL-GM, Box 2, doc 1193, Howard to Thomas, June 17, 1938.

79 YSL-GM, Box 4, doc 3730-39, Osborn to Howard, August 28, 1937.

80 Turner, *General Motors*, 72-73, 81, 87-88; YSL-GM, Box 2, doc 1189-91, "Memo concerning the visit of Mr. Knudsen to Field Marshall Göring," September 18, 1938. 터너를 따르면, 괴링은 크누센이 베를린을 방문 중인 것을 알고 자발적으로 모임을 주선했다 (*General Motors*, 81). 괴링의 구상은 항공부에서 어떻게 오펠을 Ju-88 폭격기 프로그램에 참여시킬지 고심하던 맥락에서 나왔다(Budraß, *Flugzeugindustrie*, 561).

81 이점은 예일대학교 스털링 도서관에 있는 GM 기록문서의 다양한 사례에서 명백히 나타나며, 그중 일부는 터너의 설명에 반영되지 않은 것도 있다. 1937년 1월에 오펠은 원자재 문제를 비롯한 '4개년 계획과 관련한 사항을 개별 부처들과 대화'하려고 베를린에 연락 사무소를 세웠다(YSL-GM, Box 44, doc 61896). 연락 사무소는 결국 '우리 사업에 중요한

모든 부처, 정부 당국, 그 밖의 관계를 조직하는 계획'을 세부적으로 작성했다. 연락 사무소는 나치 정치경제에서 네트워크 정치의 중심성을 다음과 같이 강조했다. "베를린에서는 상당한 시간, 노력, 자금이 모임과 '맥주파티(Bierabende)' 혹은 다른 사교 모임을 하는 데 사용된다. 달리 말하면, 사회생활은 수도에서 이루어지는 사업 활동의 중요한 일부이다. … 이런 이벤트들이 우리 사업에 중요한 사람들을 만날 기회를 제공하기 때문에 우리 회사는 이 중 어느 하나도 놓쳐서는 안 된다"(YSL-GM, Box 44, doc 61859ff., Wahlert to Fleischer, February 10, 1938). 무니는 할마르 샤흐트가 정권의 눈 밖에 날 때까지 그와 좋은 관계를 유지했다. YSL-GM, Box 15, folder 19426 - 98, Mooney to Schacht, April 6, 1933; YSL-GM, Box 1, doc 1067 - 70, Mooney to Sloan, April 28, 1936; YSL-GM, Box 4, Mooney to Sloan, October 6, 1936은 샤흐트와 최근 모임에 관한 상세한 보고가 실려 있다. 무니, 오스본, 하워드는 1939년 8월 2일 뉘른베르크에서 열린 당대회에서 히틀러의 귀빈 명단에 이름을 올리고자 수상관저에 호소했다. YSL-GM, Box 2, doc 1179, Osborn to Mooney, August 2, 1939.(이 당대회는 독일의 폴란드 침공 이후 취소되었다.)

82 Turner, *General Motors*, 49 - 84. 터너는 하워드와 오스본이 1938년에 대관구지휘자(Gauleiter)와 다툰 사건을 2개 장에 걸쳐서 상세히 다뤘지만, 어떻게 GM 경영진이 1934~1940년 전 기간에 베를린에서 그토록 긴밀한 관계를 구축했는지 탐구하는 것은 소홀히 했다. 그러나 이와 같은 관계를 고려해야지만, 1940년에 무니가 루스벨트와 히틀러 사이의 외교 조정자로 자신이 적임이라고 생각한 이유가 완전히 이해된다. 무니의 헛된 노력에 관해서는 *General Motors*, chapter 7을 참조하라.

83 Osborn to Howard, February 9, 1939, quoted in Turner, *General Motors*, 73.

84 BFRC, Acc. 38, Box 28, Albert to Sorensen, April 16, 1935.

85 BFRC: Acc. 38, Box 33, Albert to Sorensen, January 20, 1936; Acc. 6, Box 230, Albert to Edsel Ford, August 17, 1936.

86 BFRC, Acc. 6, Box 230, Albert to Edsel Ford, March 9, 1936.

87 BFRC, Acc. 38, Box 28, Diefenbach to Roberge, September 12, 1935.

88 BFRC, Acc. 285, Box 2415, Louis Voss to Henry and Edsel Ford, December 29, 1938.

89 BFRC, Acc. 38, Box 38, "Memo concerning the Stoewer Werke Stettin," enclosed in Albert to Sorensen, January 3, 1936.

90 BFRC, Acc. 6, Box 230, Albert to Edsel Ford, March 9, 1936.

91 BFRC Acc. 38, Box 38, Albert to Sorensen, July 20, 1936; Sorensen to Albert, July 29, 1936; Reich, *Research Findings*, 21, footnote 117.

92 BFRC, Acc. 38, Box 28, Sorensen to Albert, August 12, 1936.

93 Kümmel, *Transnationale Wirtschaftskooperation*, 126, 133.

94 GM 경영진 오스본은 1938년에 "회사의 전반적인 재정적 이익을 가장 잘 지키는 방법은 수익과 현금을 공장과 장비에 지속적으로 투자하는 것"이라고 이야기했다(YSL-GM, Box

4, doc 3725 – 29, Osborn to Howard, August 26, 1938).

95 Sorensen's marginalia on Albert to Sorensen, December 6, 1935, in BFRC, Acc. 38, Box 28의 구석에 쓰여 있는 소렌슨의 메모를 참조하라.

96 Tolliday, "Transplanting the American Model," 79 – 80, 87 – 90.

97 BFRC, Acc. 572, Box 26, Sorensen to Louis Ferdinand, July 12, 1934.

98 YSL—GM, Box 4, Mooney to Sloan, October 6, 1936.

99 Quoted in Turner, *General Motors*, 27.

100 Kümmel, *Transnationale Wirtschaftskooperation*, 126 – 35; BFRC, Ford—Werke Database(FWDb) FMC 0006505 – 08, Manager's report to directors, third quarter 1938; BFRC, FWDb, FMC 0005974, USSBS Report on German Vehicles Industry.

101 Reich, *Research Findings*, 26 – 27; BFRC, Acc. 38, Box 37, "Memo covering the plan to execute orders from the government," December 7, 1937.

102 Opel's annual reports, 1933 – 1942, YSL—GM, Box 40을 참조하라.

103 YSL—GM, Box 3, doc 2640 – 2708, "Opel under General Motors Management: A Review and Outlook"(March 1940).

104 YSL—GM, Box 44, doc 61694.

105 YSL—GM, Box 1, doc 1071 – 73, Howard to Mooney, March 10, 1937; Box 9, doc 9261 – 63, "Capital Appropriations Request for Project #158."

106 Günter Neliba, *Die Opel-Werke im Konzern von General Motors(1929–1948) in Rüsselsheim und Brandenburg: Produktion für Aufrüstung und Krieg ab 1935 unter nationalsozialistischer Herrschaft*(Frankfurt: Brandes & Apsel, 2000), 107; BFRC, FWDb, FMC 0005974, USSBS Report on German Vehicles Industry.

107 어쨌든 이것은 오스본의 생각이다. 그에 따르면 나치 당국은 "한편으로는 오펠과 독일 정부 간의 관계와, 다른 한편으로는 GM사와의 관계를 유지하고 싶다"라고 전달했다(YSL—GM, Box 1, doc 719 – 42, Osborn to Mooney, November 22, 1939).

108 YSL—GM, Box 3, folder 2640 – 2708, "Opel under General Motors Management: A Review and Outlook."

109 YSL—GM, Box 15, folder 18333 – 18539, "Report über Rationalisierungsmassnahmen," January 16, 1942.

110 크레이그의 육필로 남긴 "내가 이해하기로 우리는 미래에 징수하기를 바라는 미수금을 장부에 청구한다"라는 언급을 참조하라. BFRC, Acc. 38, Box 28, Albert to Perry, August 6, 1935.

111 BFRC, Acc. 38, Box 28, Albert to Ministry of National Economy, March 29, 1935(copy).

112 BFRC, Acc. 712, Box 5, various items from folder "Machinery for Cologne," e.g.:

"Imports against raw material agreements," 1938; Streit to Fenske, July 12, 1939; Streit to Fenske, January 13, 1939; "Machinery to be imported against 1939 raw material agreements," September 22, 1939. See Kümmel, *Transnationale Wirtschaftskooperation*, 136–37.

113 YSL–GM, Box 14, doc 17120–32, Schneider to Heydekampf, March 14, 1936.

114 YSL–GM, Box 31, doc 43291, Guthrie to Osborn, January 12, 1937.

115 이 사건은 Otto Dyckhoff's files in YSL–GM, Box 22, folder 30718–31035를 근거로 재구성했다.

116 이는 다음 논문에서 확인할 수 있는 학습 과정과 일치한다. Ralf Richter and Jochen Streb, "Catching Up and Falling Behind: Knowledge Spillover from American to German Machine Toolmakers," *Journal of Economic History* 71, no. 4(2011); and Cristiano Andrea Ristuccia and Adam Tooze, "Machine Tools and Mass Production: Germany and the United States, 1929–44," *Economic History Review* 66, no. 4(2013): 953–74.

117 YSL–GM, Box 15, doc 19073ff.: Fleischer to Evans, March 6, 1935; Evans to Fleischer, April 5, 1935.

118 YSL–GM, Box 28, doc 39923ff., Heydekampf files; Box 40, Opel annual reports.

119 Heidrun Edelmann, "Heinrich Nordhoff: Ein deutscher Manager in der Automobilindustrie," in *Deutsche Unternehmer zwischen Kiregswirtschaft und Wiederaufbau: Studien zur Erfahrungsbildung von Industrie-Eliten*, ed. Paul Erker and Toni Pierenkemper(Munich: Oldenbourg, 1999), 19–52; YSL–GM, Box 9, doc 9278–98, Osborn to Mooney, March 26, 1940.

120 YSL–GM, Box 40, Opel annual reports; Box 41, folder "Richtlinien."

121 Constanze Werner, *Kriegswirtschaft und Zwangsarbeit bei BMW*(Munich: Oldenbourg 2006), 115–16, 270–78.

122 게르트 슈틸러 폰 하이데캄프와 한 인터뷰를 참조하라. "Wankel war der Zucker im Kaffee," *Der Spiegel*, March 17, 1969, 78–86.

123 Edelmann, "Heinrich Nordhoff."

124 Mommsen and Grieger, *Das Volkswagenwerk*, 104–7.

125 YSL–GM, Box 15, doc 19073–366: *Aktennotiz* by Fleischer, September 5, 1936; Fleischer to Lammers, September 9, 1936; "Notes on a meeting between Keppler, Mooney, Howard, Palmer, Fleischer at the Reichskanzlei, September 22, 1936."

126 YSL–GM, Box 4, doc 3730–39, Osborn to Howard, August 28, 1937.

127 UVW, 69/8, Memo of DAF Amt Reisen, Wandern, Urlaub, "Die Verwirklichung des Volkswagens," April 1937; Rüdiger Hachtmann, *Das Wirtschaftsimperium der Deutschen Arbeitsfront, 1933–1945*(Göttingen, Germany: Wallstein, 2012), 501–7; Mommsen

and Grieger, *Das Volkswagenwerk*, 128 – 32.

128 UVW, 67/185/1, Ferdinand Porsche, "Denkschrift zum Deutschen Volkswagen," May 1934; Mommsen and Grieger, *Das Volkswagenwerk*, 80 – 81.

129 포르셰의 동료 자동차 엔지니어인 루이스 베츠가 1931년 팸플릿 『인민 자동차Das Volksauto』에서 이미 이와 매우 유사한 제안을 제시한 바 있고, 이는 포르셰의 1934년 메모에 영향을 미친 것으로 보인다. Betz, *Das Volksauto*, 71ff. 또 다른 협력적 합병 제안은 상공회의소가 1934년에 작성한 메모를 참조하라. BAL R43 II/753, IHK Berlin to Hitler, June 7, 1934.

130 "다이크호프 씨는 오펠에서 데려와서 폭스바겐 측에 고용되었다"(YSL−GM, Box 4, doc 3730 – 39, Osborn to Howard, August 28, 1937).

131 BFRC, Acc. 285, Box 2093: Steppacher to Liebold, June 21, 1937; Liebold to Steppacher, June 29, 1937.

132 UVW 69/168, Jakob Werlin: "Gedanken zur Entstehung des VWW," 1951; "Auszug aus den Erinnerungen," 1964.

133 BFRC, Acc. 285, Box 2093: Ford to Werlin and Porsche, July 6, 1937; Porsche to Ford, July 10, 1937.

134 1937년 폭스바겐의 첫 번째 신입 사원에 대한 정보는 다음의 다양한 자료를 근거로 재구성할 수 있다. UVW: Personal Files "Rückwanderer"; Joseph Werner interview, 69/168; Fritz Kuntze file, 373/5/5; and from NARA RG 319, Entry 47, Box 464, FBI report, "Labor recruiting campaign conducted in United States by German Volkswagen Werke," June 26, 1944.

135 UVW, 69/166, 69/168, interviews with Joseph Werner, 1961.

136 Mommsen and Grieger, *Das Volkswagenwerk*, 250 – 257.

137 UVW 373/5/5, Fritz Kuntze file; UVW Z204, Kuntze dairy.

138 FBI는 Hapag−Lloyd 승객 등록부를 기반으로 폭스바겐 귀국자 목록을 재구성했다. NARA RG 319, Entry 47, Box 464, FBI report, "Labor recruiting campaign conducted in United States by German Volkswagen Werke," June 26, 1944. 폭스바겐의 시제 공장과 직업 교육소에 관해서는 다음을 참조하라. Braunschweig see Mommsen and Grieger, *Das Volkswagenwerk*, 227 – 242.

139 NARA, RG 319, Entry 47, Box 464, FBI report, "Labor recruiting campaign conducted in US by German Labor Front," April 14, 1944; "Memorandum on organized repatriation of German workers from the United States," December 19, 1938, and "Memorandum by State Secretary [Weizsäcker]," January 13, 1939, in *Documents on German Foreign Policy, 1918–1945: From the Archives of the German Foreign Ministry*, series D(1937 – 1945) (Washington, DC: Government Printing Office, 1949), 2: 657 – 73.

140 Mommsen and Grieger, *Das Volkswagenwerk*, 317-18, 368-73.

141 1937년에 고용된 사람들 중에서 라인홀드 피치(Reinhold Ficht)만 미국으로 돌아왔다. 1939년에 고용된 사람들 중에는 적어도 7명(럼프(Rumpf), 러프(Ruf), 노이세(Neuse), 프리츠케(Fritzke), 메이어(Mayr), 에크하르트(Eckhardt), 세이흐터(Seichter))이 돌아왔다. NARA, RG 319, Entry 47, Box 464, FBI report, "Labor recruiting campaign conducted in United States by German Volkswagen Werke," June 26, 1944.

142 Mommsen and Grieger, 1032.

143 NARA, RG 165, Entry 179C, Box 669, "Detailed Interrogation Report on Personalities of Volkswagenwerk," June 17, 1945; Mommsen and Grieger, *Das Volkswagenwerk*, 664, 806-8, 869-71, 920-22, 1028.

144 BFRC, FWDb, FMC 0005979, "USSBS Intelligence Report—German Motor Industry."

145 NARA RG 243, Entry 6, Box 708, Report of Th. Targa, May 22, 1945.

146 NARA, RG 165, Entry 179C, Box 669, "Detailed Interrogation Report on Personalities of Volkswagenwerk," June 17, 1945.

147 UVW: 373/5/5, Fritz Kuntze files; 174/159/1, Otto Höhne files; 69/166, Joseph Werner interview; 69/168, Joseph Werner interview, Ghislaine Kaes interview.

148 *New York Times*, November 25, 1938. 독일 독수리 대십자 훈장의 배경이 더 알고 싶으면 다음을 참조하라. Stefan Link, "Rethinking the Ford—Nazi Connection," *Bulletin of the German Historical Institute* 49(2011): 135-50.

149 "Thomas J. Watson Is Decorated by Hitler for Work in Bettering Economic Relations," *New York Times*, July 2, 1937; Black, *IBM and the Holocaust*, 134; Neliba, *Die Opel-Werke*, 81-82.

150 Overy, "Cars, Roads, and Economic Recovery"; Kümmel, *Transnationale Wirtschaftskooperation*, 110; YSL—GM, Box 3, folder 2640-2708, "Opel under General Motors Management: A Review and Outlook."

151 일본에 관해서는 Mason, *American Multinationals and Japan*, esp. pp. 48-99를 참조하라. 브라질에 관해서는 Shapiro, *Engines of Growth: The State and Transnational Auto Companies in Brazil*을 참조하라. 한국에 관해서는 다음을 참조하라. Kim, *Imitation to Innovation: The Dynamics of Korea's Technological Learning*, esp. chapter 5; Alice Amsden, *Asia's Next Giant: South Korea and Late Industrialization*(New York: Oxford University Press, 1989), esp. chapter 7. 중국에 관해서는 Wan—Wen Chu, "How the Chinese Government Promoted a Global Automobile Industry," *Industrial and Corporate Change* 20, no. 5(2011): 1235-76을 참조하라.

152 Avraham Barkai quoted in Stephen Gross, "The Nazi Economy," in *A Companion to Nazi Germany*, ed. Shelley Baranowski et al.(Hoboken, NJ: Wiley and Blackwell, 2018), 269.

1   *Bundesarchiv*(BAL), Berlin-Lichterfelde, R3112/99, "Bericht über die Sitzung beim Herrn Reichsmarschall am 7.11.1941." On the context of the meeting see Rolf-Dieter Müller, "Die Mobilisierung der deutschen Wirtschaft für Hitlers Kriegführung," in *Das deutsche Reich und der Zweite Weltkrieg: Organisation und Mobilisierung des deutschen Machtbereichs*, vol. 5/1, ed. Bernhard R. Kroener, Rolf-Dieter Müller, and Hans Umbreit(Stuttgart: DVA, 1988), 610-15.

2   Müller, "Die Mobilisierung," 638-41; Chris Bellamy, *Absolute War: Soviet Russia in the Second World War*(New York: Vintage Books, 2008), 278, 303-4.

3   Jeffrey Fear, "War of the Factories," in *The Cambridge History of the Second World War*, vol. 3, ed. Michael Geyer and Adam Tooze(Cambridge, UK: Cambridge University Press, 2015), 94-121.

4   Müller, "Die Mobilisierung," 630, 634. 뮐러는 이 상황을 "동부 전선에서 막대한 손실을 보상하고 적국과의 군비 경쟁에서 승리할 기회가 없었다. … 독일의 상황은 절망적이었다"라고 요약했다.

5   BAL, NS 6/336, fol. 82-84, "Besprechung vom 7.11.1941 über den Einsatz von Sowjetrussen"; Ulrich Herbert, *Hitler's Foreign Workers: Enforced Foreign Labor in Germany under the Third Reich*(Cambridge, UK: Cambridge University Press, 1997), 147-50.

6   German Federal Archives, Military Archives(BA-MA), Freiburg, RW 19/295, Erlass "Vereinfachung und Leistungssteigerung unserer Rüstungsindustrie," December 3, 1941.

7   전시에도 자동차와 항공기 회사의 유력한 소유자들 간의 오랜 경쟁은 거의 완화되지 않았다. 일례로 다임러-벤츠는 오펠이 설계한 트럭을 생산해야 하는 것에 분개했다. Heidrun Edelmann, "Heinrich Nordhoff: Ein deutscher Manager in der Automobilindustrie," in *Deutsche Unternehmer zwischen Kriegswirtschaft und Wiederaufbau: Studien zur Erfahrungsbildung von Industrie-Eliten*, ed. Paul Erker and Toni Pierenkemper(Munich: Oldenbourg, 1999), 33, footnote 84. 항공기 회사 하인켈은 융커스의 설계에 따라 생산하기를 거부했다. Paul Erker, "Die Luftfahrtindustrie im Spannungsfeld von technologischem Wandel und politischem Umbruch," in *Deutsche Unternehmer*, 237.

8   1943년 6월 5일, 슈페어가 군수 노동자들에게 한 연설 내용이다. BAL, R3/1547.

9   이 장에서 사용된 주요한 사례 연구들만 명명하면 다음과 같다. Hans Mommsen and Manfred Grieger, *Das Volkswagenwerk und seine Arbeiter im Dritten Reich*(Düsseldorf, Germany: Econ, 1996); Constanze Werner, *Kriegswirtschaft und Zwangsarbeit bei BMW*(Munich: Oldenbourg, 2006); Martin Kukowski and Rudolf Boch, *Kriegswirtschaft*

und Arbeitseinsatz bei der Auto-Union AG Chemnitz im Zweiten Weltkrieg(Stuttgart: Steiner, 2014); Peter Kohl and Peter Bessel, *Auto-Union und Junkers: Geschichte der Mitteldeutschen Motorenwerke*(Stuttgart: Franz Steiner, 2003); Neil Gregor, *Daimler-Benz in the Third Reich*(New Haven, CT: Yale University Press, 1998).

10 이러한 서사는 전후에 나치 체제 해석가로 장기간 활동한 슈페어를 통해서 대중에게 적극적으로 유포되었다. Magnus Brechtken, *Albert Speer: Eine deutsche Karriere*(Munich: Siedler, 2017)을 참조하라.

11 다음을 참조하라. Lutz Budraß, *Flugzeugindustrie und Luftrüstung in Deutschland 1918–1945*(Düsseldorf, Germany: Droste, 1998), 834–46; Adam Tooze, "No Room for Miracles. German Industrial Output in World War II Reassessed," *Geschichte und Gesellschaft* 31, no. 3(2005): 439–64; Jonas Scherner and Jochen Streb, "Das Ende eines Mythos? Albert Speer und das so genannte Rüstungswunder," *Vierteljahresschrift für Sozialund Wirtschaftsgeschichte* 93, no. 2(2006): 172–96; Adam Tooze, *The Wages of Destruction: The Making and Breaking of the Nazi Economy*(New York: Viking, 2007), 429–52, 552–89; Lutz Budraß, Jonas Scherner, and Jochen Streb, "Fixed–Price Contracts, Learning, and Outsourcing: Explaining the Continuous Growth of Output and Labor Productivity in the German Aircraft Industry during the Second World War," *Economic History Review* 63, no. 1(2010): 107–136; Jonas Scherner, "Armament in Depth' or 'Armament in Breadth'? German Investment Pattern and Rearmament during the Nazi Period," *Economic History Review* 66, no. 2(2013): 497–517.

12 Streb and Scherner, "Das Ende eines Mythos?," 193; Budraß, *Flugzeugindustrie und Luftrüstung*, 846.

13 Hironori Sasada, *The Evolution of the Japanese Developmental State: Institutions Locked In by Ideas*(London: Routledge, 2013), 82–84; Satoshi Sasaki, "The Rationalization of Production Management Systems in Japan during World War II," in *World War II and the Transformation of Business Systems*, ed. Jun Sakudō and Takao Shiba(Tokyo: University of Tokyo Press, 1994), 30–54.

14 Mark Wilson, *Destructive Creation: American Business and the Winning of World War II*(Philadelphia: University of Pennsylvania Press, 2016), 63–80 and chapter 4; David Edgerton, *Warfare State: Britain, 1920–1970*(Cambridge, UK: Cambridge University Press), 77.

15 Klaus Segbers, *Die Sowjetunion im Zweiten Weltkrieg: Die Mobilisierung von Verwaltung, Wirtschaft und Gesellschaft im "Großen Vaterländischen Krieg," 1941–1943*(Munich: Oldenbourg, 1987), 89ff., 285ff.; Mark Harrison, *Soviet Planning for Peace and War, 1938–1945*(Cambridge: Cambridge University Press, 1985), chapter 2.

16 Werner Abelshauser, "Modernisierung oder institutionelle Revolution? Koordinaten einer Ortsbestimmung des 'Dritten Reiches' in der deutschen Wirtschaftsgeschichte des 20. Jahrhunderts," in *Wirtschaftsordnung, Staat, und Unternehmen: Neue Forschungen zur Wirtschaftsgeschichte des Nationalsozialismus*, ed. Werner Abelshauser, Jan O. Hesse, and Werner Plumpe(Essen, Germany: Klartext, 2003), 33 – 34.

17 베르너의 생애에 관한 정보는 *Sächsisches Staatsarchiv*(SSAC), Chemnitz, 31050/5873에 있는, 1938년에 그가 수여한 공학 명예박사에 관한 파일에서 얻을 수 있다. Kukowski and Boch, *Kriegswirtschaft und Arbeitseinsatz bei der Auto-Union AG*, 67 – 68도 참조하라.

18 SSAC, 31050/749에 있는, 베르너가 자동차 엔지니어 협회와 나눈 서신 교환(1933 – 1941)을 참조하라.

19 SSAC, 31030/5873.

20 Kukowski and Boch, *Kriegswirtschaft*, 67 – 68. 베르너의 이름은 베를린 연방 기록 보관소에 있는 중앙당 명부에서는 보이지 않는다. 그러나 최소한 하나 이상의 편지에서 베르너를 'Pg.'(당 동지)라고 언급하고 있다. SSAC, 31050/789, fol. 36, Böttger to Werner, October 24, 1942.

21 베르너는 1936년 10월 29일 협회 모임에서 '서로 간의 차이는 제쳐두고 폭스바겐 문제를 가능한 한 빨리 해결하기 위해 협력할 것'을 동료들에게 촉구했다. 인용 출처는 Yale Sterling Library(YSL–GM), New Haven, CT, Box 15, folder 18333ff., RDA circular, November 4, 1936이다.

22 SSAC: 31050/1042; 31050/316.

23 Paul Erker, *Industrie-Eliten in der NS-Zeit: Anpassungsbereitschaft und Eigeninteresse von Unternehmen in der Rüstungsund Kriegswirtschaft, 1936–1945*(Passau, Germany: Wissenschaftsverlag, 1993); Gerhard Hirschfeld and Tobias Jersak, eds., *Karrieren im Nationalsozialismus: Funktionseliten zwischen Mitwirkung und Distanz*(Frankfurt: Campus Verlag, 2004); Karl–Heinz Ludwig, *Technik und Ingenieure im Dritten Reich*(Düsseldorf, Germany: Droste, 1974).

24 Götz Aly and Susanne Heim, *Architects of Annihilation: Auschwitz and the Logic of Destruction*(Princeton, NJ: Princeton University Press, 2002).

25 몸젠과 그리거의 *Das Volkswagenwerk und seine Arbeiter*는 포르셰가 나치의 점령 정책을 지지했고 전시 강제 노동 체제를 적극적으로 이용했음을 보여주는 광범위한 증거를 수집했다. 그런데도 저자들은 포르셰를 '비정치적'이라 묘사한다. 이러한 노선에 대한 비판은 Mary Nolan, review of *Das Volkswagenwerk und seine Arbeiter*, by Mommsen and Grieger, *International Labor and Working-Class History* 55(Spring 1999): 149 – 54를 참조하라. 폰 브라운에 관해서는 Rainer Esfeld, *Mondsüchtig: Wernher von Braun und die Geburt der Raumfahrt aus dem Geist der Barbarei*(Hamburg: Rowohlt, 1996)를 참조하라.

26 SSAC, 31050/1635, Report of the Werner Commission, 1937.

27 SSAC, 31050/5878, "Handakte Dr. Werners zur Rationalisierung der Automobilindustrie 1938 – 1939." William Werner, "Wir brauchen Sonder–Werkzeugmaschinen!," *Werkstattstechnik und Werksleiter* 36(1942): 337 – 43에 이 강연의 한 판본이 수록되어 있다.

28 BA–MA, RL 3/1702, Werner and Bruhn to Koppenberg, November 5, 1940은 1939년 베르너의 메모를 인용한다. "비행기 엔진 융커스 주모 211(Junkers Jumo 211) 단조 작업에 할당되는 1,700kg가량의 재료에서 최종적으로 엔진의 부품이 되는 건 200kg에 불과하다. 540kg(=32%)가량의 재료가 단조 과정에서 낭비되고 960kg(=56%)가량의 재료가 기계작업장에서 폐기물이 된다.

29 Daniel Uziel, *Arming the Luftwaffe: The German Aviation Industry in World War II*(Jefferson, NC: McFarland & Company, 2012), 27 – 28; Charles Sorensen with Samuel T. Williamson, *My Forty Years with Ford*(New York: Norton, 1956), 289 ff.; Reich, *The Fruits of Fascism: Postwar Prosperity in Historical Perspective*, 83 – 84; Jonathan Zeitlin, "Flexibility and Mass Production at War: Aircraft Manufacture in Britain, the United States, and Germany, 1939 – 1945," *Technology and Culture* 36, no. 1(1994): 46 – 79.

30 BA–MA, RL 3/1702, Werner and Bruhn to Koppenberg, November 5, 1940.

31 Budraß, *Flugzeugindustrie und Luftrüstung in Deutschland*, 705.

32 Budraß, 545 – 49, 705.

33 Budraß, 713 – 38.

34 Werner, *Kriegswirtschaft und Zwangsarbeit bei BMW*, 70.

35 BA–MA, RL 3/ 52, fol. 311 – 14.

36 Public Records Office(PRO), National Archives, Kew, FO 1078.95, "Bericht über den Stand der Flugmotoren–Fertigung im BMW–Konzern," March 1941.

37 YSL–GM, Box 15, folder 18333ff., note by Lüer, July 15, 1941.

38 Mommsen and Grieger, *Das Volkswagenwerk*, 456.

39 BA–MA, RW 19/1503, fol. 170 – 82, "Bericht über die Aufgaben des Industrierats," December 12, 1941. Quotes in Budraß, *Flugzeugindustrie*, 711.

40 SSAC, 31050/789, fol. 1 and 139 – 46; Hans–Joachim Braun, "Aero–Engine Production in the Third Reich," *History of Technology* 14(1992): 7 – 8.

41 Budraß, *Flugzeugindustrie*, 715 – 24. 인용은 1941년 6월 26일 조달 기관과 밀히 간의 모임 의정서에서 가져온 것으로, Georg Thomas and Wolfgang Birkenfeld, *Geschichte der deutschen Wehrund Rüstungswirtschaft, 1918–1943/45*(Boppard am Rhein, Germany: Boldt, 1966), 448 – 51에 재수록되어 있다.

42 BA–MA, RW 19/177, fol. 280 – 86.

43 Werner, *Kriegswirtschaft*, 87.

44 1942년 4월 18일 히틀러의 포고에 따른 것이다. BAL, R3/1547.

45 Gregor Janssen, *Das Ministerium Speer: Deutschlands Rüstung im Krieg*(Frankfurt: Ullstein, 1968), 43 – 47.

46 BAL, R3/1550, fol. 4963 – 65 and 4969 – 75에 있는 한스 케를(Hans Kehrl)의 1944년 비망록 "Problematische Fragen der industriellen Selbstverantwortung"과 "Die Grundlagen der deutschen Wirtschaftslenkung"을 참조하라.

47 BAL, R3/1547, "1. Gauleiterrede," February 24, 1942, fol. 35ff.

48 BAL, R3/1381, "Die Selbstverantwortungsund Selbstverwaltungsorgane der Rüstungswirtschaft"(1944).

49 Braun, "Aero−Engine Production in the Third Reich," 1.

50 BA−MA, RL3/17, GL meeting, November 10, 1942. RL 3/17, GL meeting, November 17, 1942도 참조하라. 여기서 밀히는 베르너에게 "당신이 원하는 대로 할 수 있도록 전폭적인 지원을 하겠습니다. 다른 누구의 조언도 신경 쓸 필요 없습니다"라고 확언했다.

51 BA−MA: RL 3/15, GL meeting, August 18, 1942; RL 3/17, GL meeting, December 21, 1942; RL 3/17, GL meeting, June 15, 1943.

52 BA−MA, RL 3/18, GL meeting, February 16, 1943.

53 BA−MA, RL 3/21, GL meeting, June 22, 1943.

54 BA−MA, RL 3/21, GL meeting, June 15, 1943.

55 BA−MA, RL 3/16, GL meeting, November 3, 1942.

56 BA−MA, RL 3/17, GL meeting, November 10, 1942.

57 Ulrich Herbert, "Einleitung," in *Europa und der "Reichseinsatz": Ausländische Zivilarbeiter, Kriegsgefangene und KZ-Häftlinge in Deutschland, 1938–1945*, ed. U. Herbert(Essen, Germany: Klartext, 1991), 7 - 8. 전쟁 중 외국 노동자와 강제 노동에 관한 문헌은 방대하다. 이에 관한 개관으로 For overviews see Herbert, *Hitler's Foreign Workers*; Mark Spoerer, *Zwangsarbeit unter dem Hakenkreuz: Ausländische Zivilarbeiter, Kriegsgefangene und Häftlinge im Deutschen Reich und im besetzten Europa, 1939–1945*(Munich: DVA, 2001)를 참조하라.

58 항공 산업에서의 외국 노동자와 노동 강제에 관해서는 다음을 참조하라. Budraß, *Flugzeugindustrie*, 767 - 88; Uziel, "Between Industrial Revolution and Slavery."

59 Hachtmann, "Fordism and Unfree Labor," 502에서 인용.

60 BA−MA, RL 3/19, GL meeting, March 2 1943; Gregor, *Daimler-Benz in the Third Reich*, 122에서 인용.

61 GL meeting, March 31, 1944; Uziel, "Between Industrial Revolution and Slavery,"291에서 인용.

62 Gregor, *Daimler-Benz*, 123에서 인용.

63 Werner, *Kriegswirtschaft*, 163에서 인용.

64 이어지는 논의는 Werner, *Kriegswirtschaft*, 168 – 216을 기반으로 한다.

65 BA–MA, RL3/2310, "Gesamtüberblick." 이 비율은 군수 산업의 다른 부문과 비슷한 수준이었지만, 건설(45.5%), 석탄과 철강(54%) 그리고 조직 토트(Organization Todt)가 지은 도로와 요새(85%)는 외국 노동자의 비율이 상당히 높았다.

66 Werner, *Kriegswirtschaft*, 64, 187, 196.

67 BA–MA, RL3/2310, Industrierat to Milch, November 10, 1943; Frydag to Milch, November 18, 1943; Werner to Milch, November 19, 1943.

68 Lutz Budraß and Manfred Grieger, "Die Moral der Effizienz: Die Beschäftigung von KZ–Häftlingen am Beispiel des Volkswagenwerks und der Henschel–Flugzeug–Werke," *Jahrbuch für Wirtschaftsgeschichte* 34, no. 2(1993): 121 – 23, 126 – 32.

69 Budraß and Grieger, "Die Moral der Effizienz," 130 – 31에서 강력하게 주장한 논점이다.

70 다음을 참조하라. Budraß, *Flugzeugindustrie*, 818 – 46; Adam Tooze, "No Room for Miracles"; Budraß, Scherner, and Streb, "Fixed–Price Contracts."

71 Budraß, *Flugzeugindustrie*, 832 – 33.

72 Werner, *Kriegswirtschaft*, 205.

73 Budraß, *Flugzeugindustrie*, 829.74. "Rechenschaftsbericht Speers vom 27. Januar 1945," reprinted in Janssen, *Das Ministerium Speer*, 325 – 42, here 336.

75 Tooze, "No Room for Miracles", 457.

76 Scherner and Streb, "Das Ende eines Mythos?," 191.

77 Budraß, Scherner, and Streb, "Fixed–Price Contracts," 131.

78 Kohl and Bessel, *Auto-Union und Junkers,* 171.

79 Budraß, Scherner, and Streb, "Fixed–Price Contracts," 131.

80 Uziel, "Between Industrial Revolution and Slavery," 298, footnote 52에서 인용.

81 YSL–GM, Box 15, folder 18333ff., "Bericht über Rationalisierungsmassnahmen," January 16, 1942.

82 Werner, *Kriegswirtschaft*, 145 – 68.

83 예를 들어 다음 책들에 있는 이미지를 참조하라. Werner, *Kriegswirtschaft*, 150, 154, 164, 183, 207, 223, 241, 272, 300; Kohl and Bessel, *Auto-Union und Junkers*, 60, 66; Uziel, *Arming the Luftwaffe*, 39, 45, 115, 129, 181. 84. 인용은 Uziel, "Between Industrial Revolution and Slavery," 287에서 가져왔다.

85 이 장의 서두에서 제안했듯이, 전쟁 말기의 호황이 '피할 수 없는 발전의 결과'였고 '슈페어가 없었더라도' 일어났을 것이라고 말하는 것은 사실을 과장하는 것으로 보인다. 베르너 같은 기술관료가 시행한 밀히-슈페어 개혁이 정말로 아무런 차이가 없었을까? '산업의 자기 책임(self-responsibility of industry)'이라는 전체 무기 관리 체계가 1942년에 그냥 짐

을 싸고 문을 닫아버렸더라도, 산출량·생산성 증가가 동일하게 일어났을까? 그럴 것 같지 않다. 연구의 초점이 슈페어에서 총력전의 정치경제가 중간 수준에서 어떻게 작동했는지에 관한 좀 더 상세한 분석으로 이동해야 한다.

86 이러한 결론은 널리 받아들여지고 있다. 다음을 참조하라. Richard Overy, *Why the Allies Won*(New York: Norton, 1995); Mark Harrison, ed., *The Economics of World War II: Six Great Powers in International Comparison*(Cambridge, UK: Cambridge University Press, 1998); Tooze, *Wages of Destruction*.

87 민간 경제를 보호하려는 미국의 의도적 노력에 관해서는 Wilson, *Destructive Creation*, 147 – 48을 참조하라.

88 미국의 엔진 생산량은 1941년에는 58,181개, 1944년에는 256,912개였다. Overy, *The Air War*, 150.

89 Wilson, *Destructive Creation*, 257.

90 "Kleinwagen–Odyssee," *Der Spiegel*, February 12, 1958, 22.

91 Bellamy, *Absolute War*, 287 – 92, 303 – 4; Harrison, *Soviet Planning for Peace and War*, 51, 64; quote from Klaus Segbers, *Die Sowjetunion im Zweiten Weltkrieg*, 37.

92 Harrison, *Soviet Planning for Peace and War*, 118; Mark Harrison, "The Economics of World War II: An Overview," in *The Economics of World War II*, 15 – 16.

93 Tooze, *Wages of Destruction*, 671 – 85에서 주장했고, 셔너도 뒤따라 강조한 논점이다. Jonas Scherner, "Die Grenzen der Informationsbeschaffung, –transfer und –verarbeitung in der deutschen Wehrund Kriegswirtschaftsverwaltung im Dritten Reich," *Jahrbuch für Wirtschaftsgeschichte* 56, no. 1(2015): 134.

94 예를 들어 Nikolai A. Voznesenskii, *The Economy of the USSR during World War II*(Washington, DC: Public Affairs, 1947)를 참조하라.

95 소비에트의 재무장과 동원 계획에 관해서는 다음을 보라. Walter S. Dunn, *The Soviet Economy and the Red Army 1930–1945*(Westport, CT: Greenwood 1995); Lennart Samuelson, *Plans for Stalin's War Machine: Tukhachevskii and Military-Economic Planning 1925–1941*(Basingstoke, UK: Macmillan, 2000); Nikolai Simonov, "*Mobpodgotovka*: Mobilization Planning in Interwar Industry," in *The Soviet Defense-Industry Complex from Stalin to Khrushchev*, ed. John Barber and Mark Harrison(Basingstoke, UK: Macmillan, 2000), 205 – 22; Mark Harrison, ed., *Guns and Rubles: The Defense Industry in the Stalinist State*(New Haven, CT: Yale University Press, 2008).

96 R.W. Davies, "Planning for Mobilization: The 1930s," in *Guns and Rubles*, 146.

97 As argued by Lennart Samuelson, *Tankograd: The Formation of a Soviet Company Town: Cheliabinsk, 1900–1950s*(London: Palgrave, 2011), chapters 6 and 7.

98 R. W. Davies and Mark Harrison, "Defence Spending and Defence Industry in the

1930s," in *Soviet Defense-Industry Complex*, 70 – 98; Scherner, "'Armament in Depth' or 'Armament in Breadth'?"

99   Harrison, *Soviet Planning in Peace and War*, 128; Samuelson, *Tankograd*, 193 – 95.

100 Harrison, *Soviet Planning in Peace and War*, 131, 138; Mark Harrison, *Accounting for War: Soviet Production, Employment, and the Defence Burden, 1940–1945*(Cambridge, UK: Cambridge University Press, 1996), 67 – 73.

101 Mark Harrison, "Wartime Mobilization: A German Comparison," in *The Soviet Defense-Industry Complex*, 99 – 117을 참조하라.

102 Harrison, *Soviet Planning*, 82ff.; Harrison, *Accounting for War*, 121ff.

103 *Tsentral'nyi arkhiv Nizhegorodskoi oblasti*(TsANO), Nizhnii Novgorod, f. 2435, o.9, d. 46; A. A. Gordin, *Gor'kovskii Avtomobil'nyi Zavod: Istoriia i sovremennost', 1932–2012*(Nizhnii Novgorod: Kvarts, 2012), 110.

104 Lifshits's report is in TsANO, f. 2435, o.9, d.58.

105 BA–MA, RL3/51, fol.1259 – 61, "Überblick über die entscheidenden Angriffsziele in der S.U.," June 4, 1943.

106 Gordin, *Gor'kovskii Avtomobil'nyi Zavod*, 143.

107 TsANO, f.2435: o.1, d.178, l.149f.; o.9. d.68, *otchetnyi doklad* 1943; o.9, d.78, *ob"iasnitel'naia zapiska* 1944; o.9, d.87, l.1.

108 TsANO, f. 2435, o.1, d.178, l. 149.

109 TsANO, f. 2435, o.7, d.26; Gordin, *Gor'kovskii Avtomobil'nyi Zavod*, 117.

110 스타하노프 운동(Stakhanovism)의 풀뿌리 급진주의 후추격 제거와 기록 달성 그리고 그 운동과 공장 경영 목표 간의 재조정에 관해서는 다음을 참조하라. Lewis Siegelbaum, *Stakhanovism and the Politics of Productivity in the USSR, 1935–1941*(Cambridge, UK: Cambridge University Press, 1988), chapter 7; "new Soviet intelligentsia"(p. 275).

111 TsANO, f. 2435, o.9, d. 87, ll.40ff.

112 BA–MA, RL 3/24, GL meeting, August 24, 1943, fol. 64.

113 Budraß, *Flugzeugindustrie*, 818ff.

114 둘 간의 중요한 차이에 관해서는 다음을 보라. David Shearer, *Industry, State, and Society in Stalin's Russia, 1926–1934*(Ithaca, NY: Cornell University Press, 1996), 96ff.; see also Harrison, "Wartime Mobilization."

115 Harrison, *Soviet Planning for Peace and War*, 89.

116 BAL, R3/1547, "1. Gauleiterrede," February 24, 1942, fol. 49 – 50.

117 해당 연설은 Hildegard von Kotze and Helmut Krausnick, eds., *"Es spricht der Führer": 7 exemplarische Hitler-Reden*(Gütersloh, Germany: Siegbert Mohn, 1966), 329 – 68에 재수록되어 있다.

118 Hans Kehrl, *Krisenmanager im Dritten Reich: 6 Jahre Frieden, 6 Jahre Krieg. Erinnerungen*(Düsseldorf, Germany: Droste, 1973), 393.

119 1942년 8월 4일, 슈페어가 노동 전선 대표들에게 연설한 내용이다. BAL, R3/1547.

120 Ludolf Herbst, *Der Totale Krieg und die Ordnung der Wirtschaft*(Munich: Oldenbourg, 1982), 320.

121 Voznesenskii, *Economy of the USSR*, 92.

122 Segbers, *Die Sowjetunion im Zweiten Weltkrieg*, 285–89.

123 "Organizatsiia potochnogo proizvodstva na GAZ imena Molotova v dni Velikoi Otechestvennoi Voiny," in TsANO, f. 2435, o.1, d.178.

마치는 글: 미국 헤게모니 아래 개조된 포드주의

1 Charles S. Maier, "The Politics of Productivity: Foundations of American International Economic Policy after World War II," in *In Search of Stability: Explorations in Historical Political Economy*, ed. C. S. Maier(Cambridge, UK: Cambridge University Press, 1987), 121–152; Mark Rupert, *Producing Hegemony: The Politics of Mass Production and American Global Power*(Cambridge, UK: Cambridge University Press, 1995).

2 James T. Sparrow, *Warfare State: World War II Americans and the Age of Big Government*(New York: Oxford University Press, 2011). 정부, 기업, 노동자 간의 3자 타협에 대한 노조의 승인에 관해서는 Nelson Lichtenstein, *Labor's War at Home: The CIO during World War II*(Cambridge, UK: Cambridge University Press, 1982); Rupert, *Producing Hegemony*, chapter 5를 참조하라.

3 1940년 12월에 행한 루스벨트의 노변담화 '민주주의의 병기창(Arsenal of Democracy)'은 https://en.wikisource.org/wiki/Roosevelt%27s_Fireside_Chat,_29_December_1940에서 볼 수 있다.

4 Christy Borth, *Masters of Mass Production*(New York: Bobbs-Merrill, 1945), 13–15. See also Eric Larrabee, "The Doctrine of Mass Production," in *American Perspectives: The National Self-Image in the Twentieth Century*, ed. Robert Ernest Spiller and Eric Larrabee(Cambridge, MA: Harvard University Press, 1961), 178–94.

5 Peter Drucker, "Henry Ford: Success and Failure," *Harper's Magazine* 195(June 1947): 1–8. 드러커의 *Concept of the Corporation*(New York: John Day, 1946)은 전쟁 기간 GM의 경영 조직에 대한 연구에 기반하고 있다. 이 책에서 드러커는 '대기업 회사와 자유로운 산업 사회 간의 관계'라 부르는 것을 탐구하고자 했다(p. viii). 드러커에 관해서는 다음을 참조하라. Nils Gilman, "The Prophet of Post-Fordism: Peter Drucker and the

Legitimation of the Corporation," in *American Capitalism: Social Thought and Political Economy in the Twentieth Century*, ed. Nelson Lichtenstein(Philadelphia: University of Pennsylvania Press, 2006), 109 – 31; Christian Olaf Christiansen, *Progressive Business: An Intellectual History of the Role of Business in American Society*(Oxford, UK: Oxford University Press, 2015), 75 – 83.

6   경영 개편에 관해서는 다음을 참조하라. Allan Nevins and Frank Ernest Hill, *Ford: Decline and Rebirth, 1933–1962*(New York: Scribner's, 1962), 317 – 45; David Hounshell, "Ford Automates: Technology and Organization in Theory and Practice," *Business and Economic History* 24, no. 1(1995): 59 – 71. 하운셸은 네빈스와 힐이 '제너럴모터스의 모델을 포드에 적용하는 것이 얼마나 어려웠는지'를 간과했으며, 조직 개편의 단계에서 '포드 내부에서 벌어진 분쟁'에 관해서는 일절 이야기도 꺼내지 않았다고 언급했다(60쪽). BFRC, Acc. 881, Box 5, folder "Organization and Administration—Reorganization" 자료를 참조하라. 여기서 헨리 2세는 드러커의 영감에 호소하며 다음과 같이 말했다. "그 당시에 드러커라는 동료가 제너럴모터스의 조직에 관해서 쓴 책이 막 출판되었다. 나는 [포드가] 완전한 중앙 집중적 조직이기보다는 부서로 나뉘는 직계 참모 조직이 되기를 매우 열망했다."

7   Christian Kleinschmidt, *Der produktive Blick: Wahrnehmung amerikanischer und japanischer Managementund Produktionsmethoden durch deutsche Unternehmer 1950–1985*(Berlin: Akademie, 2002), 64 – 65에서 인용. 동일한 이데올로기가 일본에서의 미국의 생산성 사명에도 스며들어 있었다. Jennifer M. Miller, *Cold War Democracy: The United States and Japan*(Cambridge, MA: Harvard University Press, 2019), 227 – 43.

8   Giuliana Gemelli, "American Influence on European Management Education: The Role of the Ford Foundation," in *Management Education and Competitiveness: Europe, Japan, and the United States*, ed. Rolv Petter Amdam(London: Routledge, 1996), 38 – 68; Miller, *Cold War Democracy*, 266 – 70.

9   Henry B. Wend, "'But the German Manufacturer Doesn't Want Our Advice': West German Labor and Business and the Limits of American Technical Assistance, 1950 – 54," in *Catching Up with America: Productivity Missions and the Diffusion of American Economic and Technological Influence after the Second World War*, ed. Dominique Barjot(Paris: Presses de L'Université de Paris–Sorbonne, 2002), 133에서 인용. 마셜 플랜 생산성 이니셔티브의 모호한 영향에 관해서는 Jacqueline McGlade, "Americanization: Ideology or Process? The Case of the United States Technical Assistance and Productivity Programme," in *Americanization and Its Limits: Reworking US Technology and Management in Post-war Europe and Japan*, ed. Jonathan Zeitlin and

Gary Herrigel(Oxford, UK: Oxford University Press, 2000), 53 – 75도 참조하라. Volker Berghahn, *The Americanization of West German Industry 1945–1973*(Cambridge, UK: Cambridge University Press, 1986), 250 – 59도 함께 참조하라.

10   Reinhard Neebe, "Technologietransfer und Außenhandel in den Anfängen der Bundesrepublik Deutschland," *Vierteljahreshefte für Sozialund Wirtschaftsgeschichte 76*, no. 1(1989): 49 – 75.

11   Charles S. Maier, "The Two Postwar Eras and the Conditions for Stability in TwentiethCentury Western Europe," in *In Search of Stability*, 153 – 84; Adam Tooze, "Reassessing the Moral Economy of Post—war Reconstruction: The Terms of the West German Settlement in 1952," *Past and Present*(2011), Supplement 6, 47 – 70; Volker Wellhöner, *"Wirtschaftswunder," Weltmarkt, westdeutscher Fordismus: Der Fall Volkswagen*(Münster, Germany: Westfälisches Dampfboot, 1996), 21 – 39, 62 – 67; Christoph Buchheim, *Westdeutschland und die Weltwirtschaft 1945–1958*(Munich: Oldenbourg, 1990), chapter 4; Tony Judt, *Postwar: A History of Europe since 1945*(New York: Penguin, 2005), 326.

12   Wellhöner, *"Wirtschaftwunder,"* 77 – 87; Heidrun Edelmann, *Heinz Nordhoff und Volkswagen: Ein deutscher Unternehmer im amerikanischen Jahrhundert*(Göttingen, Germany: Vandenhoek und Ruprecht, 2003), 192.

13   Werner Abelshauser, "Two Kinds of Fordism: On the Differing Roles of the Automobile Industry in the Development of the Two German States," in *Fordism Transformed: The Development of Production Methods in the Automobile Industry*, ed. Haruhito Shiomi and Kazuo Wada(New York: Oxford University Press, 1995), 279.

14   노르호프가 1955년 11월 29일 베른 공과대학에서 한 취임 연설 '산업 및 경제 리더십'에서 말한 내용이다. Heinrich Nordhoff, *Reden und Aufsätze: Zeugnisse einer Ära*(Düsseldorf, Germany: Econ, 1992), 172 – 73.

15   전후 폭스바겐을 바라보는 시각과 나치의 유산에 대한 다양한 평가는 다음을 참조하라. Reich, *The Fruits of Fascism: Postwar Prosperity in Historical Perspective*, chapter 5; Steven Tolliday, "Enterprise and State in the West German Wirtschaftswunder: Volkswagen and the Automobile Industry, 1939 – 62," *Business History Review 69*, no. 3(1995): 273 – 330; Abelshauser, "Two Kinds of Fordism"; Edelmann, *Heinz Nordhoff*; Bernhard Rieger, *The People's Car: A Global History of the Volkswagen Beetle*(Cambridge, MA: Harvard University Press, 2013), chapters 3 and 4.

16   Tolliday, "Enterprise and State," 327 – 45. 1961년에 경제부가 폭스바겐 주식 매각을 주장했을 때 노르호프는 새로운 배당금 부담을 지적하며 비틀 가격 인상을 정당화했다. Reich, *Fruits of Fascism*, 195.

17 Edelmann, *Heinz Nordhoff*, 193에서 인용.

18 Edelmann, 155 - 62.

19 Wellhöner, *"Wirtschaftswunder,"* 111에서 인용.

20 자동화에 관해서는 다음을 참조하라. David Noble, *Forces of Production: A Social History of Automation*(New York: Knopf, 1984); David Hounshell, "Automation, Transfer Machinery, and Mass Production in the U.S. Automobile Industry in the Post—World War Era," *Enterprise and Society* 1, no. 1(2000): 100 - 38.

21 Wellhöner, *"Wirtschaftswunder,"* 123. 22. Wellhöner, 131에서 인용.

23 UVW, 174/1590/1, Höhne file; 69/166, interviews with Höhne and Werner.

24 BFRC, Acc. 662, "Report on Russian Engineering and Automation, December 1955"; 또 다른 버전의 보고서는 Acc. 1660, Box 140에서 찾을 수 있다.

25 소비에트의 관점에서 본 초기 냉전에 대한 설득력 있는 개요는 Vladimir A. Pechatnov, "The Soviet Union and the World, 1944 - 1953," in *The Cambridge History of the Cold War*, ed. Melvyn P. Leffler and Odd Arne Westad(New York: Cambridge University Press, 2012), 90 - 111을 참조하라. 스탈린주의적 발전 논리로의 회귀에 관해서는 다음을 참조하라. Philip Hanson, *The Rise and Fall of the Soviet Economy: An Economic History of the USSR Since 1945*(London: Longman, 2003), 25 - 26, 30 - 42; Oscar Sanchez-Sibony, *Red Globalization: The Political Economy of the Soviet Cold War from Stalin to Khrushchev*(Cambridge, UK: Cambridge University Press, 2014), 73 - 74.

26 정확히 말하면, 기근이 절정에 달한 1947년에 곡물 수출은 감소했지만 완전히 중단되지는 않았다. Michael Ellman, "The 1947 Soviet Famine and the Entitlement Approach to Famines," *Cambridge Journal of Economics* 24, no. 5(2000): 603 - 30. 기근과 농촌 지역에 지속된 고통에 관해서는 Elena Zubkova, *Russia after the War: Hopes, Illusions, and Disappointments, 1945–1957*, trans. Hugh Ragsdale(Armonk, NY: Sharpe, 1998), 40 - 50, 59 - 67을 참조하라.

27 James G. Richter, *Khrushchev's Double Bind: International Pressures and Domestic Coalition Politics*(Baltimore: Johns Hopkins University Press, 1994), 77 - 81, 88 - 89; Yakov Feygin, "Reforming the Cold War State: Economic Thought, Internationalization, and the Politics of Soviet Reform, 1955 - 1985"(PhD dissertation, University of Pennsylvania, 2017), 37 - 38, 59 - 60도 함께 참조하라.

28 Hanson, *Rise and Fall of the Soviet Economy*, 48 - 52.

29 Ellman, "1947 Soviet Famine," 620. 핸슨은 전체 스탈린 기간(1928~1953)의 1인당 소비 증가율을 최저 3.7%로 추정하고, 이를 흐루쇼프 치하(1953~1964)의 소비 증가율 44.6%와 비교했다. Hanson, *Rise and Fall of the Soviet Economy*, 65.

30 Hanson, *Rise and Fall of the Soviet Economy*, 34, 85, 122.

31   Anatolii Strelianyi, "Khrushchev and the Countryside," in *Nikita Khrushchev*, ed. William Taubman, Sergei Khrushchev, and Abbott Gleason(New Haven, CT: Yale University Press, 2000), 114.

32   Lewis Siegelbaum, *Cars for Comrades: The Life of the Soviet Automobile*(Ithaca, NY: Cornell University Press, 2008), 218 – 19.

33   Siegelbaum, *Cars for Comrades*, 225에서 인용.

34   George Holliday, *Technology Transfer to the USSR, 1928–1937 and 1966–1975*(Boulder, CO: Westview, 1974), 140.

35   On VAZ see Holliday, *Technology Transfer to the USSR*, 137 – 54; Siegelbaum, *Cars for Comrades*, chapter 3.

36   간결한 요약은 다음을 보라. Philip Hanson, *Trade and Technology in Soviet-Western Relations*(New York: Columbia University Press, 1981), 49 – 80; Charles Feinstein, "Technical Progress and Technology Transfer in a Centrally Planned Economy: The Experience of the USSR, 1917 – 87," in *Chinese Technology Transfer in the 1990s: Current Experience, Historical Problems and International Perspectives*, ed. Charles Feinstein and Christopher Howe(Cheltenham, UK: Edward Elgar, 1997), 62 – 81.

37   이것이 Sanchez–Sibony, *Red Globalization*의 핵심 주장이다.

38   Stephen Kotkin, "Kiss of Debt: The East Bloc Goes Borrowing," in *The Shock of the Global: The 1970s in Perspective*, ed. Niall Ferguson, Charles S. Maier, Erez Manela, and Daniel Sargent(Cambridge, MA: Harvard University Press, 2010), 80 – 93.

참고문헌

아카이브 자료

독일 아카이브

BAL ... *Bundesarchiv* Berlin—Lichterfelde

NS 6 ... NSDAP *Parteikanzlei*

R 3 ... *Reichsministerium für Rüstung und Kriegsproduktion*(Speer)

R 43 II ... *Reichskanzlei*, 1933 – 1945

BA—MA ... *Bundesarchiv-Militärarchiv, Freiburg i. Br.*

RL 3 ... *Generalluftzeugmeister*(Milch)

SAH ... *Staatsarchiv* Hamburg

622 – 1/153 ... *Nachlass Krogmann*

SSAC ... *Sächsisches Staatsarchiv* Chemnitz

31050 ... Auto—Union AG

UVW ... *Unternehmensarchiv Volkswagen*, Wolfsburg

67/185 ... *Akte* Daimler—Benz

69/8 ... *Akte Volkswagensparerprozess*

69/166 – 68 ... Interviews for *Small Wonder*

69/178 ... *Fließarbeit im* VWW 1943

69/219 ... *Akte Popp*(BMW)

453/1 ... *Gezuvor*

Personal Files/*Bestand Rückwanderer*

이탈리아 아카이브

FAT ... Fiat Archives, Turin
Fondo URSS

러시아 아카이브

RGAE ... *Rossiiskii gosudarstvennyi arkhiv ekonomiki*, Moscow
Fond 7260 ... *Vato*, 1929 – 1932
Fond 7297 ... NKTP
Fond 7622 ... Gutap
TsANO ... *Tsentral'nyi arkhiv nizhegorodskoi oblasti*, Nizhnii Novgorod
Fond 2431 ... *Avtostroi*
Fond 2435 ... Gaz
TsMAMLS ... *Tsentral'nyi moskovskii arkhiv-muzei lichnykh sobranii*, Moscow
Fond 86 ... Kriger files

미국 아카이브

BFRC ... Benson Ford Research Center, Dearborn, MI
Acc. 1 ... Henry Ford personal papers
Acc. 6 ... Edsel B. Ford office papers
Acc. 38 ... Charles Sorensen papers
Acc. 64 ... Liebold papers
Acc. 65 ... Oral history project
Acc. 199 ... Russian Students Series
Acc. 285 ... Henry Ford office papers(Ernst Liebold)
Acc. 390 ... Accounting(Wibel)
Acc. 531 ... Amtorg
Acc. 572 ... Nevins and Hill research papers
Acc. 712 ... Foreign purchasing records
Acc. 818 ... Amtorg
FWDb ... Ford–Werke database
HBL ... Harvard Business School, Baker Library, Allston, MA
    Alfred D. Chandler Papers

NARA ... National Archives and Records Administration, College Park, MD

RG 165 ... Military Intelligence Division

RG 242 ... Captured German records

RG 243 ... United States Strategic Bombing Survey

RG 319 ... Federal Bureau of Investigation

YSL—GM ... Yale Sterling Library, New Haven, CT

MS 1799 ... General Motors files

1차 참고문헌

Arnold, Lucien, and Fay Faurote. *Ford Methods and the Ford Shops.* New York: Engineering Magazine Company, 1915.

Automobile Manufacturers Association. *Automobile Facts and Figures: 1937 Edition.* Detroit: Automobile Manufacturers Association, 1937.

Backe, Herbert. *Das Ende des Liberalismus.* Berlin: Reichsnährstand Verlagsanstalt, 1938. Barclay, Hartley W. *Ford Production Methods.* New York: Harper, 1936.

Beasley, Norman. *Knudsen, A Biography.* New York: McGraw—Hill, 1947.

Bek, Aleksandr. "Takova dolzhnost'(vospominaniia Dybetsa)." *Novyi mir* 7(1969): 106 - 68. Beliaev, N. *Genri Ford.* Moscow: Zhurnal'no—gazetnoe ob"edinenie, 1935.

Benjamin, Walter. "Paris—Capitale du XIXème siècle." In *Das Passagen-Werk*, 60 - 77. Frankfurt: Suhrkamp, 1982.

——. "Paris, Hauptstadt des 19. Jahrhunderts." In *Illuminationen: Ausgewählte Schriften*, 185 - 200. Frankfurt: Suhrkamp, 2001.

Betz, Louis. *Das Volksauto: Rettung oder Untergang der deutschen Automobilindustrie?* Stuttgart: Petri, 1931.

Borth, Christy. *Masters of Mass Production.* New York: Bobbs—Merrill, 1945. Brockdorff, Alexander Graf. *Amerikanische Weltherrschaft?* Berlin: Albrecht, 1929.

Bron, Saul. *Soviet Economic Development and American Business.* New York: Liveright, 1930. Brown, Donaldson. *Centralized Control with Decentralized Responsibilities.* New York: American Management Association, 1927.

——. "Pricing Policy in Relation to Financial Control: Tuning Up General Motors." *Management Administration* 7, no. 3(1924): 283 - 86.

——. *Some Reminiscences of an Industrialist.* Easton, PA: Hive Publishing Co., 1958. Bücher, Karl. "Das Gesetz der Massenproduktion." *Zeitschrift für die gesamte Staatswissenschaft* 66, no. 3(1910): 429 - 44.

Condliffe, John B. "Die Industrialisierung der wirtschaftlich rückständigen Länder." *Weltwirtschaftliches Archiv* 37(1933): 335–59.

Coudenhove–Kalergi, Richard Nicolaus Graf von. *Pan-Europa.* Vienna: Pan–Europa Verlag, 1923.

Davies, R. W., Oleg Khlevniuk, E. A. Rees, Liudmila P. Kosheleva, and Larisa A. Rogovaya, eds. *The Stalin-Kaganovich Correspondence, 1931–36.* New Haven, CT: Yale University Press, 2003.

DeGeer, Sten. "The American Manufacturing Belt." *Geografisker Annaler* 9(1927): 233–359.

De Stefani, Alberto. *Autarchia ed antiautarchia.* Città di Castello, Italy: Unione ArtiGrafiche, 1935.

Documents on German Foreign Policy, 1918–1945: From the Archives of the German Foreign Ministry, Series D(1937–1945). 13 vols. Washington, DC: Government Printing Office, 1949–64.

Dodge v. Ford Motor Co., 170 N.W. 668(Michigan State Court, 1919).

Domarus, Max. *Hitler: Reden und Proklamationen, 1932–1945.* 2 vols. Neustadt an der Aisch, Germany: VDS, 1962–63.

Douglas, C. H. *Economic Democracy.* London: Palmer, 1920.

———. *Social Credit.* London: Eyre and Spottiswoode, 1924.

Drucker, Peter F. *Concept of the Corporation.* New York: John Day, 1946.

———. "Henry Ford: Success and Failure." *Harper's Magazine*(June 1947): 1–8.

Ermanskii, Osip A. *Legenda o Forde.* Moscow: Gosizdat, 1925.

———. *Nauchnaia organizatsiia truda i proizvodstva i sistema Teilora.* Moscow: Gosizdat, 1923.

———. "Predislovie." In *Fordizm: Amerikanskaia organizatsiia proizvodstva,* edited by N. S. Rozenblit, 5–13. Moscow: Ekonomicheskaia Zhizn', 1925.

———. *Teoriia i praktika ratsionalizatsii.* Moscow: Gosizdat, 1927.

———. *Theorie und Praxis der Rationalisierung.* Vienna: Verlag f. Literatur und Politik, 1928.

———. *Wissenschaftliche Betriebsorganisation und Taylor-System.* Berlin: Karl Dietz, 1925.

Faldix, Gustav. *Henry Ford als Wirtschaftspolitiker.* Munich: Pfeiffer, 1925.

Feder, Gottfried. *Das Programm der NSDAP und seine weltanschaulichen Grundlagen.* Munich: Eher, 1927.

———. *Der deutsche Staat auf nationaler und sozialer Grundlage.* Munich: Eher, 1933. Ford, Genri. *Moia zhizn', moi dostizheniia.* Leningrad: Vremia, 1924.

———. *Segodnia i zavtra.* Moscow: Gostekhizdat, 1926.

Ford, Henry. "Mass Production." In *Encyclopedia Britannica,* 13th edition(1926).(Text written by William J. Cameron but published under the name of Henry Ford.) Reprinted in *The Rise and Fall of Mass Production*, vol. 1, edited by Steven Tolliday, 157–63. Cheltenham, UK: Edward Elgar, 1988.

Ford, Henry. "A Rich Man Should Not Have Any Money." *Cosmopolitan*(March 1932): 52–53, 164–65.

Ford, Henry. *Waga isshō to jigyō: Henrī Fōdo jijoden* [*My Life and Work: The Autobiography of Henry Ford*], translated by Katō Saburō. Tokyo: Henridō, 1927.

Ford, Henry, with Samuel Crowther. *Moving Forward*. Garden City, NY: Doubleday, Doran & Company, 1930.

———. *My Life and Work*. Garden City, NY: Doubleday, Page & Co., 1922.

———. *Today and Tomorrow*. Garden City, NY: Doubleday, Page & Co., 1926.

———. "Why I Favor Five Days' Work at Six Days' Pay." *World's Work*(October 1926): 613–16.

Foster, William, and Waddill Catchings. *Profits*. Cambridge, MA: Riverside, 1925. Fried, Ferdinand. *Autarkie*. Jena, Germany: Diedrichs, 1932.

———. *Das Ende des Kapitalismus*. Jena, Germany: Diedrichs, 1931.

Gastev, Aleksei. "Fordism." In *Bol'shaia sovetskaia entsiklopediia*, vol. 58. Moscow: Gosudarstvennyi Institut Sovetskaia Entsiklopediia, 1936.

———. *Kak nado rabotat': Prakticheskoe vvedenie v nauku organizatsii truda*. Moscow: Ekonomika, 1972[1928].

General Motors Corporation. *Twenty-Ninth Annual Report: Year Ended December 31, 1937*. New York: General Motors Corporation, 1938.

———. *The War Effort of the Overseas Division*. New York: General Motors Overseas Operations, 1944.

Gottl–Ottlilienfeld, Friedrich von. *Fordismus: Über Industrie und Technische Vernunft*. Jena, Germany: Fischer, 1926.

———. *Vom Sinn der Rationalisierung*. Jena, Germany: Fischer, 1929.

Gramsci, Antonio. *Amerika und Europa*, edited by Thomas Barfuss. Hamburg: Argument, 2007.

———. *Quaderno 22: Americanismo e fordismo*, edited by Franco de Felice. Turin, Italy: Einaudi, 1978.

———. *Selections from the Prison Notebooks*, edited by Quintin Hoare and Geoffrey Nowell Smith. New York: International Publishers, 1971.

Gramsci, Antonio, and Tania Schucht. *Lettere, 1926–1935*, edited by Aldo Natoli and Chiara Daniele. Turin, Italy: Einaudi, 1997.

Guyot, Yves. Review of *Today and Tomorrow*, by Henry Ford with Samuel Crowther. *Journal des économistes* 85(1926): 145–68.

Hess, Rudolf. *Briefe, 1908–1933*, edited by Wolf Rüdiger Hess. Munich: Langen Müller, 1987.

Hitler, Adolf. *Mein Kampf*. Munich: Zentralverlag der NSDAP, 1938. Reprint of the 1927 edition.

———. *Reden, Schriften, Anordnungen: Februar 1925 bis Januar 1933*, edited by Institut für Zeitgeschichte. 12 vols. Munich: Saur, 1992ff.

Kehrl, Hans. *Krisenmanager im Dritten Reich: 6 Jahre Frieden, 6 Jahre Krieg; Erinnerungen*. Düsseldorf, Germany: Droste, 1973.

Kennedy, E. D. *The Automobile Industry: The Coming of Capitalism's Favorite Child*. New York: Reynal & Hitchcock, 1941.

Keynes, John Maynard. *The Economic Consequences of the Peace*. New York: Harcourt, Brace, and Howe, 1920.

———. "National Self–Sufficiency." *Yale Review* 22, no. 4(1933): 755–69.

Khromov, S. S., ed. *Industrializatsiia sovetskogo soiuza: Novye dokumenty, novye fakty, novye podkhody*. 2 vols. Moscow: RAN, 1999.

Kinross, Albert. Review of *My Life and Work*, by Henry Ford with Samuel Crowther. *English Review* 37(1923): 649–52.

Köttgen, Carl. *Das wirtschaftliche Amerika*. Berlin: VDI Verlag, 1925.

Kotze, Hildegard von, and Helmut Krausnick, eds. *"Es spricht der Führer": 7 exemplarische Hitler-Reden*. Gütersloh, Germany: Mohn, 1966.

Kremmler, H. *Autarkie in der organischen Wirtschaft*. Dresden, Germany: Focken & Oltmans, 1940. Lavrov, N. S. *Fordizm: Uchenie o proizvodstve veshchei*. Leningrad: n. p., 1928.

———. *Genri Ford i ego proizvodstvo*. Leningrad: Vremia, 1925.

Ledermann, Fred. *Fehlrationalisierung: Der Irrweg der deutschen Automobilindustrie seit der Stabilisierung der Mark*. Stuttgart: Pöschel, 1933.

Lee, John R. "The So–Called Profit–Sharing System in the Ford Plant." *Annals of the American Academy of Political and Social Science* 65, no. 1(1916): 297–310.

Lih, Lars, Oleg Naumov, and Oleg Khlevniuk, eds. *Stalin's Letters to Molotov*. New Haven, CT: Yale University Press, 1995.

Lobato, José Monteiro. *How Henry Ford Is Regarded in Brazil*. Rio de Janeiro: O Journal, 1926.

Lochner, Louis. *Henry Ford: America's Don Quixote*. New York: International Publishers, 1925. (Published in Russian as Luis Lokhner, *Genri Ford i ego "korabl' mira"* [Leningrad:

Vremia, 1925].)

Lüddecke, Theodor. "Amerikanismus als Schlagwort und Tatsache." *Deutsche Rundschau* 56(March 1930): 214 – 21.

———. *Das amerikanische Wirtschaftstempo als Bedrohung Europas.* Leipzig, Germany: Paul List, 1925.

———. "Der neue Wirtschaftsgeist!" In *Industrieller Friede: Ein Symposium,* edited by Jerome Davis and Theodor Lüddecke, 9 – 61. Leipzig, Germany: Paul List, 1928.

Mäckbach, Frank, and Otto Kienzle, eds. *Fliessarbeit. Beiträge zu ihrer Einführung.* Berlin: VDI Verlag, 1926.(Published in Russian as F. Mekkbakh and A. Kintsle, *Rabota nepreryvnym proizvodstvennym potokom* [Moscow: Promizdat, 1927].)

Mertts, L., et al. "GAZ i Ford." *Planovoe khoziaistvo* 6 – 7(1932): 258 – 59. Mikhailov, Arsenii. *Sistema Forda.* Moscow: Gosizdat, 1930.

Mitrofanova, A. V., ed. *Industrializatsiia SSSR, 1938–1941: Dokumenty i materialy.* Moscow: Nauka, 1973.

Moellendorff, Wichard von. *Konservativer Sozialismus.* Hamburg: Hanseatischer Verlag, 1932. Moog, Otto. *Drüben steht Amerika.* Braunschweig, Germany: Westermann, 1927.

Mussolini, Benito. *Opera Omnia,* edited by Edoardo Susmel and Duilio Susmel. 36 vols. Florence: La Fenice, 1951 – 1980.

Nelson, Walter Henry. *Small Wonder: The Amazing Story of the Volkswagen.* Boston: Little, Brown and Co., 1967.

Nordhoff, Heinrich. *Reden und Aufsätze: Zeugnisse einer Ära.* Düsseldorf, Germany: Econ, 1992.

Obolensky–Ossinsky, V. V. [Nikolai Osinskii]. "Planning in the Soviet Union." *Foreign Affairs,* April 1935.

———. "Social Economic Planning in the USSR: The Premises, Nature, and Forms of Social Economic Planning." *Annals of Collective Economy* 7, no. 3(1931).

Osinskii, Nikolai. *Amerikanskaia avtomobil' ili rossiiskaia telega.* Moscow: Pravda, 1927.

———. *Avtomobilizatsiia SSSR: Stat'i, ocherki, rechi.* Moscow: Gosizdat, 1930.

———. *Mirovoi selskokhoziaistvennyi krizis.* Moscow, 1923.

———. *Ocherki mirovogo selskokhoziaistvennogo rynka.* Moscow, 1925.

Pingree, Hazen S. *Facts and Opinions; or Dangers That Beset Us.* Detroit: F. B. Dickerson Co., 1895.

Pirou, Gaëtan, Werner Sombart, E. F. M. Durbin, E. M. Patterson, and Ugo Spirito, eds. *La crisi del capitalismo.* Florence: G. C. Sansoni, 1933.

Polanyi, Karl. *The Great Transformation: The Political and Economic Origins of Our Time.*

Boston: Beacon, 2001.(First published by Farrar & Reinhart, New York, 1944.)

Powderly, Terence. *Thirty Years of Labor, 1859–1889*. Columbus, OH: Excelsior, 1889.

Pound, Arthur. *The Turning Wheel: The Story of General Motors through Twenty-Five Years, 1908–1933*. Garden City, NY: Doubleday, Doran & Co., 1934.

Preussen, Prinz Louis Ferdinand von. *Als Kaiserenkel durch die Welt*. Berlin: Argon, 1952.

Quint, Herbert. *Porsche: Der Weg eines Zeitalters*. Stuttgart: Steingrüben, 1951.

Rabchinskii, L. V. *O sisteme Teilora*. Moscow: Gostekhizdat, 1921.

———. *Printsipy Forda*. Moscow: Gostekhizdat, 1925.

———. *Promkapital i novaia shkola NOT v Amerike*. Moscow: Gostekhizdat, 1922. Rathenau, Walther. *Die neue Wirtschaft*. Berlin: Fischer, 1919.

Raushenbush, Carl. *Fordism, Ford and the Workers, Ford and the Community*. New York: League for Industrial Democracy, 1937.

Rieppel, Paul. *Ford-Betriebe und Ford-Methoden*. Berlin: Oldenbourg, 1925.

Robinson, Robert. *Black on Red: My Forty-Four Years inside the Soviet Union*. New York: Acropolis, 1988.

Romier, Lucien. *Qui sera le maître: Europe ou Amérique?* Paris: Hachette, 1927.

Rostow, Walt W. *The Stages of Economic Growth: A Non-Communist Manifesto*. Cambridge, UK: Cambridge University Press, 1960.

Rozenblit, N. S. *Fordizm: Amerikanskaia organizatsiia proizvodstva*. Moscow: Ekonomicheskaia Zhizn', 1925.

Rozengol'ts, Arkadii, ed. *Promyshlennost': Sbornik statei po materialam TsKK VKP(b)-NK RKI*. Schlesinger, Georg. *Der Daseinskampf der deutschen Automobil-Industrie*. Berlin: RDA, 1925.

Seltzer, Lawrence H. *A Financial History of the Automobile Industry: A Study of the Ways in Which the Leading American Producers of Automobiles Have Met Their Capital Requirements*. Boston: Houghton Mifflin, 1928.

Sloan, Alfred P. "Getting the Facts Is a Keystone of General Motors' Success." *Automotive Industries* 57(1927): 550–51.

———. "Modern Ideals of Big Business." *World's Work*(October 1926): 695–99.

———. "The Most Important Thing I Ever Learned about Management." *System: The Magazine of Business* 46(1924): 140–41, 191.

———. *My Years with General Motors*, edited by John McDonald with Catherine Stevens. Garden City, NY: Doubleday, 1963.

Sloan, Alfred P., with Boyden Sparkes. *Adventures of a White-Collar Man*. New York: Doubleday, Doran & Co., 1941.

Sombart, Werner. "Die Wandlungen des Kapitalismus." *Weltwirtschaftliches Archiv* 28(1928): 243 – 56.

———. *A New Social Philosophy*, translated by Karl F. Geiser. Princeton, NJ: Princeton University Press, 1937.(First published as *Deutscher Sozialismus* [Berlin: Buchholz & Weisswange, 1934].)

Sorensen, Charles, with Samuel T. Williamson. *My Forty Years with Ford.* New York: Norton, 1956. Spengler, Oswald. *Preußentum und Sozialismus.* Munich: Beck, 1920.

Stalin, I. V. *Sochineniia.* 13 vols. Moscow: Gosizdat politicheskoi literatury, 1946 – 1952.

Tarnow, Fritz. *Warum arm sein?* Berlin: Allgemeiner Deutscher Gewerkschaftsbund, 1928.

Taylor, Frederick Winslow. *The Principles of Scientific Management.* New York: Harper & Brothers, 1911.

Trotsky, Leon. *Problems of Everyday Life: Creating the Foundations for a New Society in Revolutionary Russia.* New York: Monad, 1973.

Tugwell, Rexford. Review of *Today and Tomorrow*, by Henry Ford with Samuel Crowther. *Saturday Review of Literature* 111, no. 2(1926): 17 – 18.

US Department of Commerce. *Abstract of the Census of Manufacturers 1914.* Washington, DC: Government Printing Office, 1917.

———. *Biennial Census of Manufactures 1937*, vol. 1. Washington, DC: US Government Printing Office, 1939.

US Federal Trade Commission. *Report on Motor Vehicle Industry.* Washington, DC: Government Printing Office, 1939.

US Senate. *Industrial Relations: Final Report and Testimony of the Commission on Industrial Relations.* 11 vols. Washington, DC: Government Printing Office, 1916.

Van Deventer, John H. *Ford Principles and Practice at River Rouge.* New York: Engineering Magazine Co., 1922.

Veblen, Thorstein. *The Engineers and the Price System.* New York: B. W. Huebsch, 1921.

Viner, Jacob. "The Doctrine of Comparative Costs." *Weltwirtschaftliches Archiv* 36(1932): 356 – 414.

Voznesenskii, Nikolai A. *The Economy of the USSR during World War II.* Washington, DC: Public Affairs, 1947.

Walcher, Jakob. *Ford oder Marx. Die praktische Lösung der sozialen Frage.* Berlin: Neuer Deutscher Verlag, 1925.(Published in Russian as Iakob Walkher, *Ford ili Marks* [Moscow: Profintern, 1925].)

Weiss, Hilda P. *Abbe und Ford: Kapitalistische Utopien.* Berlin: Prager, 1927.(Published in

Russian as Gilda Veis, *Abbe i Ford: Kapitalisticheskie utopii* [Moscow: Gosizdat, 1928].)

Werner, William. "Wir brauchen Sonder–Werkzeugmaschinen!." *Werkstatttechnik und Werksleiter* 36(1942): 337–43.

Witte, Irene Margarete. *Taylor, Gilbreth, Ford. Gegenwartsfragen der amerikanischen und europäischen Arbeitswissenschaft.* Munich: Oldenbourg, 1925.(Published in Russian as I. M. Vitte, *Amerika—Germaniia: Teilor, Dzhil'bret, Ford* [Leningrad: Vremia, 1926].)

Zaslavskii, D. I. "Dva Forda: Predislovie k russkomu izdaniiu." In *Segodnia i zavtra*, 3–14. Leningrad: Vremia, 1926.

Zvezdin, Z. K., and N. I. Kuprianova, eds. *Istoriia industrializatsii Nizhegorodskogo-Gor'kovskogo kraia, 1926–1941.* Gorky: Volgo–viatskoe knizhnoe izdatel'stvo, 1968.

2차 참고문헌

Abelshauser, Werner. *Deutsche Wirtschaftsgeschichte seit 1945.* Munich: Beck, 2005.

———. "Kriegswirtschaft und Wirtschaftswunder: Deutschlands wirtschaftliche Mobilisierung für den Zweiten Weltkrieg und die Folgen für die Nachkriegszeit." *Vierteljahreshefte für Zeitgeschichte* 47, no. 4(1999): 503–38.

———. "Modernisierung oder institutionelle Revolution? Koordinaten einer Ortsbestimmung des 'Dritten Reiches' in der deutschen Wirtschaftsgeschichte." In *Wirtschaftsordnung, Staat und Unternehmen: Neue Forschungen zur Wirtschaftsgeschichte des Nationalsozialismus*, edited by Werner Abelshauser, Jan–Ottmar Hesse, and Werner Plumpe, 33–38. Essen, Germany: Klartext, 2003.

———. "Two Kinds of Fordism: On the Differing Roles of the Automobile Industry in the Development of the Two German States." In *Fordism Transformed: The Development of Production Methods in the Automobile Industry*, edited by Haruhito Shiomi and Kazuo Wada, 269–96. New York: Oxford University Press, 1995.

Aglietta, Michael. *A Theory of Capitalist Regulation: The US Experience*, translated by David Fernbach. London: NLB, 1979.

Aleshina, Polina, et al. *Gor'kovskii Avtomobil'nyi: Ocherk istorii zavoda.* Moscow: Profizdat, 1964.

Allen, Robert C. *Farm to Factory: A Reinterpretation of the Soviet Industrial Revolution.* Princeton, NJ: Princeton University Press, 2003.

Aly, Götz, and Susanne Heim. *Architects of Annihilation: Auschwitz and the Logic of Destruction.* Princeton, NJ: Princeton University Press, 2002.

Amsden, Alice. *Asia's Next Giant: South Korea and Late Industrialization.* New York: Oxford

University Press, 1989.

―――. *The Rise of "the Rest": Challenges to the West from Late-Industrializing Economies*. Oxford, UK: Oxford University Press, 2001.

Anbinder, Jacob. "Selling the World: Public Relations and the Global Expansion of General Motors, 1922 – 1940." *Business History Review* 92, no. 3(2018): 483 – 507.

Anderson, Perry. *The Antinomies of Antonio Gramsci: With a New Preface*. London: Verso, 2017.

Antonio, Robert J., and Alessandro Bonanno. "A New Global Capitalism? From 'Americanism and Fordism' to 'Americanization–Globalization.'" *American Studies* 41, no. 2/3(2000).

Austin, Richard C. *Building Utopia: Erecting Russia's First Modern City, 1930*. Kent, OH: Kent State University Press, 2004.

Bähr, Johannes, and Ralf Banken, eds. *Wirtschaftssteuerung durch Recht im Nationalsozialismus: Studien zur Entwicklung des Wirtschaftsrechts im Interventionsstaat des "Dritten Reiches."* Frankfurt: Klostermann, 2006.

Bailes, Kendall E. "Alexei Gastev and the Soviet Controversy over Taylorism, 1918 – 24." *Soviet Studies* 29, no. 3(1977): 373 – 94.

―――. "The American Connection: Ideology and the Transfer of American Technology to the Soviet Union, 1917 – 1941." *Comparative Studies in Society and History* 23, no. 3(1981): 421 – 48.

―――. "The Politics of Technology: Stalin and Technocratic Thinking among Soviet Engineers." *American Historical Review* 79, no. 2(1974): 445 – 69.

―――. *Technology and Society under Lenin and Stalin: Origins of the Soviet Technical Intelligentsia, 1917–1941*. Princeton, NJ: Princeton University Press, 1978.

Ball, Alan M. *Imagining America: Influence and Images in Twentieth-Century Russia*. New York: Rowman & Littlefield, 2003.

Banken, Ralf. "Die wirtschaftspolitische Achillesferse des 'Dritten Reiches': Das Reichswirtschaftsministerium und die NS–Außenwirtschaftspolitik, 1933 – 39." In *Das Reichwirtschaftsministerium in der NS-Zeit: Wirtschaftsordnung und Verbrechenskomplex*, edited by Albrecht Ritschl, 111 – 232. Berlin: De Gruyter, 2016.

Baranowski, Shelly. *Strength through Joy: Consumerism and Mass Tourism in the Third Reich*. Cambridge, UK: Cambridge University Press, 2007.

Baratta, Giorgio. "Americanismo e fordismo." In *Le parole di Gramsci: Per un lessico dei Quaderni del Carcere*, edited by Fabio Frosini and Guido Liguori, 15 – 34. Rome: Carocci, 2004.

Barkai, Avraham. *Nazi Economics: Ideology, Theory, and Policy*. New Haven, CT: Yale

University Press, 1990.

Bauman, Zygmunt. *Modernity and the Holocaust*. Cambridge, UK: Polity, 1989.

Bavaj, Riccardo. *Die Ambivalenz der Moderne im Nationalsozialismus: Eine Bilanz der Forschung*. Munich: Oldenbourg, 2003.

Beaudreau, Bernard C. *Mass Production, the Stock Market Crash, and the Great Depression: The Macroeconomics of Electrification*. Westport, CT: Greenwood, 1996.

Beckert, Sven. "American Danger: US Empire, Eurafrica, and the Territorialization of Capitalism." *American Historical Review* 122, no. 4(2017): 1137 – 70.

Beissinger, Mark R. *Scientific Management, Socialist Discipline, and Soviet Power*. Cambridge, MA: Harvard University Press, 1988.

Bellamy, Chris. *Absolute War: Soviet Russia in the Second World War*. New York: Vintage, 2008.

Ben–Ghiat, Ruth. *Fascist Modernities: Italy 1922–1945*. Berkeley: University of California Press, 2001.

Bennett, Douglas C., and Kenneth Evan Sharpe. *Transnational Corporations versus the State: The Political Economy of the Mexican Auto Industry*. Princeton, NJ: Princeton University Press, 1985.

Bera, Matt. *Lobbying Hitler: Industrial Associations between Democracy and Dictatorship*. New York: Berghahn Books, 2016.

Berg, Peter. *Deutschland und Amerika, 1918–1929: Über das deutsche Amerikabild der zwanziger Jahre*. Lübeck, Germany: Matthiesen, 1963.

Berghahn, Volker. *The Americanisation of West German Industry, 1945–1973*. Cambridge, UK: Cambridge University Press, 1986.

Berk, Gerald. "Corporate Liberalism Reconsidered: A Review Essay." *Journal of Policy History* 3, no. 1(1991): 70 – 84.

Bigazzi, Duccio. *La grande fabbrica: Organizzazione industriale e modello americano alla Fiat dal Lingotto a Mirafiori*. Milan: Feltrinelli, 2000.

Biggart, John. "Bukharin and the Origins of the 'Proletarian Culture' Debate." *Soviet Studies* 39, no. 2(1987): 229 – 46.

———. "Bukharin's Theory of Cultural Revolution." In *The Ideas of Nikolai Bukharin*, edited by Anthony Kemp–Welch, 131 – 58. Oxford, UK: Clarendon Press, 1992.

Biggs, Lindy. *The Rational Factory: Architecture, Technology, and Work in America's Age of Mass Production*. Baltimore: Johns Hopkins University Press, 1996.

Billstein, Reinhold, Karola Fings, and Anita Kugler. *Working for the Enemy: Ford, General Motors, and Forced Labor in Germany during the Second World War*. New York: Berghahn

Books, 2000.

Black, Edwin. *IBM and the Holocaust: The Strategic Alliance between Nazi Germany and America's Most Powerful Corporation.* Washington, DC: Dialog, 2009.

Bokarev, I. P. "Rossiiskaia ekonomika v mirovoi ekonomicheskoi sisteme(konets XIX—30-e gg. XX veka)." In *Ekonomicheskaia istoriia Rossii XIX-XX vv.: Sovremennyi vzgliad,* edited by B. A. Vinogradov, 433 – 57. Moscow: ROSSPEN, 2000.

Bönig, Jürgen. *Die Einführung von Fließarbeit in Deutschland bis 1933: Zur Geschichte einer Sozialinnovation.* Münster, Germany: LIT Verlag, 1993.

Bonin, Hubert, Yannick Lung, and Steven Tolliday, eds. *Ford, 1903–2003: The European History.* 2 vols. Paris: PLAGE, 2003.

Boyer, Robert, et al., eds. *Between Imitation and Innovation: The Transfer and Hybridization of Productive Models in the International Automobile Industry.* New York: Oxford University Press, 1998.

Brandist, Craig. "The Cultural and Linguistic Dimensions of Hegemony: Aspects of Gramsci's Debt to Early Soviet Cultural Policy." *Journal of Romance Studies* 12, no. 3(2012): 24 – 43.

Brantz, Rennie W. "German–American Friendship: The Carl Schurz Vereinigung, 1926 – 1942." *International History Review* 11, no. 2(1989): 229 – 51.

Braun, Hans–Joachim. "Aero–Engine Production in the Third Reich." *History of Technology* 14(1992): 1 – 15.

Braverman, Harry. *Labor and Monopoly Capital: The Degradation of Work in the Twentieth Century.* New York: Monthly Review Press, 1974.

Brechtken, Magnus. *Albert Speer: Eine deutsche Karriere.* Munich: Siedler, 2017.

Brendon, Piers. *The Dark Valley: A Panorama of the 1930s.* New York: Knopf, 2000.

Brinkley, Alan. *The End of Reform: New Deal Liberalism in Recession and War.* New York: Vintage, 1995.

Brown, Kate. *A Biography of No Place: From Ethnic Borderland to Soviet Heartland.* Cambridge, MA: Harvard University Press, 2005.

Bryan, Ford R. *Henry's Lieutenants.* Detroit: Wayne State University Press, 1993.

———. *Rouge: Pictured in Its Prime.* Dearborn, MI: Wayne State University Press, 2003.

Buchheim, Christoph. *German Industry in the Nazi Period.* Stuttgart: Steiner, 2008.

———. "Unternehmen in Deutschland und NS–Regime, 1933 – 45: Versuch einer Synthese." *Historische Zeitschrift* 282, no. 1(2006): 351 – 90.

———. *Westdeutschland und die Weltwirtschaft, 1945–1958.* Munich: Oldenbourg, 1990.

Buchheim, Christoph, and Jonas Scherner. "Anmerkungen zum Wirtschaftssystem des

'Dritten

Reiches.'" In *Wirtschaftsordnung, Staat und Unternehmen: Neuere Forschungen zur Wirtschaftsgeschichte des Nationalsozialismus,* edited by Werner Abelshauser, Jan–Otmar Hesse, and Werner Plumpe, 81 – 97. Essen, Germany: Klartext, 2003.

———. "Corporate Freedom of Action in Nazi Germany: A Response to Peter Hayes." *Bulletin of the German Historical Institute* 45(2009): 29 – 42.

Budraß, Lutz. *Flugzeugindustrie und Luftrüstung in Deutschland 1918–1945.* Düsseldorf, Germany: Droste, 1998.

Budraß, Lutz, and Manfred Grieger. "Die Moral der Effizienz: Die Beschäftigung von KZ Häftlingen am Beispiel des Volkswagenwerks und der Henschel–Flugzeug–Werke." *Jahrbuch für Wirtschaftsgeschichte* 34, no. 2(1993): 89 – 136.

Budraß, Lutz, Jonas Scherner, and Jochen Streb. "Fixed–Price Contracts, Learning, and Outsourcing: Explaining the Continuous Growth of Output and Labor Productivity in the German Aircraft Industry during the Second World War." *Economic History Review* 63, no. 1(2009): 107 – 36.

Bütow, Tobias. "Der 'Freundeskreis Himmler': Ein Netzwerk im Spannungsfeld zwischen Wirtschaft, Politik und staatlicher Administration." Diploma thesis, Free University Berlin, 2004.

Cantwell, John, and Yanli Zhang. "The Co–evolution of International Business Connections and Domestic Technological Capabilities: Lessons from the Japanese Catch–Up Experience." *Transnational Corporations* 25, no. 2(2009): 37 – 68.

Carr, Edward H., and R. W. Davies. *Foundations of a Planned Economy, 1926–1929.* New York: Macmillan, 1971.

Casey, Robert H. *The Model T: A Centennial History.* Baltimore: John Hopkins University Press, 2008.

Castronovo, Valerio. *Giovanni Agnelli: La FIAT dal 1899 al 1945.* Turin, Italy: Einaudi, 1977.

Centeno, Miguel, Atul Kohli, Deborah J. Yashar, and Dinsha Mistree, eds. *States in the Developing World.* Cambridge, UK: Cambridge University Press, 2017.

Chandler, Jr., Alfred D. *Giant Enterprise: Ford, General Motors, and the Automobile Industry.* New York: Harcourt, Brace & World, 1964.

———. *Strategy and Structure: Chapters in the History of the American Industrial Enterprise.* Cambridge, MA: MIT Press, 1962.

———. *The Visible Hand: The Managerial Revolution in American Business.* Cambridge, MA: Harvard University Press, 1977.

Chandler, Jr., Alfred D., and Stephen Salsbury. *Pierre S. Du Pont and the Making of the Modern Corporation.* New York: Harper & Row, 1971.

Cheremukhin, Anton, Mikhail Golosov, Sergei Guriev, and Aleh Tsyvinski. "Was Stalin Necessary for Russia's Economic Development?" NBER Working Paper No. 19425, Cambridge, MA, September 2013.

Christiansen, Christian Olaf. *Progressive Business: An Intellectual History of the Role of Business in American Society.* Oxford, UK: Oxford University Press, 2015.

Ciocca, Pierluigi, and Gianni Toniolo, eds. *L'economia italiana nel periodo fascista.* Bologna, Italy: Mulino, 1976.

Clarke, Sally H. *Trust and Power: Consumers, the Modern Corporation, and the Making of the United States Automobile Market.* New York: Cambridge University Press, 2007.

Cohen, Yves. "The Modernization of Production in the French Automobile Industry: A Photographic Essay." *Business History Review* 65, no. 4(1991): 754–80.

———. "The Soviet Fordson: Between the Politics of Stalin and the Philosophy of Ford, 1924–1932." In *Ford, 1903–2003: The European History,* vol. 2, edited by Hubert Bonin, Yannick Lung, and Steven Tolliday, 531–553. Paris: PLAGE, 2003.

Cook, Eli. *The Pricing of Progress: Economic Indicators and the Capitalization of American Life.* Cambridge, MA: Harvard University Press, 2017.

Cusumano, Michael. *The Japanese Automobile Industry: Technology and Management at Nissan and Toyota.* Cambridge, MA: Harvard University Press, 1985.

Dalrymple, Dana D. "The American Tractor Comes to Soviet Agriculture: The Transfer of a Technology." *Technology and Culture* 5, no. 2(1964): 191–214.

David–Fox, Michael. "Multiple Modernities vs. Neo–traditionalism: On Recent Debates in Russian and Soviet History." *Jahrbücher für Geschichte Osteuropas* 54, no. 4(2006): 535–55.

Davidson, Alistair. *Antonio Gramsci: Towards an Intellectual Biography.* London: Merlin, 1977.

Davies, R. W. *Crisis and Progress in the Soviet Economy, 1931–33.* Basingstoke, UK: Macmillan, 1996.

———. "Planning for Mobilization: The 1930s." In *Guns and Rubles: The Defense Industry in the Stalinist State,* edited by Mark Harrison, 118–55. New Haven, CT: Yale University Press, 2008.

———. *The Soviet Economy in Turmoil, 1929–1930.* Cambridge, MA: Harvard University Press, 1989.

Davies, R. W., and Mark Harrison. "Defence Spending and Defence Industry in the 1930s." In *The Soviet Defence-Industry Complex from Stalin to Khrushchev,* edited by John Barber and Mark Harrison, 70 – 98. Basingstoke, UK: Palgrave Macmillan, 2000.

Davies, R. W., Mark Harrison, Oleg Khlevniuk, and Steven G. Wheatcroft. *The Industrialization of Soviet Russia: The Soviet Economy and the Approach of War, 1937–39*. London: Palgrave Macmillan, 2018.

Davies, R. W., Mark Harrison, and Steven G. Wheatcroft, eds. *The Economic Transformation of the Soviet Union, 1913–1945*. Cambridge, UK: Cambridge University Press, 1994.

Davies, Sarah, and James Harris. *Stalin's World: Dictating the Soviet Order*. New Haven, CT: Yale University Press, 2014.

Davis, Donald Finlay. *Conspicuous Production: Automobiles and Elites in Detroit, 1899–1933*. Philadelphia: Temple University Press, 1988.

Day, Richard B. *Leon Trotsky and the Politics of Economic Isolation*. Cambridge, UK: Cambridge University Press, 1973.

Day, Uwe. *Silberpfeil und Hakenkreuz: Autorennsport im Nationalsozialismus*. Berlin: Bebra, 2005. de Grazia, Victoria. *Irresistible Empire: America's Advance through Twentieth Century Europe*. Cambridge, MA: Harvard University Press, 2005.

Depretto, Jean–Paul. "Un grand chantier du premier plan quinquennal soviétique: Kuznetskstroï." *Genèses* 39, no. 2(2000): 5 – 26.

Devine, Jr., Warren D. "From Shafts to Wires: Historical Perspectives on Electrification." *Journal of Economic History* 43, no. 2(1983): 347 – 72.

Djelic, Marie–Laure. *Exporting the American Model: The Post-war Transformation of European Business*. New York: Oxford University Press, 1998.

Dobb, Maurice. *Soviet Economic Development since 1917*. London: Routledge & Kegan Paul, 1948.

Dobrokhotov, V. I. *Gor'kovskii Avtomobil'nyi*. Moscow: Mysl', 1981.

Dohan, Michael. "The Economic Origins of Soviet Autarky, 1927/28 – 1934." *Slavic Review* 35, no. 4(1976): 603 – 35.

———. "Soviet Foreign Trade in the NEP Economy and Soviet Industrialization Strategy." PhD dissertation, Massachusetts Institute of Technology, 1969.

Dohan, Michael, and Edward Hewett. *Two Studies in Soviet Terms of Trade, 1918–1970*. Bloomington: International Development and Research Center, Indiana University, 1973.

Donges, Alexander. *Die Vereinigten Stahlwerke AG im Nationalsozialismus: Konzernpolitik zwischen Marktwirtschaft und Staatswirtschaft*. Paderborn, Germany: Schöningh, 2014.

Dunn, Walter S. *The Soviet Economy and the Red Army 1930–1945*. Westport, CT: Greenwood, 1995.

Ebi, Michael. *Export um jeden Preis: Die deutsche Exportförderung von 1932–1938*. Stuttgart: Steiner, 2004.

Edelmann, Heidrun. "Heinrich Nordhoff: Ein deutscher Manager in der Automobilindustrie." In *Deutsche Unternehmer zwischen Kriegswirtschaft und Wiederaufbau: Studien zur Erfahrungsbildung von Industrie-Eliten*, edited by Paul Erker and Toni Pierenkemper, 19–52. Munich: Oldenbourg, 1999.

———. *Heinz Nordhoff und Volkswagen: Ein deutscher Unternehmer im amerikanischen Jahrhundert*. Göttingen, Germany: Vandenhoek und Ruprecht, 2003.

———. *Vom Luxusgut zum Gebrauchsgegenstand: Die Geschichte der Verbreitung von Personenkraftwagen in Deutschland*. Frankfurt: VDA, 1989.

Edgerton, David. *The Shock of the Old: Technology and Global History since 1900*. New York: Oxford University Press, 2007.

———. *Warfare State: Britain, 1920–1970*. New York: Cambridge University Press, 2006.

Edsforth, Ronald. *Class Conflict and Cultural Consensus: The Making of a Mass Consumer Society in Flint, Michigan*. New Brunswick, NJ: Rutgers University Press, 1987.

Eichengreen, Barry. *Golden Fetters: The Gold Standard and the Great Depression, 1919–1939*. New York: Oxford University Press, 1995.

Eifert, Christiane. "Antisemit und Autokönig: Henry Fords Autobiographie und ihre deutsche Rezeption in den 1920er–Jahren." *Zeithistorische Forschungen* 2(2009): 209–29.

Ellman, Michael. "The 1947 Soviet Famine and the Entitlement Approach to Famines." *Cambridge Journal of Economics* 24, no. 5(2000): 603–30.

Ellwood, David. *The Shock of America: Europe and the Challenge of the Century*. Oxford, UK: Oxford University Press, 2012.

Erker, Paul. "Ernst Heinkel: Die Luftfahrtindustrie im Spannungsfeld von technologischem Wandel und politischem Umbruch." In *Deutsche Unternehmer zwischen Kriegswirtschaft und Wiederaufbau: Studien zur Erfahrungsbildung von Industrie-Eliten*, edited by Paul Erker and Toni Pierenkemper, 217–90. Munich: Oldenbourg, 1999.

———. *Industrie-Eliten in der NS-Zeit: Anpassungsbereitschaft und Eigeninteresse von Unternehmen in der Rüstungs-und Kriegswirtschaft, 1936–1945*. Passau, Germany: Wissenschaftsverlag, 1994.

Erlich, Alexander. *The Soviet Industrialization Debate*. Cambridge, MA: Harvard University Press, 1960.

Esch, Elizabeth. *The Color Line and the Assembly Line: Managing Race in the Ford Empire*. Berkeley: University of California Press, 2018.

Esfeld, Rainer. *Mondsüchtig: Wernher von Braun und die Geburt der Raumfahrt aus dem Geist der Barbarei.* Hamburg: Rowohlt, 1996.

Evans, Peter B. *Embedded Autonomy: States and Industrial Transformation.* Princeton, NJ: Princeton University Press, 1995.

Farber, David. *Everybody Ought to Be Rich: The Life and Times of John J. Raskob, Capitalist.* New York: Oxford University Press, 2013.

———. *Sloan Rules: Alfred P. Sloan and the Triumph of General Motors.* Chicago: University of Chicago Press, 2002.

Fear, Jeffrey. "War of the Factories." In *The Cambridge History of the Second World War,* vol. 3, edited by Michael Geyer and Adam Tooze, 94–121. Cambridge, UK: Cambridge University Press, 2015.

Feinstein, Charles. "Technical Progress and Technology Transfer in a Centrally Planned Economy: The experience of the USSR, 1917–87." In *Chinese Technology Transfer in the 1990s: Current Experience, Historical Problems and International Perspectives,* edited by Charles Feinstein and Christopher Howe, 62–81. Cheltenham, UK: Edward Elgar, 1997.

Ferguson, Niall. "Constraints and Room for Manoeuvre in the German Inflation of the Early 1920s." *Economic History Review* 49, no. 4(1996): 635–66.

Feygin, Yakov. "Reforming the Cold War State: Economic Thought, Internationalization, and the Politics of Soviet Reform, 1955–1985." PhD dissertation, University of Pennsylvania, 2017.

Field, Alexander J. *A Great Leap Forward: 1930s Depression and US Economic Growth.* New Haven, CT: Yale University Press, 2011.

Findlay, Ronald, and Kevin H. O'Rourke. *Power and Plenty: Trade, War, and the World Economy in the Second Millennium.* Princeton, NJ: Princeton University Press, 2007.

Fink, Leon. *Workingmen's Democracy: The Knights of Labor and American Politics.* Urbana: University of Illinois Press, 1983.

Fitzpatrick, Sheila. "Cultural Revolution as Class War." In *The Cultural Front: Power and Culture in Revolutionary Russia,* edited by Sheila Fitzpatrick, 115–48. Ithaca, NY: Cornell University Press, 1992.

———. *Education and Social Mobility in the Soviet Union, 1921–1934.* Cambridge, UK: Cambridge University Press, 1979.

———. "Ordzhonikidze's Takeover of Vesenkha: A Case Study in Soviet Bureaucratic Politics." *Soviet Studies* 37, no. 2(1985): 153–72.

———. "The Soft Line in Culture and Its Enemies, 1922–1927." *Slavic Review* 33, no. 2(1974): 267–87.

————. "Workers against Bosses: The Impact of the Great Purges on Labor—Management Relations." In *Making Workers Soviet: Power, Class, and Identity*, edited by Lewis H. Siegelbaum and Ronald G. Suny, 311–40. Ithaca, NY: Cornell University Press, 1994.

Flik, Reiner. *Von Ford lernen? Automobilbau und Motorisierung in Deutschland bis 1933*. Cologne: Böhlau, 2001.

Foreman—Peck, James. "The American Challenge of the Twenties: Multinationals and the European Motor Industry." *Journal of Economic History* 42, no. 4(1982): 865–81.

Freeland, Robert F. *The Struggle for Control of the Modern Corporation: Organizational Change at General Motors, 1924–1970*. New York: Cambridge University Press, 2001.

Frei, Norbert. "Die Wirtschaft des 'Dritten Reiches.' Überlegungen zu einem Perspektivenwechsel." In *Unternehmen im Nationalsozialismus: Zur Historisierung einer Forschungskonjunktur*, edited by Norbert Frei and Tim Schanetzky, 9–24. Göttingen, Germany: Wallstein, 2010.

Fridenson, Patrick. "Ford as a Model for French Carmakers." In *Ford, 1903–2003: The European Story*, vol. 1, edited by Hubert Bonin, Yannick Lung, and Steven Tolliday, 125–52. Paris: PLAGE, 2003.

Frieden, Jeffry. *Global Capitalism: Its Fall and Rise in the Twentieth Century*. New York: Norton, 2006.

Fritzsche, Peter. "Nazi Modern." *Modernism/Modernity* 3, no. 1(1996): 1–22.

Fritzsche, Peter, and Jochen Hellbeck. "The New Man in Stalinist Russia and Nazi Germany." In *Beyond Totalitarianism: Stalinism and Nazism Compared*, edited by Michael Geyer and Sheila Fitzpatrick, 302–44. Cambridge, UK: Cambridge University Press, 2009.

Fukuyama, Francis. "The End of History?" *National Interest* 16(1989): 3–18.

Galambos, Louis. "The Emerging Organizational Synthesis in Modern American History." *Business History Review* 44, no. 3(1970): 279–90.

Galster, George. *Driving Detroit: The Quest for Respect in the Motor City*. Philadelphia: University of Pennsylvania Press, 2012.

Gassert, Philipp. *Amerika im Dritten Reich: Ideologie, Propaganda, und Volksmeinung, 1933–1945*. Stuttgart: Franz Steiner, 1997.

————. "The Spectre of Americanization: Western Europe in the American Century." In *The Oxford Handbook of Postwar European History*, edited by Dan Stone, 182–200. Oxford, UK: Oxford University Press, 2012.

————. "'Without Concessions to Marxist or Communist Thought': Fordism in Germany, 1923–1939." In *Transatlantic Images and Perspectives: Germany and America since 1776*, edited by David E. Barclay and Elisabeth Glaser—Schmidt, 217–42. Cambridge, UK:

Cambridge University Press, 1997.

Gassert, Philipp, and Daniel S. Mattern. *The Hitler Library: A Bibliography*. Westport, CT: Greenwood, 2001.

Gemelli, Giuliana. "American Influence on European Management Education: The Role of the Ford Foundation." In *Management Education and Competitiveness: Europe, Japan, and the United States*, edited by Rolv Petter Amdam, 38–68. London: Routledge, 1996.

Geyer, Michael, and Sheila Fitzpatrick, eds. *Beyond Totalitarianism: Stalinism and Nazism Compared*. Cambridge, UK: Cambridge University Press, 2009.

Gilman, Nils. *Mandarins of the Future: Modernization Theory in Cold War America*. Baltimore: Johns Hopkins University Press, 2003.

Gilman, Nils. "Modernization Theory Never Dies." *History of Political Economy* 50, no. S1(2018): 133–51.

———. "The Prophet of Post–Fordism: Peter Drucker and the Legitimation of the Corporation." In *American Capitalism: Social Thought and Political Economy in the Twentieth Century*, edited by Nelson Lichtenstein, 109–31. Philadelphia: University of Pennsylvania Press, 2006. Goodwyn, Lawrence. *Democratic Promise: The Populist Movement in America*. New York: Oxford University Press, 1976.

Gordin, A. A. *Gor'kovskii Avtomobil'nyi Zavod: Istoriia i sovremennost', 1932–2012*. Nizhnii Novgorod: Kvarts, 2012.

Gourevitch, Alex. *From Slavery to the Cooperative Commonwealth: Labor and Republican Liberty in the Nineteenth Century*. New York: Cambridge University Press, 2015.

Graham, Loren. *The Ghost of the Executed Engineer: Technology and the Fall of the Soviet Union*. Cambridge, MA: Harvard University Press, 1993.

Grandin, Greg. *Fordlandia: The Rise and Fall of Henry Ford's Forgotten Jungle City*. New York: Metropolitan Books, 2009.

Graziosi, Andrea. "Building the First System of State Industry in History.' Piatakov's VSNKh and the Crisis of the NEP, 1923–1926." *Cahiers du Monde Russe et Soviétique* 32, no. 4(1991): 539–80.

———. "Foreign Workers in Soviet Russia, 1920–40: Their Experience and Their Legacy." *International Labor and Working-Class History* 33(1988): 38–59.

———. "Les famines soviétiques de 1931–1933 et le Holodomor ukrainien. Une nouvelle interprétation est–elle possible et quelles en seraient les conséquences?" *Cahiers du monde russe et soviétique* 46, no. 3(2005): 453–72.

Greenberg, Udi. "Revolution from the Right: Against Equality." In *The Cambridge History of Modern European Thought*, edited by Peter Gordon and Warren Breckman, 233–58.

Cambridge, UK: Cambridge University Press, 2019.

Greenleaf, William. *Monopoly on Wheels: Henry Ford and the Selden Automobile Patent.* Detroit: Wayne State University Press, 1961.

Greenstein, David E. "Assembling Fordizm: The Production of Automobiles, Americans, and Bolsheviks in Detroit and Early Soviet Russia." *Comparative Studies in Society and History* 56, no. 2(2014): 259–89.

Gregor, Neil. *Daimler-Benz in the Third Reich.* New Haven, CT: Yale University Press, 1998. Gregory, Paul. *The Political Economy of Stalinism: Evidence from the Soviet Secret Archives.* Cambridge, UK: Cambridge University Press, 2004.

Griffin, Roger. *Modernism and Fascism: The Sense of a New Beginning under Mussolini and Hitler.* Basingstoke, UK: Palgrave Macmillan, 2007.

Gross, Stephen. *Export Empire: German Soft Power in Southeastern Europe, 1890–1945.* Cambridge, UK: Cambridge University Press, 2015.

———. "The Nazi Economy." In *A Companion to Nazi Germany,* edited by Shelley Baranowski, Armin Nolzen, and Claus-Christian Szejnmann, 263–79. Hoboken, NJ: Wiley Blackwell, 2018.

Hachtmann, Rüdiger. *Das Wirtschaftsimperium der Deutschen Arbeitsfront, 1933–1945.* Göttingen, Germany: Wallstein, 2012.

———. "Fordism and Unfree Labor: Aspects of the Work Deployment of Concentration Camp Prisoners in German Industry between 1941 and 1944." *International Review of Social History* 55, no. 3(2010): 485–513.

Haggard, Stephan. *Developmental States.* Cambridge, UK: Cambridge University Press, 2018.

Halfin, Igal. *From Darkness to Light: Class Consciousness and Salvation in Revolutionary Russia.* Pittsburgh, PA: University of Pittsburgh Press, 2000.

Hammes, David L. *Harvesting Gold: Thomas Edison's Experiment to Re-invent American Money.* Silver City, NM: Richard Mahler, 2012.

Hanson, Philip. *The Rise and Fall of the Soviet Economy: An Economic History of the USSR since 1945.* London: Longman, 2003.

———. *Trade and Technology in Soviet-Western Relations.* New York: Columbia University Press, 1981.

Harris, James. "Encircled by Enemies: Stalin's Perceptions of the Capitalist World, 1918–1941." *Journal of Strategic Studies* 30, no. 3(2007): 513–45.

———. *The Great Urals: Regionalism and Evolution of the Soviet System.* Ithaca, NY: Cornell University Press, 1999.

Harrison, Mark. *Accounting for War: Soviet Production, Employment, and the Defence Burden,*

1940–1945. Cambridge, UK: Cambridge University Press, 1996.

———, ed. *The Economics of World War II: Six Great Powers in International Comparison*. Cambridge, UK: Cambridge University Press, 1998.

———. "Foundations of the Soviet Command Economy, 1917 to 1941." In *The Cambridge History of Communism, Vol. 1: World Revolution and Socialism in One Country*, edited by Silvio Pons and Stephen Smith, 327 – 47. Cambridge, UK: Cambridge University Press, 2017.

———, ed. *Guns and Rubles: The Defense Industry in the Stalinist State*. New Haven, CT: Yale University Press, 2008.

———. "Resource Mobilization for World War II: The U.S.A., U.K., U.S.S.R., and Germany, 1938 – 1945." *Economic History Review* 41, no. 2(1988): 171 – 92.

———. *Soviet Planning for Peace and War, 1938–1945*. Cambridge, UK: Cambridge University Press, 1985.

———. "Wartime Mobilization: A German Comparison." In *The Soviet Defence-Industry Complex from Stalin to Khrushchev*, edited by John Barber and Mark Harrison, 99 – 117. Basingstoke, UK: Macmillan, 2000.

Hartley, K. "The Learning Curve and Its Application to the Aircraft Industry." *Journal of Industrial Economics* 13, no. 2(1965): 122 – 28.

Hayes, Peter. "Corporate Freedom of Action in Nazi Germany." *Bulletin of the German Historical Institute* 45(2009): 29 – 42.

———. *Industry and Ideology: IG Farben in the Nazi Era*. Cambridge, UK: Cambridge University Press, 1987.

Heide, Lars. "Between Parent and 'Child': IBM and Its German Subsidiary, 1910 – 1945." In *European Business, Dictatorship, and Personal Risk, 1920–1945*, edited by Christopher Kobrak and Per Hansen, 149 – 73. New York: Berghahn Books, 2004.

Hellbeck, Jochen. *Revolution on My Mind: Writing a Dairy under Stalin*. Cambridge, MA: Harvard University Press, 2006.

Henderson, M. Todd. "Everything Old Is New Again: Lessons from Dodge v. Ford Motor Company." Law & Economics Olin Working Paper No. 373, University of Chicago, December 2007.

Herbert, Ulrich. *Hitler's Foreign Workers: Enforced Foreign Labor in Germany under the Third Reich*. Cambridge, UK: Cambridge University Press, 1997.

Herbst, Ludolf. *Der totale Krieg und die Ordnung der Wirtschaft*. Munich: Oldenbourg, 1982.

———. "Gab es ein nationalsozialistisches Wirtschaftssystem?" In *Das Reichswirtschaftsministerium in der NS-Zeit: Wirtschaftsordnung und Verbrechenskomplex*, edited by Albrecht Ritschl,

611 – 34. Berlin: De Gruyter, 2016.

Herf, Jeffrey. *Reactionary Modernism: Technology, Culture, and Politics in Weimar and the Third Reich*. Cambridge, UK: Cambridge University Press, 1984.

Hesketh, Bob. *Major Douglas and Alberta Social Credit*. Toronto: University of Toronto Press, 1997.

Hett, Benjamin C. *The Death of Democracy: Hitler's Rise to Power and the Downfall of the Weimar Republic*. New York: Henry Holt, 2018.

Hirschfeld, Gerhard, and Tobias Jersak, eds. *Karrieren im Nationalsozialismus: Funktionseliten zwischen Mitwirkung und Distanz*. Frankfurt: Campus, 2004.

Hirst, Paul, and Jonathan Zeitlin. "Flexible Specialization vs. Post–Fordism: Theory, Evidence, and Policy Implications." *Economy and Society* 20, no. 1(1991): 1 – 55.

Hobsbawm, Eric. *Age of Extremes: A History of the 20th Century*. New York: Vintage, 1994.

———, ed. *Gramsci in Europa e in America*. Rome: Sagittari Laterza, 1995.

Hochstetter, Dorothee. *Motorisierung und "Volksgemeinschaft": Das Nationalsozialistische Kraftfahrkorps(NSKK), 1931–1945*. Munich: Oldenbourg, 2005.

Hofmann, Reto. *The Fascist Effect: Japan and Italy, 1915–1952*. Ithaca, NY: Cornell University Press, 2015.

Holli, Melvin. *Reform in Detroit: Hazen Pingree and Urban Politics*. New York: Oxford University Press, 1969.

Holliday, George. *Technology Transfer to the USSR: 1928–1937 and 1966–1975*. Boulder, CO.: Westview, 1974.

Hooker, Clarence. *Life in the Shadows of the Crystal Palace, 1910–1927: Ford Workers in the Model T Era*. Bowling Green, OH: Bowling Green State University Popular Press, 1997.

Hounshell, David. "Automation, Transfer Machinery, and Mass Production in the U.S. Automobile Industry in the Post–World War Era." *Enterprise and Society* 1, no. 1(2000): 100 – 38.

———. "Ford Automates: Technology and Organization in Theory and Practice." *Business and Economic History* 24, no. 1(1995): 59 – 71.

———. *From the American System to Mass Production, 1800–1932*. Baltimore: Johns Hopkins University Press, 1984.

Hughes, Thomas P. *American Genesis: A Century of Invention and Technological Enthusiasm, 1870–1970*. New York: Viking, 1989.

Imlay, Talbot, and Martin Horn. *The Politics of Industrial Collaboration during World War II: Ford France, Vichy and Nazi Germany*. Cambridge, UK: Cambridge University Press, 2014.

Jacobs, Meg. *Pocketbook Politics: Economic Citizenship in Twentieth-Century America*. Princeton, NJ: Princeton University Press, 2005.

Jacobson, Jon. *When the Soviet Union Entered World Politics*. Berkeley: University of California Press, 1994.

Jacoby, Sanford M. *Employing Bureaucracy: Managers, Unions, and the Transformation of Work in American Industry, 1900–1945*. New York: Columbia University Press, 1985.

James, Harold. *The End of Globalization: Lessons from the Great Depression*. Cambridge, MA: Harvard University Press, 2001.

———. *The German Slump: Politics and Economics, 1924–1936*. Oxford, UK: Oxford University Press, 1986.

Janssen, Gregor. *Das Ministerium Speer. Deutschlands Rüstung im Krieg*. Frankfurt: Ullstein, 1968.

Janssen, Hauke. *Nationalökonomie und Nationalsozialismus: Die deutsche Volkswirtschaftslehre in den dreißiger Jahren*. Marburg, Germany: Metropolis, 2000.

Jessop, Bob. "Fordism and Post–Fordism: A Critical Reformulation." In *Pathways to Regionalism and Industrial Development*, edited by A. J. Scott and M. J. Storper, 58–89. London: Routledge, 1992.(Reprinted with slight revisions in *Beyond the Regulation Approach: Putting Capitalist Economies in Their Place*, edited by Bob Jessop and Ngai–Ling Sum, 43–65. Cheltenham, UK: Edward Elgar, 2006.)

———. "Regulation Theories in Retrospect and Prospect." *Economy and Society* 19, no. 2(1990): 153–216.

Johnson, Chalmers. *MITI and the Japanese Miracle: The Growth of Industrial Policy, 1925–975*. Stanford, CA: Stanford University Press, 1982.

Judt, Tony. *Postwar: A History of Europe since 1945*. New York: Penguin, 2005.

Kantorovich, Vladimir. "The Military Origins of Soviet Industrialization." *Comparative Economic Studies* 57, no. 4(2015): 669–92.

Kantorovich, Vladimir, and A. Wein. "What Did the Soviet Rulers Maximize?" *Europe-Asia Studies* 61, no. 1(2009): 1579–1601.

Karlsch, Rainer, and Raymond G. Stokes. *Faktor Öl: Die Mineralölwirtschaft in Deutschland 1859–1974*. Munich: Beck, 2003.

Kershaw, Ian. *To Hell and Back: Europe 1914–1949*. New York: Penguin, 2015.

———. "'Working Towards the Führer'. Reflections on the Nature of Hitler's Dictatorship." *Contemporary European History* 2, no. 2(1993): 103–18.

Kim, Linsu. *Imitation to Innovation: The Dynamics of Korea's Technological Learning*. Cambridge, MA: Harvard Business School Press, 1997.

Klautke, Egbert. *Unbegrenzte Möglichkeiten: "Amerikanisierung" in Deutschland und Frankreich, 1900–1933.* Stuttgart: Steiner, 2003.

Kleinschmidt, Christian. *Der produktive Blick: Wahrnehmung amerikanischer und japanischer Management-und Produktionsmethoden durch deutsche Unternehmer, 1950–1985.* Berlin: Akademie, 2002.

Kohl, Peter, and Peter Bessel. *Auto-Union und Junkers: Geschichte der Mitteldeutschen Motorenwerke.* Stuttgart: Steiner, 2003.

Kohli, Atul. *State-Directed Development: Political Power and Industrialization in the Global Periphery.* Cambridge, UK: Cambridge University Press, 2004.

König, Wolfgang. *Volkswagen, Volksempfänger, Volksgemeinschaft: "Volksprodukte" im Dritten Reich; Vom Scheitern einer nationalsozialistischen Konsumgesellschaft.* Paderborn, Germany: Schöningh, 2004.

Kotkin, Stephen. "Kiss of Debt: The East Bloc Goes Borrowing." In *The Shock of the Global: The 1970s in Perspective,* edited by Niall Ferguson, Charles S. Maier, Erez Manela, and Daniel Sargent, 80–93. Cambridge, MA: Harvard University Press, 2010.

———. *Magnetic Mountain: Stalinism as a Civilization.* Berkeley: University of California Press, 1995.

Kotkin, Stephen. "Modern Times: The Soviet Union and the Interwar Conjuncture." *Kritika: Explorations in Russian and Eurasian History* 2, no. 1(2001): 111–64.

———. *Stalin: The Paradoxes of Power, 1878–1928.* New York: Penguin, 2015.

Krylova, Anna. "Soviet Modernity: Stephen Kotkin and the Bolshevik Predicament." *Contemporary European History* 23, no. 2(2014): 167–92.

Kuhn, Arthur J. *GM Passes Ford, 1918–1938: Designing the General Motors Performance-Control System.* University Park: Pennsylvania State University Press, 1986.

Kukowski, Martin, and Rudolf Boch. *Kriegswirtschaft und Arbeitseinsatz bei der Auto-Union AG Chemnitz im Zweiten Weltkrieg.* Stuttgart: Steiner, 2014.

Kümmel, Gerhard. *Transnationale Wirtschaftskooperation und der Nationalstaat: Deutschamerikanische Unternehmensbeziehungen in den dreißiger Jahren.* Stuttgart: Steiner, 1995.

Lacey, Robert. *Ford: The Men and the Machine.* Boston: Little Brown & Co., 1986.

Lall, Sanjay. "Technological Capabilities and Industrialization." *World Development* 20, no. 2(1992): 165–86.

Larrabee, Eric. "The Doctrine of Mass Production." In *American Perspectives: The National SelfImage in the Twentieth Century,* edited by Robert Ernest Spiller and Eric Larrabee, 178–94. Cambridge, MA: Harvard University Press, 1961.

Latham, A. J. H. *The Depression and the Developing World 1914–1939*. London: Croom Helm, 1981.

Lennart, Samuelson. *Plans for Stalin's War Machine: Tukhachevskii and Military-Economic Planning 1925–1941*. Basingstoke, UK: Palgrave Macmillan, 2000.

Levy, Jonathan. "Accounting for Profit and the History of Capital." *Critical Historical Studies* 1, no. 2(2014): 171–214.

Lewchuk, Wayne. *American Technology and the British Vehicle Industry*. Cambridge, UK: Cambridge University Press, 1987.

———. "Fordist Technology in Britain: The Diffusion of Labour Speed–Up." In *The Transfer of International Technology: Europe, Japan, and the USA in the Twentieth Century*, edited by David Jeremy. Aldershot, UK: Edward Elgar, 1992.

Lewis, Robert. "Foreign Economic Relations." In *The Economic Transformation of the Soviet Union, 1913–1945*, edited by R. W. Davies, Mark Harrison, and Steven G. Wheatcroft, 198–215. Cambridge, UK: Cambridge University Press, 1994.

Lichtenstein, Nelson. *Labor's War at Home: The CIO during World War II*. Cambridge, UK: Cambridge University Press, 1982.

———. *Walter Reuther: The Most Dangerous Man in Detroit*. Urbana: University of Illinois Press, 1995.

Link, Stefan. "The Charismatic Corporation: Finance, Administration, and Shop Floor Management under Henry Ford." *Business History Review* 92, no. 1(2018): 85–115.

———. "How Might 21st–Century De–globalization Unfold? Some Historical Reflections." *New Global Studies* 12, no. 3(2018): 343–65.

———. "Rethinking the Ford–Nazi Connection." *Bulletin of the German Historical Institute* 49(2011): 135–50.

———. Review of *The Age of Catastrophe: A History of the West, 1914–1945*, by Heinrich August Winkler. *Journal of Modern History* 89, no. 3(2017): 669–70.

Link, Stefan, and Noam Maggor. "The United States as a Developing Nation: Revisiting the Peculiarities of American History," *Past and Present* 246, no. 1(2020): 269–306.

Link, Werner. *Die amerikanische Stabilisierungspolitik in Deutschland, 1921–32*. Düsseldorf, Germany: Droste, 1970.

Lipietz, Alain. "Behind the Crisis: The Exhaustion of a Regime of Accumulation; A 'Regulation School' Perspective on Some French Empirical Works." *Review of Radical Economics* 18, no. 1–2(1988): 13–32.

Livingston, James. *Pragmatism and the Political Economy of Cultural Revolution, 1850–1940*. Chapel Hill: University of North Carolina Press, 1994.

Lüdtke, Alf, Inge Marßolek, and Adelheid von Saldern, eds. *Amerikanisierung: Traum und Alptraum im Deutschland des zwanzigsten Jahrhunderts.* Stuttgart: Steiner, 1996.

Ludwig, Karl-Heinz. *Technik und Ingenieure im Dritten Reich.* Düsseldorf, Germany: Droste, 1974.

Macekura, Stephen K., and Erez Manela, eds. *The Development Century: A Global History.* Cambridge, UK: Cambridge University Press, 2018.

Maggor, Noam. "American Capitalism: From the Atlantic Economy to Domestic Industrialization." In *A Companion to the Gilded Age and Progressive Era,* edited by Christopher McKnight Nichols and Nancy C. Unger, 205 – 214. Hoboken, NJ: Wiley-Blackwell, 2017.

————. *Brahmin Capitalism: Frontiers of Wealth and Populism in America's First Gilded Age.* Cambridge, MA: Harvard University Press, 2017.

Maier, Charles S. "Between Taylorism and Technocracy: European Ideologies and the Vision of Industrial Productivity." *Journal of Contemporary History* 5, no. 2(1970): 27 – 61.

————. "Consigning the Twentieth Century to History." *American Historical Review* 105, no. 3(2000): 807 – 31.

————. "The Economics of Fascism and Nazism." In *In Search of Stability: Explorations in Historical Political Economy,* edited by C. S. Maier, 70 – 120. Cambridge, UK: Cambridge University Press, 1987.

————. "The Politics of Productivity: Foundations of American International Economic Policy after World War II." In *In Search of Stability: Explorations in Historical Political Economy,* edited by C. S. Maier, 121 – 52. Cambridge, UK: Cambridge University Press, 1987.

————. "The Two Postwar Eras and the Conditions for Stability in Twentieth-Century Western Europe." In *In Search of Stability: Explorations in Historical Political Economy,* edited by C. S. Maier, 15 – 84. Cambridge, UK: Cambridge University Press, 1987.

Malik, Hassan. *Bankers & Bolsheviks: International Finance and the Russian Revolution.* Princeton, NJ: Princeton University Press, 2018.

Manjapra, Kris. *Age of Entanglement: German and Indian Intellectuals across Empire.* Cambridge, MA: Harvard University Press, 2014.

Marchand, Roland. *Advertising the American Dream: Making Way for Modernity, 1920–1940.* Berkeley: University of California Press, 1985.

Markevich, Andrei, and Mark Harrison. "Great War, Civil War, and Recovery: Russia's National Income, 1913 to 1928." *Journal of Economic History* 71, no. 3(2011): 672 – 703.

Markevich, Andrei, and Steven Nafziger. "State and Market in Russian Industrialization,

1870 – 2010." In *The Spread of Modern Industry to the Periphery since 1871*, edited by Kevin H. O'Rourke and Jeffrey G. Williamson, 33 – 62. Oxford, UK: Oxford University Press, 2017.

Marks, Steven G. "The Russian Experience with Money, 1914 – 1924." In *Russian Culture in War and Revolution, 1914–22*, vol. 2, edited by Murray Frame, B. I. Kolonitskii, Steven G. Marks, and Melissa K. Stockdale, 121 – 50. Bloomington, IN: Slavica, 2014.

Martin, Terry. "The 1932 – 33 Ukrainian Terror: New Documentation on Surveillance and the Thought Process of Stalin." In *Famine-Genocide in Ukraine, 1932–1933: Western Archives, Testimonies and New Research*, edited by Wsevolod W. Isajiw, 97 – 114. Toronto: Ukrainian–Canadian Research and Documentation Center, 2003.

Mason, Mark. *American Multinationals and Japan: The Political Economy of Capital Controls*. Cambridge, MA: Harvard University Press, 1992.

Matthews, J. Scott. "Nippon Ford." *Michigan Historical Review* 22, no. 2(1996): 83 – 102.

May, George S. *A Most Unique Machine: The Michigan Origins of the American Automobile Industry*. Madison: University of Wisconsin Press, 1975.

Mazower, Mark. *Dark Continent: Europe's Twentieth Century*. New York: Knopf, 1998. McCraw, Thomas K. *American Business, 1920–2000: How It Worked*. Wheeling, IL: Harlan Davidson, 2000.

McGlade, Jacqueline. "Americanization: Ideology or Process? The Case of the United States Technical Assistance and Productivity Programme." In *Americanization and Its Limits: Reworking US Technology and Management in Post-war Europe and Japan*, edited by Jonathan Zeitlin and Gary Herrigel, 53 – 75. Oxford, UK: Oxford University Press, 2000.

Melnikova–Raich, Sonia. "The Problem with Two 'Unknowns': How an American Architect and a Soviet Negotiator Jump–Started the Industrialization of Russia. Part I: Albert Kahn." *Journal of the Society for Industrial Archeology* 36, no. 2(2010): 57 – 80.

———. "The Problem with Two 'Unknowns': How an American Architect and a Soviet Negotiator Jump–Started the Industrialization of Russia. Part II: Saul Bron." *Journal of the Society for Industrial Archeology* 37, no. 1/2(2011): 5 – 28.

Merkle, Judith A. *Management and Ideology: The Legacy of the International Scientific Management Movement*. Berkeley: University of California Press, 1980.

Meyer, Stephen P. *The Five Dollar Day: Labor Management and Social Control in the Ford Motor Company, 1908–1921*. Albany: State University of New York Press, 1981.

Miller, Jennifer M. *Cold War Democracy: The United States and Japan*. Cambridge, MA: Harvard University Press, 2019.

Mimura, Janis. *Planning for Empire: Reform Bureaucrats and the Japanese Wartime State.* Ithaca, NY: Cornell University Press, 2011.

Mommsen, Hans. "Nationalsozialismus als vorgetäuschte Modernisierung." In *Der Nationalsozialismus und die deutsche Gesellschaft,* edited by Hans Mommsen, 405 – 27. Reinbek, Germany: Lau, 1991.

Mommsen, Hans, and Manfred Grieger. *Das Volkswagenwerk und seine Arbeiter im Dritten Reich.* Düsseldorf, Germany: Econ, 1996.

Montgomery, David. *The Fall of the House of Labor: The Workplace, the State, and American Labor Activism, 1865–1925.* Cambridge, UK: Cambridge University Press, 1987.

Müller, Rolf–Dieter. "Die Mobilisierung der deutschen Wirtschaft für Hitlers Kriegführung." In *Das deutsche Reich und der Zweite Weltkrieg: Organisation und Mobilisierung des deutschen Machtbereichs,* vol. 5/1, edited by Bernhard R. Kroener, Rolf–Dieter Müller, and Hans Umbreit, 349 – 689. Stuttgart: DVA, 1988.

Neebe, Reinhard. "Technologietransfer und Außenhandel in den Anfängen der Bundesrepublik Deutschland." *Vierteljahreshefte für Sozial-und Wirtschaftsgeschichte 76,* no. 1(1989): 49 – 75.

Nefedov, Sergei, and Michael Ellman, "The Soviet Famine of 1931 – 1934: Genocide, a Result of Poor Harvests, or the Outcome of a Conflict between the State and the Peasants?" *Europe-Asia Studies 71,* no. 6(2019): 1048 – 65.

Neliba, Günter. *Die Opel-Werke im Konzern von General Motors(1929–1948) in Rüsselsheim und Brandenburg: Produktion für Aufrüstung und Krieg ab 1935 unter nationalsozialistischer Herrschaft.* Frankfurt: Brandes & Apsel, 2000.

Nelson, Daniel. *Managers and Workers: Origins of the Twentieth-Century Factory System in the United States, 1880–1920.* Madison: University of Wisconsin Press, 1996.

Nevins, Allan, and Frank Ernest Hill. *Ford: Decline and Rebirth, 1933–1962.* New York: Charles Scribner's Sons, 1962.

——. *Ford: Expansion and Challenge, 1915–1933.* New York: Charles Scribner's Sons, 1957.

——. *Ford: The Times, the Man, the Company.* New York: Charles Scribner's Sons, 1954.

Noble, David F. *America by Design: Science, Technology, and the Rise of Corporate Capitalism.* Oxford, UK: Oxford University Press, 1979.

——. *Forces of Production: A Social History of Automation.* New York: Knopf, 1984.

Nolan, Mary. Review of *Das Volkswagenwerk und seine Arbeiter,* by Hans Mommsen and Manfred Grieger. *International Labor and Working-Class History* 55(Spring 1999): 149 – 54.

——. *The Transatlantic Century: Europe and America, 1890–2010.* New York: Cambridge

University Press, 2012.

———. *Visions of Modernity: American Business and the Modernization of Germany*. Oxford, UK: Oxford University Press, 1994.

Nord, Philip. *France's New Deal: From the Thirties to the Postwar Era*. Princeton, NJ: Princeton University Press, 2010.

Nove, Alec. *An Economic History of the USSR, 1917–1991*. London: Penguin, 1992. Nye, David. *America's Assembly Line*, Cambridge, MA: MIT Press, 2013.

Offner, Amy C. *Sorting Out the Mixed Economy: The Rise and Fall of Welfare and Developmental States in the Americas*. Princeton, NJ: Princeton University Press, 2019.

O'Rourke, Kevin, and Jeffrey Williamson, eds. *The Spread of Modern Industry to the Periphery since 1871*. Oxford, UK: Oxford University Press, 2017.

Ortolano, Guy. "The Typicalities of the English? Walt Rostow, the Stages of Economic Growth, and Modern British History." *Modern Intellectual History* 12, no. 3(2015): 657–84.

Osokina, Elena. *Our Daily Bread: Socialist Distribution and the Art of Survival in Stalin's Russia, 1927–1941*, edited by Kate Transchel. Armonk, NY: Sharpe, 2001.

———. *Za fasadom "Stalinskogo izobiliia": Raspredelenie i rynok v snabzhenii naseleniia v gody industrializatsii, 1927–41*. Moscow: ROSSPEN, 1999.

———. *Zoloto dlia industrializatsii: TORGSIN*. Moscow: ROSSPEN, 2009.

Ott, Daniel. "Producing a Past: McCormick Harvester and Producer Populists in the 1890s." *Agricultural History* 88, no. 1(2014): 87–119.

Ott, Julia C. *When Wall Street Met Main Street: The Quest for an Investors' Democracy*. Cambridge, MA: Harvard University Press, 2011.

Overy, Richard J. *The Air War, 1939–1945*. Washington, DC: Potomac, 2005.

———. "Cars, Roads, and Economic Recovery in Germany, 1932–8." *Economic History Review* 28, no. 3(1975): 466–83.

———. *War and Economy in the Third Reich*. Oxford, UK: Clarendon Press, 1994.

———. *Why the Allies Won*. New York: Norton, 1995.

Page, Brian, and Richard Walker. "From Settlement to Fordism: The Agro–Industrial Revolution in the American Midwest." *Economic Geography* 67, no. 4(1991): 281–315.

Paradisi, Mariangela. "Il commercio estero e la struttura industriale." In *L'economia italiana nel periodo fascista*, edited by Pierluigi Ciocca and Gianni Toniolo, 271–328. Bologna, Italy: Mulino, 1976.

Parrott, Bruce, ed. *Trade, Technology, and Soviet-American Relations*. Bloomington: Indiana University Press, 1985.

Patel, Kiran K. *The New Deal: A Global History*. Princeton, NJ: Princeton University Press, 2016.

———. *Soldiers of Labor: Labor Service in Nazi Germany and New Deal America, 1933–45.* Cambridge, UK: Cambridge University Press, 2005.

Pechatnov, Vladimir A. "The Soviet Union and the World, 1944 – 1953." In *The Cambridge History of the Cold War*, vol. 1, edited by Melvyn P. Leffler and Odd Arne Westad, 90 – 111. New York: Cambridge University Press, 2012.

Petri, Rolf. *Von der Autarkie zum Wirtschaftswunder: Wirtschaftspolitik und industrieller Wandel in Italien, 1935–65*. Tübingen, Germany: Niemeyer, 2001.

Petzina, Dietmar. *Autarkiepolitik im "Dritten Reich": Der nationalsozialistische Vierjahresplan*. Stuttgart: DVA, 1968.

Piore, Michael J., and Sabel, Charles F. *The Second Industrial Divide: Possibilities for Prosperity*. New York: Basic, 1984.

Plaggenborg, Stephan. *Ordnung und Gewalt: Kemalismus—Faschismus—Sozialismus*. Munich: Oldenbourg, 2012.

Pollack, Norman. *The Populist Response to Industrial America: Midwestern Populist Thought*. Cambridge, MA: Harvard University Press, 1962.

Rae, John B. "Why Michigan?" In *The Automobile and American Culture*, edited by David L. Lewis and Lawrence Goldstein, 1 – 9. Ann Arbor: University of Michigan Press, 1983.

Rafalski, Traute. *Italienischer Faschismus in der Weltwirtschaftskrise, 1925–1936*. Opladen, Germany: Westdeutscher Verlag, 1984.

Raff, Daniel M. G. "Ford Welfare Capitalism in Its Economic Context." *Masters to Managers: Historical and Comparative Perspectives on American Employers*, edited by Sanford M. Jacoby, 90 – 110. New York: Columbia University Press, 1991.

———. "Making Cars and Making Money in the Interwar Automobile Industry: Economies of Scale and Scope and the Manufacturing behind the Marketing." *Business History Review* 65, no 4(1991): 721 – 53.

———. "Wage Determination Theory and the Five Dollar Day at Ford." *Journal of Economic History* 48, no. 2(1988): 387 – 99.

Raff, Daniel M. G., and Lawrence H. Summers. "Did Henry Ford Pay Efficiency Wages?" *Journal of Labor Economics* 5, no. 4(1987): S57 – S86.

Randall, Amy. *The Soviet Dream World of Retail Trade and Consumption in the 1930s*. Basingstoke, UK: Palgrave Macmillan, 2008.

Rapping, Leonard. "Learning and World War II Production Functions." *Review of Economics and Statistics* 47, no. 1(1965): 81 – 86.

Rassweiler, Anne D. *The Generation of Power: The History of Dneprostroi*. New York: Oxford University Press, 1988.

Reich, Simon. *The Fruits of Fascism: Postwar Prosperity in Historical Perspective*. Ithaca, NY: Cornell University Press, 1990.

————. *Research Findings about Ford-Werke under the Nazi Regime*. Dearborn, MI: Ford Motor Company, 2001.

Reiling, Johannes. *Deutschland, Safe for Democracy? Deutsch-amerikanische Beziehungen aus dem Tätigkeitsbereich Heinrich F. Alberts, kaiserlicher Geheimrat in Amerika, erster Staatssekretär der Reichskanzlei der Weimarer Republik, Reichsminister, Betreuer der Ford-Gesellschaften im Herrschaftsgebiet des Dritten Reiches, 1914–1945*. Stuttgart: Steiner, 1997.

Ribuffo, Leo P. "Henry Ford and the International Jew." In Leo P. Ribuffo, *Right Center Left: Essays in American History*, 135–50. New Brunswick, NJ: Rutgers University Press, 1992.

Richter, James G. *Khrushchev's Double Bind: International Pressures and Domestic Coalition Politics*. Baltimore: Johns Hopkins University Press, 1994.

Richter, Ralf, and Jochen Streb. "Catching–Up and Falling Behind: Knowledge Spillover from American to German Machine Toolmakers." *Journal of Economic History* 71, no. 4(2011): 1006–31.

Rieger, Bernhard. *The People's Car: A Global History of the Volkswagen Beetle*. Cambridge, MA: Harvard University Press, 2013.

Ristuccia, Andrea, and Solomos Solomou. "Electricity Diffusion and Trend Acceleration in Inter–war Manufacturing Productivity." Cambridge Working Papers in Economics 0202, 2002.

Ristuccia, Andrea, and Adam Tooze. "Machine Tools and Mass Production: Germany and the United States, 1929–44." *Economic History Review* 66, no. 4(2013): 953–74.

Ritschl, Albrecht. *Deutschlands Krise und Konjunktur, 1924–1934: Binnenkonjunktur, Auslandsverschuldung und Reparationsproblem zwischen Dawes-Plan und Transfersperre*. Berlin: Akademie, 2002.

Rogers, Everett. *Diffusion of Innovations*. New York: Free Press, 1962.

Rogger, Hans. "*Amerikanizm* and the Economic Development of Russia." *Comparative Studies in Society and History* 23, no. 3(1981): 382–420.

Roseman, Mark. "National Socialism and the End of Modernity." *American Historical Review* 116, no. 3(2011): 688–701.

Rosenberg, Nathan. "Economic Development and the Transfer of Technology: Some Historical

Perspectives." *Technology and Culture* 11, no. 4(1970): 550 – 75.

Rossman, Jeffrey J. *Worker Resistance under Stalin: Class and Revolution on the Shop Floor*. Cambridge, MA: Harvard University Press, 2005.

Rossoliński—Liebe, Grzegorz. *Fascism without Borders: Transnational Connections and Cooperation between Movements and Regimes in Europe from 1918 to 1945*. New York: Berghahn, 2017.

Rothermund, Dietmar, ed. *Die Peripherie in der Weltwirtschaftskrise: Afrika, Asien und Lateina-merika, 1929–1939*. Paderborn, Germany: Schöningh, 1982.

Rubenstein, James M. *The Changing US Auto Industry: A Geographical Analysis*. London: Routledge, 1992.

Rupert, Mark. *Producing Hegemony: The Politics of Mass Production and American Global Power*. New York: Cambridge University Press, 1995.

Sabel, Charles F., and Jonathan Zeitlin. "Historical Alternatives to Mass Production: Politics, Markets and Technology in Nineteenth Century Industrialization." *Past and Present* 108, no. 1(1985): 133 – 76.

———, eds. *World of Possibilities. Flexibility and Mass Production in Western Industrialization*. Cambridge, UK: Cambridge University Press, 1997.

Samuels, Richard. *"Rich Nation, Strong Army": National Security and the Technological Transformation of Japan*. Ithaca, NY: Cornell University Press, 1994.

Samuelson, Lennart. *Tankograd: The Formation of a Soviet Company Town; Cheliabinsk, 1900–1950s*. London: Palgrave, 2011.

Sanchez—Sibony, Oscar. "Depression Stalinism: The Great Break Reconsidered." *Kritika: Explorations in Russian and Eurasian History* 15, no. 1(2014): 23 – 49.

———. "Global Money and Bolshevik Authority: The NEP as the First Socialist Project," *Slavic Review* 78, no. 3(2019): 694 – 716.

———. *Red Globalization: The Political Economy of the Soviet Cold War from Stalin to Khrushchev*. Cambridge, UK: Cambridge University Press, 2014.

Sasada, Hironori. *The Evolution of the Japanese Developmental State: Institutions Locked In by Ideas*. London: Routledge, 2013.

Sasaki, Satoshi. "The Rationalization of Production Management Systems in Japan during World War II." In *World War II and the Transformation of Business Systems*, edited by Jun Sakudō and Takao Shiba, 30 – 54. Tokyo: University of Tokyo Press, 1994.

Scherner, Jonas. "'Armament in Depth' or 'Armament in Breadth'? German Investment Pattern and Rearmament during the Nazi Period." *Economic History Review* 66, no. 2(2013): 497 – 517.

——. "Die Grenzen der Informationsbeschaffung, –transfer und –verarbeitung in der deutschen Wehr–und Kriegswirtschaftsverwaltung im Dritten Reich." *Jahrbuch für Wirtschaftsgeschichte* 56, no. 1(2015): 99–135.

——. *Die Logik der Industriepolitik im Dritten Reich: Die Investitionen in die Autarkie-und Rüstungsindustrie und ihre staatliche Förderung.* Stuttgart: Steiner, 2008.

Scherner, Jonas, and Jochen Streb. "Das Ende eines Mythos? Albert Speer und das sogenannte Rüstungswunder." *Vierteljahresschrift für Sozial-und Wirtschaftsgeschichte* 93, no. 2(2006): 172–96.

Schivelbusch, Wolfgang. *Three New Deals: Reflections on Roosevelt's America, Mussolini's Italy, and Hitler's Germany, 1933–1939.* New York: Henry Holt, 2006.

Schlesinger, Jr., Arthur M. *The Age of Roosevelt: The Crisis of the Old Order, 1919–1933.* Boston: Houghton Mifflin, 1957.

Schultz, Kurt S. "The American Factor in Soviet Industrialization: Fordism and the First Five–Year Plan, 1928 – 1932." PhD dissertation, Ohio State University, 1992.

——. "Building the 'Soviet Detroit': The Construction of the Nizhnii–Novgorod Automobile Factory, 1927 – 1932." *Slavic Review* 49, no. 2(1990): 200 – 212.

Scott, James C. *Seeing Like a State: How Certain Schemes to Improve the Human Condition Have Failed.* New Haven, CT: Yale University Press, 1998.

Scranton, Philip. *Endless Novelty: Specialty Production and American Industrialization 1865–1925.* Princeton, NJ: Princeton University Press, 1997.

Segbers, Klaus. *Die Sowjetunion im Zweiten Weltkrieg: Die Mobilisierung von Verwaltung, Wirtschaft und Gesellschaft im "Großen Vaterländischen Krieg," 1941–1943.* Munich: Oldenbourg, 1987.

Shapiro, Helen. *Engines of Growth: The State and Transnational Auto Companies in Brazil.* Cambridge, UK: Cambridge University Press, 1994.

Shearer, David R. *Industry, State, and Society in Stalin's Russia, 1926–1934.* Ithaca, NY: Cornell University Press, 1996.

——. "The Language and Politics of Socialist Rationalization. Productivity, Industrial Relations, and the Social Origins of Stalinism at the End of NEP." *Cahiers du monde russe et soviétique* 32, no. 4(1991): 581 – 608.

Shenhav, Yehouda. *Manufacturing Rationality: The Engineering Foundations of the Managerial Revolution.* Oxford, UK: Oxford University Press, 1999.

Shiomi, Haruhito, and Kazuo Wada, eds. *Fordism Transformed: The Development of Production Methods in the Automobile Industry.* New York: Oxford University Press, 1995.

Shpotov, Boris. "Bisnesmeny i biurokraty: Amerikanskaia tekhnicheskaia pomoshch' v stroitel'stve nizhegorodskogo avtozavoda, 1929 – 1931 gg." *Ekonomicheskaia istoriia: Ezhegodnik*(2002): 191 – 232.

———. "Ford in Russia, from 1909 to World War II." In *Ford, 1903–2003: The European History*, vol. 2, edited by Hubert Bonin, Yannick Lung, and Steven Tolliday, 514 – 20. Paris: PLAGE, 2003.

———. "Pereplatil–li sovetskii soiuz kompanii Forda? K voprosu o tsene industrializatsii." *Ekonomicheskaia istoriia: Ezhegodnik*(2004): 160 – 80.

———. "Uchastie amerikanskikh promyshlennykh kompanii v sovetskoi industrializatsii, 1928 – 1933." *Ekonomicheskaia istoriia: Ezhegodnik*(2005): 172 – 96.

Siegel, Katherine A. S. *Loans and Legitimacy: The Evolution of Soviet-American Relations, 1919–1933*. Lexington: University Press of Kentucky, 1996.

Siegel, Tilla, and Thomas von Freyberg. *Industrielle Rationalisierung unter dem Nationalsozialismus*. Frankfurt: Campus, 1991.

Siegelbaum, Lewis H. *Cars for Comrades: The Life of the Soviet Automobile*. Ithaca, NY: Cornell University Press, 2008.

———. "Soviet Norm Determination in Theory and Practice, 1917 – 1941." *Soviet Studies* 36, no. 1(1984): 45 – 68.

———. *Stakhanovism and the Politics of Productivity in the USSR, 1935–1941*. Cambridge, UK: Cambridge University Press, 1988.

Simms, Brendan. *Hitler: Only the World Was Enough*. New York: Allen Lane, 2019.

Simonov, Nikolai. "*Mobpodgotovka*: Mobilization Planning in Interwar Industry." In *The Soviet Defence-Industry Complex from Stalin to Khrushchev*, edited by John Barber and Mark Harrison, 205 – 222. Basingstoke, UK: Macmillan, 2000.

Sklar, Martin J. *The Corporate Reconstruction of American Capitalism, 1890–1916: The Market, the Law, and Politics*. Cambridge, UK: Cambridge University Press, 1988.

Slezkine, Yuri. *The House of Government: A Saga of the Russian Revolution*. Princeton, NJ: Princeton University Press, 2017.

Sparrow, James T. *Warfare State: World War II Americans and the Age of Big Government*. New York: Oxford University Press, 2011.

Spoerer, Mark. *Zwangsarbeit unter dem Hakenkreuz: Ausländische Zivilarbeiter, Kriegsgefangene und Häftlinge im Deutschen Reich und im besetzten Europa, 1939–1945*. Munich: DVA, 2001.

Steen, Kathryn. *The American Synthetic Organic Chemicals Industry: War and Politics, 1910–1930*. Chapel Hill: University of North Carolina Press, 2014.

Steiner, Zara. *The Triumph of the Dark: European International History, 1933–39*. Oxford,

UK: Oxford University Press, 2011.

Sternhell, Zeev. *Neither Right nor Left: Fascist Ideology in France*, translated by David Maisel. Berkeley: University of California Press, 1986.

Streather, Adrian. *Bernar Nahum: A Pioneer of Turkey's Automotive Industry*. Eden, SD: Nettleberry, 2011.

Strelianyi, Anatolii. "Khrushchev and the Countryside." In *Nikita Khrushchev*, edited by William Taubman, Sergei Khrushchev, and Abbott Gleason, 113–37. New Haven, CT: Yale University Press, 2000.

Sutton, Antony C. *Western Technology and Soviet Development*. 3 vols. Stanford, CA: Hoover Institution, 1968–1973.

Tedlow, Richard S. "The Struggle for Dominance in the Automobile Market: The Early Years of Ford and GM." *Business and Economic History* 17(1988): 49–62.

Teichert, Eckart. *Autarkie und Großraumwirtschaft in Deutschland, 1930–1939: Außenwirtschafts-politische Konzeptionen zwischen Wirtschaftskrise und Zweitem Weltkrieg*. Munich: Oldenbourg, 1984.

Tessner, Magnus. *Die deutsche Automobilindustrie im Strukturwandel von 1919 bis 1938*. Cologne: Botermann, 1994.

Tetzlaff, Stefan. "The Motorisation of the 'Moffusil': Automobile Traffic and Social Change in Rural and Small–Town India, c. 1915–1940." PhD dissertation, University of Göttingen, 2015.

Thomas, Peter D. *The Gramscian Moment: Philosophy, Hegemony, and Marxism*. Leiden, Netherlands: Brill, 2009.

Thorp, Rosemary, ed. *Latin America in the 1930s: The Role of the Periphery in the World Crisis*. Basingstoke, UK: Macmillan, 1984.

Tolliday, Steven. "Enterprise and State in the West German Wirtschaftswunder: Volkswagen and the Automobile Industry, 1939–62." *Business History Review* 69, no. 3(1995): 273–330.

———, ed. *The Rise and Fall of Mass Production*. 2 vols. Cheltenham, UK: Edward Elgar, 1998.

———. "Transplanting the American Model? US Automobile Companies and the Transfer of Technology and Management to Britain, France, and Germany, 1928–1962." In *Americanization and Its Limits: Reworking US Technology and Management in Post-war Europe and Japan*, edited by Jonathan Zeitlin and Gary Herrigel, 76–119. Oxford, UK: Oxford University Press, 2000.

Tolliday, Steven, and Jonathan Zeitlin, eds. *Between Fordism and Flexibility: The Automobile*

Industry and Its Workers. New York: St. Martin's, 1992.

Toninelli, Pier A. "Between Agnelli and Mussolini: Ford's Unsuccessful Attempt to Penetrate the Italian Automobile Market in the Interwar Period." *Enterprise and Society* 10, no. 2(2009): 335 – 75.

Tooze, Adam. *The Deluge: The Great War, America, and the Making of a New Global Order, 1916–1931.* New York: Viking, 2014.

———. "No Room for Miracles. German Industrial Output in World War II Reassessed." *Geschichte und Gesellschaft* 31, no. 3(2005): 439 – 64.

———. "Reassessing the Moral Economy of Post—war Reconstruction: The Terms of the West German Settlement in 1952." *Past and Present*(2011), Supplement 6, 47 – 70.

———. *The Wages of Destruction: The Making and Breaking of the Nazi Economy.* New York: Viking, 2007.

Treue, Wilhelm. "Hitlers Denkschrift zum Vierjahresplan 1936." *Vierteljahreshefte für Zeitgeschichte* 3, no.2(1955): 206 – 10.

Turner, Henry Ashby. *General Motors and the Nazis: The Struggle for Control of Opel, Europe's Biggest Carmaker.* New Haven, CT: Yale University Press, 2005.

———. *German Big Business and the Rise of Hitler.* New York: Oxford University Press, 1985.

Tyrell, Albrecht. "Gottfried Feder and the NSDAP." In *The Shaping of the Nazi State*, edited by Peter D. Strachura, 48 – 87. New York: Barnes & Noble, 1978.

Tzouliadis, Tim. *The Forsaken: An American Tragedy in Stalin's Russia.* New York: Penguin, 2008. Udagawa, Masaru. "The Prewar Japanese Automobile Industry and American Manufacturers." *Japanese Yearbook of Business History* 2(1986): 81 – 99.

Uziel, Daniel. *Arming the Luftwaffe: The German Aviation Industry in World War II.* Jefferson, NC: McFarland, 2012.

———. "Between Industrial Revolution and Slavery: Mass Production in the German Aviation Industry in World War II." *History and Technology* 22, no. 3(2006): 277 – 300.

Vacca, Giuseppe. "Gramsci Studies since 1989." *Journal of Modern Italian Studies* 16, no. 2(2011): 179 – 94.

Veeser, Cyrus. "A Forgotten Instrument of Global Capitalism? International Concessions, 1870 – 1930." *International History Review* 35, no. 5(2013): 1136 – 55.

Volpato, Giuseppe. "Ford in Italy: Commercial Breakthroughs without Industrial Bridgeheads." In *Ford, 1903–2003: The European History*, vol. 2, edited by Hubert Bonin, Yannick Lung, and Steven Tolliday, 451 – 477. Paris: PLAGE, 2003.

———. "Produzione e mercato: Verso l'automobilismo di massa." In *Mirafiori, 1936–1962*, edited by Carlo Olmo, 133 – 150. Turin, Italy: Umberto Allemandi, 1997.

Wade, Robert. *Governing the Market: Economic Theory and the Role of Government in East Asian Industrialization.* Princeton, NJ: Princeton University Press, 1990.

Wallace, Max. *The American Axis: Henry Ford, Charles Lindbergh, and the Rise of the Third Reich.* New York: St. Martin's, 2003.

Watts, Steven. *The People's Tycoon: Henry Ford and the American Century.* New York: Vintage, 2006.

Wehler, Hans—Ulrich. *Deutsche Gesellschaftsgeschichte.* 5 vols. Munich: Beck, 1987 – 2008.

Weisberger, Bernard A. *The Dream Maker: William C. Durant, Founder of General Motors.* Boston: Little, Brown & Co., 1979.

Wellhöner, Volker. *"Wirtschaftswunder," Weltmarkt, westdeutscher Fordismus: Der Fall Volkswagen.* Münster, Germany: Westfälisches Dampfboot, 1996.

Wend, Henry B. *"But the German Manufacturer Doesn't Want Our Advice': West German Labor and Business and the Limits of American Technical Assistance, 1950 – 54." In Catching Up with America: Productivity Missions and the Diffusion of American Economic and Technological Influence after the Second World War,* edited by Dominique Barjot. Paris: Presses de L'Université de Paris—Sorbonne, 2002.

Werner, Constanze. *Kriegswirtschaft und Zwangsarbeit bei BMW.* Munich: Oldenbourg, 2006.

Werth, Christoph. *Sozialismus und Nation: Die deutsche Ideologiedebatte zwischen 1918 und 1945.* Opladen, Germany: Westdeutscher Verlag, 1996.

White, Christine. *"Ford in Russia: In Pursuit of the Chimerical Market." Business History* 28, no. 4(1986): 77 – 104.

Wilkins, Mira. *"The Contributions of Foreign Enterprises to Japanese Economic Development." In Foreign Business in Japan before World War II,* edited by Takeshi Yuzawa and Masaru Udagawa, 35 – 57. Tokyo: University of Tokyo Press, 1990.

———. *The History of Foreign Investment in the United States, 1914–1945.* Cambridge, MA: Harvard University Press, 2004.

———. *The Maturing of Multinational Enterprise: American Business Abroad from 1914 to 1970.* Cambridge, MA: Harvard University Press, 1974.

———. *"Multinationals and Dictatorship: Europe in the 1930s and Early 1940s." In European Business, Dictatorship, and Political Risk, 1920–1945,* edited by Christopher Kobrak and Per Hansen, 22 – 38. New York: Berghahn Books, 2004.

Wilkins, Mira, and Frank E. Hill. *American Business Abroad: Ford on Six Continents.* New edition with a new introduction by Mira Wilkins. Cambridge: Cambridge University Press, 2011.(First published in 1964 by Wayne State University Press, Detroit.)

Williams, Andy J. *Trading with the Bolsheviks. The Politics of East-West Trade, 1920–39.*

Manchester, UK: Manchester University Press, 1992.

Wilson, James M., and Alan McKinlay. "Rethinking the Assembly Line: Organisation, Performance, and Productivity in Ford Motor Company, c. 1908 – 27." *Business History* 52, no. 5(2010): 760 – 78.

Wilson, Mark. *Destructive Creation: American Business and the Winning of World War II.* Philadelphia: University of Pennsylvania Press, 2016.

Winkler, Heinrich A. *The Age of Catastrophe. A History of the West, 1914–1945.* New Haven, CT: Yale University Press, 2015.

Wolfe, Joel. *Autos and Progress: The Brazilian Search for Modernity.* New York: Oxford University Press, 2010.

Womack, James P., Daniel T. Jones, and Daniel Roos. *The Machine That Changed the World.* New York: Free Press, 1990.

Wood, John C., and Michael C. Wood, eds. *Alfred P. Sloan: Critical Evaluations in Business and Management.* 2 vols. London: Routledge, 2003.

Wren, Daniel. "James D. Mooney and General Motors' Multinational Operations, 1922 – 1940." *Business History Review* 87, no. 3(2013): 515 – 43.

Yanagisawa, Osamu. "The Impact of German Economic Thought on Japanese Economists before World War II." In *The German Historical School: The Historical and Ethical Approach to Economics,* edited by Yuichi Shionova, 173 – 87. London: Routledge, 2001.

Zaleski, Eugène. *Planning for Economic Growth in the Soviet Union, 1918–1932.* Chapel Hill: University of North Carolina Press, 1971.

Zani, Luciano. *Fascismo, autarchia, commercio estero: Felice Guarneri, un tecnocrate al servizio dello "Stato Nuovo."* Bologna, Italy: Il Mulino, 1988.

Zeitlin, Jonathan. "Flexibility and Mass Production at War: Aircraft Manufacture in Britain, the United States, and Germany, 1939 – 1945." *Technology and Culture* 36, no. 1(1994): 46 – 79.

Zeitlin, Jonathan, and Gary Herrigel, eds. *Americanization and Its Limits: Reworking US Technology and Management in Postwar Europe and Japan.* Oxford, UK: Oxford University Press, 2000.

Ziegler, Dieter. "'A Regulated Market Economy': New Perspectives on the Nature of the Economic Order of the Third Reich, 1933 – 39." In *Business in the Age of Extremes: Essays in Modern German and Austrian Economic History,* edited by Hartmut Berghoff, Jurgen Kocka, and Dieter Ziegler, 139 – 52. Washington, DC: German Historical Institute, 2013.

Zitelmann, Rainer. *Hitler: Selbstverständnis eines Revolutionärs.* 5th rev. ed. Reinbek,

Germany: Lau, 2017. (First published in 1987.)

Zubkova, Elena. *Russia after the War: Hopes, Illusions, and Disappointments*, translated by Hugh Ragsdale. Armonk, NY: Sharpe, 1998.

Zunz, Olivier. *The Changing Face of Inequality: Urbanization, Industrial Development, and Immigrants in Detroit, 1880–1920*. Chicago: University of Chicago Press, 1982.

찾아보기